DESCRIPTION
DE
L'ÉGYPTE,
RECUEIL
DES OBSERVATIONS ET DES RECHERCHES
QUI ONT ÉTÉ FAITES EN ÉGYPTE

PENDANT L'EXPÉDITION DE L'ARMÉE FRANÇAISE.

SECONDE ÉDITION

DÉDIÉE AU ROI
PUBLIÉE PAR C. L. F. PANCKOUCKE.

TOME QUINZIÈME
ÉTAT MODERNE.

IMPRIMERIE
DE C. L. F. PANCKOUCKE.
M. D. CCC. XXVI.

A MM. LES SOUSCRIPTEURS

MÉDAILLE ÉGYPTIENNE

OU SERONT INSCRITS

LES NOMS DE MM. LES SOUSCRIPTEURS [1].

NOTICE SUR CETTE MÉDAILLE

PAR

Mʳ. J-J. CHAMPOLLION-FIGEAC.

Il n'est pas de grand événement parmi les hommes qui ne révèle l'incertitude de leurs prévisions : les calculs de la politique jettent une armée sur les rives du Nil, et les sciences seules profitent de sa conquête. Dans leurs annales, les trois dernières années du dix-huitième siècle seront toujours comptées au nombre des plus mémorables; c'est l'époque de la résurrection de l'Égypte ancienne et nouvelle, et ce fut le génie de la France qui opéra ce miracle. Les contrées que la victoire occupait étaient aussitôt explorées par le compas du géomètre, le crayon de l'archi-

---

[1] Le prix de la médaille sera, en *bronze antique*, de TRENTE FRANCS. Cette matière obtient un tel degré de dureté, qu'elle raie le cuivre et le couperait.

La médaille sera enfermée dans une boîte d'acajou doublée en drap.
La médaille en bronze DORÉ au mat sera du prix de QUARANTE FRANCS. Par le nouveau mode employé pour la dorure, ces médailles ressemblent parfaitement aux médailles en or pur.

En argent, le prix sera de CINQUANTE FRANCS.

N. B. *Les noms devant être inscrits successivement*, MM. *les souscripteurs sont priés de nous les adresser, avec leurs prénoms et qualités, le plus tôt possible*, rue des Poitevins, n° 14.

tecte, les instrumens du physicien, le marteau du géologue, et la science de l'antiquaire. Trois années d'observations qui bravèrent tous les périls avec une constance qui demandait plus que du courage, suffirent pour connaître tout entière cette patrie primitive des sciences et des arts, pour étudier ses préceptes antiques et ses coutumes modernes, exhumer ses prodigieux monumens, ses tombeaux même; et quand la victoire, infidèle comme toutes les faveurs, eut changé de bannière, l'armée revit le sol de la patrie, n'apportant que les souvenirs et les honneurs d'une campagne où chaque soldat avait été plus qu'un homme. Mais les savans de l'expédition ne perdirent de toutes leurs conquêtes que l'occasion d'en faire de nouvelles. Ils rapportèrent dans leur havresac, car ils furent soldats aussi, la plus étonnante réunion de documens historiques qu'il ait été donné aux voyageurs littéraires de former. — Cette moisson était facile, il est vrai, dans des champs où l'abondance des monumens donne à l'Égypte entière l'aspect d'un seul musée; mais facile seulement quand des obstacles constans, l'ardeur du climat et la vigilance offensive des Arabes, laissaient quelque relâche à un dévouement qu'ils semblaient exciter encore. La France reçut avec joie les précieux résultats de si nobles efforts. Il lui restait du moins la plus belle partie de l'Égypte, les monumens des Pharaons.

Une pensée, généreuse comme toutes les vues qui avaient concouru à cette brillante acquisition, rallia toutes les volontés particulières dans une commune renommée : la France l'adopta dans l'intérêt de sa gloire, et la *Description de l'Égypte* s'éleva comme un monument que tous les arts modernes consacraient à l'honneur des arts de l'antiquité. Cet ouvrage, sans modèle comme sans rival, porte avec lui-même les preuves de son origine : un gouvernement qui connaît son siècle et qui manifeste sa science par la protection éclairée de toutes les grandes conceptions, pouvait seul comprendre ce que l'accomplissement d'une telle entreprise ajouterait à sa propre dignité, car la splendeur des arts en est aussi un des plus expressifs caractères, et le roi Louis XVIII, si fidèle à l'honneur de la patrie, voulut que le monument fût terminé : et comme pour multiplier les titres de la France à la gratitude de l'Europe savante, S. M. ordonna qu'il serait reproduit par les soins et le zèle de M. Panckoucke.

Telle est l'origine de cette seconde édition de la *Description de l'Égypte*, en tout conforme à la première, tableau fidèle de l'état ancien et de l'état moderne de cette contrée à jamais célèbre, qui conserve les types des plus anciennes institutions humaines, et les traces des efforts primitifs de l'intelligence sociale ; qui nous cacha long-temps en énigmes graphiques ses opinions et ses croyances, et qui a perdu le titre de mystérieuse depuis qu'un de nos jeunes savans français, pénétrant tous ses secrets par la découverte de l'alphabet de ses hiéroglyphes, a dévoilé sur ses temples, ses palais et ses tombeaux, les noms de ses dieux, ceux de ses rois, les époques les plus anciennes de son histoire, la date de ses monumens et l'ensemble de ses pratiques civiles et religieuses. C'est encore la France perpétuant ainsi par des succès inespérés, ses succès précédens sur les rivages du Nil.

Le souvenir de ces pacifiques conquêtes doit être précieux à tous les cœurs français : les consacrer par une médaille, c'est rendre hommage tout à la fois à la valeur de nos armées, aux sentimens du prince auguste qui chérissait leur gloire, et qui protégea aussi celle de l'antique Égypte, dès qu'elle fut alliée aux triomphes de la France. Ce vœu de MM. les souscripteurs associés pour cette seconde édition, est honorable pour tous, pour l'état comme pour le citoyen; et c'est pour l'accomplir que M. Panckoucke a réuni ses soins à ceux de quelques personnes empressées de le seconder dans l'exécution de cette médaille nationale. Sa composition ne peut manquer d'intéresser tous les goûts, et son type de plaire par sa singularité même. Pour la première fois, l'alphabet des hiéroglyphes est employé sur un monument; mais ce monument est relatif à l'Égypte; il ne peut qu'y gagner plus de fidélité, et cet avantage dédommagera amplement des difficultés d'exécution qu'il a présentées. C'est d'ailleurs un hommage public au zèle ingénieux et persévérant qui a ouvert cette voie nouvelle aux sciences historiques et à la plus légitime curiosité.

La face de la médaille montre le génie militaire de la France, portant de la main gauche l'enseigne gauloise et l'olivier de la paix, et soulevant, de la droite, le voile qui enveloppait l'Égypte. Cette contrée est personnifiée par la figure d'une femme triste et surprise, coiffée de la dépouille d'un vautour; le serpent sacré (l'uræus, l'agathodémon, le bon génie) élève la tête sur son front. Elle est appuyée du bras droit sur un crocodile du Nil; derrière elle s'élève le palmier du désert; dans sa main droite est le sistre, et devant elle un compas, symbole de ses progrès dans les sciences mathématiques. L'inscription qui est à l'exergue marque l'époque de la renaissance de l'Égypte par l'effet de l'expédition française : GALLIA VICTRICE ÆGYPTVS REDIVIVA. MDCCXCVIII.

Le revers est tout égyptien dans son type : une ligne perpendiculaire passant par le *scarabée* et par la *croix-ansée*, divise ce type en deux parties ; l'une est occupée par huit divinités mâles ; l'autre par huit divinités femelles, figurées les unes et les autres d'après les monumens, et portant chacune la coiffure consacrée qui la caractérise. Elles sont rangées sur deux faces dirigées dans un sens opposé, et se terminant vers la croix-ansée. Une inscription hiéroglyphique est en avant de chaque figure ; c'est son nom égyptien dans ce genre d'écriture, fidèlement transcrit aussi d'après les monumens et avec la valeur positive de chaque figure déterminée dans l'alphabet découvert par M. Champollion le jeune. L'ordre des figures s'ouvre sur les deux côtés du scarabée, sa tête étant dirigée vers le centre de la médaille.

A la gauche sont les divinités mâles :

1re Figure. Le dieu *Amon-Ré* à tête de belier (Amon-Soleil, le Jupiter Ammon des Grecs), et le principe mâle dans la cosmogonie égyptienne. Inscription lue de gauche à droite : AMNRE.
2e Figure. Le dieu *Cnouphis* à tête de belier (Nef, Nouf et Noub). Autre forme du dieu Amon, créateur de l'univers. Les quatre signes hiéroglyphiques se lisent NOUM, *dieu*, le nom de ce personnage s'orthographiant aussi *Chnounis* : on le trouve sur les pierres basilidiennes.
3e Figure. Le dieu *Souk* à tête de crocodile (le Cronos, Saturne), le dieu du Temps, dont le crocodile était l'emblème. Son nom est composé des trois signes SVK, suivi de l'animal consacré au dieu.
4e Figure. Le dieu *Phtha-Sokaris* à tête d'épervier, répartiteur des âmes dans les trente-deux régions célestes. Son nom est composé des signes PTAH. SKRI.

5ᵉ Figure. Le dieu *Cnouphis–Nilus* à tête de belier ; manifestation d'Ammon par le symbole du fleuve Nil, avec son nom en caractères symbolico-figuratifs.

6ᵉ Figure. Le dieu *Thoth* deux fois grand, ou le second Hermès à tête d'ibis, fondateur de toutes les institutions sociales de l'Egypte. Son nom symbolique est l'image même de l'ibis sur une enseigne.

7ᵉ Figure. Le dieu *Pooh* (le dieu Lune) à tête d'épervier, nommé *Ohen–Sou*.

8ᵉ Figure. Le dieu *Phré* à tête d'épervier (le Soleil), debout. Trois caractères forment son nom : RÉ, *dieu*.

A la droite du scarabée sont les divinités femelles :

1ʳᵉ Figure. La déesse *Néith* (la Minerve des Égyptiens), le principe femelle dans leur cosmogonie, et la mère des dieux. Son nom est TMOU, *la mère, dame du ciel*.

2ᵉ Figure. La déesse *Seven* (Ilithya, Junon-Lucine), divinité protectrice de la maternité. Son nom est écrit SVN, *déesse*.

3ᵉ Figure. La déesse *Anouké* (Vesta), la compagne d'Ammon-Cnouphis. Son nom se lit ANK, *déesse*.

4ᵉ Figure. La déesse *Tiphé* (Uranie, le Ciel), de la famille d'Ammon. Son nom symbolique se lit TPÉ, *dame du ciel*.

5ᵉ Figure. La déesse *Athor* (Aphrodite, Vénus) à tête de vache, fille du Soleil et épouse de Phtha, nourrice des dieux. Son nom est symbolique.

6ᵉ Figure. La déesse *Saté* (la Junon égyptienne, présidant à la région inférieure). La déesse étend ses grandes ailes, et porte la croix ansée dans sa main gauche.

7ᵉ Figure. La déesse *Bouto* (Latone), les ténèbres premières qui précédèrent la lumière ; et Bouto a le titre de *grande mère génératrice du Soleil*.

8ᵉ Figure. La même déesse *Seven* (Ilithya ou Junon-Lucine) qui est au nº 2 ; mais celle-ci est debout et a une tête de vautour, oiseau qui était le symbole de la maternité, et Seven en était la divinité protectrice. Son nom se lit SEVEN, *mère*.

Deux symboles célèbres dans les représentations égyptiennes, se font remarquer sur deux points opposés de la médaille, le *scarabée* et la *croix-ansée* : le premier, dont l'analogue vivant se retrouve dans la Haute-Nubie, exprime l'image du *monde*, et le second, l'idée de la *vie divine*, analogue à celle de l'immortalité de l'âme. On sait que la croyance égyptienne, malgré sa bizarrerie apparente et le grand nombre de ses divinités figurées, fut fondée sur les deux dogmes primitifs de toute morale, l'existence d'un dieu unique et l'immortalité de l'âme qu'attendaient les récompenses ou les peines; et si l'on considère que les divinités figurées ne sont qu'une sorte de personnification matérielle de toutes les qualités du Grand-Être, on s'expliquera ainsi leur nombre, la variété de leurs attributs, de leurs insignes, et l'on sera peut-être tenté de regarder à cette partie considérable de l'organisation sociale d'un peuple célèbre pour sa sagesse, avant de la condamner sur les folles railleries d'un poète latin ou sur les folles interprétations que l'esprit de système ou une érudition laborieuse peut-être, mais cependant insuffisante quoique prétentieuse, avait inutilement accumulées sur ces énigmes mythologiques. L'alphabet des hiéroglyphes en a tout récemment donné le mot; et notre médaille en est la première application faite par les arts modernes : elle prouvera, je pense, que l'antiquité égyptienne figurée se prête aussi bien que d'autres à la composition des monumens. Les empereurs romains placèrent dans Rome même des obélisques hiéroglyphiques élevés en leur honneur; le style de l'art égyptien est assez spécial pour ne pouvoir être suppléé par aucun autre quand il s'agit d'Égypte : ne peut-on pas espérer que l'exemple donné par M. Panckoucke excitera, par ses succès même, à des imitations analogues? la munificence royale s'est assez manifestée en faveur de l'antique Égypte, pour que l'art même du siècle des Pharaons consacre un jour les bienfaits de Charles x.

M. Barre, par la scrupuleuse fidélité des signes et des figures dans la gravure de cette médaille, a prouvé qu'un burin habile et exercé peut faire revivre et approprier à nos idées actuelles les meilleurs types de l'art égyptien, et les reproduire dans toute leur harmonie[1].

[1] Les figures et les inscriptions de cette médaille ont été exécutées d'après des dessins de M^r. L.-J.-J. Dubois, dont la science et la fidélité dans la reproduction de l'antique, ne sauraient être trop louées dans l'intérêt des arts et de l'archéologie. — Le dessin des deux figures est dû à M. Lafite, premier dessinateur du Cabinet du Roi.

L'édition de la *Description de l'Égypte* que nous publions devant être terminée dans très-peu de temps, MM. les souscripteurs sont priés d'adresser à l'éditeur, à Paris, rue des Poitevins n° 14, franc de port, soit directement, soit par ses correspondans, leurs noms, prénoms, titres et qualités, pour être inscrits sur la MÉDAILLE en *bronze* qui leur sera livrée avec la dernière livraison.

Les noms, prénoms, seront écrits de la manière la plus distincte, afin d'éviter des erreurs qu'il serait impossible de réparer.

La MÉDAILLE, du grand module, représente, d'un côté, le génie des armées françaises soulevant le voile qui couvrait jusqu'alors l'antique Égypte personnifiée par le type consacré dans l'antiquité même; le revers offre le Panthéon égyptien ou la représentation des principales divinités égyptiennes, avec leurs attributs et leurs noms en hiéroglyphes.

Le nom du souscripteur sera inscrit au centre du revers de la médaille. MM. les souscripteurs laisseront ainsi un monument durable de leur amour pour les sciences et les arts : ils y sont inscrits comme *fondateurs eux-mêmes* de cette seconde édition. C'est ainsi que l'éditeur a toujours considéré les nombreux souscripteurs de ses entreprises : en effet, il peut en avoir conçu l'idée première, les avoir dirigées, etc.; mais sans cette association des personnes qui sont venues l'encourager, ces entreprises n'auraient pu être créées. C'est donc à juste titre que MM. les souscripteurs reçoivent ici le nom de *Souscripteurs associés*, et que la médaille perpétuera le souvenir de cette honorable association.

PARIS, IMPRIMERIE DE C. L. F. PANCKOUCKE,
RUE DES POITEVINS, N. 14.

DESCRIPTION

DE

L'ÉGYPTE.

DESCRIPTION

DE

L'ÉGYPTE

OU

RECUEIL

DES OBSERVATIONS ET DES RECHERCHES

QUI ONT ÉTÉ FAITES EN ÉGYPTE

PENDANT L'EXPÉDITION DE L'ARMÉE FRANÇAISE.

SECONDE ÉDITION

DÉDIÉE AU ROI

PUBLIÉE PAR C. L. F. PANCKOUCKE.

TOME QUINZIÈME.

ÉTAT MODERNE.

PARIS

IMPRIMERIE DE C. L. F. PANCKOUCKE

M. D. CCC. XXVI.

ÉTAT MODERNE.

MÉMOIRE

SUR LE MEQYAS

DE L'ÎLE DE ROUDAH,

ET

SUR LES INSCRIPTIONS QUE RENFERME CE MONUMENT;

Par J. J. MARCEL,

Ex-Directeur de l'Imprimerie royale, Membre de la Légion d'honneur.

> ....*Hic undantem ... magnumque fluentem*
> *Nilum, ac...... surgentes.... columnas.*
> Virg. Georgic. lib. III.

INTRODUCTION.

Livré, dès ma plus tendre jeunesse, avec la passion la plus vive, à l'étude des langues et de l'histoire des peuples de l'Orient, j'avais long-temps vu avec un regret bien réel, que presque tous les voyageurs qui ont parcouru cette contrée, eussent autant négligé qu'ils l'ont fait, de recueillir les inscriptions en lettres koufiques et autres anciens caractères arabes[1] * que devaient leur offrir fréquemment les monumens élevés par les princes qui y ont régné dans les premiers siècles de l'islamisme.

Le plus ancien des voyageurs en Égypte depuis l'hégire, est Benjamin de Tudèle, célèbre Juif navarrois, qui, dans le xiie siècle de l'ère chrétienne, visita toutes les synagogues du monde; mais son séjour en Égypte n'eut d'autre but que celui d'y connaître les coutumes et les cérémonies de ses coreligionnaires, et de converser avec les rabbins qui s'y trouvaient. La relation abrégée de ses voyages a été écrite par lui en hébreu[2], et nous en avons deux traductions latines[3], qui ont été suivies de deux autres en langue française[4]. Cet ouvrage contient des choses très-curieuses; mais l'auteur n'a jeté qu'un coup d'œil superficiel sur les monumens des pays qu'il parcourait, et n'a, par conséquent, pensé aucunement aux inscriptions qu'ils pouvaient renfermer.

Il ne faut pas plus s'attendre à trouver la moindre recherche à ce sujet chez le petit nombre des voyageurs qui ont visité l'Égypte dans le xvie siècle. Je citerai d'abord parmi eux, Jean Belon[5], médecin français; Palerne[6], secrétaire du duc d'Anjou; Christophe Furer[7] et le prince Radziwill[8]. Les deux premiers ont parcouru une grande partie du Levant : l'un, sous nos rois François Ier et Henri II, depuis l'an 1546 jusqu'à l'an 1549;

* *Voyez* cette note et les suivantes à la fin de l'introduction.

et l'autre, depuis 1581 jusqu'à 1583, sous le règne de Henri III. Les voyages des deux autres ont eu lieu en 1565 et en 1583.

Ces voyageurs ne paraissent pas s'être attachés à connaître la littérature et l'histoire des pays qu'ils parcouraient : les trois derniers semblent n'avoir eu d'autre but que de satisfaire une espèce de curiosité vague et sans aucun motif déterminé, si ce n'est de visiter les saints-lieux; et le premier ne s'est presque occupé que de l'histoire naturelle, sur laquelle il est vrai qu'il a rassemblé des matériaux assez curieux, et qui annoncent un esprit d'observation recommandable, surtout pour l'époque à laquelle il vivait.

Prosper Alpin[9] a séjourné aussi trois ans en Égypte, depuis 1580 jusqu'en 1583, auprès de George Hemi, baile ou consul de la république de Venise au Kaire, où il le suivit en qualité de son médecin particulier : mais il s'est borné, dans ce voyage, à rassembler des observations d'histoire naturelle, de physique et de pathologie médicale; et ces sciences ont été presque le seul objet de ses recherches.

Les plus remarquables des voyageurs en Égypte dans le XVIIe siècle, sont Savary de Brèves[10], qui fut pendant vingt-deux ans ambassadeur de Henri IV à la Porte ottomane[11], et qui visita l'Égypte dans l'année 1605, en revenant de Constantinople; l'Anglais Sandys[12] et l'Italien Pietro della Valle[13], qui y ont passé, le premier, en 1610, et le second, en 1615; César Lambert, négociant de Marseille, qui l'a parcourue de 1628 à 1632; enfin Fermanel[14] et la Boullaye-le-Gouz[15], qui l'ont aussi traversée, l'un en 1631, accompagné de Fauvel, de Delaunay et de Stochove, et l'autre en 1650. Je ne dois point surtout oublier dans cette énumération le savant auteur de la Pyramidographie, Jean Greaves[16], le Lyonnais Monconys[17], Corneille le Bruyn[18], Chazelles[19], ni l'infatigable Melchisedec Thevenot[20], qui a parcouru à diverses reprises toutes les contrées de l'Orient, ni le P. Vansleb[21], qui a résidé en Égypte pendant les deux années 1672 et 1673 : mais ces voyageurs ne font de même mention d'aucune inscription koufique, karmatique, ou arabe; et ils se sont presque tous bornés à décrire en partie, et souvent d'une manière superficielle ou inexacte, les mœurs du pays, à y faire quelques observations d'histoire naturelle, et à en tracer du mieux qu'ils pouvaient la topographie.

Ce reproche d'inexactitude ne s'applique cependant point à Vansleb, que nous avons, au contraire, eu occasion de reconnaître pour être un des plus exacts parmi les voyageurs qui ont parcouru l'Égypte.

Vansleb d'ailleurs pouvait d'autant moins être induit en erreur dans ses observations, qu'il possédait l'idiome du pays qu'il décrivait, ainsi que les autres langues orientales. Nous avons même de lui des travaux précieux sur la langue éthiopienne, dont l'étude est si importante pour la recherche de l'idiome que parlaient les anciens Égyptiens; et la littérature orientale lui doit surtout la publication du Dictionnaire et de la Grammaire de cette langue composés par le savant Ludolf[22], dont il a donné la première édition, et qu'il se proposait de faire réimprimer de nouveau, avec des changemens considérables. Je possède le manuscrit autographe de Vansleb, contenant les corrections et additions nombreuses qu'il avait rédigées pour cette seconde édition, aux préparatifs de laquelle il s'était livré dans son humble retraite, pendant les dernières années de sa vie, et que sa mort l'a empêché de faire paraître[23].

Les orientalistes n'ont pas moins d'obligation à Savary de Brèves dont je viens de parler. Comme directeur de l'Imprimerie royale, et comme membre de la Commission d'Égypte, je me fais un véritable devoir de consacrer à sa mémoire quelques lignes tracées rapidement, et qui ne seront peut-être pas déplacées dans un ouvrage qui lui doit une partie de la perfection de son exécution typographique.

En effet, c'est par ses soins et à ses frais qu'ont été gravés, avec une munificence vraiment royale, les magnifiques caractères arabes[24] qui forment une des principales richesses de l'ancien fonds de poinçons orientaux que possède l'Imprimerie royale, et qui s'est considérablement augmenté depuis par la réunion de la typographie de la Propagande, et nouvellement encore par celle de Florence[25], dont elle doit l'acquisition à Bonaparte.

Quoique gravés dès le commencement du siècle de Louis XIII, les caractères arabes de Savary de Brèves présentent dans leur exécution une élégance, une proportion et une légèreté qui égalent et surpassent peut-être les modèles que peut nous offrir la calligraphie des plus beaux manuscrits de l'Orient. La perfection avec laquelle, de l'aveu même du plus célèbre graveur typographique de notre siècle [26], les poinçons du plus gros corps surtout sont taillés, malgré la complication et la finesse des traits qui les composent, les rend veritablement un chef-d'œuvre de gravure d'autant plus remarquable, qu'actuellement même on aurait peine à inciser l'acier avec autant de vivacité, de netteté et de hardiesse.

Parmi les voyageurs du commencement du XVIIIe siècle, Delacroix [27]; Paul Lucas [28], envoyé dans le Levant à diverses reprises par ordre de Louis XIV, et qui a visité l'Égypte en 1714; le P. Sicard [29], qui y a séjourné plusieurs années comme missionnaire; Charles Perry [30], Granger [31], n'ont recueilli aucune inscription des anciens Arabes : tous semblent avoir été dirigés par les mêmes vues que les voyageurs précédens, et n'avoir eu d'autre dessein que celui de ramasser des médailles grecques ou romaines, des pierres gravées, et quelques manuscrits souvent achetés au hasard, presque toujours sans choix et sans discernement.

Maillet [32], qui a été si long-temps consul de France au Kaire, n'en a point rapporté d'inscriptions, malgré les facilités que devaient lui donner pour cela les fonctions diplomatiques qu'il y a exercées; il ne paraît avoir profité du titre dont il était revêtu, que pour visiter et examiner dans le plus ample détail les grandes pyramides, à la description desquelles il s'est attaché presque exclusivement, ou pour recueillir les faits qui pouvaient lui servir à établir le système géologique qu'il a depuis développé dans un ouvrage célèbre par sa singularité et la hardiesse de ses hypothèses [33].

Fourmont [34], interprète du roi pour les langues orientales, qui avait déjà voyagé dans le Levant, par ordre de Louis XV, en 1729 et 1730, avec son oncle, ainsi qu'avec l'abbé Sevin [35], membre pensionnaire de l'académie royale des inscriptions et belles-lettres, et qui a suivi en 1745 M. de Lironcourt, nommé consul général au Kaire, paraît bien avoir remarqué en Égypte quelques-unes des inscriptions des Arabes; mais son ouvrage ne présente la copie d'aucune, et la traduction abrégée qu'il en donne est vicieuse et inexacte.

Pococke [36], membre de la société royale et de celle des antiquités de Londres, qui joignait à la plus vaste érudition un désir insatiable de s'instruire, a voyagé dans tout le Levant, dans les années 1737 et suivantes. Son Voyage contient des observations intéressantes sur les mœurs, la religion, les lois, le gouvernement, les sciences, la géographie et l'histoire naturelle des nations qu'il a visitées; mais il paraît avoir également négligé de recueillir les inscriptions de cette espèce, qu'il a pourtant dû rencontrer en grand nombre dans les diverses contrées qu'il a parcourues.

Vers le milieu de ce siècle, ou peu de temps après, se présentent deux voyageurs assez célèbres qui ont visité l'Égypte; je veux parler du baron de Tott [37] et de Bruce [38]. Le premier, après avoir très-long-temps séjourné en Turquie, où la cour de France l'avait envoyé en 1755 à la suite de M. de Vergennes, parcourut à son retour l'Égypte et les divers royaumes des côtes barbaresques; le second traversa l'Égypte pour se rendre en Abyssinie, où l'appelait son désir de découvrir les sources du Nil, et où il s'arrêta pendant plusieurs années:

mais leurs ouvrages contiennent peu de choses importantes sur l'Égypte, et ne renferment aucune inscription.

Parmi les derniers voyageurs qui ont visité l'Egypte vers la fin de ce même siècle, j'aurais encore à citer Yrwin [39], Rooke [40], Sestini [41] et Niebuhr [42]; mais celui-ci est le seul qui ait rapporté un assez grand nombre d'inscriptions karmatiques, qu'il avait recueillies dans son voyage en Arabie.

Norden [43] n'en offre qu'une seule; et encore la copie en est tellement altérée, qu'elle en devient méconnaissable et presque entièrement illisible.

Sonnini [44], ancien officier et ingénieur de la marine française, membre de plusieurs sociétés savantes et littéraires, qui a aussi parcouru l'Égypte par ordre du gouvernement, s'est principalement occupé de l'histoire naturelle et de la géographie de l'Égypte : il y a peu observé les antiquités, et n'a recueilli, pendant son voyage, aucune inscription.

Savary [45], malgré son enthousiasme pour la langue et la littérature des Arabes [46], et M. de Volney [47], dont l'ouvrage est si estimable à tous égards, n'ont rapporté d'Égypte aucune inscription : ils semblent s'être bornés, le premier, à la description topographique du pays, qu'il a embellie de tous les charmes de son imagination ardente et romanesque, et le second, à des considérations profondes sur les mœurs, l'histoire et l'état politique de cette contrée.

Postérieurement encore à ces deux célèbres voyageurs, et même en partie à notre expédition en Égypte, Browne [48] et Hornemann [49] ont visité trop rapidement cette contrée pour y rien recueillir sur les inscriptions qu'elle présente, et elle n'a été pour eux qu'un lieu de passage, qui n'avait, à leurs yeux, d'autre intérêt que celui de les conduire à un but plus éloigné.

Cependant les inscriptions des Arabes devaient paraître d'autant plus importantes à tous ces voyageurs, qu'ils n'ignoraient pas que les peuples chez lesquels le culte musulman est établi, n'ornant pas, comme les autres nations, leurs temples et leurs palais de tableaux, de bas-reliefs et de statues, puisque leur religion leur défend de faire, soit en peinture, soit en sculpture, des représentations de figures humaines et d'animaux, n'ont eu, pour décorer les édifices qu'ils construisaient, d'autre moyen que leurs inscriptions, qui réunissaient d'ailleurs le double avantage de l'ornement architectural, par l'élégance et la richesse variées des lettres qui les composent, et de l'utilité historique, par la détermination des dates et des époques que ce genre d'embellissement leur permettait d'y constater d'une manière certaine et précise : aussi se sont-ils plu à multiplier de toutes parts dans leurs monumens les inscriptions en diverses espèces de caractères, et à développer dans ce genre d'écriture toute la magnificence des formes et le luxe des variantes dont leur calligraphie était susceptible.

Combien donc a dû être vive la satisfaction que j'ai éprouvée, lorsqu'appelé à faire partie de l'expédition mémorable d'Égypte, je me trouvai, au gré de mes plus chers désirs, transporté au milieu des palais jadis si splendides des Saladin[50] et des Nouradin[51], noms célèbres même parmi nos peuples occidentaux, et qui avaient toujours inspiré un si vif enthousiasme à ma jeune imagination nourrie de leurs histoires! Et dans cette circonstance aussi favorable qu'inespérée, tout me promettait une riche moisson en antiquités orientales, et principalement en inscriptions et en médailles, soit koufiques, soit karmatiques [52], branche de recherches vers laquelle mon goût particulier m'avait toujours spécialement porté, surtout lorsque je considérais que cette moisson devait me procurer des résultats d'autant plus abondans et d'autant plus précieux, que la victoire nous facilitait la libre entrée des nombreuses mosquées dont la capitale de l'Égypte a été successivement embellie par le zèle religieux et la magnificence des khalifes [53] abbassides [54] et fatémites [55], et nous donnait le droit non contesté de pénétrer dans les autres monumens qui renferment une grande partie de ces inscriptions, et dont l'intérieur avait été si rigoureusement interdit jusqu'alors aux voyageurs européens et quelquefois aux naturels du pays eux-mêmes.

Aussi, dès le moment où j'ai abordé cette terre véritablement classique, si abondante en trésors inédits, j'ai mis le plus grand empressement à rechercher, observer et dessiner toutes les inscriptions koufiques et karmatiques que j'ai pu découvrir; et la collection que j'en ai rapportée est devenue aussi nombreuse qu'importante par la découverte que j'ai faite, à l'occasion de la célèbre pierre de Rosette, de l'application des moyens typographiques pour en tirer des empreintes promptes et faciles, sans que la grande célérité de l'exécution pût cependant nuire en rien à leur exactitude parfaite, qui les rend, si on peut le dire, des *fac simile* absolument homogènes et identiques.

J'ai rendu compte, dans un mémoire de cet ouvrage [56], des procédés que j'ai employés pour obtenir ce double résultat : ainsi je ne m'y arrêterai pas ici davantage.

Mais de tous les monumens qui m'ont offert des inscriptions de ce genre, celui qui devait sans doute le plus attirer mon attention, et que l'on a toujours regardé, avec raison, comme un des plus remarquables, c'est le nilomètre qui, fondé dès le premier siècle de l'hégire, existe encore de nos jours à l'extrémité méridionale de l'île de Roudah, et qui est connu sous le nom de *meqyâs* : j'oserai même avancer que ce monument est peut-être de tous les ouvrages des khalifes le plus important, soit par l'usage même auquel il est consacré, soit par le nombre, la conservation et l'étendue des inscriptions qu'il renferme; soit par les époques de l'histoire des Arabes, et de l'Égypte en particulier, auxquelles il se rattache; soit enfin par l'influence que le mesurage des crues périodiques du Nil a dû toujours avoir dans le gouvernement et dans la perception des revenus de l'État.

Les diverses inscriptions koufiques que renferment le nilomètre et les édifices qui en dépendent ou qui l'entourent, se rapportent aux époques différentes de son élévation et de ses reconstructions ou réparations successives; mais, afin de les classer d'une manière plus positive et plus distincte dans l'ordre des temps où elles ont été sculptées et gravées, il m'a semblé indispensable de faire précéder leur traduction et le développement des documens historiques et littéraires que renferment quelques-unes d'elles, par quelques détails succincts sur la chronologie de ce monument et des autres nilomètres qui l'ont précédé.

J'ai recueilli la presque totalité des détails que je vais présenter, soit dans les renseignemens qui m'ont été communiqués par le qâdy spécial chargé de l'administration du meqyâs[57], soit dans les historiens orientaux qui ont traité de ce monument et dont j'ai acquis les manuscrits au Kaire.

Les auteurs arabes que j'ai principalement consultés, et dont j'ai même cru indispensable de rapporter quelques textes à la suite de ce mémoire pour servir de pièces justificatives aux faits que j'y expose, sont, Gergis ben el-A'myd, plus connu sous le nom d'*el-Makyn*[58], dont nous avons fait celui d'*Elmacin*; el-Maqryzy[59], dont j'ai rapporté d'Égypte un très-bel exemplaire manuscrit; A'bd-el-latyf[60], el-Soyouty[61], Ben-Ayâs[62], et quelques autres historiens ou géographes, qui jouissent, à juste titre, de la plus grande réputation, non-seulement dans l'Orient, mais encore parmi nous.

L'ouvrage d'el-Maqryzy surtout, pour me servir des expressions du savant et modeste M. Langlès[63], dont je me glorifierai toujours d'avoir été l'élève[64], « est incontestablement le plus complet, le plus ample et le plus exact qui existe sur l'Égypte[65]. »

Soyouty me semble avoir droit aux mêmes éloges, et ses écrits sont du nombre de ceux qui ont été le plus souvent cités par les orientalistes et les historiens qui se sont occupés de l'Égypte. Je dois lui rendre ici le témoignage qu'on trouve dans son recueil un répertoire aussi volumineux qu'utile et instructif sur tout ce qui concerne cette contrée.

Le livre d'A'bd-el-latyf, moins étendu que les deux précédens, n'en renferme pas moins des détails très-importans sur l'histoire et la topographie de l'Égypte; et il suffirait, pour en faire l'éloge, de dire que M. le baron Silvestre de Sacy[66], à l'érudition profonde duquel tous les orientalistes non-seulement de la France, mais encore de l'Europe entière, s'accordent à rendre un juste hommage, a jugé cet auteur digne de son attention spéciale et d'un travail particulier, et qu'il a bien voulu consacrer ses soins à en donner une traduction française[67], qui a été publiée il y a cinq ans à l'Imprimerie du Gouvernement, dont la direction m'était alors confiée.

Indiquer les guides que j'ai suivis, et les sources où j'ai puisé mes matériaux, c'est sans doute leur assurer le plus grand caractère d'authenticité et d'exactitude; et cette dernière attribution leur est confirmée d'ailleurs par les documens historiques que fournit une partie des inscriptions dont ce mémoire va offrir le développement et l'explication.

C'est pour atteindre ce même but d'une manière plus certaine, que j'ai cru également devoir accompagner les textes d'auteurs orientaux relatifs au meqyâs, dont se compose la sixième partie de ce mémoire, de leur traduction littérale en langue latine, la plus grande partie de ces textes n'ayant pas encore été traduits ni même publiés en leur langue.

Ce recueil m'a semblé devoir être d'une utilité d'autant plus réelle, qu'étant en grande partie composé d'auteurs arabes nés en Égypte, on y trouvera les événemens relatifs au meqyâs, décrits sur les lieux mêmes où ils se passaient, et par des auteurs contemporains que leur position mettait à portée d'en connaître tous les détails avec la plus rigoureuse exactitude.

J'ai cru également nécessaire de faire précéder ces textes de quelques passages d'auteurs grecs et latins cités dans ce mémoire. Ces derniers passages sont beaucoup moins nombreux que les textes orientaux; et j'ai aussi ajouté une traduction latine aux textes grecs, afin qu'aucun obstacle ne pût arrêter ceux des lecteurs pour lesquels cette dernière langue serait moins familière.

NOTES

DE L'INTRODUCTION.

¹ *Voyez* mon Mémoire sur les inscriptions koufiques recueillies en Égypte, et sur les autres caractères employés dans les monumens des Arabes, É. M.

² La première édition des Voyages de Rabbi Benjamin a été imprimée, sous le titre de *Mesa'out Rabby Ben-Yamyn*, מסעות רבי בן ימין, à Constantinople, dans l'Imprimerie hébraïque qui y avait été établie par Rabbi Gerson, et qui y a existé jusqu'à l'an 1530 de notre ère; mais cette édition est fautive et assez mal exécutée.

³ Arias Montanus a publié sa traduction latine d'après le texte de l'édition de Constantinople, et elle n'est pas moins défectueuse que celle-ci. Constantin l'empereur en a depuis donné une nouvelle édition, également remplie de nombreuses fautes, et qui porte le titre suivant : מסעות של רבי בנימין: *Itinerarium D. Benjaminis, cum versione et notis Constantini l'empereur ab Oppyck, S. T. D. et S. L. P. in acad. Lugd. Batava. Lugd. Batavorum, ex officina Elzeviriana*, 1633.

4 Jean-Philippe Baratier, né à Schwabach dans le margraviat d'Anspach, et qui a été, au commencement du siècle dernier, si célèbre par son érudition précoce et sa fin prématurée, a fait, d'après le texte hébreu, à l'âge de onze ans, en 1732, une traduction française, enrichie de notes et de dissertations, qui est estimée, et qui a été imprimée sous le titre suivant :

Voyages de Rabbi Benjamin, fils de Jona de Tudèle, en Europe, en Asie et en Afrique, depuis l'Espagne jusqu'à la Chine, etc., traduits de l'hébreu, et enrichis de notes et de dissertations historiques et critiques, par J. P. Baratier, étudiant en théologie. Amsterdam, 1734.

L'année suivante, Pierre Bergeron a inséré dans le premier volume de sa Collection de voyages faits dans les XII, XIII, XIV et XVᵉ siècles, imprimée à la Haye, une autre traduction de Benjamin de Tudèle, faite sur la version latine d'Arias Montanus, dont les fautes s'y trouvent copiées, et il lui a donné le titre suivant :

Voyage du célèbre Benjamin autour du monde, commencé l'an MCLXXIII, *contenant une exacte et succincte description de ce qu'il a vu*

*de plus remarquable dans presque toutes les parties de la terre, aussi-
bien que de ce qu'il en a appris de plusieurs de ses contemporains dignes
de foi ; avec un détail, jusques ici inconnu, de la conduite, des synagogues,
de la demeure et du nombre des Juifs et de leurs rabins dans tous les
endroits où il a été, etc. ; écrit premièrement en hébreu par l'auteur de ce
voyage, traduit ensuite en latin par Benoît Arian Montan, et nouvellement du latin en françois.*

5 Belon, né au hameau de la Sourletière dans le Maine, vers l'an 1518, était docteur en médecine de la Faculté de Paris : il obtint l'amitié du cardinal de Tournon, et fut très-considéré des rois Henri II et Charles IX. De retour de ses voyages en Grèce, en Judée, en Égypte et en Arabie, il publia, à Paris, en 1553, le recueil de ses observations, sous le titre de *Singularitez et choses mémorables observées en divers pays estranges*, par *Pierre Belon, du Mans*. Il est aussi l'auteur de Traités sur la nature des oiseaux et des poissons, de Commentaires sur Dioscoride, d'une Traduction de ce naturaliste ainsi que de Théophraste, etc. Il préparait encore d'autres ouvrages, lorsqu'il fut tué par un de ses ennemis, près de Paris, en 1564, à l'âge d'environ quarante-sept ans.

6 Pérégrinations du S^r. Iean Palerne, Foresien, secrétaire de François de Valois, duc d'Anjou et d'Alençon, etc., où est traicté de plusieurs singularités et antiquités remarquées ès prouinces d'Égypte, Arabie déserte et pierreuse, Terre-saincte, Surie, Natolie, Grèce, et plusieurs isles tant de la mer Méditerranée que Archipelague, etc. *Lyon*, 1626.

Palerne a joint à la relation de son voyage, dont l'édition est fort rare, un petit dictionnaire des idiomes qui sont parlés dans le Levant, lequel comprend, en vingt-trois pages, une partie des mots les plus usuels, des phrases familières, et même des expressions d'injures, dans les langues italienne, grecque vulgaire, esclavone, turque et arabe qu'il appelle *moresque* ou *arabesque*. Ce vocabulaire est en tout très-inexact ; mais il est principalement curieux de voir comment l'auteur y a défiguré, pour ainsi dire à plaisir, les mots qu'il donne de la langue arabe.

7 *Christophori Furer Itinerarium Ægypti.*

8 *Principis Radzvilii Jerosol. Peregrinatio.*

9 Prosper Alpin, ou Alpini, naquit à Marostica, petite ville de l'État de Venise, vers la fin de l'an 1553, et porta d'abord les armes au service de Milan. Ensuite, pressé par son père, François Alpini, qui était médecin, de suivre la même carrière, il se rendit à Padoue, et y fut reçu docteur en médecine, l'an 1578. Il s'occupa surtout de la botanique ; mais il crut que, pour mieux y réussir, il devait voyager et étudier la nature des plantes par celle des terres qui les produisent. Les ouvrages qui nous restent de lui, prouvent les recherches curieuses auxquelles il se livra

pendant son séjour en Égypte. A son retour en Italie, le prince de Melphe, André Doria, le choisit pour son médecin, et les Vénitiens le nommèrent professeur de botanique à l'université de Padoue. Il y parut avec beaucoup de réputation, et y mourut à la fin de l'année 1616.

Les ouvrages relatifs à l'Égypte, qu'on a de lui, sont les suivans :

Prosperi Alpini Marosticensis, philosophi et medici, De plantis Ægypti liber. Lugduni Batavorum, 1735.

Rerum Ægyptiacarum libri IV. Lugd. Batav. 1735.

Medicina Ægyptiorum. Lugd. Batav. 1745.

De balsamo Dialogus. Lugd. Batav. 1745.

¹⁰ La relation du voyage de Savary de Brèves a été publiée après sa mort par Jacques du Castel, sous le titre de *Relation des voyages de M. de Brèves, tant en Grèce, Terre-saincte et Ægypte, qu'aux royaumes de Tunis et Arger*. Paris, 1628.

¹¹ Savary de Brèves a conclu, en 1604, entre Henri IV et le grand-seigneur, un traité dont il a donné une édition en français et en turk, qui est fort rare, et qui porte le titre suivant :

فرانسه پادشاهی ایله آل عثمان پادشاهی مابینند منعقد اولان
عهدنامه درکه ذکر اولنور

Articles du Traicté faict en l'année mil six cens quatre, entre Henri le Grand, roy de France et de Nauarre, et Sultan Amat, empereur des Turcs, par l'entremise de messire François Sauary, seigneur de Breues, conseiller du roy en ses conseils d'estat et priué, lors ambassadeur pour sa Majesté à la Porte dudit empereur. A Paris, de l'imprimerie des langues orientales, arabique, turquesque, persique, etc. Par Estienne Paulin, rue des Carmes, Collége des Lombards, M. DC. XV.

Ce traité a été réimprimé par du Castel, à la suite de l'édition qu'il a donnée des voyages de M. de Brèves.

¹² *A Relation of a journey begun in 1610, by Sandys.*

¹³ *Viaggi di Pietro della Valle il pellegrino, con minuto ragualio, con la vita dell' autore, scritta da Gio. Pietro Bellori*. In Roma, 1662.

L'année suivante, on en fit paraître une traduction française, intitulée :

Les fameux Voyages de Pietro della Valle, gentilhomme romain, surnommé l'illustre voyageur, avec un dénombrement très-exact des choses les plus curieuses et les plus remarquables qu'il a veuës dans la Turquie, l'Égypte, la Palestine, la Perse et les Indes orientales, et que les autheurs qui en ont cy-deuant écrit n'ont iamais obseruées ; le tout écrit en forme de lettres, adressées au sieur Schipano, son plus intime amy, etc. Paris, 1663 et 1664.

Il en existe une seconde traduction française par Étienne Carneau et Fr. Le Comte, imprimée à Rouen en 1745.

14 La première édition de son voyage a été imprimée à Rouen, en 1668, sous le titre d'*Observations curieuses sur le voyage du Levant.* La seconde est intitulée :

Le Voyage d'Italie et du Levant par messieurs Fermanel, conseiller au parlement de Normandie, Fauvel, maître des comptes en ladite province, sieur d'Oudeauville, Baudouin de Launay, et de Stochove, sieur de Sainte-Catherine, gentilhomme flamen, contenant la description des royaumes, provinces, gouvernemens, villes, bourgs, villages, églises, palais, mosquées, édifices anciens et modernes, vies, mœurs, actions, tant des Italiens que des Turcs, Juifs, Grecs, Arabes, Arméniens, Mores, Nègres, et autres nations qui habitent dans l'Italie, Turquie, Terre-sainte, Égypte et autres lieux de tout le païs du Levant; avec plusieurs remarques, merveilles et prodiges desdits païs, recueillis des écrits faits par lesdits sieurs pendant ledit voyage. Rouen, 1687.

15 Les voyages et observations du sieur de la Boullaye-le-Gouz, gentilhomme angevin, où sont décrites les religions, gouvernemens et situations des estats et royaumes d'Italie, Grèce, Natolie, Syrie, Palestine, Karamenie, Kaldée, Assyrie, Grand-Mogol, Bijapour, Indes orientales des Portugais, Arabie, Égypte, etc., isles et autres lieux d'Europe, Asie et Affrique, où il a séjourné. *Paris*, 1653 et 1657.

16 *Pyramidographia*, by *John Greaves.* Thevenot a traduit cet ouvrage, qui se trouve dans sa Collection de voyages.

17 Voyage de Monconys en 1647.

18 Voyage au Levant, c'est-à-dire dans les principaux endroits de l'Asie mineure, dans les îles de Chio, Rhodes, Chypre, etc., de même que dans les plus considérables villes d'Égypte, Syrie et Terre-sainte, enrichi d'un grand nombre de figures en taille douce, où sont représentées les plus célèbres villes, pays, bourgs, et autres choses dignes de remarque ; le tout dessiné d'après nature ; par Corneille le Bruyn. *Paris*, 1725.

19 L'ingénieur hydrographe Chazelles avait été envoyé dans le Levant pour reconnaître la position des principaux ports de la Méditerranée. Il remonta d'Alexandrie au Kaire en 1694, et y mesura les Pyramides. *Voyez les Mémoires de l'Académie des sciences, année 1702.*

Jean-Matthieu de Chazelles naquit à Lyon le 24 juillet 1657, et mourut à Marseille le 6 janvier 1710.

20 Relation d'un voyage fait au Levant, dans laquelle il est curieusement traité des états sujets au grand-seigneur, et des singularitez particulières de l'Archipel, Constantinople, Terre-sainte, Égypte, Pyramides, mumies, déserts d'Arabie, la Meque, etc. ; par M. de Thevenot. *Paris*, 1665.

Suite du Voyage du Levant, contenant des remarques singulières sur des particularitez de l'Égypte, de la Syrie, de la Mésopotamie, de l'Euphrate et du Tygre, par M. de Thevenot. *Paris*, 1674.

21 Nouvelle Relation, en forme de journal, d'un voyage fait en Égypte en 1672 et 1673; par le P. Vansleb, R. D. *Paris*, 1677.

22 ዘእምብ ። ሉዳልፉ ። መዝገበ ። ቃላት ። ዘወእቱ ። ልሳን ። መጽሐፉ ። ዘኢትዮጵያ ። sive *Jobi Ludolfi, J. C. Lexicon Æthiopico-Latinum, ex omnibus libris impressis nonnullisque manuscriptis collectum, nunc primùm in lucem editum studio et curâ Johannis Michaelis Wanslebii*. Londini, 1661.

ዘእምብ ። ሉዳልፉ ። ትመህረት ። ልሳን ። ግዕዝ ። ዘወእቱ ። ልሳን ። መጽሐፉ ። ዘኢትዮጵያ ። sive *Jobi Ludolfi, J. C. Grammatica Æthiopica, nunc primùm edita studio et curâ Johannis Michaelis Wanslebii*. Londini, 1661.

A cette édition est joint l'opuscule suivant :
Confessio fidei Claudii regis Æthiopiæ, cum notis et versione Latina Jobi Ludolfi, J. C. antehac Sereniss. Electori Palatino dedicata, nunc verò edita curâ et studio Johannis Michaelis Wanslebii, qui liturgiam S. Dioscori, patriarchæ Alexandrini, æthiopicè et latinè addidit. Londini, 1661.

La seconde édition de la Grammaire et du Dictionnaire de Ludolf a paru à Francfort-sur-le-Mein, en 1699 et 1702.

23 Vansleb, de retour de ses voyages, se retira à la paroisse de Saint-Sévère de Bourron, dans le diocèse de Sens, à laquelle il demeura attaché en qualité de vicaire, et où il mourut, le 13 juin 1679, suivant son extrait mortuaire, dont l'original est annexé, avec d'autres pièces autographes qui le concernent, à son manuscrit que j'ai entre les mains.

24 Ces caractères sont au nombre de trois corps : le gros, le petit et le moyen arabe.

25 Ces magnifiques types orientaux sont ceux que les Médicis avaient fait graver avec tant de soin pour l'imprimerie célèbre qu'ils avaient créée à Rome à la fin du XVIe siècle, et qui porta leur nom : leur collection comprend,

1°. Les beaux caractères arabes qui ont servi aux deux éditions des quatre Évangiles sorties de leur typographie en 1590 et 1591, l'une en arabe avec une traduction latine interlinéaire, l'autre en arabe seulement sous le titre suivant :

الانجيل المقدّس لربنا يسوع المسيح المكتوب من اربع الانجيليين المقدّسين اعني متّى ومرقس ولوقا ويوحنّا

Evangelium sanctum Domini nostri Iesu Christi, conscriptum à quatuor evangelistis sanctis, id est, Matthœo, Marco, Luca, et Iohanne. Romæ, in typographia Medicea.

2°. Les caractères arabes de l'édition purement arabe d'Euclide, imprimée à Rome en 1594, sous le titre de

كتاب تحرير اصول لاوقليدس من تاليف خوجه نصير الدين الطوسى ۞

3°. Les caractères arabes, d'un corps plus petit, avec lesquels a été donnée l'édition, aussi en arabe seulement, d'Avicenne, imprimée à Rome en 1593, sous le titre suivant:

كتاب القانون فى الطب لابو على الشيخ الرييس ابن سينا مع بعد تاليفه وهو علم المنطق وعلم الطبيعى وعلم الكلام ۞

4°. Enfin, des caractères moghrebins, syriaques, jacobites, et maronites, straughelo, ta'lyqs, qobtes, etc. Ces derniers caractères, dont quelques-uns n'ont jamais servi, sont employés dans ce mémoire.

[26] M. Firmin Didot, dont le rare talent est généralement connu, et qui, après avoir été attaché à l'Imprimerie royale en qualité de graveur de caractères, depuis l'an 1802, y occupe maintenant la place d'employé spécial chef de la fonderie.

[27] L'Égypte ancienne et moderne, par le S^r. Delacroix, 1704; manuscrit de ma bibliothèque.

[28] Voyage du S^r. Paul Lucas, fait en M. DCC. XIV, etc., par ordre de Louis XIV, dans la Turquie, l'Asie, Sourie, Palestine, haute et basse Égypte, etc., où l'on trouvera des remarques très-curieuses, comparées à ce qu'ont écrit les anciens sur le labyrinthe d'Égypte; un grand nombre d'autres monumens de l'antiquité, dont il a fait la découverte; une description du gouvernement, des forces, de la religion, de la politique et de l'état présent des Turks; une relation de leurs préparatifs faits pour la dernière guerre contre l'empereur; et un parallèle des coutumes modernes des Égyptiens avec les anciennes, etc. *Paris*, 1724.

Voyage du S^r. Paul Lucas au Levant. *Paris*, 1731.

Ces voyages ont été rédigés par Bonnier.

[29] Claude Sicard était né à Aubagne, petite ville voisine de Marseille, en 1677; il entra chez les jésuites d'Avignon en 1699, et prononça ses vœux en 1708. Après avoir professé les humanités pendant sept ans, il fut envoyé comme missionnaire en Syrie, et de là en Égypte : il est mort au Kaire le 12 avril de l'an 1726. S'il faut en croire le P. Ingoult (préface du tome VIII des Mémoires des jésuites missionnaires), « le P. Sicard était exact dans ses recherches, juste dans ses réflexions, judicieux dans sa cri-

tique, heureux dans ses découvertes; et tout ce qui sortait de sa plume était marqué à un coin qui lui était propre et singulier, et qui était toujours le coin du vrai beau. »

On trouve quelques lettres du P. Sicard dans les tomes II et V des nouveaux Mémoires des missions de la compagnie de Jésus dans le Levant, publiés à Paris en 1717 et 1725 : on a intercalé dans ce dernier volume un plan rédigé par le P. Sicard, d'un ouvrage sur l'Égypte ancienne et moderne; plan que Jean-Albert Fabricius a fait réimprimer dans le 46ᵉ chapitre de son livre publié à Hambourg en 1731, sous le titre de *Salutaris lux Evangelii toti orbi per divinam gratiam exoriens*. On a prétendu que l'ouvrage même dont le P. Sicard a tracé le plan, avait été achevé; et le P. Ingoult, après avoir dit, dans la préface ci-dessus citée, que l'on n'a pas perdu toute espérance de le recouvrer, ajoute : « Nous serions d'autant plus sensibles à la perte de cet ouvrage, qu'outre l'utilité qu'on retirerait de cette description, nous savons que le roi, protecteur des beaux arts, ayant été informé du dessein du missionnaire, et voulant en faciliter l'exécution, donna onze à douze mille livres, pour entretenir des dessinateurs qui accompagneront le P. Sicard dans ses voyages, et qui, sous sa direction, leveront des plans, et dresseront des cartes dans tout le pays. »

Dans les tomes VI et VII de ce même recueil, on trouve une dissertation du P. Sicard sur le passage de la mer Rouge par les Israélites, et tout ce qu'on a pu recueillir de ses papiers sur l'Égypte. Les Mémoires de Trévoux, du mois de décembre 1719, contiennent aussi une lettre de lui sur le même sujet.

30 *A View of the Levant, by Charles Perry*. London, 1743.

31 Relation d'un voyage fait en Égypte par le sieur Granger, en l'année 1730. *Paris*, 1745.

32 Description de l'Égypte, contenant plusieurs remarques curieuses sur la géographie ancienne et moderne de ce pays, sur ses monumens anciens, sur les mœurs, les coutumes et la religion des habitans, sur le gouvernement et le commerce, sur les animaux, les arbres, les plantes; composée, sur les mémoires de M. de Maillet, ancien consul de France au Caire, par M. l'abbé le Mascrier. *Paris*, 1735.

La seconde édition de cet ouvrage a été imprimée à *la Haye*, 1740.

33 M. de Maillet donna à son ouvrage le titre de *Telliamed*, anagramme de son propre nom. La première édition en fut publiée par l'auteur même; la seconde l'a été par M. Guer, qui l'augmenta d'après les originaux de sa main. Cette édition, à laquelle l'éditeur a ajouté une vie de M. de Maillet, porte le titre suivant :

Telliamed, ou Entretiens d'un philosophe indien avec un missionnaire français, sur la diminution de la mer; par *M. de Maillet.* La Haye, 1775.

34 Description historique et géographique des plaines d'Héliopolis et de Memphis, par Fourmont. *Paris*, 1755.

35 *Voyez*, pag. 344, le tome VII de l'Histoire de l'Académie royale des inscriptions et belles-lettres.

36 *Description of the East, by Richard Pococke.*
Je ne me suis servi que de la traduction française, intitulée :
Voyages de Richard Pockocke en Orient, dans l'Égypte, l'Arabie, la Palestine, la Syrie, la Grèce, la Thrace, etc., *contenant une description exacte de l'Orient, et de plusieurs autres contrées; traduits de l'anglais par une société de gens de lettres* (par de la Flotte). *Paris*, 1772.

37 Mémoires du baron de Tott sur les Turcs et les Tartares. *Amsterdam*, 1785.

38 Voyage en Nubie et en Abyssinie, entrepris pour découvrir les sources du Nil, pendant les années 1768, 1769, 1770, 1771, 1772 et 1773, par James Bruce; traduit de l'anglais par M. Castera. *Paris*, 1790 et 1791.

39 Voyage à la mer Rouge, sur les côtes de l'Arabie, en Égypte et dans les déserts de la Thébaïde, suivi d'un autre, de Venise à Bassorah par Latiquée, Alep, les déserts, etc., dans les années 1780 et 1781, par M. Eyles Yrwin; traduit, sur la troisième édition anglaise, par M. Parraud; avec deux cartes géographiques. *Paris*, 1792.

40 Voyages sur les côtes de l'Arabie heureuse, sur la mer Rouge et en Égypte, contenant le récit d'un combat des Anglais avec M. de Suffrein, et leur expédition contre le Cap de Bonne-Espérance en 1781, par M. Henri Rooke, écuyer, major d'infanterie; traduit de l'anglais d'après la seconde édition. *Paris*, 1788.

41 Voyage de Constantinople à Bassora en 1781, par le Tigre et l'Euphrate, et retour à Constantinople en 1782 par le Désert et Alexandrie, par l'académicien Sestini; traduit de l'italien. *Paris*, an VI.

42 Description de l'Arabie, faite sur des observations propres et des avis recueillis dans les lieux mêmes; par Carsten Niebuhr. *Amsterdam et Utrecht*, 1774.
Une seconde édition a été publiée à Paris, en 1779.

43 Voyage d'Égypte et de Nubie, par Frédéric-Louis Norden; nouvelle édition, soigneusement conférée sur l'originale, avec des notes et des additions tirées des auteurs anciens et modernes et des géographes

arabes, par L. Langlès, auteur de l'Alphabet tartare-mantchou, etc. *Paris*, 1795 et 1798.

44 Voyage dans la haute et basse Égypte, fait par ordre de l'ancien gouvernement, et contenant des observations de tous genres, par C. S. Sonnini; avec une collection de quarante planches, contenant des portraits, vues, plans, carte géographique, antiquités, plantes, animaux, etc. *Paris*, an VII.

45 Lettres sur l'Égypte, où l'on offre le parallèle des mœurs anciennes et modernes de ses habitans; où l'on décrit l'état, le commerce, l'agriculture, le gouvernement, l'ancienne religion du pays, et la descente de S. Louis à Damiette, tirée de Joinville et des auteurs arabes; avec des cartes géographiques; par M. Savary. *Paris*, 1786.

46 Savary est aussi auteur d'une traduction élégante du Qorân, qui a paru sous le titre suivant:
Le Coran traduit de l'arabe, accompagné de notes et précédé d'un abrégé de la vie de Mahomet tiré des écrivains orientaux les plus estimés. Paris, 1783.

Un troisième ouvrage dont on lui est redevable, est une Grammaire de la langue arabe expliquée en français et en latin, à l'édition de laquelle M. Langlès a bien voulu donner ses soins, et dont l'impression, commencée depuis près de douze ans, et interrompue par différentes circonstances, vient d'être terminée à l'Imprimerie royale sous le double titre suivant:
Grammaire de la langue arabe vulgaire et littérale, ouvrage posthume de M. Savary, traducteur du Coran, augmenté de quelques contes arabes par l'éditeur. Paris, de l'Imprimerie royale, 1813.
Grammatica linguæ arabicæ vulgaris necnon litteralis, dialogos complectens; auctore D. Savary. Opus posthumum aliquot narratiunculis arabicis auxit editor. Parisiis, è Typographia regali, 1813.

47 Voyage en Syrie et en Égypte pendant les années 1783, 1784 et 1785, avec deux cartes géographiques, et deux planches gravées, représentant les ruines du temple du Soleil à Balbek, et celles de la ville de Palmyre dans le désert de Syrie; par M. C.-F. Volney. *Paris*, 1787 et 1790.

48 Nouveau Voyage dans la haute et basse Égypte, la Syrie, le Darfour, où aucun Européen n'avait pénétré; fait depuis les années 1792 jusqu'en 1798, par W. G. Browne; contenant des détails curieux sur diverses contrées de l'intérieur de l'Afrique, etc.; traduit de l'anglais, sur la deuxième édition, par J. Castera. *Paris*, 1800.

49 Voyage de F. Hornemann dans l'Afrique septentrionale, depuis le

Caire jusqu'à Mourzouk, capitale du royaume de Fezzan; suivi d'éclaircissemens sur la géographie de l'Afrique, par M. Rennell; traduit de l'anglais, et augmenté de notes et d'un mémoire sur les Oasis, composé principalement d'après les auteurs arabes, par L. Langlès. *Paris*, 1803.

50 C'est ainsi que les historiens des croisades écrivent le nom de ce prince, qu'ils nous ont fait connaître d'une manière si remarquable. Son nom entier est *el-Melek el-Nâser Saláh el-dounyâ ou-el-dyn Gelyl ben Ayoub* الملك الناصر صلاح الدنيا والدين جليل بن أيوب. Ce prince était kurde d'origine, et vint, avec son frère *Asad ed-dyn Chyrkoueh* اسد الدين شيركوه, se mettre au service de Nour-ed-dyn, dont il sera question dans la note suivante, et qui était souverain de la plus grande partie de la Syrie et de la Mésopotamie. Les deux frères acquirent bientôt une grande réputation militaire; et le khalife d'Égypte ayant demandé des secours à Nour-ed-dyn contre les Francs, ce prince ne crut pas pouvoir mieux faire que de donner aux deux capitaines kurdes le commandement des forces qu'il envoyait en Égypte. Saladin, après avoir, au nom de son maître, dépouillé le khalife de son royaume, s'en empara pour son propre compte, et y devint ainsi le fondateur de la dynastie des Ayoubites, qui occupa le trône pendant environ quatre-vingts ans, et qui offre une succession de huit souverains. Saladin mourut à l'âge de cinquante-sept ans, l'an 589 de l'hégire (1193 de l'ère chrétienne), dans le château de la ville de Damas.

L'histoire de Saladin a été écrite par le qâdy *Bohâ ed-dyn ebn Cheddâd* بهاء الدين ابن شداد. Cet ouvrage a été publié à Leyde, avec une traduction latine, d'après divers manuscrits de la bibliothèque de cette ville, par Albert Schultens, qui y a joint différens extraits des ouvrages d'*Abou-l-fedâ* ابو الفدا et d'*O'mâd ed-dyn Isfahâny* عماد الدين أصفهاني sur la vie de ce prince.

Cette édition porte le titre suivant:

سيرة السلطان الملك الناصر صلاح الدين ابي مظفر يوسف بن شاذى ۞

Vita et res gestæ Sultani Almalichi Alnasiri, Saladini, abi Modaffiri Josephi f. Jobi f. Sjadsi, auctore Bohadino f. Sjeddadi, necnon Excerpta ex Historia universali Abulfedæ; itemque Specimen ex Historia majore Saladini, grandiore cothurno conscripta ab Amadoddino Ispahanensi: ex Mss. Arabicis academiæ Lugduno-Batavæ, edidit ac latinè vertit Albertus Schultens. Lugduni Batavorum, 1732.

51 Ce prince, que l'histoire des croisades a également rendu célèbre parmi nous, se nommait *Nourd-ed-dyn Mahmoud* نور الدين محمود: il prit le surnom d'*el-Melek el-A'âdel* الملك العادل. Il était fils d'*O'mâd*

ed-dyn Zenky زنكى عماد الدين, et il fut le second prince de la dynastie des Atâbeks (*Atâbek* اتابك) de Syrie. Il naquit l'an 511 de l'hégire, qui répond à l'an 1117 de l'ère chrétienne, et succéda à son père dans ses états de Syrie et d'Arabie, l'an de l'hégire 544 (1149 de l'ère chrétienne).

Maître déjà des villes d'Alep (*Haleb* حلب) et d'Émesse (*Hems* حمس), il s'empara de la ville de Damas, et devint si puissant, que, comme nous l'avons vu dans la note précédente, le dernier khalife Fatémite d'Égypte, *el-A'âded le-dyn illah* العاضد لدين الله, fut obligé d'implorer son assistance contre les Francs. Nour-ed-dyn envoya à son secours Saladin avec une armée considérable, avec laquelle, quelque temps après il dépouilla ce même khalife, et se rendit maître de l'Égypte. S'étant brouillé ensuite avec son général, il entra lui-même en Égypte à la tête d'une puissante armée, prit d'assaut le Kaire, et contraignit Saladin à prendre la fuite. Il retourna peu de temps après en Syrie, et mourut d'une esquinancie dans le château de Damas, l'an de l'hégire 569 (1173 de l'ère chrétienne).

52 *Voyez* mon Mémoire sur les inscriptions koufiques recueillies en Égypte, et sur les autres caractères employés dans les monumens des Arabes, déjà cité ci-dessus, *É. M.*

53 Le mot arabe *khalyfeh* خليفه signifie littéralement *successeur, vicaire, lieutenant*, et vient de la racine arabe خلف *khalafa*, qui signifie *venir après, succéder, remplacer*. Ce nom a été le titre de la dignité souveraine, qui, chez les musulmans, comprenait à-la-fois un pouvoir absolu et une autorité entièrement indépendante sur tout ce qui regardait la religion et le gouvernement politique ou militaire.

L'origine de ce nom vient de ce qu'*Abou-bekr* ابو بكر, après la mort de Mahomet, ayant été élu par les musulmans pour remplir sa place, ne voulut pas prendre d'autre titre que celui de *Khalyfeh resoul allah* خليفه رسول الله, c'est-à-dire vicaire ou successeur du prophète de Dieu.

La ville de Médine (*Medynah* مدينه), où Mahomet mourut et fut enterré, fut d'abord le siége du khalifat, qui y demeura fixé jusqu'à *A'ly* على, quatrième khalife : ce prince le transporta à *Koufah* كوفه ; et *Mo'aouyah* معويه, premier khalife de la race des Ommiades, le transféra ensuite à Damas. *Abou-l-A'bbás* ابو العباس, surnommé *el-Saffâh* الصفاح, premier khalife de la race des Abbassides, le remit pendant quelque temps à Koufah ; puis il le transféra à *Anbarah* انبره, dans l'Iràq babylonique (*I'râq babely* عراق بابلى) ; ensuite il l'établit dans une ville qu'il fit construire près de l'Euphrate, et à laquelle il donna le nom de *Hâchemyeh* هاشميه. Son successeur, le khalife *Abou Ga'far el-Mansour* ابو جعفر المنصور, ayant ensuite construit la ville de Baghdâd, en fit le séjour du khalifat.

La succession des khalifes dura sans interruption jusqu'à l'an 656 de l'hégire (1258 de l'ère chrétienne).

54 *Beny el-A'bbás* بني العباس. Cette dynastie a eu trente-sept princes qui ont possédé successivement le khalifat pendant environ cinq cent vingt-trois ans, depuis l'an 132 de l'hégire (749 de l'ère chrétienne), jusqu'à l'an 656 de l'hégire (1258 de l'ère chrétienne).

L'Égypte refusa de reconnaître les Abbassides, l'an 362 de l'hégire (972 de l'ère chrétienne), lorsque le khalife Fatémite el-Mo'ezz en eut fait la conquête. L'autorité des Abbassides n'y fut rétablie que par Saladin, l'an 567 de l'hégire (1171 de l'ère chrétienne).

Enfin cette famille, ayant été détrônée et presque entièrement exterminée après la prise de Baghdâd par les Tartares, l'an 656 de l'hégire (1258 de l'ère chrétienne), ne laissa pas, trois ans après, d'avoir encore quelque ombre d'autorité, au moins quant à la religion, en Égypte; car *Beybars* بيبرس, sultan des Mamlouks circassiens, l'y appela, et ses successeurs l'y maintinrent tellement, que, lorsque le sultan Selym fit la conquête de l'Égypte en l'an 922 de l'hégire (1516 de l'ère chrétienne), il y trouva encore un de ces fantômes du khalifat, nommé *el-Motuouakkel a'lä illah* المتوكل على الله, qu'il emmena avec lui à Constantinople.

L'histoire de ces derniers khalifes Abbassides d'Égypte a été décrite par *Dyârbekry* دياربكري, et insérée dans sa chronique intitulée *el-Khámysy* الخاميسى.

55 *El-Kholafá el-Fátemyoun* الخلفاء الفاطميون. Les princes de cette dynastie prétendaient descendre en ligne droite d'*A'ly* علي, fils d'*Abou-Táleb* ابو طالب et de *Fátmah* فاطمه, son épouse et fille du Prophète; cette dynastie commença à s'établir en Afrique l'an 296 de l'hégire (908 de l'ère chrétienne). Les khalifes Fatémites ont régné d'abord dans l'Afrique proprement dite, et se rendirent ensuite maîtres de l'Égypte. Le premier prince de cette dynastie qui régna dans cette dernière contrée, fut le khalife *Abou-Temym Ma'd* ابو تميم معد, qui prit le surnom d'*el-Mo'ezz le-dyn illah* المعز لدين الله : il était fils du khalife *el-Mansour b-illah* المنصور بالله. Il jeta les fondemens du Kaire l'an 359 de l'hégire (970 de l'ère chrétienne).

56 *Voyez* mon Mémoire sur les inscriptions koufiques recueillies en Égypte, et sur les autres caractères employés dans les monumens des Arabes, *É. M.*

57 J'entrerai plus loin dans des détails assez étendus sur le qâdy spécial du meqyâs.

58 Cet auteur, dont le nom entier est *Gergis ben el-A'myd, abou-l-Yáser ben aby-l-Mokárem, ben aby-l-Tayeb*, جرجس بن العميد ابو

الياسر بن ابي المكارم بن ابي الطيب, a reçu le surnom d'*el-cheykh el-Makyn* الشيخ المكين, sous lequel il est plus communément cité. Il a écrit une histoire des Arabes, intitulée *Tárykh el-Mouslemyn* تاريخ المسلمين (Histoire des Musulmans), dont Th. Erpenius a donné deux éditions : l'une, format *in-folio*, en arabe et en latin, sous le titre suivant :

تاريخ المسلمين من صاحب شريعة الاسلام ابي القاسم محمد الى الدولة الاتابكية تاليف الشيخ المكين جرجس بن العميد ابو الياسر بن ابي المكارم بن ابي الطيب

Id est, Historia Saracenica, quá res gestæ Muslimorum, inde à Muhammede, primo imperii et religionis Muslimicæ auctore, usque ad initium imperii Atabacæi, per XLIX *imperatorum successionem fidelissimè explicantur; insertis etiam passim Christianorum rebus in Orientis potissimùm ecclesiis eodem tempore gestis : arabicè olim exarata à Georgio Elmacino, fil. Abuljaseri Elamidi, f. Abulmacaremi, f. Abultibi, et latinè reddita operá ac studio Thomæ Erpenii.* Lugduni Batavorum, 1625.

L'autre édition, format *in-4°*, ne contenant que la traduction latine, porte le même titre latin, et a été imprimée la même année dans la même ville.

Pierre Vattier, conseiller et médecin du duc d'Orléans, en a publié, environ trente ans après, une traduction française, qu'il a intitulée : *L'Histoire mahometane, ou les quarante-neuf chalifes du Macine, contenant un abrégé chronologique de l'histoire mussulmane en général, depuis Mahomet jusques au règne des François en la Terre-saincte.* Paris, 1658.

Le style de cette traduction est barbare, et souvent inintelligible; les noms des khalifes y sont défigurés de la manière la plus étrange et la plus éloignée de la prononciation.

59 Le nom entier de cet historien célèbre est *Taqy ed-dyn Ahmed, ben A'ly, ben A'bd el-Qáder, ben Mohammed*, تقي الدين احمد بن علي بن عبد القادر بن محمد; mais il est plus connu parmi nous et a été plus souvent cité sous le surnom d'*el-Maqryzy* المقريزي. Ce surnom lui aurait été donné, suivant d'Herbelot et quelques autres savans, parce qu'il était originaire d'un quartier de la ville de *Ba'lbek* بعلبك, en Syrie, nommé *Maqryz* مقريز. Cependant son vrai surnom, ainsi qu'on peut s'en convaincre par son propre témoignage consigné dans la préface de son ouvrage, était *ebn el-Maqryzy* ابن المقريزي (fils du Maqryzy) : en effet, c'était son père, et non lui, qui était natif de *Maqryz*. Notre auteur naquit au Kaire, l'an 769 de l'hégire (1367 de l'ère chrétienne), et mourut l'an 840 (1436 de l'ère chrétienne); quelques-uns, cepen-

dant, reculent sa mort jusqu'à l'an 845 de l'hégire (1441 de l'ère chrétienne).

Nous avons de lui plusieurs ouvrages justement estimés; mais il s'est occupé plus particulièrement de l'histoire de l'Égypte. Le plus important des ouvrages qu'il a publiés à ce sujet, est intitulé : *Kitáb el-moude'z ou el-i'tihár fy zekr el-khotat ou el-atár min teoudrykh Mesr* كتاب المواعظ والاعتبار فى ذكر الخطط والاثار من تواريخ مصر (Le livre des avis et des sujets de réflexion sur l'histoire des divisions territoriales et des vestiges, tiré des annales de l'Égypte).

Il existe un grand nombre de manuscrits de cet ouvrage de Maqryzy à la Bibliothèque royale (*Mss. arabes*, n°s. 673 A, 673 C, 680, 682, 693, 789, 797, 798, 799). La bibliothèque de l'abbaye Saint-Germain-des-Prés en possédait également un exemplaire, qui se trouve maintenant à la Bibliothèque royale (n°. 106, *Mss. Or. S. G.*).

6° Le nom entier de cet écrivain est *Mouafeq ed-dyn A'bd-el-latyf* موفق الدين عبد اللطيف. Il fut surnommé *el-Baghdády* البغدادى, parce qu'il était natif de la ville de *Baghdád* بغداد, où il exerçait la médecine : il a aussi beaucoup travaillé sur l'histoire d'Égypte, et l'on a de lui un ouvrage à ce sujet, cité sous le nom de *Mokhtesar akhbár Mesr* مختصر اخبار مصر (Abrégé de l'histoire d'Égypte), mais dont le titre entier est *Kitáb el-efádet ou el-i'tibár fy el-oumour el-mecháhedet ou el-haouádit el-ma'áynet b-ard Musr* كتاب الافادة والاعتبار فى الامور المشاهدة والحوادث المعاينة بارض مصر (Considérations utiles et instructives tirées des choses que l'auteur a vues, et des événemens dont il a été témoin en Égypte).

Le texte arabe de cet auteur, rempli de détails curieux concernant l'histoire d'Égypte, a été publié pour la première fois en Allemagne, il y a environ vingt-quatre ans, sous le titre suivant :

Abdollatiphi Compendium memorabilium Ægypti, arabicè, e codice MS°. Bodleiano edidit D. Joseph White, præbendarius Glocestriensis, Arab. linguæ prof. Laudianus, et collegii Wadhamensis, quod Oxonii est, socius. Præfatus est Henricus Eberh. Gottlob Paulus, A. M. lingg. Orientalium in academia Ienensi professor pub. designatus. Tubingæ, 1789.

Le même orientaliste en a fait imprimer depuis à ses frais, en Angleterre, une seconde édition arabe et latine : une partie de la traduction est due au jeune Richard Pococke. Cette édition porte le titre suivant :

Abdllatiphi Historiæ Ægypti Compendium, arabicè et latinè, partim ipse vertit, partim à Pocockio versum edendum curavit, notisque illustravit, J. White, S. T. P. ecclesiæ Glocestriensis præbendarius, et linguæ Arabicæ in academia Oxoniensi professor. Oxonii, typis academicis, 1800.

M. Silvestre de Sacy en a donné ensuite une traduction française, qu'il a enrichie de notes précieuses et d'appendix fort importans, relatifs à l'Égypte. *Voyez*, ci-après, la note 66.

61 Le nom entier de cet auteur célèbre est *Abou el-Fadl A'bd-el-rahman Gelâl ed-dyn Mohammed* ابو الفضل عبد الرحمن جلال الدين محمد. Il a été surnommé *el-Soyouty* السيوطى, parce qu'il était natif de la ville de *Syout* سيوط, ou *Asyout* اسيوط, en Égypte; et c'est sous ce surnom qu'il est plus généralement connu. Soyouty a écrit un grand nombre d'ouvrages qui se trouvent à la Bibliothèque royale; mais les plus importans sont ceux qu'il a composés sur l'histoire d'Égypte. Le plus considérable et le plus riche en détails est intitulé : *Housn el-mohâderat fy akhbâr Mesr ou el-Qâhirat* حسن المحضرة فى اخبار مصر والقاهرة (Les beautés de la conversation sur les histoires de l'Égypte et du Kaire). J'en ai rapporté d'Égypte plusieurs manuscrits d'une très-belle conservation.

62 Le nom entier de cet écrivain est *Mohammed ben Ahmed ben Ayâs* محمّد بن احمد بن اياس. Il a reçu aussi les deux surnoms d'*el-Hanefy* الحنفى et d'*el-Gerkasy* الجركسى : le premier, parce qu'il était de la secte orthodoxe d'*Abou-Hanifah* ابو حنفه; et le second, parce qu'il était natif de Circassie. Son ouvrage est intitulé, *Nechq el azhâr fy a'gâyb el-aqtâr* نشق الازهار فى عجايب الاقطار (L'odeur des fleurs dans les merveilles de l'univers); et Ben-Ayâs nous apprend lui-même qu'il le termina le vendredi 14 du mois de *cha'bân* شعبان de l'an 922 de l'hégire (12 septembre de l'an 1516 de l'ère chrétienne). Cet ouvrage se trouve à la Bibliothèque royale.

Les deux exemplaires qu'elle en possède forment le n°. 595 des manuscrits arabes de l'ancien fonds de la Bibliothèque, et le n°. 111 des manuscrits de Deshauterayes, neveu et élève de Fourmont pour la langue chinoise, et ancien professeur d'arabe au Collége royal de France. J'en possède moi-même un très-bel exemplaire, qui forme le n°. 56 de la précieuse collection de manuscrits orientaux que j'ai rapportés d'Égypte.

L'exemplaire de la Bibliothèque du roi a été copié l'an 1115 de l'hégire (1703 de l'ère chrétienne); il est d'une main européenne, et à-la-fois inexact et mal écrit. L'exemplaire acquis par cette même bibliothèque à la vente des livres de Deshauterayes est infiniment supérieur par la netteté de son écriture et par son exactitude : la copie en a été terminée au commencement du mois de *raby' el-aouel* ربيع الاول, l'an de l'hégire 1044 (septembre 1634 de l'ère chrétienne).

Mon exemplaire est plus ancien que les deux de la Bibliothèque du roi, puisqu'il a été terminé le 19 du mois de *regeb* رجب, l'an de l'hégire 1019 (août 1610 de l'ère chrétienne).

Ce manuscrit est très-soigneusement copié; et M. Langlès, à qui je me suis fait un devoir de le communiquer pour l'intéressante notice de la

Cosmographie de Ben-Ayâs qu'il a publiée dans la 1re partie du tome VIII des Notices et Extraits des manuscrits de la Bibliothèque du roi, lui rend témoignage que, dans la révision de son travail, il y a puisé des leçons fort utiles et fort exactes.

Je ne dois pas passer sous silence ici que cette notice elle-même m'a été infiniment utile pour mon travail, dont elle a beaucoup facilité les recherches.

Le silence qu'ont gardé les biographes orientaux sur notre auteur, ne nous permet pas de fixer d'une manière tout-à-fait précise l'époque de sa naissance et celle de sa mort. Nous ne pouvons déterminer le temps où il florissait que par ce qu'il nous apprend lui-même, comme je viens de le marquer sur la date à laquelle il finit son ouvrage. Hâggy-Khalfah lui-même n'en donne que des détails peu étendus et peu satisfaisans; il nous apprend seulement dans l'article qu'en a publié M. Langlès, que Ben-Ayâs a tiré son ouvrage des anciennes annales, et qu'il y rapporte tout ce qu'il avait appris de plus extraordinaire et ce qu'il avait vu de plus merveilleux dans l'Égypte et dans ses cantons, et ce que les sages y ont fait de plus admirable. « Il donne, ajoute-t-il, un extrait de la vie des anciens rois de cette contrée, des détails sur le Nil et sur les Pyramides, et commence par un petit traité du système céleste et de l'astronomie. »

L'ouvrage de Ben-Ayâs a été consulté par plusieurs savans orientalistes. Éd. Pococke en possédait un exemplaire qui a passé dans la bibliothèque Bodleyenne d'Oxford, où il est encore sous le n°. 914. Petis de la Croix le père a consulté aussi cet ouvrage pour sa vie de Genghiscan, et en a fait l'objet d'un article très-court dans l'*Abrégé de l'histoire des auteurs de Genghiscan*, page 544 de cet ouvrage.

63 Membre de l'Institut de France, conservateur des manuscrits orientaux de la Bibliothèque du roi, administrateur et professeur en langues persane et malaye de l'école spéciale des langues orientales vivantes et d'une utilité reconnue pour la politique et le commerce, établie près de la Bibliothèque du roi, chevalier de l'ordre de Saint-Wladimir de Russie, etc.

64 Je ne puis résister au besoin de consacrer ici les témoignages de ma tendre reconnaissance pour les bontés et l'affection véritablement paternelle dont M. Langlès n'a cessé de m'honorer, ainsi que pour l'obligeance vraiment particulière avec laquelle il a mis à ma disposition, pour mon travail, les manuscrits que renferme la collection inappréciable si justement confiée à ses soins.

65 *Voyez*, page 320, le tome VI des Notices et Extraits des manuscrits de la Bibliothèque du roi et autres bibliothèques, publiés par l'Institut de France.

66 Membre de l'Institut de France et de la Légion d'honneur, profes-

seur de langue persane au Collége royal de France, et de langue arabe vulgaire et littérale à l'école spéciale des langues orientales vivantes, associé de la société royale de Gottingue, de l'académie royale des sciences de Copenhague, et de l'institut royal de Hollande, associé ordinaire de l'académie italienne, membre honoraire du muséum de Francfort, et correspondant de la société d'émulation de Cambrai et de celle d'Abbeville.

كتاب الافادة والاعتبار فى الامور المشاهدة والحوادث المعاينة ٦؟
بارض مصر ۞

Relation de l'Égypte par Abd-Allatif, médecin arabe de Bagdad; suivie de divers extraits d'écrivains orientaux, et d'un état des provinces et des villages de l'Égypte dans le xive *siècle; le tout traduit et enrichi de notes historiques et critiques, par M. Silvestre de Sacy, etc.* De l'Imprimerie royale, à Paris, mdcccx.

PREMIÈRE PARTIE.

CHAPITRE PREMIER.

Du Nil, et de ses diverses dénominations.

L'OBJET particulier de ce mémoire étant relatif à un monument consacré uniquement au Nil, et qui en était, pour ainsi dire, le temple et le sanctuaire, si j'ose me servir de ces expressions; avant de tracer l'histoire succincte des édifices de même nature élevés pour mesurer les inondations, je ne crois ni inutile ni étranger au plan que je me suis tracé, de commencer par dire ici quelques mots sur les traditions des Orientaux concernant ce fleuve, et sur les différens noms qu'ils lui ont donnés et qu'ils lui donnent encore.

Ces noms sont en assez grand nombre, et semblent différer absolument les uns des autres; cependant, en cherchant à découvrir l'origine et la signification propre de chacun d'eux, je tâcherai d'en tracer la filiation, et de faire voir qu'il y a entre eux des rapports positifs et beaucoup plus rapprochés que ne l'ont pensé jusqu'ici ceux qui ne se sont pas livrés à cet examen.

Ces traditions et la discussion de ces dénominations me semblent d'ailleurs d'autant mieux placées ici, que quelques-unes d'elles peuvent servir à mieux faire comprendre les allusions que renferment différentes inscriptions du meqyâs, et les passages des divers auteurs que j'aurai occasion de citer dans le cours de ce mémoire.

§. I. *Noms du Nil chez les anciens.*

On trouve, dans les diverses parties de la Bible, le Nil désigné par quatre noms différens et n'ayant aucun rapport entre eux, ni dans leur contexture grammaticale, ni dans les racines auxquelles on les rappelle : ces noms sont ceux de *Gyhhoun* גיחון, de *Nehr* נהר, de *Nehhl* נחל, et de *Ssyhhour* שיחור.

On n'est pas entièrement d'accord sur la question de savoir si le premier de ces noms, qui ne se trouve que dans les livres de Moïse [1][*], doit appartenir au Nil d'une manière certaine : un assez grand nombre d'interprètes et de commentateurs ont avancé l'opinion contraire, qu'ils ont même appuyée de raisonnemens très-longs [2], mais puisés la plupart dans cette vaine objection, que prétendre que Moïse a désigné le Nil sous le nom de Gehon (*Gyhhoun*), ce serait lui attribuer une erreur trop grossière en géographie, à cause de l'éloignement considérable qui existe réellement entre la source du Nil et celles des autres fleuves qu'il place auprès de lui dans Éden [3].

On peut se contenter de répondre à ces objections, que l'écrivain du Pentateuque, ainsi que les auteurs des

---

[*] *Voyez* cette note et les suivantes à la fin de la première partie.

autres livres qui composent la Bible, ont fait d'autres fautes aussi palpables, et dont on ne peut s'empêcher de convenir, soit en géographie, soit en physique; fautes qui tiennent uniquement à l'état peu avancé où étaient les connaissances de leur temps, sans qu'il en puisse cependant résulter, de la part de ceux qui les ont remarquées, le moindre préjugé défavorable au respect qui est dû à ces ouvrages comme livres sacrés, et auquel, indépendamment de ce motif, ils auraient d'ailleurs un droit bien authentique, quand bien même on ne les considérerait que sous le rapport des plus anciens livres historiques qui existent.

Cette erreur même n'est pas particulière à Moïse; les anciens, très-mauvais géographes pour la plupart, n'avaient pas une idée bien certaine et bien distincte de la direction du Nil et du lieu où il prenait sa source. Pausanias et Philostrate nous apprennent qu'on croyait que le Nil était un écoulement de l'Euphrate, qui, ayant plongé ses eaux dans un marais, renaissait dans l'Éthiopie sous le nom de *Nil;* et Alexandre le Grand, ayant trouvé des crocodiles dans le fleuve Indus et des fèves semblables à celles d'Égypte sur les bords de l'Acesine, autre rivière qui se décharge dans l'Indus, ne douta point qu'il n'eût réellement découvert la véritable source du Nil.

D'ailleurs le texte de Moïse est positif, et d'un sens clair qui se compose des acceptions bien connues et bien constatées des expressions partielles de la phrase hébraïque : toute autre interprétation me semble donc forcée, et ne pouvoir s'en tirer qu'en tourmentant les mots, et en les éloignant abusivement de leur signification précise et littérale.

Ce texte[4] porte en effet, sans qu'il puisse y avoir aucune espèce d'ambiguité, que le *fleuve auquel il donne le nom de* Gehon, *arrose la terre de* Chus (*Kouss* כוש), et tous les interprètes se sont accordés unanimement à traduire ce dernier nom de pays par *Éthiopie*.

Au reste, dans leurs versions, les Septante et l'auteur de la Vulgate, au lieu de traduire le mot hébreu *Gyhhoun* גיחון, se sont contentés de le transcrire, en le rendant, les premiers, par Γηῶν, et le second par *Gehon*. On retrouve encore ce même nom rendu dans la version arabe[5] par جيحان *Gyhân*, dans la version syriaque par ܓܝܚܘܢ *Gyhhoun*, dans les paraphrases chaldaïques d'Onkelos et de Jonathan[6] par גיחון *Gyhhoun*, et dans le texte hébréo-samaritain par ᛖᛞᛏᛇᛉᚹ *Gyhhoun*.

A l'égard de la version samaritaine, elle est la seule qui, traduisant ce nom au lieu de le copier simplement, l'ait remplacé par un mot bien différent, celui de ᛖᛞᛏᛇᚹ *A'sqouf*, sur lequel nous reviendrons d'une manière plus étendue à la fin de ce paragraphe.

La version persane du Pentateuque par Ya'qoub Taousy[7] porte, comme la version syriaque, le mot de *Gyhoun* جيحون.

Tous les rabbins et les lexicographes de la langue hébraïque se sont accordés à faire dériver le mot גיחון *Gyhhoun*, de la racine גיח *gouehh*, qui signifie *sortir avec violence, s'élancer*; et, en parlant particulièrement de la mer ou de toute autre grande masse d'eau, *frémir*, *gronder, lutter contre ses bords*[8]. Les dérivés de cette racine participent à ce même sens[9], qui se retrouve encore dans les mots homogènes des autres langues orientales, collatérales ou dérivées de la langue hébraïque[10].

C'est en suivant cette opinion, bien ou mal fondée, et que je ne me permettrai point de discuter davantage ici, de l'identité du Nil et du Gehon dont parle Moïse, que les vocabulaires modernes de la langue qobte désignent communément le Nil par le nom de Ⲡⲓⲕⲉⲱⲛ *pi-Keón*, qui n'est que le même mot précédé de l'article propre à cette langue.

C'est aussi d'après les mêmes motifs que les Éthiopiens donnent au Nil le nom de ተካዜ : ጌዮን : *Takazé Geyon* (le fleuve Gehon). Ce nom de ጌዮን : *Geyon*, est quelquefois encore écrit dans leur langue de deux autres manières, ጊዮን : *Giyon*, et ጌዎን : *Géwon*.

On trouve aussi le nom de ቄሆን *Kéhôn*, comme étant un des noms du Nil, dans le Traité géographique que Moïse de Khorène a joint à son Histoire d'Arménie[11].

Je dois remarquer, avant de terminer cet article, que, malgré le concert unanime de tous les interprètes de la Bible, qui prennent le Gehon pour le Nil, le rabbin Salomon Jarkhi[12] désigne le premier des quatre fleuves dont parle Moïse (le Phison), comme étant le Nil lui-même[13]. Cette opinion, combattue par Aben-Ezra, a été suivie par Saadiah Gaon el-Fayoumy dans sa version arabe du Pentateuque[14], par l'auteur de la traduction arabe qui accompagne latéralement la version qobte de la Bible dans mon manuscrit, et par le célèbre voyageur juif Benjamin de Tudèle, dont j'ai parlé ci-dessus.

Au reste, il serait peut-être possible de concilier ces deux opinions, qui paraissent d'abord si divergentes, en observant que les deux principaux affluens du fleuve de l'Égypte, savoir, l'Abaoui à l'orient, et le Bahr-el-Abyad à l'occident, ont été pris indifféremment de tout temps et par différens peuples pour le Nil lui-même : l'opinion n'est pas encore aujourd'hui entièrement fixée à ce sujet en Europe; elle est même également indécise en Afrique sur les bords de ces deux fleuves. Si le Phison est reconnu pour l'un d'eux, on conçoit, par ce qui vient d'être dit, que la question se résout d'elle-même. Or, le Phison, selon le texte hébreu et tous les interprètes, « tournait dans la terre d'Hévilah[15]. » Ce pays paraît bien certainement être le même que l'Abyssinie[16]; et comme il n'y a pas d'autre grand fleuve que l'Abaoui dans cette contrée, le Phison serait donc alors l'Abaoui.

Plusieurs commentateurs ont aussi pensé que, sous le nom de *Gehon*, Moïse avait voulu désigner le Niger : cette supposition, qui a été admise sans beaucoup d'opposition, s'accorde encore fort bien avec le raisonnement qu'on vient de lire, puisque toute l'antiquité a cru, et qu'il paraît encore aujourd'hui reconnu, que le Niger a une communication quelconque avec l'affluent occidental du Nil, c'est-à-dire avec le Bahr el-Abyad.

Benjamin de Tudèle, dont le jugement doit être ici d'un grand poids, s'explique d'une manière très-positive au sujet de l'identité du Phison et de l'Abaoui, en disant que « du pays d'A'den à Asouân on fait vingt journées de chemin le long du Fyssoun, qui vient du pays de Kouss : là règne, ajoute-t-il, un monarque qui porte le titre de sultan d'Abyssinie [17]. »

J'ajouterai encore qu'Ebn el-Maqryzy, dans son Histoire des rois musulmans d'Abyssinie [18], qu'il a fait précéder d'une notice géographique fort intéressante sur cette contrée, désigne le *Syhoun*, que l'auteur de la version arabe de la Bible faite sur le qobte prétend être le même que le Phison et que le Nil [19], « comme étant un affluent du Nil dans la partie orientale de l'Abyssinie [20]. »

Ainsi l'on ne doit donc point répugner à croire que le Phison est bien réellement la source orientale du Nil qui vient de la province de Gojam en Abyssinie, et porte actuellement les noms d'*Abaoui* et de *rivière Bleue* [21], et que le Gehon est, au contraire, la source occidentale qui sort des montagnes de la Lune [22], communique peut-être avec le Niger, et se nomme aujourd'hui *Nil blanc* et *rivière Blanche* [23].

Le second nom biblique du Nil, נהר *Nehr*, se trouve aussi souvent employé par les Hébreux pour exprimer ce fleuve; mais communément il est joint avec le nom de l'Égypte, de cette manière, נהר מצרים *Nehr Metsraym* [24], et signifie alors littéralement *le fleuve d'Égypte*.

Cette dénomination paraît être tout-à-fait la même que celle sous laquelle Homère a connu ce fleuve; et en effet, ce prince des poëtes ne donne jamais au Nil que le nom d'Αἴγυπτος ποταμὸς, c'est-à-dire *le fleuve Ægyptus*, ou *le fleuve d'Égypte*[25]. Diodore de Sicile, auquel le plus souvent on peut bien se fier pour les faits qu'il raconte, mais non entièrement pour les causes qu'il leur assigne et pour les raisonnemens qu'il en tire, rapporte également que le Nil a eu cette dénomination[26]; mais il en donne pour raison que le nom d'*Ægyptus* était celui d'un ancien roi de ce pays, en l'honneur duquel le fleuve qui l'arrose avait été ainsi appelé.

Quelquefois aussi le nom de נהר *Nehr* se trouve employé seul dans la Bible pour désigner le Nil, et il signifie alors *le Fleuve* par excellence, en faisant un nom propre d'un nom appellatif, par une figure qui est généralement très-familière aux langues orientales[27].

Je dois ajouter ici que les Hébreux eux-mêmes désignent également, en quelques endroits de la Bible, le Nil par le seul nom d'יאר *Iar*[28] qui signifie de même *fleuve*.

Dans les livres qobtes, on trouve aussi souvent le Nil appelé seulement du nom de ⲫⲓⲁⲣⲟ *ph-iaro*, ou, en dialecte saydique, ⲡⲉⲓⲉⲣⲟ *p-eiero* (le Fleuve).

C'est ainsi que l'Euphrate est aussi appelé par les Arabes نهر *Nahar* (le Fleuve), et par les Hébreux, du même nom de נהר *Nehr*[29] que nous venons de voir déjà donné par eux au Nil. Les Persans désignent de même par le nom de *Roud* رود, qui a la même signification dans leur langue, le fleuve Oxus, que quelques auteurs orientaux ont aussi appelé جيحون *Gyhoun*, mais dont les véritables noms sont *Abi-Amou* آب امو (fleuve Amou), *Dihâni-chyr* دهان شير[30], et le plus souvent

Nehri-Balkh نهر بلخ (fleuve de Balkh), à cause de la ville de Balkh[31], près de laquelle il coule.

Les Éthiopiens aussi donnent quelquefois au Nil seulement le nom de ተከዜ *Takazè* (le Fleuve).

Mais je dois remarquer que ce dernier nom du Nil chez les Éthiopiens, qui a été connu de quelques voyageurs sous la dénomination de *Tagazé*, est donné le plus souvent d'une manière spéciale à la rivière de *Tegros* ጠግርስ, l'un des plus considérables affluens du Nil en Abyssinie, et auquel les voyageurs donnent aussi le nom d'*Atbara*.

Le troisième nom donné au Nil par les Hébreux, et qui est celui de נחל *Nehhl* ou *Nekhl*[32], se trouve souvent aussi, comme le précédent, joint avec le nom de l'Égypte, נחל מצרים *Nehhl-Metsraym*[33] : ce nom n'est bien évidemment autre chose que celui sous lequel ce fleuve a été connu généralement des Grecs et des Latins, et qu'ils ont rendu par ceux de Νεῖλος et de *Nilus*, en y ajoutant une terminaison propre à leurs langues. Le nom de *Nuchul*, que Pomponius Mela donne à une portion du Nil en Éthiopie, conserve même l'aspiration dure de la lettre *hheth* ou *kheth* (ח) que renferme le mot *Nehhl* נחל.

Ce mot est lui-même racine dans la langue hébraïque; et certainement on ne pourrait trouver nulle part mieux que dans sa signification littérale, une définition qui dût convenir d'une manière plus particulière et plus positive au Nil, à la situation de son lit, et à ses débordemens annuels opérés par les pluies périodiques de l'Éthiopie.

En effet, le mot נחל *Nehhl*, suivant tous les lexicographes hébreux, signifie expressément, dans cette langue, *une vallée étroite et resserrée, formant un lit dans lequel coule rapidement un torrent qui s'enfle au temps des pluies* [34]. Ce mot a la même acception dans les autres langues orientales : on le retrouve dans le chaldéen נחל *Nehhl* et נחלא *Nehhlâ*, dans le syriaque ܢܚܠܐ *Nahhlô*, dans le samaritain ࠍࠇࠋ *Nehhl*, dans le persan نحل *Nahl*, qui offrent absolument le même sens que le mot hébreu [35]; les langues arabe et éthiopienne fournissent même des analogues des différentes portions du sens de cette racine dans plusieurs de leurs mots usuels, dont les lettres radicales sont identiquement les mêmes que celles de la racine hébraïque [36].

A l'égard du quatrième nom du Nil, שיחור *Ssyhhour* ou *Sihor*, qui se rencontre en plusieurs endroits de la Bible [37], et qu'on trouve aussi écrit שחור *Ssêhhour* [38], il me semble être indubitablement le même que celui de Σειρις, qu'Hérodote, Plutarque et Pline le naturaliste [39] nous disent avoir été un des anciens noms du Nil.

Denys le Périégète [40] rapporte aussi ce même nom, mais en ajoutant qu'il vient des Éthiopiens, qui, selon lui, ne le donnent qu'à la portion du Nil qui traverse leur pays.

Les Hébreux dérivent l'étymologie de ce nom de la racine שחר *ssehhr*, qui signifie *trouble et noir* [41], et dont les dérivés, soit dans leur idiome[42], soit dans les autres langues orientales[43], ont la même acception; et nous voyons dans Eustathe[44], commentateur de Denys le Periégète, que les Grecs, traduisant cette épithète, ont aussi désigné le Nil par le nom de Μέλας[45], qui a chez eux la même signification. Les Latins ont copié cette dernière dénomination dans celle de *Melo* ou *Mello* que Sextus Pompeïus Festus[46] et Ausone[47] donnent aussi à ce fleuve. Ce nom même n'a pas été tout-à-fait hors d'usage parmi les modernes; car on le trouve employé par le savant Jac. Gronovius, qui affectait, comme l'on sait, dans ses ouvrages, un style dur et hérissé des termes les moins usités.

Relativement à l'origine de cette dénomination, croira-t-on qu'elle a pour cause l'état trouble et bourbeux où se trouvent réellement les eaux du Nil pendant son inondation annuelle, ou pensera-t-on plutôt que le nom de *Noir* a été donné à ce fleuve parce qu'il tire sa source de l'Éthiopie ou du *pays des Noirs*[48], en suivant le même motif qui a fait donner le nom de *Niger* à un autre grand fleuve d'Afrique[49]? Je n'entrerai point ici dans cette discussion, me bornant à l'exposition pure et simple de la signification matérielle de ce nom, mais en observant cependant que la seconde conjecture me semble d'autant plus probable, qu'elle s'appuie, comme on vient de le voir, sur un autre exemple, et qu'elle se rattache à la signification d'un autre nom du Nil dont je m'occuperai plus loin.

Ce qui peut fortifier cette dernière hypothèse, c'est qu'Eschyle appelle la partie du Nil qui coule depuis sa source jusqu'aux cataractes, Ποταμὸς Αἰθίοψ, et qu'il donne seulement à la partie qui va depuis les cataractes jusqu'à la mer Méditerranée, le nom de Νεῖλος.

Je pourrais observer aussi qu'en langue sanskrite le nom du Nil est *Câli*, qui signifie en même temps *noir* et *beau*.

Suivant Diodore de Sicile[50], le plus ancien nom que les Égyptiens aient donné au Nil, est celui d'Ὠκεανή : il ajoute que ce nom avait, dans leur langue, la même signification que celui d'Ὠκεανός (Océan) chez les Grecs. On peut d'abord remarquer, au sujet de cette dénomination, qu'à présent même encore les Arabes habitans de l'Égypte et les autres Orientaux désignent plus souvent le Nil par le nom de *Mer*[51] que par celui de *Fleuve*[52].

C'est sans doute la largeur considérable de ce fleuve, et surtout sa vaste étendue dans ses débordemens, qui peuvent avoir motivé cette expression chez les anciens Égyptiens et chez les Arabes.

Nous la retrouvons même indiquée par un passage de Pline le naturaliste, qui, dans son savant ouvrage, a recueilli tant de traditions précieuses répandues chez les nations diverses dont il fait mention. En effet, il dit positivement, dans le chapitre xi de son xxxve livre, en parlant du Nil : *Cujus aqua est mari similis*[53].

Cette phrase isolée de Pline ne pourrait certainement s'entendre d'une amertume semblable à celle de la mer, que les eaux du Nil sont tellement éloignées d'avoir, qu'après avoir passé le boghâz[54] que forme son embouchure, on peut encore puiser de l'eau douce dans la mer elle-même à une grande distance de la côte. Ainsi le seul sens que l'on pourrait donner raisonnablement à ce passage, ne saurait être que celui-ci : « Les eaux du Nil ressemblent à une mer. » D'ailleurs le sens précis de l'endroit où Pline emploie cette expression, ne peut souffrir une interprétation différente.

Le savant Rossi[55] nous apprend que le mot Ὠκεανή est écrit d'une manière fautive dans la plupart des éditions de Diodore, et que les manuscrits portent presque tous le mot Ὠκεαμή, qui est le même nom, mais qui a mieux conservé, suivant lui, sa forme égyptienne : car son étymologie serait alors le mot ⲱϣⲙⲁⲩ Ochmau, ou ⲱϣⲉⲙⲁⲩ Ochémau (abondance ou immensité d'eau, grande eau, grand fleuve), formé des deux racines qobtes ⲱϣ[56] Och (grand, beaucoup), et ⲙⲱ Mô ou ⲙⲱⲟⲩ Môou, qui signifiait eau[57] dans le dialecte memphitique, et qui s'écrivait aussi ⲙⲟⲩ Mou dans les mots composés[58], ⲙⲟⲟⲩ Moou dans le dialecte saydique[59], et ⲙⲁⲩ Mau dans l'idiome bachmourique[60], l'un des plus anciens dialectes de la langue qobte, mais dont on doit bien regretter qu'il ne nous reste malheureusement que trop peu de traces; car il paraît que ce dialecte aurait été peut-être celui dans lequel on aurait pu retrouver le plus de mots de l'ancienne langue égyptienne[61].

Je ne sais même s'il ne serait point permis de reconnaître encore des vestiges de ce même mot égyptien dans celui de قاموس qâmous, qui signifie aussi maintenant Océan dans la langue arabe.

On explique parfaitement par cette interprétation le passage de Diodore de Sicile, où il dit que le premier dieu des Égyptiens était l'Océan. En effet, on doit convenir que cette divinité ne pouvait être l'Océan lui-même, dans l'acception que nous donnons à ce mot, puisque tout nous prouve que les anciens Égyptiens avaient la mer en horreur : Plutarque, dans son Traité d'Isis et d'Osiris, nous rapporte que la mer, sous le nom de *Typhon*, était, pour les prêtres égyptiens, un tel objet d'exécration, qu'ils rejetaient jusqu'à l'usage du sel qu'on en retirait, et qu'ils avaient en abomination ceux qui entreprenaient des courses maritimes [62].

Ainsi ce n'était pas l'Océan (Ὠκεανὸς) qui était le dieu qu'adoraient les Égyptiens, mais l'abondance d'eau (Ὠκεαμὴ) dont le Nil tirait sa source, et qui causait ses débordemens et sa fécondité; et en effet, nous savons que le Nil reçut, sous différens noms, les honneurs divins de la part des anciens habitans de l'Égypte.

Diodore de Sicile rapporte aussi que le Nil avait été nommé Ἀετὸς, c'est-à-dire *aigle*; et il donne pour motif de cette dénomination une fable qu'il raconte sur Prométhée, ancien roi d'Égypte, et sur Hercule [63].

Peut-être pourrait-on soupçonner, sans trop d'invraisemblance, que cette assertion n'a été fondée que sur une faute de copiste dans les manuscrits d'après lesquels Diodore de Sicile a rédigé son ouvrage, et qui auraient dû porter, au lieu du mot Ἀετὸς, celui de Ὑετὸς, *pluie, pluvieux, formé par les pluies*, épithète qui, comme on le sait, convenait parfaitement au Nil et aux causes de ses débordemens; alors Diodore aurait inventé toute sa fable d'Hercule et de Prométhée par le seul motif de ne vouloir point rester en arrière sur l'origine de ce nom devant ses compatriotes, qui ont toujours été amateurs du merveilleux, qu'ils adoptaient avidement et sans examen, surtout lorsqu'il se rapportait à quelque personnage qui leur était déjà connu par leurs récits mythologiques : mais, comme cette hypothèse pourrait elle-même paraître un paradoxe plus que hasardé, et j'avoue qu'elle me le semble en effet, nous pouvons chercher dans une autre source l'origine du nom 'Αετὸς, qui se rencontre, d'une manière très-vraisemblable, dans une homonymie de deux mots que Diodore, dont l'oreille devait être peu exercée à distinguer des nuances d'articulation étrangères à sa langue naturelle, a pu facilement confondre, en les entendant prononcer par les prêtres égyptiens qu'il consultait.

Il paraîtrait donc alors que la véritable origine de cette prétendue dénomination était la ressemblance qui se trouve entre le mot 'Ωκεαμὴ (ⲰϧⲈⲘⲎ), qui, comme nous venons de le remarquer ci-dessus, a été un des noms donnés au Nil, et celui de ⲞⲨⲀϨⲈⲘ *ou-Akhem*, ou ⲞⲨⲀϨⲰⲘ *ou-Akhôm*, qui signifie encore maintenant *aigle* dans le dialecte memphitique de la langue qobte moderne[64].

Avant d'aller plus loin, je crois convenable de revenir sur le mot *A'sqouf* ⲀⲤϦⲞⲨⲪ par lequel nous avons vu ci-dessus que les Samaritains, dans leur version du texte hébreu, traduisent le mot *Gyhhoun* גיחון que porte celui-ci; et il est à remarquer que presque tous les noms de lieux et de fleuves que renferme le Pentateuque, ne sont pas, dans la version samaritaine, copiés et transcrits, mais traduits par des noms différens [65] qui tiennent évidemment à des traditions anciennes et importantes, et dont il serait intéressant de chercher à découvrir l'origine : mais, ces recherches étant étrangères à l'objet de ce mémoire, je ne m'y arrêterai pas ici davantage.

La seule inspection de ce mot אסקוף *A'sqouf*, composé de cinq lettres, dont quatre sont nécessairement radicales de leur essence, empêche de le prendre pour une racine primitive qui ne peut en comporter que trois, le cas des racines quadrilitères ou quintilitères étant infiniment rare non-seulement en samaritain, mais encore en hébreu et dans les langues orientales, si plutôt les mots de cette espèce qu'on nous donne comme radicaux, ne sont eux-mêmes, non des racines véritables, mais des expressions composées de deux racines bilitères, soit usitées encore, soit devenues inusitées [66].

Ce nom porte donc évidemment le caractère d'un mot composé de deux, et il importe de voir quels ils peuvent être, afin de découvrir par leur analyse s'il n'y a pas dans ses élémens quelque analogie et quelque corrélation avec les noms du Nil déjà connus.

Si l'on croyait pouvoir adopter une première conjecture, sans la regarder comme trop hasardée, ce mot paraîtrait se décomposer facilement dans les deux suivans ⲡⲁⲥ *a'sq* et ⲁⲩ *ouf*. Le premier aura pu signifier, dans la langue samaritaine, *ténèbres, obscurité, noirceur*, étant le même que celui des Hébreux חשך *hhessek* ou *hhask*, qui a le même sens. La première lettre du mot samaritain, ⲁ (*a'yn*), s'employait communément, suivant le génie de la langue samaritaine, pour remplacer la lettre ח (*hheth*) des Hébreux, comme on peut s'en convaincre par un grand nombre d'exemples[67]; la seconde, ⲥ (*samek*), remplace aussi très-fréquemment le ש (*ssyn*) des Hébreux[68], dans l'idiome desquels ces deux lettres mêmes se confondent souvent[69]; et la dernière lettre, ק (*qouf*), était de même commutative chez les Samaritains avec leur lettre ⲕ ou le כ (*kaf*) des Hébreux : ainsi le mot hébreu et le mot samaritain peuvent, sans peut-être trop d'invraisemblance, paraître identiques[70].

A l'égard du second mot qui forme la seconde partie du nom composé, il est aussi le même que la racine hébraïque inusitée אף *âf* ou *ôf*, qui pouvait aussi s'écrire אוף *âouf*. On ne retrouve pas ce mot radical dans les livres de la Bible que nous avons, où tous ceux qui composent la langue hébraïque n'ont pu être employés : mais les traces s'en reconnaissent d'abord dans le verbe fréquentatif qui en est dérivé, אפף *âfef* (entourer, s'agiter, pirouetter)[71]; et il reparaît tout entier dans la langue arabe, où souvent l'on est obligé d'aller chercher l'étymologie de mots dérivés que la langue hébraïque a retenus, tandis que leur racine a cessé d'y être en usage; cas qui se rencontre à l'égard de toutes les langues parmi lesquelles une langue collatérale conserve souvent une racine qui a passé d'usage dans une autre langue, tandis que les dérivés y subsistent [72]. En effet, dans la langue arabe, le verbe racine وفى *ouafà* signifie, à la troisième forme, *venir, arriver, parvenir* [73]; et un de ses dérivés (يافوف *yâfouf*) signifie encore *rapide, prompt, impétueux* [74].

Ainsi la signification totale du mot עסקוף *A'sqouf* serait alors, *sortant avec violence des ténèbres*. Nous retrouvons dans la dernière portion de ce mot le sens que nous avons vu ci-dessus appartenir au premier nom du Nil גיחון *Gyhhoun*, et la première partie nous donne une acception de plus renfermée dans la phrase qui accompagne ce nom dans le texte de Moïse; acception qui n'a pas été inconnue aux historiens grecs, et qui se trouve dans la signification du quatrième nom du Nil chez les Hébreux (שיחור *Ssyhhour*), que nous avons vu ci-dessus.

Au reste, si on l'adopte, cette expression, *sortant des ténèbres* ou *de la noirceur*, paraît pouvoir présenter dans son explication deux hypothèses différentes.

Dans la première, en considérant que les Orientaux, et maintenant encore les Arabes, appellent l'Océan *la mer des ténèbres* [75], on retrouverait l'opinion avancée par les Grecs, que l'Océan était la véritable source du Nil.

Dans la seconde, en prenant le mot עסק *a'sq* en samaritain, et חשך *hhask* en hébreu, non-seulement pour *ténèbres*, mais encore pour *obscurité, noirceur*, on pourrait rapporter cette expression au pays des Noirs ou Éthiopiens, que nous avons vu ci-dessus nommé par

Moïse *arets Kouss* ארץ כוּשׁ (pays de Kouss), où le Nil prend réellement sa source; et alors ce nom coïnciderait, comme je viens de l'indiquer, avec celui de שיחור *Ssyhhour* chez les Hébreux, de Σειρις chez les Égyptiens, et de Μέλας chez les Grecs.

On pourrait aussi par une seconde conjecture, sans recourir à aucune mutation de lettres, trouver une autre étymologie du mot ⳽⳦⳨⳽ⳤ *A'sqouf*, le mot ⳨⳽ⳤ *a'sq* signifiant *inonder, submerger*, en samaritain, et ⳽⳦ *ouf* se rapportant à l'arabe وفى *ouafa*, déjà cité ci-dessus. Suivant cette hypothèse, ce mot offrirait la signification de *fleuve qui inonde et dont le cours est rapide*.

Enfin, il se présente encore une troisième conjecture, qui ne me paraît pas dépourvue de vraisemblance et de probabilité : l'extrême ressemblance qui existe entre les formes du *noun* ⳽ (N) et du *fé* ⳽ (F) dans l'écriture samaritaine, ne pourrait-elle pas faire présumer que quelque copiste aura pris la première de ces deux lettres pour l'autre? Les exemples de pareilles erreurs ne nous manqueraient point à citer, et on peut le supposer avec plus de raison dans un nom de fleuve étranger que dans un mot connu et usité dans la langue de l'écrivain.

D'après cette supposition, si on lisait *A'sqoun* ⳽⳦⳨⳽ⳤ au lieu d'*A'sqouf* ⳽⳦⳨⳽ⳤ, l'on aurait un nom d'une forme très-régulière et très en usage dans toutes les langues bibliques, la même que celle du mot *Gehoun* גיחון, et qui offrirait absolument la même signification; car ce mot serait dérivé, suivant les formes grammaticales, de la racine *a'saq* ⳨⳽ⳤ (inonder, submerger).

Je me bornerai ici à offrir ces trois conjectures, sans vouloir faire adopter plus irrévocablement l'une que l'autre, et je ne pousserai pas plus loin mes raisonnemens à ce sujet.

En langue amharique, dialecte de l'éthiopien moderne, le nom du Nil est ኣባዩ: *Abaoui*[76], qu'on écrit et qu'on prononce vulgairement *Abay* ኣባይ[77] et que les auteurs arabes ont écrit اباي *Abay*.

Les Éthiopiens dérivent ces deux noms d'*ababi*, ኣበበ: *flots, grandes vagues*, le même que l'arabe اباب *ebâb*, mais qui, en éthiopien, s'emploie plus particulièrement pour désigner les flots de la mer et la mer elle-même[78].

Cette dénomination du Nil paraîtra entièrement juste en lisant les détails suivans qui m'ont été fournis par l'évêque de la ville de *Gouandar* ጐንደር:[79] que nous connaissons sous le nom de *Gondar*. Je vais transcrire ici ses propres paroles : « L'Abây vient de l'ouest se jeter dans le lac *Tsana* ጻና: et après l'avoir traversé dans sa longueur, en sort à l'est et remonte au nord pour se rendre en Égypte : ses eaux sont limpides, et on les distingue facilement de celles du lac, qui sont noires, et avec lesquelles elles ne se confondent point. L'endroit du lac que traverse le Nil, est extrêmement rapide et dangereux pour les bâtimens qui y passent. »

Ce mot (*Abaoui*) nous fournit l'étymologie d'un autre nom que les historiens grecs et latins nous apprennent avoir été donné aussi anciennement au Nil par les Éthiopiens de Méroé, celui d'Ἀσάπυς et d'*Asta-*

pus. En effet, Strabon[80] rapporte qu'auprès de Méroé le Nil est divisé en deux branches, dont l'une portait le nom d'Ἀϛάπȣς ou d'Ἀϛοσάϐας, tandis que l'autre était appelée Ἀϛαϐόϱας; Pline[81] donne aussi au Nil dans l'Éthiopie le nom d'*Astapus*, et nomme ses deux branches *Astusapes* et *Astabores*.

J'observerai d'abord que maintenant encore, en langue éthiopienne, les mots ሐጸት፡ አባዊ፡ *Hazzat-Abaoui* ou *Hatsat-Abaoui* signifient *séparation du Nil*[82], *diminution du Nil*, ou même encore, *le Nil inférieur, le petit Nil*[83].

Mais je crois devoir préférer à cette première explication, qui m'avait paru d'abord devoir suffire, une hypothèse bien plus satisfaisante, et qui a surtout l'avantage de nous présenter à-la-fois l'étymologie complète de tous les noms donnés par les géographes grecs et latins, soit au Nil, soit à ses divers affluens avec lesquels ils l'ont continuellement confondu.

Cette étymologie est fondée sur la signification du mot éthiopien *Aouhaza* አውሐዝ፡ qui signifie dans cette langue, *couler, répandre ses eaux comme un torrent ou un fleuve*, et de la racine duquel est formé le mot *ouhiz* ውሒዝ፡ au pluriel, *ouahāïzt* ውሓይዝት፡ *eau, fleuve, torrent*[84].

Cette racine nous fournit l'explication naturelle de la première partie des mots Ἀστ*απος* de Diodore, Ἀστ*άπȣς*, Ἀστ*αϐόρας*, Ἀστ*ασόϐας* et Ἀστ*αγάϐας* de Strabon, Ἀσ*ασόϐας* d'Héliodore, *AST*apus, *AST*abores et *AST*usapes de Pline, de son abréviateur Solin et de Pomponius Mela.

Le mot éthiopien que nous venons de voir, a pu se prononcer dans l'ancienne langue *Ahazt* ou *Ahzt;* et cette conjecture ne trouvera aucun obstacle auprès des orientalistes, surtout en considérant que, dans la langue éthiopienne, les mots qui commencent par ⱦ ou perdent cette lettre très-communément, soit dans leurs dérivés, soit dans leurs inflexions grammaticales : ainsi l'Ἀςάπȣς, Ἀςαπος, ou *Astapus,* auquel ces géographes assignent la même position que les modernes donnent à l'Abaoui, ne serait autre chose, en retranchant la terminaison propre à leur langue, ajoutée par les Grecs et les Latins, que *Ahzt-Abou* (le fleuve Abaoui). Diodore, en parlant de ce fleuve, interprète son nom par la phrase ἐκ τȣ σκότȣς ὕδωρ, *eau sortant des ténèbres.* Nous avons vu ci-dessus que par *les ténèbres* les anciens entendaient *le pays des Noirs;* d'après cette interprétation, l'expression de Diodore signifierait donc seulement que l'Astapus est l'affluent du Nil le plus voisin de cette contrée.

L'Ἀςαϐόρας ou *Astabores,* dont la position est la même que celle du *Tegros* ጠግርሕ : appelé aussi chez les Éthiopiens par excellence *Takazé* ተካዘ : (le Fleuve) et qui traverse le pays de *Borá* በረ : serait *Ahzt-Borá* (le fleuve de Bora). J'ajouterai ici que l'on retrouve encore des traces de son ancien nom d'*Astaboras* dans le nom corrompu d'*Atbara* que quelques modernes lui donnent.

L'Ἀςασόϐας, Ἀσασόϐας, ou *Astusapes,* me paraît être le même que le *Mareb*[85] des modernes; et nous ne pourrons, ce me semble, douter de l'identité de ces deux fleuves, d'après les deux considérations suivantes :

1°. tous les géographes s'accordent à placer ce fleuve à la droite de l'Astaboras, position qui ne peut convenir qu'au Mareb; 2°. Pline et Solin observent que ce nom signifiait *un fleuve qui se cache* (*fluvius latens*), et Ludolf nous apprend que le Mareb disparaît sous la terre dans une portion de son cours, comme le Rhône, le Guadiana, et plusieurs autres grands fleuves. Nous ne verrons donc dans Ἀςασόβας ou Ἀσασόβας que *Ahzt-Azab* (le fleuve d'Azab) : en effet, le Mareb arrose le pays de Bagiah, dont A'zâb ou A'yzâb[86] est la principale ville. A'zâb passa même pour avoir été autrefois la capitale de l'Éthiopie entière et des états de cette fameuse reine de Saba[87] qui vint visiter Salomon. Une dernière circonstance qui n'est point à dédaigner, c'est que, selon Ludolf, il existe encore vers les sources du Mareb une peuplade nommée *Azabo*.

Il ne nous reste plus que l'Ἀςαγάβας, dont Strabon seul fait mention, et qu'il place auprès de Méroé[88] : d'après la position relative des autres fleuves, on peut croire que ce quatrième affluent est un de ceux qui, dans la carte donnée par Ludolf, passent à peu de distance de la ville et du territoire de *Geba*, et alors on pourrait l'expliquer par *Ahzt-Geba* (le fleuve de Geba).

Le mot ሐዝ: *hazz*, dont la contexture grammatique et la prononciation sont presque absolument les mêmes que celles du mot éthiopien précédent, signifie encore maintenant une *flèche* dans la langue éthiopienne, dans laquelle nous savons qu'on retrouve beaucoup de traces de l'ancienne langue égyptienne; et de là vient aussi que quelques écrivains grecs nous ont rapporté que les Égyptiens donnaient au Nil le nom de *Flèche.*

Pour ne rien omettre sur les noms qui ont été donnés au Nil par les anciens, j'ajouterai encore que, dans Ératosthène, on lit qu'un roi d'Égypte se nommait *Phrourôn,* « nom, ajoute-t-il, qui était aussi celui du Nil. »

En recherchant l'étymologie de ce nom, on trouve qu'il peut signifier *le fleuve tranquille dans son lit,* en le faisant correspondre au mot qobte ⲫϩⲣⲟⲩⲣ *ph-hrour* (le calme, le tranquille), qui est dérivé lui-même de la racine ϩⲉⲣⲓ *heri* (se reposer)[89].

Outre les noms que nous avons déjà vu ci-dessus qu'on attribuait dans la langue qobte au Nil, le Dictionnaire qobte de la Croze[90], d'après Kircher, donne aussi à ce fleuve le nom de ⲁⲙⲏⲓⲣⲓ *Améiri.* On pourrait peut-être d'abord présumer avec quelque vraisemblance que ce nom n'était en lui-même autre chose que celui de *Nehr* בהר que nous avons déjà vu, auquel les Égyptiens auraient fait subir un changement qui leur était familier, en remplaçant la lettre נ (*noun*) des Hébreux par leur ⲙ (*mu*), comme de נוף *Nouf* ou נף *Nof* ils ont fait ⲙⲟϥ *Mof,* et du mot *No-Ammon* (נא המון ou נא אמון) celui de Μωμέμφις ou de *Momomphis,* etc.; et de savans orientalistes ont admis comme fondée cette commutation dans des cas absolument pareils. Quelques-uns même, d'après ce principe, n'ont vu dans le nom de Μέλας, donné par les Grecs au Nil, qu'une altération des mots נחל *Néhhl* et Νεῖλος, que nous avons vus ci-dessus.

Au reste, quel que soit le plus ou le moins de probabilité qu'on accorde à cette conjecture, on ne pourra s'empêcher de trouver dans ce nom quelque analogie avec celui du roi Mœris, nommé aussi Amyris, qui, suivant le rapport des historiens, avait fait tant de travaux relativement à ce fleuve.

Mais il paraît que la vraie étymologie de cette appellation du Nil est que le nom d'ⲁⲩϩⲓⲣⲓ est aussi celui de la couleur *bleue* en langue qohte, suivant Kircher; et ce qui peut fortifier cette opinion, c'est que l'Abaoui porte aussi chez les Arabes de Nubie le nom de *Bahar el-Azraq* بحر الازرق, qui de même signifie littéralement *le fleuve bleu*[91].

Je dois remarquer ici qu'en grec les κύανος, κυάνειος, signifient également *bleu* et *noir*[92]: ainsi cette dénomination de *fleuve bleu* donnée au Nil pourrait être dérivée de celle de *fleuve noir*, que nous avons vu ci-dessus lui avoir été donnée en différentes langues.

J'aurais pu m'étendre encore sur cette matière; le désir de ne pas retarder davantage la publication de ce mémoire me fait omettre un assez grand nombre d'autres notes sur quelques autres noms donnés autrefois au Nil : les matériaux que j'ai recueillis à ce sujet, auraient suffi pour former un mémoire entier; et j'ai même été plus d'une fois tenté de retrancher de celui-ci tout ce qu'on vient de lire ci-dessus sur cette matière, afin de le réunir à mes autres notes et d'en former un ouvrage particulier.

Je ne puis cependant m'empêcher de céder au désir de faire connaître une nouvelle étymologie du mot Ὠκεάμη, qui se rattache parfaitement aux autres appellations du Nil, et que le hasard m'a fournie, au moment où je corrigeais les dernières épreuves de cette partie.

En parcourant, pour des recherches étrangères au présent mémoire, la Bibliothèque orientale [93] du savant Assemani [94], je trouvai [95] qu'un des rois d'Édesse [96] portant le nom d'*Abgar* ܐܒܓܪ [97] était désigné par le surnom d'*Oukama* ܐܘܟܡܐ, surnom, ajoute Assemani, qui signifiait *le noir*.

D'après cette signification du mot syriaque, qui se retrouve avec le même sens dans les autres langues bibliques [98], avec lesquelles chaque jour on reconnaît de plus en plus que l'ancienne langue égyptienne avait les plus grands rapports, le mot Ὠκεάμη donné au Nil et cité ci-dessus ne présenterait pas d'autre acception que celle du *fleuve noir*, et se rattacherait alors entièrement au sens de la plus grande partie des anciens noms sous lesquels ce fleuve a été désigné.

§. II. *Surnoms donnés au Nil.*

Un des principaux surnoms donnés anciennement au Nil par les Grecs, est celui de Διιπετής, qui se trouve dans Homère [99]. Tous les interprètes ont traduit ce mot par la périphrase *ex Jove egrediens*, et ont fait, à ce sujet, de longs commentaires. Sans prétendre mettre mon opinion à la place de celle des hommes célèbres qui ont été jusqu'à présent partisans de cette leçon, ne serait-il pas possible de prendre simplement le mot διὰ pour une préposition augmentative [100] qui entre, en ce sens, dans la composition d'un grand nombre de mots grecs [101], et de lire simplement διαπετής, c'est-à-dire *erumpens* ? Alors cette épithète ne serait proprement que la traduction du mot גיחון *Gyhhoun*, par lequel nous avons vu ci-dessus qu'on désignait le Nil chez les Hébreux, et qui a conservé dans toutes les langues orientales le sens que je lui donne ici. Rien n'empêcherait alors de croire qu'Homère a eu connaissance de cette dénomination, et qu'il l'a traduite par l'épithète de διαπετής dans son immortel poëme.

Si cependant on voulait conserver à ce mot la signification généralement reçue jusqu'à présent de *ex Jove egrediens*, on l'expliquerait facilement encore en prenant cette acception comme signifiant, *sorti du ciel* ou *de la pluie* [102], *don du ciel.*

Les Arabes modernes donnent souvent au Nil l'épithète de *el-fayd* الفيض (l'abondance, le don de Dieu), surnom qu'ils attribuent aussi à l'Euphrate [103], parce que ces deux fleuves fertilisent tous deux en se débordant les terres qui les environnent. Il y a pourtant, entre les inondations de ces deux fleuves, cette différence, que l'Euphrate ne déborde, à la manière du Nil, que fort près de son embouchure.

Un des titres dont ils honorent encore ce fleuve, est celui d'*el-mobárek* المبارك (le béni), en reconnaissance de la fertilité admirable que ses eaux répandent chaque année sur la terre de l'Égypte, et de la fécondité qu'elles communiquent, suivant eux, aux femmes de ce pays.

Horapollon rapporte, en parlant de la crue annuelle du Nil, que ce fleuve était appelé en langue égyptienne Νꙍꙋⲥ, *Noüs*, ou Νουν, *Noun*, à l'époque de son débordement [104].

Ne pourrait-on pas croire que l'étymologie de ce mot se retrouve dans le mot qobte-saʾydique ⲚⲀⲚⲞⲨ *Nanou*, qui signifie *excellent*, et qui est réduplicatif de la racine ⲚⲞⲨ *Nou*, qui signifie *bon*, et se trouve dans les divers dialectes qui nous restent de l'idiome qobte?

Il semblerait que cette appellation du Nil ait été aussi connue des Parses; car on la retrouve attribuée à ce fleuve dans le chapitre XX du *Boun-dehech*, ouvrage pehlvique qui contient la cosmographie des Parses [105].

Ce passage est conçu dans les termes suivans:

« Le fleuve *Arg* [106] sort du mont *Albordj* [107], et va dans la terre de *Sourah* [108], qui est appelée *Ametché* [109]; puis de là dans celle de *Sepoutos*, qui est appelée *Mesredj* [110], et où on le nomme *le fleuve Nou* ou *Nev* [111]. »

L'identité de forme de l'*n* et de l'*ou* dans l'écriture pehlvie permettant de lire *Sapentos*, aussi bien que *Sepoutos*, le destour de M. Anquetil lui a fait adopter la première leçon; mais je crois qu'on préférera la seconde, qui n'offre visiblement qu'une corruption du mot grec Αἴγυπτος.

CHAPITRE II.

Nilomètres des anciens Égyptiens.

On sait que les terres de l'Égypte ne produisent à leur cultivateur qu'autant qu'elles ont été couvertes et fécondées par l'inondation annuelle du fleuve à qui seul elles doivent leur fertilité. Les contributions ne pouvaient jamais se percevoir que sur la portion inondée, seule capable de les supporter, puisqu'elle seule rapportait à son propriétaire ou usufruitier.

Aussi les anciens rois d'Égypte et les princes qui, après eux, ont successivement gouverné cette contrée, ont-ils toujours eu le plus grand intérêt à mesurer et constater les divers degrés où parvenait, chaque année, cette inondation bienfaisante, qui, étant la source immédiate du revenu des terres, avait dû devenir naturellement pour eux la base sur laquelle devait s'asseoir le plus sûrement le système de leurs propres revenus, et la règle de répartition des impositions annuelles auxquelles ces terres étaient soumises.

Ainsi nous apprenons que, dès la plus haute antiquité, ils avaient eu le plus grand soin de faire mesurer en divers endroits de l'Égypte la hauteur où s'élevaient les accroissemens progressifs des eaux du fleuve, à l'époque de l'inondation annuelle.

Il paraît que l'instrument de mesurage était d'abord portatif, et n'était alors autre chose qu'une longue perche graduée, peut-être retenue par un anneau, qu'on plongeait dans le fleuve : les historiens grecs l'ont désigné dans leur langue sous les noms de νειλομέτριον et de νειλοσκόπιον, d'où nos modernes ont fait les noms de *nilomètre* et de *niloscope*.

Le premier nom était formé des mots Νεῖλος, *Nil*, et μέτρον, *mesure*; le second se composait du même mot Νεῖλος et de σκέπτομαι, *observer*.

Le Nil a été déifié par les anciens Égyptiens et adoré sous différens noms; on peut même croire que le bœuf Apis, qui obtint chez eux les honneurs divins, n'était que l'emblème de ce fleuve.

L'instrument qui servait à le mesurer, fut confié aux prêtres de Sérapis, qui seuls avaient le droit d'en faire usage, et qui le conservaient religieusement dans leur temple. Soit qu'on admette ou soit qu'on rejette l'opinion que Sérapis n'était autre chose que le Nil déifié, il paraît toujours constant que l'instrument même du mesurage a été aussi lui-même désigné par le nom de *Sérapis;* et l'étymologie de ce nom, dans cette dernière acception, se présente d'elle-même dans les deux mots hébreux שיחור *Ssyhhour*, nom du Nil, que nous avons déjà indiqué précédemment, qu'on trouve aussi écrit שחור *Ssêhour*, et qui a pu aussi s'écrire plus simplement encore שחר *Ssehhr*, et אפי *áphy*, ou איף *áyph*, qui signifie *mesure* [112].

On reconnaîtra peut-être des traces du soin que les anciens Égyptiens mettaient au mesurage des eaux du Nil, dans quelques types qui se rencontrent assez fréquemment parmi les signes de leur écriture hiéroglyphique, et que je vais présenter ici [113].

Un de ces types représente une longue perche terminée par le haut en forme de T [114], ou traversée soit d'une seule barre ☦, soit de plusieurs ☨ : quelquefois ce signe semble être enfoncé dans l'intérieur de la tranche verticale d'une coupe plus profonde que large, ou plutôt d'une fleur de lotus, ⚜ ; et nous savons que la fleur de cette plante [115], si abondante autrefois [116] et maintenant encore en Égypte dans les endroits inondés [117], a toujours été, dès la plus haute antiquité, consacrée spécialement au Nil par les Égyptiens : cette tradition s'est conservée même jusqu'à présent dans une des dénominations que lui donnent les habitans modernes du pays [118]. La seule inspection des monumens hiéroglyphiques et des médailles frappées en Égypte nous prouve que cette fleur y a souvent été employée par les anciens comme l'emblème spécial et le signe caractéristique de ce fleuve [119].

A l'égard de la coupe et du vase rempli d'eau, nous ne pouvons douter, d'après le témoignage des anciens, que les Égyptiens n'en aient fait l'emblème du Nil dans leurs cérémonies religieuses, et conséquemment, que ce symbole n'ait dû avoir le même sens dans leur écriture sacerdotale; on le trouve en effet figuré de différentes manières, parmi lesquelles je me contenterai de présenter ici les deux suivantes, ⚱ et ⚭ , où l'on voit ces deux figures tranchées verticalement pour en laisser apercevoir l'intérieur.

Il me paraît donc que les hiéroglyphes dont je viens

de parler, ont dû indiquer les divers progrès et le mesurage de la crue des eaux du Nil : telle a été du moins l'opinion de plusieurs antiquaires, qui même ont donné à ces figures le nom de *mikias*[120]. Ce nom n'est autre chose que celui de *meqyás*, par lequel, comme je l'ai déjà dit ci-dessus, les Arabes ont désigné et désignent encore à présent leurs nilomètres.

Un second type qui se retrouve aussi très-souvent employé dans les bas-reliefs hiéroglyphiques, est une figure également en forme de T, surmontée d'un anneau[121], qu'on voit représentée de trois manières : ces hiéroglyphes, ⸸, ⸷ et ⸶, qui sont analogues aux précédens, et qui n'en offrent peut-être qu'une variante, ont reçu différentes significations de la part des antiquaires; mais le plus grand nombre s'est accordé à leur donner le nom de *clef du Nil*. Ainsi cette dénomination se rattacherait encore à des idées nilométriques.

Ce signe ensuite put devenir, par une analogie emblématique, le symbole ordinaire du bonheur qu'on désirait, ou de la délivrance du mal qu'on souffrait : on en fit un amulette qu'on suspendait au cou des malades, et un attribut dont on décorait les divinités bienfaisantes[122]. On le voit à la main d'une des trois figures d'un beau fragment de bas-relief que j'ai acquis en Égypte, et que l'Arabe qui me l'a vendu, m'a certifié avoir apporté lui-même de la grande Oasis, où ce morceau faisait partie des belles ruines qui y existent encore, et qui, d'après la description qu'il m'en a faite, paraîtraient être les restes du célèbre temple de Jupiter Ammon[123].

Quelquefois l'anneau qui termine supérieurement la clef du Nil, est conformé d'une manière différente, et renferme deux autres petits hiéroglyphes, de cette manière, : il est facile de reconnaître dans l'un d'eux le signe constamment employé et généralement reconnu pour désigner l'eau et l'inondation.

D'autres fois encore cette figure , ou la *clef du Nil*, est représentée sur une espèce de coupe ou de barque, auprès d'autres signes avec lesquels elle se trouve groupée : tels sont les deux hiéroglyphes suivans, et . Dans le premier, elle est placée à la droite et vis-à-vis d'une petite figure accroupie qui paraît être celle d'Anubis; dans le second, au contraire, elle occupe la gauche du groupe, et elle accompagne un bâton ou peut-être l'instrument de l'arpentage, soutenu par deux supports formant inférieurement une fourche renversée et qui est surmontée d'un appendice incliné que les antiquaires ont généralement considéré comme une tête de huppe.

Le premier de ces hiéroglyphes me semble indiquer l'inondation qui commence, le fleuve sortant de son état de stagnation et de repos et de sa situation la plus basse, tandis que le second, dans lequel la clef du Nil est dans une place opposée à celle qu'elle occupait dans le précédent, peut être regardé comme le signe de l'inondation qui finit. En effet, suivant la plupart des antiquaires, la huppe était chez les anciens Égyptiens la figure symbolique du vent du midi, qui aide à l'écoulement des eaux lorsque l'inondation se retire, et dont le retour annonçait l'arpentage des terres et le temps des semailles [124].

Ils donnent pour raison de ce symbole, que la huppe passe tous les ans de l'Éthiopie dans la haute Égypte, et de la haute Égypte dans la basse, à l'époque de la cessation du débordement, et qu'elle suit le cours du Nil en se repaissant des insectes innombrables que son limon recèle, et dont la chaleur facilite alors la naissance; et ils pensent que par ce caractère spécial elle était parfaitement propre à devenir pour les Égyptiens le symbole du vent méridional, dont elle suit la direction, et du desséchement des terres, qui a lieu à l'époque où le vent commence à souffler.

Mais, indépendamment de ce raisonnement, dont je suis loin de contester la vraisemblance et la probabilité, me sera-t-il permis d'en hasarder un autre fondé sur l'étymologie même du nom que les Égyptiens donnent à la huppe?

Tous les anciens qui ont traité des hiéroglyphes, nous assurent que bien souvent, dans leurs images symboliques, les Égyptiens employaient des figures d'animaux ou d'autres objets physiques qui n'avaient que peu ou point de rapport analogique avec l'idée qu'on les chargeait de représenter, mais dont le nom connu reproduisait dans sa prononciation à peu près le même son que les mots qui, dans le langage parlé, auraient exprimé l'idée qu'on voulait peindre. Par exemple, ils nous attestent que, dans l'écriture sacerdotale, l'idée de l'ame était rendue par un épervier, par la raison que le nom de *baïét* ⲂⲀⲒⲎⲦ que les Égyptiens donnaient à cet oiseau [125], renferme les mêmes sons que les deux mots *baï* ⲂⲀⲒ et *hêt* ϨⲎⲦ, dont le premier [126] signifiait *vie*, et le second [127], *esprit, cœur;* et ces diverses idées abstraites, dont la réunion pouvait convenir à désigner l'*ame*, étaient offertes ensemble, et prenaient, pour ainsi dire, un corps sensible aux yeux dans le sens symbolique et composé qui était donné à la représentation de l'épervier.

Or, en faisant ici une application de ce système dans la langue des Égyptiens modernes, le nom de la huppe est *koukouphat* ⲔⲞⲨⲔⲞⲨⲫⲀⲦ [128]; et nous ne devons point douter que leur ancienne langue ne se servît du même nom ou d'un mot peu différent. En examinant quels sont les mots dont la combinaison pourrait donner un son à peu près semblable, ou du moins qui n'en fût pas éloigné, nous trouvons que la réunion des trois mots *ghôk-houo-ph-hhat*, ⲬⲰⲔ, ϨⲞⲨⲞ, ⲫϨⲀⲦ, présente une homonymie presque entière; et cette petite phrase signifie littéralement, *fin de l'abondance de l'inondation* [129]. Au reste, j'abandonne cette conjecture nouvelle à l'examen qu'on voudra en faire, ne prétendant aucunement la défendre contre ceux qui la trouveraient hasardée, mais observant toutefois que le génie de la langue égyptienne, ancienne et moderne, se plaisait extraordinairement à ces mots composés de plusieurs autres, et qu'à chaque page, dans les livres qobtes, on trouve des mots fort longs, qui, par l'analyse grammaticale usitée dans cette langue, se décomposent en autant de mots différens que le mot composé a de syllabes.

On trouve aussi un autre hiéroglyphe qui figure, comme les précédens, une perche traversée de deux barres; mais l'anneau, au lieu de lui être supérieur, est placé au-dessous, de cette manière, ⳁ. Je n'hésiterai point à le ranger dans la même famille comme analogue à ces autres types, et à lui assigner la même valeur, sans cependant prétendre assurer que les hiéroglyphes que je viens de citer, ainsi que ceux dont je vais parler, n'ont pu, en plus d'une occasion, être placés avec une acception différente de celle que je leur attribue ici, et qui cependant me semble être leur valeur primitive et originale; mais il a dû arriver pour ces hiéroglyphes, comme pour tous les autres, qu'on a transmis une expression emblématique et figurée à la valeur physique et matérielle, si on peut le dire, qu'ils avaient dans leur premier usage. Ce cas a lieu dans toutes les langues tant anciennes que modernes, soit primitives, soit dérivées, chez lesquelles nous voyons continuellement des mots représentant des objets purement physiques et des images perceptibles aux sens, s'employer ensuite dans une extension analogique pour servir de signes à des opérations mentales et intellectuelles, et pour peindre des idées entièrement métaphysiques et abstraites qui n'auraient pu être exprimées sans le secours de ce moyen.

Or, il n'y a pas lieu de douter que cette nécessité ne

se soit fait sentir d'une manière plus particulière encore à l'écriture sacerdotale des anciens Égyptiens, dans laquelle les idées complexes n'étaient point analysées en mots, et ceux-ci en élémens plus simples, comme dans les langues syllabiques et alphabétiques, mais se représentaient par les images, soit de l'objet lui-même, soit d'un sens allégorique et emblématique qu'on était convenu de donner à cet objet représenté par une dérivation plus ou moins naturelle et facile à apercevoir, quoiqu'il fût souvent très-éloigné de sa valeur primordiale.

Indépendamment des nilomètres portatifs dont je viens de parler, les rois d'Égypte établirent ensuite en différens endroits de ce royaume des édifices nilométriques dans lesquels on mesurait les accroissemens périodiques du Nil, soit sur des échelles tracées le long des parois des bassins où se rendait l'eau du fleuve au temps de l'inondation, soit sur des colonnes graduées qui étaient placées au milieu de ces bassins mêmes, soit enfin sur des degrés qui s'élevaient progressivement depuis le lit du fleuve.

Cette espèce de nilomètre est peut-être indiquée par un autre type figuré comme une espèce de colonne qui est représentée de deux manières : dans la première, ▭ , son fût est accompagné latéralement, dans toute sa longueur, d'appendices indiquant une continuité de mesurages; dans la seconde, ▯ , elle est couronnée, par le haut, de plusieurs chapiteaux superposés les uns aux autres, et formant comme une échelle par leur addition successive [130].

Nous trouvons aussi d'autres types figurés en forme d'échelles : tantôt ces échelles sont simples, 🔲 et 🔲, ou même 🔲, si toutefois cette dernière figure n'est pas un sistre, comme plusieurs l'ont pensé; tantôt elles sont accouplées, 🔲; tantôt enfin on les voit appuyées sur la fleur de lotus 🔲, et nous avons déjà vu que cette fleur était l'emblème et le symbole particulier du Nil. D'autres hiéroglyphes encore, comme les suivans, 🔲 et 🔲, représentent des escaliers portant des nombres différens de degrés. Un de ces derniers hiéroglyphes offre une échelle ou un escalier descendant dans l'intérieur d'un bassin quadrangulaire, 🔲. Tous ces signes me semblent également n'être autre chose que des nilomètres véritables : tandis que les premiers hiéroglyphes dont j'ai déjà parlé ci-dessus, peuvent offrir l'image des nilomètres portatifs, ceux-ci me paraissent représenter des nilomètres construits à demeure, et compléter ainsi le système entier des moyens qu'employaient les anciens Égyptiens pour mesurer les eaux de l'inondation.

Mais une figure à l'égard de laquelle il me semble qu'il ne peut y avoir aucune espèce de doute, est celle qui est représentée de deux manières dans l'un des grands tableaux que contient le beau papyrus hiéroglyphique que je possède [131], et dont la gravure occupe les planches doubles n°s. 72, 73, 74 et 75, *A.*, vol. II. Cette figure consiste en deux escaliers, contenant, l'un cinq, l'autre sept degrés, placés l'un auprès de l'autre et dans la même direction, au milieu d'espaces entourés d'eau : ces escaliers supportent deux barques garnies l'une et l'autre de trois rames à chaque extrémité; elles ont leur proue et leur poupe terminées en têtes de serpent, et se trouvent arrêtées, l'une au bas des degrés, l'autre au milieu de leur élévation [132].

J'ai cru utile de placer ici une fidèle représentation de ce tableau, exécutée par les moyens typographiques, afin de pouvoir présenter sous un seul point de vue tous les signes hiéroglyphiques de la nilométrie, et mettre par-là le lecteur plus à portée de les comparer entre eux pour en saisir l'ensemble et le rapport corrélatif qui les lie.

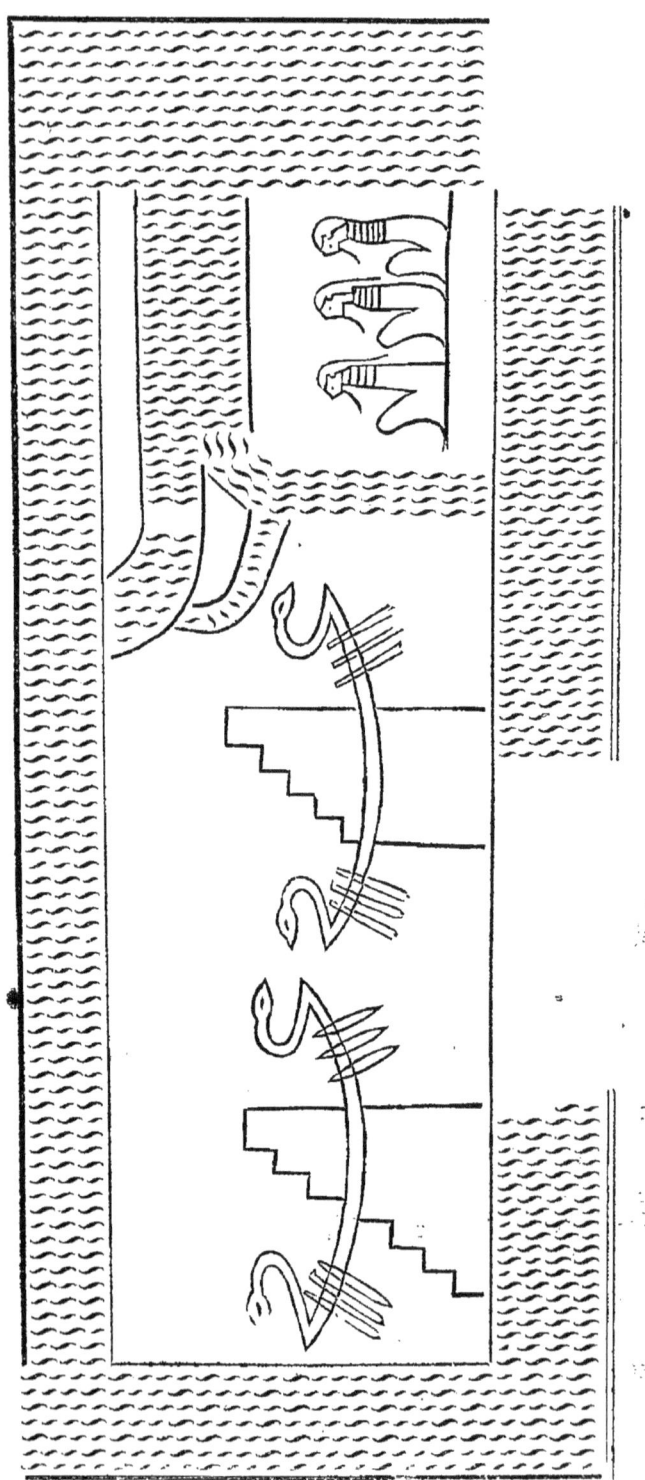

Il me semble qu'il n'est pas possible de se méprendre à la signification de ces deux figures, et qu'on ne peut s'empêcher d'y reconnaître d'une manière incontestable des échelles nilométriques, qui indiquent, l'une, le plus bas état des eaux du fleuve, et l'autre, leur terme moyen, tandis que le degré supérieur de chaque escalier me paraît désigner la plus grande hauteur de l'inondation à cette époque.

Le serpent a toujours été, chez toutes les nations orientales, l'emblème de la vie, de la force vitale[133]; et dans les diverses langues de ces peuples, le mot *vie* et celui de *serpent* sont ou presque identiques, ou du moins sortis l'un et l'autre des mêmes racines. Les têtes de serpent qui terminent la proue et la poupe des barques qu'offre le tableau ci-dessus, peuvent donc être ici le symbole de la propriété vivifiante et fécondante que les Égyptiens reconnaissaient dans les eaux du Nil.

Je ne serais pas même éloigné de penser que les trois figures accroupies qu'on voit dans le coin à droite de ce tableau, et même encore, si j'ose le dire, les trois rames placées à chaque extrémité des barques, pourraient être l'emblème des trois mois solaires pendant lesquels dure l'inondation; et si l'on voulait pousser cette conjecture jusqu'où elle peut aller, la dégradation successive et proportionnelle dans la hauteur de ces trois figures, dégradation qui est sensible, quoiqu'elle soit peu considérable, et qu'on remarque dans le papyrus original beaucoup plus encore que dans cette copie, ne pourrait-elle pas indiquer la diminution progressive des jours depuis le solstice d'été, époque du commencement de l'inondation, jusqu'à l'équinoxe d'automne, époque vers laquelle elle finit?

Mais, pour ne plus parler ici que de faits positifs et constatés par des documens historiques, Hérodote, le plus ancien des historiens grecs, qui parcourut toute l'Égypte, et qui séjourna à Thèbes, à Héliopolis et à Memphis, nous parle de plusieurs nilomètres, dont l'un était placé dans cette dernière ville [134], qui avait succédé à Thèbes [135] dans son rang de capitale.

Hérodote ajoute que tout le pays qui s'étendait depuis la mer jusqu'à Héliopolis, ce qui comprend un espace de quinze cents petits stades [136] ou vingt-cinq schœnes [137], était généralement bien arrosé par le fleuve, qui y portait en abondance un limon fécondant. Un peu plus loin, il rapporte que les prêtres du temple de Vulcain à Memphis, auprès desquels il recueillait ses matériaux historiques, lui racontaient que, neuf cents ans auparavant, sous le roi Moeris, toutes les fois que le fleuve croissait de huit coudées, il arrosait l'Égypte au-dessus de Memphis; et il observe qu'à l'époque de son voyage, toutes les fois que le fleuve ne montait pas à seize coudées ou au moins à quinze, il ne se répandait pas sur les terres [138].

Hérodote parle aussi d'une colonne qu'on avait élevée dans un endroit de l'île *Delta* pour servir de nilomètre. Quelques auteurs ont pris ce nilomètre pour celui que l'on voit encore de nos jours, confondant ainsi l'île *Delta* avec celle de Roudah, dont il n'existait probablement pas la moindre partie du temps d'Hérodote, et qui paraît avoir été formée dans des temps postérieurs par les attérissemens successifs que produisent chaque année les eaux du Nil[139].

CHAPITRE III.

Des nilomètres sous les Perses.

Cambyse, fils de Cyrus, vint subjuguer l'Égypte avec une armée considérable qu'il leva dans ses états, et à laquelle il joignit les troupes des Ioniens et des Éoliens, qu'il regardait comme esclaves de son père[140].

Après ce prince, les rois de Perse ses successeurs possédèrent cette contrée pendant un assez grand nombre d'années, jusqu'au règne de Darius; mais ils paraissent s'être plus occupés de détruire que de construire : les nilomètres, ainsi que tout ce qui pouvait importer à l'administration intérieure et au bonheur de l'Égypte, devaient donc bien certainement être indifférens à des monarques qui, ne considérant que comme un pays conquis et tributaire cette contrée éloignée du centre de leur immense empire, en avaient abandonné le gouvernement aux satrapes[141] qu'ils y envoyaient, et ne savaient y lever que des impositions arbitraires, sans aucune base fixe, sans aucune proportion avec les produits annuels, s'inquiétant peu si les habitans du pays pouvaient, ou non, payer les taxes immodérées dont ils les surchargeaient.

Ainsi nous ne devons point être étonnés de ne trouver aucune trace d'érection de nilomètres, ni d'entretien de ceux qui existaient antérieurement, dans les écrivains qui nous ont transmis les détails de l'histoire des Perses pendant qu'ils étaient en possession de l'Égypte.

CHAPITRE IV.

Des nilomètres sous les Grecs.

Les Perses furent chassés de l'Égypte par Alexandre le Grand. Ce prince n'eut pas le temps d'exécuter les grands desseins qu'il avait sur l'Égypte, et qui l'avaient porté à y bâtir, vis-à-vis de l'île de Pharos [142], et près de l'embouchure de Canope [143], sa ville d'Alexandrie [144], destinée par sa situation à devenir la clef et l'entrepôt général du commerce de l'Inde : mais il séjourna trop peu dans ce pays pour pouvoir en régler l'administration intérieure en détail ; aussi nous ne voyons rien dans son histoire qui ait rapport aux nilomètres.

Alexandre perdit la vie 324 ans avant l'ère chrétienne : comme il n'avait pas laissé de fils en état de saisir et de garder entre ses mains les rênes d'un empire à peine créé, ses généraux, après sa mort, se partagèrent entre eux son vaste héritage, et fondèrent différens royaumes dans les diverses portions qui leur échurent.

Ptolémée, connu sous le double surnom de *Lagus* et de *Soter*, fut rendu maître de l'Égypte par cet arrangement, l'an 323 avant l'ère chrétienne : l'an 285 avant cette même ère, il associa d'abord à son pouvoir son fils surnommé *Philadelphe*, et le lui laissa ensuite tout entier à sa mort arrivée deux ans après. Ce prince et ses successeurs s'occupèrent davantage de l'administration d'un pays qui était devenu leur patrimoine, et qui devait appartenir, après eux, à leurs descendans : aussi nous savons que les Lagides réglèrent les bases du gouvernement intérieur et la répartition des impôts en Égypte, et qu'ils établirent des nilomètres en plusieurs endroits du cours du fleuve.

Parmi les monumens de cette espèce qui remontent au moins à l'époque des Ptolémées, on doit remarquer le nilomètre de l'ancienne Hermonthis, maintenant Erment [145], et surtout celui qui, comme Strabon nous l'apprend [146], avait été construit auprès d'un temple consacré à Cnuphis dans l'île d'Éléphantine [147], sur les confins de la Nubie [148], et que l'on y a en effet retrouvé. Le nilomètre de cette île, qui était la clef de l'Égypte du côté du midi, était, suivant Strabon, « construit en grosses pierres équarries, et l'on y remarquait les plus grandes crues du Nil, les plus petites et les médiocres. Sur les parois du nilomètre étaient gravées les mesures d'après lesquelles on constatait les crues complètes du Nil et celles qui ne parvenaient pas à ce degré. L'état de ces crues était ensuite communiqué à ceux qui devaient les annoncer publiquement, afin que, d'un côté, les cultivateurs pussent régler l'égale distribution des eaux et l'entretien des digues ou des canaux, et que, de l'autre, les gouvernans pussent se rendre compte de leurs revenus réels; car, ajoute-t-il, plus les crues sont complètes, plus les revenus sont considérables [149]. »

Le nilomètre qui a été découvert dans cette île, est, en effet, composé d'un escalier sur les parois duquel sont indiquées les différentes coudées et certaines époques de la crue du fleuve : il fait le sujet du savant et intéressant mémoire que notre collègue M. Girard a publié dans cet ouvrage[150], et auquel je me contenterai ici de renvoyer.

Nous savons aussi qu'il y avait du temps des Ptolémées un nilomètre à Elethyia[151], ville de la haute Égypte, qui a dû son nom au culte particulier qu'on y avait pour Lucine, appelée *Elethyia*[152] par les Grecs. On voit encore maintenant, dans les restes de cette ville, un espace rectangulaire qui présente un bassin antique, construit en pierres, et qui paraît, sans contredit, avoir été un ancien nilomètre.

CHAPITRE V.

Nilomètres sous les empereurs romains.

Les Romains devinrent à leur tour maîtres de l'Égypte sous Auguste, qui en fit une des provinces de l'Empire. Nous avons bien peu de faits positifs et historiques sur les nilomètres qui ont existé sous la domination romaine en Égypte : mais, comme le besoin de connaître l'élévation réelle des eaux, pour asseoir d'une manière certaine la répartition des impôts sur leurs nouveaux sujets, était le même pour ce gouvernement que pour celui qui l'avait précédé, nous devons croire que les Romains ont entretenu avec quelque soin les monumens antérieurement construits pour constater cette évaluation; il ne paraît pas cependant qu'ils en aient construit de nouveaux.

Ælius Aristides[153], surnommé *le Rhéteur* ou *le Sophiste*, qui fut à-la-fois philosophe et orateur célèbre, et qui, sous le règne de Marc-Aurèle, vers le milieu du second siècle de l'ère chrétienne, parcourut non-seulement l'Asie mineure, la Syrie, la Palestine et la Judée, mais encore l'Égypte toute entière jusqu'au-dessus des cataractes, nous donne quelques détails sur les nilomètres qui existaient de son temps.

Cet auteur nous assure lui-même qu'il a observé et mesuré avec le plus grand soin tous les monumens de ce pays célèbre, après avoir consulté non-seulement les livres où il en était question, mais encore les prêtres et les savans qu'il pouvait rencontrer dans chaque ville.

Il paraît qu'il a fait surtout de très-grandes recherches relativement à l'origine du Nil et de ses débordemens, et il rapporte que, de son temps, on mesurait encore le Nil à Koptos[154] et à Memphis. Suivant lui, pour que l'inondation fût alors complète et avantageuse, l'eau devait monter dans le premier de ces nilomètres à vingt-une coudées[155].

CHAPITRE VI.

Des nilomètres sous les empereurs d'Orient.

Jusqu'au règne de l'empereur Constantin, le nilomètre portatif avait été conservé dans le temple consacré à Sérapis : ce prince, ayant embrassé le christianisme, se montra jaloux de fonder et d'étendre les prérogatives de cette religion sur les débris de celle qu'il avait cessé de suivre. Les Égyptiens, attachés à leur culte, prétendaient que c'était à Sérapis qu'ils étaient redevables de l'accroissement annuel du Nil, qui arrosait périodiquement leur contrée; et pour obtenir cette faveur, ils avaient coutume, après le mesurage, de reporter religieusement au temple de ce dieu la mesure qui avait servi à cette opération, et qui portait le nom de *coudée du Nil*. Constantin ordonna que ce nilomètre serait dorénavant déposé dans une église[156] d'Alexandrie; le bruit se répandit alors en Égypte que cette année, par suite de la colère de Sérapis, le Nil ne monterait pas. Cependant l'inondation n'en eut pas moins lieu cette année et les années suivantes.

Julien l'Apostat, qui rendit au paganisme tous les anciens priviléges dont ses derniers prédécesseurs l'avaient dépouillé, fit replacer le nilomètre dans le temple de Sérapis[157], où il resta jusqu'au temps de Théodose le Grand, qui ordonna de l'en retirer, et détruisit le temple lui-même[158].

Nous n'avons pas d'autres renseignemens concernant le Nil et les nilomètres jusqu'à la conquête de l'Égypte, faite par les Arabes sous la conduite d'A'mrou ben el-A'âs[159], sur les empereurs grecs de Constantinople, l'an 19 de l'hégire (604 de l'ère chrétienne).

Mais, avant de nous occuper des nilomètres élevés en Égypte depuis la conquête de cette contrée par les musulmans, je vais jeter un coup d'œil sur les auteurs orientaux qui ont traité de ces monumens, et sur les traditions qu'ils rapportent à ce sujet pour les temps antérieurs à l'hégire.

CHAPITRE VII.

Des auteurs orientaux qui ont traité du Nil et des nilomètres.

Non-seulement el-Maqryzy et el-Soyouty, sur lesquels j'ai déjà donné ci-dessus des détails assez étendus [160], mais encore les principaux historiens ou géographes qui ont écrit sur l'Égypte, ont consacré dans leurs ouvrages, les uns des chapitres entiers, les autres au moins quelques lignes, au Nil et aux nilomètres : je citerai particulièrement parmi ceux-ci, A'bd-el-latyf et Ben-Ayâs, dont j'ai déjà parlé ci-dessus [161]; el-Qodâ'y [162]; A'bd-er-rachyd el-Bakouy [163], dont j'ai publié des extraits au Kaire [164], et A'bd-el-Hokm [165], auquel nous devons l'histoire des différentes conquêtes qui ont été faites de l'Égypte, avec une description historique et géographique de ce pays, dressée d'après les relations d'Abou-l-Qâsem ben Khalâf [166], plus connu et plus souvent cité sous le surnom d'*el-Ouâqdy* [167].

Mais il y a aussi plusieurs ouvrages qui traitent d'une manière spéciale et particulière du Nil et des monumens qui y sont relatifs : on peut remarquer parmi ceux-ci un traité assez étendu [168], composé par Aly ben-Mohammed, ben-Dorâe'm, el-Mousaly [169], surnommé *Tâg ed-dyn* [170], qui mourut l'an 761 de l'hégire (1361 de l'ère chrétienne).

Il y a, sur le même sujet, un autre ouvrage composé par Ahmed ben-Yousouf [171], surnommé *el-Neyq-*

qâchy[172]; ce dernier traité[173], qui est écrit en prose rimée, est cité avec éloge par el-Soyouty dans la préface de son grand ouvrage sur l'Égypte.

Ahmed Chehâb ed-dyn[174] a aussi composé un ouvrage spécial sur le Nil, lequel traite de son excellence sur les autres fleuves, de son origine, de son cours, et de ses accroissemens et décroissemens périodiques. Cet ouvrage se trouve parmi les manuscrits orientaux de la Bibliothèque du roi[175].

Les Orientaux se plaisent à entremêler tous leurs écrits de prodiges et de récits extravagans, auxquels ils donnent une entière confiance. Quoique les traditions que je vais rapporter sur les nilomètres anciens, présentent évidemment pour la plupart un caractère de merveilleux qui leur ôte toute croyance, et joignent aux narrations qui pourraient avoir quelque apparence de vraisemblance, des circonstances qu'on ne peut s'empêcher de réputer fabuleuses, j'ai cru cependant devoir, dans l'exposé que j'en donnerai, ainsi que je l'ai toujours fait dans les extraits que j'ai déjà publiés d'auteurs orientaux, ne retrancher aucune de ces fables; ces fictions nous donnant lieu d'apprécier plus exactement l'état des connaissances dans l'Orient, à l'époque où ces auteurs écrivaient.

D'ailleurs, il faut aussi considérer que les fables semées par les Orientaux dans leurs histoires peuvent souvent n'être que la vérité plus ou moins défigurée, qui subsiste toujours sous l'enveloppe grossière dont la crédulité et l'erreur se sont plu à la couvrir; et peut-être appartiendrait-il à une saine critique de soulever ces voiles épais, pour tirer quelques lumières de cette masse incohérente d'opinions hétérogènes, de ce chaos de systèmes différemment altérés, qui circulent chez tous les peuples de l'Orient; peut-être, par une discussion éclairée, serait-il possible d'y ressaisir quelques faits réels, quelques vérités exactes, qui jusqu'ici auront pu échapper aux yeux les plus pénétrans et les plus attentifs.

CHAPITRE VIII.

Traditions des auteurs arabes sur les nilomètres antérieurs à l'islamisme.

Si l'on devait avoir quelque croyance aux traditions recueillies par les anciens historiens arabes, et qui se trouvent rapportées dans les ouvrages d'A'bd-el-Hokm [176], de Soyouty et d'el-Qodâ'y [177], le patriarche Joseph [178], auquel les musulmans donnent le titre de prophète [179], et qu'ils racontent avoir été principal ministre du roi d'Égypte Fera'oun [180], serait le premier qui aurait mesuré les accroissemens périodiques du Nil; et comme les Égyptiens se sont toujours plu à lui attribuer la construction de tous les monumens qui les étonnent et qui portent un caractère extraordinaire de grandeur, ces mêmes traditions ajoutent que ce fut aussi Joseph qui établit le premier nilomètre dans la ville de Monf [181], connue des Grecs sous le nom de *Memphis*.

A'bd-er-Rachyd el-Bakouy dit, en parlant du Fayoum [182] : « On y voit un canal considérable auquel sa grandeur a fait donner le nom de *fleuve du Fayoum* [183];

mais le nom sous lequel il est le plus généralement connu, est celui de *canal de Joseph* [184]. On a donné ce nom à ce canal, parce qu'en effet la tradition rapporte que ce fut Joseph qui le fit tracer, et qui construisit en même temps les levées hautes et épaisses que l'on voit aussi dans cette contrée près de la ville de Fayoum [185]; ce fut aussi lui qui fit creuser le grand lac appelé *lac du Fayoum* [186], ou *mer du Fayoum* [187], et qui porte aussi le nom de *mer de Joseph* [188]. Tous ces travaux avaient pour but de rassembler les eaux de l'Égypte supérieure, et d'en former comme un dépôt et un grand réservoir, afin de fournir les eaux nécessaires au pays, lorsque celles du Nil ne seraient pas parvenues à une quantité suffisante. On assure que Joseph fit aussi construire autour de ce lac trois grandes villes et cent soixante villages, dont la position était une des plus agréables de toute l'Égypte. »

El-Maqryzy fait aussi mention de ces mêmes traditions, et dit, dans le chapitre de son ouvrage où il traite du Fayoum, que Joseph, ayant déterminé les bases de l'administration pour cette contrée, mesura toute la terre d'Égypte et fixa les degrés des eaux du Nil, de telle sorte que toutes les terres fussent arrosées régulièrement et d'une manière égale et suffisante.

D'autres historiens attribuent la fondation du premier nilomètre à el-Hâchem [189] ou Haslym [190], que quelques manuscrits nomment aussi *Khaslym* [191], ajoutant qu'il avait élevé autant de colonnes nilométriques en Égypte qu'il y a de jours dans l'année. Les uns placent le premier nilomètre à Amsous, les autres à Memphis.

Plusieurs autres auteurs orientaux reculent beaucoup plus encore l'érection du premier nilomètre, et prétendent qu'elle est antérieure au déluge : selon eux, la construction de presque tous les monumens de la haute Égypte, et même de quelques-uns de la basse, tels que les pyramides, a précédé cette catastrophe. Ils attribuent aussi la fondation des principales villes du Sa'yd à une dynastie antédiluvienne, composée de dix-huit princes auxquels ils donnent le titre de *Kâhen* [192].

Je joindrai ici la traduction du chapitre suivant [193] d'el-Soyouty, qui contient leur histoire, rapportée aussi plus au long et avec quelques variantes dans le grand ouvrage d'el-Maqryzy [194]. Ce chapitre, qui est très-court et qui n'a jamais été publié, renferme un grand nombre de traditions fabuleuses; mais, comme elles se rapportent presque toutes au Nil et à ses accroissemens annuels, je n'ai pas cru devoir les omettre, afin qu'on pût en faire la comparaison avec les autres traditions que nous connaissons déjà sur ce sujet.

« El-Masa'oudy [195] rapporte que le premier des princes qui régnèrent en Égypte après la confusion des langues [196], fut Neqrâouch [197]. Il était savant dans l'art de la divination [198], dans la magie et dans la science des talismans [199] : on le regarde comme le fondateur de la ville d'Afsous [200], dans laquelle il construisit beaucoup de monumens admirables, parmi lesquels on cite deux rangs de statues en pierre noire [201] qu'il plaça au milieu de la ville. Lorsqu'une caravane [202] y arrivait, elle ne pouvait s'éloigner de ces deux rangs, et elle était forcée de passer entre eux. Quand elle était au milieu, ces deux rangs se refermaient sur elle et la saisissaient, sans qu'elle pût échapper. La durée de son règne fut de cent quatre-vingts ans [203].

« Après sa mort, Noqrâs [204] son fils lui succéda. Ce prince fut, comme son père, savant dans la magie et les talismans. Il bâtit en Égypte une ville qu'il nomma *Halagah* [205] : il construisit aussi derrière el-Rahân [206] trois villes fondées sur des piliers, et dans chaque ville il plaça des trésors de science et d'autres choses merveilleuses [207].

« Après la mort de ce prince, son frère Mesrâm [208] lui succéda sur le trône. Celui-ci fut de même savant et habile dans la magie et l'art des talismans, et il se rendit célèbre par des actions étonnantes, parmi lesquelles on cite les suivantes : il apprivoisa un lion, le dompta et s'en servit pour monture ; il se plaça sur un trône qu'il fit transporter par les génies [209] jusqu'au milieu de l'Océan [210] ; il éleva un palais d'une blancheur éclatante, et y plaça une idole du soleil, sur laquelle il inscrivit son nom et la description de son royaume ; il y éleva aussi une statue de cuivre sur laquelle il fit graver cette inscription : *Je suis Mesrâm le Géant* [211], *le maître des secrets les plus cachés* [212] ; *j'ai établi des talismans d'une vertu certaine, j'ai élevé des statues parlantes* [213] : *nul roi ne pourra jamais égaler mon pouvoir* [214].

« Après lui, son lieutenant A'yqâm [215] le grand prêtre monta sur le trône ; et l'on dit que ce prince est le même qu'Edrys [216], sur lequel soient le salut et la bénédiction [217], et qu'il fut enlevé vivant dans le ciel [218]. Après lui, la couronne passa à son fils A'ryâq [219]. On prétend que Hârout et Mârout [220] furent de son temps. Ce prince eut pour successeur Louhym [221] fils de Noqrâs [222].

« Khalsym [223] succéda à Louhym : c'est lui qui, le premier, fit construire un nilomètre pour mesurer les accroissemens du Nil [224].

« On dit qu'il convoqua une assemblée de savans et de mathématiciens qui lui construisirent sur le bord du Nil un pavillon en marbre. Au milieu de ce pavillon, était un petit bassin en cuivre, dans lequel on mettait une certaine quantité d'eau après l'avoir pesée. Sur le bord du bassin étaient deux aigles de cuivre, l'un mâle et l'autre femelle. Le premier jour du mois dans lequel le Nil devait croître, on ouvrait ce pavillon ; on y assemblait les prêtres et les devins ; les chefs de ceux-ci adressaient la parole aux oiseaux, jusqu'à ce que l'un d'eux eût répondu par son cri : si ce cri venait du mâle, l'inondation devait être complète ; au contraire, s'il partait de la femelle, l'inondation devait être médiocre ou manquer entièrement, et chacun, dans le pays, prenait ses mesures d'après cette prédiction. C'est aussi ce prince qui construisit le pont qui existe sur le Nil en Nubie.

« Après sa mort, régna un prince nommé *Housâl* [225]. On dit que Noé [226], sur qui soient la bénédiction et le salut, fut envoyé de Dieu de son temps.

« Après lui, régna Nedresân [227] : ce prince eut lui-même pour successeur Cherqân [228]. Ce dernier roi eut pour successeur son fils Sahloun [229], après lequel régna Souzyd [230]. Celui-ci eut pour successeur son fils Houkhabebt[231]; c'est lui qui, le premier, établit la perception des impôts en Égypte, et qui bâtit les deux grandes pyramides : lorsqu'il mourut, il fut enseveli dans l'une d'elles, et l'on y enferma avec lui toutes ses richesses et ses trésors.

« Après lui régna son fils Benâres[232], qui eut aussi sa sépulture dans une pyramide. Son successeur fut son fils Ferous[233], que quelques-uns ont aussi nommé *Menqâous*[234], et qui laissa le trône à son fils Mâlyounes[235]. Après ce dernier régna son fils Ferghân[236], qui eut pour fils et pour successeur un prince du même nom : c'est du temps de ce dernier qu'arriva le déluge[237]. Toute l'Égypte fut dévastée, ses monumens et ses merveilles disparurent, et l'eau y séjourna six mois entiers. Quelques-uns de ceux qui ont écrit sur l'histoire de l'Égypte, rapportent que le vaisseau de Noé (sur lui soit le salut!) parcourut les contrées de l'Égypte, et que ce patriarche leur donna sa bénédiction. »

Indépendamment de ces traditions, el-Maqryzy et plusieurs autres auteurs orientaux regardent comme étant la fondatrice du premier nilomètre une princesse nommée *Deloukah*[238], qui régnait de même, suivant eux, en Égypte avant le déluge : cette princesse joue un très-grand rôle dans l'histoire fabuleuse des époques les plus reculées de l'Orient, et les traditions lui attribuent aussi la fondation de différentes constructions très-considérables dans cette contrée[239].

CHAPITRE IX.

Des nilomètres établis depuis l'islamisme.

§. I. *Nilomètres antérieurs à l'érection du meqyás, sous les premiers khalifes ommiades, de l'an 19 de l'hégire à l'an 96.*

Les armées musulmanes s'emparèrent de l'Égypte sous le khalifat d'Omar ben el-Khettâb [240], second successeur de Mahomet. Ce prince avait pris le suprême commandement l'an 13 de l'hégire (634 de l'ère chrétienne), et succédé au premier khalife Abou-beker [241], qui l'avait désigné pour le remplacer; c'est lui qui, le premier, prit le titre de *Prince des fidèles* [242], que tous ses successeurs ont ensuite adopté.

Son khalifat, dont la durée ne fut que de dix ans, six mois et dix-sept jours, a été cependant illustré par un grand nombre de conquêtes. Sous son règne, les musulmans, après avoir vaincu Yezdegerd ben Hormouz [243], dernier roi de la dynastie des Sassanides [244] en Perse, s'emparèrent de la ville de Madâyn [245], capitale de cet empire, du Diarbeker [246], de l'Aderbidjân [247], du Khorâsân [248], et même d'une partie des Indes.

Pendant qu'O'mar étendait ainsi à l'orient l'empire de l'islamisme, ses généraux n'étaient pas moins heureux à l'occident. Après avoir défait les armées qu'essaya de leur opposer l'empereur de Constantinople, ils se rendirent successivement les maîtres de Jérusalem [249], de toute la Syrie[250], de Memphis, d'Alexandrie, de tout le reste de l'Égypte tant haute que basse, d'où ils s'avancèrent, d'un côté, en Nubie, et, de l'autre, sur la côte d'Afrique[251], où ils subjuguèrent le pays de Barqah[252], de Qayrouân[253] et de Tripoli[254], et presque toute l'ancienne Libye.

Suivant les auteurs arabes, aussitôt que les musulmans se furent rendus maîtres de l'Égypte, ils s'occupèrent d'y organiser un mode de gouvernement, de régler la répartition des impôts qui étaient perçus par des intendans au nom des khalifes, et de construire des nilomètres dans les diverses provinces qui la composent.

Le célèbre A'mrou ben el-A'âs[255], l'un des plus grands guerriers que les musulmans aient eus à leur tête dans les premières années de l'islamisme, fut celui qu'O'mar chargea du commandement des troupes qu'il envoyait faire la conquête des contrées de l'occident, tandis que les autres armées de ce prince, marchant à l'orient, s'avançaient contre le roi de Perse.

A'mrou conquit en peu de temps une grande partie de la Syrie, et arracha l'Égypte au faible Héraclius[256]. Après avoir achevé la conquête de cette dernière contrée, l'an 19 de l'hégire (640 de l'ère chrétienne), il donna lui-même des ordres pour la construction de deux nilomètres dans la haute Égypte : le premier fut placé dans la ville d'Asouân[257], que les Grecs ont connue sous le nom de *Syène*, et qui avait été le chef-lieu d'un gouvernement particulier sous les empereurs romains; il fit élever, quelque temps après, le second nilomètre à Denderah[258].

O'mar fut remplacé par O'tmân [259], qui, après un règne de près de douze ans, laissa le trône à A'ly [260], fils d'Abou-Tâleb, qui lui-même ne régna pas cinq années. Hasan [261], fils de A'ly et de Fâtmah [262], et par conséquent descendant directement de Mahomet, occupa ensuite le trône; mais, après l'abdication de ce prince, qui ne régna guère que six mois, le khalifat passa, l'an 41 de l'hégire (661 de l'ère chrétienne), à la dynastie des Ommiades [263].

Mo'âouyah [264], fils d'Abou-Sofyân, et que nos écrivains ont nommé *Moavie* Ier, fut le premier prince de cette dynastie, qui occupa le trône pendant quatre-vingt-onze ans : l'histoire nous apprend que ce khalife fit construire un nouveau nilomètre à Ensanâ [265] vers l'an 46 de l'hégire (666 de l'ère chrétienne).

Après ce prince, le trône du khalifat fut successivement occupé par Yezyd, premier du nom [266], son fils, qui ne régna pas quatre années, et par Moavie II [267] son petit-fils, dont le règne dura moins encore et qui mourut sans postérité.

Il y eut ensuite un interrègne, après lequel on nomma pour son successeur A'bd-allah fils de Zobeyr [268], qui n'était point de la maison des Ommiades : mais l'interruption de cette dynastie ne dura pas long-temps; et après le règne court de ce prince, elle remonta sur le trône dans la personne de Merouân Ier [269], fils de Hakem, qui succéda à A'bd-allah, et qui, après un règne de moins d'une année, eut lui-même pour successeur son fils A'bd-el-Melek [270].

Ce dernier khalife occupa le trône pendant près de

vingt ans; et ce fut sous son règne, vers l'an 80 de l'hégire (699 de l'ère chrétienne), qu'A'bd-el-A'zyz[271], fils du khalife Merouân et frère du khalife A'bd-el-Melek, fit élever à Helouân[272] un des plus célèbres nilomètres dont les historiens arabes nous aient conservé le souvenir. Ce village, situé sur le bord oriental du Nil, à quelques lieues au-dessus du Kaire, en est distant de près de deux parasanges[273], suivant A'bd-er-Rachyd el-Bakouy : il est surtout connu dans l'histoire de l'Égypte par la mort du khalife Abbasside el-Hakem[274], qui y fut dans la suite assassiné.

L'historien Gergis ben el-A'myd, plus connu parmi nous sous le nom d'*Elmacin*, nous apprend qu'on fit cependant peu d'usage de ce nilomètre, qui fut renversé peu d'années après sa construction, c'est-à-dire l'an 96 de l'hégire (714 de l'ère chrétienne).

§. II. *Nilomètres contemporains du meqyâs sous les khalifes Abbassides.*

Afin de n'avoir plus à revenir sur l'histoire des nilomètres différens de celui de l'île de Roudah, et qui ont existé en même temps que ce monument, je vais placer ici le seul fait que j'aie trouvé dans les auteurs orientaux relativement aux édifices de cette espèce qui avaient été élevés en divers endroits de l'Égypte, mais dont l'usage ne tarda pas de s'abolir lorsque celui de Roudah fut dans un état de service habituel.

Le khalife el-Mâmoun, de la race des Abbassides, dont je parlerai ci-après à l'occasion de la reconstruction du meqyâs de l'île de Roudah, exécutée par ses ordres, fit aussi élever un nilomètre dans la haute Égypte[275], au lieu appelé *Sourat*, près du village de Benbenouda, et en fit réparer un autre qui existait aussi dans la haute Égypte et qui était placé dans la ville d'Akhmym[276].

Ici se termine l'esquisse abrégée de l'histoire des nilomètres autres que celui de l'île de Roudah, et qui, à l'exception de l'avant-dernier dont je viens de parler, ont précédé l'érection de ce monument : c'est de l'histoire de ce dernier nilomètre que je vais maintenant m'occuper particulièrement.

NOTES

DE LA PREMIÈRE PARTIE.

¹ *Gen*. cap. II, vers. 13.

² *Voyez* le Traité de la situation du Paradis terrestre, par P. D. Huet, évêque d'Avranches, de l'Académie française, etc. *Paris*, 1691.

³ *E'den* ou *A'den* עדן est, comme on le sait, le nom du lieu où Moïse place le Paradis terrestre : ce nom vient de la racine *a'dan* ou *e'den* עדן, qui signifie en hébreu, suivant les Concordances de Calasio (tome III, col. 457), *voluptas, deliciæ* (d'où peut dériver le mot ἡδονή des Grecs), et en chaldéen, *voluptuosus, delicatus*, quoiqu'il ait aussi, dans cette dernière langue, le même sens que le mot syriaque *a'dan* ܥܕܢ, *tempus, occasio, opportunitas*.

⁴ Voici le texte entier de ce passage avec sa traduction littérale et mot à mot :

ושם הנהר השני גיחון הוא הסובב את כל ארץ כוש:

Et nomen fluvii secundi Gyhhoun *: ille circumiens totam terram* Kouss.

⁵ Cette version a été faite par le célèbre *Rabby Saadiah* רבי סעדיה, de l'école de Babylone, vers l'an 900 de l'ère chrétienne. Saadiah fut surnommé *el-Fayoumy*, אלפיומי, à cause du Fayoum dont il était originaire : il est aussi connu sous le surnom de *Gaon* גאון, c'est-à-dire *l'Élevé*, titre honorifique dont se qualifiaient à cette époque les docteurs de son école. Sa version du Pentateuque est la première qui ait paru en langue arabe ; elle a été imprimée pour la première fois en caractères hébreux à Constantinople en 1546.

⁶ *Onkelos*, אונקלום, est l'auteur d'une paraphrase chaldaïque du Pentateuque, fort renommée pour son exactitude et pour la pureté et l'élégance de sa diction. Ce traducteur a vécu environ quarante ans avant l'ère chrétienne ; il fut contemporain du fameux *Hillel* הילל, savant docteur, qui rendit célèbre dans ce temps l'école de Jérusalem, et de *Jonathan ben Uzziel*, יונתן בן עוזיאל, qui traduisit en chaldéen les Prophètes et les livres connus en bibliologie sous le nom d'*Hagiographa*, et auquel on attribue aussi une paraphrase du Pentateuque. Plusieurs rabbins ont confondu mal-à-propos Onkelos avec Aquila (en chaldéen *A'qilas* עקילס), auteur d'une version grecque de toute la Bible, et qui vivait dans le siècle suivant.

⁷ La version persane du Pentateuque a été faite par *Ya'qoub ben You-sef* يعقٰب بن يوسف, Juif natif de *Tous* طوس, ville considérable du Khorassan, d'où il reçut le surnom de *Tousy* ou *Taousy* طوسي. Cette version fut imprimée par des Juifs en caractères hébreux à Constantinople en 1546, avec la paraphrase chaldaïque d'Onkelos et la version arabe de Saadiah-Gaon en regard. Cette édition était déjà extrêmement rare au temps de Walton, qui réimprima la version persane en caractères persans dans sa magnifique Polyglotte.

⁸ גוח, *prodiit, exivit, prodire fecit, protrusit, eduxit, edidit, erupit; effluxit*. Voyez, tome 1ᵉʳ, colonne 511, *Lexicon heptaglotton, Hebraïcum, Chaldaïcum, Syriacum, Samaritanum, Æthiopicum, Arabicum, conjunctim, et Persicum separatim; authore Edmundo Castello, S. T. D.* Londini, 1669.

נוח, *exivit, erupit cum impetu, fluxit cum impetu, fluxit, effluxit; inde nomen* גיחון, *fluvius magnus è Paradiso egrediens et admodùm se diffundens; isque circuit universam terram Æthiopiæ,* inquit R. D. K. At. R. Joseph *flumen arbitratur esse Ægypti, id est,* Nilum, *sic appellatum quòd egrediens irriget terram*. Voyez Calasio, tome 1ᵉʳ, colonne 1067.

⁹ גוח, *eductor*. Castell. ibid. גיח, *eruptio*. Castell. col. 512.

¹⁰ Chald. גח, *exivit, erupit cum impetu, effluxit;* אגיח, *eduxit, emisit, extraxit*. Calasio, *ibid*.

Chald. גוח, *exivit, prodivit, erupit*.

Syr. ܢܓܚ, *fudit, effudit, exundavit, erupit aqua*. ܢܓܚ, *inundavit, turgefecit*. ܢܓܚ, *abundantia*.

Arab. جاخ *abrupit*, V. *aqua effluxit*. Castell. col. 512.

¹¹ Page 349 de l'édition publiée sous le titre suivant:

ՄՈՎՍԻՍԻ ԽՈՐԵՆԱՑՒՈՅ ՊԱՏՄՈՒԹԻՒՆ ԵՒ ԱՇԽԱՐՀԱԳՐՈՒԹԻՒՆ ։

Mowsisi Khorenatsvoi badmouthiun eu achkharhacrouthiun. Id est, *Mosis Khorenensis Historiæ Armeniacæ libri* III; *accedit ejusdem scriptoris Epitome geographiæ : præmittitur præfatio quæ de litteratura ac versione sacra Armeniaca agit, et subjicitur appendix quæ continet epistolas duas Armeniacas, primam Corinthiorum ad Paulum apostolum, alteram Pauli apostoli ad Corinthios, nunc primùm ex codice MS. integrè divulgatas. Armeniacè ediderunt, latinè verterunt, notisque illustrarunt Gulielmus et Georgius Gul. Whistoni filii, aulæ Clar. in academia Cantabrigiensi aliquandiu alumni*. Londini, MDCCXXXVI.

¹² *Rabby Selomoh Yarkhy* רבי שלמה ירחי.

¹³ Je joindrai ici, à cause de sa brièveté, le passage de ce commentateur:

DE L'ILE DE ROUDAH.

פישון הוא נילוס נהר מצרים:

Phison hic (est) Nilus, fluvius Ægypti.

14 Voici les expressions de ce traducteur au vers. 11 du chapitre 11 de la Genèse.

اسم احدها النيل وهو المحيط بجميع بلد زويله

Nomen unius ex eis, Nilus; et ipse est circumdans omnem regionem Zeouylah.

15 *Heouilah* הוילה. Il y avait deux pays de ce nom; l'un dans l'Arabie septentrionale, dont les peuples étaient descendus d'Héouilah, fils de *Joqtan* יקטן (le *Qahtan* قحطن des Arabes), et étaient, par conséquent, de la race de *Sem* שם : l'autre pays d'Héouilah, qui portait aussi le nom peu différent de *Zeouilah* זוילה, répond à l'Abyssinie; ses habitans avaient pour ancêtre Héouilah, fils de *Kouss* כוש, et petit-fils de *Kham* חם.

16 La paraphrase chaldaïque attribuée à Jonathan ben-U'zziel porte *Hindiqy* הינדיקי (Inde) au lieu d'*Heouilah*; on doit se rappeler à ce sujet que toute l'antiquité a confondu l'Inde et l'Éthiopie, et a donné le même nom à l'une et à l'autre de ces deux contrées. (*Voyez* les textes grecs rapportés dans la sixième partie de ce mémoire.) D'ailleurs, Benjamin de Tudèle dit positivement que l'Héouilah et l'Abyssinie (*el Habech* אלחבש) sont le même pays. (*Voyez* les textes hébreux rapportés dans la sixième partie de ce mémoire.)

17 Voyez les textes hébreux rapportés dans la sixième partie de ce mémoire.

18 *Macrizi Historia regum Islamiticorum in Abyssinia : interpretatus est, et unà cum Abulfedæ Descriptione regionum Nigritarum è codd. biblioth. Leidensis arabicè addidit Frid. Theod. Rinck. Lugd. Batavor. Sam. et Joh. Luchtmans, 1790, in-4°.*

19 Le texte hébreu et les versions chaldaïque et syriaque portent *Fyssoun* פישון; le samaritain ajoute l'épithète de *Qadouf* ܩܲܕܘܿܦ, qui signifie, *sur lequel on navigue* (de la racine *qadaf* ܩܲܕܲܦ, *remigavit, navigavit*). L'éthiopien marque *Éféson* ፍሶን : le qobte, ⲫⲩⲥⲱⲛ *Phusôn*, et le persan, *Pychoun* بيشون. S'il était permis de considérer les syllabes *fy* פ du mot hébreux, *efé* ፈ de l'éthiopien, *phu* ⲫⲩ du qobte, et *py* پی du persan, comme n'étant toutes quatre que l'article égyptien *phi* ⲫⲓ diversement corrompu, on ne trouverait peut-être pas alors une différence bien sensible entre ce nom et celui de سيحون *Syhoun*.

20 L'Abyssinie, à cette époque, s'étendait beaucoup plus vers l'occident que maintenant.

Voyez les textes arabes rapportés dans la sixième partie de ce mémoire.

21 *Bahar el-Azraq* بحر الازرق.

22 *Gebel el-Qamar* جبل القمر.

23 *Bahar el-Abyad* بحر الابيض.

24 *Gen.* cap. xv, vers. 18, etc. *Exod.* cap. xxiv, vers. 15, etc. *Josue*, cap. xxiv, vers. 14, etc.

25 *Voyez* les textes grecs rapportés dans la sixième partie de ce mémoire.

26 *Ibid.*

27 J'ai déjà cité des exemples de noms appellatifs convertis en noms propres, dans la note de la première page de mon Mémoire sur les inscriptions koufiques recueillies en Égypte, et sur les autres caractères employés dans les monumens des Arabes, *É. M.*

28 *Gen.* cap. xli, vers. 1 et seq. *Exod.* cap. i, vers. 22.

29 *Exod.* cap. xxiii, vers. 31, etc.

30 Mot à mot, *bouche de lion*. Ce fleuve porte encore chez les Persans les noms d'*Abi-Teber* أب تبر, et, suivant quelques auteurs, de *Roud-khâneh* رود خانه.

31 *Balkh* بلخ. Suivant A'bd-er-Rachyd el-Bakouy, « cette ville, située dans le 4.º climat, à 105.º 5′ de longitude et à 36.º 41′ de latitude, est une des principales du Khorasan. Elle fut bâtie par *Menou-Geher* منوجهر, fils d'*Yreg* ايرج, fils d'*Aferydoun* افريدون. Ses habitans sont, dit-il, connus par leur vanité : on y voit un vaste temple d'idoles, nommé *el-Noubehâr* النوبهار, et qui a cent coudées de longueur dans sa façade, et plus de cent d'élévation. Il était sous la garde des Barmekides (*el-Baramekyeh* البرمكيه), et les rois de la Chine et ceux de l'Inde venaient y adorer l'idole et baiser la main du Barmekide. Ce Barmekide commandait dans le pays : et un Barmekide succéda à un autre, jusqu'à la conquête du Khorasan, du temps d'*O'tmân ebn A'ffân* عثمان ابن عفان : alors la garde du temple passa à *Barmek ben Khâled* برمك بن خالد, qui entra dans l'islamisme, se rendit auprès d'O'tmân, et racheta le pays à prix d'argent. Ensuite *A'bd-allah* عبد الله, fils d'*A'mer* عامر, fils de *Kernez* كرنز, fit la conquête de tout le Khorasan, et envoya *Qeys* قيس, fils de *Haytam* هيثم, qui ruina et renversa le Noubehâr.

DE L'ÎLE DE ROUDAH.

« Balkh est la patrie d'*Ibráhym* ابراهيم, fils d'*Adham el-A'gely* أدهم العجلي, qui mourut l'an 161 de l'hégire (777 de l'ère vulgaire); d'*Abou-A'ly Chaqyq* أبو علي شقيق, fils d'*Ibráhym-el-Balkhy* ابراهيم البلخى, un des plus célèbres docteurs du Khorasan: il fut tué dans le combat de *Koulán* كولان, l'an 194 de l'hégire (809 de l'ère vulgaire); d'*A'bd el-khelyl* عبد الخليل, fils de Mohammed, surnommé *er-Rachyd* الرشيد, personnage célèbre et connu sous le nom de *el-Ouatouâteh* الوطواطة, secrétaire du sultan *Khouârezm châh* خوارزم شاه. »

32 *Reg.* II, cap. XXIV, vers. 7. *Numer.* cap. XXXIV, vers. 5. *Josue*, cap. XV, vers. 4-47. *Reg.* I, cap. VIII, vers. 66. *Paralip.* I, cap. VII, vers. 8. *Isaï.* cap. XXVII, vers. 12, etc.

33 Les écrivains arabes joignent aussi le plus souvent le nom de l'Égypte à celui du Nil, de cette manière, نيل مصر *Nyl-Mesr*.

34 נחל, *vallis, pec. augusta, alveum habens quo tempore pluviæ raptim torrens defertur, unde et torrens.* Castell, tom. II, col. 2272.

35 Castell, *ibid.* et *Diction. Persico-Latin.*, col. 526.

36 Æth. ⵏⵂⵍ : *collapsus est, corruit*. ⵏⴷⵔⴱ : *collapsus, depulsus*. Ar. نخيل, *nix, continua pluvia*. أنخلة الشامية, *fluvius quidam prope Mecham*. أنخلة اليمامية, *fluvius alius*. Castell, col. 2273 et 2274.

37 *Josue*, cap. XIII, vers. 3; *Paralipomen.* I, cap. XIII, vers. 5, etc.

38 *Jerem.* cap. II, vers. 18.

39 *Voyez* les textes grecs et latins rapportés dans la sixième partie de ce mémoire.

40 *Orbis Descriptio*, vers. 223. *Voyez* le texte dans la sixième partie de ce mémoire.

41 שחר, *niger fuit, denigratus est; niger, nigrum, nigricans.* Castell, tom. II, col. 3731.
שחר, *niger vel turbidus.* Voyez le tome IV des Concordances hébraïques de Calasio, col. 1676.

42 שחור, *nigredo, unde* שיחור *Nilus.* Castell, *ibid.*

43 Chald. שחור, שיחור, *nigredo, atror, carbo;* שחרות, שחרות et שחורתא, *melancholia;* תשחורת, *nigredo.*
Syr. ܫܚܡ, *denigravit;* ܫܚܡ, *tenebræ;* ܫܚܡܐ, *carbones;*

É. M. XV. 7

ܐܒܢܐ ܕܨܒܥܐ, *lapis niger tinctorius*; ܚܡܘܡܐ, *denigratio, carbo*. Castell, tom. II, col. 3731 et 3732.

44 Voyez *Eustath. ad Dionys. Perieget.* pag. 40, col. 1, lin. ult.

45 *Voyez*, ci-après, les textes grecs rapportés dans la sixième partie de ce mémoire.

46 *De Verborum significatione*, p. 235. *Voyez* le texte dans la sixième partie de ce mémoire.

47 *Voyez* les textes latins rapportés dans la sixième partie de ce mémoire.

48 *Belád el-soudán* بلاد السودان.

49 Les Arabes appellent ce fleuve *Nyl* نيل ou *Nyl Soudán* نيل سودان (Nil des Noirs). Mais le nom du Niger, en langue mandingue, est *Joli-Ba* (grande eau, grand fleuve). Dans la même langue, le nom du fleuve que nous appelons *Sénégal* est *Ba-Fing*, c'est-à-dire Fleuve Noir, et le nom de la Nigritie, *Fing-Dou* (Pays Noir).

50 *Voyez* les textes grecs rapportés dans la sixième partie de ce mémoire.

51 *Bahar* بحر. Il n'est aucune des personnes ayant fait partie de l'expédition d'Égypte qui ne se rappelle que ce nom était le seul par lequel les habitans du Kaire désignaient le Nil.

Les Éthiopiens disent dans leur poésie ተባሕ ፡ ባሕር ፡ *Tacazé-Bâhr*, c'est-à-dire *fleuve-mer*, lorsqu'ils veulent parler d'un fleuve considérable. Ils emploient particulièrement cette qualification à l'égard du Nil, du Jourdain, de l'Euphrate, etc.

52 *Nahar* نهر.

53 *Voyez* les textes rapportés dans la sixième partie de ce mémoire.

54 *Boughâz* بوغاز.

55 *Etymologiæ Ægyptiacæ*. Liber primum in lucem prodit Romæ, anno Domini MDCCCVIII.

56 ⲰϢ, πολυς, *multus, magnus*. ⲈϤⲰⲰϢ, *idem*. La Croze, pag. 119.

ⲞϢ, πολυς, *plurimus*. Ibid. pag. 73.

ⲀϢⲀⲒ, πληθος, *multitudo*; πληθυνεσται, *multiplicari*; πλεοναζειν, *abundare*.

Ⲉⲣⲁϣⲁⲓ, πληθυνειν, *abundare, multiplicare*. Ibid. pag. 10.

57 Voyez, page 57. *Lexicon Ægyptiaco-Latinum, ex veteribus illius linguæ monumentis summo studio collectum et elaboratum à Maturino Veyssière la Croze, quod in compendium redegit Christianus Scholtz*. Oxonii, 1775.

58 Ⲙⲟⲩⲛⲁⲱϣⲓ, *mounóchi*, et ⲙⲟⲩⲛϩⲱⲟⲩ, *mounhóou* (βροχὴ, ὑετὸς, pluie); ⲙⲟⲩⲛⲥⲱⲣⲉⲙ, *mounsórem* (χειμάῤῥος, torrent); ⲙⲟⲩϩⲉⲙ, *moukhem* (ζεστὸς, eau chaude). *Voyez* la Croze, *page* 55.

Ⲙⲟⲩⲙⲓ, Th. ⲙⲟⲩⲙⲉ (πηγὴ, *fons, puteus*); ⲙⲟⲩⲥⲉⲗϩⲟ et ⲙⲟⲩⲥⲉⲗϩⲟ (*aqua tepida*); ⲙⲟⲩϩⲱⲕ, ما بارد (*aqua frigida*). *Voyez Ignatii Rossii Etymol. Ægyptiacæ,* pag. 123 et 127.

59 *Voyez* la Croze, *page* 188.

60 Ⲙⲱⲟⲩ (ὕδωρ, *aqua, aquæ*), Theb. ⲙⲟⲟⲩ; Basmyr. ⲙⲉⲩ. *Idem est*, מוי, מוהא, *moi, mou* (*aqua*), Chald. מים, *muym*, Hebr. ما, *má*, Arab. *Commune hoc cæteris parvo discrimine Syris, Samaritis, Æthiopibus*. Voyez *Ignatii Rossii Etymol. Ægyptiacæ*, page 126.

61 Les traces qui nous restent du bachmourique, ne consistent que dans deux fragmens très-peu étendus de la version de la Bible qui parait avoir existé dans cet ancien dialecte : les mots que renferment ces fragmens, présentent des différences bien remarquables avec les mots corrélatifs des autres dialectes encore existans de la langue qobte moderne.

Au reste, il a paru douteux que ce dialecte ait été effectivement parlé dans la basse Égypte, au pays de *Bachmour* بشمور. La plupart des savans qui se sont occupés de la langue qobte, le reconnaissent au contraire pour un dialecte de l'idiome du Sa'yd ; et c'est en effet dans le Sa'yd que ces morceaux ont été trouvés. M. Quatremère a cru pouvoir trancher la difficulté par la conjecture que ce dialecte était en usage dans les Oasis. Un autre orientaliste a cru, au contraire, devoir le reconnaitre pour un idiome du Fayoum ; mais cette dernière opinion a été réfutée d'une manière victorieuse par M. Quatremère, qui lui-même a découvert un fragment du véritable dialecte du Fayoum. Il me paraît cependant possible d'adopter une hypothèse différente des précédentes, qui me semble fondée sur les analogies des dialectes de la langue qobte, et dont j'ai cru même découvrir la confirmation dans l'inscription égyptienne alphabétique de Rosette.

62 *Voyez* le Mémoire intéressant que notre collègue M. Girard a pu-

blié sur la description de la vallée de l'Égarement, et les conséquences géologiques qui résultent de la reconnaissance qu'on en a faite, *H. N.*

63 *Voyez* les textes grecs rapportés dans la sixième partie de ce mémoire.

64 *Voyez* la Croze, déjà cité, *page* 10.

65 Les Samaritains rendent communément le nom de la ville de *Babel* בבל par celui de *Lylaq* ץLחZ. Au chapitre II de la Genèse, ils appellent le pays de *Kouss* כוש, *Koufin* ﬡחבℲ𝔀; celui d'*Assour* אשור, *Hatsfou* ℲבחℲ : le fleuve que Moïse nomme *Fyssoun* פישון, est appelé dans la version samaritaine *Fyssoun-qadouf* בחצ-עינℲP Δ; celui de *Hhideqel* חדקל reçoit le nom de *Qeflousah* ℲבℲZⅅP, etc.

66 On trouve des exemples de ces mots composés dans toutes les langues orientales; je me contenterai de citer ici les suivans :

En chaldéen, le mot פתבג *fethabeg* (portion de nourriture) est formé des mots פת *feth* (morceau) et בג *beg* (mets, nourriture); אדרגזר *adarghizar* (juge, magistrat) se compose des mots אדר *adar* (seigneur, prince), et גזר *ghizar* (couper, résoudre, décider, juger); etc.

En hébreu, מספוא *mesafoua* (fourrage), de מסם *mesas* (sécher), et de פוא *foua* (herbe, foin); צפרדע *tsaferda* (grenouille), dont les racines formatives ne se retrouvent que dans l'arabe, صف *saf* et ردع *reda'* (bord marécageux), etc.

67 Les Samaritains ont fait le mot ⅅPⅤ *a'qel* (champ) du mot chaldéen חקל *hheqel*, ou du syriaque ܚܩܠ *hhaqal*; ∇ⅅℲ *duna'* (sortir), du chaldéen דנה *danehh*, ou du syriaque ܕܢܚ *danahh*; ℲעⅤ *a'mer* (vin), du syriaque ܚܡܪ *hhëmr*, qui est le même que le mot خمر *khemr* des Arabes. Ils écrivaient indistinctement ℲחⅤℲ *hhëtsad* et ℲחⅤ *a'tsad* (moissonner), ⅅℲⅤ *a'gal* et ⅅℲℲⅤ *hhëgal* (voir), etc.

On trouve aussi en hébreu, employés indistinctement, חצר *hhëtsar* et עזר *a'zar* (parvis), etc.

68 Les Samaritains ont fait leur mot ℲⅤPℲ *sa'r* (poil), de l'hébreu שער *ssa'r*, le même que le mot cha'r شعر des Arabes; et ils ont formé ℲⅤP *a'ser* (dix), de l'hébreu עשיר *a'sir* ou *a'cher*, le même que le mot عشر *a'cher* des Arabes, etc.

69 *Tanta est affinitas inter* ס *et* שׁ, *ut non pauca vocabula indiscriminatim per* ס *aut per* שׁ *scribantur :* סתם *et* שתם, *obstruxit :* סכך *et* שבך, *operuit :* רפס *et* רפשׂ, *conculcavit :* ספק *et* שפק, *plausit :* ספח

DE L'ILE DE ROUDAH.

et שׁפת, scabies, etc. Voyez, page 17, *Francisci Masclef, presbyteri, canonici Ambianensis, Grammatica hebraica, à punctis aliisque inventis massorethicis libera.* Parisiis, 1731.

Les Hébreux écrivent indistinctement des deux manières שׂתר ssithar et סתר sathar (cacher), פרשׂ feress et פרס feres (rompre), etc.

70 Les Samaritains écrivaient indifféremment ܦܠܘܩ *felouq* et ܦܠܘܟ *felouk* (firmament), ܗܠܟ *hèlak* et ܗܠܩ *hèlaq* (aller), formé du mot hébreu *hèlak* הלך, etc.

On trouve aussi dans la langue hébraïque à-la-fois usités, les mots קוֹבַע *qouba'* et כּוֹבַע *kouba'* (casque), פֶרֶק *fereq* et פֶרֶך *ferek* (briser, disjoindre, séparer), etc.

71 אפף, *circuivit, ambiit, circumdedit. Quidam exponunt, circumvolvere, circumrotare.* Voyez Castell, tom. 1er, col. 193.

72 Voyez la note ci-dessus sur les mots composés dans les langues orientales.

73 وفي III. *Venit, advenit, pervenit.* Voyez, col. 2708, *Jacobi Golii Lexicon Arabico-Latinum.*

74 يافوف, *celer, properans, incitati et acris animi vir.* Ibid. *celer, promptus et acer.* Voyez Golius, col. 124 et 2764.

75 *Bahar el-mozálem* بحر المظلم.

76 Voyez les textes rapportés dans la sixième partie de ce mémoire.

77 Je dois cette orthographe nouvelle du nom du Nil à l'évêque de Gondar, qui venait souvent me voir au Kaire, et qui m'a fourni un grand nombre de renseignemens précieux sur ce qui concerne son pays.

78 Voyez le Dictionnaire de Ludolf, pag. 353 et 354.

79 Cette orthographe est celle de l'évêque de Gondar lui-même. Ludolf écrit ce nom ጎንድር : *Gouendr.*

Au reste, le nom de *Gondar* est, suivant l'évêque déjà cité, plus proprement le nom d'un territoire que celui d'une ville, et il donne à la capitale de ce territoire le nom de ከተማ : *Katamá.*

Il ajoute « que Katamá est située entre deux rivières : l'une, qui coule à l'orient de cette ville, s'appelle *Angarab* አንጋራብ : (*Angrab* de Ludolf); l'autre, qui coule à l'occident, se nomme *Qaha* ቃሀ : Ces deux rivières se réunissent au nord de la ville, et se confondent en une seule qui porte le nom de *Magananía* መጋናኛ : A une heure de chemin, au nord de cette jonction, le Magananía reçoit le torrent *Magatch* መጋጭ :

qui vient de l'Orient; et à une journée de là, toujours au nord, il se jette dans le lac Tsana. Le palais du roi est au centre de la ville; ce prince habite aussi pendant une portion de l'année une maison de campagne accompagnée de jardins considérables, sur les bords du Qaha, à peu de distance de Katama. » Cette explication justifie pleinement Ludolf d'avoir nié que Gondar fût la capitale de l'Abyssinie; mais il a été induit en erreur en expliquant le mot ከተማ : *Katama*, par ceux de *castra regia*.

80 *Voyez* les textes grecs rapportés dans la sixième partie de ce mémoire.

81 *Voyez* les textes latins rapportés dans la sixième partie de ce mémoire.

82 Les Arabes appellent encore maintenant *ifteráq el-Neyleyn* افتراق النيلين (la séparation des deux Nils), la division des deux principales branches du Nil qui se trouve en Éthiopie.

83 ሐጸጸ : *imminui, decrescere.* Org. 2, *parvum, minimum esse.*

አሕጸጸ : *minuit, imminuit,* ut 2 Cor. VIII, 15; et seq. præp. እም : *minorem alio reddidit.* Ps. VIII, 6.

ሐጺጽ : *parvus, exiguus, tenuis.* Matth. v, 19, seq. እም : *minor, inferior.* Org. lect. 1, pl. ሐጺጻን : *exigui :* ut ሐጺጻነ : ሃይማኖት : *exiguâ fide præditi.* Matth. VI, 30, ሐጺጻን : *etiam vocantur libri Bibliorum vulgò Paralipomena,* ob minùs rectè intellectam vocem Græcam.

ሐጺጽት : *levius ponderis,* de regno Balthasaris. Org.

ሐጸጽ : *tenuitas exiguitas.* ሐጸጸ : ሃይማኖት : Matth. XVII, 20.

ሐጸት : *imminutio, diminutio.* Contrar. est ፈድፈደ : *incrementum,* de luna. ተሐጸ : አውደ : በረሕ : Org. lect. 1.

(Jobi Ludolfi *Lexicon Æthiopico-latinum,* editum curâ *J. M. Vanslebi,* col. 48 et 49.)

84 ወሐዘ : Matth. XXVII, 49, *fluxit;* cum compositis, *defluxit flumen.* Ps. XLV, 4, subj. def. ወይሐዝ : *et fluant aromata mea.* Cant. IV, 16. *Interfluere, præterfluere.*

ወሐዝ : *fluxio seu impetus fluminis.* Apoc. XII, 15. Item *torrens.* Ps. CIX, 8.

Modò rapiditatem, modò ipsam fluvii aquam significat.

Pl. ወሐይዝት : *Torrentes.* Matth. VII, 23.

De *rivis* sæpe accipiebat Gregorius ut et de *magnis fluminibus.*

አወሐዘ : Ps. LXXVII, 19. *Fluere fecit, eduxit, effudit aquam, ita ut flueret.* Ps. CIV, 39.

ወሕዝት፡ *fluxus.* Luc. VIII, 44.

መሕዝ፡ *fossa* seu *alveus fluminis.* Ps. I, 3.
(Jobi Ludolfi *Lexicon Æthiopico-latinum*, in-fol. col. 417)

85 *Marab* ou *Mareb* ወረብ፡ en éthiopien, est le nom d'une espèce d'âne sauvage (*asinus sylvestris, onager.* Ludolfi Lexic. col. 59). On trouve dans tous les pays beaucoup d'exemples de noms de quadrupèdes et d'autres animaux donnés de cette manière à des fleuves : les Grecs avaient en Thrace, l'Αἰγὸς ποταμός (le fleuve de la Chèvre) qui se jette dans l'Hellespont, le fleuve Λύκος (Loup) dans le Pont ; les Syriens avaient le fleuve du Chien (نهر الكلب *nahar el-Kelb*) près de Beyrout بيروت, et qui a été aussi connu des géographes grecs et latins sous les noms de Λύκος et de *Lycus*; ils ont encore donné ce dernier nom à un affluent de l'Euphrate : il existait aussi un fleuve Λέων (Lion) en Syrie. On connaît deux rivières portant le nom de ذاب *Dáb* (Ours) qui se jettent dans le Tigre : les anciens les nommaient *Zabus major* et *Zabus minor.*

Au reste, comme à diverses époques l'Éthiopie et l'Yémen ont été réunis sous la même domination, le nom du fleuve Mareb peut avoir la même origine que celui de la forteresse de *Máreb* مارب ou *Maáreb* ماأرب (la *Mariaba* des anciens), bâtie dans l'Yémen par un roi nommé *A'bd-el-chems* عبد الشمس, fils d'*Yechhab* يشحب, et surnommé *Sabá* سبا. Il ne nous reste point sur la langue et les antiquités des Hémiarites, de documens suffisans pour discuter la signification de ce nom ; je me contenterai donc de dire, d'après Abou-l-fedà, que plusieurs ont cru que c'était celui d'un souverain de l'Yémen.

86 *A'záb* عذاب ou *A'yzáb* عيذاب. Ebn el-Maqryzy a consacré à cette intéressante ville le soixante-quatorzième chapitre de son grand ouvrage sur l'Égypte. El-Edricy, Abou-l-fedà et Ebn el-Ouardy en font aussi mention dans leurs traités géographiques. El-Edricy est le seul de ces quatre auteurs qui ait écrit son nom *A'záb* عذاب au lieu d'*A'yzáb* عيذاب.

87 Suivant les auteurs arabes, cette reine se nommait *Belqys* بلقيس, et avait succédé à son père *Hádhád* هادهاد. Les Éthiopiens rapportent qu'elle eut de Salomon un fils nommé *Mnilhek* ምንይልህክ፡ qui lui succéda en Éthiopie. Il paraît certain que ses états comprenaient l'Yémen et la partie orientale de l'Abyssinie : sa capitale était *Sabá* سبا ou *Chebá* شبا (en hébreu *Seba* ou *Cheba* שבא); mais elle faisait sa résidence dans la citadelle de cette ville, qui se nommait Mareb. *Voyez* la note précédente.

89 Ce qui a rendu la position de tous ces affluens obscure et difficile à la plupart des géographes modernes, c'est qu'ils n'ont pas fait attention que

les mots νῆσος chez les Grecs, et *insula* chez les Latins, avaient la même acception que le mot *gezyreh* جزيرة a maintenant chez les Arabes, c'est-à-dire la double signification d'*île* et de *presqu'île* ; d'après ce motif, ils ont toujours voulu voir dans l'île de Méroé des anciens, non une *péninsule*, mais une île dans l'acception restreinte que nous donnons à ce mot, c'est-à-dire un espace de terre entièrement environné d'eau.

89 *Voyez* S. E. Jablonski, *Pantheon Ægypt.* lib. IV, cap. 1, § 9.

90 Page 3.

91 Le mot de *Nil* signifie *indigo* et *bleu* en langue sanscrite. Cette acception de ce mot a passé dans l'arabe littéral *al-nyl* ou *an-nyl* النيل, et dans l'idiome vulgaire نيله *nyleh* (le bleu indigo), et nous la retrouvons encore dans le mot français *anil* qui a la même signification, et qui, ainsi qu'un grand nombre d'autres, a été introduit de l'arabe dans notre langue par le commerce du Levant. C'est ainsi que pendant les croisades, et par les relations que les croisés eurent avec l'Orient, les Français prirent des Arabes les mots *assassin, magasin, amiral, foison, chiffre, truchement, avanie, tambour, jarre, mosquée, algèbre, café*, etc., etc.

92 Voyez *Cornelii Schrevelii Lexicon Græco-latinum*, pag. 577.

93 *Bibliotheca Orientalis Clementino-Vaticana, in qua manuscriptos codices Syriacos, Arabicos, Persicos, Turcicos, Hebraïcos, Samaritanos, Armenicos, Æthiopicos, Græcos, Ægyptiacos, Ibericos et Malabaricos, jussu et munificentiâ Clementis* XI *pontificis maximi, ex Oriente conquisitos, comparatos, avectos, et Bibliothecæ Vaticanæ addictos, recensuit, digessit, et genuina scripta à spuriis secrevit, additâ singulorum auctorum vitâ, Joseph-Simonius Assemanus, Syrus Maronita, sacræ theologiæ doctor, atque in eadem bibliothecâ Vaticanâ linguarum Syriacæ et Arabicæ scriptor*. Romæ, 1719; *typis sacræ Congregationis de propagandâ fide*; 3 vol. in-fol.

94 Assemani a voyagé en Égypte avec le P. Sicard. *Voyez* les *Nouveaux mémoires des missions dans le Levant*, pag. 123 *et suiv.*

95 Tome 1ᵉʳ, page 420. J'ajouterai ici ce passage :
« XV *Abgarus Vchama*, hoc est, *Niger*. Dionysius. »

ܥܠܡܐ ܠܐܦܝ ܐܠܦ ܘܥܣܪܝܢ ܘܐܪܒܥܐ ܫܪܝ ܠܡܡܠܟܘ ܒܐܘܪܗܝ ܐܒܓܪ ܐܘܟܡܐ ܗܘ ܕܐܬܐܣܝ ܘܐܡܠܟ ܫܢܝܢ ܬܠܬܝܢ ܘܫܒܥ ܘܝܪܚܐ ܚܕ ܀

« *Anno* 2024 *regnare cœpit Edessæ Abgarus Vchama qui curatus est; regnavit autem annis* 37, *mens.* 1. »

96 Édesse en Mésopotamie a été aussi connue des Arabes sous le nom d'*el-Rohâh* الرهاء. On croit que ce nom est une altération du nom de *Callirhoé*, qui lui avait été donné à cause d'une très-belle fontaine qu'elle renfermait. Les voyageurs l'ont appelée vulgairement *Orfa*.

Cette ville fut prise sur les Arabes par les croisés français; mais elle fut reprise sur eux, l'an 539 de l'hégire (1144 de l'ère vulgaire), par l'atâbek *O'mâd ed-dyn Zingy* عماد الدين زنكي, sous le règne de Baudouin, fils de Foulques, roi de Jérusalem.

Elle fut reprise sur les Arabes et saccagée, l'an 796 de l'hégire (1393 de l'ère chrétienne), par Tamerlan, un peu avant qu'il marchât contre le sultan Ottoman Bajazet, premier du nom.

97. On compte dix rois d'Édesse qui ont porté ce nom; celui qui régnait l'an 30 de l'ère chrétienne, est le plus célèbre, à cause d'une prétendue lettre censée écrite par lui à Jésus-Christ, et d'une réponse apocryphe de Jésus-Christ, qui se trouvent rapportées par différens écrivains. *Voyez* Assemani, à l'endroit cité.

98 אבם chald. התאבם, נתאבם, *nigruit, atratus fuit, atrorem contraxit.*

אבם, אבם, *niger, ater.* Lev. XIII, 31, 37. Job. XXX, 38, *pl.* Cant. V, 11. *Constr.* Job. V, 11. *fœm.* אבמתא *vel* אובמתא. Lev. XI, 19.

אבמתא, *nigredo, atror.* Thren. IV, 8.

אובמות, *nigredo.* Eccle. XI, 10.

Syr. ܟܡ, *nigruit.* Joel, II, 6. Pahel ܟܡ, *denigravit.* Aphel.

ܐܟܡ, *nigrefecit, atrum reddidit.* Ec. XXV, 21. Ethtaph. ܐܬܬܟܡ, *niger factus est, nigruit.*

ܟܡ, *niger.* Gen. XXX, 32, 40.

ܐܟܘܡܐ *id.* Cant. 1, 5, 6, et V, 11. *fœm.* ܐܟܘܡܬܐ *nigra.* Matth. V, 36. it. *oculus niger.* F.

ܐܟܘܡܘܬܐ, *nigredo.* F.

Sam. ᜲᜲᐱᜲ et ᜲᜲᐁᜲ *niger.* Ex. XXXV, 7. *V.* Ann. Sam.

(Edmundi Castelli *Lexicon heptagl.* col. 111 et 112.)

99 *Voyez* les textes grecs rapportés dans la sixième partie de ce mémoire.

100 Διά, *præposit.* per, ex, in, ad, inter; *in compositione plurimùm notat separationem, vel intendit significationem.* Cornelii Schrevelii *Lexicon manuale Græco-latinum*, 1734, pag. 204.

101 Διαβεβαιόω, *confirmo;* διαγινώσκω, *plenè cognosco;* διαδέρκω et

διαείδω, perspicio; διάηµι, perflo; διαθέω, percutio; διακαθαρίζω, perpurgo; διακαρτερέω, perduro; διακατελέγχοµαι, magis ac magis redarguo; διακένως, supervacuè; διακινέω, permoveo; διαλανθάνω, perlateo, prorsùs lateo; διαµαρτύροµαι, etiam atque etiam obtestor; διαµπὰξ, διαµπερὲς et διαµπερέως, prorsùs, in totum, perpetuò, etc. Cornelii Schrevelii Lexic. pag. 204 et seq.

102 Les Latins se servaient quelquefois du nom de *Jupiter, Jovis,* pour désigner le ciel et même la pluie. On connaît le célèbre distique de Virgile :

Nocte pluit totá, redeunt spectacula man
Divisum imperium cum Jove Cæsar habet.

103 L'Euphrate (*Ferát* فرات). Ce fleuve est célèbre dans l'histoire de l'Orient : les Hébreux le connaissaient sous le nom de *Fereth* פרת, et les Syriens lui donnent aussi le même nom (ܦܪܬ *Fereth*). Les Arabes distinguent deux fleuves de ce nom : le grand Euphrate prend sa source dans les monts Gordiées, et se jette dans le Tigre, près d'Anbar et de Felougyah : le petit Euphrate, qui est souvent plus large que le grand, traverse l'*Iráq A'raby* عراق عربي, et passe à *Koufah* كوفه; c'est pourquoi on le nomme aussi souvent *Nahar-Koufah* نهر كوفه (fleuve de Koufah). Il va de même se jeter dans le Tigre, entre *Ouáset* واسط et *Naharouán* نهروان, et le lieu de son embouchure est appelé *Qarnah* قرنه.

104 Voici le passage d'Horapollon : Νείλου δὲ ἀναβάσιν σηµαίνουντες, ὃν καλοῦσι Αἰγυπτιστί Νουν. *Hieroglyph.* lib. 1, cap. 21.

105 *Voyez* le Zend-avesta publié par M. Anquetil-Duperron, *tome* II, *page* 391.

106 Le fleuve *Arg* paraît être le même que l'Ἄραγος, l'un des affluens de l'Euphrate en Arménie, suivant Strabon.

107 L'Albordj est appelé قاف *Qáf* par les Arabes : c'est le même que le Caucase des Grecs. Les Orientaux croient que cette montagne environne la terre : elle est désignée dans plusieurs cartes géographiques sous le nom d'*Alburz*.

108 Le pays de Sourah est la Syrie.

109 L'Ametché est sans doute l'Hémessène, province de la Syrie, dont *Hemess* حمص était la capitale.

110 La contrée de Mesredj est l'Égypte (*Mesr* مصر). En langue sanscrite, l'Égypte porte le nom de *Mesrastan;* et l'on sait que, dans les langues de l'Inde et de la Perse, la terminaison *están* ou *istán* ستان est affectée aux noms de pays.

111 On ne doit pas s'étonner de voir, suivant les Parses, le même fleuve couler de l'Arménie dans la Syrie et l'Égypte. On peut expliquer la cause de cette croyance par la profonde ignorance des Parses, surtout en géographie et en géologie, à l'époque où les livres dogmatiques qui leur restent furent rédigés.

Cette ignorance a donné lieu à plusieurs autres opinions aussi absurdes parmi ces peuples. On voit dans le Boun-dehech, qu'ils imaginaient que la même eau coulait dans tous les fleuves, parce qu'ils supposaient que ceux-ci correspondaient tous entre eux par des conduits invisibles, soit célestes, soit souterrains, et avaient tous pour principes deux rivières, l'Arg, que nous venons de citer, et le Vch, dont les sources étaient aussi au mont Albordj.

112 איף, *grande mesure; Ephi.*

איפה. Id. אפן, *temps, mesure, manière, façon, tournure.* Voyez Houbigant, *Racines hébraiques sans points voyelles,* pag. 6 et 10.

אף et איפה f. *Epha, est mensura omnium communissima, ideoque κατ' ἐξοχήν pro mensura usurpatur.* Voyez Castell, col. 102.

Hebr. אפן *canthus, modus, pœna talionis, quâ mensura rependitur pro mensura;*

Chald. אופן, *modus, forma;*

Arab. اَفَنٌ, *tempus, tempestas,* καιρός: اَفْنٌ *imminutio.* Voyez Castell, col. 194 et 199.

On trouve aussi en hébreu et en chaldéen אף, en syriaque ܐܦ, *davantage, en plus grande mesure;* en arabe, par un sens opposé, mais tiré de la même signification radicale, افل, *petit nombre, petite mesure.* Voyez, sur ces mots, Castell, Houbigant, Golius, Masclef, Buxtorf, etc.

En langue arabe vulgaire, le mot وافي *ouáfy* signifie *plein, comble,* en parlant d'une mesure.

113 La collection générale des signes hiéroglyphiques recueillis dans les monumens d'Égypte, dessinés et mis en ordre par M. Jomard, fera partie du volume v des planches d'antiquités. Ce tableau renfermera tous les hiéroglyphes connus et authentiques.

114 *Voyez* l'Histoire du ciel par Pluche, tom. 1er, *pl.* XXIV, *pag.* 429, *figures* H, H, *et pl.* III, *pag.* 56, *figure* 4.

115 « *NYMPHÆA Lotus* LINN. — *Lotos* HERODOT. lib. II, cap. 92; THEOPHRAST. Hist. plant. lib. IV, cap. 10, p. 437. — Arab. نوفر *noufar;* بشنين الخنزير, *bachenyn el-khanzyr* ..... Rosettæ et Damiatæ.

« —— *cœrulea* SAVIGNY. — *Lotus cyaneus* ATHENÆI, lib. III, cap. 1, pag. 72. — Arab. بشنين عربي *bachenyn A'raby.* Radix dicitur بيارو *byároû.* Rosettæ, Damiatæ; et in aquis *Birket el-Rotly,* juxta Kahiram. » Voyez *Floræ Ægyptiacæ illustratio, auctore A. R. Delile,* H. N.

« Je ne puis me refuser à joindre ici une remarque qui ne paraîtra peut-être pas à dédaigner, c'est que le nom بيارو *byárou* donné à la racine du nymphæa, et qui a une forme si évidemment étrangère à la langue arabe, n'est réellement que le mot égyptien ⲠⲀⲒⲀⲢⲞ *pa-iaro*, qui, d'après sa forme adjective et sa dérivation, peut être rendu exactement par les mots latins *fluvialis*, *flumineus* (appartenant au fleuve, ayant rapport au fleuve).

[116] Ἐπεὰν πλήρης γένηται ὁ ποταμός, καὶ τὰ πεδία πελαγίσῃ, φύεται ἐν τῷ ὕδατι κρίνεα πολλὰ, τὰ Αἰγύπτιοι καλέουσι λωτόν. Herodot. *Histor.* lib. ii, cap. 92.

Λωτός τε γὰρ φύεται πολὺς. Diod. Sic. *Biblioth. histor.* lib. i, cap. 34.

[117] « Deux espèces de *nymphæa* épanouissent leurs fleurs à la surface des eaux. Ces plantes croissent à l'époque de l'inondation; elles se fanent lorsque les eaux baissent. Leurs racines se conservent malgré la grande sécheresse qui succède à l'inondation.

« Les *nymphæa* sont abondans près de Damiette et de Rosette : ils croissent en petite quantité plus au midi dans le Fayoûm, et dans le seul étang de *Birket el-Rotly* بركة الرطلي près du Kaire. » *Voyez* le Mémoire sur les plantes qui croissent spontanément en Égypte, par Alire Raffeneau Delile, membre de l'Institut d'Égypte, *H. N.*

[118] *Flores dicuntur in hac planta*, عرايس النيل a'râys el-Nyl, *id est uxores Nili.* » Delile, *Flor. Ægypt. illustr.* ibid.

[119] La statue colossale du Nil tient une corne d'abondance d'où sortent des fruits de lotus; sa tête est ceinte de fruits et de feuilles de lotus. Voyez *Museo Pio-Clementino*, i, 30; et M. Millin, Galerie mythologique, *tome* i, *page* 76.

[120] *Voyez* l'Histoire du ciel par Pluche, *tome* i^{er}, *page* 57.

[121] *Voyez* l'Histoire du ciel par Pluche, *tom.* i^{er}, *pl.* xxiv, *fig.* 11.

[122] *Voyez* l'Histoire du ciel par Pluche, *tom.* i^{er}, *pl.* iii, *fig.* 5.

[123] Le dessin que j'ai donné de ce fragment intéressant est gravé; et la planche où il se trouve, avec d'autres morceaux d'antiquité que j'ai également rapportés d'Égypte, fait partie de la collection d'*antiques* placée à la fin du volume v des planches d'*Antiquités*.

[124] « La huppe va du midi au nord; elle vit des vermisseaux qui éclosent sans nombre dans le limon du Nil. Une infinité d'espèces de moucherons, de demoiselles et d'autres insectes, cherchent surtout les eaux dormantes, et par conséquent celles du Nil répandu, pour y déposer leurs œufs, qui

DE L'ILE DE ROUDAH. 109

ne réussissent jamais mieux que dans le limon échauffé par le soleil, après la rentrée du fleuve dans ses bords : la huppe accourt alors dans tous les lieux que l'eau a nouvellement abandonnés; elle saisit avec industrie les momens et les lieux où les insectes naissans lui offrent une pâture facile, avant que l'animal ailé qui est caché sous la peau du ver et ensuite sous l'enveloppe de la chrysalide, sorte de cet état pour prendre son vol et pour porter son espèce en d'autres endroits. La huppe, attirée par cet appât, passe de l'Éthiopie dans la haute Égypte, et de la haute Égypte vers Memphis, où le Nil se partage : elle va toujours à la suite du Nil à mesure qu'il rentre dans ses canaux jusqu'à la mer. Elle était propre par cette méthode à caractériser parfaitement la direction du vent méridional, qui aidait et annonçait le desséchement désiré.

« Aussitôt donc que les Égyptiens voyaient revenir la huppe, c'est-à-dire non la huppe naturelle qui n'était que le signe d'une chose fort différente, mais l'oiseau figuré, le vent du midi, qui imite le mouvement de la huppe, ils apprêtaient leur blé, reconnaissaient par l'arpentage des terres les bornes des héritages, que le limon avait confondues, et ne tardaient pas à semer...» *Voyez* l'Histoire du ciel par Pluche, *tom.* 1ᵉʳ, *pag.* 51 *et* 52.

¹²⁵ ⲂⲀⲒⲤ, *accipiter*. Kircher, *page* 67. Voyez la Croze, *page* 11.

¹²⁶ ⲠⲒⲀⲤⲒ, ζωή, *vita*. Prov. vi, 22. Voyez la Croze, *page* 10.

¹²⁷ ⲤⲎⲦ, καρδία, *cor*, passim. Item νοῦς, *mens*. Rom. xi, 34. Plur. ⲚⲒⲤⲎⲦ, *corda* (Lit. Greg. §. 1). *Voyez* la Croze, *page* 154.

¹²⁸ ⲔⲞⲨⲔⲞⲨⲪⲀⲦ, *upupa*. Kircher, *page* 168. Voyez la Croze, *page* 33.

¹²⁹ ⲬⲰⲔ, πέρας, *finis, terminus*. Psal. xxxviii, 4. Τὸ τέλος, *finis*. Matth. xxvi, 58. *Voyez* la Croze, *page* 170.

ⲈⲞⲨⲞ, τὸ περισσόν, *abundans, residuum*. Ex. x, 8. Matth. v, 37. *Amplior*. Matth. ix, 16. ⲚⲤⲞⲨⲞ, ἐπὶ πλεῖον, *amplius*. Ps. lxi, 2. ⲚⲤⲞⲨⲞ ⲚⲤⲞⲨⲞ, ὑπερπερισσῶς. Marc. vii, 37. ⲈⲢⲤⲞⲨⲞ, *extolli, abundare*, ὑπερυψοῦν. Ps xxxvi, 35. Πολυωρεῖν, *multiplicare*. Ps. cxxxvii, 3. Ὑπερπερισσεύειν, *superabundare*. 2. Cor. vii, 4. Περισσεύειν, *abundare*. Liturg. Basil. *pag.* 10. Voyez la Croze, *page* 158.

Le ⲫ est, comme on sait, un des articles prépositifs de la langue qobte.

ⲂⲀϤ ⲞⲨⲂⲀϤ, ἀπόρροια, *emanatio*. Sap. Salomon. vii, 23. Item *fluere*. Exod. iii, 8. ⲞⲨⲔⲀⲤⲒ ⲈϤⲂⲀϤ ⲚⲈⲢⲰϮ ⲚⲈⲨ.

ⲈⲂⲒⲰ, γῆ ῥέουσα γάλα καὶ μέλι, *terra fluens lac et mel* (passim). Jos. vii, 38. ⲤⲔⲆⲀ, *judisti*. Lit. Greg. *pag.* 42. Voyez la Croze, *pag.* 147.

¹³⁰ *Voyez* l'Histoire du ciel par Pluche, *tome* 1ᵉʳ, *planche* iii, *fig.* 3.

¹³¹ Le papyrus gravé dans les planches 72, 73, 74 et 75, *A.*, vol. ii, avait déjà été publié à Strasbourg par M. Cadet. M. Simmonel, lieutenant-colonel au corps des ingénieurs-géographes, qui l'avait rapporté de la ville de Thèbes, au lieu de le réunir à la collection des manuscrits gravés dans l'ouvrage, l'avait communiqué à M. Cadet. Celui-ci en a fait faire une gravure en dix-huit planches, aussi exacte qu'il était possible pour un artiste peu familiarisé avec les hiéroglyphes. On savait trop combien ce monument était important pour ne pas l'introduire dans l'ouvrage, et surtout pour le produire avec des lacunes et des incorrections graves, dont il serait déplacé de faire ici l'énumération. Il a donc fallu recommencer cette gravure avec une exactitude et, en quelque sorte, un scrupule religieux : c'est à quoi M. Jomard, commissaire du Gouvernement, chargé de la direction des travaux de gravure et d'impression de l'ouvrage, a consacré deux ans d'une surveillance et de soins assidus, avec le secours de M. Willemin, graveur distingué. On peut s'assurer de la fidélité avec laquelle ce papyrus est imité, en comparant la copie avec l'original, qui a été en ma possession, et que j'ai cédé à la Bibliothèque du roi.

¹³² Voyez *A.*, vol. ii, pl. 73.

¹³³ Le nom du serpent est, en arabe, حية, *hayah*, de la racine qui signifie *vie* et *vivre*.

C'est le serpent qui a toujours été l'emblème de la vie dans les hiéroglyphes.

C'est le serpent qui fait manger au premier homme de l'arbre de vie.

Le dieu des Indes ayant créé l'homme, il lui donna un élixir qui lui assurait une santé éternelle : l'homme mit la drogue sur l'âne ; l'âne eut soif, le serpent lui indiqua une fontaine ; et pendant que l'âne buvait, le serpent vola l'élixir, et s'en appropria les effets.

¹³⁴ *Voyez* les textes rapportés dans la sixième partie de ce mémoire.

¹³⁵ J'ai déjà donné, dans la première note de mon Mémoire sur les inscriptions koufiques recueillies en Égypte, une étymologie du nom de Thèbes qui me paraît fondée ; cependant une autre étymologie non moins probable se présente, quoiqu'il soit possible de les réunir toutes deux, sinon par la contexture grammaticale, du moins par le sens, et de n'en faire qu'une seule et même dont l'une serait la traduction de l'autre.

Plus on s'occupe de l'ancienne langue des Égyptiens, plus on est convaincu qu'elle avait la plus grande affinité avec celles des Hébreux, des

Éthiopiens, et avec les autres langues orientales collatérales, et nous en avons déjà vu ci-dessus plus d'une preuve dans l'explication des différens noms du Nil : or, dans les langues orientales, le mot racine חוב *houb* signifie HABITER; de ce mot a été formé le dérivé תבה *thabeh* ou *thebeh*, HABITATION, nom qui a été employé par cette raison dans la Genèse pour désigner d'une manière spéciale l'arche, l'habitation flottante que Noé avait construite pour échapper avec sa famille au déluge. (Castell, col. 3863.)

Ainsi, dans la première étymologie, Thèbes était LA VILLE; dans la seconde, elle serait L'HABITATION par excellence.

Cette racine se trouve conservée dans le chaldéen, où l'on trouve יתב et יתיב *sedit, mansit, habitavit, habitare fecit, collocavit id. q.* Hebr. ישב : אתיתיב *habitatus est*, איתיב *posuit se*, אתותב *habitatus, inhabitatus est*, יתיב *habitabilis*, יתוב *habitatio*, מותבא et מותב *habitatio, habitaculum, sedes, consessus, familia*, תותב et תותבנא *incola, inquilinus*, תותבות *sessio*, מייתבותא *habitatio*.

Syr. ܝܬܒ *id. q.* Chald. et *ibid. versatus est*, ܐܘܬܒ *sedere fecit, collocavit.* Ethtaph. *sedit, sedere fecit*, ܝܬܒ *habitatio, habitaculum, sedes, mansio, vernaculus, sedens, habitator, incola, habitabilis,* ܡܘܬܒ et ܡܘܬܒܐ *sedes, habitatio, sessio*, ܬܘܬܒ *incola, inquilinus*, ܬܘܬܒܘ *incolatus*.

Sam. ᛋᛏ𐌁 *id. q.* Chald. ᛋᛏ𐌁ᚾ *consessus, habitatores*, etc. (Castell, col. 1652)

J'ajouterai qu'en arabe ثاب signifie *habitavit* ; ناب *architectus, structor, ædificator domûs* (Castell, col. 3852). ناب *congregati fuerunt, in unum convenerunt homines* (idem, col. 3876).

136 Trente de nos lieues et trois cinquièmes.

On sait que le stade était la mesure la plus usitée chez les Grecs. Il est question, dans Hérodote, de deux espèces de stades. Le petit avait 51 toises (environ 99^m); il en fallait quarante-neuf plus une toise, pour une lieue de 2500 toises. Le stade olympique, ou le grand stade, contenant cent orgyies ou six cents pieds grecs, avait 94 toises et demie (environ 184^m); et vingt-sept de ces stades moins cinquante-une toises et demie équivalent à une de nos lieues.

137 Hérodote parle souvent du schœne, mesure égyptienne. Quoiqu'il y en eût de différentes dimensions, il évalue le schœne à soixante stades.

138 *Voyez* les textes grecs rapportés dans la sixième partie de ce mémoire.

139 *Voyez* la seconde partie de ce mémoire.

¹⁴⁰ Herodot. *Hist.* lib. II, cap. 1.

¹⁴¹ Le mot *satrape* σατραπης, est un mot de l'ancien persan que les Grecs ont copié sans le traduire. Il y a plusieurs opinions sur l'origine de ce mot. Je ne rapporterai pas celle de la Bibliothèque orientale, qui est trop évidemment dénuée de fondement. Suivant M. Anquetil (*Mém.* de l'Académie des inscriptions, *tome* XXXI, *page* 416), « *satrapa*, nom du gouverneur de la province de Babylone, répond à *satter-paé*: c'est ainsi que les Perses appellent le ciel des étoiles fixes, qu'ils croient inférieur aux cieux des planètes. En Orient, les vice-rois prennent quelquefois ce surnom, et réservent au prince le titre de *khorschid-paé*, c'est-à-dire *ciel du soleil*.

« Le mot *satter-pae* peut encore signifier *sous l'étoile*, c'est-à-dire *inférieur au roi*. »

M. Silvestre de Sacy donne de ce nom une étymologie bien moins hasardée, et qui semble s'appuyer sur des fondemens plus solides. *Voyez* les Mémoires de littérature, *tome* II, pag. 234 *et suiv*.

¹⁴² *Insula Pharus*. Cette île est maintenant une presqu'île qui est réunie au rivage d'Alexandrie par une longue jetée.

¹⁴³ Κάνωπος; en langue qobte, *Kahi noub* ⲔⲀϨⲒ ⲚⲞⲨⲂ (terre d'or). On trouve cette ville désignée par le nom de ⲔⲀⲚⲰⲠⲞⲤ *Kanópos*, dans l'éloge de l'évêque Macaire (Ms. qobte vat. 68, *fol.* 157), et par celui de *Canobus* dans S. Jérôme, au commencement de la règle de S. Pachôme (*Codex regularum*, ed. Holstenio, 1684, pag. 33).

¹⁴⁴ Ἀλεξάνδρεια, construite trois cent deux ans avant l'ère chrétienne. C'est dans cette ville que s'est faite la version des *Septante*, par ordre de Ptolémée Philadelphe. A l'endroit où Alexandrie a été fondée, existait une autre ville, nommée anciennement ⲢⲀⲞⲔⲞⲦ *Raokodi*; et l'on trouve Alexandrie elle-même désignée sous ce nom et sous celui de ⲢⲀⲔⲞⲦ *Rakodi*, dans le Dictionnaire qobte-arabe d'*Ebn-Kabar* ابن كبر, dont j'ai rapporté d'Égypte un très-beau manuscrit. Les anciens l'ont aussi connue sous le nom de *Rachotis*, qui est le même que le précédent. Quelques auteurs ont cru que c'était cette ville que les Hébreux avaient désignée sous le nom de *Nô* נא. Elle a eu successivement différens autres noms, sous lesquels cependant elle est rarement désignée; les principaux sont *Polis*, *Phares*, *Claudia-Julia*, *Augusta-Domitiana*, etc. Maintenant les Arabes la nomment *Iskanderyeh* اسكندرية, et les Qobtes modernes, ⲀⲖⲈⲜⲀⲚⲆⲢⲒⲀ *Alexandria*.

¹⁴⁵ *Erment* ارمنت. Le Vocabulaire qobte-arabe d'Ebn-Kabar, que

j'ai déjà cité, donne à cette ville le nom d'*Ermont*, Ⲉⲣⲙⲟⲛⲧ, que Kircher a traduit par *Armont*, Λυκόπολις.

Le nom d'*Ermont*, Ⲉⲣⲙⲟⲛⲧ, se trouve aussi dans le *Lexicon Ægyptiacum* de la Croze.

Cette ville est aussi appelée, dans l'éloge de Pisendi, Ⲧⲡⲟⲗⲓⲥ Ⲥⲉⲣⲙⲁⲛⲧ *Dipolis Sermant*.

Suivant Abou-l-fedà, « cette ville est située dans le Sa'yd supérieur, sur la rive occidentale du Nil, au sud-ouest d'Aqsor; son territoire offre des champs cultivés, mais peu de palmiers. »

On trouve aussi (Ms. qobte 46, *fol.* 176) ce nom écrit *Armonth* Ⲁⲣⲙⲟⲛⲑ. Un vocabulaire sa'ydique de la Bibliothèque du roi (Ms. qobte 44, *fol.* 79) porte Ⲁⲣⲙⲟⲛⲓⲕⲏ *Armoniké*.

146 Strabon, natif d'Amasie en Cappadoce, florissait sous Auguste et sous Tibère, vers l'an 14 de l'ère chrétienne. On croit qu'il mourut vers la douzième année de Tibère (l'an 25 de l'ère chrétienne). Ælius Gallus, gouverneur d'une partie de l'Égypte, fut son ami particulier.

147 Maintenant *Gesyret Asouán* جزيره أسوان.

148 *Belád el-Noubeh* بلاد النوبه, et *Noubyah* نوبيه. Le vocabulaire qobte-arabe cité ci-dessus donne à ce pays le nom de Ⲧⲗⲩⲃⲏ *Di-Lubé*; ce qui doit d'autant moins étonner, que le nom de *Libye* a été employé par les anciens pour désigner non-seulement la région septentrionale de l'Afrique, mais encore une grande partie de l'intérieur de cette vaste contrée et même le plus souvent l'Afrique toute entière.

149 *Voyez* les textes grecs rapportés dans la sixième partie de ce mémoire.

150 *Antiquités-mémoires*.

151 Εἰλήθυια, maintenant *el-Qáb* القاب, en qobte Ⲧⲭⲱⲃⲓ *Tkhóbi*.

152 Ἐλείθυια ou Εἰλείθυια et Ἐλευθώ, *Elithyie*, ou *Ilithyie*, et *Eleuthó*, déesse qui présidait aux accouchemens, et que les femmes invoquaient pour être heureusement délivrées. On croit que c'est la même que Lucine.

153 Ælius Aristides (Αἴλιος Ἀριστείδης) était fils d'Eudæmon, dont, suivant Philostrate, quelques auteurs lui donnent aussi le nom, et qui était philosophe et prêtre de Jupiter Olympien : il naquit l'an de Rome 882 (129 de l'ère chrétienne), la douzième année de l'empire d'Adrien, sous le deuxième consulat de Juventius et de Marcellus, à Hadriani (Ἀδριανοί), petite ville de la partie de la Mysie ou Bithynie qui est voi-

sine du mont Olympe et du temple de Jupiter. Quelques-uns cependant prétendent qu'il était né à Smyrne : ce qui a pu fonder cette opinion, c'est que deux épigrammes de l'Anthologie grecque lui donnent le titre de Σμυρναῖος, qui se trouve également inscrit sur une statue de ce philosophe que le pape Pie IV a fait placer dans la Bibliothèque vaticane, avec cette inscription :

Roma, tuum nomen totum licèt impleat orbem,
Majus Aristidis fit tamen eloquio.

Il est vrai qu'Aristides passa une grande partie de sa vie à Smyrne, dont il fut le bienfaiteur et le sauveur. En effet, cette ville ayant été ravagée et presque entièrement détruite par des tremblemens de terre, Aristides obtint d'Antonin qu'elle fût reconstruite. Les habitans lui décernèrent en reconnaissance le droit de cité, et lui élevèrent une statue d'airain dans leur gymnase ou leur place publique, avec une inscription dans laquelle il était qualifié de fondateur de la ville (οἰκιστὴς τῆς Σμύρνης).

Il fut attaqué dès sa jeunesse d'une maladie nerveuse, mais qui ne l'empêcha pas de se livrer à l'étude. Après avoir étudié la grammaire sous Alexandre de Cotyée, il se forma à l'éloquence sous Hérode Atticus à Athènes, Aristocles à Pergame et Polémon à Smyrne. Après son voyage d'Égypte, il se rendit à Rome, où il fut honoré de la faveur de l'empereur Marc-Aurèle. Il fut atteint, dans son voyage, d'une maladie de langueur dont il ne guérit qu'au bout de dix ans, mais pendant laquelle il ne cessa point de s'occuper tout entier de ses travaux littéraires.

Il mourut à l'âge de soixante ans, dans sa patrie, sous le règne de l'empereur Commode. Quelques biographes cependant le font mourir dix ans plus tard, à Smyrne en Ionie.

Les écrits d'Aristides sont tous dans le genre oratoire et panégyrique. Une partie de ses œuvres a été publiée pour la première fois, en grec seulement, à Venise, en 1513, à la fin de l'édition d'Isocrate imprimée par les Aldes. Quatre ans après, les Juntes en publièrent une seconde édition à Florence, en 1517. Mais ces deux éditions sont très-défectueuses. Une partie des fautes et des omissions qui déparent ces éditions, a été corrigée dans la traduction donnée par J. Oporin en 1566, et dans l'édition publiée par P. Estienne, à Genève, en 1604. Mais la meilleure de toutes celles qui ont paru, celle dont je me suis servi, est l'édition grecque et latine, en deux volumes *in-4°*, qui a été publiée en Angleterre sous le titre suivant :

Ælii Aristidis Adrianensis Opera omnia, græcè et latinè, in duo volumina distributa; cum notis et emendationibus Gul. Canteri, Tristani, Palmerii, T. Fabri, Spanhemii, Normanni, et Lamberti Bossii; adjunctis insuper veterum scholiis, et prolegomenis Sopatri Apameensis, ab erroribus ut plurimùm repurgatis. Græca, cum manuscriptis codicibus variis et præstantissimis collata, recensuit, et observationes suas adjecit,

Samuel Jebb, *M. D.* Oxonii, è theatro Sheldoniano, 1730. Impensis Davidis Lyon.

154 Κοπτός (en arabe, *Qeft* ou *Qoft* قفط). Le nom de cette ville dans la langue qobte s'écrit ordinairement ⲔⲈϤⲦ *Keft*. Cependant un vocabulaire sa'ydique (Ms. qobte 43, *fol.* 58) offre ⲔⲈⲂⲦⲰ *Kebtó*, et un autre (Ms. qobte 44, *fol.* 72), ⲔⲈⲠⲦⲞ *Kepto*.

Abou-l-fedà, el-Edricy et A'bd-el-Rachyd el-Bakouy nous donnent quelques détails sur cette ville.

Plusieurs auteurs ont pensé que c'est du nom de cette ville de la haute Égypte, que les naturels du pays ont pris celui de *Qobtes* ou de *Cophtes*, par lequel ils sont maintenant désignés.

155 *Voyez* les textes grecs rapportés dans la sixième partie de ce mémoire.

156 Socrat. *Hist. eccles.* lib. 1, cap. 18, pag. 47.

157 Sozomen. *Hist. eccles.* lib. v, cap. 3, pag. 183.

158 Jac. Gothofred. *ad Cod. Theodos.* tom. vi, fol. 273.

159 *Voyez*, ci-après, la note sur ce général musulman.

160 Page 27, note 59, et page 29, note 61.

161 Page 28, note 60, et page 29, note 62.

162 *El-Qodà'y* القضاعي. Cet auteur célèbre, dont le nom entier est *Abou A'bd-allah Mohammed, ben Salámet*, ابو عبد الله محمّد بن سلامة, a été surnommé *el-Qodà'y* du nom d'une tribu des Arabes appelée *Qodà'h*, قضاعه, dont il était originaire. Nous avons de lui trois ouvrages.

Le premier est une histoire particulière d'Égypte, intitulée *Kitáb el-Khotat* كتاب الخطط (Livre des divisions territoriales), et le plus souvent citée sous le titre de *Khotat Qodà'y* خطط قضاعي (Divisions territoriales de Qodà'y).

Le second contient l'histoire des patriarches et des prophètes, suivant les traditions musulmanes, et est intitulé *Kitáb el-Anbá ou-el-Anbyá* كتاب الانبا والانبيا (le Livre des avertissemens et des prophètes).

Le troisième enfin, qui est le plus considérable, et qui se trouve à la Bibliothèque du roi, est intitulé *Tárykh el-Qodà'y* تاريخ القضاعي (Chronique d'el-Qodà'y); il comprend une histoire universelle depuis la création du monde jusqu'en l'année 411 de l'hégire (1020 de l'ère chrétienne), qui fut la dernière du règne du khalife Fatémite *el-Hákem be-amr illah* الحاكم بامر الله en Égypte.

8.

¹⁶³ Le nom entier de cet auteur est *A'ly A'bd-er-Rachyd ben Sâleh ben Noury* علي عبد الرشيد بن صالح بن نوري. Il fut surnommé *el-Bakouy* البكوي, parce qu'il était originaire de *Bakouyeh* بكويه, ville assez considérable, située dans la contrée de *Derbend* دربند, sur le bord de la mer Caspienne. C'est du nom de cette ville que quelques géographes ont donné à cette mer méditerranée celui de *mer de Backu* ou de *Bacchu*. A'bd-er-Rachyd nous apprend lui-même, dans son ouvrage, que son père, qu'il nomme *el-imâm el-a'âlem Sâleh ben-Noury* الامام العالم صالح بن نوري, était né dans cette ville; qu'il suivait la secte orthodoxe de l'imâm *el-Châfe'y* الشافعي, et qu'il parvint à une vieillesse très-reculée. L'année de la naissance d'A'bd-er-Rachyd n'est pas connue d'une manière bien déterminée; mais ce qu'il y a de certain, c'est qu'il écrivait en l'an 806 de l'hégire (1403 de l'ère chrétienne). Son ouvrage est intitulé *Kitâb talkhys el-atâr fy a'gâyb el-melek el-qahâr* كتاب تلخيص الاثار في عجايب الملك القهار (Livre exposant les traditions sur les merveilles du roi tout-puissant): il contient une géographie universelle, rangée suivant l'ordre des climats, et dont la composition a été achevée l'an 815 de l'hégire (1412 de l'ère chrétienne).

Ce géographe, dont les écrits sont moins connus que ceux de beaucoup d'autres auteurs de l'Orient dont la réputation s'est étendue parmi nous, donne cependant des détails très-précieux, quoiqu'au reste il offre, comme tous les écrivains orientaux, des inexactitudes et quelques récits fabuleux qui tiennent à leur ignorance générale sur l'ancienne histoire.

Je possède un très-bel exemplaire manuscrit de cet ouvrage, qui se trouve aussi à la Bibliothèque du roi (Ms. arabes, n°. 585), mais qui, dans le Catalogue des manuscrits orientaux de cette bibliothèque, ainsi que dans la notice qu'en a donnée M. de Guignes, est attribué mal-à-propos à *Yâkouty* ياكوتي.

¹⁶⁴ *Voyez* la Décade égyptienne, journal littéraire et d'économie politique, publié au Kaire, tom. 1ᵉʳ, pag. 248 et 276, et tom. III, pag. 145.

¹⁶⁵ On cite le plus souvent sous le nom d'*A'bd-el-Hokm* عبد الحكم, cet historien, dont le nom entier est *Abou-l-Qâsem A'bd-el-rahman ben A'bd-allah ben A'bd-el-Hokm* ابو القاسم عبد الرحمن بن عبد الله بن عبد الحكم, et qui a été surnommé *el-Qoreychy* القريشي. Son ouvrage, qui porte le titre de *Fotouh Masr* ou *akhbâr-hâ oud qâlym-hâ* فوح مصر واخبارها واقاليمها (Conquêtes de l'Égypte, son histoire et ses provinces), est souvent cité par el-Soyouty, et se trouve à la Bibliothèque du roi (Ms. arabes, n°. 834). Il ne doit pas être confondu avec un autre livre historique qui porte presque le même titre, et qui se trouve dans la même bibliothèque: ce dernier a été composé par *Abou el-Rabyâ Soleymân ebn Sâlem el-Kolly* باو الربيع سليمان ابن سالم الكلي, sous le titre de *Fotouh Masr Tarâbolos Afryqyah* ou *I'râq* فتوح مصر طرابلس

أفريقيه وعراق, et contient l'histoire des conquêtes faites par les armées musulmanes de l'Égypte, de la Tripolitaine, de l'Afrique proprement dite, et de l'I'râq arabique.

A'bd-el-Hokm est souvent aussi désigné sous les noms d'*Ebn A'bd-el-Hokm* ابن عبد الحكم et de *Ben A'bd-el-Hokm* بن عبد الحكم.

166 *Abou-l-Qâsem, ben Khalâf,* ابو القاسم بن خلاف.

167 *El-Ouáqdy* الواقدى. Cet écrivain, suivant Myrkhond, vivait sous le khalife el-Mâmoun; il est auteur d'un ouvrage intitulé *Syer* ou *Maghâzi* سير ومغازى.

168 L'auteur de cet ouvrage lui a donné le titre suivant: *Kitâb el-ensâf el-delyl b-el-delyl fy antâl el-Nyl* كتاب الانصاف الدليل بالدليل فى انتال النيل (le Livre des décisions justes, fondé sur des raisonnemens et des preuves concernant le cours du Nil). J'ai appris qu'il se trouvait parmi les manuscrits orientaux de la Bibliothèque du roi; mais je n'ai pu le vérifier.

169 *A'ly, ben Mohammed, ben-Dorâe'm, el-Mousaly,* على بن محمّد بن دراعم المصلى.

170 *Tâg-ed-dyn* تاج الدين (la Couronne de la religion). Le mot *tâg* تاج, qui est arabe et persan, et qui est le même que le mot *tak* ᛏᚨᚴ des Arméniens, signifie littéralement, dans ces trois langues, *couronne, diadème royal*: il entre dans la composition de plusieurs noms propres et de plusieurs titres d'ouvrages. Parmi ces derniers, on remarque surtout le livre historique intitulé *Tâg el-teouárykh* تاج التواريخ (la Couronne des annales), et composé par *Mollâ Sa'det ed-dyn Mohammed Hasan* مولى سعدة الدين محمّد حسن, connu sous le nom de *Khogah effendy* خوجه أفندى, et qui mourut l'an 1008 de l'hégire (1599 de l'ère chrétienne): cet ouvrage contient l'histoire de l'empire ottoman depuis le sultan O'tmân jusqu'à la fin du règne de Selym 1er.

171 *Ahmed, ben Yousouf,* احمد بن يوسف.

172 *El-Neyqqâchy* النيقاشى.

173 Cet ouvrage est intitulé, *Sága' el-hadyl fy akhbár el-Nyl* ساجع الهديل فى اخبار النيل (le Discours rimé ou le roucoulement de la colombe sur les histoires du Nil).

174 Le nom entier de cet écrivain est *Ahmed Chehâb ed-dyn, ebn Hamâd* احمد شهاب الدين ابن حماد.

175 Mss. arabes, n° 813. Ce manuscrit a appartenu à Colbert: l'auteur

y traite aussi des pyramides et de ce qu'il y a de plus remarquable en Égypte.

176 *Voyez* les textes arabes rapportés dans la sixième partie de ce mémoire.

177 *Voyez* les textes arabes rapportés dans la sixième partie de ce mémoire.

178 *Yousef*, ou *Yousouf*, *ben Ya'qouh*, يوسف بن يعقوب (Joseph fils de Jacob). A'bd-er-Rachyd el-Bakouy et *el-Meydâny* المبدأ lui donnent le titre d'*Yousef el-Sadyq* يوسف الصديق (Joseph le Juste). Les écrivains arabes le désignent quelquefois par le nom d'*Yousef el-Yhoudy* يوسف اليهودى (Joseph le Juif). Son nom est dans une telle vénération dans tout l'Orient, que la plupart des musulmans ne l'écrivent jamais sans y joindre la formule respectueuse : *A'leyhi es-selât* ou *el-selâm* عليه الصلاة والسلام (Que la bénédiction et le salut de paix soient sur lui)! Il est souvent question de ce patriarche dans le Qorân. Un des chapitres de ce livre porte même le titre de *Sourat Yousef* سورة يوسف (Chapitre de Joseph). Le célèbre professeur Th. Erpenius a donné une édition séparée de ce chapitre, qu'il a publiée avec une traduction latine interlinéaire, sous le titre de سورة يوسف وتنجى العراب, *Historia Iosephi patriarchæ, ex Alcorano arabicè, cum triplici versione latina et scholiis Thomæ Erpenii. Leydæ, ex typographia Erpeniana linguarum orientalium*, 1617.

A'bd-er-Rachyd el-Bakouy rapporte que, « dans la ville construite par Fera'oun, et maintenant abîmée par les sables, on voyait la prison où fut autrefois renfermé Joseph. »

179 *Naby* نبى. *Voyez* ci-après la note sur ce mot.

180 *Fera'oun* ou *Fira'oun* فرعون est le nom arabe du prince que les Hébreux appelaient *Fera'ch* ou *Fera'oh* פרעה, et que nous nommons *Pharaon*: mais ce nom chez les Orientaux n'est pas le nom propre particulier d'un seul roi; c'est une dénomination générale et un titre attribué par eux à tous les anciens rois des Égyptiens, comme celui de *Ptolémée* l'a été aux rois d'Égypte successeurs d'Alexandre, ceux de *César* et d'*Auguste* aux empereurs romains, celui de *Mithridate* aux rois de Pont, celui d'*Antiochus* aux rois de Syrie, ceux de *Midas* et de *Gordius* aux rois de Phrygie, ceux de *Nicomède* et de *Prusias* aux rois de Bithynie, et celui de *Straton* aux rois de Phénicie.

Le nom d'*Aby-Melek* אבי מלך était de même commun aux rois des Philistins, celui de *Hyram* חירם aux rois de Tyr, celui d'*Agag* אגג aux princes des tribus arabes nommées *Amalécites* par les Hébreux, celui de *Tobba'* تبّع aux rois de l'Yémen, celui de *Mondar* منذر aux princes de l'Irâq, celui d'*Abgar* aux rois d'Édesse, celui d'*Afrasyâb* aux rois de Tourân, celui de *Roustoun* à ceux du Sedjestan, celui de *Kay* كى aux rois de l'Irân, celui de *Chosroës* (*Khosrou* خسرو en persan, et *Kesra* كسرى en arabe) aux rois de la dynastie des Sassanides en Perse, comme aussi le titre de *Sophy* (*Sofy* صوفى) a été commun à une autre dynastie des rois de Perse, et comme celui de *Sultan* (*Soultân* سلطان) l'est encore aux empereurs turks de Constantinople.

J'ajouterai que le mot ሐዘ *hazzé*, qui, en langue amharique, veut dire *souverain*, est un prénom ou titre générique dont les rois d'Abyssinie ont coutume de faire précéder leurs noms propres.

J'ajouterai ici, comme très-remarquable, le passage suivant, extrait du deuxième tome des Voyages de Levaillant (Voyages de M. Levaillant dans l'intérieur de l'Afrique, par le cap de Bonne-Espérance, dans les années 1780-1785):

« Dans la Caffrerie, le roi porte encore le nom de *Pharao*, qui a beaucoup d'analogie avec *Pharaon*; il pourrait se faire que ce nom fût une qualité plutôt qu'un nom propre dans la langue, et transmis par la tradition. »

Kryghouryous Abou-l-farag كويفرريوس ابو الفرج, que nous nommons vulgairement *Grégoire Albufarage*, dans son ouvrage intitulé *Tárykh mokhtesar el-douâl* تاريخ مختصر الدوال (Histoire abrégée des dynasties), fait mention de trois rois d'Égypte de la dynastie des Pharaons.

Celui qu'il désigne par le nom d'*Ebn-Sânes* ابن سانس (fils de Sanes), est, dit-il, le premier qui fut appelé *Fera'oun*, et c'est de lui que les rois qui lui ont succédé ont reçu ce titre.

Un autre Pharaon, auquel il donne le nom d'*Amoun-fâtys* امونفاتيس, ou d'*Afounqâtys* افونقاتيس, est, selon lui, le prince devant lequel parut Moïse, et qui périt dans la mer Rouge. La ressemblance de ce nom avec celui d'*Amenophis* peut faire croire que c'est le prince que les Grecs ont désigné sous ce dernier nom.

Le troisième Pharaon dont parle Abou-l-farag, est celui qu'il dit avoir été surnommé *Nikhâout* نخاوت; il ajoute que, dans la langue égyptienne, ce mot signifiait *le boiteux*, *le contrefait*. On retrouve en effet encore dans le qobte moderne les mots *Niághó* ⲚⲒⲀⲅⲰ (le bossu) et *Nichó* ⲚⲒϢⲰ (le paralytique, l'impotent).

Le mot même de *Pharaon* retrouve aussi son étymologie dans la langue qobte, le verbe *Ouro* Ⲟⲩⲣⲟ signifiant *régner*, et avec l'article, *phi-Ouro* ⲪⲒⲞⲨⲢⲞ ou *pha-Ouro* ⲪⲀⲞⲨⲢⲞ (le roi, le prince).

On donne encore différens autres noms au Pharaon qui régna en Égypte du temps de Moïse: les musulmans le désignent par celui de *Oualyd* وليد; les chrétiens orientaux lui donnent celui d'*Amyous* اميوس, nom qui paraît être le même que celui d'*Amasis* que les écrivains grecs nous ont fait connaître. Les Syriens prétendent qu'il se nommait *Falmythous*

ܘܚܕܡܐܘܣ. Ce dernier nom, vraisemblablement, est le même que celui de *Pharmethis* que les Grecs donnent aussi à un des anciens rois d'Égypte.

L'histoire de ce Pharaon se trouve éparse dans le Qorân, surtout dans le VIIe chapitre, intitulé *Sourat el-Aa'râf* سورة الأعراف; le Xe, *Sourat Younes* سورة يونس, et le XII, *Sourat el-Moumin* سورة المؤمن.

Les Orientaux attribuent en général à Pharaon la construction de la plupart des anciens monumens de l'Égypte, et croient que ce prince les fit élever pour y enfermer ses trésors, en y plaçant des talismans qui empêchent qu'on ne puisse les découvrir.

Les Arabes emploient communément le nom de *Pharaon* dans un sens beaucoup plus étendu, en s'en servant pour exprimer généralement un tyran, un prince cruel et impie; et ce même nom, précédé de l'article (*el-fera'oun* الفرعون), est encore un de ceux par lesquels ils désignent le tyran du Nil, le crocodile.

181 *Monf* ou *Menf* منف, nommée par les Qobtes Ⲙⲉϥⲓ *Mefi*. Voyez le Vocabulaire qobte-arabe d'Ebn-Kabar, cité ci-dessus.

Le lexique de Montpellier porte aussi *Mefi* Ⲙⲉϥⲓ, et on lit de même dans les actes de S. Apater (Ms. qobt. Vatic. 63, *fol.* 66); mais la version qobte du prophète Ézéchiel, *cap.* XXX, *vers.* 13 et 16 (Ms. qobt. 2 A), offre ce nom écrit de trois manières, *Mefi* Ⲙⲉϥⲓ, *Memfi* Ⲙⲉⲙϥⲓ, et *Memfe* Ⲙⲉⲙϥⲉ. Enfin, on lit *Membe* Ⲙⲉⲙⲃⲉ dans deux vocabulaires sa'ydiques de la Bibliothèque du roi (Ms. qobt. 43, *fol.* 59; Ms. 44, *fol.* 79).

182 الفيوم *el-Fayoum*; en langue qobte, *Ph-iom* Ⲫⲓⲟⲙ. Ce mot se trouve employé dans les actes de S. Apater, ci-dessus cités, et est écrit de la même manière dans les lexiques memphitiques et dans un vocabulaire sa'ydique de la Bibliothèque du roi (Ms. qobt. 43, *fol.* 59); les deux autres vocabulaires du même dialecte (Ms. qobt. 44, *fol.* 79, et Ms. qobt. 46, *fol.* 179) écrivent *P-iom* Ⲡⲓⲟⲙ.

On sait que cette province est l'ancien nome Arsinoïte; et cette identité n'a pas été inconnue aux auteurs des vocabulaires sa'ydiques, dont l'un (Ms. qobt. 44) rend le mot grec par *Arsenoe* Ⲁⲣⲥⲉⲛⲟⲉ, et l'autre (Ms. qobt. 43), par *Arsenikon* Ⲁⲣⲥⲉⲛⲓⲕⲟⲛ.

Quant à l'étymologie du nom de *Phi-om* Ⲫⲓⲟⲙ, elle ne saurait être douteuse: le mot *iom* Ⲓⲟⲙ, en langue qobte, avec l'article *ph* Ⲫ, signifie *la mer*; et il est certain que cette province a reçu ce nom à cause du grand lac qui la borde du côté de l'occident. Les Arabes ont conservé le mot qobte, auquel ils ont ajouté leur article *al* ال. El-Masa'oudy, cité par Maqryzy, prétend au contraire, mais sans fondement, que cette syl-

DE L'ÎLE DE ROUDAH.

labe fait partie intégrante du mot, et le lit *elf-youm* الفيوم, dans lequel il reconnaît les deux mots arabes *alf* الف (mille) et *youm* يوم (jour).

Je transcrirai ici et dans les notes suivantes quelques passages d'A'bd-er-Rachyd el-Bakouy relatifs à cette contrée, à sa ville capitale et au grand lac dont elle a pris son nom.

« Le Fayoum, dit-il, est une belle contrée sur la rive gauche du Nil, située à l'occident de Mesr, et qui est surtout remarquable par sa grande fertilité et par l'abondance de ses productions variées. »

183 *Nahar el-Fayoum* نهر الفيوم.

184 *Khalyg Yousef* خليج يوسف.

185 *Medynet el-Fayoum* مدينة الفيوم. A'bd-er-Rachyd rapporte que « la ville de Fayoum est placée dans un terrain bas, et entourée par les eaux du Nil; mais qu'elle est garantie des inondations, du côté de la ville, par de fortes digues solidement construites. »

186 *Bahyret el-Fayoum* بحيرة الفيوم; en langue qobte, *Di-lumné nte-Phiom* ⲇⲓⲗⲩⲙⲛⲏ ⲛ̄ⲧⲉⲫⲓⲟⲙ. (Ms. qobt. Vatic. 57, *fol.* 7).

Le mot *bahyreh* بحيرة signifie proprement en arabe *petite mer*. Suivant A'bd-er-Rachyd, « ce lac, dont l'eau est douce et qui est très-abondant en poisson, n'est éloigné de la ville de Fayoum que d'environ une demi-lieue; il est situé au nord de cette ville, en tournant un peu vers le couchant. Sa longueur, qui est à peu près d'une journée, s'étend de l'orient à l'occident.

« Les bords du lac sont plantés d'arbres fruitiers tellement épais, qu'ils dérobent la vue de ses eaux, qu'on n'aperçoit qu'avec peine à travers leurs feuillages. »

187 *Bahar el-Fayoum* بحر الفيوم.

188 *Bahar Yousef* بحر يوسف.

189 *El-Háchem* الهاشم.

190 *Haslym* حصليم.

191 *Khaslym* خصليم.

192 *Káhen* كاهن (grands prêtres rois). Les Arabes modernes donnent aussi à ce mot la signification de *magicien*.

193 Ce chapitre est intitulé :

ذكر من ملك مصر قبل الطوفان

Zikr min melek Mesr qabl el-Toufán (Histoire des princes qui ont régné en Égypte avant le déluge).

194 Dans le chapitre intitulé :

ذكر مدينة امسوس وعجايبها وملوكها ۞

Zikr medynet Amsous ou a'gáyb-há, ou molouk-há (Histoire de la ville d'Amsous, de ses merveilles et de ses rois).

195 *Abou-l-Hasan A'ly* ابو الحسن على est plus connu sous le nom d'*el-Masa'oudy* المسعودى qui lui fut donné parce qu'il tirait son origine d'*Ebn-Masa'oud el-Hezly* ابن مسعود الهزلى : il est l'auteur du livre historique et géographique intitulé, مروج الدهب ومعدن الجواهر *Merouga el-dahab ou ma'den el-gouáher* (les Prairies dorées et les Mines des pierres précieuses).

Cet ouvrage se trouve à la Bibliothèque du roi; et j'en ai rapporté d'Égypte un très-bel exemplaire manuscrit.

El-Masa'oudy a encore composé plusieurs autres ouvrages.

196 *Tebelbel el-alsen* تبلبل الالسن. Plusieurs peuples orientaux placent la confusion des langues antérieurement au déluge.

197 *Neqráouch* نقراوش. Quelques manuscrits portent *Neqráous* نقراوس. Suivant el-Maqryzy, il était fils de *Mesráym* مصرايم.

198 *El-kehánet* الكهانة.

199 *El-telesmát* الطلسمات.

200 *Afsous* افسوس; d'autres manuscrits portent *Amsous* امسوس.

201 Suivant el-Maqryzy, il n'y avait que deux statues.

202 Suivant el-Maqryzy, « une troupe de brigands. »

203 Suivant d'autres auteurs arabes, « ce prince ordonna de faire, du côté de la Nubie, des travaux pour redresser le lit du Nil, dont le cours était partagé en deux branches par une montagne : il remonta ce fleuve jusqu'à *Gebel el-Qomr* جبل القمر (Montagne des Tourterelles), nommé vulgairement *Gebel el-Qamar* جبل القمر (Montagne de la Lune); et il plaça des statues auprès de sa source. »

Ils ajoutent que, quand il mourut, il laissa de grands trésors qu'on enferma dans son cercueil.

204 *Noqrás* نقراس. Quelques manuscrits portent *Noqáres* نقارس.

205 *Halagah* حلجه.

206 *El-Rahán* الرحان.

207 Quelques auteurs ajoutent que ce prince voyagea jusqu'à l'Océan.

DE L'ILE DE ROUDAH.

²⁰⁸ *Mesrâm* مصرام. Quelques auteurs ajoutent que ce fut ce prince qui donna son nom à l'Égypte.

²⁰⁹ *Ginn* جنّ. La religion musulmane admet l'existence de ces êtres intermédiaires entre l'homme et la Divinité : il en est souvent question dans le Qorân. Salomon et plusieurs rois les assujettirent à leur pouvoir. Les traditions les placent dans un pays fabuleux que les Orientaux appellent *Ginnistân* جنّستان (Pays des Génies).

²¹⁰ *Bahar el-mahyt* بحر المحيط (la Mer qui entoure la terre). Les Orientaux lui donnent encore d'autres noms, dont quelques-uns sont cités dans les notes ci-dessus.

²¹¹ *El-Gebbâr* الجبّار.

²¹² *Káchef el-asrár* كاشف الاسرار. Il y a une identité absolue entre ce titre pris par Mesrâm, et celui qui, selon la Bible, avait été donné à Joseph par le roi Pharaon.

On lit, dans la Genèse, que Joseph, après avoir expliqué les songes de Pharaon, fut surnommé par ce prince *Tsofnath-fa'nikh* צפנת־פענח ; et les deux mots qui composent ce surnom, sont reconnus égyptiens par tous les anciens interprètes. Philon les a traduits par ceux de κρύπτων εὑρετὴς, ἢ ὀνειροκρίτης, *celui qui connaît les secrets, ou qui explique les songes*. Les anciennes versions orientales, telles que la syriaque, la samaritaine et l'arabe, ainsi que les paraphrases chaldaïques d'Onkelos et de Jonathan, s'accordent toutes à lui donner le même sens.

D'après la signification bien fixée de ce nom, son étymologie se retrouve facilement dans la langue qobte, dans laquelle le mot *Schopnat* ϢⲞⲠⲚⲀⲦ signifie une *chose cachée*, un *mystère*, et celui de *Panikha* ⲠⲀⲚⲒⲬⲀ ou *Phanikha* ⲪⲀⲚⲒⲬⲀ, un *indicateur*, d'où s'est formé naturellement le surnom composé de *Schopnat-phanikha* ϢⲞⲠⲚⲀⲦ-ⲪⲀⲚⲒⲬⲀ (indicateur des choses cachées).

La version grecque, en donnant au surnom de Joseph la même signification que lui attribuent toutes les versions orientales, l'écrit cependant d'une manière un peu différente : Ψονθομφανηχ *Psonthomphanéch* ou Ψοντομφανηχ *Psontomphanéch*. Mais, quoique représenté sous cette nouvelle forme, ce mot retrouve encore son étymologie.

Kircher assure que le mot même de ⲮⲞⲚⲐⲞⲘⲪⲀⲚⲎⲬ *Psonthomphanékh* signifiait autrefois, dans la langue qobte, un homme qui prédit l'avenir (*futurorum augur*); mais, comme il n'appuie son assertion d'aucune preuve, et qu'il semble ne la donner que comme une conjecture, on est obligé de chercher dans d'autres sources la dérivation de ce mot, qu'on peut rappeler à deux étymologies différentes dans le qobte moderne.

On trouve la première dans le mot *Piztonphanikha* ⲠⲓⲌⲦⲞⲚⲪⲀ-ⲚⲒⲬⲀ, qui est donné comme signifiant un *augure* ou un *devin* (منظر *manzer*), dans le Vocabulaire qobte-arabe d'Abou-Ishaq ebn el-A'sel. Ce mot, quoiqu'un peu différent de celui de *Psonthomphanékh*, aurait cependant avec lui assez d'affinité pour faire croire que l'un est dérivé de l'autre, en subissant l'altération peu considérable qui établit cette différence. Mais une étymologie peut-être aussi probable, et dans laquelle on trouve une aussi grande identité de sons similaires, est celle qui dérive des mots *Fsôon-thémi-phénkhot* ⳘⲤⲰⲞⲚⲐⲈⲘⲒ-ⲪⲈⲚⲬⲞⲦ (habile en la science des songes); et ce dernier sens se rapproche même davantage de la signification donnée par la version grecque.

²¹³ On peut voir dans cette tradition fabuleuse l'origine de celle de la statue vocale de Memnon, que les Grecs ont adoptée.

²¹⁴ On trouve également dans plusieurs auteurs une inscription attribuée par eux à la statue du roi Sésostris, dans laquelle il dit également qu'aucun roi ne pourra jamais l'égaler.

²¹⁵ *A'yqâm* عيقام. Quelques manuscrits portent *A'yqân* عيقان.

²¹⁶ *Edrys* أدريس. Ce nom est celui que les musulmans donnent au patriarche Énoch; il en est question dans plusieurs endroits du Qorân.

²¹⁷ *A'ley-hi el-selâm* ou *el-selât* عليه السلام والصلاة. Cette formule est toujours employée par les musulmans après les noms des prophètes et des patriarches.

²¹⁸ D'autres auteurs ajoutent que « les Égyptiens racontent de ce prince des choses extraordinaires : suivant eux, il voyagea aussi jusqu'à l'Océan; il prévit le déluge, et bâtit, au-delà de l'équateur, une forteresse au pied de la montagne d'el-Qomr, où il plaça quatre-vingt-cinq figures de bronze par les bouches desquelles le Nil sortait. Il revint ensuite à Amsous, et remit la couronne à son fils A'ryâq. »

²¹⁹ *A'ryâq* عرياق.

²²⁰ *Hârout* هاروت et *Mârout* ماروت sont les noms de deux anges rebelles dont il est question dans le Qorân en plusieurs endroits.

²²¹ *Louhym* لوحيم; selon d'autres auteurs, *Lougym* لوجيم.

²²² Suivant d'autres auteurs, ce prince était fils de Neqrâouch; ils ajoutent que, « parmi les monumens qu'il éleva, on cite quatre tours placées aux quatre coins de la ville d'Amsous, qui subsistèrent jusqu'à la destruction de cette ville par le déluge. »

223 *Khalsym* خلصيم. D'autres manuscrits offrent ce nom écrit de deux manières différentes : on lit *Khaslym* خسليم dans les uns, et *Haslym* حسليم dans les autres.

224 Quelques auteurs arabes, en rapportant cette tradition, placent dans la ville d'Amsous le nilomètre construit par ce prince.

225 *Housâl* هوصال ; d'autres manuscrits nomment ce prince seulement *Sâl* صال, et ajoutent qu'il se nommait aussi *Soumyl* سوميل, et qu'il était fils de son prédécesseur. Suivant eux, « il eut vingt fils, entre lesquels il partagea son royaume : ceux-ci, après avoir régné ensemble pendant sept années, se déterminèrent à choisir l'un d'eux nommé *Bedresân*, pour leur chef suprême. »

226 *Nouah* نوح. Le Qorân fait souvent mention de ce patriarche.

227 *Nedresân* ندرسان. Quelques manuscrits portent *Bedresân* بدرسان. Quelques auteurs placent immédiatement après ce prince son fils *Somroud* سمرود, puis son neveu *Toumydoum* توميدوم, qui régna cent ans et qui eut pour successeur *Cheryâq*.

228 *Cherqân* شرقان. D'autres manuscrits portent *Cheryâq* شرياق. Quelques auteurs ajoutent que ce prince fit creuser des canaux tirés du Nil pour abreuver les villes occidentales de l'Égypte.

229 *Sahloun* سهلون ; suivant quelques auteurs, *Sahlouk* سهلوك, que d'autres manuscrits écrivent aussi *Sahlouq* سهلوق.

230 *Souzyd* سوزيد ; on le trouve plus souvent nommé *Souryd* سوريد. Quelques auteurs le font petit-fils de son prédécesseur, et lui attribuent la construction des deux grandes pyramides, dans la plus grande desquelles ils placent sa sépulture.

231 *Houkhabebt* هوخبيت.

232 *Benâres* بنارس.

233 *Ferous* ou *Firous* فروس.

234 *Menqâous* منقاوس.

235 *Mâlyounes* ou *Mâlyounous* ماليونس.

236 *Ferghân* فرغان ou peut-être *Fera'ân* فرعان.

237 *Toufân* طوفان. Ce mot paraît venir de l'ancienne langue des Égyptiens, qui en avaient fait leur Typhon (Τυφών), qu'ils regardaient comme le dieu de la destruction, le *Typhœus* des Grecs et des Latins. On

retrouve dans toutes les langues orientales les racines de ce mot, qui présentent toutes, ainsi que leurs dérivés, l'acception de déluge, de cataclysme, d'inondation, de destruction : quelques-uns même de ces mots peuvent, par une partie de leur signification, favoriser l'opinion de ceux qui regardent une comète comme la cause de cette catastrophe.

Hebr. צוף, *exundavit*.

Chald. טוף, *exundavit*, *effluxit*, *natavit*. טופנא, *inundatio*, *diluvium*, *cataclysmus*. שף, *rivus*, *torrens*. טפס, *extinxit*, *extinctum fuit*, *natavit*.

Syr. ܛܦ, *exundavit*, *supernatavit*, *demersit*. ܛܘܦܢܐ, *diluvium*.

Samar. ܛܘܦܢ, *diluvium*. ܛܘܦܢ, *diluvium*. ܛܒܥ, *extinctus fuit*.

Arab. طفّ, *inundavit*, *natavit*. طوفان, *diluvium*. وطفا, *pluvia*. طفا, *natavit*, *pervasit terram*, *apparuit lux*.

Æthiop. ጠፍአ, *extinctus fuit*, *destructus fuit*, *periit*. ጠፍት, *perditio*. ጠፍአት, *perditio*.

Amhar. ጠፍ, *extinctus fuit*, *destructus fuit*, *periit*.

Pers. طوفان, *diluvium*.

Les vents impétueux qui causent les tempêtes, sont encore nommés *typhons* dans les Indes et à la Chine.

²³⁸ *Deloukah* دلوكة.

²³⁹ *Voyez* les textes arabes rapportés dans la sixième partie de ce mémoire.

²⁴⁰ Le nom entier de ce prince est, suivant el-Makyn, *O'mar ben el-Khettâb*, *ben Noqayl*, *ben A'bd el-A'zyz* عمر بن الخطاب بن نفيل بن عبد العزيز. Il fut surnommé *Abou Hafas* ابو حفص, et reçut de Mahomet le titre de *Fârouq* فاروق (le Diviseur), c'est-à-dire, suivant la tradition, « celui qui sait distinguer le vrai du faux, le juste de l'injuste, et le croyant de l'infidèle. » Ce fut ce prince qui, l'an 15 de l'hégire, (636 de l'ère chrétienne), jeta les fondemens de *Basrah* بصرة à l'embouchure du Tigre ; et la construction de cette nouvelle ville fut achevée en trois ans. O'mar fut tué à l'âge de soixante-trois ans, le 25ᵉ jour du mois de *Dy-l-hageh* ذي الحجة, l'an 23 de l'hégire (643 de l'ère chrétienne), par un esclave persan, nommé *Abou-Louloueh* ابو لولوه, après avoir régné dix ans, cinq mois et vingt-huit jours. Il refusa de choisir son fils pour son successeur, et nomma, pour délibérer sur le choix d'un nouveau khalife, les six personnages qu'il jugeait les plus capables d'en remplir après lui les fonctions ; savoir, *O'tmân ebn A'ffân* عثمان ابن عفان, *A'ly ebn Aby-Taleb* علی ابن ابی طلب, *Telhah* طلحة, *Ez-*

Zobeyr الزبير, Abou O'beydah ابو عبيدة, et Sa'd ebn Aby-Ouaqás سعد ابن أبي وقاص.

²⁴¹ *Abou-beker* ابو بكر, surnommé *el-Sadyq* الصديق (le Juste), premier successeur de Mahomet. Le nom entier de ce prince, suivant el-Makyn, est *A'bd-allah ebn Aby-Qaháfah O'tmán, ebn A'ámer, ben O'mar,* عبد الله ابن أبي قحافة عثمان ابن عامر بن عمر. Il monta sur le trône du khalifat le jour même de la mort de Mahomet, l'an 11 de l'hégire (632 de l'ère chrétienne), et ne régna que deux ans, trois mois et neuf jours, ou, suivant quelques autres, deux ans, quatre mois et vingt-six jours. Il mourut de phthisie à l'âge de soixante-trois ans, le vendredi 23 du mois de *Gemády el-akhret* جمادى الآخرة (Gemády second), l'an 13 de l'hégire (634 de l'ère chrétienne).

²⁴² *Emyr el-moumenyn* أمير المؤمنين : c'est de ce nom, qui a été souvent traduit par *Commandeur des fidèles*, que nos anciens historiens ont fait celui de *Miramolin*, comme de celui de *Soultán* سلطان (sultan) ils ont fait celui de *Soudan*.

²⁴³ Le nom entier de ce malheureux prince est *Yezdegerd, ben Chahryár, ben Khosrou-Perouyz, ben Hormouz,* يزدجرد بن شهريار بن خسرو پرويز بن هرمز. Il était fils de *Chahryár* شهريار, petit-fils de *Khosrou-Perouyz* خسرو پرويز, et arrière-petit-fils de *Hormuz* هرمز ou *Hormouz* هرموز. Il fut surnommé *Melek el-akhyr* ملك الآخر, c'est-à-dire le dernier roi.

²⁴⁴ *Al-Sásán* آل ساسان. Cette dynastie est la quatrième qui ait donné des rois à la Perse.

²⁴⁵ *Mádayn* مداين ou *el-Madáyn* المداين. A'bd-er-Rachyd place cette ville dans le troisième climat, à la longitude de 72° 5′ et à la latitude de 33° 16′. Je joindrai ici la description qu'il en fait, *pages 134 et 135 de mon manuscrit* :

« Il y a sept villes de ce nom qui ont été bâties sur le bord du Tigre par les Khosroès. Celle-ci était la résidence des rois Sassanides, *Beny Sásán* بنی ساسان, du temps d'O'mar fils d'el-Khettâb. Ils avaient choisi cet endroit à cause de la salubrité de l'air, de la bonté des eaux et de la fertilité de la terre. A présent Madàyn n'est qu'un village ou petite ville sur le bord occidental du Tigre ; ses habitans, de la secte des chyites, sont cultivateurs. C'est la coutume chez eux que leurs femmes ne sortent pas pendant le jour. Sur le bord occidental du Tigre, il y a la chapelle de *Soleymán el-Fársy* سليمان الفارسي. Les Khosroès avaient dans cette ville un palais qui subsista jusqu'au temps du khalife el-Moqtafy. Ce prince le fit abattre, et des matériaux il fit construire un bâtiment nommé *Tág* تاج ou *Nág* ناج, qui est dans le palais des khalifes de

Baghdâd. On dit que le palais de Madâyn avait été bâti par *Anouchirouân* أنوشروان, et était très-grand et très-élevé; mais il n'en reste plus que des ruines, l'arcade d'un portique et deux ailes. »

246 *Dyâr-beker*, ou *Dyâr-bekir*, ديار بكر.

247 *Ader-bigân* أدربجان. A'bd-er-Rachyd el-Bakouy place cette contrée dans le quatrième climat.

248 *Khorâsân* خراسان. A'bd-er-Rachyd el-Bakouy place cette province dans le quatrième climat.

249 *El-Beyt el-qouds* البيت القدس (la Maison de sainteté), ou *el-Beyt el-mouqaddes* البيت المقدّس (la Maison sainte). A'bd-er-Rachyd el-Bakouy place cette ville dans le troisième climat, à la longitude de 68° 5′ et à la latitude de 31° 5′. Il en fait la description suivante, *page 74 de mon manuscrit*:

« Cette ville, qui a été bâtie par le roi *Dâoud* داود (David), est dans un terrain pierreux, au milieu des montagnes qui l'environnent; cependant il y a des terres cultivées : sa population n'y boit que de l'eau de pluie, qu'on rassemble dans des citernes. La mosquée *el-Aqsä* الاقصى est du côté oriental de la ville : sa longueur est de sept cent quatre-vingt-quatre coudées, et sa largeur de quatre cent cinquante-trois; elle renferme six cent quatre-vingt-quatre colonnes de marbre de différentes couleurs, qu'on appelle *el-Fusyfäsä* الفسيفسا et qui ne se trouve point dans le pays. Au milieu de la mosquée, il y a une grande chambre qui est large de cinq coudées et où l'on monte par différens degrés. »

250 *El-Châm* الشام.

251 *Afryqyêh* ou *Afryqyah* أفريقيه. A'bd-er-Rachyd el-Bakouy place cette contrée dans le troisième climat. Suivant les auteurs orientaux, elle tire sa dénomination d'une ancienne ville du même nom dont A'bd-er-Rachyd el-Bakouy fait la description suivante, *page 69 de mon manuscrit*:

« أفريقيه *Afryqyeh*, grande ville, dans un terroir très-fertile, ensemencé, rempli de palmiers et d'oliviers : c'était anciennement un grand pays; à présent tous les environs de la ville, à quarante journées de marche dans la terre du Moghreb, ne présentent qu'un désert où sont des tribus de Bérébères, qui ont des citernes. Il y a des mines d'argent, de fer, de cuivre, de plomb, d'antimoine, et des carrières de marbre. »

252 *Barqah* برقه. A'bd-er-Rachyd el-Bakouy place ce pays dans le troisième climat.

Je joindrai ici l'article qui concerne ce pays dans le *Kherydet el-A'gâyb* خريدة العجايب d'*Ebn el-Ouardy* ابن الوردى, dont je possède plusieurs beaux manuscrits:

« La terre de Barqah renfermait dans les anciens temps des villes grandes et peuplées; mais maintenant elle est déserte, et n'a que peu de culture et d'habitans : on y sème beaucoup de safran (*el-za'fràn* الزعفران). »

253 *Qayrouân* قيروان, l'ancienne *Cyrène*, métropole de l'Afrique proprement dite. Les géographes arabes placent cette ville dans le troisième climat, à trente-trois parasanges de l'ancienne Carthage et à douze parasanges de la mer. Elle fut reconstruite par *O'qbah ben Nâfe'* عقبة بن نافع, qui, après la prise de Barqah, y fut laissé par A'mrou pour y réunir les habitans de la Barbarie qui embrassaient l'islamisme. L'an 40 de l'hégire (660 de l'ère chrétienne), ce général, ayant reçu du khalife Mo'âouyah un renfort de dix mille hommes, subjugua toute la province d'Afrique proprement dite, et porta ses armes au loin jusqu'à la Nigritie; mais, se défiant des Africains, qu'il voyait peu affermis dans leur nouvelle religion, il choisit, pour s'y fortifier et y renfermer ses troupes et ses trésors, la ville de Qayrouân, dont la situation éloignée de la mer, rapprochée de l'intérieur et voisine du désert, le mettait en état de contenir le pays et de ne rien craindre des flottes des Siciliens et des Romains. Cette ville ne tarda pas à voir s'élever dans son sein un grand nombre d'édifices publics et particuliers : bientôt les richesses et l'abondance y firent fleurir les lettres et les arts; mais l'époque de sa plus grande splendeur fut sous le règne des Aglabites (*Al-el-Aghlab* آل الاغلب). Cependant *Zyâdet ben el-Aghlab* زيادة بن الاغلب détruisit ses murailles, de crainte que son ennemi *O'mar ben Mokhâled* عمر بن مخالد ne s'y fortifiât, s'il venait à bout de s'en emparer. Qayrouân commença à diminuer et à déchoir lorsqu'*Ibrâhym ben Ahmed* ابراهيم بن احمد, neveu de Zyâdet, eut bâti, à quatre milles de cette ville, dans la situation la plus salubre et la plus agréable, la nouvelle ville de *Raqâdah* رقاده, ou, suivant d'autres, *Refâouah* رفاوه, qui avait plus de douze mille coudées de tour, et qu'il destinait à recevoir les étrangers et l'excédant de la population de Qayrouân. La nouveauté, dont les hommes sont si avides en général, fit préférer à l'ancienne ville la nouvelle, qui devint bientôt la capitale du royaume.

Qayrouân reprit cependant son ancienne splendeur dans la suite, sous le règne des O'beydites (*Beny O'beyd* بني عبيد), qui prirent le titre de Fatémites, et qui ont long-temps régné en Égypte.

A'bd-er-Rachyd el-Bakony place cette ville à la longitude de 41° 5' et à la latitude de 31° 4'; il en fait la description suivante :

« Qayrouân, grande ville d'Afrique, bâtie par A'qab fils de Nâfe' el-Qourchy, du temps de Mo'âouyah; il y a deux colonnes qui tous les vendredis, avant le lever du soleil, sont en sueur. »

254 *Tarâbolous* طرابلوس ou *Tarâbolos* طرابلس, l'ancienne Τρίπολις

d'Afrique. Lorsque les Arabes veulent écrire dans leur langue un nom propre étranger qui commence par deux consonnes, ils sont obligés d'en faire deux syllabes et d'ajouter une voyelle après la première consonne; quelquefois même ils la font précéder d'un *alyf* (ا *á*) : ainsi ils appellent quelquefois cette ville *Atrábolos* اطرابلس. Pour la distinguer de celle du même nom en Syrie, ils désignent celle-ci par le nom de *Tarábolos el-Chám* طرابلس الشام (Tripoli de Syrie), et celle d'Afrique par celui de *Tarábolos el-gharb* طرابلس الغرب (Tripoli de l'occident). Les géographes arabes font dépendre cette ville de l'arrondissement de Qayrouân, et la placent également dans le troisième climat.

255 *A'mrou ben el-A'ás* عمرو بن العاص. C'est lui qui est reconnu par les historiens arabes pour le fondateur de *Fostât* فسطاط, sur la rive orientale du Nil; et l'on peut voir, dans une note de la seconde partie de ce mémoire, chapitre 1er, leurs traditions à ce sujet. A'mrou, choisi pour arbitre dans la querelle qui s'éleva entre *A'ly* علي et *Mo'âouyah* معاويه (Moavie 1er) pour la possession du khalifat, fit déposer A'ly, et proclama Mo'âouyah, qui fut le premier khalife de la dynastie des Ommiades.

Le fils d'A'mrou, *A'bd-allah* عبد الله, surnommé *el-Sahymy* السهمي, parce qu'il était de la tribu de *Sahym* سهم, embrassa l'islamisme avant son père, et obtint de Mahomet la permission de recueillir par écrit tout ce qu'il apprenait de sa bouche. Cet ouvrage porte le nom de *Hadyt* حديث, et comprend toutes les traditions et révélations musulmanes.

A'mrou mourut à la Mekke l'an 65 de l'hégire (684 de l'ère chrétienne), quelque temps après la mort d'*Yezyd* يزيد, fils de Mo'âouyah.

256 Les Arabes nomment ce prince *Heraql* هرقل.

257 *Asouán* اسوان est appelée, par le Vocabulaire qobte-arabe d'Ebn-Kabar, ⲤⲞⲨⲀⲚ, *Souan*, Διόσπολις. Benjamin de Tudèle lui donne le nom de *Souénch* סוהנד. Terentianus, surnommé *Maurus* parce qu'il était né en Afrique, et dont nous avons une pièce de vers intitulée *de Litteris, Syllabis, Pedibus et Metris*, était gouverneur de cette ville sous le règne de Trajan, vers l'an 90 de l'ère chrétienne. C'est à cette ville que les géographes orientaux placent le commencement du deuxième climat.

258 *Denderah* دندره. Ce nom est celui que porte, chez les Arabes, l'ancienne ville de *Tentyris*, célèbre dans l'antiquité par la haine que ses habitans portaient aux crocodiles. Dans la langue qobte, elle est nommée ⲔⲈⲚⲦⲰⲢⲒ *Kentóri*. On trouve ce nom dans le Vocabulaire qobte-arabe d'Ebn-Kabar : mais on lit *Nikentóri* ⲚⲒⲔⲈⲚⲦⲰⲢⲒ dans le vocabulaire memphitique de Montpellier, et dans les actes qobtes de S. Pachôme (Ms. qobt. Vatic. 69, *fol.* 148); et dans les actes de S. Apater, déjà cités, on trouve le mot ⲠⲒⲢⲈⲘ-ⲚⲒⲔⲈⲚⲦⲰⲢⲒ *Pirem-*

Nikentôri (natif de Tentyris), qui en est dérivé. On lit ⲚⲓⲔⲈⲚⲦⲰⲢⲈ *Nikéntôre* dans deux vocabulaires sa'ydiques de la Bibliothèque du roi, *Nekentore* ⲚⲈⲔⲈⲚⲦⲞⲢⲈ dans un autre lexique, et *Nigentôre* ⲚⲓⲦⲈⲚⲦⲰⲢⲈ dans un fragment sa'ydique publié par Mingarelli. Les actes de S. Paphnuce font mention d'une ville nommée *Genterie*, que le savant Tillemont juge avoir été inconnue à tous les géographes; mais le P. Georgi a prouvé que cette ville n'était autre que Tentyris. Au reste, on trouve encore chez les auteurs qobtes le nom de *Nitentôri* ⲚⲓⲦⲈⲚⲦⲰⲢⲒ, qui se rapproche davantage de ceux qui ont été donnés à cette ville par les Grecs et les Latins.

Kircher, *page* 208, et la Croze, *page* 4, offrent encore un autre nom de cette ville, ϮⲚⲞⲨϢⲈⲢ *Di-anocher*, Tanosar, Τέντυρα, urbs Ægypti.

A'bd-er-Rachyd el-Bakoüy en fait la description suivante :

« Denderah, jolie ville, à l'occident du Nil, dans le Sa'yd : il y a beaucoup d'eaux et d'arbres, des palmiers, des *baraby* براني (monumens), et autres bâtimens antiques qui sont autant de talismans. »

259 *O'tmân ben A'ffân* عثمان بن عفان, troisième successeur de Mahomet, monta sur le trône l'an 23 de l'hégire (644 de l'ère chrétienne), et fut tué l'an 35 de l'hégire (655 de l'ère chrétienne), après un règne de onze ans, dix mois et quatorze jours.

260 *A'ly ben Aby-Tâleb* علي بن أبي طالب, gendre de Mahomet, fut son quatrième successeur; il monta sur le trône l'an 35 de l'hégire (655 de l'ère chrétienne), et fut tué l'an 40 de l'hégire (660 de l'ère chrétienne), après un règne de quatre ans, huit mois et vingt-deux jours.

261 Le khalife *el-Hasan ben A'ly, ben Aby-Tâleb*, الحسن بن علي بن أبي طالب, cinquième successeur de Mahomet, monta sur le trône l'an 40 de l'hégire (660 de l'ère chrétienne); il ne régna que six mois et cinq jours, et abdiqua l'empire l'an 41 de l'hégire (661 de l'ère chrétienne).

262 *Fátmah* فاطمة, fille de Mahomet.

263 Les Ommiades (*Beny Ommiah* بني أمية) forment la première dynastie des khalifes, laquelle comprend quatorze souverains.

264 *Mo'âouyah ben Abou-Sofyân* معاوية بن أبو سفيان. Ce prince, étant encore sous les ordres d'O'mar son arrière prédécesseur, fit, au nom de ce khalife, la conquête de la ville de *Ghazzah* غزّ, sur les frontières de la Syrie et de l'Égypte. Mo'âouyah fut d'abord reconnu khalife en Égypte seulement, l'an 36 de l'hégire (656 de l'ère chrétienne); ce ne fut

que cinq ans après, c'est-à-dire l'an 41 de l'hégire (661 de l'ère chrétienne), qu'il devint seul possesseur du khalifat universel.

Ce prince, après avoir régné dix-neuf ans, mourut à Damas, l'an 60 de l'hégire (680 de l'ère chrétienne), à l'âge de soixante-treize ans, ou, suivant d'autres auteurs, de soixante-dix-huit ans; quelques-uns même disent qu'il avait alors quatre-vingt-cinq ans.

265 *Ensanâ* أنصنا, nommée, par le Vocabulaire qobte-arabe déjà cité, ⲀⲚⲦⲒⲚⲞⲞⲨ *Andinóou*, l'ancienne *Antinoopolis*. Cette ville est nommée par Ptolémée Ἀντινόου πόλις; par Palladius, Ἀντινόου; par Ammien-Marcellin, *Antinoú*, et par Rufin, *Antinoo* : elle était, sous les empereurs romains, le chef-lieu de la Thébaïde; c'est ce qu'attestent Palladius et Rufin, qui lui donnent le nom de Μητρόπολις τῆς Θηβαΐδος.

Il est fait mention de cette ville dans plusieurs passages des auteurs qobtes, où on la trouve aussi nommée ⲀⲚⲦⲒⲚⲞⲞⲨ *Andinoou*.

L'article où il est question de cette ville dans A'bd-er-Rachyd el-Bakouy, est remarquable par la singularité de la tradition fabuleuse qu'il renferme.

« Ensanâ, dit-il, est une ville grande et ancienne, à l'Orient du Nil, en Égypte. Autrefois les habitans ont été tous changés en pierres : on voit des hommes qui dorment avec les femmes, d'autres en différentes attitudes, suivant l'action dont ils étaient occupés au moment de leur transformation. »

266 *Yezyd ben Mo'âouyah* يزيد بن معاوية, septième successeur de Mahomet et second khalife de la dynastie des Ommiades, monta sur le trône l'an 60 de l'hégire (680 de l'ère chrétienne); il régna seulement trois ans, huit mois et neuf jours, et mourut, à l'âge de trente-neuf ans, le quatrième jour du mois de *raby' el-aouel* ربيع الأول (raby premier), l'an 64 de l'hégire (684 de l'ère chrétienne).

267 *Mo'âouyah, ben Yezyd, ben Mo'âouyah, ben Aby-Sofyân* معاوية بن يزيد بن معاوية بن أبي سفيان, huitième successeur de Mahomet et troisième khalife de la dynastie des Ommiades, monta sur le trône l'an 64 de l'hégire (684 de l'ère chrétienne). Il ne régna qu'un mois et demi, et, selon d'autres, vingt jours seulement, et mourut la même année, à l'âge de vingt ans. Quelques-uns cependant lui donnent un règne de quatre mois. Suivant quelques autres auteurs, il abdiqua l'empire, et ne mourut que quarante jours ou même trois mois après son abdication.

268 El-Makyn donne à ce prince les noms et surnoms suivans : *A'bdallah ben el-Zobeyr, ben el-A'ouâm, ben Harmalah, ben Asad, ben A'bd-el-A'ry*, عبد الله بن الزبير بن العوام بن حرملة بن أسد بن عبد العزى. Il fut le neuvième khalife après Mahomet, et monta sur le

trône le neuvième jour du mois de *regeb* رجب, l'an 64 de l'hégire (684 de l'ère chrétienne). Son règne ne fut pas beaucoup plus long que celui de son prédécesseur, et il mourut la même année, après avoir occupé le trône quatre mois et huit jours.

269 *Merouán, ben el-Hakem, ebn el-A'ás, ben Ommyah*, مروان بن الحكم ابن العاص بن اميه, dixième successeur de Mahomet, et quatrième khalife de la dynastie des Ommiades, ne régna que dix mois moins deux jours. Il ne faut pas confondre ce prince avec un autre khalife nommé aussi *Merouán*, qui monta sur le trône l'an 127 de l'hégire (744 de l'ère chrétienne), et régna cinq ans et un mois.

270 *A'bd-el-Melek, ben Merouán, ben el-Hakem, ben Aby-l-A'ás*, عبد الملك بن مروان بن الحكم بن أبي العاص, sixième khalife de la dynastie des Ommiades, succéda, l'an 65 de l'hégire (684 de l'ère chrétienne), à son père Merouân, qui fait le sujet de la note précédente, et mourut au milieu du mois de *chaoudl* شوال, l'an 86 de l'hégire (705 de l'ère chrétienne), après avoir régné vingt ans et quinze jours ; il eut pour successeur son fils *Oualyd* وليد.

271 *A'bd-el-A'zyz, ben Merouán*, عبد العزيز بن مروان. Ce prince ne fut point khalife ; mais son fils *O'mar ben A'bd-el-A'zyz* عمر بن عبد العزيز monta sur le trône l'an 99 de l'hégire (718 de l'ère chrétienne), et succéda à son neveu *Soleymán ben A'bd-el-Melek* سليمان بن عبد الملك.

272 *Helouán* ou *Houlouán* حلوان, suivant A'bd-er-Rachyd el-Bakouy, « est un petit pays situé au-dessus de *Mesr* مصر, sur la rive orientale du Nil. Cet endroit, qui était autrefois assez considérable, est agréable et dans une belle situation. »

Il existe une autre ville du même nom, à l'orient de Baghdâd, dans l'Iráq propre ou l'ancienne Assyrie ; quelques-uns la placent dans l'Iráq *a'gemy* عراق عجمي (l'ancienne Assyrie) : cette ville a été fondée par *Qobád Fyrouz Sásány* قباد فيروز ساساني. On trouve aussi sous ce même nom, suivant Yákouty, une petite ville dans les montagnes de *Nysábour* نيسابور, à l'extrémité du Khorâsân, du côté d'*Isfahán* أسفهان (Ispahan).

273 Environ six mille pas. *Voyez*, plus loin, mon Mémoire sur les inscriptions koufiques recueillies en Égypte, et sur les autres caractères employés dans les monumens des Arabes.

274 *El-Hakem be-amr-illáh* الحكم بامر الله. Il y a eu deux khalifes de ce même nom, tous deux de cette dynastie des Abbassides qui fut appelée au khalifat par les sultans d'Égypte, après la mort d'*el-Mosta'sem b-illah*

المستعصم بالله. Le premier de ces princes monta sur le trône l'an 660 de l'hégire (1261 de l'ère chrétienne), et succéda au khalife *el-Mostanser b-illah* المستنصر بالله : il mourut l'an 701 de l'hégire (1301 de l'ère chrétienne). Le second succéda au khalife *el-Ouâteq b-illah* الواثق بالله l'an 741 de l'hégire (1340 de l'ère chrétienne), et mourut l'an 754 de l'hégire (1353 de l'ère chrétienne).

275 *El-Sa'yd* الصعيد (la Thébaïde, ou l'Égypte supérieure). La Thébaïde supérieure est appelée par les Arabes *el-Sa'yd el-A'lâ*. Cependant le mot de *Sa'yd* tout seul signifie un pays haut; et la Thébaïde porte ce nom, parce qu'elle est supérieure au reste de l'Égypte : c'est pourquoi on l'appelle *Sa'yd Mesr* صعيد مصر, c'est-à-dire le pays haut de l'Égypte. L'article qui concerne cette province dans mon manuscrit d'A'bd-er-Rachyd el-Bakouy, est ainsi conçu : « El-Sa'yd, contrée de l'Égypte qui est située au midi de Fostàt, et bordée par deux chaînes de montagnes, entre lesquelles coule le Nil, qui est garni, des deux côtés, d'un nombre considérable de villes et de villages : on y voit beaucoup de ruines anciennes; entre autres, dans les montagnes, des grottes souterraines remplies de corps d'hommes, d'oiseaux, de chats, de chiens, tous enveloppés de bandes de toile de lin, comme des enfans au maillot. »

276 *Akhmym* ou *Ikhmym* اخميم. Cette ville de la Thébaïde qu'on appelait moyenne pour la distinguer de la haute et de la basse, est la même que les anciens Grecs ont nommée Χέμμις ou Πανόπολις.

Diodore, livre 1, chapitre 18, appelle cette ville Χέμμιο. Le Vocabulaire qobte-arabe d'Ebn-Kabar lui donne les deux noms de ⲯⲙⲓⲛ *Chmïn* et de ⲡⲁⲛⲟⲥ *Panas*. Dans les vocabulaires sa'ydiques de la Bibliothèque du roi, on trouve les trois noms ⲯⲙⲓⲛ *Chmïn*, ⲭⲙⲓⲙ *Klimim* et ⲡⲁⲛⲟⲥ *Pános*.

Les auteurs arabes la représentent comme renfermant des restes admirables de palais, d'obélisques et de statues colossales de pierre ou de marbre.

Suivant Abou-l-fedà, « Akhmym est une grande ville située à l'extrémité supérieure du Sa'yd du milieu. Elle est placée à environ deux journées de la vallée d'*Asyout* اسيوط. On y voit un *berbá* بربا (un temple) fameux, et que l'on doit ranger parmi les plus magnifiques monumens de l'antiquité, à cause de la grandeur des pierres dont il est bâti et des nombreuses peintures qui couvrent ses murailles. »

A'bd-er-Rachyd el-Bakouy place cette ville dans le troisième climat. « Akhmym, dit-il, est un petit pays sur le bord oriental du Nil, peuplé à cause de la culture de son sol et de ses palmiers : on y voit des *baráby* برابى (monumens) qui sont au nombre des merveilles du monde. Un *berbá* est plus durable qu'une maison, parce qu'on y a pratiqué des *telesm* طلسم (talisman) ou enchantemens. Cette ville est la patrie d'*Abou-l-*

Fayd Dou-l-Noun ابو الفيض ذو النون, surnommé *el-Mesry* المصرى (l'Égyptien), le premier de son siècle par sa science, sa modestie et sa politesse : on a de lui l'ouvrage intitulé *Khâlât a'gybet* خالات عجيبة (les Apparences merveilleuses). » On attribue aussi à ce personnage le livre intitulé *Mogárrabát* مجاربات (Expériences), qui est rempli de superstitions magiques, parce que cette ville avait autrefois la réputation d'être la retraite et la demeure des plus grands magiciens.

MÉMOIRE

SUR

LES INSCRIPTIONS KOUFIQUES
RECUEILLIES EN ÉGYPTE,

ET SUR LES AUTRES CARACTÈRES EMPLOYÉS DANS LES MONUMENS
DES ARABES [1];

Par J. J. MARCEL,

Ex-Directeur de l'Imprimerie royale, Membre de la Légion
d'honneur.

§. I. *Des monumens arabes en général, et de leurs inscriptions.*

Les monumens qui, depuis tant de siècles, ont attiré les yeux du voyageur dans cette Égypte l'antique patrie des arts et des lumières, l'ont rendue pour nous une terre véritablement classique; mais jusqu'à présent l'attention et les recherches de l'observateur se sont portées, d'une manière presque exclusive, sur les restes majestueux des édifices construits par les anciens souverains de Thèbes [2]

---

[1] Ce mémoire aurait dû être placé en tête du volume.

[2] Le nom de *Thèbes* (Θῆβαι) n'était autre chose dans l'ancienne langue des Égyptiens, que celui de ⲐⲂⲀⲔⲒ, *Thbaki* (la ville), donné

et de Memphis, dont les ruines, victorieuses des efforts du temps, nous attestent encore, par leurs vastes débris, la puissance et les richesses immenses des monarques célèbres qui nous ont laissé de si grands souvenirs.

Cependant, si ces monumens, dont la construction remonte aux époques les plus reculées de l'histoire, frappent davantage les yeux par leur mase imposante, s'ils fixent plus particulièrement les regards par l'appareil de leur architecture gigantesque et le luxe extraordinaire des ornemens prodigués dans toutes leurs parties avec une profusion véritablement étonnante, si leur vue maîtrise d'abord l'admiration de la manière la plus absolue, bientôt après ils ne laissent dans l'âme qu'une impression vague de stupéfaction; et leurs hiéroglyphes, dont l'explication a échappé jusqu'à présent aux efforts de l'antiquaire le plus heureux, ne lui inspirent que le sentiment du regret de ne pouvoir puiser, dans tout cet amas peut-être pour toujours inutilement scientifique, aucun renseignement sur les faits qui ont dû composer les annales des anciens habitans de cette belle contrée, l'un des plus riches domaines de l'histoire et de l'érudition.

Une autre espèce de monumens sûr laquelle s'est moins fixée, jusqu'à présent, l'attention générale, et qui, en effet, se présente avec moins de faste et de ma-

---

par métonymie à la ville capitale de leur empire. C'est ainsi qu'Athènes était désignée, chez les Athéniens, par le nom d'Ἄστυ (la citadelle); Rome, chez les Romains, par celui d'*Urbs* (la ville); Constantinople, chez les Grecs du Bas-Empire, par celui de Πόλις (la ville); et enfin, chez les Arabes modernes, leur ancienne capitale, *Yatreb* يثرب, par le nom de Médine, مدينة *Medyneh* (la ville).

gnificence, avait cependant des titres bien justes et bien réels pour ne pas mériter cet oubli.

Je veux parler des monumens élevés, dans les premiers siècles de l'islamisme, par les princes arabes, devenus maîtres, à leur tour, des rives du Nil, après en avoir dépossédé les gouverneurs que les empereurs grecs y avaient établis.

Ces monumens, que l'on trouve en plus d'un endroit de l'Égypte, construits avec moins de solidité que les édifices des anciens Égyptiens, ont été par-là plus exposés aux ravages du temps, qui en a réduit une grande partie à un état de ruine presque totale; mais un assez grand nombre d'entre eux a échappé aux efforts de la destruction, et leur conservation est encore à peu près entière.

Si l'on est obligé d'avouer que cette classe de monumens élevés à une époque bien moins reculée que ceux dont s'enorgueillit la haute Égypte, offre moins de grandeur et de majesté; que, véritablement inférieurs à ceux-ci sous le rapport de l'art, ils ne déploient ni la même richesse ni la même accumulation d'ornemens; ils ne sont cependant pas moins dignes de l'observation et de l'examen de ceux qui se plaisent à l'étude de l'antiquité et aux recherches de l'érudition. J'ajouterai même qu'ils ont un avantage certain et qu'on ne peut leur contester, avantage qui doit fixer sur eux, d'une manière spéciale, les regards de l'antiquaire et de l'historien.

Tandis que les murs des temples et des palais de la haute Égypte ne sont couverts que de caractères dont l'interprétation n'est encore qu'un vaste champ livré aux conjectures, les monumens arabes nous présentent presque tous des inscriptions koufiques, qui, quoiqu'illisibles à présent pour les modernes habitans de cette contrée, peuvent néanmoins être lues et traduites par celui qui s'est fait une étude particulière de ce système d'écriture. C'est dans ces inscriptions qu'on peut puiser des documens historiques et littéraires, et des éclaircissemens utiles pour une portion de l'histoire de l'Orient, dans laquelle nos historiens [1] ont laissé des lacunes d'autant plus difficiles à remplir, que les écrivains arabes ne sont pas eux-mêmes toujours d'accord entre eux, et que cependant c'est d'eux que l'on aurait dû attendre les renseignemens les plus exacts sur leur propre histoire. Elles sont donc d'autant plus précieuses pour nous, que les indications qu'elles renferment forment, pour ainsi dire, un répertoire où l'on doit chercher des lumières sur quelques époques de l'histoire d'Égypte, qui, quoique plus rapprochées de nous, sont cependant moins bien connues que les événemens des temps antérieurs, et offrent aux historiens plus d'une obscurité à dissiper, plus d'une contradiction à concilier. Plusieurs des inscriptions que renferment les monumens de cet âge, servent en effet à éclaircir des points d'histoire qui, sans leur secours, resteraient peut-être à jamais enveloppés dans les ténèbres de l'incertitude.

---

[1] Le célèbre dom Berthereau, sentant bien la nécessité de recourir aux historiens orientaux pour les parties de notre histoire qui sont en contact avec la leur, avait fait un travail bien précieux, et qu'il serait important de publier, sur les divers écrivains arabes qui ont traité de l'époque des croisades.

§. II. *Des caractères employés par les Arabes dans leurs inscriptions, avant l'hégire.*

Avant de m'occuper des monumens qui renferment des inscriptions koufiques, j'ai cru qu'il convenait de tracer rapidement, dans ce mémoire servant d'introduction, l'histoire des différentes espèces de caractères qui ont été désignées par ce nom d'une manière collective, d'indiquer leur origine, leur rapport avec les formes d'écriture qui les ont précédés dans l'Yémen [1] et l'Hegâz [2], et de déterminer l'époque où leur usage commença et cessa chez les anciens Arabes, qui les propagèrent dans les diverses contrées où les premiers princes musulmans portèrent leur religion et leurs armes victorieuses.

J'ai pensé aussi qu'il n'était pas non plus hors de propos de définir brièvement les divers caractères plus modernes dont les Arabes se sont successivement servis; ces éclaircissemens préliminaires devant naturellement

---

[1] *El-Yemen* اليمن est le nom de la plus grande et de la plus riche des trois parties qui divisent et composent la péninsule Arabique; elle forme, avec le pays de *Hadramout* حضرموت, la portion de l'Arabie que les anciens ont connue sous le nom d'Arabie heureuse (*Arabia felix*), et sa ville capitale a porté également le nom d'*Yemen* يمن. Plusieurs auteurs arabes ont écrit l'histoire particulière de cette contrée: on distingue surtout celle qui porte le titre de *Barq el-Yemány fy el-feth el-O'tmány* برق اليماني فى الفتح العثماني, et qui a été composée par le cheykh *Qotb el-dyn Mohammed ben Mohammed* قطب الدين محمد بن محمد, surnommé *el-Mekky* المكي, mort l'an 988 de l'hégire (1580 de l'ère chrétienne). Je possède un très-bel exemplaire manuscrit de cet ouvrage, qui existe aussi à la Bibliothèque royale (*Ms. arabes*, n°s. 826, 826 A, 827 et 828).

[2] *El-Hegâz* الحجاز, partie de l'Arabie où se trouvent les deux célèbres villes de la Mekke et de Médine.

précéder la publication des inscriptions recueillies dans ces caractères, et épargner les répétitions dont il aurait fallu nécessairement accompagner leur explication particulière dans les mémoires dont elles feront le sujet.

Les historiens orientaux nous apprennent qu'avant les conquêtes de Mahomet l'ancienne langue arabe était divisée en deux dialectes principaux, qui prenaient leurs noms des deux tribus les plus considérables où ils étaient usités. L'un s'appelait *arabe qoreychite*[1]; et l'autre, *arabe hémyarite*[2].

Voici ce que les écrivains orientaux rapportent de plus positif sur ces deux anciens idiomes et sur l'écriture à laquelle le second a donné son nom.

Le premier était commun aux Qoreychites, descendans d'Ismaël, et aux tribus fixées dans l'Hegâz: il passait pour le langage le plus pur; aussi avait-il reçu le nom par excellence de *langue claire et élégante*[3]. Ce dialecte est celui que parla Mahomet, et dont il a fait usage dans tous ses écrits.

Le second de ces dialectes remonte à une origine beaucoup plus ancienne que celui des Qoreychites, et les auteurs arabes assurent généralement qu'il fut usité dans les temps les plus reculés, dès l'époque où les Arabes ont commencé à former un corps de nation.

Il fut appelé *Hémyarite*, du nom d'une ancienne tribu dont il était l'idiome particulier; elle est connue de nous sous le nom d'*Homérites* (les Ὁμηρῖται de Ptolémée),

---

[1] *A'rabyet Qoreych* عربية قريش.
[2] *A'rabyet Hemyar* عربية حمير.
[3] *Lesán a'raby mobeyn* لسان عربي مبين.

et tirait son origine de Hemyar[1], fils de Sabâ[2], et arrière-petit-fils de Qahtân, qui fut le premier roi de l'Yémen, environ deux mille ans avant Mahomet, et qui paraît être le Joctan יקטן du chapitre x de la Genèse. Cette tribu, d'abord idolâtre, embrassa ensuite la religion juive, puis le christianisme. Elle a donné à l'Arabie une longue suite de rois, qui avaient établi leur résidence à Difâr[3], l'une des plus belles et des principales villes de l'Arabie, située près de celle de Sana'â[4], capitale de l'Yémen : leur domination, suivant Noueyry, embrassait l'Égypte, la Chine et les Indes, et, s'il faut en croire le témoignage du géographe el-Bakouy[5], elle

---

[1] *Hemyar ben Sabá* حمير بن سبا. Le mot *ahmor* أحمر, signifie *rouge* en arabe; et ce prince reçut ce surnom, parce qu'il avait coutume de porter des vêtemens de cette couleur.

[2] *A'bd el-chems ben Yechhab* عبد الشمس بن يشحب, surnommé *Sabâ* سبا, était petit-fils de Qahtân قحطان.

[3] *Difâr* ظفار ou *Dafar* ظفر. El-Bakouy nous apprend que ce n'est que dans les montagnes qui sont près de cette ville que l'on recueille l'encens, surnommé, par cette raison, *el-Difâry* الظفاري.

[4] *Sana'â* ou *Sena'â* صنعا, située à 77° 5′ de longitude, et à 14° 30′ de latitude. Suivant el-Bakouy, cette ville, qui ressemble à Damas par la beauté de ses jardins remplis de toute espèce de fruits, est exempte de mauvais animaux et d'insectes, et éprouve tous les ans deux étés quand le soleil entre aux signes du Belier et de la Balance, et deux hivers quand il entre aux signes de l'Écrevisse et du Capricorne.

[5] *A'ly a'bd el-Rachyd ben Sâleh ben Noury* على عبد الرشيد بن صالح بن نورى fut surnommé *el-Bakouy* البكوى, parce qu'il était originaire de *Bakouyeh* بكويه, ville assez considérable, située dans la contrée de Derbend, sur le bord de la mer Caspienne. Le manuscrit de son ouvrage, qui existe à la Bibliothèque royale (manuscrits arabes, n°. 587, in-4°), écrit ce nom باقوى *Bâqouy*. L'année de la naissance de ce géographe n'est pas bien déterminée; mais ce qu'il y a de certain, c'est qu'il écrivait vers l'an 806 de l'hégire (1403 de l'ère chrétienne). Son ouvrage, intitulé *Kitâb talkhys el-atâr fy a'gâyb el-melik el-quhâr,* كتاب تلخيص الآثار فى عجايب الملك القهار (Livre exposant les traditions sur les merveilles du roi tout-puissant), est une espèce de géographie universelle

s'est étendue jusque sur la Nubie et sur toutes les côtes de la Mauritanie; il ajoute même que les peuples de la Nubie[1] avaient encore de son temps un roi résidant à Danqalah[2], qu'ils disaient être descendu des anciens Hémyarites.

Abou-l-fedâ[3] et Hamzah ben el-Hasan[4], ont recueilli d'anciennes traditions d'après lesquelles ils établissent que l'ancienne langue des Arabes, c'est-à-dire l'idiome hémyarite, dut son origine et sa forme primitive à Ya'rab[5], fils de Qahtân.

Cette langue s'est perdue dans les conquêtes de Mahomet et de ses successeurs; il nous en est resté trop peu de vestiges pour pouvoir en établir la nature et le système grammatical : mais tous les historiens s'accordent à dire qu'elle était très-différente de la langue que parlaient les autres tribus de l'Arabie; et ils citent, à ce sujet, le proverbe suivant, usité parmi les Arabes : « Que l'Arabe qui vient à Difâr apprenne le dialecte de Hémyar. »

Le peu de mots de la langue hémyarite qu'on trouve rapportés par Hamzah, Noueyry, et d'autres anciens auteurs arabes, sont en effet bien différens de leurs équivalens dans la langue arabe généralement connue.

---

rangée suivant l'ordre des climats, dont la composition a été achevée l'an 815 de l'hégire (1412 de l'ère chrétienne). J'ai publié dans la Décade égyptienne les extraits de sa géographie qui ont rapport à l'Égypte. *Voyez* aussi les Mélanges de littérature orientale imprimés au Kaire en l'an VIII.

[1] *El-Noubeh* النوبه.

[2] *Danqalah* دنقله.

[3] *Abou-l-fedâ* أبو الفدا.

[4] *Hamzah ben el-Hasan* حمزة بن الحسن, surnommé *el-Esbahiany* الأصبهاني.

[5] *Ya'rab ben-Qahtán* يعرب بن قحطان. Les Hébreux l'ont connu sous le nom de *Yarahh* (ירח).

Suivant ces mêmes historiens, la plus ancienne écriture dont les peuples de l'Arabie aient fait usage avant l'époque de l'hégire, est l'écriture hémyarite[1], à laquelle quelques-uns d'eux donnent aussi le nom de *mousnad*[2]; mais aucun écrivain ne nous apprend quel fut le nom de l'inventeur de cette écriture.

On ne peut admettre l'opinion qui a été avancée par quelques auteurs, que l'écriture hémyarite était différente de celle qui portait le nom de *mousnad*, ou même qu'elle n'était autre chose que l'écriture qui prit ensuite la désignation de *koufique*. L'identité des deux premières écritures et leur différence d'avec la dernière sont constatées par le témoignage de tous les écrivains arabes, et, entre autres, des célèbres lexicographes Gouhary[3] et Firouzabâdy[4].

Nous ne connaissons point maintenant d'une manière positive et certaine la forme des caractères hémyarites: tout ce que nous en savons, d'après le témoignage de plusieurs anciens auteurs arabes, et, entre autres, d'Ebn-Khilkân[5], c'est que les lettres qui composaient cette écri-

---

[1] *El-Hemyaryet* الحميرية.
[2] *Mousnad* مسند. *Khat el-Mousnadáy* خط المسنداى, suivant el-Bakouy.
[3] *Abou-nasr Ismaʼyl ben Hammâd* ابو نصر اسمعيل بن حمّاد, surnommé *el-Gouhary* الجوهرى et *el-Faráby* الفراىى, est auteur d'un dictionnaire intitulé *Kitáb el-sihah fy l-loghat* كتاب الصحاح فى اللغة (Livre de la pureté de la langue).
[4] *Magd el-dyn Mohammed ben Yaʼqoub ben Mohammed* مجد الدين محمّد بن يعقوب بن محمّد a été surnommé *el-Fyrouzabády* الفيروزبادى et *el-Chyrázy* الشيرازى, parce qu'il était né à *Fyrouzabád* فيروزباد, dans le territoire de *Chyráz* شيراز. Il est auteur du dictionnaire nommé *el-Qámous* القاموس (l'Océan).
[5] *Chems el-dyn ben-Khilkân* شمس الدين بن خلكان a composé l'histoire des hommes illustres de l'Orient.

ture étaient désunies entre elles et très-distantes l'une de l'autre.

D'après cette indication, ce caractère aurait pu ressembler, en quelque sorte, aux inscriptions cludiformes des monumens de Persépolis; et alors il faudrait peut-être rapporter à l'écriture hémyarite une inscription assez semblable à l'écriture persépolitaine, et que j'ai vue entre les mains du général Dugua, au Kaire. Elle lui avait été remise par des Arabes qui lui avaient assuré l'avoir trouvée dans des ruines assez considérables sur la droite de la route du Kaire à Soueys.

Ebn-Khilkân ajoute que l'emploi des caractères hémyarites était réservé aux classes supérieures des tribus, et qu'il était défendu de donner connaissance de ce système d'écriture aux familles des classes inférieures et à aucun étranger, sans une autorisation spéciale du gouvernement.

Il paraît qu'au temps de Mahomet les caractères hémyarites étaient déjà presque totalement tombés dans l'oubli, et que les musulmans s'efforcèrent d'en anéantir toutes les traces.

Cependant plusieurs auteurs arabes parlent de la découverte d'inscriptions hémyarites, dont ils indiquent les époques, et dont ils donnent l'interprétation : je me bornerai à en citer trois des plus remarquables, dont les deux dernières ne sont point étrangères à l'Égypte.

Abou-l-fedâ raconte que Chamer[1], roi de l'Yémen,

---

[1] *Chamer ebn-Mâlek* شمر ابن مالك. Noueyry et Hamzah lui donnent le nom de *Chamer Yara'ch Abou-kerb* شمر يرعش أبوكرب.

fit graver sur une des portes de Samarqand¹, environ neuf cents ans avant l'ère chrétienne, une inscription hémyarite, qui portait « que de Sana'â à Samarqand il y avait mille parasanges ². »

Suivant Hamzah, cette inscription commençait par ces mots : « Au nom de Dieu, cette construction a été élevée par ordre de Chamer Yarach à son seigneur le Soleil. »

On trouve dans Noueyry que Yâsâsyn ³, s'étant avancé au centre de l'Afrique dans la vallée des sables, et y ayant vu périr tous ceux qui avaient essayé, par ses ordres, de la traverser, fit élever au bord de cette vallée une statue d'airain placée sur un rocher, et portant sur sa poitrine l'inscription suivante en caractères *mousnad* ou hémyarites : « Nâcher el-ni'em l'Hémyarite a élevé cette statue ; il est impossible de passer outre : que personne ne tente d'y parvenir, car il périrait certainement. »

El-Bakouy rapporte aussi une inscription en écriture mousnad ou hémyarite, qu'il dit avoir été gravée sur l'une des pyramides : suivant lui, cette inscription por-

---

¹ *Samarquand* سمرقند, ville du *Máouar el-nahar* ماورا النهر, la Transoxiane des anciens, pays voisin du *Khouárezm* خوارزم : longitude, 98° 20′ ; latitude, 40° 5′.

² Le nom de cette mesure vient du persan فرسنك *ferseng*, mot dont les Arabes ont fait celui de *farasakh* فرسخ, et qui est composé des mots *fers* فرس et *senk* سنك, c'est-à-dire *pierre persane*. Les Orientaux donnent à la parasange une longueur de 3000 pas ou de 12000 condées (21729 pieds). Cette mesure était principalement usitée chez les Arabes et chez les Persans ; elle a été connue anciennement des Grecs, qui l'appelaient παρασαγγη et la divisaient en vingt-un stades.

³ Le nom entier de ce roi Hémyarite est *Yâsâsyn ben-A'mrou ben-Serhabyl* ياسلسين بن عمرو بن سرحبيل : il fut généralement connu sous le surnom de *Nâcher el-ni'em* ناشر النعم (le bienfaisant), mot à mot *Sparsor beneficiorum*.

tait « que la construction de ces monumens attestait la puissance de la nation égyptienne, et qu'il était plus facile de les détruire que d'en élever de semblables. »

Le même géographe, en décrivant le pays d'el-Qalyb[1], qu'il place dans le sixième climat près de la terre de Syn[2], ajoute que ses habitans, qui adorent les idoles, parlent l'arabe ancien; qu'ils ne connaissent pas d'autre langue et se servent des caractères hémyarites.

§. III. *Des caractères employés depuis l'hégire par les Arabes dans leurs inscriptions; et en premier lieu, du caractère koufique.*

A l'époque des conquêtes de Mahomet, les caractères hémyarites furent remplacés par une autre écriture, qui devint bientôt commune aux différentes tribus de l'Arabie.

Cette écriture, qui paraît avoir été dérivée du caractère stranghelo[3], ou ancien syriaque, différait surtout de celle qui l'avait précédée dans l'Arabie, en ce que les caractères qui la composaient n'étaient plus isolés, mais liés entre eux: elle fut inventée par Marâmer[4], de la

---

[1] *El-Qâlyb* القليب : suivant el-Bakouy, ce pays a un mois d'étendue.

[2] *El-Syn* الصين (la Chine).

[3] Le caractère *stranghelo*, ou mieux encore *estranghelo*, اصطرنجيلى, qui a été particulier aux anciens Syriens, a des formes carrées, dont les traits angulaires s'éloignent souvent beaucoup de celles du caractère syriaque moderne, toujours élégantes et arrondies. L'esprit caractéristique de cette écriture s'est conservé surtout dans celle des Nestoriens et des Melchites.

[4] *Marâmer ebn-Murat* مرامر ابن مرة était fils de *Marat* مرة ou *Marâh* مره. Le savant bibliographe Hâggy Khalfâ lui donne le nom de *Morâr* ou *Marâr* مرار d'après *A'bd-allah ben A'bbâs* عبد

famille de Baoulân[1], surnommé *el-Anbáry*[2], parce qu'il était venu fixer sa résidence dans la ville d'Anbar; et c'est par lui qu'elle fut apportée à la Mekke et à Médine.

Elle éprouva des variations successives, et prit, à ces diverses époques, les noms de *mekky*[3], *medeny*[4], *basry*[5], et enfin de *koufy*[6].

Elle prit les deux premières dénominations du nom des deux villes que nous venons de citer ci-dessus, à mesure qu'elle y fut introduite; et la troisième, du nom de la ville de Bassorah, où elle fut ensuite employée.

A l'égard de la quatrième, que nous traduisons par celle de *koufique*, que quelques auteurs ont écrit *coufite*, elle est dérivée du nom de la ville de Koufah[7], sur les bords de l'Euphrate, en Mésopotamie[8]; et cette dénomination, sous laquelle elle est le plus vulgairement connue, lui a été donnée, non parce qu'elle avait été inventée dans cette ville, comme quelques auteurs l'ont avancé sans fondement, puisque la construction de cette ville n'eut lieu que long-temps après Marâmer, mais

ابن عبّاس أل, l'un des auteurs les plus estimés des traditions musulmanes.

[1] *Baoulán* بولان, l'une des principales branches de la tribu de *Tay* طى.

[2] *El-Anbáry* الانبارى.

[3] *El-Mekky* المكى (de la Mekke).

[4] *El-Medeny* المدنى (de Médine).

[5] *El-Basry* البصرى (de Bassorah).

[6] *El-Koufy* الكوفى (de Koufah).

[7] *El-Koufah* الكوفه, ville de l'I'râq babylonien (*I'râq bábely* عراق بابلى), qui comprend l'ancienne Chaldée : longitude, 79° 30′; latitude, 31° 30′. Elle est souvent désignée par l'épithète de ارض الله الواضعه, *Ard allah el-òuádda'h* (*lata Dei terra*).

[8] La ville de Koufah fait maintenant partie de la province de l'I'râq

parce qu'elle fut dans la suite plus particulièrement employée par les écrivains de cette ville et par les savans sortis de son école.

Les premiers khalifes se sont servis de l'écriture koufique; et le célèbre Qorân d'O'mar [1] était tracé avec ces caractères. S'il faut en croire Barthélemi d'Édesse [2], le premier Qorân fut écrit de la main d'O'tman par ordre d'Aboubecre; et il ajoute que cet exemplaire prototype était encore conservé de son temps dans la principale mosquée de Damas, qui fut autrefois une église consacrée à S. Jean-Baptiste.

Ces caractères furent retouchés par le célèbre écrivain A'bd el-hamyd Yahyä [3], qui vivait sous les khalifes Ommiades, et passait pour le plus habile calligraphe de son siècle.

J'ai rapporté d'Égypte un très-grand nombre de fragmens du Qorân écrits avec la plus grande élégance en caractères koufiques, sur des feuilles de parchemin et de vélin; elles sont de la même nature et paraissent sortir du même dépôt que celles dont Niebuhr a publié la gravure dans sa *Description de l'Arabie*, et que celles qui, achetées au Kaire en 1626 pour le roi de Danemarck,

---

عراق dans la Turquie d'Asie, sur les frontières de l'Arabie déserte.

[1] O'mar ebn el-Khett'âb عمر ابن الخطاب

[2] ..... Καὶ ἐκάθισεν ὁ Ἀποπάκρης χαλιφάτης ἀντὶ τοῦ Μουχαμέτ. Ἦν δὲ Ὀθμάνης γραμματικὸς πάνυ. Καὶ ἐπέταξεν αὐτῷ ὁ Ἀποπάκρης σωρεῦσαι πάσας τὰς γραφὰς τοῦ Μουχαμὲτ ποιῆσαι αὐτὰς βιβλίον ἓν τὸ λεγόμενον Κουράνιον. Καὶ πεποίηκεν τοῦτο καθὰ ὁρισθῆσεν. Καὶ τὸ πρωτότυπον τοῦτο ἐκ χειρὸς τοῦ Ὀθμάνου κεῖται εἰς τὴν Τροῦλλαν τῆς Ἐκκλησίας τοῦ Προδρόμου εἰς τὴν Δαμασκὸν εἰς τὸ Τζεμιὲν λεγόμενον ὅ ἐστιν συναγωγὴ τόπου. Καὶ ὅπου ἐστὶν τὸ Κουράνιον.... (Bartholom. Edessen. in confutatione Hagareni.)

[3] A'bd el-hamyd Yahyä عبد الحميد يحيى

sont conservées dans la bibliothèque royale de Copenhague. M. Adler, l'un de nos plus savans orientalistes, a publié une notice dans laquelle il fait l'examen de ces fragmens, jusqu'à présent très-rares en Europe, et qui étaient restés dans un oubli total depuis leur acquisition.

Les monnoies d'or, d'argent, de cuivre et de verre des premiers khalifes, sont gravées en caractères koufiques. J'en ai rapporté une riche collection, que je publierai par la suite, et qui fera le sujet d'un mémoire.

On trouve aussi un assez grand nombre de pâtes de verre et de pierres précieuses gravées en koufique, et qui furent, à cette époque, destinées à former des cachets et des chatons de bague. La collection nombreuse que j'en ai faite, fournira aussi la matière d'un mémoire particulier.

Mais l'écriture koufique joue un rôle bien plus important dans les inscriptions dont sont décorés les monumens construits par les princes qui ont régné pendant l'époque où elle a été en usage.

On rencontre encore dans tout l'Orient un assez grand nombre de monumens sur lesquels subsistent des inscriptions koufiques. C'est dans ces caractères que sont tracées les inscriptions du nilomètre de l'île de Roudâh, qui appartiennent à l'époque de sa première construction. Ces inscriptions sont celles que renferme la planche a des inscriptions du meqyâs, et celles qui sont cotées IV., V, VI et VII, dans la planche b[1]. J'en ai remarqué à Alexandrie sur les soffites des portes de la grande mosquée dite *des mille colonnes*, et qui passe pour

[1] Voyez *É. M.*, vol. II, *Inscriptions, Monnoies et Médailles*.

avoir été l'ancienne église où l'on fit la célèbre traduction grecque de la Bible ; et au Kaire, en plusieurs endroits de la citadelle, à l'aqueduc qui y conduit les eaux du Nil depuis la prise d'eau du vieux Kaire, dans plusieurs anciens édifices particuliers, sur les frises de la mosquée construite par Tayloun [1], ainsi qu'à celle du khalife el-Achraf. Les inscriptions que renferment plusieurs de ces monumens seront expliquées dans des mémoires que je publierai par la suite.

Enfin, après avoir été en vigueur pendant environ cinq cents ans après l'hégire, les caractères koufiques furent eux-mêmes remplacés, dans l'usage commun, par l'écriture arabe actuellement usitée, qui s'est transmise jusqu'à nos jours, sans éprouver de changemens bien sensibles. Ils continuèrent cependant, jusques environ le xive siècle de l'ère chrétienne, à être employés avec diverses altérations successives, dans les monnoies et les inscriptions. J'ai même rapporté du Kaire quelques anciens *Qorân* dont les titres sont encore tracés en lettres koufiques.

Un des principaux caractères qui distinguent l'écriture koufique de celles qui en furent par la suite déri-

---

[1] *Ahmed ben Tayloun* احمد بن était fils de *Touloun* طولون, ou *Tayloun* طيلون, esclave turk du sultan el-Mâmoun, et naquit à *Baghdâd* بغداد, l'an 220 de l'hégire (835 de l'ère chrétienne). Il fut envoyé par le khalife *el-Mo'taz* المعتز pour gouverner l'Égypte et la Syrie. C'est lui qui est le fondateur de la dynastie des Toulonides (*Beny Tayloun* بنى طيلون) en Égypte. Ces princes avaient établi le siége de leur empire dans la ville d'*el-Qatáya'* القطايع. Cette dynastie finit l'an 292 de l'hégire (908 de l'ère chrétienne). Suivant Aboul-fedà, le terrain sur lequel on jeta les fondemens du Kaire, l'an 359 de l'hégire (976 de l'ère chrétienne), était un jardin appartenant aux Toulonides.

vées, c'est l'absence des marques destinées à exprimer les voyelles, qui ne se retrouvent que dans un petit nombre de manuscrits de cette époque, et l'emploi d'un seul et même signe alphabétique pour exprimer des lettres très-différentes; ce qui cause de grandes difficultés dans la lecture des mots, dont l'interprétation donne alors un champ très-étendu aux conjectures: c'est pour obvier à cet inconvénient que les grammairiens arabes se virent forcés d'imaginer les points diacritiques, dont l'apposition variée, ajoutée aux caractères alphabétiques qui sont les signes communs de lettres différentes, en distingue la valeur particulière et l'exacte prononciation.

Pour donner une idée des incertitudes que pourrait avoir la lecture des mots écrits en caractères koufiques, si le sens de la phrase entière ne venait au secours du lecteur, je me contenterai de citer le peu d'exemples suivans, d'après lesquels on pourra évaluer la multitude des hypothèses auxquelles fait souvent recourir une légende composée de peu de mots.

Le mot koufique البيت peut être lu de plus de quarante manières différentes, et admettre les combinaisons suivantes :

ثيب, نتب, بنت, بنت, ببت, بنت, بيت, ينب, ثيب, نيب
يبت, نيت, تنب, بيت, تيب, نبت, etc.

Le mot حبات admet les combinaisons خبات, جياب,
حيات, حبات, جنّات, جناب, جنات, etc.

Le mot زينب, celles رنب, زبت, ربت, زيب, ربت,
رتب, زنب, ربت, ريب, زيت, زتب, etc.

Le mot البق, celles بيف, تبق, ثيف, تيف, نيف,
ينق, بنف, بنق, ينق, بثق, بيق, بنق, etc.

Dans quelques manuscrits koufiques, on trouve les voyelles exprimées par des points de diverses couleurs, et les points diacritiques y sont désignés par de petites lignes différemment placées. Ces signes ne se rencontrent dans aucune des inscriptions lapidaires et numismatiques de cette époque, et j'examinerai ultérieurement si cette addition n'appartient pas à des temps postérieurs, et n'est pas due à des mains plus modernes que celles qui ont formé le corps même de l'écriture à laquelle ils sont apposés.

Je joindrai ici pour *specimen* de l'écriture koufique lapidaire, la formule sacrée des musulmans, tirée des inscriptions les plus anciennes du nilomètre de l'île de Roudah. (*Voyez* la planche à la fin de ce mémoire, n°. I.)

Le fragment suivant, renfermant le même texte, a été recueilli dans un édifice particulier du Kaire. (*Voyez* la planche à la fin de ce mémoire, n°. II.)

Quelques inscriptions koufiques du moyen âge présentent une configuration singulière et entièrement composée de lignes droites, s'assemblant entre elles par des traits toujours parallèles les uns aux autres ou se coupant à angles droits, et sans mélange d'aucun contour arrondi. J'ai trouvé des inscriptions de ce genre exécutées en mosaïque, soit de bois, soit de marbre, en plusieurs endroits du Kaire et à la mosquée de Deyrout dans la basse Égypte, au bord du Nil, sur la rive gauche de la branche de Rosette.

Je joindrai ici pour *specimen* de ce genre d'écriture le fragment suivant, renfermant le même texte déjà cité ci-dessus et tiré d'une maison particulière du Kaire. (*Voyez* la planche à la fin de ce mémoire, n°. III.)

§. IV. *Du caractère karmatique.*

L'écriture karmatique suit la même marche que l'écriture koufique; elle pourrait même n'en être regardée que comme une variante ou un perfectionnement, et plusieurs auteurs ont confondu ces deux espèces d'écritures sous une seule et même dénomination.

Cette dernière écriture offre des caractères plus ornés et plus contournés que ceux des inscriptions du koufique véritable, et annonce à l'œil même le moins exercé une époque bien différente. Aussi son origine est-elle postérieure d'environ trois cents ans à celle du caractère proprement dit koufique, et à qui seul on doit en réserver le nom.

Cette espèce d'écriture, d'un trait bien moins mâle et moins simple, mais beaucoup plus riche en formes variées, est aussi plus difficile à lire à cause des ornemens étrangers dont les caractères sont le plus souvent surchargés, et de la liberté avec laquelle les caractères sont liés ou entrelacés ensemble : elle a été appelée *écriture karmatique,* du nom des Karmates[1], qui, en effet, s'en sont servis dans les monumens qu'ils ont élevés.

Les anciens Karmates étaient un peuple belliqueux et inaccessible à la crainte, dont il paraît que descendent les modernes Ouahâbys, qui semblent avoir hérité

---

[1] *El-Qorâmetah* القرامطة.

de leur ardeur pour les conquêtes, de leur fanatisme religieux et de leur ambition immodérée.

Cette peuplade de sectaires turbulens et intrépides, qui commença à se faire connaître vers l'an 278 de l'hégire (891 de l'ère chrétienne), ravagea une grande partie de l'Orient, et devint, sous les khalifes Abbassides, le fléau de l'empire des Sarrasins et la terreur du musulmanisme[1]. Noueyry a écrit fort au long l'histoire des Karmates dans la troisième partie de son ouvrage.

On trouve l'ecriture karmatique employée au Kaire, à la porte orientale appelée *Báb el-nasr*[2], aux mosquées d'el-Hâkem[3] et d'el-Hasan, en plusieurs endroits de celle de Tayloun, et dans les inscriptions du meqyâs, qui ont rapport à la reconstruction de ce monument, exécutée par les ordres du khalife el-Mostanser b-illah[4].

---

[1] Les historiens arabes nous apprennent que les Karmates, s'étant emparés de la Mekke, y firent un massacre de vingt mille pélerins.

[2] *Báb el-nasr* باب النصر (la porte de la victoire). Suivant el-Maqryzy, cette porte, construite par Giouaher, était originairement au-dessous de celle que l'on voit aujourd'hui : mais lorsque l'émyr *Bedr el-dyn el-Gemály* بدر الدين الجمالى sortit de la ville d'Acre pour être vizir en Égypte sous le khalife el-Mostanser b-illah, l'an 465 de l'hégire (1072 de l'ère chrétienne), il construisit les murailles du Kaire, et changea la place qui avait d'abord été assignée à cette porte pour la transférer où elle est maintenant située : il y ajouta un chemin couvert.

[3] *El-Hákem be-amr illah* الحاكم بامر الله. Ce prince est le sixième khalife de la dynastie des Fatimites, qui a gouverné l'Égypte pendant près de deux cents ans. Il monta sur le trône l'an 386 de l'hégire (996 de l'ère chrétienne), et mourut l'an 411 (1020 de l'ère chrétienne).

[4] *El-Mostanser b-illah abou-Temym Maa'd el-Fátemy* المستنصر باالله أبو تميم معد الفاطمى. Ce prince, le huitième de la race des Fatimites en Égypte, succéda à son père *el-Dáher le-a'záz dyn illah* الظاهر لاعزاز دين الله l'an de l'hégire 427 (1035 de l'ère chrétienne). Il avait alors neuf ans, et il en régna soixante avec une prudence et une modération extraordinaires, qui lui firent dissiper plusieurs conspirations. Il eut pour successeur son fils *Ahmed abou-l-Qásem* أحمد أبو القاسم, surnommé

Ces dernières inscriptions font partie de la planche b des inscriptions du meqyâs¹, et sont cotées I, II et III.

On doit aussi comprendre dans ce genre d'écriture les inscriptions que l'on voit sur le pont du petit canal voisin des pyramides, dans la province de Gyzch. Elles sont rapportées dans l'ouvrage de Niebuhr, déjà cité; mais on n'en a donné jusqu'à présent que des copies inexactes.

Les médailles et les pierres gravées qui offrent des caractères karmatiques, sont toutes du moyen âge de l'islamisme. La collection que j'ai rapportée d'Égypte, en offre un assez grand nombre, dont je donnerai par la suite une notice descriptive.

Ce caractère à été très-répandu, et l'on trouve plusieurs inscriptions de cette nature en Sicile, en Italie, en Espagne, et même dans nos provinces méridionales. M. Millin en a recueilli deux à Aix pendant son voyage dans les départemens du midi de la France, et l'on en voit encore une assez bien conservée à Montbrun, dans les montagnes de l'ancien Dauphiné. J'en ai rapporté une très-belle de la cité vieille dans l'île de Malte, dont les Arabes ont été si long-temps les maîtres. On conserve à Nuremberg des ornemens impériaux dont la bordure présente des inscriptions écrites en caractères karmatiques. Mais un des faits les plus remarquables relativement à cette écriture, c'est qu'il y a environ deux ans on a trouvé dans un tombeau de l'ancienne abbaye

---

el-Mosta'ly b-illah المستعلي باب, qui commença son règne l'an 487 de l'hégire (1094 de l'ère chrétienne).

¹ Voyez É. M., vol. II, *Inscriptions, Monnoies et Médailles*.

Saint-Germain-des-Prés, à Paris, une étoffe tissue de soie et d'or, probablement apportée d'Orient en France par un des croisés, et sur laquelle on remarque un très-grand nombre d'inscriptions en caractères karmatiques.

Les deux *specimen* suivans de l'écriture karmatique renferment le même texte que j'ai déjà cité ci-dessus. Le premier est tiré de celles des inscriptions du nilomètre de Roudah qui sont relatives à sa seconde époque. (*Voyez* la planche à la fin de ce mémoire, n°. IV.)

Le second fragment, dans lequel on remarque de grandes variantes pour les formes des caractères, fait partie d'une inscription que j'ai recueillie dans une maison particulière du Kaire, située près du *khalyg* ou canal qui traverse la ville. (*Voyez* la planche à la fin de ce mémoire, n°. V.)

§. V. *Du caractère neskhy.*

Les caractères de l'écriture arabe moderne sont dérivés du caractère koufique par divers changemens progressifs; et ils ont été inventés par Ebn el-A'myd [1], dont un poëte arabe a dit:

بدت الكتبه بعبد الحميد ۞
وختمت بابن العميد ۞

« L'écriture a commencé par A'bd el-Hamyd, et elle a atteint la perfection par Ebn el-A'myd. »

C'est alors que furent imaginés les points diacritiques [2] destinés à distinguer l'une de l'autre les lettres

---

[1] *Ebn-el-A'myd* ابن العميد. [2] Διακριτικά (distinctifs).

exprimées par le même caractère; et l'alphabet arabe, dont les lettres furent portées au nombre de vingt-huit, fut en même temps rangé dans un ordre différent de l'ancien alphabet, qui était composé seulement de vingt-deux caractères.

L'ancien ordre suivait celui de l'alphabet ancien syriaque, auquel il devait son origine; et des traces palpables en sont encore conservées dans la série des valeurs numériques exprimées par les lettres de l'alphabet moderne, qui suivent, à cet égard, la progression de l'ordre ancien, et non celle du nouveau. Dans l'arrangement nouveau de l'alphabet, les lettres furent placées dans un ordre tout-à-fait différent de l'ancien, et principalement en ayant égard aux similitudes des formes distinguées par les points.

L'écriture arabe moderne reçut ensuite tant de perfectionnement par le vizir Ebn-Moqlah[1], qui florissait vers l'an 321 de l'hégire (933 de l'ère chrétienne), qu'on le surnomma *l'inventeur de l'écriture*[2]. Ce vizir donna aux lettres arabes des contours plus élégans et plus arrondis, qui, en faisant disparaître les formes carrées des caractères koufiques, rapprochèrent l'écriture de la forme qu'elle a maintenant adoptée : il vécut sous les règnes des khalifes Moqtader[3], Qâher b-il-

---

[1] *Abou A'ly Mohammed ben A'ly ben Hasan ben Moqlah* على بن حسن بن مقله ابو.

[2] *Ouâde' khat* واضع خط.

[3] *El-Moqtader b-illah* المقتدر بالله, dix-huitième prince de la race des Abbassides, succéda au khalife el-Moktafy b-illah بالمكتفى; il monta sur le trône l'an 295 de l'hégire (908 de l'ère chrétienne), et mourut l'an 320 de l'hégire (932 de l'ère chrétienne), après un règne de vingt-quatre ans onze mois quatorze jours; il eut pour successeur Qâher b-illah.

lah[1] et Râdy b-illah[2], et mourut l'an 338 de l'hégire (949 de l'ère chrétienne).

Les intrigues d'Ebn-Moqlah lui coûtèrent, à trois reprises différentes, la main droite, puis la main gauche, et enfin la langue; ce qui le conduisit à traîner une vie misérable et languissante. On rapporte que, lorsqu'il fut condamné à perdre la main droite, il se plaignit de ce qu'on le traitait en voleur, et de ce qu'on lui faisait perdre une main qui avait copié trois fois le Qorân, dont les exemplaires devaient être pour la postérité le modèle de l'écriture la plus parfaite. En effet, ces trois exemplaires n'ont jamais cessé d'être admirés pour l'élégance de leurs caractères. Quelques auteurs assurent que, quoique privé de la main, il ne laissa pas d'écrire encore par le moyen d'une main ou d'une plume artificielle qu'il se fit attacher.

Plusieurs écrivains arabes attribuent l'invention de ces beaux caractères, non à Ebn-Moqlah, mais à son frère, nommé *A'bd-allah*[3].

Mais, suivant le témoignage presque universel des Orientaux, ces deux célèbres calligraphes furent encore surpassés par Abou-l-Hasan[4], plus connu sous le nom

---

[1] *El-Qâher b-illah* القاهر بالله, monta sur le trône l'an 320 de l'hégire (932 de l'ère chrétienne), et mourut l'an 322 de l'hégire (934 de l'ère chrétienne), après un court règne d'un an six mois sept jours; il eut pour successeur Râdy b-illah.

[2] *El-Râdy b-illah* الراضي بالله, monta sur le trône l'an 322 de l'hégire (934 de l'ère chrétienne), et mourut l'an 329 de l'hégire (941 de l'ère chrétienne), après un règne de six ans dix mois dix jours; il eut pour successeur le khalife *el-Motaqy b-illah* المتقي بالله, vingt-unième prince de la race des Abbassides.

[3] *A'bd-allah el-hasan* عبد الله الحسن.

[4] *Abou-l-Hasan A'ly ben Helâl* ابو الحسن علي بن هلال.

d'*Ebn-Baouâb*[1], qui perfectionna encore l'alphabet arabe en distinguant mieux l'une de l'autre les formes particulières des lettres.

Yâqout, surnommé *Mostasemy*[2], parce qu'il était attaché au service du khalife Mostasem[3], dernier prince de la race des Abbassides, fit encore quelques changemens aux caractères arabes, et leur donna enfin la forme qu'ils ont maintenant. Il fut, pour cette raison, surnommé *l'écrivain par excellence*[4].

Le caractère arabe prit alors le nom de *neskhy*[5], c'est-à-dire *caractère de copie*, parce qu'en effet c'est celui dont on se sert pour copier le Qorân ou les ouvrages soignés; et une variante de ce caractère porte encore à présent le nom de *caractère yâqouty*[6], qui lui a été donné d'après celui du dernier calligraphe à qui il doit son entier perfectionnement.

Ce dernier caractère a été regardé par quelques écrivains comme une variante, non du neskhy, mais du soulous dont je vais parler; mais il diffère surtout de celui-ci en ce que ses traits sont proportionnellement beaucoup plus maigres et plus allongés, et en ce qu'il n'admet point les entrelacemens ou liaisons extraordinaires de lettres dont l'usage est particulier au soulous.

Le caractère neskhy est employé dans la plupart des pierres tumulaires d'Alexandrie et du Kaire.

Je joindrai ici comme *specimen* de ce caractère le

---

[1] *Ebn-Baouâb* ابن بوّاب.
[2] *Yâqout el-Mosta'semy* ياقوت المستعمي.
[3] *El-Mosta'sem* المستعم.
[4] *El-Khattât* الخطّاط.
[5] *Neskhy* نسخى.
[6] *Khatt Yâqouty* خط ياقوتى.

même texte que j'ai donné ci-dessus. (*Voyez* la planche à la fin de ce mémoire, n°. VI.)

Le caractère neskhy a plusieurs variantes : on remarque parmi elles celles qui portent les noms de *reyhâny*[1] et de *neskhy gerysy*[2], dont la première a été aussi appelée du nom de son inventeur[3].

§. VI. *Du caractère soulous.*

Le caractère appelé *soulous*, *soulousy*[4] et *thoulouth*[5], c'est-à-dire *écriture triplée*, se distingue surtout en ce que ses traits sont beaucoup plus gras et plus épais en proportion que ceux du caractère neskhy, et que les formes de ses mots, au lieu d'être distinctes et séparées, sont entrelacées l'une dans l'autre d'une manière très-élégante et très-gracieuse ; mais, tout agréables que sont ces enlacemens à l'œil du calligraphe, on peut leur reprocher de présenter souvent des réunions de caractères très-difficiles à déchiffrer. Cette écriture admet ordinairement non-seulement les points-voyelles et les autres signes orthographiques, mais encore un grand nombre de traits oisifs et de figures de pur ornement.

C'est dans ce caractère que sont tracées les épitaphes les plus élégantes, quelques monnoies et presque toutes les inscriptions modernes qui sont faites avec le plus de soin, et, entre autres, celle qui couvre les deux côtés

---

[1] *Reyhány* ريحاني et *Ráhany* راحني.

[2] *Neskhy gerysy* نسخى جريسى.

[3] *Ráhan* راحن.

[4] *Khatt soulousy* خطّ سلسى. Erpenius lui donne le nom de *Choulsy* شلسى.

[5] *Khatt thoulouth* خطّ ثلث, ou *thoulthy* ثلثى.

de la poutre de soutenement placée au-dessus de la colonne nilométrique du meqyâs dans l'île de Roudah. Souvent aussi ce caractère est employé dans les titres des livres précieux; et même quelques manuscrits du bon âge de l'écriture arabe, renommés par leur calligraphie exquise, parmi lesquels je pourrais citer quelques-uns de ceux qui font partie de la collection que j'ai rapportée d'Égypte, sont entièrement écrits dans ce caractère.

Les deux *specimen* suivans sont tirés de deux pierres tumulaires d'un des grands cimetières du Kaire. (*Voyez* la planche à la fin de ce mémoire, nᵒˢ. VII et VIII.)

Une variante du caractère soulous porte le nom de *soulous gerysy*[1].

§. VII. *Du caractère moghreby*.

Le génie et les formes caractéristiques de l'écriture koufique se sont conservés surtout dans le caractère arabe d'Afrique appelé *moghreby*[2], dont l'écriture, plus carrée

---

[1] *Soulous-geryzy* ثلث جريسى.

[2] *Moghreby* مغربى (occidental). Par le mot de *Moghreb* qui signifie proprement *l'occident*, les Arabes ont coutume de désigner la partie occidentale de leurs conquêtes en Afrique, dans laquelle ils ne comprennent pas l'Égypte.

Les géographes arabes divisent le *Moghreb* en trois parties.

La première, qui est la plus orientale, porte aussi le nom d'*Afryqyah* افريقيه (Afrique proprement dite). Elle comprend le désert et la contrée de *Barqah* بوقه, qui confinent à l'Égypte; les anciennes Cyrénaïque et Tripolitaine, et la province dont Carthage était la capitale, que les Romains désignaient sous le nom d'*Africa propriè dicta*. Elle renferme Bugie, Bizerte, Sous, *Tounes* تونس (Tunis), bâtie près des ruines de l'ancienne Carthage, *Taráblous* طرابلس (Tripoli), *Mahadyeh* مهديه, et *Qayroudn* قيروان, qui est l'ancienne Cyrène.

La seconde partie, à laquelle ils ont donné le nom de *Moghreb ouaset* مغرب وسط (région moyenne de l'occident), s'étend dans sa longueur

et plus droite, diffère absolument de celle qui est usitée en Arabie et dans le reste de l'Orient.

Ce caractère est particulier aux Arabes de l'occident, qui couvrent les côtes de Maroc, de Fez, de Tunis et de l'ancienne Mauritanie, après avoir été si long-temps maîtres de l'Espagne [1], et même d'une portion des provinces méridionales de la France [2] : plusieurs inscrip-

depuis l'*Afryqyah* dont nous venons de parler, jusqu'au territoire de *Telmesan* تلمسان, qui formait l'ancienne *Mauritania Cæsaris*, et que nous nommons vulgairement *Trémecen*. Elle est bornée dans sa largeur par la mer Méditerranée au nord, et au sud par le grand désert dit le *Sahrá*, qui a pris ce nom du mot arabe *Sahrá* صحراء (désert).

La troisième partie, qui est la plus occidentale, s'étend dans sa longueur depuis Trémecen jusqu'à l'Océan Atlantique; elle comprend dans sa largeur le pays de *Tangeh* طنجه (Tanger), *Sébtah* سبته (Ceuta), connu des Romains sous le nom de *Septa mons*, *Fás* فاس (Fez), et *Marákech* مراكش (Maroc).

L'Espagne ayant fait partie des contrées occidentales conquises par les khalifes arabes, leurs historiens l'ont souvent aussi comprise sous le nom de *Moghreb*; mais le plus ordinairement ils l'ont désignée par celui d'*Andalous* اندلس.

[1] Un grand nombre de lieux portent encore en Espagne des noms arabes, comme *Alcala* (القلعه), *Alcantara* (القنطره), *Almenara* (المناره), *Gibraltar* (جبل طارق), *Alcazar* (القصر), ancienne résidence des rois à Tolède (il existe aussi à Ségovie un alcazar); l'ancien palais des Maures, *Alhambra* (الحمرا), *Guadalquivir* (وادى الكبير), *Guadalaxara* (وادى الاقصار), *Algarve* (الغرب), *Zuera* (زهره), *Sierra* (حرام), *Algeziras* (الجزيره), etc. On pourrait multiplier beaucoup encore ces citations.

[2] A chaque pas dans le midi de la France, on rencontre des témoignages historiques du séjour qu'y ont fait les Sarrasins. Après s'être emparés de l'Espagne, ils étaient descendus dans le Languedoc et dans la Provence en 721; ceux qui furent chassés du Languedoc par les ducs d'Aquitaine, entrèrent dans la Provence en 729, et y commirent mille désordres. Ils se réunirent ensuite et s'avancèrent jusqu'à Poitiers, où ils furent taillés en pièces en 732, par Charles Martel, qui les vainquit encore en Provence, et les expulsa du pays. La ville de Maguelone (*civitas Megalaunensium*), considérable alors, avait été une de leurs places principales, et ils s'y étaient fortifiés après en avoir chassé les Goths : Charles Martel détruisit cette ville après leur défaite; et c'est à cet événement que l'on rapporte l'origine de celle de Montpellier, qui ne fut

tions, parmi lesquelles je me bornerai à citer les trois dont j'ai parlé ci-dessus, *page* 157, y attestent encore l'ancienne domination qu'ils y ont exercée, jusqu'au moment où, taillés en pièces par Charles Martel, dans les plaines de Poitiers, ils se virent obligés d'abandonner leurs conquêtes pour chercher un asile derrière les Pyrénées.

Quoique le caractère moghreby soit dans le fond et originairement le même que celui de l'Orient, il présente cependant un aspect tout-à-fait différent : il est plus lourd, plus carré; les traits perpendiculaires sont droits, plus grossiers, et il doit être étudié particulièrement pour pouvoir être lu; il semble souvent n'être composé, dans chaque mot, que d'une ligne horizontale, à laquelle, pour former les différentes lettres qui y sont réunies, on ajoute des traits ou perpendiculaires ou mal arrondis.

On peut voir divers exemples du caractère moghreby

d'abord qu'un hameau où s'étaient réfugiés quelques paysans de Maguelone après la prise de cette ville. Ensuite, en 737, les Sarrasins désolèrent nos côtes méridionales au moyen de bâtimens légers qu'ils transportaient promptement; et ce fut alors qu'ils pillèrent le monastère de Lérins, après en avoir égorgé les religieux. S'il faut en croire nos anciennes chroniques, Guillaume *au Cornet* ou *au Court nez*, qu'elles font vivre sous Charlemagne, sauva Orange de la fureur des Sarrasins. Ils s'emparèrent aussi d'Avignon; Aix fut prise et ruinée par eux, et ils étendirent leurs ravages jusqu'à Auxerre. Vers la fin du XIIIe siècle, les Sarrasins avaient encore une telle influence dans le midi de la France, que, pour capter leur faveur, un évêque de Montpellier, Bérenger Fredoli, comte de Melgueil, fit frapper, en 1266, des monnoies portant une inscription arabe et le nom de Mahomet, et s'attira par-là les reproches du pape Clément IV. La chaîne de montagnes qui s'étend depuis Hyères jusqu'à Fréjus, s'appela *les Maures*, nom qu'elle porte encore et qui lui fut donné sans doute à cause du grand nombre de Sarrasins qui l'ont habitée.

dans l'excellente grammaire arabe dont M. de Sacy vient d'enrichir la littérature orientale, ainsi que dans l'ouvrage publié, il y a quelques années, à Vienne, par M. de Dombay [1], sur l'idiome vulgaire que l'on parle dans l'empire de Maroc, où il avait long-temps rempli les fonctions d'interprète.

Pour compléter, autant qu'il sera possible, la collection de *specimen* donnés déjà dans ce mémoire, des diverses écritures que l'on rencontre sur les monumens arabes, j'ajouterai ici le fragment suivant en caractère moghreby, tiré d'une des pierres tumulaires du cimetière d'Alexandrie.

Ce fragment contient le même texte que j'ai déjà donné ci-dessus, afin que la comparaison en soit plus facile et plus immédiate. (*Voyez* la planche à la fin de ce mémoire, n°. IX.)

§. VIII. *Des moyens employés pour recueillir les inscriptions.*

Les inscriptions koufiques et autres que j'ai rapportées d'Égypte, ont été recueillies par les procédés typographiques, et il ne sera peut-être pas inutile aux antiquaires et aux voyageurs de connaître la manière d'en

---

[1] *Grammatica linguæ Mauro-arabicæ juxta vernaculi idiomatis usum. Accessit Vocabularium latino-mauro-arabicum, operá et studio Fr. de Dombay, Cæs. reg. linguarum Orientalium interpretis. Vindobonæ, apud Camesina*, 1800.

M. de Dombay a aussi rendu de grands services à la littérature orientale par la publication de plusieurs autres bons ouvrages, et, entre autres, par sa traduction du *Kartas Sogheyr*, qui contient l'histoire des dynasties arabes d'Afrique et une partie de celle des Arabes d'Espagne jusqu'au commencement du xive siècle.

faire l'application; je crois donc devoir terminer ce mémoire en disant ici un mot sur les moyens que j'ai mis en usage pour obtenir ces empreintes.

La copie des inscriptions par la voie du dessin était sujette à plus d'un inconvénient : la difficulté et la complication des caractères auraient nécessairement rendu cette opération très-longue ; et tous les soins et la patience qu'on y aurait employés, n'auraient pu la mettre à l'abri de quelque inexactitude. Le procédé simple et expéditif que j'ai employé, pare à tous les inconvéniens et lève tous les obstacles. J'avais imaginé ce moyen à l'occasion de la pierre aux trois inscriptions trouvée à Rosette, et c'est de cette manière que je me suis procuré les empreintes d'un très-grand nombre d'inscriptions, tant au Kaire que dans divers autres endroits de l'Égypte.

Un avantage inappréciable qui distingue les empreintes obtenues par ce procédé, c'est leur exactitude parfaite et d'autant plus fidèle, qu'elles donnent le *fac simile* de l'inscription elle-même, et qu'elles sont entièrement à l'abri des infidélités qui peuvent résulter de la négligence ou de l'inattention du dessinateur. Les personnes les plus étrangères à l'art du dessin et à la science des inscriptions peuvent ainsi en recueillir rapidement des copies de la fidélité la plus scrupuleuse.

Cette opération se fait avec facilité et à peu de frais. On lave la pierre pour dégager sa surface de tout corps étranger, et la préparer à mieux recevoir l'égale distribution de la couleur qu'elle doit transmettre ; on la couvre d'encre typographique en touchant également sa superficie avec des balles ordinaires d'imprimerie; on applique dessus du papier trempé, et réduit en état de moiteur; on lui fait éprouver une pression modérée par le moyen de la paume de la main ou d'un tampon garni intérieurement de laine, et on le retire chargé de toutes les lettres de l'inscription, qui paraissent blanches sur un fond noir quand elles sont en creux, et noires sur un fond blanc quand elles sont en relief.

Comme ces lettres sont alors à rebours du sens dans lequel elles se trouvent sur la pierre dont on a levé l'empreinte, il faut les lire en sens inverse, ou exposer l'empreinte devant un miroir, qui rend à l'inscription son véritable sens. On peut aussi présenter la feuille au jour et lire l'empreinte par-derrière le papier, toutes les lettres se trouvant alors dans leur position naturelle. Dans ce dernier cas, pour obtenir une plus grande transparence, il faut se servir de papier peu épais, mais assez bien collé pour ne pas être déchiré pendant son application.

L'opération finie, on enlève l'encre qui salit la pierre, avec une dissolution de potasse. Cette matière m'ayant absolument manqué en Égypte, où le commerce ne l'apporte qu'en très-petite quantité, et les cendres de bois qui peuvent y suppléer, étant rares et difficiles à se procurer, j'ai employé avec succès le natron [1], que produit en grande abondance le territoire de la vallée dite du *Fleuve sans eau* [2], d'où l'exploitation s'en fait à Terrâneh [3], sur la rive gauche de la branche de Rosette.

---

[1] *Natroun* نطرون.
[2] *Bahar belâ mâ* بحر بلا ما.
[3] *Terrâneh* طرّانة.

TOME XV. INSCRIPTIONS KOUFIQUES. Pag 168.

I.

بسم الله الرحمن الرحيم

II.

بسم الله الرحمن الرحيم

III.

بسم الله الرحمن الرحيم

IV.

بسم الله الرحمن الرحيم

V.

بسم الله الرحمن الرحيم

VI.

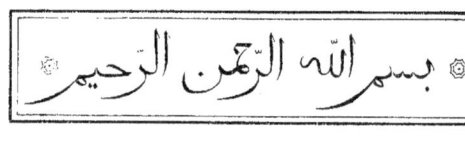

بسم الله الرحمن الرحيم

VII.

بسم الله الرحمن الرحيم

VIII.

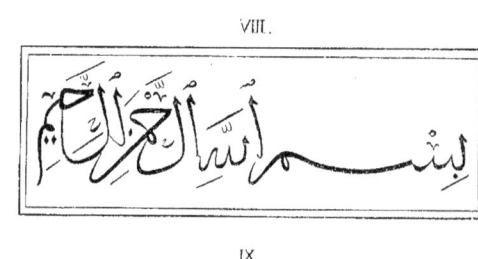

بسم الله الرحمن الرحيم

IX.

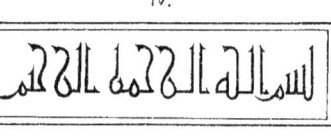

بسم الله الرحمن الرحيم

VOYAGE

DANS L'INTÉRIEUR DU DELTA,

CONTENANT DES RECHERCHES GÉOGRAPHIQUES SUR QUELQUES VILLES ANCIENNES, ET DES OBSERVATIONS SUR LES MŒURS ET LES USAGES DES ÉGYPTIENS MODERNES;

Par MM. DU BOIS-AYMÉ et JOLLOIS,

INGÉNIEURS DES PONTS ET CHAUSSÉES, MEMBRES DE LA COMMISSION DES SCIENCES ET DES ARTS D'ÉGYPTE, CHEVALIERS DE LA LÉGION D'HONNEUR.

SECTION PREMIÈRE.

Aperçu général du Delta. — Départ du Kaire. — Arrivée à Menouf. — Description du Menoufyeh.

Le Delta est la partie de l'Égypte renfermée entre la Méditerranée et les deux branches du Nil qui ont leurs embouchures près des villes de Rosette et de Damiette.

On comprenait anciennement sous cette dénomination, lorsque le Nil se jetait à la mer par sept grandes bouches, tout le territoire contenu entre la branche Canopique, qui se terminait près de l'emplacement actuel d'Abouqyr, et la branche Pélusiaque, dont l'embouchure est encore reconnaissable à l'extrémité orientale du lac Menzaleh.

La forme triangulaire de ce terrain le fit appeler *Delta* par les Grecs, du nom d'une des lettres de leur alphabet qu'ils représentent par un triangle ainsi disposé, Δ; et c'est en effet sous cette forme que la basse Égypte se présentait à eux, sa base sur la Méditerranée et son sommet au sud vers Memphis.

Ce nom n'est point connu des Égyptiens modernes, qui ont divisé leur territoire autrement qu'il ne l'avait été sous le gouvernement des Grecs. Formé par les alluvions du fleuve, le Delta ne présente nulle part la moindre élévation naturelle. Quelques buttes artificielles, quelques monticules de décombres autour des lieux habités, et des dunes vers le rivage de la mer, sont les seules inégalités que présente le terrain : un grand nombre de canaux le coupent en tout sens. Un lac, séparé de la mer par une langue de terre fort étroite, occupe au nord un espace considérable; il était connu des anciens sous le nom de lac de *Butos*, et il porte aujourd'hui celui de *Bourlos*.

Du sommet du Delta au boghâz de Rosette et de Damiette, il y a, à vol d'oiseau, près de seize myriamètres; et les deux branches principales du Nil qui aboutissent à ces deux points, ont de vingt-trois à vingt-quatre myriamètres de développement. La base du Delta est d'à peu près quatorze myriamètres et demi, en suivant les sinuosités de la côte; et d'environ cent trente-sept mille mètres en ligne droite, entre les embouchures de Damiette et de Rosette, extrémités de cette base.

DANS L'INTÉRIEUR DU DELTA. 171

Tel est l'aspect général, telle est l'étendue du pays que nous allions parcourir; pays peu connu avant l'expédition française, à cause des dangers que les voyageurs avaient à craindre en s'éloignant des rives du fleuve.

Nous partîmes du Kaire le 5 vendémiaire an VIII (27 septembre 1799): on voulait tracer, dans le Delta, des routes militaires, faire des nivellemens, reconnaître et perfectionner le système des canaux de navigation et d'arrosement, établir une ligne télégraphique du Kaire à la côte¹, etc. Des instructions nous avaient été remises sur ces différens objets, et nous nous embarquâmes à Boulâq, ville riche et commerçante, située sur les bords du Nil, à un quart de lieue du Kaire, dont elle est en quelque sorte un faubourg.

Nous montions une *cange*, sorte de barque fort

---

¹ A mesure que notre armée s'affaiblissait, il devenait plus nécessaire d'être informé rapidement des mouvemens de l'ennemi. On sentait combien il était utile d'établir des lignes télégraphiques, et l'on rejetait presque aussitôt une idée dont l'exécution semblait impossible. Mais c'est en vain que l'on manquait des objets les plus nécessaires; l'armée possédait dans M. Conté, directeur de l'atelier de mécanique, un homme dont le génie inventif, déjà si souvent éprouvé, sut encore une fois surmonter tous les obstacles. Il fit en peu de temps d'excellentes lunettes, et construisit un grand nombre de télégraphes sur un modèle nouveau. M. Conté étant mort avant d'avoir publié la description de son télégraphe, nous avons pensé qu'on serait peut-être bien aise d'en trouver ici une description succincte.

Ce télégraphe, dont voici la forme,

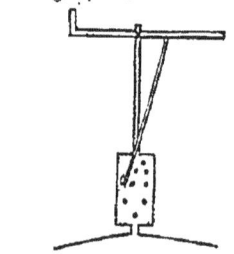

se compose, 1°. d'un mât vertical dont l'extrémité inférieure est fixée d'une manière stable dans la maçonnerie de la plate-forme d'une tour; 2°. d'une pièce en bois de la forme d'une L, mobile autour d'un boulon horizontal qui fixe sa plus grande

légère qui va à la voile et à la rame : une petite chambre très-agréablement ornée est placée vers la poupe, et sert d'abri contre l'ardeur du soleil et l'humidité des nuits.

A une demi-lieue environ de Boulâq, nous aperçûmes à notre droite un château en ruine, où les beys allaient en pompe recevoir les nouveaux pâchâs que la cour de Constantinople leur envoyait.

Nous avions autour de nous le tableau animé d'une foule de barques se croisant dans tous les sens [1] et fendant les flots avec la voile ou l'aviron, au bruit des chants des bateliers. Le soleil se couchait derrière la chaîne libyque : ses derniers rayons frappaient encore

branche à l'extrémité supérieure du mât; 3º. d'une barre de bois qui passe par un anneau placé sur le mât, vers le milieu de sa hauteur. L'extrémité supérieure de cette barre s'attache à la pièce L, de manière à la faire tourner dans un plan vertical autour du boulon qui la fixe au sommet du mât; ce mouvement s'exécute en tirant la barre ou en la poussant, à l'aide d'une poignée placée à son extrémité inférieure. Le prolongement de cette manivelle se place successivement dans plusieurs trous pratiqués dans l'épaisseur des planches qui forment un plan vertical au bas du mât. Ces trous déterminent pour la pièce L différentes positions qui, par leurs combinaisons, expriment les phrases convenues.

M. Conté ayant désiré connaître l'équation de la courbe que traçait la cheville sur le plan vertical prolongé indéfiniment, je trouvai qu'elle était algébrique du sixième degré; et il est aisé de voir que si l'anneau, que nous avons dû considérer comme un point fixe, était sur la circonférence du cercle donné que décrit l'extrémité supérieure de la barre qui passe par cet anneau, et que la barre fût égale au diamètre du cercle donné, les deux branches de la courbe du télégraphe se composeraient chacune d'un arc d'épicycloïde et d'un arc de cercle, de manière à former à elles deux une épicycloïde et un cercle entiers : l'équation du sixième degré représente le système de ces deux courbes, et elle en donne les équations séparées, en se décomposant en deux facteurs, l'un du second, l'autre du quatrième degré. (Du Bois-Aymé.)

[1] Le peu d'élévation des berges et les vents qui soufflent assez constamment, rendent la navigation du Nil presque aussi facile en remontant le courant qu'en le descendant.

le sommet des pyramides, dont les masses inférieures, plongées dans l'ombre, se détachaient sur un ciel de pourpre; de longues lignes de palmiers formaient d'élégantes colonnades, et des prairies de trèfle s'étendaient devant nous jusqu'aux sables du désert. On apercevait sur les bords du Nil des troupeaux qui venaient se plonger dans le fleuve; de petits hérons blancs reposaient tranquillement sur le dos noir des buffles; de jeunes enfans nus et de couleur de bronze se jouaient sur la rive, et quelquefois l'un d'eux, s'arrêtant immobile, nous retraçait par sa pose et ses formes les statues de l'ancienne Égypte. Ces plantes d'Afrique, ces chants arabes, ces monumens antérieurs à la civilisation européenne, et enfin un retour sur nous-mêmes, rappelèrent à notre esprit notre éloignement de la France, le cours fugitif de la vie humaine et l'instabilité des empires les plus florissans. Long-temps encore, nous disions-nous, l'on viendra visiter cette terre classique, berceau des sciences et des arts; et si les Français, comme tant d'autres nations célèbres, disparaissent un jour de dessus la terre, ces pyramides, témoins de leurs victoires et où mille inscriptions attestent leur passage, en conserveront le souvenir : c'est là, dira-t-on, que de jeunes guerriers, nés dans cette belle contrée que bordent la mer et le Rhin, les Pyrénées et les Alpes, vinrent disputer et enlever l'Égypte aux fiers enfans du Caucase, aux vaillans Mamlouks; et nos cœurs, à cette anticipation des éloges de l'avenir et du ravage des siècles, palpitaient orgueilleux de la patrie et s'attendrissaient sur elle.

La nuit nous surprit au milieu de ces pensées. Nous passâmes devant le canal d'Abou-Meneggeh ; et parvenus à quinze mille mètres plus bas, à l'endroit où le Nil, se divisant en deux parties, embrasse le Delta, nous suivîmes la branche de Damiette qui se dirige au nord, tandis que celle de Rosette fait un coude à l'ouest. Le point de séparation de ces deux branches est nommé, par les gens du pays, *Batn-el-Baqarah,* Ventre de la Vache.

Nous longeâmes les digues qui ferment l'ancien canal de Fara'ounyeh ; et à quelques mètres au-dessous, nous quittâmes la branche de Damiette pour entrer dans un petit canal du Delta, navigable seulement dans le temps de l'inondation : ce canal nous conduisit jusqu'au pied de la butte factice sur laquelle est bâti Menouf.

Quelques jours après notre arrivée dans cette ville, nous voulûmes entreprendre le nivellement du canal de Fara'ounyeh, et nous nous rendîmes à cet effet au village de ce nom, situé sur la branche de Damiette. Nous n'avions point pris d'escorte, et souvent des détachemens de nos troupes avaient été attaqués sur cette route : nous fûmes donc plus heureux que prudens. Peut-être aussi les *fellâh* étaient-ils devenus moins hardis depuis qu'ils connaissaient les forces de notre armée et la valeur de nos soldats. Quoi qu'il en soit, nous avons cru remarquer qu'ils ne sont point aussi méchans qu'on le croit communément. Ceux qui ont servi des Français comme domestiques, leur ont généralement donné des preuves d'attachement, de probité et de courage. L'hospitalité, prescrite par leur religion, sera d'ailleurs toujours une sauvegarde pour le voyageur qui, sachant leur langue, marchera avec confiance au-devant de ceux qu'il soupçonnera de mauvais desseins, leur demandera d'être conduit à leur chef, et dira à celui-ci que, sur le bruit de son courage, de ses vertus hospitalières, il est venu à lui avec confiance. Ce moyen nous a toujours réussi, même dans des provinces encore peu soumises à nos armes; et nous n'hésiterions point à l'employer chez quelque peuple que ce fût : les hommes, bien que trop souvent cruels, bien que méchans pour la plupart, sont presque toujours sensibles à la voix de l'honneur; il ne faut que savoir à propos la leur faire entendre.

Nous nous présentâmes chez le cheykh du village de Fara'ounyeh, l'émyr Ahmed, auquel la garde et l'entretien des digues du grand canal étaient confiés. L'un de nous avait eu occasion de lui rendre un service important auprès du général en chef de l'armée française; il nous reçut avec joie : nous soupâmes et couchâmes chez lui.

Le lendemain matin, il entra dans notre chambre avec sa fille, jolie enfant d'environ sept ans, qui vint nous offrir des gâteaux et des fruits; elle avait le visage découvert et était fort blanche. La visite de cette jeune fille, ainsi dévoilée, était certainement, dans les mœurs de l'Orient, la preuve d'une grande bienveillance.

A notre départ, le cheykh voulut nous remettre une somme d'argent assez considérable, nous la refusâmes. Il nous offrit deux chevaux, et nous lui répondîmes que les Français n'étaient point dans l'usage d'accepter des objets de cette valeur. Il nous regarda avec surprise, et nous entendîmes nos domestiques arabes se dire à voix basse que leurs maîtres étaient de braves gens, mais un peu fous : refuser un don leur semblait le comble de la démence. Cet usage de faire des cadeaux à ceux envers lesquels on a exercé l'hospitalité, remonte à la plus haute antiquité : Ulysse ne reçut-il pas de son hôte Alcinoüs un talent d'or, une tunique, une coupe? Nous eussions dû peut-être nous conformer aux usages de l'Orient; mais, dans nos mœurs, c'eût été, en quelque sorte, recevoir le paiement des services que nous avions rendus : l'habitude prévalut, et nous mîmes à notre refus toutes les formes qui pouvaient le rendre moins désagréable.

Fara'ounyeh paraît dérivé du nom de *Fara'oun* (Pharaon) que l'on donnait aux anciens souverains de l'Égypte; et comme c'est à ces princes que les habitans du pays attribuent encore aujourd'hui la construction des monumens que les étrangers viennent admirer chez eux, on peut présumer que le village de Fara'ounyeh a renfermé quelques débris d'antiquités que le temps et les barbares auront fait disparaître : mais nous ignorons quelle ville ancienne a pu exister en ce lieu.

Nous levâmes le plan du cours entier du canal de Fara'ounyeh, et nous en fîmes le nivellement. Le canal a son origine dans la branche de Damiette, à quelques mètres au nord du village dont nous venons de parler; il coupe la partie supérieure du Delta, et se termine à la branche de Rosette, au-dessus du village de Nâdir. Sa pente totale, qui est de trois mètres neuf cent soixante-trois millièmes, sur un développement de trente-sept mille deux cent cinquante mètres, d'autres nivellemens faits en différens lieux du Delta, et surtout l'appauvrissement successif de la branche de Damiette et la tendance qu'ont les eaux à se porter dans celle de Rosette, nous portent à croire que toute la surface de cette partie de l'Égypte a maintenant une inclinaison générale de l'est à l'ouest.

Les eaux de la branche orientale, entraînées par la grande pente que nous venons d'indiquer, se jetèrent autrefois avec une telle abondance dans le canal de Fara'ounyeh, que les provinces inférieures, vers Damiette, ne reçurent plus la quantité d'eau nécessaire à leur arrosement, et que la mer couvrit leurs terrains les plus bas. Les dommages qui en résultaient, déterminèrent le Gouvernement du Kaire à faire fermer ce canal. Mourâd-bey paraît avoir le premier entrepris ce travail; mais les digues, ayant été mal construites, ne purent résister à l'effort des eaux. Ayoub-bey el-Chiq, s'étant emparé du gouvernement, reprit cette opération; et lorsqu'elle fut achevée, ce même Ayoub-bey et O'smân-bey, entraînés par des intérêts particuliers, firent couper les digues. La fermeture du canal fut enfin rétablie par ordre de Mourâd, lorsque ce bey reparut à la tête des affaires; et ce fut l'émyr Ahmed, que nous trouvâmes à Kafr-Fara'ounyeh, qu'il chargea de ce travail: celui-ci parvint avec beaucoup de peine à l'exécuter, en faisant jeter à l'entrée du canal, à l'époque des basses eaux, une quantité considérable de gros blocs de pierre.

L'eau de la branche de Damiette qui, au temps de

l'inondation, s'infiltre à travers les digues dans le lit du canal, et celle qui y remonte de la branche de Rosette, permettent d'y naviguer pendant quelques mois avec de petites barques [1].

Les rives du canal de Fara'ounyeh ne sont point, comme celles de la plupart des canaux de l'Égypte, bordées de monticules de terre provenant des curages annuels ; elles ressemblent à celles des branches principales du Nil : une plaine rase se développe indéfiniment des deux côtés, et présente une culture soignée et des villages fort rapprochés les uns des autres.

La province que nous parcourions, se nomme le *Menoufyeh*. Elle est moins exposée aux courses des Arabes que le reste du Delta. Sa partie supérieure, principalement, se trouvant renfermée entre la branche de Damiette, celle de Rosette et le canal de Fara'ounyeh, est facile à défendre contre un ennemi dont les forces ne consistent qu'en cavalerie [2]. Nous nous sommes avancés dans l'intérieur de cette île, et nous avons reconnu qu'elle est principalement arrosée par le canal d'Abou-Sarah, qui a son origine dans celui de Fara'ounyeh, où il revient se jeter près de Ramleh par deux bouches différentes, après avoir porté les eaux du Nil, par plusieurs ramifications, sur le territoire d'un assez grand nombre de villages.

---

[1] Pendant la grande crue de l'an IX, les eaux ont tourné les digues par l'ouverture du canal de Menouf, et se sont versées dans l'ancien lit du canal de Fara'ounyeh, qui est redevenu navigable toute l'année, comme un des grands bras du Nil. Notre voyage dans le Delta est antérieur à cet événement.

[2] Dans le temps des basses eaux, le Nil est guéable en quelques points de la basse Égypte, et c'est le moment que choisissent les Arabes pour pénétrer dans le Delta.

Les eaux du Nil séjournent peu dans cette portion de l'Égypte; ce qui contribue nécessairement à y rendre l'air plus salubre, et la peste moins dangereuse et moins fréquente que dans le nord du Delta[1]. On y cultive le

[1] La peste est endémique en Égypte. Ceux qui croient qu'elle y est transportée chaque année de Constantinople, se trompent évidemment : pendant près de quatre ans que l'armée française occupa l'Égypte, les communications avec la Turquie cessèrent, et toutes les précautions sanitaires pratiquées dans les lazarets d'Europe furent prises avec un soin extrême; cependant la peste, aux époques accoutumées, n'en ravagea pas moins l'Égypte. Et pourquoi s'en étonnerait-on? Ne sait-on pas que le voisinage des marais occasione des fièvres épidémiques, d'autant plus dangereuses que la température est plus élevée?

L'Égypte, après les inondations du Nil, présente de toutes parts de vastes marais qui se dessèchent successivement par l'évaporation; la putréfaction des végétaux et des animaux qui meurent dans la vase, est hâtée et vivement développée par un soleil ardent, et par les vents empoisonnés nommés *khamsyn*, qui soufflent de l'intérieur de l'Afrique, où ils se sont embrasés en traversant d'immenses plaines de sable. Les fièvres de marais, dangereuses en tout pays, doivent donc nécessairement prendre en Égypte un caractère contagieux plus prononcé.

On a remarqué que les épidémies les plus meurtrières y avaient toujours été précédées par de grandes inondations. La peste, dans ce cas, descend de la haute Égypte, parce que c'est le point que les eaux abandonnent le premier. Les faibles débordemens, au contraire, s'étendant à peine sur les terres du Sa'yd; il n'y a, à proprement parler, de cantons inondés et de marais formés que dans les parties inférieures de la basse Égypte : c'est aussi de ce côté que la peste commence alors à se déclarer; et le contact, les communications de tout genre, la font pénétrer dans l'intérieur, en allant du nord au sud.

La peste peut encore, il est vrai, être portée en Égypte des pays voisins; mais si ce n'est pas dans la saison où elle se développe ordinairement d'elle-même, elle s'éteint bientôt.

Les exhalaisons de la terre, dira-t-on, ne peuvent donner la peste; sans cela, le vent la transporterait rapidement d'un lieu dans un autre, et l'on voit, au contraire, le moindre fossé, la moindre barrière, l'arrêter. Cette objection, pour être spécieuse, n'en est pas moins facile à combattre. D'abord il faut bien se convaincre qu'au milieu des marais de la basse Égypte, ce serait en vain que, pour échapper à la peste, les hommes s'isoleraient les uns des autres; ils ne feraient que diminuer le danger, en évitant de recevoir le mal par toute autre voie que celle de l'influence de l'air. Cet isolement serait plus utile dans les villes d'Égypte, toujours moins insalubres que

froment, l'orge, le riz, le dourah, l'indigo, le lin, le colza, le trèfle, le lupin, les ognons, les féves, les lentilles, et quelques plantes potagères particulières à ce climat, telles que le bâmyeh (*hibiscus esculentus*), plante de la famille des malvacées, dont on mange les jeunes

les marais qui les entourent; néanmoins cette sage précaution ne préserverait pas encore entièrement de tout danger. Les négocians européens nous en offrent la preuve; malgré leurs précautions extrêmes pour ne pas communiquer avec la population égyptienne, la peste les atteint quelquefois : ils disent alors, à la vérité, qu'un oiseau, qu'un chat la leur a apportée; mais on sait ce qu'on doit penser de semblables raisons. Enfin, dans les villes d'Europe où la peste n'est qu'accidentelle et n'a d'autres causes que le contact des corps pestiférés, l'air continuant d'être ce qu'il était auparavant, il est certain qu'un mur, un fossé, arrêtera cette cruelle maladie.

L'oxigène, d'après les belles expériences des chimistes modernes, consume ou neutralise toutes les émanations putrides : voilà pourquoi l'air atmosphérique, loin de transporter les vapeurs pestilentielles, en détruit les principes délétères. A quelques millimètres d'un malade, ou d'une balle de coton pestiférée, au moment où elle est ouverte, on peut, sans contact, prendre la peste et même tomber mort, ainsi qu'on en a eu l'exemple plusieurs fois : un peu plus loin, on n'eût rien risqué; la masse d'oxigène interposée eût été suffisante pour détruire la moufette pestilentielle.

Toutes ces explications sont bien simples, et c'est justement pour cela qu'on ne les a pas données de suite. L'homme, jusque dans la description de ses maux, aime le merveilleux; les causes les moins probables, pourvu qu'elles soient extraordinaires, seront celles qu'il préférera toujours, parce qu'il est plus facile de séduire notre imagination que d'éclairer notre raison.

La peste la plus meurtrière que nous ayons essuyée pendant notre séjour en Égypte, fut celle de l'an IX; plusieurs villages du Sa'yd perdirent en entier leur population, et le Kaire offrit le spectacle le plus affligeant. Les états de mortalité que l'on forma alors, et qui ont été publiés en Europe, m'ont toujours paru au-dessous de la réalité. On entendait des gémissemens et des cris dans toutes les maisons; on rencontrait à chaque pas des convois funèbres; plusieurs cadavres étaient souvent réunis sur le même brancard; et j'ai vu les hommes qui les portaient donner leur fardeau à d'autres et se coucher sur la terre avec tous les symptômes de la peste.

Un jour que je traversais la plaine aride d'Ibrâhym, qui sépare le Kaire de l'île de Roudah, je fus témoin d'une scène de désolation qui ne s'effacera jamais de ma mémoire. J'avais à ma gauche une suite de hautes collines de décombres, sur

fruits après les avoir fait cuire dans l'eau, mets peu agréable à cause de sa viscosité; le meloukhyeh (*corchorus olitorius*), de la famille des tiliacées, herbe qui, cuite et hachée, forme un mets recherché des habitans, mais qui plaît peu aux Européens à cause du mucilage lesquelles s'élevait le fort de l'Institut; à ma droite, des champs cultivés; les palmiers et les sycomores de l'île de Roudah. L'armée était alors dispersée par les manœuvres imprudentes ou coupables du général Menou; l'ennemi s'approchait, et l'on évacuait l'hôpital d'Ibrâhym. Une longue suite de chameaux chargés s'acheminait vers la citadelle, où tout le monde cherchait un asile; le khamsyn, avec ses tourbillons de poussière, couvrait d'un voile sombre tous les objets, et donnait au soleil même une couleur livide: plusieurs riches enterremens traversaient la plaine, et le cri des pleureuses à gages se faisait entendre par intervalles. Un Turk conduisant un âne sur lequel était couché en travers le cadavre d'un soldat français, passa près de moi; et un homme qui s'avançait à grands pas avec une corbeille sur la tête, suivit de près le modeste convoi du guerrier : il murmurait le chant funèbre des musulmans; de petits bras, de petites jambes d'enfant, qui pendaient hors de la corbeille, m'apprirent que la même faux moissonnait à-la-fois et le riche et le pauvre, et le fort et le faible. A l'instant même, j'entendis ces mots prononcés d'une voix prophétique : *Ville pleine de tumulte, tes enfans seront tués, et ils ne mourront point par l'épée : l'ange exterminateur marche devant moi.* Je me retourne, et je reconnais un officier français qui était, depuis quelque temps, atteint de folie. Sa mémoire, depuis sa maladie, était prodigieuse, et je lui avais souvent entendu réciter de suite, avec le plus grand enthousiasme, des odes d'Horace et de très-longs fragmens d'Homère et de la Bible. Il était presque nu; sa figure était enflammée, son œil fixe, ses cheveux épars; sa longue barbe pendait sur sa poitrine. Le bruit de ses chaînes, sa voix, ses gestes, les malheurs qu'il annonçait, semblaient commander le respect à ses gardes, et jeter le trouble dans leur âme. « Creusez votre tombe, s'écriait-il, plein de la lecture des saints prophètes; le jour de colère est arrivé : le Seigneur est entré en Égypte; sa malédiction la dévorera. » Puis, après quelques instans de repos, il reprenait : « Le bruit des tambours a cessé; les cris de réjouissance ne s'entendent plus; la harpe a fait taire ses accords si doux; la ville superbe a disparu du monde. »

Ces paroles lugubres, ces chants et ces cérémonies funèbres, cet ouragan et ces tourbillons embrasés, ces femmes, ces enfans, ces soldats malades fuyant vers les forts, formaient un tableau terrible, qui frappa tellement mon imagination, que je le vois encore aujourd'hui dans ses moindres détails. (Du Bois-Aymé.)

gluant qu'il contient; la colocasie (*arum colocasia*), dont la racine cuite dans l'eau donne une assez bonne nourriture : on trouve aussi des aubergines, des concombres, des melons et des pastèques; enfin des mauves, dont les Égyptiens font usage dans leur cuisine, et du fenu-grec, qui n'est employé en Europe que comme fourrage, mais qui, en Égypte, sert encore de nourriture aux habitans : ils mangent crues et sans assaisonnement la graine germée, et les jeunes tiges de cette plante.

Le chanvre n'est cultivé qu'en petite quantité, et pour un tout autre objet qu'en France. Les Égyptiens, qui ont enseigné jadis à l'Europe l'art de filer le lin et d'en fabriquer des cordages et des étoffes, paraissent avoir ignoré que le chanvre pût servir aux mêmes usages, ou du moins avoir négligé de le cultiver dans cette vue : ils fument cette plante en guise de tabac, ou la prennent intérieurement comme l'opium; elle leur procure une ivresse qui exalte leur force, augmente leur courage et les pousse souvent aux actions les plus audacieuses. Les gens du peuple surtout l'aiment avec passion : il semble qu'elle les dédommage de la proscription que leur prophète a prononcée contre les boissons fermentées; car cette raison dont l'espèce humaine est si fière, partout on cherche à l'altérer par des préparations, par des breuvages. Les maux attachés à notre existence seraient-ils la cause du plaisir qu'on paraît éprouver dans cet oubli de toute chose?

Menouf, capitale de la province, est d'un aspect peu agréable. Ses maisons sont basses et construites en briques crues; ses rues sont étroites, mal percées, et les monticules de décombres qui l'environnent de toutes parts, en masquent entièrement la vue à l'est et à l'ouest. Les eaux du Nil l'entourent pendant l'inondation, mais elles s'écoulent promptement; et c'est sans doute pour cela que cette ville est une des plus saines de la basse Égypte. Sa population est d'environ quatre mille individus. On distingue facilement ceux qui se livrent aux travaux de la terre, de ceux qui ont des métiers sédentaires : les premiers sont secs et vigoureux; les seconds ont plus d'embonpoint, principalement les tisserands, qui se trouvent en grand nombre dans cette ville.

Si Menouf ne présente aucun vestige d'anciens édifices, ni de ces monticules en briques crues qui annoncent l'emplacement des villes de l'antique Égypte, c'est qu'ils auront été recouverts par les débris des maisons modernes. Il nous semble, en effet, qu'on doit assigner à Menouf une origine fort reculée, puisqu'à l'époque de la conquête de l'Égypte par les Arabes, cette ville était déjà assez considérable, assez importante, pour avoir donné son nom à une des provinces du Delta. C'est probablement là, ou du moins à peu de distance, que l'on doit placer sur les cartes anciennes la ville de *Nicii*, capitale du nome *Prosopites;* car, selon l'Itinéraire d'Antonin, *Nicii* était à quarante-huit milles de Memphis et à trente un milles d'Andropolis, villes que tous les critiques [1] s'accordent à placer, savoir, la première, près des pyramides de Saqqârah, au village de Myt-Rahyneh, où nous avons en effet retrouvé ses

[1] *Voyez*, entre autres, les Mémoires sur l'Égypte par d'Anville.

ruines, et la seconde, au village de Châbour, sur la rive gauche de la branche de Rosette.

Nous avons aperçu, dans quelques mosquées de Menouf, des colonnes de granit qui paraissent provenir d'édifices anciens; et nous avons découvert à la porte d'une maison, où il servait de banc, un monument précieux pour les antiquaires. C'est un bloc quadrangulaire de granit noir, parfaitement dressé, qui présente sur une de ses faces les restes de deux inscriptions : l'une en caractères cursifs, analogues à ceux que l'on voit sur les enveloppes des momies et les rouleaux de papyrus; l'autre en beaux caractères grecs. Cette pierre a un mètre vingt-quatre centimètres de largeur; un petit cadre lisse, de deux centimètres, enferme les inscriptions et réduit la longueur des lignes écrites à un mètre vingt centièmes; les deux arêtes perpendiculaires sont brisées, l'une à la hauteur de quarante-neuf centimètres, l'autre à celle de trente-huit. Les deux inscriptions sont dans un grand état de dégradation : nous avons copié plusieurs mots de la première; et la comparaison que nous en avons faite avec ceux de l'inscription intermédiaire de la pierre de Rosette[1], ne laisse aucun doute sur l'identité des lettres. Feu notre collègue M. Raige, à qui nous avons montré les fragmens que nous avons recueillis, a partagé entièrement notre opinion; et il

---

[1] Ce monument lapidaire, le plus précieux qu'on ait recueilli depuis long-temps, présente trois inscriptions : la première en caractères hiéroglyphiques, la seconde en ancien égyptien vulgaire, et la troisième en grec. Il a été trouvé par M. Bouchard, l'un de nos camarades, dans les excavations qu'il faisait faire pour réparer le vieux fort qui est à quatre cent cinquante mètres au nord de Rosette, sur la rive gauche du Nil.

nous en aurait peut-être donné l'interprétation, si la mort ne l'eût surpris au milieu des travaux de même nature qu'il avait entrepris à l'occasion de la pierre de Rosette.

Les caractères de la seconde inscription ne présentent aucune incertitude, ils sont grecs; mais nous n'avons pu lire distinctement que les trois premiers mots, et le commencement du quatrième :

ΒΑΣΙΛΕΟΣ ΝΕΟΥ ΑΙΕΙ ΤΩ[*]
Du jeune roi, toujours, etc.

Ces inscriptions devaient être, si l'on en juge par leurs dimensions, plus considérables que celles de la pierre de Rosette : l'inscription grecque de cette dernière n'occupe qu'un rectangle de trente-quatre centimètres de haut sur soixante-onze centimètres de large, tandis que celle de la pierre de Menouf a trente-six centimètres de haut sur un mètre vingt centimètres de long. L'analogie remarquable qui existe entre ces deux pierres, porte naturellement à conclure que celle de Menouf avait aussi une troisième inscription en caractères hiéroglyphiques.

On sait que le monument lapidaire de Rosette présente un décret[1] des prêtres égyptiens, qui institue un culte particulier en l'honneur de Ptolémée Épiphane, déclaré dieu dans les temples de Memphis. En voici les premiers mots : Βασιλευοντος τȣ νεȣ και παραλαϐοντος, etc. « *Du règne du jeune (roi), succédant, etc.* »

---

[1] *Voyez* les Éclaircissemens sur l'inscription grecque du monument trouvé à Rosette, par M. Ameilhon. *Paris*, 1803, in-4°.

L'inscription de Menouf ne commence donc point comme celle de Rosette, mais tout fait présumer qu'elle renferme un décret du même genre; et il est en effet dans la nature de l'homme, dans sa servilité habituelle, que les prêtres aient renouvelé plus d'une fois ces témoignages publics de leur adulation, à l'avénement des rois grecs au trône d'Égypte.

Une pierre de même nature, mais de dimensions différentes de celles de Rosette et de Menouf, a été trouvée au Kaire par M. Caristie, l'un de nos compagnons de voyage[1]. Ce monument rend encore plus probable l'opinion que nous venons d'avancer au sujet du nombre et de la variété de ces sortes d'inscriptions.

Nous étions logés à Menouf dans une maison assez vaste, dont l'intendant qobte occupait la partie inférieure; et, de nos fenêtres, nous avons été plusieurs fois témoins des coups de *kourbây* qu'il faisait distribuer devant lui, dans la cour de notre maison, aux paysans qui ne payaient pas volontairement l'impôt. Nous inter-

---

[1] Voici ce que l'on a inséré à ce sujet, le 30 ventose an IX, dans le n°. 108 du Courrier de l'Égypte :

« Le citoyen Caristie, ingénieur des ponts et chaussées, a découvert, au commencement de cette année, dans la mosquée el-Nasryeh du quartier de ce nom au Kaire, une pierre ou table d'un granit noir, occupant le seuil d'une porte de la mosquée. Il y reconnut trois inscriptions en trois caractères anciens. Le général en chef Menou permit que la pierre fût enlevée et transférée à l'Institut, où elle est maintenant.

« Les dimensions de cette demi-table, fendue et séparée dans la moitié de sa longueur, sont de six pieds de hauteur, quinze pouces de largeur et onze pouces d'épaisseur, d'un beau granit noir et d'un grain très fin. On distingue sur la hauteur trois inscriptions placées l'une au-dessus de l'autre. La première et supérieure est en caractères hiéroglyphiques, et a vingt-six lignes encadrées. La seconde est en caractères que l'on soupçonne être l'écriture cursive ou vulgaire des Égyptiens, semblable aux caractères dont sont couvertes les enveloppes de momies : on y compte vingt-six lignes.

cédions souvent pour eux; mais le Qobte nous répondait toujours que jamais on n'avait agi différemment sous les Mamlouks, et que les *fellâh* ne donneraient rien s'ils n'y étaient contraints par la douleur. Ammien Marcellin rapporte qu'au temps des Romains l'impôt se percevait ainsi : *C'est une honte,* dit-il, *chez les Égyptiens, que d'avoir payé le tribut de bonne grâce, et sans y avoir été forcé à coups de fouet.* Nous avons souvent vu en effet l'homme qui, à plusieurs reprises, avait été battu inutilement, tirer enfin de sa bouche, ou des plis de son turban, l'argent demandé, et le remettre au percepteur. Étrange destinée! ces *fellâh* musulmans descendent peut-être des compagnons de Mahomet, et ils sont battus de verges par des Qobtes chrétiens, ou des Mamlouks renégats, dans une province musulmane. Notre protection leur fut quelquefois utile; et l'intendant, sans oser nous le dire, nous maudissait au fond de son cœur : mais on nous en aimait davantage à Menouf; et ce qui ailleurs eût été une simple jouissance personnelle, bien naturelle à rechercher, était ici mêlé

La dernière inscription est en grec, et a soixante-quinze lignes. En général, les caractères de ces trois inscriptions sont très-altérés; ils sont presque illisibles. La partie supérieure de cette pierre offre, du bord de la cassure dans le sens de sa largeur, une aile déployée, telle que celles de tous les globes ailés qui ornent les frontispices des anciens temples des Égyptiens; elle appartient donc à la moitié de ce symbole : au-dessous, on reconnaît très-bien quelques personnages.

« Cette pierre, qui a trois inscriptions en trois divers caractères, est beaucoup plus grande que celle du même genre et de même nature trouvée dans le fort Julien, près de Rosette, dont on a parlé dans le n°. 37 du Courrier de l'Égypte; mais elle est d'un intérêt bien moins grand, puisqu'à peine, dans cette seconde, peut-on déchiffrer quelques mots de suite : néanmoins elle indique assez qu'elle appartient au temps des Ptolémées. »

d'un sentiment d'orgueil national, inconnu à celui qui n'a jamais quitté son pays. Loin de la patrie, on lui rapporte tout, rien à soi; peu importe d'être nommé, pourvu que l'on entende dire : « C'est un Français qui m'a secouru de sa bourse, qui m'a protégé de son crédit; c'est un Français qui m'a sauvé des mains de l'ennemi. »

SECTION II.

Départ de Menouf. — Description de la branche Thermutiaque. — Ruines d'Atarbéchis, de Byblos et de Busiris. — Arrivée à Semennoud.

Nous habitions Menouf depuis plusieurs mois, lorsqu'un détachement de quinze hommes d'infanterie, tiré de la garnison de cette ville, reçut l'ordre de se rendre à Semennoud. Nous nous empressâmes de profiter de cette escorte pour parcourir une partie du Delta.

Nous partîmes à pied le 20 frimaire; et, après trois heures de marche, nous arrivâmes à Chybyn-el-Koum, gros village situé sur le grand canal de Qaryneyn, à deux lieues et demie de Menouf; nous y entrâmes avec l'intention d'y passer le reste de la journée, et nous nous fîmes conduire en conséquence à la maison des Mamlouks. Il y a de ces sortes de maisons dans la plupart des villages; elles sont destinées à loger les agens du Gouvernement qui parcourent les provinces : on n'y trouve aucun meuble, aucun ustensile; mais les habitans sont obligés de les meubler et de les pourvoir de tout ce qui peut être nécessaire.

Le cheykh envoya à notre détachement du pain et un mouton vivant, que l'on se partagea aussitôt; quelques *fellah* vinrent nous vendre des poules et des œufs [1]. Nos soldats se mirent à apprêter leur repas; et pendant que nos domestiques égyptiens préparaient le nôtre, nous allâmes nous promener dans le village. Nous remarquâmes des monceaux considérables de ruines et de décombres, qui annoncent une ville ancienne; et nous ne doutions pas que si l'on y faisait des fouilles, on n'y trouvât des monumens antiques.

Il est très-probable que ces débris appartiennent à la ville d'Atarbechis, dont parle Hérodote, et qui est désignée par Strabon sous le nom d'*Aphroditespolis*. On en jugera du moins ainsi, si l'on adopte la position que nous avons cru devoir assigner à *Nicii*; car Hérodote place Atarbechis dans l'île Prosopitis, et dit que l'on y voit un temple consacré à Vénus; Strabon met la ville de Vénus dans le nome Aprosopites, qui est certainement le même que le nome Prosopites ou Prosopitis des autres géographes, et Pline la cite parmi les villes du Delta. Son nom grec d'*Aphroditespolis* (ville de Vénus) lui avait été donné à cause du culte qu'on y rendait à cette déesse. Son nom égyptien d'*Atarbechis* a la même étymologie. Ἀτὰρ, ou, comme l'écrit Orion, Ἀθὼρ,

---

[1] Dans les premiers temps de notre séjour en Égypte, on avait une douzaine d'œufs pour trois parahs; une poule en coûtait cinq ou six. Ces prix-là doublèrent par la suite. Le parah vaut environ trois centimes et demi.

était le nom d'une divinité que les Grecs appelèrent *Vénus*[1]; Bαϰι signifiait une ville, et ce mot a conservé la même valeur dans la langue qobte.

C'est d'Atarbechis, suivant Hérodote, que partaient les bateaux qui allaient dans toute l'Égypte chercher les ossemens des bœufs, pour les ensevelir religieusement dans un même lieu[2]. Cette navigation prouve qu'Atarbechis était située sur un bras navigable du Nil; et Chybyn-el-Koum, placé sur le grand canal dont nous avons parlé, satisfait à cette condition.

Ce canal ne présente nulle part les traces d'un travail fait de main d'homme : dérivé, près du village de Qaryneyn, du principal bras du fleuve qui se dirige sur Damiette, il coule d'un seul jet, à travers le Delta, jusqu'au village de Chybyn-el-Koum, où il se divise en deux branches. L'une de ces branches coupe obliquement le Delta, et se jette, près du village de Farestaq, dans le bras du Nil qui passe à Rosette. L'autre, et c'est la plus considérable, se réunit, au-dessous de Sebennytus, au canal de Tabanyeh, qui verse ses eaux dans le lac Bourlos, non loin de ruines que l'on peut attribuer, avec beaucoup de vraisemblance, à l'antique Buto. Cette seconde branche prend le nom de canal de *Melyg*, à partir de Chybyn-el-Koum, jusqu'à sa jonction avec le canal de Tabanyeh.

Tout nous porte à croire que le canal que nous venons de décrire, depuis son origine dans la branche de

---

[1] Jablonski, *Pantheon Ægyptiorum*, lib. I, cap. I, pag. 4 et 5.

[2] On enterrait les bœufs les cornes hors de terre, afin que les habitans d'Atarbechis chargés du soin d'en rassembler les os pussent les retrouver facilement. (Herod. l. II, §. 41.)

Damiette jusqu'à son embouchure dans le lac Bourlos, n'est autre chose que l'ancienne branche Sebennytique de Strabon ; et l'on aura le cours du fleuve Thermutiaque de Ptolémée, en y joignant la partie de la branche de Damiette comprise entre le village de Qaryneyn et le sommet du Delta[1]. L'ancienne branche Sebennytique de Strabon est navigable ; elle a de l'eau toute l'année, et le courant en est assez rapide. Elle a communément de cent cinquante à deux cents mètres de largeur. Elle se divise quelquefois en plusieurs bras pour former des îles, et elle alimente des canaux qui arrosent les territoires des villes et des principaux villages du Delta. C'est ainsi que les eaux du fleuve arrivent sous les murs de Mehallet-el-Kebyr et de Mehallet-Abou-A'ly.

Le 21 au matin, nous nous embarquâmes avec notre escorte sur le canal ; nous en parcourûmes environ sept mille mètres avant d'arriver à Melyg, dont il a pris le nom. Nous aperçûmes au sud de ce village, vers l'endroit où le canal fait un coude, de hauts monticules en briques crues, qui indiquent l'emplacement d'une ville ancienne fort considérable. Nous croyons devoir fixer ici la position de Byblos, dont il est question dans Ctésias et dans Étienne de Byzance. On sait que les Égyptiens, ayant voulu secouer le joug des Perses, mirent à leur tête Inaros, roi de Libye[2] ; que ce prince, secondé des Athéniens, après avoir obtenu de grands succès et s'être emparé de l'Égypte, fut vaincu par les Perses, chassé de Memphis, et forcé enfin de se renfer-

---

[1] *Voyez* le Mémoire sur les anciennes branches du Nil.

[2] Thucydid. *Hist.* lib. 1, pag. 71, edit Francofurti, 1594.

mer avec les débris de son armée dans l'île Prosopitis, selon Thucydide, et dans Byblos, selon Ctésias. Or, comme ces faits se sont passés presque sous les yeux de ces deux historiens, on doit en conclure que Byblos était dans l'île Prosopitis. Celle-ci ayant neuf schœnes de circuit, au rapport d'Hérodote[1], la position que nous avons assignée à *Nicii*, aux environs de Menouf, place les ruines de Melyg vers l'extrémité nord de l'île; ce qui se trouve d'accord avec la position que le savant d'Anville a donnée à Byblos d'après des considérations historiques. Il observe que les Perses, après avoir assiégé Byblos un an et demi, parvinrent enfin à mettre à sec les trirèmes athéniennes qui contribuaient puissamment à la défense de la place; et ce sont les dérivations par lesquelles le canal fut épuisé, qui le portent à penser que Byblos était dans la partie inférieure de l'île. On retrouve en effet, au-dessus de Melyg, deux dérivations remarquables : l'une, comme nous l'avons déjà dit, est détachée près de Chybyn-el-Koum, et rejoint la branche de Rosette à Farestaq; l'autre, beaucoup moins importante, est plus rapprochée de Melyg, et court au nord vers la ville de Tanta. On peut présumer que ces canaux sont l'ouvrage des Perses pendant le siége de Byblos, et que c'est à leur ouverture qu'est due la disparition de l'île Prosopitis, ou, pour mieux dire, d'une partie des canaux qui l'entouraient.

Nous continuâmes de suivre le cours du canal; et l'un de nos bateliers égyptiens, plus communicatif que ne le sont ordinairement ses compatriotes, nous amusa par

---

[1] Thucyd. *Hist.* lib. II, §. 41.

l'ingénuité de ses questions. Ses idées sur quelques objets étant semblables à celles de plusieurs Égyptiens de cette classe, nous ferons connaître les plus singulières.

Il ne pouvait pas croire, par exemple, que nous eussions en France d'autre fleuve que le Nil; mais, en revanche, il ne voulait pas que nous eussions la même lune. Cette opinion, qui paraît absurde au premier coup d'œil, provient cependant moins d'un esprit faux que d'une ignorance profonde : ne connaissant point le cours entier du Nil, n'ayant jamais vu de canal qui n'en fût une dérivation, il pouvait penser que, si ailleurs on rencontrait une rivière d'eau douce, elle devait être une partie du cours immense du Nil, ou une de ses nombreuses ramifications; et, par un raisonnement assez semblable, cette lune qu'il voyait toute entière au-dessus de sa tête, comment pouvait-elle éclairer les nuits d'un peuple aussi éloigné de l'Égypte que les Français?

Notre religion fut aussi l'objet de son étonnement, et nous avons entendu bien souvent d'autres Égyptiens faire à ce sujet mille suppositions bizarres. Notre respect pour leur culte, et cette formule, tirée de leurs livres sacrés, *il n'y a de dieu que Dieu, et Mahomet est son prophète*, qu'ils lisaient en tête de toutes nos proclamations et de tous nos actes publics, ne pouvaient se concilier avec cette religion chrétienne, ennemie de l'islamisme, qu'ils croyaient être celle de tous les Européens. Quelques-uns d'entre eux, ne voyant pratiquer aux Français aucune cérémonie religieuse, pensaient que nous n'avions aucune connaissance de la Divinité : mais tous du moins nous croyaient dans une position plus avantageuse pour embrasser l'islamisme que si nous eussions eu une religion ennemie de la leur; et cette considération leur inspirait pour notre nation une certaine bienveillance.

Au milieu des questions de nos bateliers et des réflexions qu'elles nous suggéraient, nous passâmes devant les villages de Myt-A'fyeh, Dyé, Ga'faryeh, Chemé ou A'chmeh, Cherembelah, Abougour, situés sur la rive droite du canal, et ceux de Birket el-Salaba, Kafr-Agedâoud, Mesami et Santah sur la rive gauche.

Nous nous arrêtâmes devant ce dernier village. Le lendemain, nous débarquâmes sur le bord opposé, et nous nous rendîmes à pied au village de Menchyeh et de là à ceux de Regel-agel et de Cherchâbeh; ce dernier est arrosé par un canal dérivé de celui de Melyg. Nous joignîmes ensuite Sonbât, après avoir passé sur une levée destinée à soutenir les eaux, lors de l'inondation. Au pied de cette levée est un canal. Enfin, après avoir encore trouvé sur notre route les villages de Chobrâ et de Benoân, nous arrivâmes vers le soir à Bousyr [1], gros bourg situé sur le bord du Nil.

Toute cette partie du Delta est, comme l'on voit, fort peuplée; elle est aussi très-fertile et parfaitement cultivée. Les arbres seuls, comme dans toute l'Égypte, y sont peu abondans : aussi les paysans ne brûlent-ils guère que les tiges desséchées du dourah et la fiente de

---

[1] Nous ne devons point laisser ignorer que sur plusieurs cartes on a écrit *Abousir* au lieu de *Bousir*, et que nous-mêmes nous croyons l'avoir entendu prononcer ainsi par les habitans de ce bourg. L'addition de l'article *al* est sans doute la cause de cette erreur; car les géographes arabes, l'Édricy, Maqryzy, Abou-lfedâ, etc., écrivent *Bousyr*.

leurs bestiaux ; les femmes la pétrissent avec un peu de paille hachée, et la jettent ensuite avec la main contre les murs des maisons pour la faire sécher au soleil [1]. Ces maisons, ainsi garnies dans toute leur hauteur, contribuent à rendre encore plus désagréable l'aspect intérieur des villages, qui déjà, pour la plupart, sont fort mal bâtis en briques crues ou simplement en terre.

Nous bivouaquâmes hors de Bousyr sous quelques palmiers plantés sur la rive du fleuve; ce bourg nous parut assez considérable, et mieux bâti que les villages que nous venions de traverser. Les décombres qui l'entourent et sur lesquels nous avons trouvé un gros bloc de grès portant quelques traces de sculpture égyptienne, un monticule artificiel de forme carrée, situé à trois cents mètres de ces ruines, son nom enfin, donnent du poids au sentiment de d'Anville, qui place en cet endroit la ville de Busiris ou Bousiris, capitale d'un nome. Il y avait dans cette ville, dit Hérodote [2], un grand temple consacré à Isis, où l'on célébrait tous les ans, en l'honneur de cette déesse, une fête qui était, après celle de Bubaste, la plus importante du culte égyptien. Une foule de personnes de l'un et de l'autre sexe se rendaient encore à Bousiris de toutes les parties de l'Égypte. On se préparait au sacrifice par des jeûnes et des prières ; puis on immolait un bœuf : on enlevait à cet animal la peau, les intestins, les cuisses, les épaules, le cou et la superficie des hanches; on remplissait son corps de farine, de miel, de raisins secs, de figues, d'encens, de

---

[1] *Voyez* la pl. XXVIII, fig. 1, des Arts et métiers, *É. M.*
[2] Herod. lib. II, §. 59.

myrrhe, et d'autres substances odoriférantes. La victime, ainsi préparée, était brûlée sur un brasier que l'on alimentait en y versant de l'huile. Pendant ce temps, les spectateurs se lamentaient, se frappaient. Mais Hérodote, qui nous a transmis ces détails, ajoute qu'il ne lui est pas permis de dire en l'honneur de qui les Égyptiens témoignaient tant de regrets. Il nous semble, si toutefois on peut avoir une opinion sur un semblable sujet, malgré le temps qui s'est écoulé et la discrétion des historiens, que ce devait être pour la mort d'Osiris; car Eudoxe, cité par Plutarque dans son Traité d'Isis et d'Osiris, affirme que, bien que l'on ait élevé en Égypte plusieurs tombeaux en l'honneur d'Osiris, son corps est réellement à Busiris, et que c'est là qu'il est né. D'autres personnes font dériver le nom de cette ville des mots égyptiens Bн-ογcιpι, *Bé-ouciri,* qui signifient *tombeau d'Osiris,* ou de Πογcιpι, qui n'est que le nom d'Osiris précédé de l'article Π. Quoi qu'il en soit de ces diverses étymologies, il en résulte toujours que la ville de Busiris tirait son nom de celui d'Osiris; et l'on peut en conclure qu'on y rendait un culte particulier à cette divinité. Or, par la mort d'Osiris, symbole du soleil et du Nil, les prêtres entendaient sans doute le passage du soleil dans l'hémisphère austral, et le décroissement du Nil; époques qui devaient donner lieu à des cérémonies solennelles et lugubres, que les personnes non initiées aux mystères croyaient célébrer en mémoire de la mort réelle d'un de leurs dieux.

Quelques mythologues prétendent aussi que la ville de Busiris tenait son nom de Busiris, roi d'Égypte, tyran cruel, qui immolait à Jupiter tous les étrangers qui abordaient dans ses états, et que ce prince fut tué par Hercule, auquel il préparait le même sort; mais Strabon [1] assure que c'est une fable dépourvue de tout fondement, qu'on avait probablement inventée pour se venger de l'inhospitalité des Égyptiens envers les étrangers. Nous partageons entièrement à cet égard l'opinion de Strabon : mais, lorsqu'il ajoute que jamais en Égypte il n'y eut de souverain nommé *Busiris,* nous ignorons qui de lui ou de Diodore a ici raison; car ce dernier cite un prince de ce nom auquel il attribue la fondation de Thèbes. Au surplus, Diodore est d'accord avec Strabon sur ce qui concerne les faits fabuleux attribués à ce Pharaon, et il en donne une explication très-satisfaisante : il dit que « les anciens rois d'Égypte sacrifiaient sur le tombeau d'Osiris tous les hommes qui ressemblaient à Typhon à cause de leur chevelure rousse; ces sacrifices tombaient plus particulièrement sur des étrangers, attendu qu'il est très-rare de trouver des Égyptiens de cette couleur. Voilà l'origine de la fable qui a fait passer Busiris chez les Grecs pour un roi d'Égypte qui immolait les étrangers ; au lieu que, chez les Égyptiens, ce mot ne se rapportait à aucun de leurs rois en particulier, et signifiait, en cette occasion, le tombeau d'Osiris [2]. »

Le lendemain à la pointe du jour, nous quittâmes Bousyr, et en moins de deux heures nous arrivâmes à Sémennoud, après avoir traversé, au-dessus de cette ville, un grand canal dérivé du Nil.

---

[1] Lib. xvii, pag. 802, edit. 1620.   [2] Diod. Sicul. *Bibl. hist.* lib. i.

SECTION III.

De la ville de Semennoud. — Ruines de Bahbeyt.

Semennoud, autrement Samannoud, est la ville la plus considérable que l'on rencontre, en descendant le Nil, depuis le Kaire jusqu'à Damiette. Placée sur le fleuve, entourée de grands canaux navigables, voisine de Mehallet-el-Kebyr, la ville la plus manufacturière du Delta, elle est devenue, par cette heureuse position, le centre d'un commerce très-actif. De fréquens marchés y attirent la population des environs, au point que l'on a souvent de la peine à passer dans les rues. Les maisons sont la plupart en briques et assez bien bâties; les mosquées n'ont rien de remarquable, et le plus vaste édifice de cette ville est un grand okel[1], situé sur le bord du Nil. La mortalité est à Semennoud, dans les temps ordinaires, de treize à dix-sept personnes par mois; ce qui suppose une population de quatre à cinq mille âmes.

---

[1] Les *okels* sont presque tous construits sur le même plan. Ils renferment une grande cour quadrangulaire, autour de laquelle règne un portique soutenu par des colonnes en granit ou en marbre, dont le fût est d'une seule pièce; on y remarque assez souvent des chapiteaux employés en place de piédestaux, et *vice versâ*. Sous le portique, au rez-de-chaussée, sont les portes des magasins. Les étages supérieurs présentent une distribution semblable; des chambres correspondent aux magasins, et des galeries aux portiques. Ces *okels* sont destinés aux voyageurs et aux négocians; ce sont les seules auberges qu'on trouve en Égypte, et l'on est obligé d'y apporter son lit, ses ustensiles de cuisine, et d'y préparer ses repas.

La plaine qui entoure la ville, est très-fertile et coupée par un grand nombre de canaux. Les deux plus considérables ont leur origine, l'un au sud et près de Semennoud, l'autre au nord, près du village de Tabanyeh; ils courent à l'ouest, et vont rejoindre le canal de Melyg, en sorte que Semennoud et son territoire se trouvent placés dans une espèce d'île.

Cette ville fait partie de la province de Gharbyeh, dont elle devint momentanément la capitale sous le gouvernement des Français, parce que les opérations militaires la firent choisir, de préférence à Mehallet-el-Kebyr, pour en faire la résidence du commandant de la province.

Tous les savans s'accordent à retrouver dans Semennoud l'ancienne *Sebennytus*, ainsi nommée par les Grecs, mais que les Qobtes appelaient *Sjemnout*. L'analogie qui existe entre ces noms est, comme l'on voit, des plus grandes; et, bien que ce ne soit pas une preuve suffisante, elle ne doit cependant pas être négligée; car on trouve en Égypte plusieurs villes et villages dont les noms, depuis les temps les plus reculés, n'ont point changé, ou n'ont reçu que de légères modifications. Les décombres dont Semennoud est entourée, et qui s'étendent assez loin à l'ouest de la ville, portent d'ailleurs tous les caractères d'une haute antiquité : peu éloignés du canal de Melyg[1], qui s'en rapproche en faisant un coude, ils se trouvent placés, comme devait l'être autrefois *Sebennytus*, sur la branche Sebennytique de Stra-

---

[1] Nous avons dit que ce canal était l'ancienne branche Sebenny- tique de Strabon. *Voyez* la page 191 ci-dessus.

bon, et en même temps sur celle d'Hérodote, qui se compose du canal de Tabanyeh, et de la partie de la branche de Damiette supérieure à ce canal [1]. Enfin, au-dessus de Semennoud, le fleuve forme une île assez vaste pour être celle qui, au rapport de Strabon, renfermait la ville de *Xois*, dépendante du nome Sebennytique.

La ville moderne de Semennoud n'occupe qu'une petite partie de l'emplacement de l'ancienne *Sebennytus*. Nous citerons parmi les précieux fragmens d'antiquités que l'on y a trouvés, le beau torse en basalte que le général Vial a rapporté en France [2], et deux blocs en granit rouge, qui sont probablement encore sur les monticules de décombres qui avoisinent la ville. L'un de ces blocs peut avoir deux mètres de longueur sur environ cinq à six décimètres de largeur et de hauteur : une de ses extrémités se termine par une portion d'aire sphérique; une des faces planes présente les débris d'un grand scarabée avec des ailes d'oiseau déployées, symbole que les antiquaires désignent sous le nom de *scarabée ailé;* les autres faces et la partie sphérique sont recouvertes de petits caractères dont l'analogie avec les hiéroglyphes est très-marquée : nous en avions déjà vu de semblables sur des papyrus, sur des enveloppes de momies, et, à Thèbes, dans un des tombeaux des rois [3]. Ces caractères nous paraissent devoir être ceux d'une écriture cursive hiéroglyphique, différente de l'écriture

---

[1] *Voyez* la carte d'Égypte, levée par les ingénieurs de l'armée d'Orient.

[2] Cette statue est au Cabinet des antiques, à Paris. Elle a été gravée dans la collection des antiques, *A.*, vol. v.

[3] *Voy.* l'explication de la pl. 79, fig. 5, *A.*, vol. III.

monumentale; et il est possible qu'en les altérant peu à peu pour les rendre plus faciles à tracer, les Égyptiens aient passé insensiblement aux lettres que l'on voit sur les papyrus, et finalement à celles qui forment la seconde inscription de la pierre de Rosette: peut-être aussi avaient-ils en même temps trois écritures distinctes, la cursive vulgaire, la cursive hiéroglyphique, et les hiéroglyphiques proprement dits; sans compter les tableaux symboliques, qui, sculptés ou peints sur les murs des temples, rappelaient aux initiés les grands événemens de l'histoire, les mystères de la religion ou les phénomènes de la nature.

Nous avions le plus grand désir d'aller visiter les ruines de Bahbeyt, qui sont au nord de Semennoud. Le général Fugières, commandant de la province, nous en facilita les moyens; et nous n'oublierons jamais la cordialité, la franchise militaire, avec laquelle il nous accueillit[1].

Le jour fixé pour y aller, il monta à cheval avec nous,

---

[1] A la bataille d'Abouqyr du 7 thermidor an VII, le général Fugières eut le bras gauche cassé d'un coup de fusil; il ne voulut pas descendre de cheval, ni quitter le commandement de sa brigade; et un boulet, quelques instans après, lui enleva le même bras près de l'épaule. Le général en chef Bonaparte le rencontra comme on le transportait sur les derrières de l'armée, et lui témoigna combien il était affligé de le trouver en cet état. *Général*, répondit Fugières, *vous envierez un jour mon sort ; je meurs au champ d'honneur.* (Rapport du général en chef Bonaparte au directoire exécutif.) M. Larrey, premier chirurgien de l'armée, ne put faire l'amputation de l'os de l'avant-bras, et il fut obligé de le détacher entièrement de l'épaule. Pendant cette cruelle opération, plusieurs officiers blessés, oubliant leurs propres maux, s'étaient traînés dans la tente du général Fugières, et exprimaient par leurs larmes la peine qu'ils éprouvaient de la perte de leur brave commandant ; car tous la regardaient comme certaine. Et lui, avec un visage stoïque, que la douleur ni l'aspect de la mort ne purent

escorté de quelques cavaliers et accompagné de plusieurs cheykhs de la province. Nous traversâmes à peu près, à moitié chemin, le canal de Tabanyeh, qui se réunit près de là à celui de Melyg.

En approchant de Bahbeyt, nous aperçûmes, à une portée de fusil à l'est de ce village, un monticule de terre; c'étaient les ruines que nous cherchions. Nous partîmes au galop, et nous nous trouvâmes bientôt au milieu d'une enceinte quadrangulaire [1], dont le grand côté a trois cent soixante-deux mètres de long, le petit deux cent quarante-un, et qui, dans certains endroits, est encore haute de dix-huit à vingt mètres, sur une épaisseur de neuf à dix. Elle a deux ouvertures sur la face occidentale, autant au sud, et une seule au nord. Ce n'est que dans un petit nombre d'endroits que l'on a pu reconnaître qu'elle était construite en briques crues; car, en général, ces briques sont brisées et mêlées de manière à ne présenter extérieurement qu'une masse de terre. Le terrain renfermé par cette enceinte est cultivé en partie; un canal y conduit, dans le temps du débordement du Nil, les eaux nécessaires à son arrosement. C'est vers le milieu de cet emplacement, à cent vingt mètres de la face occidentale de l'enceinte, que s'élèvent, dans un espace de cinquante mètres sur quatre-vingts, les débris d'une grande construction. C'est un amas con-

faire changer un instant, leur adressait des paroles de consolation, les entretenait de gloire, de patrie, d'honneur; sentimens des âmes nobles, devant lesquels semblaient disparaître les souffrances de ce héros et celles de ses vaillans compagnons. Guéri comme par enchantement, il voulut continuer de servir activement, et commandait la province de Gharbyeh lorsque nous y arrivâmes. (Du Bois-Aymé.)

[1] *Voyez* le plan topographique, pl. 29, fig. 1, *A.*, vol. v.

fus de pierres granitiques, parmi lesquelles on distingue des restes de chapiteaux à tête d'Isis, des pierres de plafond et des troncs de colonnes, qui présentent toutes des sculptures en bas-relief, exécutées avec le plus grand soin. Il paraît d'abord assez singulier que ce soit dans la basse Égypte que l'on retrouve des temples entièrement construits avec les beaux matériaux extraits des carrières de Syène, tandis que les temples et les palais de la haute Égypte, érigés au milieu des montagnes granitiques, sont simplement en grès ou en pierre calcaire; mais on reconnaît là bientôt ces idées de grandeur et d'indestructibilité qui guidèrent toujours les Égyptiens dans l'exécution de leurs monumens. Ils savaient que le grès et la pierre calcaire, exposés à l'air de la mer, duraient peu, et ils n'hésitèrent point à employer le granit dans le Delta : aucune difficulté ne put effrayer un peuple chez qui la patience et l'opiniâtreté centuplaient les forces. Dans la Thébaïde, au contraire, sous un ciel conservateur, où le bois même ne pourrit pas, où les corps des animaux se conservent sans embaumement, pourvu qu'ils soient éloignés des terrains inondés[1], les

---

[1]. Étant tous deux à Syout, dans la haute Égypte, avec notre ami Édouard Devilliers et quelques autres de nos camarades, un Arabe, auquel nous avions payé assez cher une momie de loup, ou, pour mieux dire, de chacal, trouvée dans la montagne qui borde à l'ouest la vallée du Nil, nous promit de nous mener dans un endroit où il y avait, disait-il, des momies d'hommes. Au jour indiqué, nous partîmes sans escorte et sans rien dire de nos projets, dans la crainte que le commandant de la place, par intérêt pour notre sûreté, ne s'opposât à notre excursion. Notre guide nous fit gravir la chaîne libyque; nous descendîmes de l'autre côté dans une vallée étroite que nous suivîmes pendant une heure; puis nous montâmes plusieurs collines, et nous traversâmes successivement quelques ravins où la chaleur était fortement augmentée par le reflet des rayons solaires que renvoie un terrain blanc,

Égyptiens dûrent préférer les pierres les plus faciles à tailler, puisque leur résistance aux efforts des siècles semblait égaler celle des corps les plus durs. Nous ne nous étendrons pas ici sur la description des ruines de Bahbeyt, qui sera faite avec détail dans le *chapitre XXV* des Descriptions d'antiquités. Nous ferons seulement observer que d'Anville place ici l'*Isis oppidum* dont il est fait mention dans Pline, et l'*Iseum* dont parle Étienne de Byzance; il pense, ainsi que le P. Hardouin et Daléchamp, que, dans l'énumération des villes de la basse Égypte dont il est question dans le texte de Pline, *Isis oppidum* doit être séparé par une virgule du mot *Busiris* qui le suit ¹. Cette version ne s'accorde guère avec le témoignage d'Hérodote, qui rapporte que la ville de Busiris renfermait un temple magnifique consacré à Isis.

dépouillé de toute espèce de végétation. Enfin, après avoir marché environ deux heures, notre guide, nous montrant les restes d'un ancien édifice, et auprès quelques petites voûtes peu élevées au-dessus du sol, nous dit que c'était là qu'il y avait des momies d'hommes. Nous reconnûmes facilement que nous n'étions point sur des tombeaux de l'antique Égypte, mais sur des ruines chrétiennes, humbles demeures de ces anachorètes qui, dans les premiers temps de notre ère, croyant fuir les passions, lorsqu'ils n'avaient pour guide qu'une imagination exaltée, venaient, le cœur plein de mélancolie, se cacher au milieu des rochers de la Thébaïde, et chercher, dans le silence de ces solitudes et dans les privations de tout genre, un aliment à leurs vagues désirs. Pendant que nous considérions les restes du saint monastère, notre Arabe s'était mis à fouiller sous une des petites voûtes, et bientôt il nous appela pour nous faire voir un cercueil en bois de sycomore, qu'il venait d'en tirer. Ce cercueil renfermait un homme blanc, dont la partie musculaire, la peau, les dents, les ongles, la barbe, étaient parfaitement conservés, ainsi que le linceul qui entourait le corps. Nous n'aperçûmes cependant aucune trace d'embaumement, aucun aromate. Cette étonnante conservation est due à un terrain sec que jamais les pluies ni le fleuve n'arrosent, à un air sans humidité, à un soleil brûlant et à un ciel sans orage. (Du Bois-Aymé.)

¹ *Voyez* les Mémoires de d'Anvilles sur l'Égypte, *page* 86.

Au reste, la carte de Peutinger indique dans le Delta trois *Iséum* ou villes qui renfermaient des temples consacrés à Isis, et dont un sans doute correspond à la position de Bahbeyt ; mais il faut convenir en même temps que l'existence d'une ancienne ville est mieux constatée à Bahbeyt par les magnifiques restes de ses monumens que par les témoignages des auteurs de l'antiquité.

SECTION IV.

Des villes de Mehallet-el-Kebyr et de Tanta; de quelques ruines égyptiennes, et, entre autres, de celles de la ville de Saïs.

Nous quittâmes Semennoud pour traverser le Delta, depuis la branche de Damiette jusqu'à celle de Rosette, en passant par Mehallet-el-Kebyr et Tanta, deux des plus grandes villes de la basse Égypte.

De Semennoud à Mehallet-el-Kebyr, il y a environ deux heures et demie de marche. La moitié de la route, à peu près, borde le canal de Semennoud ; on remonte ensuite une petite portion de celui de Melyg, et l'on suit une de ses dérivations jusqu'à Mehallet-el-Kebyr. On rencontre sur cette route le gros village de Mehallet-Abou-A'ly, et deux santons ou tombeaux de saints révérés par les gens du pays. Vers le deuxième santon, on aperçoit une niche monolithe semblable à celles que nous avons trouvées dans les sanctuaires des temples de la haute Égypte. Cette niche est de forme presque cubique, et terminée par un pyramidion de dix centimètres de haut : sa largeur et sa longueur sont de soixante-dix-sept centimètres, et sa hauteur totale est d'un mètre quinze centièmes.

Mehallet-el-Kebyr est la capitale du Gharbyeh : son nom signifie littéralement *ville la grande;* et elle l'emporte en effet par son étendue sur toutes les autres villes du Delta : mais elle n'est point peuplée en proportion de la superficie qu'elle occupe; elle a plusieurs quartiers entièrement déserts. Le commerce y a quelque activité; mais c'est plutôt celui d'une ville manufacturière que celui d'un lieu d'entrepôt et d'échange : il ne s'y tient pas, comme dans plusieurs autres endroits de l'Égypte, de ces grandes foires qui attirent de toutes parts les marchandises nationales et étrangères.

Les plus nombreuses des manufactures de Mehallet-el-Kebyr sont celles de soieries; et ce qui ajoute à leur importance, c'est qu'il n'en existe dans aucune autre ville d'Égypte : du moins n'en avons-nous point rencontré ailleurs. La soie est tirée de la Syrie; elle est apportée en cocons à Damiette, où on la dévide : elle est alors d'un jaune pâle et sale; c'est à Mehallet-el-Kebyr qu'on la blanchit. On fait bouillir les écheveaux dans une dissolution de natron; on les bat ensuite sur des pierres plates, et on les lave à grande eau. Cette préparation donne à la soie un très-beau blanc. Dans l'atelier que nous avons visité avec le plus d'attention, on ne teignait qu'en trois couleurs, en noir, en rouge et en jaune. La couleur noire est donnée par l'indigo, le rouge par la cochenille, et le jaune par la gaude, qui porte en arabe le nom *blyhah* (*reseda luteola*, Lin.) : on en récolte beaucoup dans la province de Charqyeh, en face de Semennoud. Presque toutes les étoffes de soie qui servent à l'habillement des femmes en Égypte, sortent des manufactures de Mehallet-el-Kebyr. On y fabrique aussi les mouchoirs dont elles se couvrent la tête, et ces toiles claires, espèce de gaze de lin, dont les Égyptiens font leurs chemises. Nous avons vu sur le métier les serviettes dont les femmes se servent au bain : les bordures sont en soie ; et l'intérieur, qui est en lin, est teint de différentes couleurs.

Mehallet-el-Kebyr renferme quelques débris de monumens anciens. La tradition n'a point conservé le souvenir de l'existence d'une ancienne ville en cet endroit : peut-être était-ce là qu'existait *Cynopolis*, qui dépendait du nome Busiritique, et que l'Itinéraire d'Antonin place à xxv milles de Thmuis ; ces deux conditions cadrent parfaitement avec la position de Mehallet-el-Kebyr, comparée à celle de Bousyr et de Tmay el-Emdyd[1] ; et quant à la distance de xxxxii milles entre Cynopolis et Andro, on la retrouve en dirigeant convenablement la route par Tanta et l'ancienne position de Taua. Les antiquités que l'on trouve à Mehallet-el-Kebyr, ont de grands rapports avec celles que l'on voit à Bahbeyt. Nous en parlerons avec quelques détails dans le *chapitre XXV* des Descriptions d'antiquités.

Mehallet-el-Kebyr est le rendez-vous des filles pu-

---

[1] On se rappellera que Bousyr est l'ancienne Busiris, et que les ruines de Thmuis sont auprès de Tmay el-Emdyd.

bliques du Delta, et le refuge de toutes celles qui pourraient craindre ailleurs, et même au Kaire, les recherches de la police. Elles jouissent à Mehallet-el-Kebyr d'une entière liberté; et c'est de là que la femme qui est à la tête de leur société, dirige leurs excursions dans les provinces voisines. Les foires et les pélerinages en attirent toujours un grand nombre; et plus d'une fois, dans nos courses, nous avons vu de ces filles accourir au-devant de nos bataillons, mêler le son du tambourin et des castagnettes à notre musique guerrière, employer tous les raffinemens de la coquetterie à séduire nos soldats, et dresser leurs tentes au milieu de nos bivouacs.

Le jour où nous arrivâmes à Mehallet-el-Kebyr, nous fûmes logés chez un des plus riches habitans de la ville; il célébrait le mariage d'un jeune homme, chef de ses serviteurs et son favori. Il nous traita avec beaucoup de distinction et d'amitié, et voulut nous rendre témoins de tous les détails de cette fête. La maison était illuminée; les amis des époux et le peuple étaient dans la cour, assis sur des bancs : on entendait de temps à autre les chants de quelques cantatrices placées dans le *mandar*[1],

---

[1] Le mandar est une vaste salle au premier étage, ouverte sur la cour, et toujours exposée au nord. Chez les gens riches, sa façade est ornée de colonnes en marbre qui forment des travées ordinairement surmontées d'arcades en menuiserie, où l'on voit des arabesques d'un dessin bizarre et peintes de couleurs variées. Une balustrade, soit en maçonnerie, soit en menuiserie, s'élève sur le devant de la pièce jusqu'à hauteur d'appui, et un filet tendu au-dessus empêche les mouches de pénétrer dans l'intérieur de la salle. Le plafond du mandar est fort élevé, afin que l'air y puisse circuler librement. C'est là que le maître de la maison reçoit les visites de ses amis et traite de ses affaires. La pièce qui est au-dessous du mandar, au rez-de-chaussée, forme une espèce de vestibule où se tiennent les domestiques. La façade du mandar est la partie de la maison qui est ordinairement la plus ornée; c'est celle où

au milieu des femmes et des amies de la maison. Ces chants, qu'accompagnaient le tambourin et quelques autres instrumens égyptiens, duraient depuis une heure et demie, lorsque deux *a'lmeh*[1] descendirent dans la cour, où elles exécutèrent les danses les plus lascives : l'une d'elles imitait l'homme, l'autre la femme; et elles rendaient par des mouvemens trop expressifs aux yeux d'un Européen les attaques de l'amant, la résistance et la chute de la jeune fille : mais les Orientaux trouvent un grand plaisir à ces représentations fidèles, et les jeunes gens de l'un et de l'autre sexe y assistent librement.

Les danses terminées, le maître de la maison et ses amis montèrent dans le mandar. On nous y fit occuper la place la plus honorable. L'époux, nommé *A'ly*, était à nos côtés sur le divan; la jeune Ayouché, qu'il n'avait point encore vue, était dans une chambre voisine, entourée de femmes occupées à sa parure. Lorsque sa toilette fut achevée, on vint chercher A'ly pour l'intro-

---

les gens riches déploient une sorte de luxe d'architecture. (JOLLOIS.)

[1] Les jeunes filles que l'on destine à prendre l'état d'*a'lmeh*, apprennent, dès l'âge le plus tendre, tout ce qui peut porter l'âme à la volupté. Une musique efféminée, des poésies amoureuses, des danses lascives, sont leurs principales occupations : rien n'égale la souplesse de leurs mouvemens; et si les traits de leur visage répondaient toujours à l'élégance de leur taille, à la beauté de leurs bras et de leurs mains, à la pureté des formes de leurs jambes et de leurs pieds, Vénus n'aurait eu nulle part des prêtresses plus dignes d'elle. Les *a'lmeh* sont en Égypte l'ornement de toutes les fêtes : tantôt elles chantent et même improvisent des couplets d'amour; tantôt, dansant au son du tambourin, et s'accompagnant elles-mêmes avec des castagnettes, elles donnent à leurs mouvemens la langueur de la volupté, ou, imitant les impétueux désirs, elles bondissent en agitant en l'air leurs tambours de basque, et le désordre, la vivacité de leurs pas rappellent le délire des bacchantes. (Du Bois-Aymé.)

duire dans cet appartement, et l'on dévoila à ses yeux celle qui allait s'unir à lui. Ils vinrent ensuite vers nous. L'époux marchait à reculons et à pas lents, appuyé sur deux femmes; l'épouse suivait, soutenue de la même manière. Elle était richement parée : un turban décoré de chaînes d'or et d'argent ornait sa tête. Son front et ses joues étaient teints d'une couleur rouge sur laquelle on avait exécuté, avec des feuilles d'or, des dessins bizarres. Elle avait les yeux modestement baissés; ou si elle les levait, c'était pour les fixer sur son époux, en face de qui elle marchait. Ils arrivèrent ainsi l'un et l'autre jusqu'auprès du divan sur lequel nous étions assis. L'homme reprit sa place à côté de nous, et la femme resta debout et immobile devant lui : un vieillard, intime ami de la maison, lui mit dans la bouche une pièce d'or qu'il avait ôtée de la sienne; ensuite elle retourna dans l'appartement voisin, toujours accompagnée de deux femmes, qui s'écriaient de temps à autre : *Heureux celui qui vit sous l'influence des lois du prophète!* Elle changea de vêtement, et reparut devant les spectateurs, parée de ses nouveaux habits; A'ly dès-lors ne la suivit plus. Elle recommença sa promenade autour de la salle, et vint de nouveau se placer devant nous. Le vieillard, au lieu de lui mettre une pièce d'or dans la bouche, la lui posa sur le sein. Cette cérémonie singulière fut répétée cinq fois en notre présence, et on la continua fort avant dans la nuit, en faisant toujours paraître la mariée avec de nouveaux habits. Dans les entr'actes de ce spectacle, les cantatrices exécutaient des morceaux de chant, en s'accompagnant de leurs détestables instrumens. Les musiciens et les matrones qui avaient accompagné la mariée firent sur les spectateurs une collecte de quelques parahs[1].

Nous ne restâmes point jusqu'à la fin de la cérémonie : nous avions besoin de repos, et nous nous retirâmes dans l'appartement que l'on nous avait préparé.

Un matelas de coton étendu par terre et sur lequel est cousu un drap en toile de lin, est le lit ordinaire des Égyptiens; les hommes et les femmes conservent pendant la nuit une partie de leurs vêtemens, et particulièrement leur turban; une moustiquière, nommée par eux *nâmousyeh*, recouvre le matelas et garantit de la morsure des cousins : dans le jour tout cela se roule, se cache dans une armoire, de sorte que l'on ne trouve plus aucun lit dressé dans les maisons. On n'y voit également ni chaise ni table; le parquet des chambres est recouvert, au moins aux trois quarts, d'une natte; tout autour de l'appartement sont placés des matelas de coton couverts d'un tapis qui s'étend encore sur une partie de la natte. De gros coussins en étoffe de soie sont rangés contre le mur sur les matelas, et c'est là que l'on s'assied ordinairement. Dans la partie de la chambre que la natte et le tapis laissent à découvert, chacun en entrant dépose ses pantoufles; c'est encore là que sont placées l'ai-

---

[1] Nous ignorons si dans le Delta les mariages se célèbrent tous comme celui que nous venons de décrire; mais il est très-probable qu'au Kaire, par exemple, la mariée ne se serait pas montrée à visage découvert devant des hommes. Nous avons vu, dans cette ville, des femmes qui, dans l'intérieur de leurs maisons, se dévoilaient devant nous, ramener leur voile sur leur visage aussitôt qu'elles avaient à parler à un de leurs domestiques mâles. Ce n'est, nous disaient-elles, que devant leur mari, leurs frères et leurs oncles, qu'elles ne cachent point leur figure.

guière, la cuvette, la fontaine, en un mot tout ce qui pourrait salir un tapis sur lequel on est étendu ou assis les jambes croisées une grande partie de la journée. Ce n'est que sous la porte de leurs maisons que les hommes s'asseyent quelquefois à la manière des Européens, sur de grands bancs de bois, à bras et à dossier. Quant au manque de table, ils y suppléent, lorsqu'ils veulent écrire, en appuyant le papier sur la main gauche, ou quelquefois sur une petite planche portative qu'ils tiennent à la main ou qu'ils placent sur leurs genoux : les repas se servent sur une natte étendue à terre, ou sur un grand plateau de cuivre circulaire que supporte un petit tabouret en marqueterie de nacre et de bois de couleur, et les convives s'asseyent sur le tapis, les jambes croisées sous eux. Une natte grossière sert aux pauvres gens, de lit pendant la nuit, de siége et de table pendant le jour. Les fenêtres sont fermées par un grillage en bois fort serré, qui laisse passer l'air et peu de lumière; précaution bien entendue dans un pays aussi chaud. Ce grillage, orné et disposé avec goût, sert de jalousie; il permet de voir dans la rue sans être vu des gens du dehors. Ce n'est que chez un petit nombre de personnes des villes fréquentées par les Européens que l'on trouve quelquefois des châssis vitrés que l'on pose pendant l'hiver. Des *goulleh*, petits vases non vernissés, en terre poreuse d'un gris bleuâtre, sont placés sur les fenêtres à l'ombre du grillage: le courant d'air qui règne toujours avec plus de force en cet endroit, fait évaporer l'eau qui suinte par les pores du vase, et donne une grande fraîcheur à celle qui reste dans l'intérieur. Les

Égyptiens en boivent fréquemment, et ils parfument quelquefois les *goulleh* pour donner à l'eau une légère odeur d'encens.

En quittant Mehallet-el-Kebyr, nous nous dirigeâmes sur Tanta, à travers une plaine fertile, coupée par un grand nombre de canaux dérivés du canal de Melyg. Chaque village a, pour ainsi dire, le sien, et de grandes digues en terre servent à retenir les eaux de l'inondation et à les faire passer successivement sur les champs qui en ont besoin.

La culture nous parut la même que celle que nous avions déjà observée ailleurs; elle est assez uniforme dans tout le Delta, si ce n'est que les rizières sont plus nombreuses dans les environs de Rosette et de Damiette.

Les sycomores, les dattiers, les bananiers, les raquettes, les *tamarix*, les *napeca*, les cassiers, les *henné*, les *mimosa*, les orangers, les citronniers, les grenadiers, les figuiers et les cotonniers, étaient à peu près les seuls arbres et arbrisseaux que nous rencontrassions.

Nous passâmes auprès de plusieurs villages, dont les principaux sont Borqeyn, Saft, Toukh et Akhnouy.

Dans les endroits non cultivés, des crevasses profondes, occasionées par le desséchement du terrain après l'inondation, auraient rendu la marche fort difficile pour d'autres chevaux que ceux du pays. La douceur et l'intelligence du cheval, en Égypte et en Arabie, proviennent certainement de la familiarité dans laquelle il vit avec ses maîtres : à peine né, il a joué avec leurs enfans, en a été soigné; et, dans ce commerce mutuel de services et de plaisirs, il a appris à comprendre l'homme et à s'en faire entendre; c'est plutôt un ami qu'un esclave : l'Égyptien, l'Arabe surtout, le considèrent presque comme faisant partie de la famille; et il est tel cheval qu'on ne pourrait les déterminer à vendre, à quelque prix que ce fût[1]. Les chevaux que, dans quelques parties de l'Europe, on élève dans une entière liberté, au milieu des pâturages et des bois, conservent presque toujours, dans leurs rapports avec l'homme, quelques vices dus à leur éducation sauvage. Nous avons dit *dans leurs rapports avec l'homme;* car ce que l'on appelle vice chez les autres, n'est souvent qu'une qualité qui gêne : un être indépendant et courageux sera toujours appelé inutile ou méchant par ceux qui voudraient le soumettre. Les chevaux du Delta sont moins estimés que ceux de la haute Égypte; mais, en revanche, le bétail nous y a paru plus beau : les buffles surtout sont énormes; nos plus gros bœufs n'en approchent point. Il est rare qu'on s'en serve pour les travaux de la terre : on y emploie ordinairement les bœufs. Les buffles mâles sont réservés pour la boucherie, et le lait des femelles fournit aux paysans une nourriture abondante. Les moutons sont de l'espèce nommée *moutons de Barbarie;* on ne les châtre point, et leur viande n'en est pas moins bonne. Les chèvres sont en plus petit nombre, et semblables à celles que les naturalistes nomment *chèvres du Levant :* elles ont le poil court, la tête fort busquée, et les oreilles longues et pendantes. Les ânes sont aussi forts que dans aucune autre partie de

---

[1] J'ai omis, dans mon Mémoire sur les Arabes, de donner ces détails : il était nécessaire de réparer cet oubli. (Du Bois-Aymé.)

l'Égypte; mais les chameaux sont moins estimés que ceux des provinces limitrophes du désert. On n'élève point de cochons; la religion musulmane défend l'usage de la chair de cet animal, qui était déjà regardée comme immonde par les anciens Égyptiens. Enfin on trouve dans les villages une grande quantité de pigeons et de poules : ces dernières sont fort petites; sans doute que l'usage qui existe depuis la haute antiquité de faire éclore les œufs artificiellement au moyen de fours, en aura fait dégénérer la race.

La ville de Tanta, où nous arrivâmes le soir même de notre départ de Mehallet-el-Kebyr, est à peu près à égale distance du Kaire, de Damiette et de Rosette, c'est la ville la plus centrale du Delta.

Des canaux dérivés du grand canal de Qaryneyn arrosent la campagne environnante. Ils arrivent à l'est et à l'ouest de la ville, et en font le tour. Ils sont peu profonds : d'où il résulte que les environs de Tanta, qui, lors de notre passage étaient brillans de verdure, n'offrent que l'aspect d'une entière stérilité quand la crue du Nil a été faible; car presque aucune herbe ne croît spontanément sur cette terre d'Égypte, dont la fertilité est vantée à si juste titre : on n'y voit guère que des plantes semées par la main de l'homme; les terres non arrosées restent sans végétation, et celles qui ont été cultivées sont, après la récolte, d'une aridité semblable. Aussi A'mrou, après la conquête de l'Égypte, écrivait-il à O'mar que ce pays présentait successivement l'image d'un champ de poussière, d'une mer d'eau douce et d'un parterre de fleurs. Le sol de l'Égypte présente une autre particularité non moins remarquable : les végétaux d'Europe que l'on y sème, viennent bien la première année; mais les graines qu'ils produisent sont stériles, ou ne donnent que des plantes chétives et d'une qualité très-inférieure aux premières; de sorte qu'il faut chaque année faire venir de l'étranger de nouvelles graines. C'est ainsi qu'en agissent les négocians francs pour les légumes d'Europe qu'ils cultivent dans leurs jardins. Enfin, ce qu'il y a de très-singulier, c'est l'analogie qui existe sur ce point entre les végétaux et les animaux : les étrangers qui ne s'allient qu'entre eux, au lieu de se mêler aux gens du pays, ne se perpétuent pas plus que les plantes exotiques. Les Mamlouks en offrent un exemple frappant : établis en Égypte depuis plusieurs siècles, ils se sont toujours recrutés par des achats d'esclaves; leurs enfans meurent presque tous fort jeunes, et leur race, dit-on, arrive rarement à la seconde génération.

Ce n'est que dans le temps de l'inondation que les habitans de Tanta boivent tous indistinctement de l'eau du fleuve; plus tard, les gens riches qui ont pu en conserver dans les citernes, ont seuls cette jouissance, et la majorité des habitans est réduite à l'eau saumâtre des puits, qui devient d'autant plus salée que le décroissement du Nil est plus avancé. Ces puits sont assez profonds pour que, dans le temps des plus basses eaux du fleuve, ils soient toujours remplis : ils sont distribués dans la campagne autour de la ville; leur orifice est ordinairement formé d'un tronçon de colonne antique, évidé dans son milieu.

Tanta est, comme toutes les autres villes d'Égypte, entourée de décombres. A l'est, on voit un gros massif de briques crues, sur lequel les habitans ont placé leurs tombeaux : il est coupé à pic dans plusieurs endroits, et ces coupures laissent apercevoir des briques d'une grande dimension.

Ces buttes artificielles étaient construites par les anciens habitans de l'Égypte pour mettre leurs villes à l'abri des inondations; et si les Égyptiens modernes ont fait quelquefois de semblables travaux, on les distingue facilement des premiers par la petitesse des matériaux employés. Il existait donc autrefois une ville égyptienne sur l'emplacement de Tanta.

Quoique cette ville soit la cité la plus peuplée du Delta, on y compte seulement dix mille habitans; ses maisons sont bâties en briques cuites, qui se fabriquent dans le pays même avec la poussière des décombres dont la ville est entourée[1].

Les accroissemens successifs qu'elle a reçus sont faciles à déterminer. Des maisons forment une rue autour de l'ancienne ville, et elles sont bâties sur des décombres accumulés au pied d'une première enceinte : d'où il résulte que toutes les portes de la ville sont doubles; disposition qui ne se rencontre en nul autre endroit de l'Égypte.

---

[1] Toutes les villes d'Égypte sont entourées de décombres, parce que, les matériaux provenant des démolitions des vieilles maisons ne pouvant servir à de nouveaux édifices, on est obligé de les transporter hors des villes, et que l'on préfère sacrifier quelque coin de terre pour les y amonceler avec toutes les autres immondices, plutôt que de les étendre dans les champs, qui, en s'élevant, finiraient par être privés des bienfaits de l'inondation.

Tanta renferme le tombeau d'un saint qui attire en pélerinage, à certaines époques, les dévots musulmans : aussi A'ly-bey, connu par la protection marquée qu'il accorda au commerce, par les établissemens utiles qu'il créa en sa faveur, sut-il profiter habilement de cette circonstance pour faire de cette ville le centre d'un commerce considérable; c'est dans cette vue qu'il y fit construire pour les étrangers, il y a environ quarante ans, un bel et vaste okel.

Le saint dont nous venons de parler, se nomme *Seyd-Ahmed el-Bedaouy*. Il naquit à Fez, l'an 596 de l'hégire, 1200 de l'ère vulgaire, passa en Égypte pour se rendre à la Mecque, acheva son pélerinage, et revint de la Mecque à Tanta en un jour[1]. Il s'y fixa, et y mourut à l'âge de soixante-dix-neuf ans, après y avoir séjourné environ trente ans. Il fit, durant sa vie, une foule de miracles; il ressuscita des morts, fit marcher des paralytiques, voir des aveugles, etc. Tous ces faits sont consignés dans une longue histoire, et attestés, disent les dévots musulmans, par un grand nombre de témoins oculaires.

L'an 700 de l'hégire, le sultan Malek el-Nâser substitua au petit monument qu'on avait d'abord érigé sur le tombeau du saint, une mosquée qui, par son étendue, la régularité de son plan et les embellissemens successifs qu'elle a reçus, ne le cède point aux plus belles mosquées du Kaire. La magnificence éclate surtout dans la construction du dôme, sous lequel repose le corps de Seyd-Ahmed el-Bedaouy. A'ly-bey, qui le fit réparer, il

---

[1] De la Mekke à Tanta, il y a environ trois cents lieues.

y a près d'un-demi siècle, n'épargna ni ses soins ni ses trésors; et on put le prendre pour un dévot ou un prodigue, lorsqu'il n'était qu'un politique adroit. Les murs, jusqu'à la naissance de la voûte, furent revêtus en marbre; le dôme, qui est en bois, fut couvert de plomb et orné intérieurement de dorures et d'élégantes arabesques.

Le tombeau du saint est entouré d'un grillage en bronze; une espèce de baldaquin en velours est suspendu au-dessus, et un énorme turban, formé de châles de kachemire, est placé sur le sarcophage, à l'endroit qui correspond à la tête du saint. Les portes du dôme et les serrures en bois sont plaquées d'argent.

C'est à l'équinoxe du printemps et au solstice d'été, mais principalement à la première de ces époques, que les pélerins accourent à Tanta de toutes les parties de l'Égypte, des extrémités les plus reculées de la Barbarie, du royaume de Darfour, du fond de l'Abyssinie, et, en général, de tous les pays soumis à l'islamisme.

La superstition fut presque toujours une des principales causes des foires les plus célèbres. Les hommes, au bruit des miracles d'un de leurs semblables, que peut-être ils maltraitèrent pendant sa vie, se précipitent vers son tombeau. L'amour du merveilleux les entraîne et mêle leurs races diverses au pied des mêmes autels; leur repentir et leurs larmes s'y confondent et les rapprochent : ils seraient restés inconnus les uns aux autres, et ils contractent des amitiés qui, par de doux souvenirs, uniront peut-être à jamais leurs familles; ils se racontent leurs voyages, s'entretiennent des productions de leur terre natale, et de celles des pays qu'ils ont traversés; ils se montrent les objets qu'ils en ont rapportés, les échangent entre eux : les avenues du temple se transforment en un vaste marché; et la superstition, une fois utile au monde, sert de véhicule au commerce et lie par de nouveaux besoins les hommes qu'elle divise si souvent d'une manière cruelle.

Le pélerinage au tombeau de Seyd-Ahmed el-Bedaouy en est un exemple; il attire une telle affluence d'étrangers, que les habitans de Tanta nous ont assuré qu'à deux lieues autour de la ville la campagne est couverte de monde; ils évaluent à cent cinquante mille le nombre des pélerins.

Il n'est pas difficile de s'apercevoir que les maisons de Tanta ont été construites pour le commerce : la partie du rez-de-chaussée qui donne sur la rue, est consacrée, dans beaucoup de quartiers, à de petites boutiques qu'à l'époque des foires, on loue aux marchands étrangers. Beaucoup de pélerins campent hors de la ville : les tentes, les maisons, sont illuminées chaque nuit, et l'on entend de toutes parts des cris de joie mêlés au bruit des instrumens de la musique égyptienne. Ces foires durent huit jours, et procurent de grands bénéfices à toute la province. Elles n'ont point eu lieu pendant le séjour de l'armée française en Égypte : la peste, et surtout les inquiétudes qu'aurait données une trop grande réunion d'hommes, les avaient fait suspendre.

Après être restés quelques jours à Tanta, nous nous remîmes en route; nous passâmes par le village de *Byâr* ou *Abyâr*, où nous rejoignîmes la branche occidentale du canal de Qaryneyn, que quelques personnes désignent sous le nom de *branche de Chybyn-el-Koum*, parce que son origine est près de ce bourg. Nous terminâmes notre première journée auprès des villages d'*el-Nahâryeh* et d'*Asdymeh*, où l'on voit des restes d'anciens établissemens qui ont dû appartenir à des villes de l'antique Égypte. L'une d'elles pourrait être cette ville de *Siuph*, dépendante du nome *Saïtes*, où naquit Amasis, qui, de simple particulier, devint Pharaon.

Le lendemain, nous suivîmes le canal de Chybyn-el-Koum jusqu'à son embouchure dans le Nil à Farestaq. Nous allâmes ensuite à Sâ-el-Hagar, l'ancienne *Saïs*, où existent encore des ruines considérables : on reconnaît dans la première partie du nom moderne les traces de l'ancien ; et le surnom d'*el-Hagar* lui aura été donné par les Arabes, à cause des pierres et des débris d'édifices que l'on y rencontre. Enfin les auteurs qobtes nomment ce lieu *Saï*[1], et l'on ne peut élever aucun doute sur son identité avec Saïs ; d'ailleurs la position des ruines de Sâ-el-Hagar convient très-bien avec celle qui est assignée par Strabon à la ville de Saïs. Mais ce qui atteste encore mieux l'existence de cette ancienne cité, ce sont les débris immenses qui subsistent encore à Sâ-el-Hagar : ces restes consistent principalement en une enceinte très-vaste de huit cent quatre-vingts mètres de long, et de sept cent vingt mètres de large, qui renferme une grande quantité de décombres et des débris d'anti-

[1] Les mots égyptiens que les Grecs ont rendus par *Saïs, Saïtique, Tanis* et *Tanitique*, ont souvent été pris les uns pour les autres, à cause de la similitude de sons qu'ils présentaient sans doute à des étrangers. On voit en effet dans la langue qobte, où tant de mots égyptiens se sont

quités. Nous parlerons de ces ruines avec plus de détails dans le *chapitre XXV* des Descriptions d'antiquités.

Saïs fut souvent la résidence des Pharaons ; et Amasis, l'un d'entre eux, s'attacha surtout à l'embellir : mais ce qui la rend plus illustre encore, c'est d'avoir donné naissance à une ville dont le nom ne peut se prononcer sans émotion. C'est de Saïs que Cécrops amena la colonie égyptienne qui fonda Athènes : Athènes, dont la gloire éclipsa dès son berceau celle de l'antique et savante Égypte ; tant les actions, le génie, les erreurs mêmes d'un peuple libre ont plus d'éclat, plus d'intérêt, que la richesse et le calme intérieur d'une nation où l'autorité et le savoir sont réservés à quelques castes, et les travaux et l'ignorance, à la multitude.

De Sâ-el-Hagar à Desouq, nous mîmes un jour en suivant les bords du Nil, et nous traversâmes, à peu près à moitié chemin, un grand canal qui va se perdre dans le lac Bourlos.

Desouq est un village considérable : on voit dans une mosquée le tombeau d'un saint qui attire, deux fois l'année, un nombre prodigieux de musulmans ; c'est en Égypte le pélerinage le plus en vogue après celui de Seyd-Ahmed el-Bedaouy, dont nous avons parlé à l'article de Tanta.

---

conservés, la ville de Saïs s'appeler ⳃⲁⲓ *Saï*, et celle de Tanis ⳉⲁⲛⲓ, dont la première lettre ⳉ ne peut guère se rendre ni en français, ni en grec, ni en arabe, et dont on a tâché d'exprimer la valeur en notre langue par *dj*, *sj*, ou *tz* ; ce qui donne pour ⳉⲁⲛⲓ, *Djani*, *Sjani* ou *Tzani*. Voyez ce qui a été dit sur la branche Tanitique et sur la ville de Saïs dans le Mémoire sur les anciennes branches du Nil, et dans la Description d'Héliopolis.

On nous indiqua, à deux lieues au nord-est de Desouq, sur les bords d'un grand canal, des ruines nommées *Koum Fara'oun*. Cet emplacement convient assez à celui de Cabasa, capitale du nome Cabasite; et le nom de *Chabâs* que portent plusieurs villages voisins, tels que *Chabâs-el-Melh*, *Chabâs-O'mar*, *Koum Chabâs*, nous confirme dans notre opinion.

Nous nous mîmes en route pour Fouch : à un quart de lieue au nord de Desouq, nous traversâmes un canal navigable presque toute l'année, et nous rencontrâmes à peu près vers le milieu de notre route le village de Salmyeh, qui fut pris de vive force et incendié en l'an VI par nos troupes, pour punir ses habitans, qui, plusieurs fois, avaient attaqué nos barques. Ils paraissaient cependant n'avoir conservé aucune rancune contre notre nation, ainsi que l'avait déjà observé M. Denon.

Nous remarquerons, à ce sujet, que les Égyptiens, qui cherchent souvent, pendant plusieurs générations de suite, à venger par des assassinats les parens qu'ils perdent dans des querelles particulières, oublient facilement les maux qu'on leur a fait éprouver par une guerre ouverte. Après tous les malheurs qu'ont essuyés en Égypte quelques grandes villes prises d'assaut, il est sans exemple qu'un de nos soldats y ait été ensuite assassiné : nous pouvons même assurer que de tous les pays où nous avons porté nos armes, il n'en est peut-être aucun où nous soyons aussi aimés qu'en Égypte; on sait qu'il y est passé en proverbe de dire *kelem Fransaouy* (parle comme un Français), au lieu de *kelem doughry* (parle franchement); et nous avons entendu en Italie raconter à un de nos consuls qui a habité le Kaire depuis le départ de notre armée, que la populace l'injuriait souvent dans les rues en lui reprochant de ne point rendre compte à son gouvernement des vexations que commettaient journellement les troupes turques : si les Français en étaient instruits, disaient ces pauvres gens, ils nous délivreraient, ils reviendraient chez nous. Honneur à la nation qui laisse à ses ennemis vaincus de semblables souvenirs!

Quant aux habitans du Delta en particulier, ils sont meilleurs qu'on ne le croit généralement. Ils ont, à la vérité, dans le commencement de notre entrée en Égypte, opposé plus de résistance que quelques autres provinces, égorgé quelques Français, attaqué quelques détachemens : mais mettons-nous à leur place, chose que l'on devrait toujours faire avant de porter un jugement sur le caractère d'une nation ; si des musulmans débarqués à l'improviste dans une de nos provinces les plus attachées à la religion catholique, se rendaient maîtres des villes principales, croit-on que, dans les premiers temps de leur domination, leurs détachemens isolés seraient accueillis dans nos villages, et qu'on ne les repousserait pas par les armes, surtout lorsqu'ils viendraient y lever des contributions de tout genre, et que l'ancien gouvernement renversé, mais non entièrement détruit, les exciterait à une noble défense? Eh bien ! c'était-là précisément la position des Égyptiens envers nous ; et cependant, après trois ans de séjour, habitués déjà à leurs nouveaux maîtres, ils accueillaient nos petits détachemens, nos soldats isolés. Un de nous est allé seul de Semennoud au Kaire ; et plusieurs fois tous deux, sans aucune escorte, nous avons fait des courses presque aussi longues, soit dans l'intérieur du Delta, soit dans d'autres cantons de l'Égypte. Certes, il est des pays, dans notre Europe si policée, où l'on ne voyage pas avec plus de sécurité : telles sont, par exemple, quelques parties de l'Italie méridionale. Enfin une expérience de près de quatre années a prouvé que si l'Égypte fût restée plus long-temps au pouvoir des Français, non-seulement l'ordre et la tranquillité eussent régné dans ses provinces, mais ses peuples encore auraient pris, plus facilement qu'on n'était porté d'abord à le croire, nos arts, nos goûts et nos mœurs.

Foueh, située sur les bords du Nil et presque sous le même parallèle qu'Alexandrie, se rapproche beaucoup de la position que Ptolémée assigne à *Metelis*. Cette ville n'est pas peuplée en raison de son étendue. Elle était, dans le XVe siècle, l'entrepôt de tout le commerce qui se faisait entre Alexandrie, où abordent les bâtimens d'Europe, et le Kaire, où aboutissent les caravanes de l'intérieur de l'Afrique et de l'Arabie. Mais, l'entretien des canaux au moyen desquels se faisaient les transports de Foueh à Alexandrie, ayant été négligé sous le gouvernement destructeur des Turks, il a fallu que les marchandises expédiées du Kaire descendissent le Nil jusqu'à Rosette, pour être transportées de là par mer à Alexandrie ; dès-lors Foueh ayant perdu tout l'avantage de sa position, déchut considérablement, pendant que la même raison occasionait l'accroissement rapide de Rosette, où vinrent se fixer par la suite les consuls européens qui résidaient précédemment à Foueh.

On trouve, à deux lieues au nord de cette dernière ville, le gros bourg de Metoubis placé sur le bord du fleuve. Metoubis est connu par la licence extrême de ses mœurs. C'est la résidence d'un grand nombre d'*a'lmeh*. Auprès de ce bourg on voit des amas de décombres nommés *Koum-el-Hamar*, qui peuvent avoir appartenu à une ville ancienne; peut-être est-ce le reste du mur des Milésiens [1], qui était, comme l'on sait, voisin du lac de Butos.

Ce lac est fort près de Metoubis. Il occupe, de l'est à l'ouest, plus de la moitié de la base du Delta, et est plus rapproché de la branche de Rosette que de celle de Damiette. Il est séparé de la mer par une étroite langue de terre, et communique avec elle par une seule ouverture, qui est l'ancienne bouche Sebennytique. On trouve sur ses bords quelques ruines égyptiennes; la plupart ne présentent plus que des décombres, des tessons et des fragmens de briques. Un des monticules les plus considérables porte le nom de *Koum-el-Kebyr*; il est situé vers le milieu de la rive méridionale du lac. A une lieue vers l'est est un autre amas de décombres rouges, sur lequel s'élève une colonne qu'on aperçoit de fort loin. On rencontre aussi entre le lac et la rive occidentale du canal de Tabanyeh, en le remontant l'espace de cinq à six lieues depuis son embouchure, plusieurs endroits où des ruines et des collines artificielles annoncent l'emplacement de quelques villes anciennes. Trois mon-

---

[1] Strab. *Geogr.* l. XVII, p. 801, edit. 1620.

ticules de décombres, nommés *Damraouy*, *Nemyry* et *Kalyah*, sont groupés sur les rives de la branche Sebennytique. Enfin, sur la colline d'*el-Handahour*, située à cinq lieues de là environ en se reportant vers le nord sur les bords du lac et à l'est de l'embouchure du canal, on voyait encore, quatre ans avant notre arrivée en Égypte, trois grosses pierres qui provenaient probablement de quelques monumens anciens : à cette époque, un kâchef les fit enlever. La colline d'el-Handahour peut avoir mille mètres de longueur sur deux cents de largeur : elle est formée de terres de rapport recouvertes d'un peu de sable et de fragmens de pierre. C'est peut-être là qu'existait autrefois la ville de *Pachnamunis*, capitale de la province Sebennytique inférieure. Ptolémée la place à l'est de la partie inférieure de la branche Thermutiaque; ce qui convient à la position d'el-Handahour relativement à Semennoud, l'ancienne *Sebennytus*, et au canal de Tabanyeh, qui est une portion de l'ancien cours de la branche Thermutiaque.

Quant à Butos, c'est sur l'autre rive qu'elle était placée, selon le même géographe; et l'on doit en conséquence, et d'après le témoignage d'Hérodote, en chercher l'emplacement dans le voisinage du canal et du lac parmi les ruines dont nous avons parlé précédemment. « Elle est située, dit cet historien, vers l'embouchure Sebennytique du Nil; on la rencontre en remontant de la mer par cette embouchure du fleuve, etc.; auprès d'elle est un lac spacieux[1]. »

Cette ville était une des plus importantes du Delta :

[1] Liv. II, §. 155 et 156, traduction de Larcher.

une divinité égyptienne, que les Grecs ont regardée comme la même que Latone, y avait un temple magnifique; les oracles qu'elle y rendait, étaient très-respectés et passaient en Égypte pour les plus véridiques.

Hérodote nous a transmis sur cette ville des détails précieux. « On voit à Butos, dit-il, plusieurs temples, celui d'Apollon et de Diane, et celui de Latone, où se rendent les oracles : ce dernier est grand; ses portiques ont dix orgyies de haut. De tout ce que je vis dans l'enceinte consacrée à Latone, la chapelle de la déesse me causa le plus de surprise; elle est d'une seule pierre de forme cubique; chacune de ses dimensions est de quarante coudées : une autre pierre dont les rebords ont quatre coudées, lui sert de couverture. L'île de Chemmis, presque aussi admirable, est dans un lac profond et spacieux, près du temple de Latone. Les Égyptiens assurent que cette île est flottante; pour moi je ne l'ai vue ni flotter ni remuer. On y remarque une grande chapelle d'Apollon avec trois autels. La terre y produit, sans culture, quantité de palmiers et d'autres arbres tant fruitiers que stériles. Voici, selon les Égyptiens, la raison pour laquelle elle flotte : Latone, l'une des plus anciennes divinités, demeurait à Butos, où est maintenant son oracle; Isis lui ayant remis Apollon en dépôt, elle le cacha dans cette île qu'on appelle aujourd'hui l'île flottante, et qui autrefois était fixe et immobile : elle le sauva dans le temps même qu'arrivait Typhon, qui cherchait partout le fils d'Osiris; car ils disent qu'Apollon et Diane sont nés de Bacchus (Osiris) et d'Isis, et que Latone fut leur nourrice. Apollon s'appelle *Orus* en égyptien; Cérès, *Isis;* et Diane, *Bubastis*[1]. »

Le lac Bourlos renferme une quantité considérable d'îles, la plupart marécageuses, parmi lesquelles il serait intéressant de rechercher celles de Chemmis et d'Helbo, célèbres dans l'antiquité. Nous avons déjà rapporté ce qu'Hérodote savait de la première : nous ajouterons que le nom de Χέμμις, *Chemmis*, qui lui fut donné par les Grecs, vient peut-être de Ⲭⲙⲓ ou Ⲭⲏⲙⲓ, *Chmi* ou *Chêmi*, nom de l'Égypte, dans l'ancienne langue de ce pays; et l'on conçoit que les Égyptiens pouvaient donner spécialement, et comme titre d'honneur, le nom d'*île d'Égypte*[2] à celle qui avait servi d'asile à leurs dieux. Quant à l'île d'Helbo, elle est principalement connue par le séjour d'un Pharaon aveugle qui, chassé du trône par Sabacos, roi d'Éthiopie, s'y cacha pendant cinquante ans que dura la domination des étrangers. Des Égyptiens fidèles nourrirent secrètement en ce lieu leur prince infirme; chacun lui fournissait des vivres suivant sa fortune, et lui apportait de la cendre pour élever au-dessus des eaux le territoire marécageux de l'île.

Le lac et les terres incultes qui avoisinent le lac Bourlos, principalement à l'est et au sud, formaient la pro-

---

[1] Liv. II, §. 155 et 156, traduction de Larcher.

[2] Des noms de pays ont souvent servi d'épithète; et il est assez naturel que des étrangers aient quelquefois substitué entièrement l'épithète au nom propre : c'est pour cela probablement que nous voyons un Pharaon être nommé *Chemmis* par les historiens grecs, la ville de Panopolis être appelée *Chemmo* ou *Chemmin*, au dire de Diodore; et les Arabes, lors de leur conquête de l'Égypte, donner le nom de *Chmoun* ou d'*Achmoun* à plusieurs villes et villages de ce pays. Enfin, si le château de la Babylone d'Égypte, Ⲃⲁⲃⲩⲗⲟⲛ ⲛ̄ⲭⲏⲙⲓ, *Babylon an-Chêmi*, a été nommé par les Arabes *Kusr-el-Châma*, château de

vince connue des anciens sous le nom d'*Éléarchie*. C'est de ces marais que Psammitichus, exilé par ses onze collègues, sortit pour les chasser du trône, et qu'Amyrtée[1] brava long-temps toutes les forces des Perses. Ces lieux étaient alors habités par une population nombreuse et intrépide ; ils le sont encore aujourd'hui par des pêcheurs plus braves et plus indépendans que les *fellâh* de l'intérieur des terres.

Après avoir ainsi parcouru ensemble le Delta, nous nous séparâmes : l'un de nous revint habiter Semennoud, l'autre se fixa à Menouf, et il nous fut facile, pendant le long séjour que nous fîmes dans ces deux villes, de rectifier et d'étendre les notes que nous avions recueillies dans notre course.

---

la Bougie ou de la Lumière (*voyez* la Description de Babylone, *chapitre XIX des Antiquités*), c'est sans doute parce qu'ayant trouvé dans cette forteresse un temple consacré au feu, ils prirent dans leur langue le mot qui, en se rapprochant le plus du mot égyptien ⲬⲎⲨⲤ, pouvait avoir quelque rapport avec le culte du feu. Nos soldats, pendant leur séjour en Égypte, avaient dénaturé par des inductions semblables plusieurs noms propres de personnes et de lieux. (Du Bois-Aymé.)

[1] Thucydide, *Hist.* liv. 1.

ABRÉGÉ CHRONOLOGIQUE

DE L'HISTOIRE

DES MAMLOUKS D'ÉGYPTE,

DEPUIS LEUR ORIGINE

JUSQU'A LA CONQUÊTE DES FRANÇAIS;

Par M. DELAPORTE,

MEMBRE DE LA COMMISSION DES SCIENCES ET DES ARTS D'ÉGYPTE,
CHANCELIER-INTERPRÈTE A TRIPOLI DE BARBARIE.

Regibus incessit magno discordia motu.
VIRG. Georg. lib. IV, vers. 68.

PREMIÈRE DYNASTIE,

MAMLOUKS BAHARITES OU TURCOMANS.

CHAPITRE PREMIER.

Chegeret el-dorr. Tourân-châh. Ibek. A'ly.

AVANT d'entrer en matière, je crois devoir attirer l'attention sur les deux dénominations de *Baharites* et de

Turcomans que portent les Mamlouks de cette dynastie: l'une doit son étymologie au mot *Bahar*, nom donné au Nil, et l'autre à la contrée où ils reçurent le jour. On voit encore à la pointe méridionale de Roudah, île voisine du vieux Kaire, et du côté de Gyzeh, des masses informes de maçonnerie, indices certains des fondemens et de la position des édifices où on les caserna, et qui ont totalement disparu.

Il est des phénomènes que le temps réserve pour des époques choisies. Chegeret el-dorr, si l'on considère le peuple et le siècle où elle vécut, en est un des plus rares. Turque de naissance, entraînée d'Orient en Afrique dans la foule des esclaves achetés par Malek el-Sâlh, elle se fit bientôt distinguer par sa beauté au milieu de ses compagnes, comme un lis se fait remarquer par son éclat au milieu des fleurs des champs. Son mérite fut apprécié par le sultan, qui s'attacha à elle. Amoureux de son esclave, il devint l'amant d'une maîtresse qui l'avait rendu père de Tourân-châh. Plus épris encore de ses talens que de ses charmes, il se joignit à elle par les liens de l'hyménée, lui confia l'administration de l'État quand l'armée réclamait sa présence au-dehors; et Chegeret el-dorr, pour me servir de la signification de son nom, fut l'*Arbre de perles* qui ombragea son trône.

A peine vit-elle son front ceint du bandeau royal, que les germes de son ambition, jusqu'alors comprimés, se développèrent, et qu'elle s'aperçut de l'avantage et du pouvoir de talens qu'elle semblait méconnaître. Rougissant de se trouver au second rang, et oubliant qu'elle avait été esclave, elle dédaigna le titre de reine pour aspirer à celui de monarque. Si pour l'exécution d'un projet aussi hardi elle brava les lois, du moins elle respecta les mœurs et les usages de son siècle, se restreignit à dicter ses volontés derrière le voile sacré du harem, et s'occupa de chercher un serviteur fidèle, dévoué à ses commandemens.

Parmi ses Mamlouks, Malek el-Sâlh en avait choisi un pour confident de ses plaisirs ; Chegeret el-dorr le séduisit et jeta les yeux sur lui pour en faire l'exécuteur de ses desseins. La charge de grand boutillier permettant à celui-ci l'accès du sérail, elle saisit le moment où le sultan était enseveli dans les vapeurs du vin, pour parler d'amour à Ibek (c'était le nom de ce Mamlouk), lui faire part de ses projets, et lui laisser même entrevoir sa main. Ibek étonné hésita d'abord ; mais, ébloui par un brillant avenir, il jura fidélité à la reine, et promit de seconder les vœux de sa maîtresse. Sa condescendance lui valut la charge de capitaine des Mamlouks, que Chegeret el-dorr attacha par ce moyen à son parti ; et l'on vit un simple esclave être à-la-fois grand échanson, capitaines des gardes, favori de son maître, et amant affidé de l'épouse de son roi.

Chegeret el-dorr, sûre de son plan, en remit l'exécution au bonheur des circonstances. La mort de Malek el-Sâlh, qui survint alors, semblait les amener favorables ; mais la crainte d'être traversée par son fils la retint, et elle n'en profita pas. Ce fils, il est vrai, avait été, dès sa plus tendre jeunesse, élevé dans la soumission la plus aveugle et l'obéissance la plus absolue aux volontés de sa mère. Néanmoins Chegeret el-dorr, appréhendant que, s'il venait à connaître par la voix publique la mort de son père, il n'oubliât ses devoirs et ne se fît proclamer sultan sans sa participation, la tint momentanément cachée, appela le Qobte Barsoum, fils de Chabbân, dépositaire de ses secrets et intendant de ses revenus, lui dicta des ordres pour Tourân-châh son fils, des instructions pour Ibek, et chargea Chahâb el-dyn, fils d'Yaghmour, ouâly du Kaire, de les porter au camp.

Le fils d'Yaghmour y arriva, et fut introduit au moment où l'on amenait en présence de Tourân-châh, entouré de ses Mamlouks, le chef des croisés, chargé de chaînes, et suivi de *sept rois*, sans doute de sept principaux seigneurs de son royaume, faits prisonniers avec lui à la bataille de Fâreskour, le 12 de la lune de moharram de l'an 648 de l'hégire (1250 de notre ère). Il remit les ordres au prince, qui les reçut avec respect, les plaça sur ses yeux, sur sa bouche et sur son cœur, et promit de s'y conformer. Cette déférence le sauva; car Ibek, qui en avait l'ordre, était prêt à le frapper au moindre signe de refus.

La mort de Malek el-Sâlh fut aussitôt publiée: à peine fut-elle connue du camp, que les Mamlouks, vivement émus à cette nouvelle, disent des auteurs contredits par d'autres, voulurent mettre à leur tête et à celle de l'État le roi captif; mais ils en furent détournés par leurs émyrs, et Tourân-châh fut salué Malek el-Mo'addem, c'est-à-dire *roi grand*.

Malek el-Mo'addem, après son avénement, ayant chargé Chahâb el-dyn du soin de conduire les illustres prisonniers à sa mère, se mit en état de recueillir les débris de l'armée des croisés épars çà et là; et, en moins de temps qu'il n'en fallut au fils d'Yaghmour pour se rendre au Kaire, il reconquit à l'islamisme tous les pays qui étaient tombés au pouvoir des chrétiens.

Aussitôt que les cheykhs de la capitale eurent connaissance de l'approche de Chahâb el-dyn amenant les captifs, ils allèrent à sa rencontre; et au bruit des fanfares, au milieu des blasphèmes du peuple contre les infidèles, ils l'accompagnèrent jusqu'à la citadelle, où il se présenta à Chegeret el-dorr, qui fut plus flattée de l'humiliation du chef des croisés que de la soumission politique d'un fils qu'elle regardait comme un rival.

Quant à la manière dont on en usa à l'égard de S. Louis, les auteurs en parlent diversement : les uns veulent qu'on ait eu pour lui toute la considération due à un prince malheureux; d'autres, et de ce nombre est Gelâl el-dyn, qui cite des vers composés à cette occasion par Gemâl el-dyn, fils de Matrouh, assurent qu'il fut abandonné à l'eunuque Sabyh, qui eut l'ordre de lui infliger, chaque jour, quatre-vingts coups de lanière: traitement dont l'ignominie retombe plutôt sur celui qui l'ordonna que sur celui qui le souffrit, et auquel l'auguste captif ne put se soustraire que par une forte rançon dont Ibek profita.

Chegeret el-dorr avait bien raison de craindre que la soumission empressée de son fils ne fût qu'apparente; car Tourân-châh n'eut pas plutôt rendu le repos à l'État, que, honteux de condescendre aux volontés d'une femme, il résolut de secouer un joug indigne du fils de Malek el-Sâlh, du prince des musulmans, du vainqueur des croisés, et de gouverner par lui-même. Pour y parvenir, il méprisa les ordres de sa mère, éloigna la plupart des émyrs baharites dans les provinces, et fit égorger un grand nombre de captifs. Cette conduite atroce, au lieu de lui assurer l'autorité, ne fit qu'indisposer contre lui sa mère et les Mamlouks, et sa perte fut jurée.

Il avait coutume de se transporter de Mansourah à Fâreskour, qu'il faisait fortifier, et de là sur les bords du Nil, où il élevait une tour en bois pour protéger la navigation de ce fleuve. Cette tour achevée, il fit dresser un grand banquet, en signe de réjouissance, sur le champ de bataille même où il avait vaincu. Tous ceux qui avaient eu part au succès y furent invités, et il s'y rendit lui-même, ne sachant pas le sort qui l'y attendait. A peine parut-il, que les Baharites fondirent sur lui le sabre nu, et le forcèrent, après la perte de tous les doigts d'une main, à se réfugier dans la tour, qu'ils incendièrent. Le malheureux sultan, pour se sauver des flammes, s'étant jeté dans le Nil, y fut percé de flèches, et périt dans les eaux du fleuve. Le rivage est encore en possession des restes inanimés de Tourân-châh, victime, après quarante jours de règne, de l'ambition de sa mère, et égorgé par ses esclaves devenus ses maîtres et ses bourreaux. La courte durée de son règne n'offre de remarquable que la destruction de Damiette, qu'il fit démolir de fond en comble pour s'être livrée aux chrétiens, et le châtiment de quarante émyrs, qu'il fit pendre pour l'avoir rendue.

Après le meurtre de Malek el-Mo'addem, les émyrs vinrent au Kaire, pour procéder à l'élection d'un autre sultan : sous l'influence d'Ibek, ils reconnurent Chegeret el-dorr pour sultane. Cette femme, étant parvenue à son but, prit les rênes de l'État, créa Ibek *atâbek*, c'est-à-dire gouverneur du royaume, mit toutes les affaires en ordre, et s'occupa du soin de se rendre agréable à tous les émyrs, qu'elle combla d'honneurs. Les peuples, régis avec équité, bénissaient la douceur d'un règne qui devait être bientôt troublé.

Les nouvelles de la mort de Malek el-Sâlh, de la captivité de S. Louis, du meurtre de Tourân-châh, et de l'avénement de Chegeret el-dorr au *sultanat*, parvinrent en même temps sur les bords de l'Euphrate, et Mostanser-b-illah, khalife à Baghdâd, indigné de ce que les émyrs eussent reconnu l'autorité d'une femme, leur écrivit en ces termes : « Puisqu'il ne se trouve parmi vous aucun homme capable d'être votre sultan, je vous en donnerai un de ma main. Ignorez-vous donc cet apophthegme du sublime prophète, *Malheur aux peuples gouvernés par des femmes!* »

A la réception de cette lettre, dont elle sentit la force et prévit les conséquences, l'adroite sultane eut le bon esprit d'abdiquer volontairement en faveur d'Ibek, qui promit de l'épouser, et qui fut salué, le 29 de la lune de rabye' second de l'an 648, Malek el-Moa'zz, c'est-à-dire *roi puissant*. Il épousa Chegeret el-dorr, qui continua de gouverner sous son nom.

Pendant les premières années d'un règne simulé, Malek el-Moa'zz jouit et fit jouir ses peuples d'une tranquillité qui ne fut interrompue que par la dissension qui se glissa à la fin parmi les Mamlouks. Ils se divisèrent en deux partis, qui prirent chacun une dénomination. Ceux qui avaient pour chef l'émyr Fâres el-dyn, lieutenant-général de la garde, furent appelés *sâlhites*, du nom de Malek el-Sâlh, et les autres reçurent le nom de *moazzites*, parce qu'ils avaient été achetés par Malek el-Moa'zz ou Ibek. Les sâlhites, animés par leur émyr, se repentirent d'avoir créé sultan un de leurs égaux, se révoltèrent contre Malek el-Moa'zz, et le forcèrent à associer à son trône un jeune prince, âgé de vingt ans, de la race des Ayoubites, qu'ils avaient fait venir à cet effet des contrées de l'Orient. Ce jeune prince, nommé Modaffer el-dyn, fils d'Yousef fils de Mesoud, fut proclamé Malek el-Achraf, c'est-à-dire *roi très-noble*; et l'on vit, par une bizarrerie du sort, placés sur le même siége royal, le petit-fils de Saladin et l'esclave de Malek el-Sâlh, dont les noms prononcés ensemble dans les mosquées furent gravés ensemble sur les monnoies du temps.

On juge aisément qu'un tel affront ne pouvait pas rester impuni, et que si, contraint par la force des circonstances, Malek el-Moa'zz dissimula, ses premiers soins seraient de se venger. Pour le faire avec succès, et afin d'éloigner tout soupçon, il laissa s'écouler quelque temps; après quoi il attira Fâres el-dyn, chef du complot tramé contre lui, dans une embuscade qu'il lui avait dressée à la citadelle, et le fit périr de la main de ses Mamlouks. Se doutant bien qu'une telle action aurait des suites, il ordonna de fermer les portes de la citadelle et de la ville, et attendit les événemens.

A la nouvelle de l'arrestation de Fâres el-dyn, les émyrs sâlhrites Qotoz, Bibars, etc., vinrent chacun à la tête de leurs Mamlouks demander avec menace raison de l'insulte faite à leur chef; mais l'aspect effrayant de sa tête encore sanglante, qui roula du haut des murailles à leurs pieds, leur inspira une terreur panique si grande, qu'ils s'enfuirent dans le plus grand désordre vers *Bâb el-Qorrâtyn*, l'une des portes du Kaire, l'enfoncèrent, et se frayèrent un chemin vers la Syrie, abandonnant néanmoins quelques-uns des leurs, qui furent arrêtés et emprisonnés.

Malek el-Moa'zz, ayant ainsi culbuté le parti qui lui était opposé, s'empara de Malek el-Achraf, et le fit jeter dans un cachot, où il mourut après un an et un mois de règne. En lui finit la dynastie des Ayoubites d'Égypte.

Ibek, non content d'être délivré d'un rival, voulut s'affranchir de la domination de Chegeret el-dorr; mais il éprouva qu'il est plus facile de tomber dans les lacs d'une femme, que d'attirer dans les siens ceux qui nous donnent de l'ombrage. Cependant il prétexta sa stérilité, et lui préféra une autre femme qui l'avait rendu père d'un fils connu sous le nom d'*A'ly*, et qu'il avait épousée auparavant. La mère d'A'ly possédait son cœur sans réserve, pendant que la sultane n'avait que les égards que commandent les devoirs et que les dégoûts accompagnent.

Chegeret el-dorr, rebutée et dédaignée, se porta à toutes les extrémités où la jalousie est capable d'entraîner une femme, regretta les beaux jours de son premier époux, et abusant du droit que ses bienfaits lui avaient acquis sur le second, les lui reprocha, et lui commanda impérieusement de répudier sa rivale. Il n'y répondit qu'en se retirant chez celle-ci. Courroucée contre cette nouvelle marque de mépris, la jalouse sultane contint son ressentiment. Pour ramener à elle l'ingrat qui la fuyait, elle mit en œuvre larmes, caresses, soumission, promesses, moyens qui réussissent toujours aux personnes de son sexe, et elle reconquit son époux, qui, ignorant le sort qu'elle lui préparait, se laissa reconduire auprès d'elle.

Chaque sérail a un endroit retiré, destiné aux ablutions; Chegeret el-dorr le choisit pour le théâtre de sa vengeance. Elle y posta cinq eunuques blancs, et y conduisit le sultan, qui, se voyant assailli par ces cinq ministres de mort, et hors d'état de se défendre, implora la pitié de son épouse; elle allait céder, quand les eunuques, roulant autour du cou du prince le châle de son turban, l'étranglèrent en s'écriant : « Princesse, si vous lui faites grâce, nous sommes perdus. » Le bruit courut qu'il était mort à la suite d'une attaque d'épilepsie, le 26 de la lune de rabye' premier de l'an 655.

Chegeret el-dorr n'eut pas le temps de jouir des effets de sa vengeance. A'ly, fils du sultan, aidé des Mamlouks de son père, s'étant emparé de sa personne, et l'ayant livrée à sa mère, qui l'avait sans doute excité à en agir ainsi, celle-ci l'abandonna à la barbarie de ses femmes, qui lui firent subir une mort d'un genre nouveau. Les femmes en Orient et en Afrique portent, dans l'intérieur des harems, des espèces de sandales ou galoches de bois nommées *qobqâb*. C'est sous les coups multipliés de cette chaussure que Chegeret el-dorr, qui naguère régissait à son gré les destins de l'Égypte, périt écrasée comme un vil insecte; son cadavre fut jeté du haut des murailles dans les fossés de la citadelle, et, après y être demeuré trois jours entiers sans sépulture, en fut retiré pour être déposé dans un tombeau, auprès de celui de Sitty Nefyçah, au Kaire. Son règne eut l'éclat et la durée d'un météore. Elle mourut, laissant après elle le surnom d'*Omm-Khalyl,* c'est-à-dire mère de Khalyl, autre fils qu'elle avait eu de Sâlh. Elle fut la Pulchérie ou la Sophie de son siècle : tout en elle, pour me servir de l'expression même des Orientaux, était merveille. A'ly lui succéda; mais, comme on va le voir, son règne ne fut pas de longue durée.

CHAPITRE II.

A'ly. Qotoz. Bybars.

Après la double catastrophe du meurtre d'Ibek et de la mort cruelle de Chegeret el-dorr, A'ly, dit Nour el-dyn, fut proclamé Malek el-Mansour, *roi victorieux,* et gouverna sous la tutelle de Cherf el-dyn. Son règne, malgré les talens de son gouverneur, qui mit tout en œuvre pour le prolonger, ne se soutint que jusqu'au retour à la capitale, des émyrs sâlhites, qui, comme on l'a vu, s'étaient enfuis en Syrie; il dut sa chute à Seyf el-dyn Qotoz el-Farkabad, que, pour son malheur, on avait élu atâbek ou régent.

Ces émyrs, avertis sans doute par Qotoz de la mort de leur ennemi et de leur bienfaitrice, revinrent au Kaire, s'y assemblèrent en divan général, déclarèrent Malek el-Mansour, âgé de onze ans seulement, inhabile à régner vu son bas âge, le déposèrent, et saluèrent Qotoz sultan avec le titre de Malek el-Modaffer, c'est-à-dire *roi triomphant*.

Qotoz signala le commencement de son règne par l'emprisonnement, et, selon toutes les apparences, par la mort de son légitime souverain, et par l'exécution de Cherf el-dyn, qu'il fit mourir en croix à la porte de la citadelle. Ce Cherf el-dyn était Qohte d'origine, et avait été médecin et favori du cinquième sultan Ayoubite. Il changea le nom chrétien *Hibet-allah* (Dieudonné) en celui de *Cherf el-dyn* (Gloire de la foi), et il réunit la profession de médecin et la charge de vizir, dans lesquelles il fut également célèbre. Il s'acquitta de ses fonctions de ministre d'état avec honneur, tant sous les derniers sultans Ayoubites, que sous les premiers sultans Mamlouks. Qotoz le fit périr, à ce qu'on prétend, pour n'avoir pas voulu seconder ses projets, et il lui donna pour successeur Zeyn el-dyn Ya'qoub.

Pendant que ces choses se passaient au Kaire, on y vit arriver un officier tartare, porteur d'une proclamation de Holâkou, petit-fils de Gengis-khân. Cet Holâkou, après avoir, à la tête d'une armée d'élite tirée des troupes de Mangou, empereur des Mogols, son frère, purgé le monde de la secte infâme des assassins; après s'être vengé par la mort de Mostanser-b-illah, qui naguère avait voulu donner un sultan à l'Égypte et qui ne put défendre ses états, de ce que ce khalife avait manqué à l'engagement qu'il avait pris avec lui de concourir à exterminer cette race impie ; après avoir couvert de deuil et de désolation les *I'râq*, saccagé et pillé les grandes cités de Baghdâd, Moussoul et Alep ; après s'être rabattu sur la Syrie et s'être enfin emparé de Damas, s'avançait sur l'Égypte. Sa proclamation, dictée par l'orgueil de ses succès, et transmise par Y'ny dans son petit ouvrage intitulé *Gouâher el-Bouhour*, c'est-à-dire *les Perles des Océans*, etc., est conçue en ces termes :

« De la part du roi de tous les rois qui règnent du couchant à l'aurore, du plus puissant des *khaqân*, Holâkou-khân, etc., etc., dont les conquêtes sont inouies et les troupes innombrables, etc., etc.

« Peuple de Masr (d'Égypte), ne vous hasardez pas à combattre contre moi, vos efforts seraient impuissans ; n'imitez pas ceux de Moussoul et d'Alep. »

Le laconisme et la force de cette proclamation firent sur l'esprit de Qotoz l'impression qu'ils devaient faire ; mais, la première terreur surmontée, il s'occupa de conjurer l'orage qui, né au sein de la Tartarie, était venu fondre sur la Syrie et menaçait l'Égypte. Il rassembla ses généraux, mit en campagne ses armées encore tout échauffées de leurs succès sur les croisés, les augmenta d'Arabes et d'une infinité de nouvelles recrues, leva six cent mille dynârs sur les Égyptiens pour les frais de la campagne, et en distribua une partie aux troupes, auxquelles il donna un rendez-vous général dans les plaines de Rydânyeh ; ce fut le dernier jour de la lune de cha'-

bân, l'an 658 de l'hégire, qu'il fit donner le signal du départ, et que cette armée formidable fit un mouvement en avant sur la Syrie.

Pendant que les deux armées s'avançaient chacune de son côté, Mangou-Ka'ân, empereur des Mogols, mourut; et cette nouvelle parvenue à Holâkou opéra un changement qui tourna en faveur des Égyptiens, en ce qu'il força le général tartare à retourner dans sa patrie avec la majeure partie de ses troupes, ne laissant à Ketboghâ, son parent et son lieutenant, que dix mille cavaliers choisis. Ce fut avec cette poignée de troupes que Ketboghâ osa continuer sa marche contre Qotoz, qui avait accéléré la sienne, aussitôt qu'il avait eu connaissance de la retraite d'Holâkou. Ketboghâ et Qotoz se rencontrèrent à A'yn el-Gâlout, c'est-à-dire *la Fontaine de Goliat*, dans la terre de Chanaan, nommée *Tubanie* par nos auteurs. Il s'engagea un combat sanglant. Tout violent que fut le premier choc des Tartares, il ne produisit néanmoins aucun effet. Ceux-ci se retirèrent pour en livrer un second qui ne fut pas plus heureux, et vinrent périr dans les rangs égyptiens, où plus de la moitié fut sacrifiée; le reste prit la fuite. Ketboghâ fut trouvé parmi les morts; et son fils, emmené esclave, enrichit le butin qui fut immense. Ce succès décida du sort de la Syrie, qui retourna sous la domination de Qotoz. Tout étant rentré dans l'ordre, le sultan se mit en route pour le Kaire, où il avait l'intention de jouir du fruit de sa victoire; il était déjà arrivé à Sâlhyeh, ville située sur les confins de l'Égypte et de la Syrie, et fondée par Malek el-Sâlh, quand éclata une conspiration qui se couvait depuis quelque temps parmi les émyrs : un animal timide en fournit l'occasion.

Un jour que Qotoz se promenait à cheval au milieu des généraux de sa garde, le bruit de la cavalerie fit lever un lièvre. Le sultan le voit fuir, et le poursuit ; mais, la vitesse de l'animal effrayé ne lui ayant pas permis de l'atteindre, Qotoz, qui ne voulait pas s'enfoncer trop avant dans le désert, tourna bride. Il revenait vers les siens, quand Bybars, qui s'en était détaché, alla au-devant de lui en avançant la main. Le sultan, croyant que Bybars voulait lui baiser la sienne pour le remercier du don d'une belle esclave tartare, la lui présenta ; mais le perfide, au lieu de la baiser, la lui serra fortement, saisit son ataqân et l'en frappa. Les autres émyrs qui étaient du complot, accoururent et l'achevèrent. Malek el-Modaffer expira le 11 de la lune de qa'deh de l'an 658. Ses restes furent déposés dans un petit tombeau qu'on lui érigea près du cheykh Khalaf. Après sa mort, ses Mamlouks, qui craignaient pour leur propre vie, se dispersèrent dans différens villages de la basse Égypte.

S'il faut en croire l'anecdote suivante, citée par Gelâl el-dyn, Qotoz était d'extraction royale. « Ayant reçu un jour, du fils de Zâym son patron, un soufflet qui lui fit verser des larmes : Pourquoi pleures-tu ? lui demanda-t-on. Je pleure sur le mauvais destin de mon père et de mon aïeul, qui valaient mieux que celui-ci, dit-il en montrant son maître. Qu'était ton père ? lui répliqua-t-on : quelque mécréant ? Je suis, répondit-il, musulman, fils de musulman. Je suis fils de Mahmoudy

Ymdoud, fils de la fille de Khârzem, du sang des rois. »
En effet, il avait été emmené captif et vendu dans les camps de Gengis-khân, qui avait détrôné et massacré son oncle, roi de Khârizm, une des provinces de la Perse.

Après l'assassinat de Qotoz, les émyrs, sous le commandement de Fâres el-Qatây, choisirent Bybars, son meurtrier, pour son successeur. On ne pouvait lui infliger un plus juste châtiment, puisque s'asseoir sur un trône, c'est, chez les mahométans, se reposer sur sa tombe. Il fut proclamé Malek el-Kâher, *roi formidable*, titre qui lui déplut, et qu'il changea en celui de Malek el-Dâher, *roi vainqueur*. Aussitôt après son élévation, il se rendit au Kaire, et prit en main les rênes de l'État. Bohâ el-dyn fut créé vizir, et Bylibek, le plus aimé de ses Mamlouks, grand trésorier. Il rappela ensuite les Mamlouks de son prédécesseur, qu'il incorpora dans les siens, abolit les impôts exorbitans dont le royaume était grevé, fit publier au prône dans les mosquées ses ordres à cet égard; et les peuples d'Égypte le comblèrent de bénédictions.

Son élévation au sultanat ne plut pas aux Syriens. Ils se révoltèrent, et se donnèrent pour roi l'émyr Sangar, gouverneur d'Alep, à qui ils conférèrent le titre de Malek el-Mogâhed, c'est-à-dire *roi guerrier*. Cet événement, qui arriva pendant le cours de l'an 658, força Bybars à marcher sur Damas et contre les Tartares qui venaient au secours de cette ville. Damas fut assiégée, et Holâkou fut vaincu dans trois batailles successives : comme il ne laissa à cette place aucun espoir d'être secourue, elle se rendit à discrétion. Bybars y entra en roi terrible ; et, les principaux coupables punis, il revint au Kaire.

Il y travaillait à l'amélioration du gouvernement, quand il vit paraître à sa cour, l'an 660, le fils du khalife Dâher b-illah, le jeune Ahmed, qui avait échappé à la ruine de sa famille. Il lui rendit toute sorte d'honneurs ; et après avoir fait vérifier s'il était tel qu'il se disait, il le fit proclamer khalife, sous le titre de *Mostanser b-illah*, et le retint au Kaire auprès de lui. La présence de ce khalife ne fut pas d'un bon augure pour les Égyptiens. Une famine affreuse vint désoler la capitale. S'il y vit les pauvres se traîner dans la voie publique et réclamer un peu de nourriture, il fut aussi témoin de la commisération et de la générosité de Bybars, qui fit rassembler ces malheureux dans un même local, et leur fit distribuer, chaque jour, ce qui suffisait à leur subsistance ; acte de bienfaisance qui sauva la vie à des milliers d'entre eux près de périr de misère. Ce prince ouvrit outre cela les greniers de l'État au public, et l'abondance ne tarda pas à renaître.

Ce devoir d'homme et de roi rempli, il s'occupa de la circoncision de son fils, et profita de la présence du khalife pour donner plus de solennité à cette cérémonie religieuse. Six cent quarante-cinq enfans, sans compter ceux des grands, furent circoncis à ses dépens, et sept jours se passèrent en réjouissances. Chaque enfant reçut en don cent drachmes (à peu près 120 francs), un vêtement complet et un mouton.

Après ces cérémonies, il donna au khalife une petite

armée, qui devait le rétablir sur le trône de ses ancêtres; mais cette armée en le reconduisant à Baghdâd, ayant été surprise par un fort parti de Tartares, fut exterminée avec lui. Il périt de la même main qui avait égorgé son père, après avoir été khalife cinq mois et vingt jours.

Bybars se porta ensuite sur Krak (Crac de Montréal, dit *Petra deserti*), pour se venger sur la personne de Fatah el-dyn, qui en était souverain, de l'affront que celui-ci lui avait fait en déshonorant sa femme. Ce prince n'avait pas rougi, contre toutes les lois de la pudeur et de l'hospitalité, d'abuser de son autorité et de l'absence de Bybars pour violer le dépôt sacré que ce dernier lui avait confié en quittant l'asile où les malheurs l'avaient forcé de se retirer. Le fort de Krak, qui avait résisté sous Renaud de Châtillon aux armées du puissant Saladin, étant au-dessus de tous les efforts que Bybars aurait pu faire pour l'enlever, il attira Fatah el-dyn dans un piége, se saisit de lui, le transporta au Kaire, et le livra au courroux de sa femme, qui le fit mourir du même supplice que Chegeret el-dorr. Krak, n'ayant plus de maître, se livra à Bybars.

De retour dans sa capitale, le sultan d'Égypte y prépara une expédition contre les chrétiens de Syrie, qu'il voyait avec peine maîtres des premières places de cette contrée. Dans le temps qu'il proclamait à ce sujet la guerre sacrée, il se déclara au Kaire un incendie qui en dévora les plus beaux quartiers. Les chrétiens en furent accusés, comme ils l'avaient été de celui de Rome sous Néron : ils auraient infailliblement subi le même sort, si Fâres el-Qatây, intercédant pour eux, n'avait enfin déterminé Bybars à accepter, pour le rachat de leurs personnes, une somme de 50000 deniers, qui fut, dit-on, affectée à la réparation des dommages, mais bien plutôt aux frais de la guerre contre leurs frères de Syrie.

L'an 663, il s'empara de Césarée en Palestine, alla mettre le siége devant Saint-Jéan-d'Acre, et fut obligé de le lever pour marcher contre les Tartares, qui, réunis aux Arméniens, avaient pris Damas et menaçaient la Syrie. S'étant présenté devant Damas, et n'y ayant plus trouvé d'ennemis, parce que la mort d'Holâkou avait occasioné la retraite de ses troupes, il se jeta sur l'Arménie, dont Haïton, que les Arabes nomment *Takfour*, prince chrétien, était roi, fit tomber en son pouvoir Sis sa capitale, Derkous, Telmis, Kafr-denyn, Ra'yât, Harzbân, Kytoun, Adbah, Mamista, enfin tout le royaume; il étendit ses conquêtes jusques aux confins de la Natolie. Il ne les posséda pas long-temps; car Abakah-khân, fils et successeur de Holâkou, vint l'attaquer avec des forces si puissantes, qu'il fut contraint de se retirer. Il rentra en Syrie, prit, chemin faisant, Safet en Palestine, en massacra les habitans qu'il avait reçus à composition, s'empara d'Aylah sur la mer Rouge, et regagna sa capitale, après avoir passé au fil de l'épée les habitans de Qarâ.

Il passa toute l'année 665 à refaire une armée et à corriger la dépravation des mœurs, à laquelle il attribuait ses derniers revers. En conséquence, il fit brûler les maisons où l'on vendait et fumait le *hachychah*, herbe enivrante, fermer les tavernes et les lieux infâmes où les femmes se prostituaient. Ainsi purifié, il conduisit, en 666, ses troupes en Palestine, prit Yaffâ, Cheqyf-Arnoûn, Tabarych, Arsouf, Antioche, dont il brûla les églises et emmena les habitans en captivité; prit aussi Bagras, Qoceyr, Qareyn, Sâfynâ, Maryqyeh, A'ybâs, s'empara de Baghdâd, et retourna au Kaire, d'où il partit pour le pèlerinage, au commencement de l'an 667, avec son fils Mohammed Barkah-khân. Après avoir visité la Mekke, après avoir adressé à Médine, sur le tombeau de Mahomet, mille actions de grâces à l'Être suprême, qui l'avait rendu victorieux, il renvoie son fils au Kaire, court assiéger Alep, d'où il chasse les Tartares et dont il massacre les citoyens; revient visiter, à Medynet-Khalyl (Hébron), le tombeau du patriarche Abraham; se transporte à Jérusalem, où il se prosterne devant le saint-sépulcre, et rentre au Kaire, ayant laissé partout des traces de sa libéralité et de sa fureur.

L'origine des courriers et des relais qu'il établit pour la communication de tous les points de son empire entre eux, remonte à l'an 668. Ces courriers lui apportaient, deux fois la semaine, les nouvelles de ce qui s'y passait et des mouvemens des ennemis. L'année qui suivit cet utile établissement, est célèbre par la vigoureuse résistance de la ville de Saint-Jean-d'Acre, qu'il avait assiégée de nouveau, et qu'il fut encore obligé d'abandonner. Furieux de n'avoir pu s'en emparer, il en ravagea le territoire. Il se rendit maître du fort de Massiat, défendu par les templiers, en 669.

En 670 (1271 de notre ère), il anéantit, par la prise

de la forteresse des Curdes qui en était le repaire, la race infâme des assassins de Syrie, fléau des trônes et terreur des rois, et couronna en cela le service éminent que Holâkou avait rendu à l'humanité en détruisant ceux de l'Irâq. Il reçut, la même année du comte de Tripoli de Syrie, de riches présens qui procurèrent à ce prince l'amitié du sultan et la jouissance paisible de ses domaines, et il marcha de nouveau sur les Tartares, qui menaçaient la Syrie et assiégeaient Byrah, l'ancienne Virta. Il quitte en conséquence la Palestine, se rend en Mésopotamie, de Mésopotamie en Égypte, et du Kaire à Damas, avec deux armées, l'une commandée par lui en personne, et l'autre par l'émyr Qalâoun l'Elfy sous ses ordres; il se porte sur l'Euphrate, se déguise pour reconnaître la force des ennemis et la situation de leur pays, et revient livrer la bataille de Byrah. Les deux armées se précipitèrent l'une contre l'autre avec la fureur et le fanatisme de deux ennemis rivaux et de cultes différens. Le combat fut d'abord incertain; mais Bybars, instruit par dix années de succès et de revers dans l'art de gagner des batailles, tourne son ennemi, l'enveloppe de toutes parts, l'attaque, et le force, après avoir jonché la campagne de ses morts, à cacher sa honte et sa nouvelle défaite dans les montagnes du Curdistan. Le fruit de cette victoire fut la délivrance de Byrah et la conquête de l'Arménie, qu'il abandonna au pillage. Après cela, il retourna au Kaire, où toutes les rues furent tendues pour le recevoir, et où il fit une entrée solennelle, digne du vainqueur des Tartares et de l'exterminateur des assassins. C'est dans cette pompe majestueuse qu'on porta devant lui le faucon et le parasol, prérogative des sultans d'Égypte.

Aux fêtes qui eurent lieu à cette occasion succéda la peste, fléau d'autant plus terrible qu'il est sans remède. Bybars n'épargna aucun des secours qu'il est possible à l'homme de tenter : mais il n'y avait que le temps qui pût faire cesser le mal; l'été étant heureusement survenu, il s'anéantit ou plutôt s'endormit au sein de ses nombreuses victimes.

*La guerre remplaça la peste. En 672 et 673, Abakâh-khân assiégea de nouveau Byrah; mais l'arrivée inattendue d'une armée égyptienne l'obligea de se retirer en toute hâte, et Bybars eut alors la faculté de se rendre au Kaire pour y faire les noces de son fils avec la fille de Qalâoun l'Elfy, dans la fausse espérance que Qalâoun serait un jour le soutien de son trône. Ce mariage célébré, il envoya, en 674, Aq-Sonqor el-Farqâny à la conquête de la Nubie. La bataille de Syène décida du sort de cette contrée. L'armée nubienne ayant été taillée en pièces, le royaume de Barkah fut pris, et la possession paisible de toute la vallée du Nil assurée à Bybars.

En 675, les Tartares revinrent encore à la charge. Ils inondèrent la Natolie, où le sultan alla les attaquer. Après plusieurs combats heureux et malheureux, ses armées étant affaiblies, il songea à réparer ses pertes, et se retira à cet effet à Émesse, où était fixé le terme de ses jours. Il y eut en ce temps une éclipse totale de lune, dans laquelle les astrologues lurent la mort d'un grand prince. Bybars, qui, comme tous les mahométans, croyait à l'influence des astres sur les destinées de l'homme, voulut détourner les effets du pronostic, et invita à un repas Dâoud, petit-fils de Tourân-châh et dernier rejeton des Ayoubites, qui n'avait d'autre bien que le nom de Nâser el-dyn, et d'autre domaine que le vain titre de Malek el-Qâher, *roi formidable*. Il présenta une coupe empoisonnée à Dâoud, qui avala la liqueur. Croyant qu'il ne restait plus de poison, il la remplit lui-même, but et expira à ses côtés, donnant raison à l'astrologie. D'autres disent qu'il mourut d'un flux de sang contracté en passant l'Euphrate à gué. Il était Kaptchaq d'origine; on le connaît sous le nom de *Bondoqdâr*, parce qu'il avait été *porte-mousquet* de Sâlh. On pourrait le comparer, vu son activité, à l'empereur Julien. Quoique son règne ait été désolé par toute sorte de fléaux, il l'honora cependant par des monumens qui fixent sa gloire sur des fondemens plus solides que les conquêtes : l'Égypte doit à sa munificence la réédification de Damiette, le resserrement du boghâz de cette ville commerçante, le rétablissement de la chaîne qui en fermait le port; la construction des murailles d'Alexandrie, du phare de cette ville, de celui de Rosette, du pont de Chobrâment, province de Gyzeh, d'immenses greniers, de la mosquée d'Atâr el-Neby dans une île proche du vieux Kaire, où les dévots vont tous les mercredis visiter la pierre qu'il y fit placer, et qui, dit-on, porte l'empreinte des pieds de Mahomet; l'excavation du puits minéral d'eau chaude de Tanah, village situé sur la rive gauche du Nil, branche de Damiette; la réparation à neuf de la fameuse mosquée des Fleurs au

Kaire, des ponts dits *Abou-Meneggeh* et *el-Sabáa'*, et
de la grande tour de la citadelle, qui tombaient en ruine;
le curage à fond du canal d'Alexandrie, auquel il donna
plus de profondeur; la fondation de plusieurs mosquées
et colléges à Damas et au Kaire; l'abolition de l'usage
de prononcer son nom dans les prières publiques, usage
qu'il regardait comme une institution de l'orgueil; enfin
la réparation des villes détruites par les Tartares. Il
pourvut à tant de dépenses avec le produit du butin fait
sur ses ennemis.

Il laissa après lui sept filles et trois fils, dont deux
succédèrent l'un à l'autre. Barkah-khân fut le premier.

CHAPITRE III.

Barkah-khân. Chalâmech. Qaláoun. Khalyl. Bedarah.

Aussitôt que Bybars eut fermé les yeux (en 676),
les émyrs décidèrent en grand conseil de tenir sa mort
secrète, afin que les ennemis ne cherchassent pas à en
profiter; ce qui prouverait qu'il est plutôt mort d'un flux
de sang qu'empoisonné à la fin d'un repas, c'est-à-dire
en présence de témoins nombreux. Ils envoyèrent en
conséquence inhumer son corps secrètement à Damas,
et simulèrent un ordre par lequel le sultan, étant malade, voulait être transféré au Kaire dans une litière
fermée. Conformément à cet ordre, l'armée se mit en
route. Sa marche depuis Émesse jusqu'au Kaire eut la

tristesse d'un convoi funèbre; et à peine la litière fut-elle introduite dans la citadelle, que Barkah-khân, son fils, fut salué Malek el-Sey'd, c'est-à-dire *roi fortuné*.

Barkah-khân proclamé créa Bylibek *atâbek* ou son lieutenant-général, reçut le serment des emyrs, et commença un règne qui présageait le bonheur, mais dont la tranquillité, troublée par la maladie de Bylibek, expira avec lui.

Les belles actions honorent l'histoire. Bylibek, acheté en bas âge par Bybars, qui le prit en affection, grandit, se forma à son école, et devint son grand trésorier. Son intégrité dans cette charge l'ayant rendu encore plus cher au sultan, celui-ci lui confia la jeunesse de son fils; et le jeune prince en fit son favori. Fier, sans orgueil, de la charge dont il était honoré, Bylibek se plut à faire des heureux. Je citerai pour exemple sa générosité à l'égard de celui qui l'avait vendu à Bybars. Cet homme, tombé du faîte de l'opulence, se trouvait réduit à mendier sa subsistance. Instruit par la voix publique de la fortune de son ancien esclave, stimulé par la détresse où il était, et encouragé par l'espérance, il vint présenter une requête où il dépeignait ses malheurs à l'heureux Mamlouk : celui-ci l'ayant reconnu, l'accueillit avec aménité, le fit asseoir à ses côtés, le couvrit de riches vêtemens, lui donna des chevaux, dix mille deniers d'or (environ 180000 francs), et le retint à son service; reconnaissance bien rare dans une ame asservie.

Sa mort fit une telle sensation sur l'esprit de Barkah-khân, qu'il s'opéra dans sa conduite un changement brusque, et qu'il cessa d'agir avec cette humanité qu'il avait montrée jusqu'alors. Il regarda les émyrs comme coupables d'une mort qu'il ne pouvait se figurer naturelle, et il sévit contre eux. Aq-Sonqor, vainqueur de la Nubie, élu à la place de Bylibek, fut relégué et étranglé dans une des tours d'Alexandrie. Les autres émyrs, épouvantés et craignant le même sort, conspirèrent contre le sultan.

La nouvelle révolte de Damas suspendit l'effet de cette conspiration, au moins momentanément. Il se trouva forcé de marcher contre Aq-Sonqor el-A'chqâr, c'est-à-dire *le Blond*, qui s'était fait reconnaître souverain sous le titre de Malek el-Kâmel, *roi parfait*. Entouré de ses émyrs et suivi de son malheureux destin, Barkah-khân vint fixer son quartier-général au palais d'Ablaq, construit par son père dans les environs de Damas. Ablaq aurait été son tombeau, si la mine qu'on disposait contre lui n'eût été éventée à temps. Il en fit son profit et voulut la diriger contre ses auteurs, quand ceux-ci, informés à propos, abandonnèrent le camp à la tête de leurs Mamlouks, prirent la route du Kaire, et s'y fortifièrent. Le sultan vint pour les attaquer; mais, déconcerté par leur attitude menaçante, il renonça à son entreprise, et alla se retrancher lui-même dans la citadelle. Cette marque de faiblesse enhardit les rebelles, qui l'y bloquèrent et le réduisirent à capituler. Il se servit pour cela de l'entremise du khalife Hâkem Bi-amr-allah, à qui l'on accorda une entrevue, et qui n'eut d'autre réponse que celle-ci : « Qu'il vienne à nos pieds; et nous verrons alors ce que nous aurons à faire; » insolence digne de rebelles heureux qui voulaient sacrifier leur maître. Cependant, après quelques débats, et à la considération du khalife, on lui accorda la vie, et on l'exila à Krak.

Peu de temps après, les émyrs se repentirent de lui avoir fait grâce et prononcèrent sa mort; arrêt qui allait avoir son effet, quand on annonça ses funérailles. Ce prince malheureux, qui, entouré de puissantes armées, faisait trembler l'Asie, resserré dans Krak et réduit au peu de gens qui avaient suivi sa fortune, ne trouvait de soulagement à ses peines que dans l'exercice du cheval : encore lui fut-il fatal; car, un jour qu'il franchissait la plaine, il tomba désarçonné et mourut de sa chute (l'an 678). On l'inhuma auprès de son père, et les émyrs satisfaits proclamèrent Chalâmech son frère, alors âgé de sept ans, Malek el-A-âdel, c'est-à-dire *roi équitable.*

On lui adjoignit comme régent Qalâoun l'Elfy, dont la fille était alliée à sa famille. Placé si près du trône, Qalâoun ne borna pas son ambition à la régence. Non content d'entendre son nom prononcé dans les prières publiques et confondu sur les monnoies avec celui de son pupille, il chercha à le détrôner, et y parvint en corrompant les émyrs et le khalife lui-même, qui chassèrent Chalâmech du trône après quatre mois de règne, le reléguèrent à Krak, et proclamèrent Qalâoun l'Elfy Malek el-Mansour, *roi victorieux.*

L'auteur du *Sokkerdân,* Ben-Aby-Hagelah, croit justifier la conduite sacrilége de Qalâoun, en avançant qu'il est de la nature du gouvernement mahométan que le sixième prince de chaque dynastie soit dépossédé. Tout inadmissible qu'est cette justification, il paraît que Qalâoun eut connaissance de la chose, et qu'il la fit tourner à son profit.

Revêtu des pouvoirs de sultan, il nomma au vizirat Fakhr el-dyn, son secrétaire particulier, emploi inconnu avant lui, et chargea l'émyr Tartabây de la réduction de Damas. Aq-Sonqor, soutenu par les habitans, s'y défendit avec courage; mais, le siége ayant été poussé avec vigueur, il fut obligé de se rendre à la discrétion du vainqueur, qui le conduisit au Kaire. Ce premier succès fit à Qalâoun un si vif plaisir, qu'il alla au-devant de Tartabây, et fit grâce à Aq-Sonqor, qui vécut depuis dans l'obscurité. Lâgyn fut créé gouverneur de Damas et de toute la Syrie.

La pacification de la Syrie, qui arriva en 678, fut immédiatement suivie des noces du sultan avec la belle Khonchâloun, fille de l'émyr Zakkây. Les fêtes qui eurent lieu à cette occasion, furent dignes de celle qui en était l'objet. Malek el-Mansour y déploya tout le faste d'un sultan.

Deux ans après cet hyménée, il alla attaquer les Tartares commandés par Abakah-khân, qui faisait trembler Râhabah, pendant que Mangou-Timour son frère, à la tête de quatre-vingt mille chevaux, menaçait Damas. Les Tartares, six fois plus nombreux que lui, furent défaits; Abakah-khân, contraint d'abandonner Rahabah, se retira à Hamdân, où il mourut empoisonné, dit-on, par son autre frère, Nikoudâr-Oghlân, qui s'empara du trône, au préjudice du fils de Mangou-Timour, qui avait péri. Pour s'y affermir, il se fit mahométan, sous le nom d'Ahmed-khân.

Ahmed-khân fit part à Qalâoun, dans une lettre qu'il lui écrivit à ce sujet, de sa conversion à l'islamisme, et en reçut une réponse analogue; mais son nouveau culte ne put le mettre à l'abri de la fureur d'Argoun, héritier présomptif du trône tartare, qui, aidé de ses sujets, enleva à ce renégat usurpateur le trône et la vie, et vécut en bonne intelligence avec Qalâoun.

La même année 682, Qalâoun (dit el-Y'ny, que je traduis), courroucé contre les habitans du Kaire, qui n'avaient pas voulu obéir à un de ses édits, les abandonna aux sabres de ses Mamlouks, qui firent indistinctement main-basse sur l'innocent et le coupable, et remplirent les rues de victimes immolées à sa fureur. Le carnage dura trois jours, après lesquels, les *u'lemâ* étant enfin parvenus à lui faire entendre raison, il arrêta le sang, se repentit de l'avoir fait couler, et fit construire, en expiation de sa faute, un édifice qu'il nomma *Bymâristân*. Il le destina au soulagement de l'humanité souffrante, le pourvut de médicamens de tout genre, et y établit quatre musiciens dont la charge était de dissiper par des airs gais la mélancolie si fatale aux malades, et de les distraire de leurs souffrances par des contes amusans. Il fonda aussi un collége dans le même hôpital.

L'an 683, il s'empara, après trente-trois jours de siége, du fort de Merfed, et revint au Kaire pour s'occuper de la réforme du costume de ses Mamlouks. Il leur ordonna de rouler autour de leurs têtes, couvertes auparavant de calottes de laine seulement, des châles de mousseline, leur défendit de tresser leurs cheveux et de les renfermer dans des bourses de soie, de porter des ceintures de brocart, des manches étroites, des bottes dont les retroussis s'élevaient au-dessus du genou, de soutenir leurs armes par des boucles d'or du poids d'une livre et demie, etc. Il les rendit à la simplicité qui convient à des guerriers; et pour tenir en haleine leurs esprits turbulens, il les conduisit en 684 contre le château de Krak, qu'il força, et où il fit prisonnier Chalâmech, qui s'en était fait reconnaître roi, et le mena au Kaire, où il vécut jusqu'au temps de Khalyl.

N'ayant plus d'ennemis au-dehors, il se mit, en 685, à faire la guerre à ses vizirs. Il les déposa, les remplaça, les renomma et les destitua alternativement; enfin, après une longue série de destitutions, cette charge échut à Chems el-dyn, qui la conserva assez long-temps. Après cela, il fit reconnaître A'ly son fils Malek el-Sâlh, *roi pieux*, et l'associa à son trône. Son intention était de lui laisser l'administration des affaires, quand il serait obligé de s'absenter : mais il n'eut pas la satisfaction de le voir porter long-temps ce titre; car, attaqué d'une fièvre chaude, A'ly mourut l'an 687.

Semblable à la panthère privée de ses petits, Qalâoun chercha quelque proie sur laquelle il pût assouvir la rage que lui causa la perte d'un fils qu'il chérissait. Il se précipita sur Tripoli de Syrie, qu'un grand nombre d'années d'une paix non interrompue avaient rendu riche. Il l'enleva malgré sa résistance; et ses malheureux habitans, égorgés sur les décombres de leurs habitations, furent les hécatombes qu'il immola aux mânes d'A'ly. Il était écrit, disent les Orientaux, que Tripoli, après être demeuré à peu près cent quatre-vingts ans au pouvoir des chrétiens, devait tomber pour toujours dans les mains des mahométans. La ville actuelle a été fondée par Qalâoun sur les ruines de l'ancienne.

Après cette sanguinaire expédition, il retourna dans sa capitale, où il reçut les ambassadeurs d'Alfonse, roi d'Arragon, et conclut avec eux, le 13 de la lune de rabye' second 689 (24 avril 1289), le traité dont M. Silvestre de Sacy nous a donné la traduction. Il survécut peu à cette paix; consumé par le chagrin, il s'éteignit le 6 de la lune de qa'deh, c'est-à-dire sept mois après. Son convoi fut majestueux : les officiers civils, militaires et religieux, l'accompagnèrent jusqu'au Bymâristân, où son corps fut inhumé. Il avait régné dix ans, trois mois et six jours.

Qalâoun était beau de figure; sa peau était blanche. Il parlait peu la langue arabe. Acheté mille deniers d'or par Malek el-Sâlh, on le surnomma *l'Elfy,* qui signifie *mille.* Il veilla au maintien de sa gloire et à l'entretien de ses troupes. Il étendit ses bienfaits jusque sur les oiseaux du ciel, objet du culte des Persans ses ancêtres, et de sa vénération particulière : sur le sommet de diverses mosquées, il fit placer de grands vases, dont plusieurs existent encore, et qu'il faisait remplir de grain destiné à la nourriture quotidienne des oiseaux.

Il laissa trois fils, Khalyl, Mohammed el-Nâser et l'émyr Mohammed. Khalyl, proclamé après lui Malek el-Achraf, *roi très-noble,* fit lire le Qorân en entier sur le tombeau de son père, choisit Bedr el-dyn pour son prédicateur et son vizir, proclama la guerre sacrée contre ceux qui donnent des compagnons à Dieu, et vint, en 690, assiéger Saint-Jean-d'Acre, dernier et unique retranchement des chrétiens, qui s'y défendirent en désespérés. Cette place fut prise et pillée, ses habitans furent égorgés, ses murailles démolies, et elle fut réduite à ce qu'elle est aujourd'hui. Les chrétiens, accablés par cette dernière disgrace, devinrent vils, bas, rampans, et contractèrent enfin tous les vices de l'abjection. Cette illustre conquête fut suivie de l'exil à Constantinople, en 691, de Chalâmech, fils de Bybars, qui faisait ombrage à Khalyl.

Tranquille de ce côté, il se transporta en Arménie, y porta le ravage, prit la forteresse d'Erzeroum, qui passait pour imprenable, et revint glorieux au Kaire, où la mort, qui l'avait respecté dans les siéges et les batailles, l'atteignit au sein de sa famille. Sa femme, nouvelle Clytemnestre, excitée, disent quelques-uns, par un certain Bedarah qui aspirait au trône d'Égypte, le frappa dans l'abdomen avec un instrument tranchant, et l'étendit mort à ses pieds. Les Mamlouks immolèrent, l'an 693, ce Bedarah, qui régna un jour seulement sous le titre de *Malek el-Qâher,* et ses complices, aux mânes de leur maître. Mohammed el-Nâser succéda à Khalyl son frère.

CHAPITRE IV.

Mohammed el-Nâser. Ketboghâ. Lâgyn. Mohammed el-Nâser pour la seconde fois. Bybars II. *Mohammed el-Nâser pour la troisième fois.*

Le second fils de Qalâoun avait neuf ans quand on le revêtit du nom de Malek el-Nâser, *roi protecteur*. Son bas âge fit la fortune de l'émyr Ketboghâ, qui, à l'exemple de Qalâoun, voulut être plus que régent, et aspira au trône de son pupille. Il manqua cependant d'être dérangé dans ses projets par l'Im el-dyn Changar, surnommé *el-Châga'y*, c'est-à-dire *serpent*, dont le nom figure parmi les émyrs disgraciés sous le règne précédent.

Cet émyr, déposé et remplacé par Chems el-dyn, ne se tenant point pour vaincu, employa, malgré son malheur, tous les moyens que son génie lui suggéra pour supplanter son rival, et parvint à ses fins. Chems el-dyn fut destitué, et Châga'y le remplaça ; disgrace qui ne lui serait pas arrivée, s'il eût voulu prêter l'oreille au conseil qu'un de ses amis lui traça, au moment où il entrait en charge, dans un distique dont voici le sens:

« Prends garde, ô toi qui portes le faix du monde ; tu vas vivre au sein des vipères : attache-toi fortement au ciel ; car je crains pour toi la morsure du serpent, » c'est-à-dire *de Châga'y*.

Si, avant de parvenir au vizirat, Châga'y eut les dehors du reptile dont il portait le nom, il n'en eut pas la prudence quand il y fut placé. Ébloui par l'éclat de sa bonne fortune, il chercha à détrôner le sultan son maître; mais il rencontra dans le régent l'ennemi qui lui écrasa la tête, le psylle qui conjura ses morsures, et, au lieu du trône qu'il ambitionnait, il trouva un tombeau. Tâg el-dyn le remplaça.

Ketboghâ, sans concurrens par la mort de Châga'y, se déclara ouvertement contre son pupille, le culbuta, le fit reléguer à Krak, exil ordinaire des rois déchus, et se fit, en 694 de l'hégire (1294 de notre ère), proclamer, par les émyrs, dont il avait corrompu la fidélité, Malek el-A'âdel *roi équitable*. Fakhr el-dyn devint son ministre.

Son règne fut traversé par les fléaux attachés au climat de l'Égypte, dont le sol, passant successivement par les états de lac, de marais, de champ de verdure et de terre aride, enfante les germes de maladies dangereuses. La peste et la famine se disputèrent leurs innombrables victimes; et la haine des Tartares, réveillée par l'avénement de Ghazân au trône d'Asie, amena la guerre, qui mit le comble à la désolation générale.

Ghazân, fils d'Arghoun, se voyant en possession de l'empire de son père, jeta ses regards sur la Syrie, dont il voulait faire la conquête, accusa Ketboghâ d'avoir violé les lois de l'amitié en accordant la sienne à Nourouz, et envoya contre lui une armée dont Koutlouk eut le commandement. Nourouz avait aidé Ghazân à remonter sur un trône qui lui était disputé par mille concurrens, et Ghazân, en récompense de ses services, l'avait nommé au gouvernement du Khorâsân. Peu de temps après, il fut taxé d'entretenir des intelligences coupables avec le sultan d'Égypte, déclaré traître et condamné à mort.

Ketboghâ, forcé de faire la guerre, leva une armée, dont il donna la conduite à un de ses lieutenans, et se renferma dans son titre, préférant le nom de roi équitable à celui de roi guerrier. Il craignit, sans doute, que son absence du Kaire ne causât sa perte.

Les armées musulmanes, malgré leur valeur, ne purent arrêter le torrent des Tartares, qui les battirent et ravagèrent la Syrie. Dix milles familles échappées à la mort et à l'embrasement se réfugièrent en Égypte, ayant à leur tête l'émyr Lâgyn, leur gouverneur, dont l'arrivée au Kaire fut plus funeste au sultan que la défaite de ses armées et la perte de ses provinces. De concert avec Qarâ-Sonqor, il convoqua les émyrs en un grand divan, où l'on arrêta spontanément qu'un sultan qui ne veut pas se mettre à la tête de ses armées, étant indigne de commander, Malek el-A'âdel était déchu ; et Lâgyn fut reconnu Malek el-Mansour, *roi victorieux*. On permit à Ketboghâ de se retirer à Sarkhod en Syrie.

Lâgyn, et Chems el-dyn qu'il avait créé vizir après l'avoir tiré de prison, n'eurent pas le temps de jouir de leur bonne fortune. Le ministre fut destitué et rejeté dans les cachots ; et le sultan, assassiné par un de ses jeunes Mamlouks, gagné sans doute par les Tartares qu'il se préparait à combattre, mourut le 21 de la lune de rabye' second de l'an 698.

Le trône étant vacant, les émyrs procédèrent à l'élection d'un sultan. Ils rendirent au fils de Qalâoun, avec tous les attributs du sultanat, son ancien titre. Malek el-Nâser gouverna au Kaire, après son rétablissement, environ cinq mois, et retourna à Krak, redoutant la turbulence des émyrs. De là il leur envoya son abdication, qui, soumise à l'examen du collége des prêtres et acceptée, valut à Rokn el-dyn Bybars el-Gâchenkyr (échanson) le titre de Malek el-Modaffer, *roi triomphant*.

Cette nomination ayant déplu au fils de Qalâoun, il quitta aussitôt Krak pour redemander le trône de son père, indignement occupé par son échanson. Sans se laisser émouvoir par la marche menaçante de Malek el-Nâser, Bybars II exigea des émyrs le renouvellement de leur serment, et du khalife, celui du diplôme qui le revêtait de ses pouvoirs, et dont voici la teneur :

AU NOM DE DIEU CLÉMENT ET MISÉRICORDIEUX.

De par le serviteur de Dieu et le vicaire du prophète, etc., Raby'e Solymân de la famille d'A'bbás, aux princes des musulmans et aux généraux des armées.

O vous qui croyez, obéissez à Dieu, obéissez au prophète, obéissez à vos chefs; sachez que j'ai établi en mon lieu et place, à cause de sa piété, de son habileté et de ses mérites, Malek el-Modaffer Rokn el-dyn Bybars, pour vous commander et gouverner les pays d'Égypte et les contrées de Syrie. Je ne l'ai mis à la tête des musulmans qu'après l'abdication formelle de son prédécesseur, après avoir reconnu que cela me convenait, et avoir préalablement recueilli les suffrages des cheykhs des quatre rites orthodoxes. Donc qui lui obéit, m'obéit ; qui lui est rebelle, m'est rebelle. Qui voudra se révolter contre moi, cousin du prophète ?

Venant d'apprendre que Malek el-Nâser, fils du sultan Malek el-Mansour, rompant avec les musulmans, oppose la Syrie à l'Égypte, excite au viol des harems, à l'effusion du sang (ce dont Dieu nous préserve!), je sors à la tête des chefs de l'armée pour le faire rentrer dans le devoir, protéger nos femmes et nos enfans, et le combattre s'il persiste dans son coupable dessein. Musulmans, abandonnez vos harems, et réunissez-vous autour de l'étendard sacré. Marchez avec moi, qui vais accompagner Malek el-Modaffer.

Cet appel aux musulmans ne produisit aucun effet. Malek el-Nâser n'en fut pas intimidé : il continua sur le Kaire la marche qu'il avait commencée, et y fit son entrée, non en réprouvé, mais en sultan; et le khalife ayant déposé ses foudres, et Malek el-Modaffer, les marques de la souveraineté, il remonta pour la troisième fois sur le trône, où il resta assis jusqu'à la fin de ses jours.

Il s'occupa aussitôt de la réforme de toutes les autorités. Il destitua trois des cheykhs des quatre rites; le quatrième ne dut sa conservation qu'à la recommandation que Qalâoun en mourant avait faite au sultan son fils : il adressa des reproches sanglans au khalife, qui fut obligé de les dévorer en silence, et des menaces au peuple, qui vint baiser la poussière de ses pieds. Enfin il fit étrangler Bybars II.

Toutes les autorités renouvelées, il proclama la guerre sacrée contre les Tartares, et vint, l'an 699, leur livrer, dans les plaines d'Émesse, un combat sanglant, où, malgré les prodiges de valeur de ses troupes, il fut défait. Obligé de retourner au Kaire avec sept cavaliers de sa garde seulement, il y revint, non pas en général abattu par ses revers, mais en capitaine qui brûle de se venger. Le khalife publia que sa défaite était un signe manifeste de la colère du ciel contre un sultan impie; Malek el-Nâser le laissa dire, et ne songea qu'à faire de nouvelles levées.

Ghazân, après avoir conquis la Syrie, y laissa seulement les troupes nécessaires pour la garder, et retourna à Hamadân; mais à peine fut-il arrivé de l'autre côté de l'Euphrate, que les Syriens firent sur les garnisons tartares ce que les Siciliens firent sur les Français en 1282. Les vêpres siciliennes et le massacre des Tartares eurent lieu à peu près dans le même temps. Ghazân envoya de nouveau Koutlouk pour châtier les Syriens; et Malek el-Nâser, accompagné de Solymân fils de Râbye', qu'il avait fait reconnaître khalife en 701 sous le nom de Mostakfy b-illah, partit pour Damas, où son armée l'attendait. Il était alors âgé de dix-neuf ans; mais ses revers, plus profitables pour lui que des succès, en avaient fait un général consommé. Au lieu d'aller à la rencontre de Koutlouk, il le laissa venir à la sienne. Ce général, trompé par ses propres espions vendus sans doute à ses ennemis, accourut pour surprendre l'armée égyptienne, qu'on lui avait dit être peu formidable et fut lui-même attaqué par des forces supérieures. Il tira cependant de sa position tout le parti qu'elle lui permit. Le combat se livra. Les Égyptiens et les Tartares, n'ayant aucun quartier à attendre les uns des autres, se battirent en désespérés. Koutlouk se comporta en capitaine qui veut conserver sa réputation, et Nâser en général qui veut reconquérir la sienne. Le choc de deux taureaux pour une génisse est moins terrible. Les faits d'armes de Koubân, général tartare, surpassèrent en ce jour ceux de Roustam, le premier des héros persans; et les exploits de Nâser, ceux d'A'ntar, le plus valeureux des guerriers arabes. Enfin, après un massacre horrible de part et d'autre, les Égyptiens demeurèrent vainqueurs, et les Tartares furent obligés de repasser l'Euphrate, à leur déshonneur, l'an 703. Malek el-Nâser ordonna des prières publiques en action de grâces de cette victoire signalée, et revint au Kaire, où, glorieux d'avoir rétabli sa réputation militaire, il s'adonna tout entier aux affaires de son royaume.

Ce fut cinq ans après la journée de Damas, c'est-à-dire en 708, que s'éteignit la dynastie des Selgioucides de Natolie en la personne de Kayqobâd; son dernier roi, tué et vaincu par Ghazân. Des cendres de cette dynastie sortit celle des Ottomans, qui est encore de nos jours en possession des plus belles provinces de l'Europe, de l'Asie et de l'Afrique. Elle doit son origine à un certain O'tmân qui commandait une horde de Turks au service de Kayqobâd.

Sept années d'une paix non interrompue ayant assuré l'autorité à Malek el-Nâser, il choisit l'an 712 pour s'acquitter du pélerinage. Cette œuvre pie fut d'un grand avantage aux pélerins de l'occident : il fit élargir le passage resserré de la montagne dite *el-O'qbah*, qui sert de limite entre l'Égypte et l'Arabie pétrée, et en fit aplanir le terrain, qui était auparavant entrecoupé de rochers. Si les pélerins doivent ce bienfait à sa piété, le Kaire doit à sa munificence le canal qui fait circuler à travers cette grande cité les eaux du Nil tout le temps que dure l'inondation, et qui, pour cette raison, est nommé *Khalyg el-Nâsry*, cânal de Nâser.

Les onze ans qui suivirent ce pélerinage auraient été onze années d'une tranquillité parfaite, si leur cours n'eût pas été troublé par les intrigues des ministres, qui s'entredisputèrent le vizirat, et forcèrent Malek el-Nâser d'en abolir l'emploi : il y substitua la charge d'intendant. Il régna ensuite paisiblement jusqu'en 736, époque où la délation vint détruire la bonne intelligence qui existait entre le khalife et lui. On lui fit entendre que le khalife n'était qu'un faux ami, qui en voulait à son autorité et à sa vie. Il ajouta foi à cette calomnie, et il exila Mostakfy b-illah à Qous, ville de la haute Égypte. Cette ville, dont le nom en langue qobte signifie *sépulture*, se trouve située non loin des tombeaux des anciens princes égyptiens. Le khalife y mourut de chagrin, regretté de tout le monde, et légua le siége pontifical à Ahmed son fils. Malek el-Nâser s'opposa à ce qu'on l'y établît, et fit proclamer à sa place son cousin Ibrâhym, sous le nom d'Ouâteq b-illah, sans faire attention que cet Ibrâhym avait été déclaré indigne du khalifat par son propre père, pour cause d'inconduite; information qui lui avait été donnée par le collége des prêtres. Il y eut à ce sujet quelques troubles qui n'eurent pas de suite.

A cette même époque, le sultan Malek el-Nâser perdit l'émyr A'nouq, le plus chéri de ses fils. Cette perte lui fut si sensible, et il en conçut un tel chagrin, qu'il contracta une maladie dont il mourut vers la fin de l'an 741, après un règne de quarante-trois années. Cette mort fournit aux prêtres musulmans l'occasion de publier que Dieu l'avait puni d'avoir violé les lois et la religion. Ils s'étonnèrent cependant bien moins de la longueur de son règne que de la patience divine, qui avait toléré pendant un si grand nombre d'années un sultan sacrilége. Dieu ne l'a laissé vivre, disaient-ils encore pour se consoler, qu'afin de le porter à changer de manière d'agir.

Le chapitre suivant fera connaître la série des sultans qui se sont détrônés les uns les autres successivement, et qui ont mis fin à la dynastie des Mamlouks baharites ou turcomans.

CHAPITRE V.

Aboubekr. Koutchouk. Ahmed. Cha'bân. Zeyn el-dyn el-Hâgy. Hasan. Sâlh. Hasan pour la seconde fois. Mohammed. Cha'bân pour la seconde fois. A'la el-dyn. Mansour el-Hâgy.

Malek el-Nâser manifesta, avant de mourir, l'intention qu'il avait de rendre le khalifat à celui à qui il appartenait légitimement, confessant ses torts à l'égard du pontife défunt, et s'en repentant sincèrement. On remplit ses vœux, et Ahmed fut proclamé khalife sous le titre de Hâkem bi-amr-illah, que son père avait porté. Ce repentir trop tardif, dit Gelâl el-dyn, n'apaisa pas la colère du ciel, qui s'étendit jusqu'aux derniers enfans du sultan. Aussi nombreux que les tours du palais de Chosroès, qui, en s'écroulant, annoncèrent la venue de Mahomet, ils tombèrent les uns après les autres, présageant à l'Égypte une nouvelle dynastie.

Aboubekr Seyf el-dyn Malek el-Mansour, l'aîné de ses fils, fut le premier en qui s'accomplit cette prophétie, expliquée d'après l'événement ; car, quarante jours après avoir été revêtu du manteau noir des khalifes, et ceint du sabre des sultans, il fut déposé et exilé à Qous, où on le fit périr. Le harem de son père fut violé et pillé le même jour.

A'lä el-dyn-Koutchouk, âgé de six ans, fut salué Malek el-Achraf après lui. Il régna cinq mois, et fut relégué dans la citadelle, où il mourut ; et Dieu seul sait, dit l'auteur du Sokkerdân, de quel genre de mort!

Chahâb el-dyn Ahmed, son frère, fut retiré de Krak par l'entremise du vizir Tâg el-dyn, qui s'employa auprès du khalife pour le faire reconnaître Malek el-Nâser ; mais le crédit de ce cheykh ne put l'empêcher d'être déposé à Krak même, où il était retourné le 12 moharram 743, après quelques jours d'un règne incertain.

A'mmâd el-dyn Isma'yl, son frère, reçut ensuite le surnom de Malek el-Sâlh. Il régna jusqu'en 746, époque de sa mort. Le rétablissement du vizirat en 744, et l'assassinat de son prédécesseur en 745, sont les seuls événemens remarquables de son court règne.

Après sa mort, on proclama son frère Zeyn el-dyn Cha'bân sultan sous le titre de Malek el-Kâmel, *roi accompli*. Ce fut un despote. Le poëte Safady s'exprime ainsi à son sujet : « Le bonheur s'est éclipsé aussi vite qu'il a paru dans la famille de Qalâoun. L'impiété qui y avait pris racine, reçut son *accomplissement* sous le roi *accompli.*» Enfin, après un mois et quelques jours d'un règne tyrannique, on se vit forcé de le déposer.

Zeyn el-dyn el-Hâgy, son frère, le remplaça avec le titre de Malek el-Modaffer. Il fut plus cruel encore que son prédécesseur. Il ne régna que trois mois, et fut immolé, en 748, aux mânes des victimes nombreuses et respectables qu'il avait sacrifiées.

Nâser el-dyn Hasan, son frère, âgé de onze ans, fut salué après lui Malek el-Nâser. Il se soutint par l'assistance de l'émyr Altemych, son régent, l'espace de quatre ans environ; mais il finit par succomber. On l'emprisonna à la citadelle, dans le mois de gemâd second de l'an 752 de l'hégire.

Sâlh el-dyn, son frère, lui succéda avec le titre de Malek el-Sâlh. Il eut l'émyr Chikhoun pour gouverneur et régent.

L'année d'ensuite, le khalife mourut de la peste qui renouvela ses ravages en Égypte. Étant mort *intestat*, Chikhoun convoqua le collége des prêtres, qui proclama son oncle sous le nom de Moa'tedeb b-illah. La discorde déchira ensuite le ministère. Maufiq el-dyn, Qobte d'origine et renégat, enleva le vizirat à l'Im el-dyn, autre renégat qobte; et Chikhoun, malgré tous ses soins pour maintenir son pupille sur le trône, eut la douleur de l'en voir renverser, l'an 755, par Hasan Malek el-Nâser, qui, aidé de Tâg el-dyn, avait eu le talent secret de se former un parti, et le bonheur, si toutefois c'en est un, de précipiter son frère dans la prison d'où il avait été arraché, et de ressaisir l'autorité royale.

Malek el-Nâser recréa le vizirat pour récompenser Tâg el-dyn de ses services, et régna jusqu'en 762, où, malgré des précautions infinies, il périt, à la suite d'une conspiration qu'on avait tramée contre ses jours, le 9 de la lune de gemâd premier, ayant été sultan à peu près sept années. Le superbe collége que l'on voit encore dans le quartier du Kaire dit *Romlyeh*, fut construit par ses soins.

Cet assassinat valut à Nâser el-dyn Mohammed, fils de Modaffer el-Hâgy, la dénomination de Malek el-Mansour, son oncle: mais il ne lui succéda que pour remettre, cinq mois après, le sabre et les autres signes du sultanat à Cha'bân, enfant de dix ans, petit-fils de Hasan Malek el-Nâser, fils de Qalâoun. On connaît celui-ci sous le nom de Malek el-Achraf.

Ilboghâ el-A'mry, alors principal émyr des Mamlouks, fut nommé régent, et gouverna au nom de son pupille jusqu'en 776, où il fut assassiné dans son palais et coupé en morceaux par ses propres Mamlouks, qui, à en juger d'après les événemens, avaient été excités à ce meurtre par l'émyr Asendmer. Cet émyr, encouragé par la réussite, et fort des bras des Mamlouks dont il se voyait entouré, vint attaquer le sultan lui-même dans son palais. Malek el-Achraf échappa cependant à sa rage; et lui, il disparut pour toujours.

El-Gây el-Yoçefy fut nommé régent à la place d'Asendmer et marcha sur ses traces. Adroit et ambitieux, il s'insinua dans les bonnes grâces de son souverain, et prit sur son esprit un tel ascendant, qu'il acquit en peu de temps le pouvoir de lier et de délier, de nommer à toutes les places et d'en faire descendre. Les faveurs usurpées de son maître et souverain seigneur enflèrent son orgueil à un tel point, qu'il poussa l'audace jusqu'à élever dans son palais un trône sur les degrés duquel il faisait placer deux vizirs, dans la seule idée de les avoir à ses pieds, quand il donnait audience. Le faste qu'il étala surpassa celui du sultan lui-même. La musique militaire jouait tous les jours en son honneur. Il porta la démence au point de demander la main de la mère du sultan, et eut l'incroyable bonheur de l'obtenir. Peu de temps après, il la fit assassiner.

La fortune ne l'accabla de ses faveurs que pour le mener à une perte plus assurée. Plein de la trompeuse espérance qu'elle ne se lasserait pas de le caresser, il laissa l'ombre de la royauté pour la réalité, et vint, à la tête des mêmes satellites qui avaient massacré Ilboghâ leur maître et cherché à tremper leurs mains dans le sang du sultan, se précipiter sur la garde de Malek el-Achraf, qu'il croyait prendre au dépourvu; mais, semblable au flot qui se brise contre les rochers, il vit ses efforts échouer contre les défenseurs fidèles du trône égyptien : sa troupe fut dispersée; et lui-même, obligé de fuir et poursuivi jusqu'au Nil, se jeta dans les eaux du fleuve, qui, en l'engloutissant, vengea le sultan.

Tout conspirait à troubler le repos de ce prince malheureux. Il ne semblait sortir d'un danger que pour tomber dans un autre. Ses actions, même les plus louables, tournèrent à son préjudice. Les émyrs conspirèrent contre lui; et ce fut pendant qu'il remplissait les devoirs sacrés du pélerinage, qu'ils cherchèrent à le sacrifier. Ils prétextèrent le peu de sûreté des routes, prirent les devants et s'embusquèrent dans les gorges d'el-O'qbah, où le sultan s'étant engagé se vit assailli par eux. Il se défendit vaillamment à la tête de sa garde, et parvint, après un carnage horrible, à se dégager de ses assassins, qui, croyant l'avoir immolé, revinrent au Kaire offrir le bandeau royal au khalife. Celui-ci s'en excusa en ces termes : « Choisissez qui vous voudrez, je lui assure d'avance ma sanction. » Pendant que ces choses se passaient, ils apprirent que le sultan vivait caché au Kaire. Furieux d'avoir manqué leur horrible dessein, ils le firent chercher, découvrirent le lieu de son refuge, l'en arrachèrent et l'étranglèrent impitoyablement. Ainsi finit Malek el-Achraf, qui n'échappa au fer de ses assassins que pour périr par le cordon de ses bourreaux. Cet événement arriva l'an 778. Ibn-Ishâq, dans sa chronologie, fait remarquer que c'est durant le règne de ce prince, c'est-à-dire l'an 773, que Tamerlan commença à faire parler de lui.

Le meurtre de Malek el-Achraf porta A'lâ el-dyn, son fils, sur son trône ensanglanté. Son bas âge l'empêcha de connaître qu'on le faisait asseoir sur le tombeau de ses parens et sur sa propre tombe. On le décora du titre de Malek el-Mansour, et on lui donna pour gouverneur Lâynbek, c'est-à-dire qu'on l'entoura de la vipère qui devait l'étouffer.

Ainsi que ses prédécesseurs, Lâynbek prit l'extérieur d'un sultan, et commença par faire condamner à mort le khalife, qui était l'objet de toute sa haine pour avoir osé blâmer sa manière fastueuse de gouverner. Il étendit sa fureur jusque sur le fils, dont il appréhendait sans doute le ressentiment : il s'opposa à son élection, et plaça impérieusement dans la chaire de premier imâm, et contre le vœu de tous les *u'lema*, un certain Zakâryah, fils du même Ibrâhym que Malek el-Nâser, fils aîné de Qalâoun, avait fait nommer de la même manière, et il lui fit donner le titre de Moa'tesem b-illah.

Ce coup d'autorité indisposa contre lui tous les esprits à un tel point, que quarante jours après l'exaltation de Zakâryah, le peuple, animé par les prêtres qui avaient attiré à eux une partie des émyrs, vint lui demander, à main armée, raison de sa conduite inique à l'égard du légitime successeur au khalifat, et réclama tumultueusement la déposition de sa créature. Lâynbek, ne pouvant s'opposer à cette réclamation menaçante, y souscrivit avec une apparente satisfaction ; Zakâryah fut destitué, et Mansour-A'ly proclamé.

Le nouveau khalife n'eut pas plus tôt pris possession, qu'il travailla de toutes ses forces à perdre le régent. Comme il connaissait l'esprit versatile des Mamlouks, toujours disposés à changer de maîtres et toujours prêts à les sacrifier pour le moindre intérêt, il résolut d'en tirer parti : non-seulement il se servit, pour les corrompre, de l'or, qui subjugue la raison ; il fit encore agir la religion, moteur plus puissant encore, dont le pouvoir absolu pèse sur toutes les âmes et principalement sur les esprits faibles. Il leur représenta le régent comme un monstre qui avait osé porter des mains sacriléges sur son père, chef suprême du culte, et il les souleva contre Lâynbek. Tout prudent qu'était celui-ci, il échoua contre les menées hardies du khalife, qui vint, à la tête des musulmans, l'assaillir tout-à-coup. Il parvint néanmoins, malgré cette attaque inopinée, à se soustraire d'abord par la fuite à la vengeance de son ennemi; mais ensuite, ayant été poursuivi et saisi, il fut chargé de fers et jeté dans les prisons d'Alexandrie, où il termina ses jours. Un poëte s'exprime ainsi à son sujet :

« Le fameux Lâynbek a été précipité du faîte des grandeurs dans l'abîme de la misère. Seul, accablé de sa propre infortune, il pleure maintenant ses malheurs avec des larmes de sang, et l'on ignore ce qu'est devenu le fameux Lâynbek. »

Après sa chute, les rênes de l'État furent remises à l'émyr Qartây : mais il ne les conserva pas long-temps; il fut obligé de les remettre à Berqouq, autre émyr, qui les lui disputait. Berqouq, qui était destiné à anéantir cette dynastie, ayant supplanté son rival, gouverna pour et au nom de Malek el-Mansour, jusqu'à la mort de ce jeune prince, qui arriva durant le cours de la lune de safar 783.

Son frère el-Mansour el-Hâgy fut proclamé après lui Malek el-Achraf. Il sembla ne lui succéder que pour avoir la douleur d'être exilé par le même Berqouq, son sujet et son maître, qui éleva sur son trône renversé la dynastie des Mamlouks borgites ou circassiens. Ce prince, douzième sultan et dernier rejeton de la famille de Malek el-Nâser, fils aîné de Qalâoun, ayant voulu sortir de l'obscurité où on l'avait forcé de s'ensevelir, et ayant cherché à ressaisir l'autorité dont Berqouq l'avait dépouillé, fut victime, dans le mois de ramadân de l'an 784, de ce dernier et légitime effort. Sa ruine entraîna celle de la première dynastie des Mamlouks baharites ou turcomans, qui s'absorba elle-même au milieu des troubles, semblable à ces fleuves qui vont se perdre sans honneur au sein des sables qu'ils charrient.

SECONDE DYNASTIE,

MAMLOUKS BORGITES OU CIRCASSIENS.

CHAPITRE VI.

Berqouq. El-Mansour el-Hâgy pour la seconde fois. Berqouq pour la seconde fois. Farag.

Cette dynastie ne diffère de celle à laquelle elle succède, que par sa seule dénomination; elle en est la suite: les événemens ont la même marche et portent la même couleur; ce sont toujours des émyrs turbulens, qui ne connaissent d'autre raison que la force, et qui s'en servent au détriment de leurs souverains. Les Mamlouks qui la composent, sont connus sous le double nom de *Borgites* et de *Circassiens.* On les nomme *Borgites*, parce que Qalâoun, qui en fit monter le nombre à douze mille, les dissémina dans les différens *borg* ou tours qui garantissaient la sûreté de l'Égypte. Le nom de *Circassiens* dérive, ou de ce que Qalâoun les fit acheter en Circassie, ou bien de ce que Berqouq, fondateur de cette dynastie, sortait de cette contrée.

Ce Berqouq, fils d'un renégat circassien, tomba en la possession d'Ilboghâ, qui le mit au nombre de ses Mamlouks et le fit instruire. Le nom de *cheykh* ou *docteur* qu'il porte, donne à croire qu'il se rendit célèbre dans la science du droit, qui est aussi, chez les musulmans, celle de la théologie. Son génie, et sa beauté, qualité non indifférente dans l'acquisition des Mamlouks, lui valurent les bonnes grâces de son maître, qui l'avança. Il parvint à l'émyrat, quand Ilboghâ parvint à la régence, et il resta fidèle à ce prince tant qu'il vécut : à sa mort, il se mit sur les rangs de ceux qui prétendaient à la régence, et succéda à deux de ses rivaux. Il géra jusqu'à la mort d'A'lä el-dyn. Avec le secours de ses camarades, qu'il avait faits ses amis, il enleva à el-Hâgy le sceptre qu'il lui avait remis à contre-cœur, se fit reconnaître Malek el-Dâher, et régna malgré le khalife Metouekkel b-illah.

A cette époque, Tamerlan remplissait toute la terre du bruit et de la crainte de son nom. Berqouq, entouré de bonnes troupes, le tint en respect pendant les premières années de son règne; mais, dans le temps qu'il détournait les efforts de Tamerlan sur les terres de ses voisins, il découvrit une conspiration, à la tête de laquelle était le khalife. Il convoqua aussitôt le collége des prêtres, pour les consulter sur le traitement que méritait un pontife qui, manquant aux devoirs de la religion, cherchait à soulever les sujets contre leur souverain. Les docteurs de la loi n'ayant pas osé prononcer sur ce point, il le destitua, le fit emprisonner à la citadelle, et ordonna qu'on proclamât à sa place, l'an 787, O'mar, fils d'Ibrâhym, sous le nom d'Ouâteq b-illah.

Ouâteq b-illah étant mort un an après, Berqouq fut prié de réintégrer Metouckkel; ce à quoi il ne consentit qu'après avoir fait reconnaître le neveu de Zakâryah, et l'avoir ensuite déposé. Il eut bientôt sujet de se repentir d'avoir rendu Metouekkel au khalifat; car celui-ci, au lieu de lui en savoir quelque gré, se concerta avec un certain émyr, nommé *Mantach*, qui suscita un soulèvement contre lui. Le peuple exaspéré se saisit de sa personne, et replaça Hâgy sur le trône. Berqouq fut exilé à Krak.

El-Hâgy, qui avait porté le titre de Malek el-Mansour, ne régna pas long-temps. Les proscriptions et les concussions de Mantach et du khalife causèrent la perte de l'un et de l'autre, et sauvèrent Berqouq. On regretta Malek el-Dâher, qui était aimé, parce qu'il était juste, et le peuple détrompé le redemanda. El-Hâgy, qui n'avait pas eu la précaution de se défaire de son ennemi, fut perdu sans ressource; car Berqouq, retiré des prisons de Krak, ne se vit pas plus tôt rétabli avec son premier titre, qu'il fit mettre à mort el-Hâgy et tous ceux qui tenaient à son parti.

Ce fut en 791, c'est-à-dire après une année d'absence, que Malek el-Dâher revint au Kaire reprendre les rênes du gouvernement. Il s'occupa à entretenir les troubles qui, déchirant les états de ses voisins, faisaient la sûreté des siens. C'est pour cela qu'il envoya, en 794, une robe d'honneur à Qarâ-Yousef, premier prince de la dynastie du Mouton noir de Médie, en échange des clefs de la ville de Tauris, dont celui-ci lui avait adressé l'hommage, et qu'il le créa son lieutenant dans les pays qu'il envahissait en son nom.

L'année suivante, arrivèrent à sa cour le même Qarâ-Yousef et Ahmed. Cet Ahmed, fils d'Aouys, que nos historiens nomment *Avis*, avait été obligé d'abandonner Baghdâd, dont il était souverain, à Tamerlan; et Qarâ-Yousef, qui l'avait aidé à s'opposer à ce conquérant, se vit contraint de fuir avec lui auprès d'Emmanuel, empereur d'Orient. Ils allèrent ensuite réclamer la protection du sultan d'Égypte, parce qu'ils ne se virent pas en sûreté auprès d'Emmanuel, dont l'empire chancelant était menacé par Bajazet.

La renommée se partageait, en ce temps-là, entre Timur le boiteux, Bajazet le borgne, et Berqouq le docteur. Tamerlan et Bajazet étaient deux ouragans qui allaient s'entre-choquer, et Berqouq le rocher qui défie la tempête. Jugeant qu'il lui était convenable d'accueillir favorablement Ahmed, fils d'Aouys et descendant de Gengis-khân, il le reçut avec tout l'intérêt qu'inspire un prince disgracié. Touché par le récit de ses malheurs et alarmé des progrès de Tamerlan, il lui accorda sa protection, et lui promit de lui rendre ses états.

Berqouq avait appris d'Ahmed lui-même, qu'une députation du conquérant de l'Asie était en route pour le Kaire, et venait le sommer de remettre son hôte; il la fit assassiner à Rahabah, et attira sur lui la fureur des Tartares. La ville d'Édesse fut celle qui en éprouva les premiers effets; ses habitans furent passés au fil de l'épée. La ville d'Alep eût eu le même sort, si Berqouq, accompagné de son hôte, n'était venu la sauver à la tête de son armée, dont il confia une bonne partie à Ahmed, qui s'empara de Baghdâd l'an 796, et se reconnut vassal de Berqouq, au nom de qui il fit frapper monnoie. La conquête des Indes, que Tamerlan projetait, l'empêcha sans doute de continuer son expédition de Syrie.

Peu de temps après cet événement, Malek el-Dâher vit arriver à sa cour des députés de Bajazet, ce rival malheureux de Tamerlan. Deux motifs portèrent le prince ottoman à cette démarche : l'alliance de Berqouq, dont il désirait s'assurer ; et la possession du sultan de Natolie, dont il voulait tenir les patentes du khalyfe. Le sultan conclut avec le khalife un traité d'amitié, et celui-ci, avide d'or, lui délivra toutes les patentes et les bénédictions que ses députés étaient venus acheter.

Mobârek-châh, alors vizir de Berqouq, lui ayant fait sentir que cette alliance impolitique allait lui attirer de nouveau sur les bras toutes les forces de Tamerlan : « Ce n'est pas de la part de ce boiteux, dit-il, qu'il y a à craindre, tous les musulmans m'aideront à l'accabler, mais bien de celle du petit-fils d'O'tmân ; » pressentiment qui devait se réaliser.

La conquête des Indes par Tamerlan n'endormit pas la vigilance du monarque égyptien. Prévoyant que ce n'était qu'un simple retard à l'envahissement de ses états, il mit toutes ses troupes sur pied : mais le temps de cet envahissement n'était pas arrivé, ou plutôt il était écrit que Berqouq ne le verrait pas, et qu'il mourrait tranquille possesseur de son royaume intact. En effet, à peine avait-il pris toutes ses mesures pour préserver la Syrie, qu'il mourut en 801, à la suite d'une attaque d'épilepsie, emportant au tombeau les regrets des peuples qui le chérissaient, et la gloire de s'être fait respecter par le premier capitaine du siècle.

Farag, son fils, lui succéda avec le titre de Malek el-Nâser. Le règne de ce prince eut un commencement difficile et une fin sinistre. La révolte de Tenem, gouverneur de la Syrie, est le premier événement qui eut lieu. De concert avec Ilboghâ, gouverneur d'Alep, Tenem s'empara des défilés de la Palestine, résolu de les disputer à son souverain jusqu'à l'extrémité. Son acharnement ne le sauva pas : les défilés furent emportés ; et lui-même, fait prisonnier avec un grand nombre de ses partisans, fut mis à mort avec eux.

Dans ce même temps, Tamerlan, de retour des Indes, apprit la mort de Berqouq avec un si grand plaisir, qu'il fit à celui qui lui en donna la nouvelle un présent considérable, et marcha de nouveau contre Baghdâd, dont il s'empara. Ahmed, fils d'Aouys, s'enfuit à la cour de Qarâ-Yousef, qui paya cher l'asile qu'il lui donna : ses états devinrent la proie de Tamerlan ; et contraint de fuir avec son hôte, il vint avec lui demander un refuge à Farag, qui le lui accorda, et s'attira la colère de Timur. Timur prit Sébaste, Malatie, et menaça d'envahir la Syrie, si on ne lui remettait pas ses ennemis accueillis à la cour égyptienne.

Les Arabes exercent l'hospitalité et en défendent les droits sacrés au péril de leurs jours : c'est la seule bonne qualité qu'on leur connaisse. Farag aima mieux s'exposer au hasard d'une bataille que de livrer les deux réfugiés. Encouragé d'ailleurs par ses succès sur Tenem, il marcha, et livra à Tamerlan, l'an 803, le combat dans lequel il fut défait, et qui valut à son ennemi la reddition d'Alep et d'Émesse.

Après ce revers, Farag alla se fortifier en Égypte, où il concentra ses forces; et Tamerlan, tranquille du côté de Farag, tourna ses armes contre la Natolie. Il courut de succès en succès, fit tomber en son pouvoir les villes de Qala't el-Roum, Kamach, Harouk, Césarée, et vint livrer, dans les plaines d'Angora ou Ancyre, qui, plusieurs siècles auparavant, avaient été témoins de la fuite de Mithridate, la célèbre bataille où Bajazet fut fait prisonnier. Cette même année 804, Farag reçut de Tamerlan des députés chargés de réclamer de lui un général tartare qui était captif au Kaire : il leur fit un bon accueil et leur remit le prisonnier.

Farag, ayant reçu la nouvelle de la victoire de Timur, son ennemi naturel, et de la mort de Bajazet, son allié, se livra à de profondes réflexions. Il sentit que le vainqueur des Indes était destiné par la Providence à être le conquérant du siècle; et il se préparait à lui envoyer une ambassade pour lui demander son amitié, quand on lui en annonça une nouvelle de la part de Timur. Les députés qui la composaient lui apportaient des présens, et venaient lui insinuer que le plus grand plaisir qu'il pût faire à leur maître, serait de lui livrer Qarâ-Yousef et Ahmed fils d'Aouys, et de le reconnaître comme son seigneur suzerain. Dans tout autre temps, Farag aurait renvoyé les députés sans les entendre; mais, dans les circonstances où il se trouvait, il fallut se soumettre. Il appela les docteurs de la loi, et, après leur avoir fait sentir qu'il était inutile de s'opposer aux décrets de la Providence, il leur ordonna de dresser l'acte de soumission, qu'il remit aux députés, et leur adjoignit quelques personnes de sa cour, qui avaient ordre de complimenter Tamerlan sur ses succès, et de lui représenter qu'ayant donné à Qarâ-Yousef et à son compagnon l'hospitalité, ce serait une barbarie de les lui livrer, mais que pour lui complaire, il les garderait à vue. Il lui fit présenter une girafe d'Éthiopie, en retour d'un éléphant des Indes qu'il en avait reçu. La condescendance de Farag lui acquit, l'an 806, l'amitié de ce conquérant.

L'année suivante, c'est-à-dire le 17 de cha'bân 807 (1405 de notre ère), Tamerlan mourut à Otrar, ville où les destins avaient fixé les bornes de ses conquêtes et le terme de sa vie. On conçoit aisément la joie que cette mort causa à Farag : il se trouva dans la situation d'un esclave qui vient de recouvrer sa liberté. Il délivra d'abord Ahmed et Qarâ-Yousef, qu'il retenait malgré lui, et qui allèrent, chacun de son côté, reprendre possession de leurs domaines respectifs; et lui-même, profitant des troubles qui régnaient parmi les enfans de Tamerlan, se préparait depuis sept mois environ à reconquérir la Syrie, quand tout-à-coup il vit son palais assailli par le même peuple au repos duquel il avait sacrifié sa gloire et son honneur. A'zyz, son frère, conduisait cette insurrection, à travers laquelle il apercevait le trône. La vue de tant de gens armés sous la direction d'A'zyz donna à penser à Farag qu'on en voulait à sa vie et à sa dignité. Pour sauver l'une, il sacrifia l'autre, et confia ses jours à la retraite, le 6 de la lune de rabye' premier, l'an 808. A'zyz son frère lui succéda.

CHAPITRE VII.

A'zyz. Farag pour la seconde fois. Mosta'yn. Mahmoudy-Ahmed. Tatar. Mohammed. Barsabây.

La disparition de Farag ayant fait croire qu'il avait péri dans le tumulte, le peuple et les émyrs reconnurent A'zyz son frère pour Malek el-Mansour. Il ne régna que trois mois, et fut obligé, l'an 809, de restituer à son frère, qui avait reparu et autour de qui les autorités et le peuple s'étaient rangés de nouveau, le trône qu'il avait usurpé. Le règne d'A'zyz eut la durée de l'éclair qui brille et se perd incontinent.

Après son second avénement, Farag régna à Damas, qu'il avait repris sur les enfans de Tamerlan, et il gouverna au sein de la paix jusqu'en 813, où il se vit en butte aux dissensions du palais. Un des émyrs, connu sous le nom de *cheykh Mahmoudy*, chercha à le supplanter, et se servit, pour y parvenir, du khalife Mosta'yn b-illah, qui venait de succéder à Moa'temed.

Depuis le premier Bybars, on ne regardait plus les khalifes que comme des pontifes que l'on consultait sur les affaires de religion et les points de conscience. Mahmoudy, qui avait ses vues, donna à entendre à Mosta'yn b-illah qu'il lui serait facile de rendre au khalifat sa splendeur primitive et de devenir lui-même ce que ses ancêtres avaient été : il lui représenta qu'il avait tout disposé pour le faire reconnaître sultan, et qu'il attendait ses ordres pour le proclamer. Le grand-prêtre, dont l'orgueil était flatté, laissa à Mahmoudy la faculté de faire ce qu'il voudrait, ne sachant pas qu'il favorisait les projets d'un perfide. Celui-ci, muni de l'approbation du khalife, vint avec lui, à la tête d'une armée, demander l'abdication de Farag, qui se trouvait alors à Damas. Farag répondit à cette sommation insolente en faisant prendre les armes à ses soldats. Il en résulta une lutte d'où le sultan serait sorti vainqueur, si Mahmoudy, qui s'aperçut que la lame et la pointe des sabres n'agissaient pas au gré de ses désirs, n'eût conseillé au khalife d'avoir recours aux armes spirituelles. Alors fut lancé un anathème dont voici le sens :

« De la part de Mosta'yn b-illah, khalife.

« Farag, fils de Berqouq, est déchu. Le véritable sultan est actuellement Mosta'yn b-illah, vicaire et cousin du prophète. Pardon pour tous ceux qui se réuniront autour de lui, et anathème contre quiconque refusera de le faire. »

Cette proclamation eut son effet : les soldats de Farag l'abandonnèrent; lui-même, après avoir résisté quelque temps, fut arrêté, comme il cherchait à gagner Alep, et conduit devant le khalife, qui lui intenta un procès criminel. La guerre qu'il avait soutenue contre Tamerlan et ses successeurs, avait exigé de grandes dépenses et occasioné des impôts extraordinaires : il fut accusé par-devant les docteurs de la loi d'avoir ruiné les citoyens, l'État, de s'être rebellé contre le khalife, qui est l'ombre de Dieu et le représentant du prophète; et ceux-ci, soit par crainte, soit par corruption, l'ayant jugé digne de mort, l'arrêt fut exécuté dans le courant de la lune de moharram, ou le premier mois de l'an 815. Il fut décapité; et son cadavre, abandonné sur un fumier, reprocha aux juges l'iniquité de leur jugement et leur infâme condescendance. Il eût mieux valu pour le malheureux fils de Berqouq de n'être jamais sorti de l'obscurité à laquelle il s'était condamné volontairement.

Après l'exécution de ce prince digne d'un meilleur sort, Mosta'yn b-illah, ayant réuni en sa personne l'autorité spirituelle et l'autorité temporelle, reçut les sermens des chefs de l'armée et des docteurs de la loi, créa Mahmoudy son premier vizir, et s'appuya de ses conseils. Outre ce cheykh, Mosta'yn b-illah accordait encore ses faveurs et son amitié à un autre émyr nommé *Nourouz*, qui tenait un rang distingué à sa cour, et dont il prenait souvent les avis. Mahmoudy lui porta envie, le craignit, et parvint à l'éloigner, en le faisant nommer gouverneur de la Syrie, où tous ces événemens se passèrent, pendant que lui, qui ne quittait pas le khalife, se mit en route avec lui pour le Kaire. Des exprès ayant annoncé à la capitale l'arrivée prochaine du souverain pontife, une foule immense de peuple alla à sa rencontre jusqu'à Qatyeh, station qui se trouve à deux journées des frontières de l'Égypte, dans les déserts de l'isthme de Soueys, et l'escorta au milieu d'acclamations sans nombre jusqu'au palais des sultans, qu'on lui avait préparé à la citadelle.

Il ne s'y fut pas plus tôt installé qu'il s'occupa des affaires de son royaume, réforma les vices de l'administration, allégea le peuple, punit les exacteurs, et eut la satisfaction bien douce d'entendre les bénédictions qu'on lui adressait de toutes parts. Il faisait le bien, et ne se doutait pas du mal qu'on lui préparait. Jugeant des autres d'après son cœur, il donnait à ceux qui l'entouraient, et qui, malheureusement pour lui, étaient les créatures de Mahmoudy, une confiance qu'ils ne méritaient pas.

Mahmoudy, premier vizir, ne se contenta pas de cette charge; il voulut être lieutenant-général du royaume: il intrigua, et le devint avec le secours de ceux qu'il avait placés autour du souverain pontife. Ce fut le 8 de la lune de rabye' premier de l'an 815 de l'hégire, qu'il en reçut l'investiture des mains de Mosta'yn, en récompense de ses services apparens. On peut dire avec raison qu'il fut revêtu par avance des dépouilles du khalife, et par ses propres mains; et il faut ajouter qu'à mesure que la fortune dérobait au sultan quelques-unes des faveurs qu'elle lui avait prêtées, elle en enrichissait, à son préjudice, son perfide confident.

Revêtu d'une dignité qui le faisait presque l'égal de son maître, et soutenu par la fortune, qui accorde tout aux téméraires, il marcha d'un pas plus hardi à l'autorité suprême, s'installa dans le palais du sultan, et surpassa le luxe et l'orgueil de ceux qui l'avaient précédé. Il fit plus, après trois mois d'une patience forcée, il lui envoya son secrétaire privé, qui lui intima l'ordre de ne rien entreprendre ni exécuter à l'avenir sans avoir préalablement reçu ses ordres.

Mosta'yn, étonné ou plutôt stupéfait d'une telle audace, reconnut, mais trop tard, qu'il était trahi; et se repentit d'avoir éloigné Nourouz de sa personne : mais, comme pour le moment il se trouvait hors d'état d'agir, il dissimula, et condescendit en apparence aux désirs de Mahmoudy, faisant néanmoins savoir à Nourouz tout ce qui se passait, et lui prescrivant d'accourir en toute diligence.

Mahmoudy, enhardi par ce premier succès, ne s'en tint pas là ; il fit signifier, quelques mois après, au khalife, qu'il eût à lui remettre, suivant l'usage, ses pouvoirs temporels. Comme cette demande était appuyée d'un bon nombre d'hommes armés, elle ne lui fut pas refusée ouvertement. Avant d'y acquiescer, le khalife chercha à traîner en longueur, mais en vain : on lui parla en maître, on l'intimida, et, forcé à la fin, il revêtit son ennemi du titre de Malek el-Moyed, *roi aidé*, espérant reprendre bientôt sa revanche. Mahmoudy, parvenu au sultanat, relégua Mosta'yn dans une habitation sans éclat, et d'autres disent, dans un des appartemens du palais.

Tel était l'état des choses, quand Nourouz, pressé par les ordres de son maître et par son propre ressentiment, arriva au Kaire. Il n'y vint que pour être témoin de la victoire de son rival et de la honte du khalife. Cependant il tint conseil avec Mosta'yn, et il fut décidé que, comme la force était impuissante, il fallait avoir recours aux armes de la religion, qui avaient si bien réussi contre Farag. En conséquence, une sorte d'excommunication fut essayée, le septième jour de l'avant-dernier mois arabe de l'an 815 ; mais elle avorta par la prévoyance de Malek el-Moyed, qui sut faire son profit de la discorde qui régnait parmi les docteurs de la loi.

En parvenant à la royauté, Mosta'yn, par pure haine, avait disgracié Sirâg el-dyn el-Belqyny, grand-prêtre du rit châfe'yte, et lui avait substitué Chahâb el-dyn el-Bâouny. En s'appropriant le sultanat Malek el-Moyed rappela Sirâg el-dyn, lui rendit sa prêtrise, et se servit du ressentiment qu'il nourrissait, pour opposer les docteurs de la loi aux docteurs de la loi, comme il avait opposé le khâlife à lui-même.

Le khalife et Nourouz, forts de l'excommunication, à laquelle le collége des prêtres avait souscrit, se crurent victorieux du sultan réprouvé; mais ils furent victimes de l'explosion qu'ils préparaient contre leur adversaire.

Malek el-Moyed, ayant appris en Syrie, où il se trouvait avec Belqyny, qu'on avait lancé contre lui une excommunication, quitta tout-à-coup cette contrée, et vint se présenter à ses ennemis. Son intrépidité les fit pâlir. Le khalife est abandonné, Nourouz prend la fuite, le collége des prêtres nie l'anathème, vient se prosterner à ses pieds, et Belqyny, ramassant les foudres que Mosta'yn n'avait pas su manier, les tourna contre lui : il convoqua le même collége des prêtres, appela la sévérité des lois sur la tête du khalife qui avait abusé des pouvoirs spirituels, et le fit déclarer indigne du pontificat, rebelle au seul vrai sultan, et déchu du khalifat. Le collége, sans force et sans volonté, adhéra à tout ce qu'on voulut, et signa l'arrêt que la violence lui arracha. Mosta'yn b-illah, exilé à Alexandrie, alla y traîner une existence vulgaire, et pleurer une disgrace qu'il n'avait pu prévoir; et le khalifat, au lieu de reprendre son éclat primitif, fut enseveli pour jamais dans l'obscurité. On proclama, après lui, Dâoud, son frère, khalife sous le titre de Moa'teded b-illah. La même année 816 est encore remarquable par la mort de Mohammed-khân, fils de Bajazet, qui laissa à Morâd son fils la couronne ottomane.

La dynastie des Mamlouks circassiens, qui paraissait anéantie par le sultanat de Mosta'yn b-illah, se releva avec plus de force et de vigueur par l'élévation de Malek el-Moyed, mais sans que rien changeât la marche des événemens.

Mahmoudy, parvenu au comble de ses désirs, marcha sur les traces de Mosta'yn, c'est-à-dire qu'il tâcha d'effacer, par le bien qu'il fit à ses sujets, tout le mal qu'il avait attiré sur la tête de son souverain. Si les commencemens de son règne furent violens, le cours en fut doux et paisible; semblable à un fleuve qui, jaillissant avec fracas de sa source, coule avec plus de tranquillité, à mesure qu'il s'en éloigne davantage. Différent de ces tyrans qui veulent s'affermir par la terreur sur le trône que la terreur leur a acquis, la justice et l'humanité furent les fondemens sur lesquels il appuya le pouvoir qu'il devait à ses talens. On peut dire de lui, avec un de nos auteurs, qu'il fut un prince accompli, et que ce fût un bonheur de vivre sous ses lois. Aucun règne n'avait été, pour les Mahométans, aussi doux et aussi heureux que le sien. Il avait toutes les qualités qui caractérisent un bon roi, et il était l'homme le plus propre à honorer la nature humaine et à représenter la Divinité. Après huit ans d'un règne innocent, il s'endormit du sommeil éternel, le 8 de la lune de moharram de l'an 824, au sein du bonheur et de l'amour de ses peuples et dans la paix de sa conscience. Où trouver, s'écrie Hafed fils de Hager, un prince semblable et un meilleur citoyen? éloge court, mais expressif.

Les choses reprirent, après sa mort, leur marche convulsive accoutumée. Trois sultans se succédèrent avec la rapidité de l'éclair. Ahmed, fils de Mahmoudy, nommé *Malek el-Modaffer*, fut forcé, après deux années de règne, de céder le trône à Tatar Malek el-Dâher, qui, étant lui-même mort à la fin de l'année, le transmit à son fils Mohammed, dit Malek el-Sâlh. Trois mois après, ce Malek el-Sâlh fut dépossédé par Barsabây, son tuteur et son gouverneur, et traîna une vie ignorée. Barsabây devint sultan, pendant qu'un grand nombre de prétendans se disputaient l'autorité.

CHAPITRE VIII.

Barsabây. Yousef. Gaqmaq. Ynâl. Ahmed. Kochaqdam. Belbây. Timourboghâ. Qâytbây.

On peut dire avec justesse que Barsabây, proclamé Malek el-Achraf, succéda dignement à Mahmoudy. Le commencement de son règne fut la suite de celui de ce bon prince. Il gouverna deux années au sein de la paix, c'est-à-dire jusqu'en 827, époque où il débarqua en Chypre, et envoya ses armées contre Jean III du nom, qui en était roi, le fit prisonnier, et ne lui rendit la liberté et ses domaines qu'à condition qu'il lui paierait les tributs arriérés auxquels il avait refusé de satisfaire, et lui en compterait de nouveaux chaque année. Après cette expédition, sept années consécutives s'écoulèrent au sein de la tranquillité, et il vit venir à sa cour Jacques, bâtard de Lusignan, qui réclama son assistance.

Jean III de Lusignan n'avait d'autre enfant mâle que ce Jacques qu'il avait eu d'un commerce illicite avec Marie Patras, son épouse ne l'ayant rendu père que d'une fille dite *Charlotte*, dernier rejeton de la famille des Lusignans. Jacques, voyant avec peine la couronne de son père passer dans une autre maison, abandonna le froc auquel il avait été destiné, et s'enfuit à Rhodes, où, ayant ramassé une troupe de gens, il retourna à leur tête s'emparer de Nicosie, capitale du royaume; mais il n'en demeura pas long-temps maître. Louis de Savoie, qui avait épousé sa sœur, vint bientôt l'attaquer avec des forces considérables. Il y eut entre eux plusieurs affaires qui, ayant toutes tourné au désavantage du premier, le forcèrent de se retirer au grand Kaire.

L'amour, qui joue un si grand rôle dans les affaires des princes, s'étant immiscé dans celles de Jacques, lui fut d'un grand secours, et fit la fortune de Marc Cornaro, noble vénitien, et habitant de l'île. Ce chevalier avait une fille, nommée *Catherine*, jeune et jolie. Jacques en devint amoureux; et Cornaro, au lieu de s'opposer à ce commerce, l'encouragea, ayant été approuvé en cela par la république de Venise, à laquelle il avait fait entrevoir que, par une alliance avec ce prétendant au trône de Chypre, elle se créerait des droits futurs à la possession de l'île. Le sénat de Venise, qui était, ainsi qu'il se plaisait à le publier lui-même, *vénitien et puis chrétien*, c'est-à-dire qui sacrifiait la religion à ses propres intérêts, fournit à Lusignan, par le canal de Cornaro, tous les fonds dont il eut besoin, et Lusignan s'en servit auprès de Barsabây pour en acheter une armée, lui promettant en outre une somme d'argent annuelle, plus forte que celle qui avait été convenue par son père. Les despotes mahométans aiment l'or, ils en sont avides; et comme pour de l'or ils seraient capables de vendre leurs trônes, à plus forte raison ne se font-ils aucun scrupule de mettre à prix ceux qui ne leur appartiennent pas. L'armée de Barsabây était sur le point de se mettre en marche, quand un contre-temps la retint et manqua de ruiner les affaires de Jacques.

Le duc de Savoie, qui était instruit de tout ce qu'il machinait contre lui, avait intéressé à sa cause le grand-maître de l'ordre de Saint-Jean de Jérusalem, qui envoya à la cour de Barsabây le commandeur de Nissara. Celui-ci fut chargé de lui proposer tels arrangemens qu'il voudrait, pourvu qu'il se désistât de ses promesses en faveur de Jacques. En vertu de ses pleins pouvoirs, le commandeur fit tout ce qu'il put pour seconder les vues du grand-maître, déposa aux pieds du monarque égyptien des présens magnifiques, lui fit des offres extraordinaires, lui assura que le roi de Chypre était dans l'intention de lui payer les mêmes annuités que son prédécesseur, et le pria de ne pas prêter l'oreille à un ambitieux, qui voulait s'approprier ce qui ne lui appartenait pas. Barsabây, gagné par les promesses et les présens du commandeur, était sur le point de se déclarer contre le prétendant, quand, heureusement pour celui-ci, une ambassade de Morâd, huitième sultan des Ottomans, arriva à temps à la cour égyptienne pour seconder Jacques. On remarquera ici, en passant, que la Porte ottomane commence à entrer en relation avec la cour du Kaire.

Jacques, qui avait l'esprit aussi remuant que celui de son père était apathique, et que l'habitude des affaires avait rendu homme d'état, ne s'était pas borné à recourir seulement au sultan d'Égypte; il avait encore tourné ses vues du côté de la Porte ottomane, et avait envoyé à l'empereur des Turks une personne affidée, pour lui offrir une somme annuelle, aussi forte que celle qu'il comptait à Barsabây, s'il voulait s'intéresser pour lui auprès de ce prince, afin qu'il l'aidât plus particulièrement à se faire reconnaître roi de l'île de Chypre. Il avait réussi dans cette entreprise, et Morâd envoyait en conséquence un de ses officiers à Barsabây. L'empereur turk, qui pour lors inspirait de la crainte, décida Malek el-Achrâf en faveur de Jacques. Celui-ci congédia le commandeur, dont il garda les présens, et fournit une armée au prétendant, qui l'acheta en sequins vénitiens. Avec ces troupes, Jacques chassa sa sœur de l'île de Chypre, dont il plaça la couronne sur sa propre tête. Il épousa ensuite Catherine Cornaro, qui fut richement dotée, et titrée de *fille de Saint-Marc* par le sénat de Venise, lequel s'acquit par-là des droits futurs à la possession de l'île. Jacques régna moins qu'il ne vécut l'esclave de la république, et le vassal du sultan mamlouk, à qui il paya en ducats les redevances auxquelles il s'était engagé.

Après cette expédition, l'armée égyptienne retourna auprès de son souverain, qui vécut jusqu'en 841, et mourut après avoir régné dix-sept ans. Ce sultan avait été acheté par Daqmaq, Mamlouk de Berqouq, et émyr de la garde de ce prince, à qui il l'avait donné. Le maître dont il portait le surnom est demeuré ignoré, et l'esclave s'est rendu célèbre dans l'histoire. En passant par tous les grades qui le portèrent à la souveraineté, il avait été choqué de la coutume humiliante qui consistait à se prosterner aux pieds des sultans pour les baiser. Arrivé au trône, il abolit cet usage avilissant, et le remplaça par le simple baise-main. Le prosternement, qui tient de l'adoration, fit probablement regarder par les hommes des premiers siècles les souverains comme autant de géans, et les fit représenter ainsi sur les monumens égyptiens. Barsabây pensait, sans doute, qu'il n'y avait nulle comparaison à faire de la distance qui est entre un prince et ses sujets, avec celle qu'il y a entre le prince et Dieu, à qui seul les adorations sont dues. Il mourut avec la douce consolation d'avoir rendu son peuple heureux, et alla goûter dans l'autre monde la récompense de tout le bien qu'il avait fait dans celui-ci.

Yousef son fils, décoré après lui du titre de Malek el-A'zyz, *roi chéri*, eut le sort d'Ahmed fils de Mahmoudy : il fut dépossédé par Gaqmaq, son tuteur, qui se fit reconnaître, en 842, Malek el-Mansour, à l'âge de soixante-neuf ans. Il régnait déjà depuis deux années, lorsque la peste vint renouveler ses ravages dans toute l'Égypte : elle ne se dissipa qu'après s'être gorgée de victimes. Il ne se passa ensuite rien de remarquable jusqu'en 846, époque de la mort du khalife Moa'tedcd, qui remplit pendant trente ans le siége pontifical, et mourut au milieu des hommes vertueux dont il s'était entouré. Il légua le khalifat à son frère utérin, que l'on nomma *Mostakfy b-illah.*

Mostakfy devint l'ami et le conseiller de Gaqmaq, employa les huit années de vie qui suivirent son inauguration, à toute sorte d'œuvres pies, et mourut en 854. Sa mort fut un deuil général, et sa pompe funèbre, digne d'un pontife aussi aimé qu'il l'était. Le peuple, pressé autour de son cercueil, chantait ses louanges en récitant ses bienfaits. Les grands du royaume portèrent ce cercueil, et le sultan partagea avec eux l'honneur de le soutenir de temps en temps de ses propres épaules jusqu'au lieu de la sépulture.

On donna à Mostakfy, mort intestat, son frère pour successeur; on le salua Qâym b-amr-allah. Ce khalife mena une conduite tout-à-fait opposée à celle de son frère, et en rendit la perte plus sensible au sultan, qui, accablé sous le poids de quatre-vingts années et ne se sentant plus la force de gouverner, abdiqua en faveur de son fils O'tmân, et mourut en 855, dans la même année que Mohammed II s'emparait de Constantinople et détruisait l'empire grec.

O'tmân, nommé *Malek el-Mansour* comme son père, vit son règne déchiré par une insurrection des émyrs, que le khalife avait excités contre lui, dans l'espoir que, plus heureux que Mosta'yn b-illah, il la ferait tourner à son profit. Il est vrai qu'O'tmân en fut la victime; mais le khalife, qui s'attendait à être élu à sa place, eut le déplaisir de voir proclamer, en 856, Malck el-Achraf, *roi très-noble*, un vieux Mamlouk, nommé *Ynâl* ou *Aynâk*.

Le grand âge du nouveau sultan fit patienter le khalife huit années consécutives; mais enfin, las d'attendre, il se détermina à exécuter ce qu'il projetait depuis long-temps. Il ne savait pas que Belqyny, frère utérin du Belqyny qui ruina Mosta'yn, et qui était l'âme du conseil du vieux Ynâl, surveillait ses pas tout en veillant à la sûreté de son souverain. Belqyny découvrit le complot, et vint en révéler le secret à Ynâl, qui fut d'autant plus étonné de cette découverte, que le khalife le flattait davantage. Il le fit comparaître en sa présence, lui reprocha sa conduite atroce en termes amers, le déposa, et ordonna à Belqyny de prendre acte de cette déposition.

Le khalife n'eut pas plus tôt entendu de la bouche du sultan qu'il était déchu, que, semblable au scorpion qui se tue de son propre venin, il riposta audacieusement à Ynâl: *C'est moi qui te dépose et me dépose moi-même;* bravade qui n'aboutit qu'à accélérer sa chute. On l'exila à Alexandrie, où il mourut peu de temps après. Gelâl el-dyn se complaît à faire remarquer le jeu de la fortune, qui enveloppa dans la même disgrace deux khalifes, frères utérins, qui la dûrent à deux cheykhs, frères utérins de même, et qui, tous deux relégués à Alexandrie, y eurent le même logement et y occupent le même tombeau.

Son frère Yousef le remplaça avec le titre de Mostanged b-illah. Le sultan Ynâl, ayant survécu deux ans à ces troubles, et traîné son règne au milieu des destitutions de nombre de vizirs, s'éteignit, en 865, sur un trône qui avait manqué de lui échapper. Son fils Ahmed lui succéda avec le titre de Malek el-Moyed. Il régna cinq mois, et fut remplacé par Kochaqdam el-Nasry, que les émyrs saluèrent Malek el-Dâher.

Kochaqdam, Grec d'origine, avait été vendu ou cédé à Farag, qui l'avait incorporé dans ses Mamlouks, après lui avoir fait embrasser la religion mahométane. Il eut l'aménité des mœurs grecques, et son administration fut heureuse. Comme il était débonnaire, il sut s'entourer de ministres probes, qui le rendirent l'ami de son peuple. Au lieu d'avoir cette rudesse de caractère que les musulmans en général doivent à la dureté de leur loi, il était doux, affable, et il fut, heureusement pour les Égyptiens qui vécurent sous son règne, du nombre des bons princes. Ses serviteurs et ses courtisans calquèrent leur conduite sur la sienne; je veux dire qu'ils imitèrent le bien qu'ils lui virent faire. Le khalife lui-même, qui partageait son palais et avait son amitié entière, ne manqua jamais aux devoirs de premier ministre du culte, et n'eut d'autre ambition que celle d'entourer le sultan de tous les avis qui concouraient à augmenter le bonheur de ses sujets et la félicité publique. C'est en déférant pendant sept années sans interruption aux conseils salutaires de ce digne pontife, que Kochaqdam coula doucement des jours qui finirent dans le cours de rabye' premier de l'an 872, ayant atteint l'âge de soixante ans. Chacun le pleura comme un bon père, et le regretta comme un roi bienfaisant.

On lui donna pour successeur Belbây, qui fut salué

Malek el-Dâher. Il fit autant de mal que son prédécesseur, dont il portait le surnom, fit de bien : aussi le détesta-t-on autant qu'on avait aimé son prédécesseur. Il semble que la fortune se soit repentie d'avoir favorisé l'Égypte de quelques bons princes, et qu'elle lui ait donné celui-ci pour l'affliger. Ses cruautés et sa tyrannie, qu'il faisait peser indistinctement sur le peuple et sur les grands, ayant exaspéré les esprits, on le culbuta d'un trône qu'il était indigne d'occuper; et l'on y plaça l'émyr Timourboghâ, qui fut encore décoré du titre de Malek el-Dâher. Son règne ne fut ni long ni heureux ; car, soit qu'il ne sût pas gouverner, soit qu'il déplût à ceux qui l'avaient élevé, on le déposa, et l'on nomma à sa place l'émyr Qâytbây. Le règne de Timourboghâ n'eut que la durée de celui de son prédécesseur.

CHAPITRE IX.

Qâytbây. Mohammed. Qansou. Qansou-Khamsamyeh. Mohammed pour la seconde fois. Qansou el-Gânbalât. Tomânbây. Qansou el-Ghoury.

Timourbogâ déposé, Qâytbây, affranchi de Gaqmaq, dut à sa valeur et à ses talens militaires les bonnes grâces des émyrs, qui réunirent leurs suffrages pour le proclamer Malek el-Achraf.

Les six premières années de son règne furent des années de calme, pendant lesquelles il justifia néanmoins les espérances qu'on avait conçues de lui; ce calme ne fut troublé que par le bruit de la victoire de Mohammed II sur Casanes, à la journée d'Arzingân ou Toqât. Casanes ou Uzun-Hasan, souverain des Perses, était son ami et même son allié. Qâytbây vit dans les revers de ce prince de plus grands revers pour lui : il pressentait qu'on lui reprocherait quelque jour cette alliance, et qu'on en ferait un prétexte pour envahir la Syrie. Il borda ce pays d'un long cordon de ses meilleures troupes, et se mit par-là à l'abri de toute attaque inattendue. Cette précaution sage devint nulle pour le moment, parce que le plan du prince ottoman n'était pas d'attaquer la Syrie, mais la chrétienté. Ses succès y furent si rapides, que Qâytbây en trembla, et demanda à descendre du trône, afin de ne pas être témoin des malheurs qu'il prévoyait. On refusa sa demande, et on le pria ou plutôt on le força de garder la couronne, le jour même où il voulait abdiquer. Il reprit donc, malgré lui, le maniement des affaires, et s'occupa, durant le temps que lui laissa le grand-seigneur, à faire les préparatifs d'une guerre qu'il voyait inévitable. En effet, Mohammed II, après avoir employé les premières années qui suivirent la bataille d'Arzingân aux conquêtes de l'Albanie, de la Pouille et de la Crimée, se prépara, l'an 885, à l'expédition de Syrie; il s'avançait à la tête de ses armées contre cette province, lorsque la mort le surprit à Tikour-gâber en Natolie, et retarda l'anéantissement de la dynastie égyptienne.

Les troubles survenus après sa mort, entre Bajazet II et Gem ou Zizim son frère, qui se disputèrent, les armes à la main, l'empire du croissant, ayant permis à Qâytbây de se reposer un moment, il retourna au Kaire, où peu de temps après il vit arriver Gem, qui avait perdu la bataille d'Yanichahar, et qui, accompagné de sa femme et de ses enfans, venait implorer son assistance. Il la lui accorda, l'accueillit avec les plus grands honneurs, et le traita en prince. Il chercha même, mais en vain, à s'employer auprès de Bajazet pour le réconcilier avec lui.

Sur ces entrefaites, cinq galères de l'ordre de Saint-Jean de Jérusalem abordèrent en Égypte, avec un député du prince de la Caramanie, qui vint offrir à Gem une armée de la part de son maître. A cette offre inattendue, il quitte, sans vouloir écouter les conseils de son hôte, femme, enfans, bienfaiteur, et va en Caramanie, où il est battu aussi complètement qu'il l'avait été en Natolie. Cette seconde défaite ne lui laissa d'autre ressource que de s'abandonner à la générosité de Pierre d'Aubusson, grand-maître de l'ordre. Toutes les histoires parlent plus ou moins clairement de la fin sinistre qu'il fit.

Les revers de Gem faisant préjuger à Qâytbây que le sultan ottoman chercherait à se venger, il prit les devants, enleva les caravanes turques qui se rendaient à la Mekke, arrêta l'ambassadeur du roi des Indes, s'empara des présens dont il était porteur, et prit les places de Tarse et d'Adânah, qui dépendaient de l'empire ottoman.

Bajazet fut charmé de trouver dans ces actes d'hostilité le prétexte plausible de faire la guerre à Qâytbây;

mais, avant d'agir, il lui envoya un député pour lui notifier que, s'il voulait continuer à vivre en bonne intelligence avec lui, il fallait qu'il lui donnât raison de ce qui l'avait engagé à aider Uzun-Hasan contre lui, à arrêter les pélerins turks, à retenir les ambassadeurs indiens et leurs présens, à s'emparer de Tarse et d'Adânah, et à accorder son assistance à Gem.

Qâytbây répondit à ces griefs en congédiant les députés et en faisant attaquer l'Aladulie, dont A'lä el-doulet, qui lui avait donné son nom, était le chef souverain. Cet A'lä el-doulet, qui avait été créé par Bajazet généralissime des armées ottomanes de l'Asie, vint à la rencontre de l'armée égyptienne, la joignit au cœur des montagnes qui couvrent ses états, et lui livra bataille. Le gouverneur d'Alep ayant été tué au commencement de l'action, et les rois de Byrah et d'A'yntâb faits prisonniers, cette armée fut mise en fuite et poursuivie jusqu'à Malatie, où, ayant rencontré heureusement Salahchoun-aghâ, qui, envoyé par Qâytbây, venait avec un renfort de cinq mille hommes, elle fit volte-face, tomba sur les Ottomans qui s'étaient engagés dans les gorges des montagnes, et leur arracha, après un massacre horrible, la victoire qu'ils croyaient tenir.

Pendant que ces choses se passaient en Aladulie, les Ottomans reprenaient les places de Tarse et d'Adânah; de sorte que Qâytbây apprit en même temps le gain de la bataille et la perte de ses deux places. Aussitôt il envoya, pour reprendre les deux forteresses, l'émyr Ezbeky avec une armée. Ezbeky remplit à souhait les intentions de son maître. Il attaqua les rois Mouçä et

Ferhâd qui les défendaient, les tua, précipita leurs troupes dans le Hyrah, où elles se noyèrent en grande partie, et entra triomphant dans ces deux villes.

Au lieu de se laisser abattre par ces revers, Bajazet n'en fut que plus ardent à lever une nouvelle armée, dont il donna le commandement à Ahmed, fils du duc de Bossine. La nomination de cet Ahmed, qui était devenu son gendre après avoir renié la religion des chrétiens, mit le mécontentement parmi les chefs ottomans, et causa le malheur de l'armée. On vit de mauvais œil un jeune renégat l'emporter sur de vieux capitaines qui avaient contribué à tant de succès, et l'on refusa de seconder ses opérations. Ezbeky, qui avait connaissance de la division qui régnait dans l'armée ennemie, l'attendit, se tenant sur la défensive. Ahmed l'attaqua bientôt avec l'impétuosité d'un jeune guerrier; mais son choc n'opéra aucun effet, parce qu'il ne fut pas soutenu. Délaissé et trahi, Ahmed se jeta dans les rangs ennemis, y combattit autant que ses forces le lui permirent, et fut obligé de se rendre à Ezbeky, qui, suivi de son prisonnier, alla au Kaire recevoir le prix de sa victoire, et y construisit la mosquée dite *Ezbekyeh*, d'où a tiré son nom la place qui l'avoisine. Après ce succès brillant, la Caramanie se donna à l'Égypte.

Bajazet, étonné et furieux de cette nouvelle défaite, mit sur pied une armée plus formidable que celle qu'il venait de perdre. A'ly-pâchâ en fut désigné le chef; et ce fut le 3 de la lune de rabye' second 893, qu'elle passa le Bosphore et prit position en Caramanie. Avant de lui opposer la sienne, Qâytbây, dont le naturel était plus porté à la paix qu'à la guerre, lui fit faire des propositions pacifiques, et lui renvoya en même temps Ahmed son gendre; mais, les conditions n'ayant pas été acceptées, la guerre reprit avec plus de fureur que jamais. Les commencemens en furent si heureux pour les Ottomans, qu'A'ly-pâchâ s'empara en un clin d'œil de Tarse, d'Adânah, qui avaient déjà coûté tant de sang, d'Atâourour, de Kbrâ, d'Ayâs, de Tamrouq, de Mellâounch, enfin de presque toute la petite Arménie, et fit assiéger, par Khalyl-pâchâ, Sis la capitale, dont le gouverneur ne se rendit que lorsqu'il vit que ses murailles, détruites par le canon ennemi, ne lui permettaient plus de la défendre davantage. Il fut fait prisonnier, et renvoyé à Qâytbây en échange d'Ahmed.

Qâytbây fit marcher de nouveau Ezbeky pour arrêter les progrès des Ottomans. Ce général, arrivé au pied du Taurus, fit faire halte à ses troupes, de peur d'être pris en queue par une armée turque que l'on disait avoir débarqué : mais, les vaisseaux qui la transportaient, s'étant brisés à la suite d'une tempête horrible, cette armée éprouva une perte immense; ce qui mit Ezbeky dans le cas de n'avoir plus rien à craindre de sa part, et de continuer sa route sur Tarse, où il livra une bataille plus sanglante que les précédentes. Les Égyptiens essuyèrent d'abord des revers par la lâcheté des Caramans; et ceux-ci les auraient entraînés dans une déroute complète, si, pour les rallier, Ezbeky n'avait heureusement profité des ténèbres, qui, cette nuit là, furent fort épaisses. S'étant mis le lendemain matin à leur tête, il fondit sur A'ly-pâchâ, qui se croyait déjà sûr de la victoire, et le défit entièrement. Cette affaire eut lieu dans le courant de l'an 893 de l'hégire. A'ly-pâchâ alla rendre compte à Constantinople de sa conduite; et Ezbeky, couvert d'une nouvelle gloire, reçut au Kaire de nouveaux honneurs.

Cependant Qâytbây, qui soupirait après la paix, voulut faire servir ses victoires à ce seul but : il chercha à renouer les négociations, et eut recours à l'entremise d'O'tmân, prince souverain de Tunis, qui envoya, l'an 894, sur un de ses armemens, Zeyn el-dyn, le plus savant théologien de son temps, en qualité de médiateur. Zeyn el-dyn employa vainement son éloquence au rétablissement de la paix : il fut obligé de se retirer sans avoir rien conclu, parce que Bajazet, qui avait publié une levée générale de tous ses sujets, se crut en état d'essayer une nouvelle campagne, et insista sur la restitution de Tarse et d'Adânah, qu'on lui refusa.

L'année qui suivit ces négociations, l'île de Chypre devint la propriété des Vénitiens par la mort du fils de Jacques de Lusignan et l'abandon que Charlotte Cornaro leur en fit. Qâytbây, qui craignait que ce changement de maître ne lui fît perdre les annuités que l'île lui payait, la menaça d'une invasion, que la république détourna en acquittant ponctuellement les tributs annuels.

Les affaires de Chypre terminées, Qâytbây, voyant que la paix qu'il souhaitait si ardemment, serait impossible sans le sacrifice des deux places en contestation, balança les avantages et les désavantages qui pouvaient résulter de leur conservation ou de leur abandon, et, jugeant qu'il convenait mieux à son repos de les livrer, il envoya à Constantinople pour en faire l'offre. Aussitôt cette difficulté levée, dit l'auteur arabe Hoseyn Khogah, on vit disparaître, l'an 896, l'arbre pernicieux qui produit la guerre, et naître à sa place l'arbre bienfaisant dont les doux fruits sont la paix et le bonheur.

Qâytbây survécut à cette paix cinq années, qu'il passa au sein de sa propre gloire et de l'amour des peuples dont il fut le père, et il s'endormit pour toujours dans le cours de la lune de qa'deh de l'an 901, après un règne de vingt-neuf ans. On lui donna pour successeur l'émyr Mohammed, qui fut reconnu Malek el-Nâser. Ce prince idiot, pusillanime et barbare, ne s'occupait que de ses plaisirs. Il poussa, dit Ibn-Ishâq, la férocité jusqu'à écorcher de ses propres mains, et de gaieté de cœur, une belle esclave blanche que sa mère lui avait donnée. Il régna l'espace de quatre ans, après lesquels les Mamlouks, ennuyés de le voir commander, le déposèrent, le tuèrent, et reconnurent à sa place Qansou, son oncle, qu'ils proclamèrent Malek el-Dâher. Qansou reconnut bientôt que régner sur de tels hommes, c'est travailler à sa perte; car, après cinq mois d'un règne convulsif, il se vit contraint d'abandonner des rênes si difficiles à tenir. Ce prince ne connaissait d'autre langue que l'idiome géorgien.

Entre Qâytbây et ce sultan, quelques auteurs intercalent un autre Qansou, surnommé *Khamsamyeh*, qui signifie *cinq cents*, parce qu'il avait été acheté cinq cents pièces d'or par Qâytbây : mais il jouit si peu de temps du sultanat, qu'on peut à peine le compter au nombre des soudans d'Égypte; peut-être aussi le confond-on avec le Qansou qui précède ou qui suit.

Mohammed Malek el-Nâser, ayant été mis de nouveau sur le trône, régna jusqu'en 904, année où il fut dépossédé pour toujours par les Mamlouks, qui lui substituèrent un troisième Qansou, dit *el-Gânbalât*, à qui ils firent prendre le titre de Malek el-Achraf. Ce nouveau sultan se repentit bientôt d'être monté sur un trône aussi glissant; car, après s'y être difficilement soutenu six mois, il en fut culbuté, et retourna, l'an 906, remplir le simple rang d'émyr, bien préférable à la dignité périlleuse de sultan.

Tomânbây fut ensuite choisi et salué Malek el-A'âdel, nom sous lequel on le proclama deux fois, l'une en Syrie, et l'autre en Égypte. Cette double nomination ne le préserva pas des entreprises des émyrs, qui, après l'avoir laissé à leur tête cent jours, attentèrent à sa vie. La fuite et la retraite retardèrent sa perte un mois et demi environ, après lequel temps, ayant été découvert, il fut immolé sur les degrés du trône où il avait eu le malheur de s'asseoir.

L'élection de son successeur ne dépendit pas cette fois du caprice de soldats turbulens, et ne fut pas l'effet du hasard ou de l'intrigue. Les docteurs de la loi et les émyrs réunis, d'après le vœu général des peuples, choisirent l'émyr Qansou el-Ghoury, homme pauvre, d'un caractère facile et sans ambition, qui vivait retiré, jouissant en paix du bonheur, fruit de ses vertus. Qansou étonné s'excusa de ce choix, en disant qu'étant accoutumé à obéir, il ignorait absolument l'art de commander. On lui opposa qu'étant brave et sachant faire le bien, il n'avait pas besoin d'autre connaissance, et que d'ailleurs il était seul digne d'occuper le sultanat, que Qâytbây son maître avait si honorablement exercé. Obligé de se rendre, il fut couronné sultan.

Le dixième chapitre est consacré à l'histoire de Qansou el-Ghoury, et à celle de Tomânbây, en qui expira la seconde dynastie.

CHAPITRE X.

Qansou el-Ghoury. Tomânbây.

Le khalife Mostanged b-illah, au milieu des acclamations du peuple et des soldats, revêtit du turban noir et du titre de Malek el-Achraf, Qansou, qui ne put s'empêcher de s'écrier, s'en voyant revêtu malgré lui : De quel soin me charge-t-on ! Cependant il n'accepta la souveraineté que sous la condition que, si les émyrs voulaient quelque jour l'en dépouiller, ils lui laisseraient au moins la vie sauve. Cette condition acceptée, il tâcha de se rendre digne du nom dont on l'honora, et de la confiance qu'on lui témoigna. Ce sultan, que nos auteurs nomment *Campson-Câuri,* s'appliqua aussitôt à se défaire peu à peu et avec prudence de tous ceux dont il connaissait la turbulence, et parvint à procurer à l'Égypte un repos qui se prolongea jusqu'en 911 de l'hégire.

En ce temps-là, les Portugais s'étaient emparés des Indes, et gênaient les relations de commerce que les Indiens et les Égyptiens avaient entre eux. Il arma en conséquence : mais son expédition n'eut pas le succès qu'il s'en promettait; car, au lieu de rétablir les communications commerciales et d'expulser les Portugais de leurs conquêtes, il eut le désagrément d'apprendre que ses vaisseaux chargés de troupes avaient été attaqués et détruits par leurs forces navales. Ce revers maritime ne l'empêcha pas de régner paisiblement jusqu'en 915, où il vit se renouveler des événemens pareils à ceux du règne précédent. Korkoud, père de Selym, ayant été obligé d'abandonner le trône de son père, se réfugia auprès de Qansou, et en fut accueilli aussi bien que Gem l'avait été de son prédécesseur; de plus, lorsqu'il voulut ensuite se rendre à Constantinople, Qansou équipa pour lui vingt bâtimens, qui, à leur retour, furent capturés par des armemens de l'ordre de Saint-Jean de Jérusalem.

L'asile donné à Korkoud fut le prétexte d'une guerre nouvelle. Selym la commença par l'attaque de l'Aladulie. A'là el-doulet, qui commandait alors l'armée égyptienne, s'avança à la rencontre de l'armée ottomane : mais il ne fut pas plus heureux sous les Égyptiens qu'il ne l'avait été sous les Ottomans; son armée fut défaite; et lui-même ayant péri dans le combat, on lui trancha la tête, et on l'envoya à Selym pour lui attester la grandeur du succès.

La nouvelle de cet échec, qui eut lieu le 29 de la lune de rabye' second, parvint à Qansou dans une dépêche de Selym lui-même, où celui-ci lui reprochait la mort d'A'lâ el-doulet, et s'étendait en longues menaces contre lui. Ces menaces furent des avis pour le sultan égyptien, qui, s'attendant à être attaqué au retour de la belle saison, passa l'hiver à faire de grands préparatifs. En effet, dit l'auteur arabe, le cheykh Hoseyn Khogah, fils d'A'ly, grand chancelier de la régence de Tunis, dans son Histoire des victoires des Ottomans, à peine les oiseaux eurent-ils chanté à l'ombre des feuillages le retour du printemps, que Selym força le passage de Malatie, seul poste qui restait aux Égyptiens de toute l'Aladulie, et feignit de marcher contre Isma'yl-châh, roi de Perse, qui avait déjà perdu, l'année précédente, la bataille de Gialderoum. Il envoya cependant dire au monarque égyptien qu'il n'avait agi hostilement que parce qu'on lui avait refusé un passage qui conduisait sur les terres persanes, qu'il voulait purger de l'hérésie qui les souillait; il lui fit demander aussi pourquoi il commandait en personne une armée sur sa frontière. La réponse du sultan fut que son armée était une armée d'observation, et qu'il ne s'y était rendu que pour se faire médiateur entre Selym et Isma'yl-châh. Cette réponse n'ayant pas satisfait Selym, il entra en ennemi sur le territoire égyptien, et y fit des progrès si rapides, que Qansou, épouvanté, et prié d'ailleurs par Isma'yl-châh de terminer cette guerre à quelque prix que ce fût, lui envoya faire des propositions de paix; mais, au lieu de les entendre, Selym dit aux ambassadeurs qui s'étaient humiliés à ses pieds : « Levez-vous, et retournez dire à celui qui vous envoie, qu'il n'est plus temps, qu'on ne se heurte jamais deux fois à la même pierre, et qu'il se prépare à combattre. » Qansou se mit donc à la tête de ses troupes, s'avança contre les Ottomans, qu'il rencontra dans une vaste plaine, nommée *Merg-Dâbeq*, non loin d'Alep, et leur livra combat. Les deux armées se rangèrent dans l'ordre de bataille suivant : la droite des Égyptiens était commandée par Kheyr-beik, et celle des Ottomans par Younès-pâchâ; la gauche de l'armée égyptienne par el-Ghazâly, gouverneur d'Alep, et celle de l'armée ottomane par Sinân-pâchâ, l'âme des armées turques; les deux sultans conduisaient le centre. Avant de commencer l'attaque, Qansou fit mettre ses officiers en grande tenue, et aussitôt des décharges suivies d'artillerie annoncèrent l'engagement. Après quelques minutes d'une fusillade bien nourrie, les Égyptiens s'élancèrent à l'arme blanche sur la gauche des Ottomans, qui commençait à plier, quand Sinân accourut pour lui faire reprendre l'avantage. Le combat recommença aussitôt avec plus de fureur. Les boulets, la mitraille, la poudre enflammée, la pointe des lances et la lame des sabres jonchèrent la plaine de cadavres. Le combat demeura incertain; et il n'aurait peut-être fini que par l'extinction des deux armées, tant l'acharnement était grand de part et d'autre, si Kheyr-beik et Ghazâly n'eussent passé à l'ennemi avec les corps qu'ils commandaient. Cette trahison perdit l'armée égyptienne, qui, accablée par le nombre, fut mise en déroute. Qansou chercha néanmoins à la rallier; mais, n'ayant pu y réussir, il sortit des rangs, gagna le tombeau de Dâoud, qui se trouvait dans le voisinage, et fit étendre à terre un tapis de prière. A peine s'était-il prosterné pour implorer l'assistance du ciel, vis-à-vis le tombeau du saint, que ses Mamlouks, pressés par les ennemis, lui passèrent sur le corps, et l'écrasèrent sous les pieds de leurs chevaux. D'autres disent que ce malheur lui arriva, étant tombé de cheval. Cette dévotion hors de saison causa sa perte. Si sa conduite fut celle de Constance contre Magnence à la bataille de Mursa, les résultats en sont cependant bien différens. Il ne fut heureux, ni dans ses expéditions de mer, ni dans ses expéditions de terre. Une des mosquées et un des quartiers du Kaire portent son nom.

Ibn-Ishâq s'exprime ainsi au sujet de Qansou el-Ghoury : « Ce fut, dit cet historien, un prince fin, adroit, méchant, et qui aimait beaucoup à bâtir. Il employa la ruse et l'adresse pour se défaire de ceux qui l'avaient mis à leur tête. Il acheta des Mamlouks dont il s'entoura, et sur les désordres et les rapines desquels il ferma les yeux. Pour assouvir son avidité, il porta, sous les moindres prétextes vrais ou faux, les mains sur les biens des plus riches particuliers, dont il réduisit un grand nombre à la mendicité. Parmi les nombreux édifices que l'ostentation lui fit ériger, on compte la mosquée du meqyâs et les bâtimens qui en dépendent. » La conduite privée d'el-Ghoury aurait-elle été un jeu qu'il mit en œuvre pour parvenir au trône? Au reste, les auteurs parlent diversement de ce prince.

Après la bataille de Merg-Dâbeq, qui se donna le 26 de la lune de regeb 922, le sultan Selym fit chercher son cadavre, qu'il savait gisant parmi les morts, et lui rendit des honneurs funèbres dignes d'un souverain. L'officier qu'il avait envoyé à sa recherche, ayant eu la barbarie de lui couper la tête, Selym allait lui faire trancher la sienne, si l'on n'eût intercédé en sa faveur. La journée de Merg-Dâbeq ayant décidé du sort de la Syrie, la présence du vainqueur, pour me servir de l'expression du cheykh Hoseyn que je viens de citer, fut pour cette province le premier jour de la lune qui annonce la fin du jeûne, c'est-à-dire un astre de joie et de bonheur. Il se fixa au palais d'Ablaq, près de Damas, et laissa ses troupes se rafraîchir.

Les débris de l'armée égyptienne, commandée par les émyrs, s'étant réunis au Kaire, on procéda aussitôt à l'élection d'un nouveau sultan. Tomânbây, neveu de Qansou, reconnu Malek-el-Achraf, recruta de suite une armée, et se tint sur la défensive, persuadé que les Ottomans ne se hasarderaient pas dans les déserts que Gengis-khân et Tamerlan avaient respectés. Se croyant hors de toute atteinte, il fut bien étonné de recevoir de Jérusalem une lettre du sultan ottoman, dont voici l'esprit :

SELYM, *sultan des deux terres et des deux mers, etc., etc.,*
à TOMANBAY, etc.

Dieu soit loué ! Notre désir impérial est satisfait ; nous avons anéanti les armées de l'hérésiarque Isma'yl-châh, et puni l'impie Qansou, qui osa entraver le saint pèlerinage. Il nous reste encore à nous débarrasser de nos mauvais voisins ; car, dit le prophète, *la colère du ciel tombe sur les mauvais voisins.* Nous espérons que Dieu nous aidera à te châtier toi-même, si tu ne préviens notre colère. Sache donc, si tu veux mériter les bienfaits de notre clémence impériale, qu'il te faut venir en personne jurer à nos pieds hommage et fidélité, faire prier en notre nom dans les mosquées, et battre monnoie à notre coin : sinon, notre bras va frapper.

Tomânbây, assuré, par la lecture de ce manifeste, qu'il serait inévitablement attaqué, donna ordre à Ganbardy, à qui il avait confié les avant-postes égyptiens à Gaza, de se tenir prêt à tout événement, fit augmenter les fortifications d'A'dlyeh, ville forte dans le voisinage de Damiette, et vint asseoir son camp à Sâlehyeh sur le bord du désert.

Le printemps ayant ramené la belle saison, Selym vint attaquer Gaza, et força Ganbardy d'abandonner ses positions et de battre en retraite sur el-A'rych, où il fut bientôt atteint par les Ottomans, qui, suivis d'une quantité innombrable de bêtes de somme chargées d'eau, de munitions de bouche et de guerre, l'y assiégèrent, et le forcèrent à abandonner la place. Le sultan y fit un grand nombre de prisonniers, auxquels il donna la liberté, afin de se concilier d'avance, par cet acte de générosité, l'esprit des Égyptiens leurs compatriotes.

Après quelques jours de repos à el-Arych, Selym se prépara à franchir le reste des sables qui le séparaient de l'Égypte; il se mit en route sur Qatyeh. Ganbardy n'eut pas plus tôt appris sa marche, qu'il lui abandonna les palmiers qui ombragent cette aride station, et se reploya sur le gros de l'armée. Selym y fit faire halte à ses troupes, poussant des reconnaissances jusqu'à une journée dans les sables. On lui rapporta que Tomânbây l'attendait sur le bord du désert. Au lieu de l'y aller attaquer, il l'évita. Après une marche pénible, l'armée ottomane vint déboucher par la montagne d'el-Moqatam, et prit, sur les derrières de l'armée égyptienne, à deux journées de distance environ, position à el-Khânqâh, village éloigné du Kaire de douze à treize heures de chemin. Durant sa marche contre Tomânbây, Selym eut la fortune de Moïse fuyant Pharaon; de grands nuages protégèrent son armée.

D'el-Khànqâh il fit un mouvement sur Rydànyeh; il était déjà arrivé au milieu des plaines de ce village, quand on lui annonça que Tomânbây, que sa manœuvre avait forcé à un mouvement rétrograde, s'approchait. Il l'attendit en ordre de bataille; et bientôt fut donné le signal de cette journée qui décida du sort de l'Égypte. Ce fut le 29 de la lune de zou-l-haggeh que Selym et Tomânbây en vinrent aux mains. Ce dernier, se fiant sur un parc d'artillerie de quatre-vingts pièces de canon, attaqua le premier. Ganbardy tint tête à Sinân-pâchâ, qui fut tué d'une balle en ralliant ses troupes qui fuyaient. Sa mort sauva les Ottomans; car, pour la venger, ils attaquèrent les Égyptiens avec tant de fureur, que, malgré la grande valeur de Ganbardy, les siens furent défaits et dispersés çà et là dans la plaine, et en couvrirent de leurs morts la vaste étendue.

A la vue de ses soldats en déroute, Tomânbây s'écria: « C'en est fait; la dynastie des Mamlouks circassiens est un astre qui s'éteint. » Il se porta sur le Kaire, où il réunit les restes de son armée. La victoire de Rydànyeh valut à Selym la défection de Ganbardy, qui se mit à son service. L'armée ottomane s'étant reposée plusieurs jours sur le champ de bataille, Tomânbây eut le temps de recruter son armée d'Arabes achetés au poids de l'or; et Selym, obligé de marcher contre elle, dressa sa tente dans l'île de Roudah, résolu d'attaquer le lendemain.

Son ennemi le prévint. A l'ombre des ténèbres de la huitième nuit de la lune de moharram 923, il voulut le surprendre; mais, l'attitude menaçante des janissaires qui faisaient bonne garde, ayant fait échouer son entreprise, il se retira au Kaire, égorgeant tous les postes qu'il surprit, et il s'y fortifia. Un grand nombre d'Ottomans périrent; ils furent vengés par le sac de cette ville, qui coûta beaucoup de sang. La citadelle fut prise d'assaut; et ce ne fut qu'après avoir fait le siége des maisons les unes après les autres, qu'on parvint aux retranchemens que Tomânbây et ses Mamlouks défendaient, retranchemens qui ne furent abandonnés qu'après avoir été réduits en un monceau de décombres. Tomânbây se sauva du milieu de leurs ruines, atteignit le Nil, se jeta dans une nacelle, et traversa le fleuve. Il était déjà arrivé dans la province de Bahyreh, se dirigeant vers Alexandrie, quand il fut arrêté par des Arabes rôdeurs, qui le livrèrent à Mostafa et à Ganbardy, que l'on avait envoyés à sa poursuite. Ils le conduisirent chargé de fers devant le sultan Selym, qui, s'apitoyant sur le sort de son rival à la vue des chaînes dont il était accablé, les fit tomber, le combla d'honneurs, et l'admit d'abord dans sa familiarité; mais, craignant ensuite que son existence ne compromît la sienne propre et le salut de l'armée, il le fit accuser par-devant les docteurs de la loi, et condamner à mort comme complice d'une conjuration tramée contre lui. Ce fut le 21 de rabye' premier que le malheureux Tomânbây, cloué en croix à une des portes du Kaire dite *Bâb-Zoueyleh*, demeura exposé pendant trois jours aux yeux du public, afin qu'on n'ignorât pas, disent les auteurs arabes, qu'en lui s'éteignait la dynastie des Mamlouks borgites ou circassiens.

Si cette seconde dynastie a été anéantie, elle l'a été au moins par une catastrophe mémorable. C'est un monarque victorieux qui plante son étendard sur les murs de la capitale d'un ennemi terrassé.

TROISIÈME DYNASTIE,

MAMLOUKS BEIKS OU GHOZZES.

CHAPITRE XI.

Ayouâz. Isma'yl. Cherkès. Zou-l-foqâr.

La dynastie dont il reste à traiter diffère absolument des deux précédentes : elle doit son établissement à la forme usée du gouvernement ottoman, d'où elle dérive. Selym 1er, ayant conquis l'Égypte, érigea cette contrée en un pâchâlik, qu'il divisa en vingt-quatre étendards ou arrondissemens, commandés par autant de beiks. Ces beiks se renfermèrent, l'espace de deux siècles, dans les bornes de leurs devoirs, protégeant leurs arrondissemens ou *bailliages* contre la rapine des Arabes, et rendant au pâchâ, qui les créait à son choix, un compte exact de leur conduite; mais ils s'écartèrent ensuite de l'obéissance. Les provinces où ils devaient résider, furent abandonnées à la rapacité de leurs *kâchef* ou lieutenans, qui en opprimèrent les habitans. Ils vinrent au Kaire : ils y formèrent une espèce d'oligarchie funeste à-la-fois et aux pâchâs, qu'ils dénoncèrent au divan de Constantinople et qu'ils culbutèrent presque toujours, et à eux-mêmes, parce que les pâchâs semèrent parmi eux la discorde, se servant des uns pour se défaire des autres.

Si la Porte trouva dans ce choc d'autorités un avantage réel, le peuple égyptien y rencontra sa ruine : il se vit pressuré par le pâchâ et par vingt-quatre tyrans qui se partageaient ses dépouilles. C'est de ces beiks ou beys que cette dernière dynastie tire sa dénomination.

L'ambition principale des beiks étaient de devenir *cheykh el-belâd,* c'est-à-dire gouverneur du Kaire, parce que le cheykh-belâdat leur donnait la primauté sur leurs collègues et même sur toute l'Égypte. Ils commandaient originairement à des soldats d'un des sept corps qui composent les armées ottomanes ; mais dans la suite, ne pouvant se fier à la fidélité de pareils soldats, ils les échangèrent contre des Mamlouks qu'ils firent recevoir dans le corps des janissaires dont ils faisaient partie, et les avancèrent. Comme ces Mamlouks avaient primitivement été achetés au pays des Ghozzes ou Uzzes, on leur en conserva le nom, d'où cette dynastie tire sa seconde dénomination. Quelques auteurs, et principalement les Anglais, trouvent dans la prononciation du mot *Ghozze* quelque analogie avec celui de *Goth.*

L'histoire de cette dynastie, si toutefois on peut appeler ainsi une succession de gens sans nom, sans naissance, et rebelles à leurs chefs, n'est que celle de quelques ambitieux, tantôt assassins et tantôt assassinés, qui s'arrachent alternativement le cheykh-belâdat, selon que le nombre de leurs Mamlouks les rend plus ou moins puissans.

On a généralement remarqué que les Mamlouks, ainsi que les beys, qui devaient à leur seule beauté le rang où ils parvenaient, mouraient la plupart sans postérité. Livrés aux plus honteuses débauches, la perversité de leurs mœurs aura sans doute contribué à leur stérilité; ou plutôt Dieu, dans sa colère, n'aura pas voulu permettre que de tels monstres laissassent après eux des descendans qui les auraient imités.

Ce que je vais rapporter concernant les Mamlouks beiks et ghozzes, est presque entièrement inconnu. J'ai été guidé dans mon récit par la tradition de témoins oculaires et par une petite histoire que le cheykh Isma'yl-khachchâb, secrétaire du divan du Kaire, mon professeur, en traça d'après ma demande. Ce petit manuscrit, que j'ai rapporté avec moi d'Égypte, se trouve actuellement à la Bibliothèque du roi.

L'Égypte comptait déjà quatre-vingts pâchâs qui l'avaient gouvernée, sous la dépendance absolue du grand-seigneur, lorsqu'en 1119 de l'hégire, c'est-à-dire sous Hasan, la discorde éclata entre deux beys, Qâsem Ayouâz, qui était alors cheykh el-belâd, et Zou-l-foqâr, qui lui disputa le gouvernement du Kaire les armes à la main. Leurs deux maisons, l'une appelée *Qâsemyeh* et l'autre *Zou-l-foqâryeh*, qui, avant l'arrivée de Hasan, vivaient en bonne intelligence, devinrent, aussitôt après, ennemies irréconciliables, et se firent, excitées par le pâchâ, une guerre à mort qui dura quatre-vingts jours continuels.

Ces deux maisons, qui avaient leur séjour dans le sein de la capitale, ne voulant pas rendre les habitans victimes de leur haine personnelle, se donnèrent rendez-vous dans une plaine au-dehors du Kaire, nommée

Qobbet el-A'zeb, et là elles allaient chaque jour se mesurer. Les premiers rayons du soleil éclairaient les premiers coups, et l'action ne cessait qu'à son coucher. Après avoir combattu toute la journée, chacun retournait chez soi par une rue différente. Ce défi, qui se termina par la mort d'Ayouâz, n'altéra en rien la tranquillité générale : les marchés étaient ouverts et chacun vaquait à ses affaires comme si l'harmonie la plus parfaite avait régné parmi les chefs. Ayouâz fut regretté de tous. Le peuple le pleura comme un juge équitable, et les beiks ses collègues et ses rivaux, comme un guerrier valeureux : aussi réclama-t-on pour Isma'yl son fils, jeune homme à la fleur de son âge, le cheykh-belâdat, que le pâchâ accorda d'autant plus volontiers qu'il espérait manier à son gré l'esprit du jeune Isma'yl; Zou-l-foqâr, à qui cette charge avait été promise, s'en vit frustré.

Isma'yl, revêtu du gouvernement du Kaire, se comporta politiquement à l'égard de la maison Zou-l-foqâryeh, qui devait être et était naturellement opposée à la sienne. Il réunit tous ses efforts contre le pâchâ, dont il connaissait les menées secrètes. Sa conduite à l'égard de ce prince fut dissimulée, comme celle que les princes faibles ont coutume de tenir. Il condescendit extérieurement à tout ce que le pâchâ voulut, fit travailler sourdement contre lui à la Porte, et parvint à obtenir son rappel. On donna à Hasan divers successeurs qui eurent le même sort, parce qu'ils déplurent à Isma'yl.

Tout en se précautionnant contre la rivalité de ses collègues et les intrigues des pâchâs, Isma'yl s'occupait des devoirs de sa place : il rendait au peuple une justice désintéressée, comme vont le prouver les anecdotes suivantes.

Un négociant du Kaire, nommé *O'tmân*, avait livré à un qapygy arrivé à la capitale pour une mission importante, trois cents *farq* de café sur un billet payable à échéance. Pendant le délai, vint de Constantinople un firman qui déclarait traître le qapygy, et ordonnait au pâchâ de le faire décapiter. Les ordres du divan ayant été exécutés, on séquestra au profit du pâchâ les biens du coupable, parmi lesquels se trouvaient les trois cents *balles* de café en question. O'tmân, que cet événement imprévu allait pour ainsi dire ruiner, envoya un de ses amis au cheykh el-belâd pour le prier de s'intéresser en sa faveur et pour lui remettre la créance du qapygy. Isma'yl ayant reconnu toute la justice de la demande du négociant, envoya de suite deux de ses officiers au pâchâ pour réclamer sa propriété, et lui exhiber le billet qui la constatait; le pâchâ, plutôt intimidé à la vue des deux députés qu'enclin à faire droit à l'obligation qu'ils lui présentèrent, ordonna la main-levée des marchandises, qui furent restituées à leur légitime propriétaire. Voulant ensuite reconnaître le service que le cheykh el-belâd lui avait rendu, O'tmân le pria d'accepter un riche écrin et plusieurs quintaux de sucre raffiné; mais Isma'yl les refusa en disant à celui qui en était porteur : « Votre ami est dans son droit, ou non. S'il est dans son droit, je ne veux pas faire tort à sa fortune, en prenant un don considérable qui la diminuerait. Dans le cas contraire, je ne veux pas qu'il soit dit que je l'aie aidé à dévorer le bien d'autrui. » L'envoyé, étonné de ce refus généreux, revint rapporter à son ami ce qui s'était passé, en lui disant qu'il avait gardé seulement la huitième partie du sucre, dont il avait donné le prix. O'tmân resta émerveillé d'un désintéressement si rare parmi les grands de l'Orient, qui demandent avec bassesse, exigent avec hauteur, reçoivent avec effronterie, et ne donnent que par caprice ou ostentation.

La seconde anecdote qui caractérise Isma'yl, est la suivante. Un scieur de long, homme fort pauvre et son voisin, tous les soirs, en revenant de son travail sentait son odorat flatté par le fumet des viandes qu'on préparait dans la cuisine du cheykh el-belâd, sans pouvoir satisfaire son appétit. Durant le jeûne du ramadân, Isma'yl tenait, après le coucher du soleil, table ouverte, où étaient invités tous les récitateurs du Qorân et autres gens de religion. Le scieur de long saisit cette occasion pour se mêler un jour parmi les conviés et s'introduire au banquet du gouverneur : mais les haillons dont il était à peine couvert, ne plaidant pas en sa faveur, le firent rebuter. Plutôt animé qu'abattu par ce contretemps, il courut le lendemain chez un qàdy de sa connaissance, lui emprunta un habillement complet, s'en revêtit, et vint se présenter à la porte qui lui avait été refusée la veille; son accoutrement ayant facilité son entrée, il s'assit parmi les docteurs de la loi, et se mit à manger plus qu'eux tous ensemble. Le gouverneur, à qui sa figure commune, ses manières gênées et surtout sa gloutonnerie donnèrent des soupçons, ou qui peut-être avait été informé, résolut de s'amuser un moment à ses dépens. Le repas fini, comme il allait se retirer avec ceux parmi lesquels il s'était introduit, un Mamlouk le pria de la part du gouverneur de rester. Ce contre-temps le déconcerta; il commença à maudire son habit et sa gourmandise : mais il fut obligé de se résigner, et d'attendre, dans la position critique où il se trouvait, la punition qu'il plairait au beik de lui infliger. Il était dans cette situation, quand Isma'yl, resté seul avec ses familiers, lui adressa ces paroles : « Docteur, récite-nous le chapitre du sublime Qorân, tel... » Il se trouva, par hasard, que le parasite savait par cœur les premiers versets de ce chapitre. Il paya de hardiesse, et se mit à en réciter les premières paroles; mais, plus habitué à se servir de la scie que de la langue, il s'embrouilla bientôt, s'arrêta tout court, et se jeta aux pieds d'Isma'yl, accusant sa faute et implorant la clémence du beik. Celui-ci le releva en riant, et l'admit au nombre de ses serviteurs. On assure qu'Isma'yl fut bien récompensé de son bon cœur, car il n'en eut pas de plus fidèle.

Isma'yl soutenait depuis seize ans son autorité aux dépens des pâchâs, et au milieu des troubles qu'il suscitait parmi ses collègues, quand un acte d'injustice exercé contre un vieux Mamlouk de la maison de Zoul-foqâr causa sa perte. Ce Mamlouk possédait un petit bien qui suffisait à peine à sa subsistance. Un Mamlouk d'Isma'yl le convoita; le cheykh el-belâd, sans autre forme de procès, l'enleva à son propriétaire légitime, parce qu'il était d'une maison opposée à la sienne, et le donna à sa créature. Le vétéran l'ayant en vain réclamé, vint consulter à ce sujet Cherkès, beik qui était alors chef de la maison Zou-l-foqâryeh. Cherkès, l'ennemi naturel d'Isma'yl, prit cette affaire à cœur, et s'entendit avec le pâchâ, qui dit au vieux Mamlouk : « Tu n'as d'autre moyen à mettre en usage que de tuer ton spoliateur, dont je te donne le harem et les biens. » Il lui désigna le jour du divan pour celui du meurtre. Le Mamlouk, soutenu par le pâchâ et excité par sa vengeance, se rendit à l'assemblée, où se trouvait Isma'yl, et le supplia en ces termes : « Qu'il vous plaise, seigneur, de me faire restituer ma propriété. » — « Nous verrons cela, » dit le bey formalisé d'une démarche aussi hardie. Peu satisfait de cette réponse, le vétéran revint à la charge; mais, n'ayant pu obtenir justice, il tira de son sein un poignard, se précipita sur le cheykh el-belâd, l'en frappa dans l'abdomen, et l'étendit mort au milieu de la salle du divan. Cet homicide fut le signal du meurtre de tous ceux qui tenaient au bey : ses partisans furent tués ou mis en fuite par des gens armés qui se répandirent dans la salle. Ainsi s'évanouit la puissance d'Isma'yl, dont le cadavre fut transporté dans son palais, et déposé ensuite dans le tombeau de son père, proche la porte du Kaire dite *Bâb el-Louq.*

Isma'yl, digne d'une meilleure fin, fut regretté comme un prince équitable, bon et religieux. Pendant la durée de son gouvernement, il avait rempli les devoirs de pélerin.

Cherkès fut ensuite créé cheykh el-belâd; et Zou-l-foqâr, ayant été mis en possession du harem et des biens d'Isma'yl, devint son antagoniste. Cherkès chercha à le perdre, parce qu'il commença à le craindre. La marche qu'il se proposa fut celle qu'il avait suivie contre Isma'yl; mais elle ne le conduisit pas au même résultat. Zou-l-foqâr eut vent de ses desseins, et vint, à la tête de tous les Mamlouks et des soldats ottomans qu'il avait engagés à son service, se précipiter sur la maison de Cherkès. Il y eut dans les rues du Kaire un combat dont le succès ne fut pas long-temps disputé : en un quart d'heure, les gens de Cherkès furent mis dans une déroute totale; et lui-même, accompagné de ceux qui lui restèrent fidèles, gagna le Sa'yd ou la haute Égypte, refuge des beys disgraciés ou malheureux, abandonnant à Zou-l-foqâr, son rival, le cheykh-belâdat, que le pâchâ lui confirma.

CHAPITRE XII.

Zou-l-foqâr. O'tmân. Ibrâhym-ketkhoudah. Rodouán-ketkhoudah.

Zou-l-foqâr, parvenu, contre son attente, au cheykh-belâdat, eut le sort de ses prédécesseurs. Il devint l'ennemi de ses collègues, et surtout d'un d'entre eux, surnommé *Abou-deffyeh*. On lui avait prédit que cet Abou-deffyeh devait être la cause de sa ruine; ce qui l'avait porté à tenter plusieurs fois de le perdre lui-même. N'ayant pu y réussir, il était encore occupé à en chercher les moyens, quand on lui fit connaître que Cherkès s'avançait sur le Kaire à la tête d'un rassemblement qu'il avait fait dans le Sa'yd. Il expédia contre lui O'tmân, le plus aimé et le plus valeureux de ses Mamlouks. Plusieurs combats malheureux forcèrent Cherkès à se retirer en Barbarie, et Zou-l-foqâr sévit contre les beys qu'il soupçonna de tenir à son parti. Plusieurs devinrent ses victimes ; et les autres, de concert avec l'ouâly ou chef de la police et l'aghâ des janissaires, conspirèrent contre lui. Ils résolurent de lui ôter la vie ; et un *deffyeh*, espèce de sarreau de serge noire, fort large, fut l'instrument dont ils convinrent de se servir. Cependant, avant d'en venir à cette extrémité, ils informèrent Cherkès de tout ce qui se passait, et lui écrivirent de se joindre à Mostafa el-Qerd, qui se trouvait dans l'Égypte supérieure, à la tête d'un parti considérable, et de venir attaquer l'ennemi commun. Il se rendit au vœu de ses collègues. A son retour sur le sol d'Égypte, Zou-l-foqâr convoqua le collége des prêtres pour le consulter ; mais la décision que ce collége porta fut qu'on ne pouvait attaquer Cherkès avant qu'il se fût refusé à tout accommodement. Cette décision ne s'accordant pas avec ses intérêts, parce qu'elle entraînait des longueurs, Zou-l-foqâr envoya de nouveau O'tmân, qui combattit Cherkès. Au commencement de l'action, Mostafa el-Qerd fut tué ; et Cherkès lui-même, atteint ensuite d'un coup de feu dans le temps qu'il cherchait à passer le fleuve à la nage, périt au milieu des eaux. On envoya au Kaire sa tête et celle de son collègue.

Pendant qu'O'tmân faisait tomber les têtes des ennemis de son maître, Zou-l-foqâr succombait lui-même sous les coups de ses assassins. Les beys revêtirent un d'entre eux d'un *deffyeh*, et firent courir le bruit qu'enfin Abou-deffyeh, bey qui était son ennemi mortel et qui avait coutume de porter ce vêtement, avait été saisi et arrêté. L'aghâ des janissaires vint donner cette nouvelle à Zou-l-foqâr, qui lui commanda de l'amener en sa présence : ce qu'il fit sur-le-champ. Zou-l-foqâr venait de faire ses ablutions quand Abou-deffyeh parut devant lui. La joie lui faisant oublier la prudence, il lui fit ôter le vêtement dont il était entièrement couvert. Cette action fut pour lui le coup de la mort; car le faux Abou-deffyeh ne s'en vit pas plus tôt débarrassé, que, saisissant un pistolet qu'il tenait caché, il le déchargea dans l'estomac de Zou-l-foqâr, qui mourut sur l'heure, l'an 1142 de l'hégire, à deux jours de distance de son rival. O'tmân accourut de la haute Égypte pour venger sa mort, et entra dans le Kaire, faisant main-basse sur tous ceux qu'il rencontrait. A ce carnage, qui fut affreux, succéda un autre désastre. Mohammed, un des beys qui s'étaient soustraits à la vengeance d'O'tmân, voyant le cheykh-belâdat vacant, chercha à s'y élever sur les cadavres de ses collègues. Il s'entendit à ce sujet avec Sâlh, son kâchef et son confident, et convint avec lui de les immoler au milieu d'une fête qu'il leur donnerait. En effet, plusieurs d'entre eux s'étant rendus à un festin qu'il avait fait préparer, furent massacrés, à un signal convenu, par des hommes qui s'élancèrent sur eux d'un appartement voisin. Mohammed ne jouit pas néanmoins de sa noire scélératesse; il fut du nombre des victimes; et Sâlh, voyant ses espérances ruinées, se retira à Constantinople, après avoir mis sur les marches de la mosquée Hasaneyn les têtes des beys immolés, et avoir placé devant chacune d'elles, des couffes ou paniers de son, pour donner à entendre qu'elles avaient appartenu à des êtres indignes de porter le nom d'homme.

A peu près à la même époque, le Kaire fut désolé par la peste connue sous le nom de *peste de kâou*. Elle fut annoncée par un santon ou saint, noir de couleur, qui, parcourant les rues de cette ville, criait *kâou, kâou*, c'est-à-dire *brûlure, brûlure*, et alla se précipiter dans une fournaise où il périt consumé. Cette peste sévit d'une manière horrible, et fit des ravages d'autant plus affreux, que l'anarchie empêchait qu'on ne les arrêtât.

O'tmân, Mamlouk de Zou-l-foqâr, lui succéda dans le cheykh-belâdat, et créa beys plusieurs de ses Mamlouks, à la place de ceux qui avaient péri pendant les troubles. Il fut équitable; tout le monde bénit son administration : il fit décapiter un des nouveaux beys, qui s'était permis des concussions dans une des provinces où il était chargé de lever l'impôt. L'acte de justice qu'il fit à l'égard d'un pauvre ânier du Kaire, mérite d'être cité.

Cet ânier trouva dans le massif de la maçonnerie qui formait la mangeoire de son âne, un vase plein de monnoies d'or, qu'il courut, tout joyeux, remettre entre les mains de sa femme, en lui recommandant la prudence et le secret, parce que, si l'on venait à le savoir, il en serait dépouillé, les trésors découverts appartenant en Orient à ceux qui gouvernent. Celle-ci, au lieu d'écouter son mari, exigea de lui qu'il la couvrît de riches vêtemens, de bijoux, et qu'il la conduisît au pélerinage. Il s'y refusa, en lui en remontrant les conséquences. Irritée de ce refus, elle alla le dénoncer au cheykh el-belâd, qui le fit comparaître, et qui, après avoir entendu ses raisons, le renvoya absous en lui disant : « Garde ce que Dieu t'a donné, répudie cette malheureuse, et jouis en paix du bien qu'elle voulait te faire perdre. » A cette décision pleine de générosité, l'ânier tomba aux pieds du gouverneur, les arrosa de larmes, les couvrit de baisers; et riche désormais sans crainte, il se retira en comblant son bienfaiteur de toute sorte de bénédictions.

O'tmân eut la douleur de voir la famine remplacer la peste. Nouveau Bybars, il ouvrit ses trésors et fit renaître l'abondance. Cependant, malgré la sagesse de son administration, il ne put se mettre à l'abri de l'ambition d'Ibrâhym et Rodouân, tous deux *kyâhyâ* ou *ketkhoudah*. Il y a un ketkhoudah chargé de la police de chaque corps de troupes, ainsi que de la justice à rendre aux soldats. Ibrâhym était ketkhoudah des janissaires, et Rodouân, des *A'zeb*. Ils avaient été l'un et l'autre Mamlouks, l'un dans la maison dite *el-Qazdaqlyeh*, qui doit sa fondation à un sellier enrichi, et l'autre dans celle dite *el-Gelfyeh*, qui doit sa fortune à un certain Ahmed el-Gelfy, lequel s'était avancé de la manière qui suit.

Un Mamlouk inconnu vint un jour faire une provision d'huile dans la manufacture où ce Gelfy était simple journalier, et la lui fit porter chez lui. La jarre qui la contenait étant déposée, il attendait son salaire, quand le Mamlouk le pria de l'aider à cacher dans l'épaisseur d'une muraille un trésor qu'il voulait dérober à la convoitise de ses camarades. Gelfy se rendit à ses instances, le mura, reçut un sequin et se retira content. Trente jours après, comme il passait dans la même rue, il apprit, par un rassemblement qui était à la porte du Mamlouk, que celui-ci était mort, et que sa maison était en vente. Il l'acheta, en acquitta la valeur avec l'or qu'il s'appropria, et se retira à Singelf, village de la haute Égypte; là, développant petit à petit sa fortune, il devint le chef d'une maison puissante.

Ibrâhym et Rodouân étaient aussi opposés de fortune que de caractère; l'un était pauvre et entreprenant, pendant que l'autre était riche et apathique. Le premier était dévoré d'ambition; et le second, toujours entouré de chansonniers, de musiciens, et de la fumée des parfums les plus suaves, ne songeait qu'à ses plaisirs. Ibrâhym, qui avait besoin de la fortune de Rodouân, en fit son ami; mais, avant de s'en servir, il épousa la fille d'un riche marchand, nommé *Mohammed el-Bâroudy*. Il acheta, avec les biens de sa femme, la faveur du pâchâ, le secours des Mamlouks vétérans et autres soldats, un bon nombre de Mamlouks, et il corrompit les premiers officiers de la maison d'O'tmân. Il fut enfin créé bey avec Rodouân, et ils se réunirent d'intérêt et de fortune.

O'tmân, effrayé de la rapidité avec laquelle ils s'étaient avancés, se concerta, pour couper court à leurs intrigues, avec trois maisons puissantes : celle d'Ibrâhym-bey el-Qotâmych, qui comptait trois beys dans son sein; celle d'A'ly-bey el-Domiâty, qui en comptait deux; et celle d'A'ly-ketkhoudah el-Touyl. Il fut convenu d'attenter à leurs jours en plein divan. Ce complot aurait sans doute eu son exécution, si un certain Ahmed Sokry, intendant du cheykh el-belâd, n'en eût prévenu Ibrâhym; celui-ci fit part à Rodouân du danger qui les menaçait, et se lia plus étroitement avec lui pour déjouer le projet de leurs ennemis et leur tendre le piége suivant. Ils postèrent des émissaires armés dans les rues qui conduisaient au château; et lorsqu'O'tmân s'y fut engagé, ils s'attroupèrent autour de lui afin de se saisir de sa personne : mais il se débarrassa d'eux en piquant son cheval, et se rendit à son palais, où, d'après les conseils du même Sokry qui l'avait déjà trahi, il se prépara à passer en Syrie. Il était en marche pour Gaza, et était déjà arrivé au village d'el-Achrifyeh (basse Égypte), quand Ahmed Sokry, sous prétexte de protéger ses derrières, le laissa défiler avec ses bagages, et se retira, à la tête des Mamlouks qu'il avait pu corrompre, vers Ibrâhym-ketkhoudah, qui le fit créer bey. O'tmân arriva en Syrie, d'où il se rendit à Constantinople, et obtint le pâchâlik de Brusse qu'il exerça jusqu'à sa mort. Le jour qu'il abandonna le Kaire, le peuple pilla son palais et se partagea ses dépouilles.

Après l'expulsion d'O'tmân, qui arriva l'an 1156, Ibrâhym et Rodouân, n'ayant plus de concurrens, s'occupèrent de l'anéantissement des maisons qui s'étaient alliées contre eux. Rodouân se chargea en particulier de la perte d'A'ly-ketkhoudah el-Touyl, et profita de l'occasion d'une fête donnée par ce dernier pour le faire assassiner. Il ordonna au plus affidé de ses serviteurs de s'adjoindre deux compagnons, de se glisser armé dans la foule des curieux, et de faire feu sur A'ly aussitôt qu'il croirait l'instant propice. Le serviteur remplit en partie les intentions de son maître, tira de dessous ses vêtemens une arme à feu, la déchargea vers le lieu où le proscrit était assis, et s'enfuit au milieu du tumulte que l'explosion causa. L'arme mal dirigée, au lieu d'atteindre le ketkhoudah, frappa et étendit mort à ses côtés celui de ses Mamlouks qui était le plus près de sa personne. Échappé à un péril aussi imminent, il fit courir après l'assassin et ses deux complices, qui furent atteints, et qui payèrent de leur tête la mort du Mamlouk et l'attentat essayé sur A'ly-ketkhoudah.

Ibrâhym réussit mieux dans la perte de ses rivaux. Comme il était soutenu par le pâchâ, ses projets ne pouvaient qu'avoir d'heureux résultats. Cependant, afin de mieux s'en assurer la réussite, il débaucha, à force d'argent, Soleymân, intendant de la maison d'A'ly-bey el-Domiâty; et le jour du divan, qui était le jour convenu entre le pâchâ et lui pour le temps et le lieu du meurtre de ses ennemis, il le fit cacher dans les environs de la salle, pendant que lui, posté à la porte des janissaires, et Rodouân à celle des *A'zeb*, attendaient que les beys vinssent se rendre, selon la coutume, au divan. A peine s'y furent-ils introduits, que Soleymân, à un signal convenu, les assaillit au moment où ils s'y attendaient le moins, et massacra tous ceux qu'il put atteindre. Khalyl-bey, de la maison Domiâty, et Mohammed-bey, de celle de Qotâmych, furent les premières victimes de cette trahison. A'ly-bey el-Domiâty, et O'mar bey-ballât, de la maison Qotâmych, eurent bien, à la vérité, le bonheur de se sauver; mais, poursuivis ensuite par le pâchâ en personne, à qui se joignirent Ibrâhym et Rodouân, ils furent joints et massacrés presque aussitôt. On ignore ce que devinrent les cadavres de tant de beys immolés; ceux de Khalyl et de Mohammed furent les seuls que l'on retrouva et auxquels on rendit les honneurs de la sépulture.

De tant de beys alliés il ne restait plus qu'Ibrâhym Qotâmych et A'ly-ketkhoudah el-Touyl qui donnassent de l'ombrage; mais on en fut bientôt délivré. L'un, Ibrâhym, ne survécut que peu de temps à sa disgrace et mourut de chagrin; et l'autre, A'ly-ketkhoudah el-Touyl, alla finir ses jours au sein d'un exil auquel il se condamna lui-même, abandonnant aux deux *ketkhoudah* Ibrâhym et Rodouân l'autorité qu'il avait voulu leur disputer.

CHAPITRE XIII.

Ibrâhym. Hoseyn-Khachchâb. Ibrâhym pour la seconde fois. Rodouân. Hoseyn-bey el-Maqtoul. Khalyl. A'ly-bey.

Ibrâhym et Rodouân s'emparèrent des premières places. Ibrâhym fut nommé au cheykh-belâdat qu'il avait ambitionné, et Rodouân, à l'émyrat des pélerins, qu'il ne recherchait pas; et tous deux retournèrent à leurs habitudes, c'est-à-dire Ibrâhym à ses projets, et Rodouân à ses plaisirs. La conduite administrative du nouveau cheykh el-belâd fut diamétralement opposée à celle de son prédécesseur. Il méprisa l'autorité du pâcha, abusa de la place qu'il avait acquise aux dépens de ses trésors, et, pour réparer ses pertes, n'épargna ni proscriptions ni avanies. Il fit jeter Soleymân, dont il s'était servi, et dont il n'avait plus besoin, dans les cachots de la citadelle, et il ne lui rendit la liberté qu'après lui avoir fait regorger avec usure l'or qu'il lui avait prodigué. Il attaqua ensuite les riches, et s'empara de leurs biens après les avoir exilés ou fait mourir : en un un seul jour, il confisqua plus de quatre-vingts maisons particulières. Il pilla les villages, et même les boutiques des détailleurs, s'appropria les revenus de l'État, augmenta les droits de douane. Il ne conserva que les seuls corps des janissaires et des *A'zeb*, auxquels il abandonna le produit de la douane de Boulâq et la ferme du sel : les autres corps encoururent son ressentiment pour n'avoir pas voulu prendre parti pour lui. Enfin, lui et son collègue, avec qui il partageait ses déprédations, furent pour les habitans de l'Égypte des hydres dévorantes. La terreur était générale, et la consternation publique. On eut recours au pâchâ, qui parla sans être écouté, et qui, courroucé d'un tel mépris, chargea un des beys, nommé *Hoseyn bey-khachchâb*, du soin de venger son injure particulière et l'injure publique, lui promettant le cheykh-belâdat, s'il parvenait à délivrer l'Égypte des deux alliés. Hoseyn prit si bien ses mesures, qu'ils furent arrêtés tous deux un jour qu'ils se rendaient ensemble à la citadelle. On les y garda à vue. Étonnés de l'audace qu'on avait eue de les saisir, Ibrâhym et Rodouân témoignèrent d'abord quelque crainte, qu'ils secouèrent néanmoins aussitôt pour s'occuper de leur délivrance. Ils eurent recours pour cela au cheykh A'bd-allah el-Cha'râouy, grand cheykh de la mosquée des Fleurs et ami particulier de Rodouân. Il s'employa de bon cœur en leur faveur, et se transporta chez Hoseyn, qui venait d'être nommé cheykh el-belâd, pour lui proposer des accommodemens. Au lieu d'y prêter l'oreille, par considération pour le personnage qui les lui offrait, Hoseyn répondit avec humeur et menace : « Cheykh, reste chez toi; sinon je t'envoie à Ibrym. » Ibrym est un village qui confine avec l'Égypte et l'Abyssinie. « Nous verrons, s'écria le cheykh, justement courroucé de cette réponse, qui de nous deux, *chien*, sera chassé à Ibrym. » Il alla sur-le-champ trouver les deux prisonniers, et leur dit : « Levez-vous, et forcez le pâchâ à se rendre chez Hoseyn, parce que c'est lui qui l'excite contre vous. » Ils firent ce que le grand cheykh leur commanda. Le pâchâ sortit de la citadelle, non pour arranger les affaires des beys, mais pour les ruiner. Il se fit précéder par cette proclamation : *Que ceux qui obéissent à Dieu et au sultan, se rendent avec nous auprès du cheykh el-belâd!* Cet appel, qui n'avait d'autre but que de soulever le peuple contre les beys, leur ayant été communiqué, ils envoyèrent sur-le-champ avertir Mohammed-bey, dont la mère avait épousé Rodouân, et qui avait son palais sur la route que le pâchâ devait tenir, de s'opposer à ce qu'il passât outre. Mohammed, d'après cet avis, plaça aux avenues de son palais des gens armés, qui assaillirent d'une grêle de balles le pâchâ qui s'y présenta, tuèrent deux de ses gardes à ses côtés, et le firent tomber lui-même sans connaissance. Le voyant en cet état, Mohammed le fit transporter à son palais, lui administra toute sorte de secours, et, lorsqu'il eut repris ses esprits, lui dit, en feignant le bon serviteur : « Seigneur, la multitude de gens armés qui obstrue la rue, me fait craindre pour vos jours. Restez ici jusqu'à ce que le tumulte soit dissipé. » Le pâchâ remercia le bey de son attention apparente, et accepta le refuge qui lui était offert. Mohammed envoya dire à Hoseyn-bey : *Le pâchâ vient d'être tué; tremble pour toi.* Saisi de terreur à cette nouvelle, Hoseyn-bey fit monter à cheval tous ses Mamlouks, gagna la haute Égypte, et de là Ibrym, où, exilé peu de temps après sa fuite, il alla terminer ses jours.

Cette révolution valut la liberté à Ibrâhym et à Rodouân, qui, ayant fait la paix avec le pâchâ par l'entremise du cheykh A'bd-allah, reprirent une seconde fois les rênes du gouvernement. Quelque temps après cette réconciliation factice, le pâchâ fut mandé à Constantinople, où on le fit mourir.

Avec la reprise de l'autorité absolue, les proscriptions recommencèrent. Un nombre infini de personnes de toutes les classes, et même de beys de la propre création d'Ibrâhym et Rodouân, tombèrent victimes de leurs soupçons et de leur avidité. Ceux qui, par le sacrifice de leur fortune, purent se soustraire à leur fureur, mirent leurs jours à l'abri par un exil volontaire. Parmi ces derniers, on compte A'bd-el-Rahmân ketkhoudah, fils du patron d'Ibrâhym, qui se retira à Tfayneh proche Rosette.

La désolation était à son comble : on désirait un libérateur ; mais personne n'osait le devenir. Le hasard fit ce que la peur avait empêché de tenter, et la ruse, ce que la force n'avait pu opérer. Ibrâhym tomba malade : les beys se servirent de l'ami d'Ahmed el-Asty, son barbier et son chirurgien, pour se défaire de lui. Ahmed el-Asty reçut des mains du serviteur gagné un remède que celui-ci lui assurait devoir être très-efficace contre la maladie de son maître, et le porta sans malice au cheykh el-belâd, qui, se méfiant, dit au barbier : « Goûte-le et me le donne. » Asty, de bonne foi, le goûta, et le remit à Ibrâhym, qui, l'ayant pris en même temps, mourut avec lui au milieu des plus horribles tourmens, l'an 1162. Ainsi finit cet homme qui forma tant d'intrigues et fit verser tant de sang. Victime d'un breuvage perfide, il repose actuellement oublié au fond d'un tombeau près de l'imâm Châfe'y. Il construisit des mosquées, des oratoires, croyant par-là expier ses cruautés ; mais ces édifices, ouvrages de l'orgueil et non de la piété, sont autant de monumens qui déposent contre lui.

Rodouân le remplaça, et eut pour antagoniste un bey nommé *l'émyr Hoseyn-bey el-Maqtoul*, qui, ayant réuni les Mamlouks d'Ibrâhym autour de lui, devint chef de sa maison, et demanda à Rodouân le cheykh-beladât, qu'il disait lui appartenir à ce titre. Sur son refus, il monta un certain jour à la citadelle, s'empara, avec l'aide de ses Mamlouks, des batteries qui commandaient la place dite *Birket el-Fyl*, où Rodouân avait son palais, et le battit en brêche.

Rodouân était occupé à se faire raser, lorsqu'une pluie de boulets et de mitraille vint tomber dans sa cour et briser ses vitres. Il reconnut qu'on en voulait à sa personne, et se fit amener un cheval. Il était à peine en selle, qu'une balle lui cassa la jambe. Malgré sa blessure, il n'en continua pas moins, à la tête de ses Mamlouks, la fuite qu'il avait projetée, jusqu'au village dit *Cheykh-O'tmân*, où la douleur le força de s'arrêter, et où le destin avait fixé le terme de ses jours : il y mourut, et ses restes sont encore déposés dans un petit tombeau qu'on lui érigea auprès de celui de l'ouâly du lieu.

Hoseyn-bey prit la place de Rodouân qu'il avait chassé, et chercha à se concilier l'amitié de ses collègues ; mais comment devenir l'ami de ses rivaux ? Il était à peine cheykh el-belâd, qu'il fut attaqué par eux dans un lieu dit *Moçâteb el-nachchâb*, c'est-à-dire *le Banc des flèches*, où il était occupé à surveiller les évolutions de ses Mamlouks. Ce lieu, nommé ainsi parce qu'on s'y exerçait à tirer de l'arc, est situé dans la plaine qui sépare le Kaire de la ferme d'Ibrâhym-bey. C'est là que les beys les uns après les autres avaient coutume, à des jours déterminés, de présider aux exercices de leurs Mamlouks, assis sur des tapis étendus à cet effet. Le banc des flèches fut pour le cheykh el-belâd le lit de la mort : dans le moment où les évolutions avaient éloigné ceux qui pouvaient le défendre, il fut attaqué inopinément par deux assassins qui fondirent sur lui le sabre nu, et le taillèrent en pièces. Ils portèrent à ceux qui leur avaient commandé ce meurtre, ses lambeaux sanglans réunis dans une valise de cuir, et qui, transportés ensuite sur un âne à son palais, furent lavés et déposés au Qorâfeh, nom du cimetière des grands.

Khalyl succéda à Hoseyn-bey el-Maqtoul. Il commença son gouvernement par de nombreuses proscriptions. Il exila à Geddah A'bd-el-Rahmàn ketkhoudah, qui, après la mort d'Ibrâhym, était sorti de son exil de Tfayneh, et vivait tranquillement au Kaire. Les aumônes de celui-ci, ses dépenses pour l'embellissement et les réparations de diverses mosquées, la construction de celles de Sitty Zeynab et de Sitty Nefyçah, l'établissement qu'il fonda pour les veuves sans ressource, et le collége dont il enrichit le Bymâristân, ne purent plaider en sa faveur auprès du cheykh el-belâd; il lui fallut subir son sort. Il se rendit à Geddah avec la satisfaction d'avoir fait le bien et la douleur de s'en voir si mal récompensé. Ceux qui lui étaient attachés, l'y suivirent.

La perte d'A'ly-bey surnommé *el-Gendâly*, dont l'histoire commence ici, occupa toutes les pensées de Khalyl, qui songea sérieusement à s'en défaire, parce qu'il craignait son génie et qu'il prévit sa fortune. Cet A'ly, qui est le fameux A'ly-bey, chercha de son côté à supplanter le cheykh el-belâd, qu'il regardait comme son inférieur en talens, pour se venger d'avoir été omis dans les promotions faites à la mort d'Ibrâhym, et il y travailla de tous ses moyens. Parmi les beys élevés en dignité avec Khalyl, on en comptait deux qui avaient été élus, l'un, A'ly-bey el-Qarâouy, prince des pélerins, et l'autre, O'tmân-bey Gorgâouy, prince du Sa'yd. A'ly Gendâly voulait attirer A'ly el-Qarâouy dans ses intérêts. Il s'en était ouvert à un autre bey dit Hoseyn-bey-kechkech, qu'il ne savait pas envieux du poste de Qarâouy, qui le trahit, et qui le dénonça au cheykh el-belâd. El-Qarâouy fut exilé à Gaza ; son dénonciateur eut sa charge. A'ly-bey, qui vit par-là ses desseins avortés, s'exila au village de Nouâçat, où il alla combiner de nouveaux plans qui le rappelèrent au Kaire, mais pour peu de temps. Il fut attaqué au sein de la capitale par les partis de Khalyl et de Hoseyn-bey-kechkech, et contraint, après un combat sanglant et vaillamment soutenu, à retourner au Sa'yd pour y préparer une nouvelle vengeance.

Les deux beys, débarrassés, au moins momentanément, d'Aly, remplacèrent les beys qui avaient fui, par des Mamlouks de leurs maisons, et se réunirent pour la perte d'O'tmân-bey Gorgâouy, qu'ils accusèrent devant le pâchâ d'avoir favorisé la fuite d'A'ly, en l'accueillant dans son gouvernement, et demandèrent sa punition. « Faites ce que vous voudrez, leur dit le pâchâ ; je n'entre pas dans de pareilles affaires. » Prenant cette réponse équivoque pour un consentement, ils fondirent un jour de beyrâm sur O'tmân, qui se rendait à la citadelle pour complimenter le pâchâ, et le taillèrent par morceaux, au milieu de la place dite *Qarâ-meydân*, avec tous ses Mamlouks. Hasan-bey-Boukhyreh, soupçonné d'être son ami, éprouva le même sort.

Le massacre d'O'tmân n'empêcha pas A'ly de s'unir à Sâlh-bey, Mamlouk de Mostafä el-Qerd, réfugié comme lui, et de venir avec lui demander raison à Khalyl et à Hoseyn de l'affront qu'il avait reçu d'eux. Les quatre beys se joignirent proche du Kaire, et il y eut entre eux un engagement qui tourna à l'avantage d'A'ly et de son allié. Ils poursuivirent leurs ennemis à travers la province de Qelyoub, les atteignirent au village de *Mesged el-Khodrah* sur les bords du Nil, les combattirent de nouveau, et les obligèrent à s'enfermer dans Tantah, gros village de la province de Gharbyeh. Pour les y forcer, A'ly envoya Mohammed surnommé *Abou-deheb*, qui jouera un rôle dans le chapitre suivant. Le village fut pris d'assaut. Hoseyn-kechkech y fut fait prisonnier, et décapité. Quant à Khalyl, comme il s'était réfugié dans la mosquée d'Ahmed el-Bedaouy, qui est en très-grande vénération chez les mahométans, il fallut en faire le blocus pour ne pas en profaner le sanctuaire. Mohammed l'investit donc de toutes parts, et attendit que le manque de vivres lui livrât Khalyl. Celui-ci se soutint trois jours; mais, la faim le pressant, il hasarda une sortie dans l'espoir de s'ouvrir quelque passage. Cette action de désespoir ne put le préserver de tomber entre les mains de Mohammed Abou-deheb, qui fit décapiter tous ses Mamlouks et envoya leurs têtes au Kaire. A'ly les fit promener dans toutes les rues, et exila Khalyl à Alexandrie, où il le fit ensuite étrangler. Ces divers succès assurèrent à A'ly une autorité presque absolue.

CHAPITRE XIV.

A'ly-bey. Mohammed Abou-dcheb. Isma'yl.

Ce fut en 1178 de l'hégire qu'A'ly-bey, délivré par Mohammed Abou-deheb de ses plus mortels ennemis, fut proclamé cheykh el-belâd. Cette dignité lui assurant une suprématie décidée, il voulut prouver par sa conduite qu'il la méritait : il rendit justice à tous, purgea les routes des Arabes voleurs, et s'appliqua à faire le bien. Chacun le bénit comme un prince qui avait fait succéder la tranquillité aux horreurs d'une guerre de faction. Il avança ensuite ses créatures. Mohammed Aboudehêb fut créé bey. Le jour où il reçut l'investiture, fut un jour de prodigalité. Ce nouveau bey fit jeter au peuple des monnoies d'or de trente-neuf sous environ, au lieu de parats qu'avait coutume de répandre chaque individu qui le devenait. C'est cette profusion d'un genre nouveau qui lui valut le surnom d'*Abou-deheb*, qui signifie *père de l'or*.

A'ly, qui avait ses vues, qui aspirait à la royauté et voulait devenir indépendant de la Porte ottomane, prit ses mesures en conséquence. Sous le moindre prétexte, il destitua ou éloigna des emplois civils et militaires les chefs des corps des *ogâqlu*, et les remplaça par des gens à lui. Des sept corps ottomans il ne toléra que celui des janissaires, parce qu'il les craignait; mais ils les tint tellement sous sa dépendance, qu'il les mit hors d'état de remuer. Il retarda le paiement de leur solde pendant des semestres entiers; et lorsqu'il ne put s'empêcher d'y satisfaire, il l'acquitta moitié en numéraire et moitié en rescriptions qui perdirent jusqu'à quatre-vingt-dix-sept pour cent. Il en résulta un agiotage dont il profita : il les faisait retirer, et s'en servait pour le paiement de son myry. Cette manière d'acquitter ses dettes avait le double but de rembourser avec des valeurs idéales des sommes réelles, et de dégoûter les janissaires, qui, voyant leur paye réduite à moitié, cherchèrent d'autres moyens de gagner leur vie : les uns oublièrent dans l'exercice de leurs professions le métier des armes; et les autres qui n'en avaient pas, allèrent servir ailleurs.

Ayant diminué le nombre des soldats ottomans, il augmenta celui de ses Mamlouks, et enrôla une grande quantité de Barbaresques. Après cela, il envoya dans la Bahyreh, province de la basse Égypte, un de ses Mamlouks, nommé *Ahmed*, pour la purger des Arabes pillards qui l'infestaient. Ahmed en fit une telle boucherie, qu'elle lui valut le surnom de *Gezâr,* c'est-à-dire *boucher,* et le titre de bey.

Dans le même temps, il chargea Mohammed Aboudeheb de l'assassinat de Sâlh-bey, auquel il s'était uni dans l'adversité et dont il craignait la concurrence. Mohammed se prêta d'autant plus volontiers à cette action infâme, qu'il le regardait lui-même comme un rival; et il se servit, pour l'assassiner, du bras d'Ibrâhym qui devint dans la suite cheykh el-belâd. Ce fut au sortir d'une visite faite à A'ly-bey, que Sâlh, accompagné de Mohammed, tomba, dans le quartier du Kaire dit *Soueyqat el-A'sfour,* sous le fer d'Ibrâhym, qui fut incontinent créé bey. Le meurtre de Sâlh fut suivi de la destruction totale d'une maison puissante connue sous la dénomination de *Fellâhite.* Elle descendait de Fellâh, Mamlouk de Soleymân-ketkhoudah, qui trahit O'tmân pour Ibrâhym. Ce Fellâh dut sa fortune à sa jeunesse qui le fit aimer des femmes de son maître, et il employa ses richesses, suivant la coutume du temps, à l'achat de Mamlouks qui, s'étant avancés et ayant acquis eux-mêmes d'autres Mamlouks, le rendirent chef de la maison Fellâhite. Cette maison, du temps d'A'ly-bey, comptait environ quatre-vingts patrons, pour la plupart propriétaires de plus de cent Mamlouks. Ce degré de force ayant rendu les Fellâhites redoutables au cheykh el-belâd, celui-ci s'empara de la citadelle, et leur enjoignit, par le canal d'Ahmed-Gezzâr, de sortir du Kaire, menaçant, sur leur refus, de les écraser. Plusieurs obéirent à cette injonction; et ceux qui s'y refusèrent, périrent, ou rachetèrent leur vie au poids de l'or. Il fut défendu à ceux qu'on épargna d'avoir plus d'un Mamlouk en propriété.

Mohammed, pâchâ et vizir d'Égypte, attira ensuite les regards d'A'ly, qui, voyant en lui un supérieur incommode, le chassa du Kaire, et lui fit reprendre ignominieusement le chemin de Constantinople. Ce dernier coup d'autorité développa son caractère à-la-fois humain et dur : humain par politique, et dur par intérêt. Il se vit obligé de pressurer les riches pour faire face à ses dépenses; et c'est pour couvrir le déficit de ses finances qu'il exigea des propriétaires de biens-fonds les impôts d'une année anticipée, qu'il s'appropria les douanes, les revenus des pâchâs, et divisa les villages en trois classes, qu'il imposa, ceux de la première à cent, ceux de la seconde à cinquante, et ceux de la troisième à vingt-cinq piastres d'Espagne. Outre les vivans, il mit encore les morts à contribution. Il créa un droit de sépulture, qui se payait à la porte des cimetières; droit renouvelé des Pharaons. Malgré ces impôts arbitraires, il s'occupa de l'administration. Il voulut tout voir par lui-même, se montra compatissant à l'égard du pauvre, et intraitable pour le riche. Il défendit à ceux qui dépendaient de lui de se mêler d'aucune affaire sans sa participation, et sévit avec la dernière rigueur contre ceux qui contrevinrent à ses ordres. Les concussionnaires principalement encoururent sa colère. Ces impôts exorbitans, cette administration rigoureuse, amortirent le peu d'énergie que le peuple d'Égypte conservait encore, et le jetèrent dans cet état d'inertie où il languit aujourd'hui.

Dans ce même temps, Mohammed Abou-deheb laissa percer quelques étincelles d'ambition qui donnèrent de l'ombrage à A'ly. Afin de le tenir en haleine, A'ly l'envoya contre le cheykh arabe Hamâm, qui tenait toute la haute Égypte sous sa dépendance. Ce cheykh était redoutable tant par le nombre des combattans qui lui obéissaient, que par son âme grande et généreuse qui lui faisait accueillir tous ceux qui avaient fui les troubles de la capitale; ce qui avait grossi d'autant son parti. Mohammed, suivi de son bonheur accoutumé, attaqua le cheykh, le tua, et acquit, par cette victoire, à A'ly son maître, la possession de toute l'Égypte supérieure.

Mohammed, après cette expédition, retourna au Kaire dans l'intention de faire périr Ahmed-Gezâr, parce qu'il craignait que celui-ci ne le prévînt dans le dessein qu'il méditait contre A'ly, leur maître et leur bienfaiteur. Il mit pour cela en usage une ruse qui échoua. Le vainqueur de la haute Égypte n'eut pas honte d'employer la perfidie contre le pacificateur de l'Égypte inférieure. Ahmed possédait un sabre renommé par la finesse de sa trempe et la richesse de sa monture.

S'en trouvant ceint un jour en la compagnie de Mohammed, celui-ci, qui voulait le faire servir à ses desseins, lui dit : « Voyons, Ahmed, si la lame de ton sabre répond à sa réputation. » — « Mon sabre ne se tire que pour frapper, » lui répliqua Ahmed, qui avait deviné sa pensée. A ces paroles, il se leva, quitta sur-le-champ le Kaire, échappé, pour ainsi dire, à son propre glaive, et se retira à Constantinople, où il obtint le pâchâlik de Saint-Jean-d'Acre, qu'il exerça jusqu'à sa mort.

La conquête du Sa'yd donna à A'ly le goût d'en entreprendre d'autres. On lui donna à entendre que celle de l'Yémen lui serait aussi facile que profitable ; il en adopta l'idée, et chargea Abou-deheb de son exécution. Glorieux de conduire une telle entreprise, Abou-deheb traversa les plaines arides de l'isthme de Soueys, passa les gorges difficiles d'el-O'qbah, renversa les Arabes qui voulurent lui barrer le chemin, attaqua la Mekke, la prit, la pilla, en chassa le chérif, mit à sa place son cousin A'bd-allah, qui envoya, dit-on, en reconnaissance une patente de sultan à A'ly, et retourna au Kaire avec A'bd-el-Rahmân, qui sembla n'y revenir que pour occuper le tombeau qu'il s'était préparé dans la mosquée des Fleurs ; car il mourut quinze jours après son arrivée. Pendant que Mohammed emportait la Mekke, un autre bey, Hasan, envoyé par A'ly, s'emparait de Geddah et autres ports situés sur les rives de la mer Rouge, et acquérait le surnom de *Geddâouy,* sous lequel il fut connu depuis.

Tant de succès non interrompus portèrent A'ly à secouer le joug de la Porte, alors occupée avec les Russes et hors d'état de le châtier. Il demanda aux Moscovites leur assistance, et envoya Mohammed au secours du cheykh Dâher, qui était en rebellion ouverte avec les pâchâs de Syrie. Dâher, aidé de Mohammed, s'empara en peu de temps des places fortes de la Palestine, et alla assiéger Damas, qui était sur le point de se rendre, quand, par un esprit de vertige ordinaire chez les mahométans, Abou-deheb quitta spontanément le siége et s'enfuit au Kaire, où il arriva au moment qu'on s'y attendait le moins. Une conduite aussi étrange réveilla les soupçons d'A'ly, qui voulut l'en punir. Mohammed était au Kaire; A'ly, espérant empêcher l'évasion de son Mamlouk, en fit fermer les portes, avec ordre de ne les ouvrir pour qui que ce fût : mais le favori de la fortune se rit des efforts de son ennemi. Mohammed se présenta à une des portes, se disant chargé d'ordres d'A'ly : elle lui fut ouverte, et il gagna le Sa'yd, où il se composa un parti formé de mécontens et d'Arabes, et revint à leur tête demander raison à son maître. A'ly, à la nouvelle de l'approche de Mohammed, marcha contre lui, fermement persuadé qu'il allait le châtier; mais il ignorait qu'il était entouré de traîtres, et qu'Isma'yl-bey, commandant de sa garde, en était le chef: celui-ci avait informé Mohammed, avec qui il entretenait une correspondance coupable, qu'il pouvait s'avancer en toute assurance contre le Kaire. Mohammed était arrivé au petit village de Baçâtyn, province d'Atfyeh, lorsqu'A'ly donna ordre à Isma'yl d'aller réprimer l'insolence de ce Mamlouk rebelle; mais Isma'yl, au lieu de le combattre, passa avec les siens au parti ennemi. Cette trahison inattendue ayant ruiné les affaires d'A'ly, il se retira au Kaire, fit charger précipitamment ses trésors sur des chameaux, et se rendit auprès du cheykh Dâher, à qui il offrit son bras et les troupes qui l'avaient suivi.

Après la fuite d'A'ly, c'est-à-dire en 1186 de l'hégire, Mohammed se fit reconnaître cheykh el-belâd. Il renchérit en vexations sur ceux qui l'avaient précédé; il doubla les impôts, et en créa un d'un genre nouveau, celui dit *rafa' el-mazâlem*, c'est-à-dire *extinction d'avanies*, qui doit son origine aux actes arbitraires que les kâchefs se permettaient, dans les provinces, sur tous les villages par où ils passaient. Mohammed défendit aux kâchefs les actes arbitraires, et se fit payer une rétribution annuelle, qu'il étendit à toutes les provinces de l'Égypte.

Cependant les Égyptiens, fatigués de la tyrannie du cheykh el-belâd, firent savoir à A'ly qu'ils soupiraient après son retour. A'ly, au milieu des succès qu'il obtenait pour le cheykh Dâher, se rendit à leurs vœux, prit congé de son allié, dont il reçut quelques renforts, et se dirigea, plein d'espoir, vers l'Égypte, où une nouvelle trahison devait enfin le conduire à sa perte. Parmi les beys de sa maison on en comptait un, le jeune Morâd, qui devint amoureux de son épouse, Sitty Nefyçah, Géorgienne aussi belle que pleine d'esprit. Morâd passa au parti de Mohammed, et lui promit de lui livrer son ennemi, s'il voulait lui donner en récompense l'objet de sa passion. Mohammed s'y étant engagé, le jeune bey s'embusqua avec mille Mamlouks choisis, dans les dattiers de Sâlhyeh, où A'ly devait indispensablement passer, fondit sur lui, et eut le bonheur de lui donner, dans la mêlée, un coup de sabre qui lui coupa le visage et le désarçonna. On dit que lorsque Morâd le vit étendu sur le sable, il descendit de cheval, lui baisa les genoux, et s'écria : « Pardonne-moi, mon maître; je ne t'ai pas reconnu. » Il le fit relever et porter à la tente de Mohammed. De là on le transporta à la capitale, où il mourut peu de temps après de sa blessure, dont Abou-deheb fit empoisonner l'appareil. Morâd hérita de son harem et de ses biens.

Le cheykh el-belâd résolut ensuite de se venger du cheykh Dâher. Il écrivit en conséquence au divan de Constantinople, qui lui envoya le firman de pâchâ d'Égypte, et l'autorisa à châtier le rebelle. Ce fut vers la fin de l'an 1189 que Mohammed-pâchâ, après avoir établi Isma'yl-bey cheykh el-belâd, marcha contre la Palestine. Il prit Yaffâ d'assaut, et massacra un grand nombre d'habitans. Il alla ensuite assiéger Saint-Jean-d'Acre, qui, quoique défendue par A'ly, le plus vaillant des fils de Dâher, ne put résister : elle fut emportée et livrée au pillage. Le fils de Dâher, quelques heures auparavant, avait abandonné la place, ainsi que son père l'avait fait au commencement du siége. Mohammed n'eut pas le temps de jouir des fruits de la barbarie qu'il exerça contre cette malheureuse cité : il mourut trois jours après, les uns disent de poison; les autres, de la contagion qui régnait dans son camp. Son cadavre, ouvert et embaumé, fut transporté au Kaire, et déposé dans l'oratoire construit par lui près de la mosquée des Fleurs, où il s'était réservé un tombeau.

Ce qui attira le plus l'attention dans son expédition de la Palestine, fut le luxe de sa tente, qui surpassa en richesse tout ce qu'on avait encore vu en ce genre.

CHAPITRE XV.

Isma'yl. Ibrâhym. Isma'yl pour la seconde fois. O'tmân. Ibrâhym pour la seconde fois.

Isma'yl-bey vit sortir des cendres de Mohammed deux rivaux redoutables, Ibrâhym-bey l'assassin de Sâlh, et Morâd le meurtrier d'A'ly. L'armée égyptienne étant revenue de la Syrie, dont elle avait abandonné la conquête, ils se lièrent contre lui d'amitié et d'intérêt, et se concertèrent pour lui enlever le cheykh-belâdat et chasser Hasan-bey Geddâouy, son ami particulier. Ils ne réussirent pas néanmoins dans cette première entreprise. Isma'yl et Hasan la prévinrent en les attaquant à la citadelle, dont ils s'étaient emparés, et en les forçant de prendre la route du Sa'yd, où ils allèrent créer un nouveau plan d'attaque; ils en descendirent pour livrer bataille à Isma'yl, dont ils taillèrent les troupes en pièces. Isma'yl, après sa défaite, alla à Constantinople; et Hasan-bey Geddâouy, exilé à Geddah, gagna le patron de la barque qui l'y conduisait, vint débarquer à Qoçeyr sur la mer Rouge, et se rendit dans la haute Égypte.

Ibrâhym et Morâd s'emparèrent de l'autorité. Ibrâhym se fit reconnaître cheykh el-belâd, et Morâd, émyr des pélerins. Plusieurs de leurs Mamlouks furent nommés beys, et une infinité d'autres, kâchefs. Leur conduite administrative fut, comme celle de leurs prédécesseurs, signalée par des usurpations et des rapines. Enfin ils gouvernaient au milieu des malédictions de tout le monde, quand on leur annonça qu'Isma'yl avait été vu se dirigeant sur Halouân, village de la province d'Atfyeh. Ils envoyèrent à ses trousses un gros corps de Mamlouks qui l'atteignit. Il y eut une action sanglante, dans laquelle presque toute la maison d'Isma'yl périt : il ne dut lui-même son salut qu'à une caverne où il resta trois jours entiers, après lesquels il gagna les cataractes, où il trouva Hasan-bey. Ils vécurent ensemble dans les rochers arides de Gennâdel, nom que l'on donne aux rocs où le Nil vient se briser, et qui forment l'avant-dernière cataracte.

Ce nouveau succès ayant permis à Morâd de remplir ses fonctions d'émyr des pélerins, il en conduisit la caravane au milieu des plus grands dangers. De retour au Kaire, il survint entre lui et son collègue un refroidissement qui eut pour cause l'évasion d'Isma'yl, et à la suite duquel Ibrâhym se retira courroucé à Minyeh, ville de la haute Égypte. Il y resta quelque temps, nourrissant son ressentiment et préparant sa vengeance. Enfin, fléchi par la prière des premiers docteurs de la loi, que Morâd lui avait députés, il retourna se joindre à son collègue, avec qui cependant il ne vécut pas longtemps ami ; car Morâd, l'accusant de s'entendre contre lui avec les beys O'tmân Cherqâouy, Ayoub el-Soghayr,

Solymân, Ibrâhym el-Soghayr et Mostafa el-Soghayr, tous cinq chefs de maisons ennemies de la sienne, se retira brusquement à Minyeh. Ibrâhym crut d'abord que cette fuite n'était que l'effet du naturel bilieux de Morâd : mais, ne le voyant pas revenir après cinq mois d'absence, il comprit que les choses deviendraient sérieuses, et prit le parti de lui députer, comme Morâd l'avait pratiqué, les principaux docteurs de la loi. L'âme altière de Morâd lui ayant fait congédier la députation, il descendit le long du Nil, et vint prendre position à Gyzeh, vis-à-vis le vieux Kaire, faisant mine de vouloir le traverser. Au lieu d'obtenir la paix qu'il désirait, Ibrâhym, se voyant contraint à combattre, se posta de manière à lui disputer le passage du fleuve. Ils demeurèrent en présence dix-huit jours, pendant lesquels ils échangèrent quelques coups de canon qui tuèrent un homme et un cheval, après quoi Morâd se décida à retourner à Minyeh. Cinq mois après cette nouvelle retraite, il vit arriver une autre ambassade qu'Ibrâhym, qui se voyait avec peine séparé de son collègue, lui envoyait pour le prier de revenir. Il y consentit en feignant de la répugnance, à condition qu'on lui livrerait ses cinq ennemis. Ce point lui ayant été accordé, il se rendit au Kaire; il apprit, chemin faisant, que les cinq beys, qui avaient été instruits à temps, s'étaient évadés et jetés sur la province de Qelyoub, d'où ils avaient l'intention de s'enfuir au Sa'yd par les pyramides. Morâd se trouvait alors à *Gesr el-Asoued*, dans les environs de ces monumens, où ils devaient nécessairement passer : cependant, au lieu de les y attendre, il y laisse seulement un gros parti d'Arabes, passe le Nil à la tête de ses Mamlouks, va les attaquer à *Râs el-Khalyg*, y reçoit une blessure, et se voit contraint d'abandonner le champ de bataille à ses rivaux, qui, se persuadant qu'ils n'avaient plus d'ennemis à combattre, se portèrent à *Gesr el-Asoued*, où ils tombèrent dans l'embuscade qu'on leur avait tendue. Ils furent emmenés captifs, et conduits à Morâd, qui les exila dans les villes de Mansourah, Fâreskour et Damiette. Ils n'y demeurèrent néanmoins pas dans l'inaction; ils s'écrivirent, et convinrent de se réunir à un terme fixé pour se retirer dans la haute Égypte. C'est en opérant sa jonction avec ses collègues que Mostafâ-bey, l'un d'entre eux, qui avait été relegué à Fâreskour, fut surpris par un cheykh arabe à la dévotion de Morâd, saisi et envoyé dans une des tours d'Alexandrie. Cependant, peu de temps après cet événement qui arriva en 1197, Morâd leur fit grâce, à la considération du grand cheykh de la mosquée des Fleurs, et ils revinrent au Kaire jouir de leurs priviléges.

Trois années s'écoulèrent au sein de la concorde, pendant lesquelles Ibrâhym et Morâd se partagèrent les revenus de l'État, n'en rendant compte à personne, ou bien le faisant d'une manière si contraire aux intérêts du grand-seigneur, que ce souverain, déjà indisposé contre eux par les plaintes qu'on lui adressait tous les jours, se décida à envoyer une armée pour réprimer leur insolence. Ce fut le 25 de la lune de cha'bân que cette armée, sollicitée d'ailleurs par Mohammed, alors pâchâ d'Égypte, et commandée par Hasan qapytân pâchâ en personne, débarqua à Alexandrie, et vint porter la terreur parmi les beys. Ils se rassemblèrent : mais la confusion qui troubla leurs délibérations, les laissa indécis sur le parti qu'ils devaient prendre; enfin ils se déterminèrent à prier le pâchâ d'intercéder pour eux. Sur son refus, ils eurent recours à Ahmed el-A'rouçy, cheykh de la mosquée des Fleurs, et à un autre docteur, qu'ils chargèrent d'aller à Rosette pour implorer la clémence du qapytân pâchâ. Les deux cheykhs, embarqués à Boulâq sur une riche nacelle, se rendirent à leur destination, et y furent accueillis du général ottoman avec la distinction due à leur caractère. Après qu'ils eurent été introduits en sa présence, il leur demanda le sujet de leur mission. « Nous sommes venus, dit le cheykh A'rouçy, homme aussi fin que bon orateur (que notre venue soit d'un heureux augure!), pour te prier de recommander à tes troupes d'épargner les Égyptiens, qui sont innocens de tout ce qui est arrivé; car le livre sublime dit : *Sur la tête des conquérans retombent les maux qu'ils font aux peuples qu'ils soumettent.* » Le pâchâ fit une réponse analogue à ce discours, et ordonna qu'on les conduisît au logement qu'on leur avait assigné.

Le cheykh A'rouçy se tut, comme on voit, entièrement sur le compte des beys. Il eut en cela d'autant plus de raison, qu'à peine était-il sorti d'auprès du pâchâ, qu'on reçut la nouvelle de l'arrivée de Morâd, à la tête de dix beys, au village de Rahmânyeh, situé à la source du canal d'Alexandrie. Morâd, après le départ de la députation, avait communiqué son ardeur guerrière à tout le conseil, et s'était chargé de combattre les Ottomans pendant qu'Ibrâhym tiendrait le Kaire en respect. Rahmânyeh fut bientôt témoin du combat inégal qui s'y livra entre les Mamlouks dépourvus d'artillerie et de fantassins, et les Ottomans protégés par des canons, des mortiers et de l'infanterie. Deux bombes qui crevèrent entre les jambes des chevaux mamlouks, y mirent le désordre, et assurèrent la victoire aux Ottomans. Les dix beys, frappés de terreur, se retirèrent précipitamment, vinrent en désordre se réunir à Ibrâhym, et opérèrent avec lui leur retraite au Sa'yd, où ils attendirent qu'on vînt les attaquer.

Mohammed-pâchâ, après l'évacuation du Kaire, rassembla tous les *ogáqlu* qui s'y trouvaient, et se prépara à recevoir à leur tête le généralissime des Ottomans, qui, après avoir ruiné et dévoré les pays qu'il traversa, fit son entrée dans la capitale le 5 de la lune de chaouâl, 1200 de l'hégire. Des brigands se permettent moins de dégâts que n'en firent les soldats turks; et Hasan-pâchâ ne put arrêter le désordre qu'en faisant sur quelques-uns des exemples terribles qui firent trembler les autres.

La tranquillité rétablie aux dépens d'un grand nombre de têtes, il fit procéder à la vente de tout ce qui appartenait aux beys, et même de leurs esclaves enceintes; ce qui attira les réclamations des docteurs de la loi, qui lui représentèrent que le Qorân et l'humanité s'opposaient à ce qu'on livrât au marché des malheureuses devenues enceintes ou mères dans les harems de leurs maîtres. « Je vais donc écrire à Constantinople, leur répartit-il, que vous vous êtes opposés à la vente des propriétés des ennemis du sublime sultan. » — « Tu es venu ici, lui répliqua le cheykh el-Sâdât, doyen des chéryfs, pour châtier deux individus, et non pour contrevenir à nos us et coutumes. Écris ce que tu voudras. » Cependant, après de plus mûres réflexions, il exempta les esclaves enceintes de la mise en vente.

Il organisa ensuite l'administration sur le pied ottoman, et envoya A'bady-pâchâ contre les beys avec une grande partie de l'armée, à laquelle se réunirent Isma'yl et O'tmân beys, avec le peu de Mamlouks qui leur restaient. Il y eut, incontinent après, une affaire sanglante dans laquelle les Ottomans ayant perdu une grande partie des leurs, et les beys, un nombre considérable de Mamlouks, se retirèrent, les uns au Kaire, et les autres aux cataractes, mettant le Sa'yd à contribution. Là se termina l'expédition de Hasan qapytân pâchâ, dont le but fut tout-à-fait manqué, puisque, sans avoir purgé l'Égypte des beys rebelles, il se retira à Constantinople, où la guerre avec les Russes le rappela. Il laissa en partant le cheykh-belâdat à Isma'yl-bey; Isma'yl créa émyr des pélerins Hasan-bey Geddâouy, avec qui il partagea l'autorité.

Il gérait depuis quelques mois avec équité le cheykh-belâdat, auquel il avait été rendu, quand une insurrection s'éleva tout-à-coup, occasionée par les actes arbitraires que se permit sur le peuple un certain Ahmed, créature de Hasan, que l'on avait nommé ouâly ou chef de la police du Kaire : elle fit couler un peu de sang, et s'apaisa par l'exil du coupable, qui devint cependant bey quelque temps après.

Le calme étant rétabli, Isma'yl continua de gouverner jusqu'en 1205 de l'hégire, époque funeste aux Égyptiens et particulièrement aux habitans de la capitale : ceux-ci furent en grande partie victimes du fléau de la peste, dont les ravages n'avaient jamais été aussi affreux; elle emportait journellement des milliers d'individus. Les autorités furent renouvelées jusqu'à trois fois dans le même jour; Isma'yl et presque toute sa maison succombèrent à la contagion. On ne peut sans horreur se rappeler au Kaire la peste d'Isma'yl.

Ce fléau rétablit les affaires d'Ibrâhym et de Morâd; car O'tmân-bey Tabel, reste de la maison d'Isma'yl, se trouvant hors d'état de fournir aux dépenses et de soutenir la charge de cheykh êl-belâd qu'on venait de lui conférer, les appela au Kaire, où ils revinrent le 5 de la lune de qa'deh de la même année. Hasan-bey Geddâouy se retira, à leur approche, dans la haute Égypte.

Le retour des deux beys fut suivi d'une famine horrible qu'on les accusa d'avoir suscitée, afin de se défaire à meilleur prix des grains accaparés par eux au Sa'yd. Ils renversèrent les autorités en en établissant d'autres, et, malgré la disette, ne songèrent qu'à bien vivre et à bien vêtir leurs Mamlouks. Les violences qu'ils se permirent pour cela, et surtout celles de Mohammed-bey l'Elfy, occasionèrent une insurrection générale qui les força à suspendre momentanément leurs exactions; mais ils les renouvelèrent dans la suite. Ayant épuisé la fortune du peuple, ils taxèrent le commerce étranger, et principalement celui des Français. On eut beau réclamer : au lieu d'être écouté, on eut la douleur de voir les avanies s'en accroître davantage; et Morâd venait même d'en frapper une nouvelle, quand il apprit qu'une armée envoyée par le gouvernement français, irrité contre les Mamlouks, était débarquée et avait pris Alexandrie. Il se moqua d'abord de ce qu'il appelait une armée de mécréans, et s'avança témérairement pour en faire raison. Le combat de Chobråkhyt et la bataille des Pyramides lui ayant appris, à son déshonneur, que les Français ne sont pas des Turks, il s'enfuit avec Ibrâhym au Sa'yd, abandonnant au général français les pays qu'il n'avait pas su aussi bien défendre qu'opprimer. Ce fut le 7 de la lune de safar 1213 que le Kaire ouvrit ses portes à l'armée d'Orient, dont les victoires suspendirent passagèrement cet enchaînement de proscriptions et de meurtres, qui ne pourra cesser que par l'extinction totale des Mamlouks.

MÉMOIRE

SUR

LE CANAL D'ALEXANDRIE,

Par MM. LANCRET et CHABROL,

INGÉNIEURS DES PONTS ET CHAUSSÉES [1].

EN approchant de Rahmânyeh, la branche de Rosette se partage en deux bras principaux, et forme une suite d'îles qui ont ensemble quinze à dix-huit cents mètres de longueur. Le bras oriental est le plus considérable, et demeure toujours navigable. L'autre, qui, d'après le témoignage des gens du pays, conservait encore de l'eau toute l'année, il n'y a pas plus de douze ans, s'est tellement comblé depuis ce temps, qu'il reste à sec pendant huit à neuf mois. C'est sur ses bords que se trouve le village de Rahmânyeh; c'est aussi dans ce bras du Nil, et à douze cents mètres au-dessous de Rahmânyeh, que le canal d'Alexandrie a son origine : l'eau y entre par deux bouches élevées de deux mètres huit dixièmes au-dessus des basses eaux du fleuve, et distantes l'une de l'autre de six cents mètres. Celle qui est située le plus bas, est la plus ancienne; elle a été abandonnée, parce

---

[1] Lu à l'Institut du Kaire, le 1ᵉʳ nivose an VIII (22 décembre 1799).

que les curages successifs en avaient tellement élevé les digues, que les voiles des barques n'y pouvaient plus recevoir le vent. C'est pour la remplacer que l'autre a été faite il y a quatre ans.

Le canal d'Alexandrie, dans la première lieue de son cours [1], n'est qu'une espèce de fossé de cinq à six mètres de largeur, qui fut creusé pour joindre le canal à la branche de Rosette, lorsque la partie de celle de Canope dans laquelle il prenait autrefois son origine, se fut comblée. On rencontre cette partie de l'ancienne branche Canopique à deux cent cinquante mètres du village de Kafr-Mehallet Dâoud; elle n'est séparée du canal que par la digue, qui a, dans cet endroit, quatre ou cinq mètres d'épaisseur.

Aussitôt qu'on s'est avancé au-delà de ce point, le canal est plus large et mieux formé; il se continue ainsi jusqu'au village de Samâdys, où il prend une largeur moyenne de cinquante mètres, qu'il conserve jusqu'au-delà du village d'Aflâqah, c'est-à-dire pendant près de deux lieues et demie. Les sommets de ses digues sont élevés de plus de quatre mètres au-dessus du fond, bien que celui-ci ne soit que d'un mètre au-dessous du niveau de la plaine. Cette portion du canal porte tous les caractères de l'antiquité; on y remarque des ports demi-circulaires de quatre-vingts mètres de largeur, qui ne permettent pas de douter qu'il n'y ait eu dans cet endroit une grande affluence de barques et un commerce très-actif. Ce lieu est en effet celui que l'on choisirait encore aujourd'hui

---

[1] C'est à la lieue de deux mille quatre cents toises qu'on a rapporté les grandes distances dont il est question dans ce mémoire.

pour rassembler les productions de la province de Bahyreh que l'on voudrait envoyer à Alexandrie. Il est d'ailleurs dans le voisinage d'une ville considérable depuis long-temps ; je veux parler de Damanhour, qui paraît occuper la place de l'ancienne *Hermopolis parva*[1].

Le canal n'offre plus rien de remarquable dans les deux lieues suivantes, si ce n'est pourtant qu'entre les villages de Zâouyet-Ghâzal et de Gâbyl, on a abandonné depuis peu d'années l'ancien canal, pour en creuser un nouveau qui a été tracé en ligne droite et régulièrement approfondi.

Après Gâbyl, on entre dans un pays tout différent de celui qu'on vient de quitter. Ce n'est plus une plaine riche, cultivée et meublée de villages ; c'est un terrain inculte ; ce sont des villes ruinées et des villages abandonnés : cet aspect est plus affreux que celui du désert, peut-être parce qu'il rappelle un état florissant qui n'est plus.

Depuis Gâbyl, le canal d'Alexandrie, pendant quatre lieues de suite, a vingt mètres de largeur moyenne ; tantôt ses digues sont peu élevées, tantôt elles sont de plus de huit ou dix mètres : c'est cette partie du canal qui est la plus belle et la plus uniforme pour la largeur et la profondeur. Il conserve dans la lieue suivante, c'està-dire jusqu'à Lelohâ, à peu près la même largeur et la même uniformité que précédemment : mais la plaine qui l'environne s'abaisse peu à peu, en sorte que le

[1] Le canal d'Alexandrie passe à douze ou quinze cents mètres au nord de la ville de Damanhour. Cette ville reçoit les eaux du Nil par un canal particulier qui va se terminer dans celui d'Alexandrie, un peu au-dessus du village d'Aflàqah.

fond du canal se trouve être. à son niveau, et lui est même supérieur dans plusieurs endroits; il ne recommence à être au-dessous de la plaine qu'à une demi-lieue avant Alexandrie.

Immédiatement après Lelohâ, le canal s'élargit subitement; et, dans une demi-lieue de longueur, il a cent, deux cents et même jusqu'à deux cent cinquante mètres de largeur. Ses digues sont à peine élevées de deux mètres, et sont si faibles, que les eaux filtrent à travers. Il se rétrécit beaucoup ensuite; et lorsqu'on a passé Beydâh, il n'a que cinq mètres de largeur : des digues de plus de sept mètres de hauteur, et recouvertes de sable mouvant, menacent de le combler entièrement. Dans cet endroit, il est à une distance moyenne de cent mètres du lac d'Abouqyr : il s'en éloigne ensuite, et, dans l'espace d'une lieue, il prend une régularité et des dimensions à peu près semblables à celles qu'il a avant Lelohâ. Il se rapproche du lac vers l'extrémité occidentale de celui-ci, et le serre de si près, qu'il n'en est séparé que par une digue en pierre de six à sept mètres d'épaisseur. Une autre muraille, distante de celle-ci de cinquante mètres, forme la digue du côté de la plaine. Cet endroit, appelé *el-Bouçât* à cause de la grande quantité de joncs qui y croissent, est un des plus obstrués du canal, parce que les terres provenant des curages annuels ont toujours été jetées à droite et à gauche dans l'intérieur même des digues.

Depuis l'extrémité du lac, le canal parcourt un terrain entrecoupé de marais salans, recouverts d'une croûte de sel de dix à douze centimètres d'épaisseur. Il passe ensuite au milieu d'un bois de dattiers d'une demi-lieue de longueur, en laissant à sa droite un grand nombre de citernes, dont quelques-unes portent le caractère des constructions grecques ou romaines, mais qui pour la plupart ont été défigurées par les réparations qui y ont été faites dans les temps modernes. Cette partie du canal qui s'approche d'Alexandrie, offre à sa droite plusieurs monticules couverts de maisons détruites, que les Arabes, leurs derniers habitans, ont abandonnées depuis deux ou trois cents ans. On y trouve aussi des tronçons nombreux de colonnes de granit, et d'autres fragmens de l'architecture des Grecs, qui avaient tout-à-la-fois créé et embelli cette contrée de l'Égypte.

A une demi-lieue d'Alexandrie, le fond du canal est un peu plus bas que le niveau de la surface de la mer; mais, depuis cet endroit jusqu'à l'enceinte des Arabes, il a une contre-pente, c'est-à-dire qu'il s'élève à mesure que l'on s'avance vers cette enceinte.

Enfin le canal d'Alexandrie, large de vingt à vingt-cinq mètres, tourne au pied du monticule où se trouve élevée la colonne de Sévère. Il devient ensuite très-étroit, passe à travers l'enceinte des Arabes, et va se terminer dans le port vieux sous la forme d'un égout.

La différence des hautes eaux aux basses eaux du Nil, auprès de l'entrée du canal d'Alexandrie, est de quatre mètres, année commune. Leur profondeur moyenne dans ce canal, lorsqu'elles ont atteint leur plus grande hauteur, est d'environ un mètre six dixièmes.

L'augmentation annuelle des eaux du fleuve se fait sentir à Rahmânyeh entre le 10 et le 20 juillet, et, vers la fin du mois suivant, elles ont atteint l'entrée du canal d'Alexandrie. Elles mettent ensuite un mois à le parcourir, parce qu'elles sont ralenties dans leur marche par les inégalités de sa pente, et surtout par ses nombreux détours; car il a vingt lieues de développement, quoiqu'il n'y ait que quinze lieues de distance entre ses deux extrémités. Les eaux n'arrivent donc à Alexandrie que vers le 20 de septembre; et, comme le décroissement du Nil s'aperçoit déjà à Rahmânyeh dès le 5 d'octobre, il s'ensuit que la navigation dans le canal ne peut durer plus de vingt ou vingt-cinq jours.

Lorsque les eaux sont arrivées à Alexandrie, elles entrent dans quatre petits canaux souterrains, dont les entrées sont distribuées le long de la demi-lieue du canal d'Alexandrie qui précède son embouchure. Elles sont conduites par ces canaux dans des réservoirs d'où on les élève, au moyen de roues à pots, dans de petits aqueducs qui les distribuent aux diverses citernes de la ville. Ces roues, qui sont au nombre de soixante-douze, sont mues par les chevaux et les bœufs que la province de Bahyreh est obligée de fournir chaque année pour ce travail [1].

Il n'y a pas long-temps que l'on comptait trois cent soixante citernes propres à recevoir les eaux : on n'en compte plus maintenant que trois cent huit environ; et le nombre en diminuera rapidement, parce qu'elles sont fort anciennement construites, et qu'on n'y fait plus de

[1] Il faut élever les eaux à plus de dix mètres de hauteur, pour les introduire dans les citernes qui sont du côté de la porte de Rosette; et seulement de cinq mètres, pour les introduire dans celles qui se trouvent vers le port vieux.

réparations depuis long-temps. Il y avait aussi un plus grand nombre de canaux dérivatoires; mais les uns sont engorgés, d'autres n'aboutissent plus qu'à quelques jardins particuliers.

On ne ferme point l'embouchure du canal dans le port vieux pendant que l'on travaille à remplir les citernes, parce que la contre-pente dont nous avons parlé empêche qu'il ne s'écoule par cette issue une trop grande quantité d'eau; et celle qui s'échappe est employée à l'approvisionnement des vaisseaux.

Quand toutes les citernes d'Alexandrie sont suffisamment remplies, on permet aux habitans des villages qui sont sur les bords du canal d'en couper les digues, soit pour arroser leurs terres, soit pour remplir leurs propres citernes. Les habitans des villages qui se trouvent aux environs de la rive gauche du canal dans sa partie haute, et dont les terres sont arrosées par d'autres canaux, attendent avec impatience ce moment pour couper les deux digues du canal d'Alexandrie, afin de faire écouler rapidement les eaux qui sont sur leurs terres, et de les dessécher plus promptement. S'ils étaient contraints de faire entrer ces eaux dans le canal, elles serviraient aux terrains qui sont placés plus bas, et qui ne sont jamais suffisamment arrosés. Ce ne sont que les grandes crues du Nil qui permettent de cultiver quelques parties de ces terres; mais, dans les crues ordinaires, elles restent incultes, et les *felláh* quittent leurs demeures pour aller chercher des travaux dans les villes ou dans les gros villages : ils attendent, pour y entrer, que leurs champs aient été arrosés par le fleuve.

C'est sans doute au peu de soin qu'on a pris de creuser le canal, et à la petite quantité d'eau qu'il reçoit chaque année, qu'on doit attribuer l'abandon de ses rives; car la terre en est très-cultivable : elle est la même que celle de tout le reste de l'Égypte. Elle est, à la vérité, recouverte d'une couche de sable dans quelques endroits; mais c'est là l'effet et non la cause de la solitude de cette contrée.

Sous le gouvernement des Mamlouks, l'un des *kâchef* du commandant de la province de Bahyreh campait sur les bords du canal, depuis le moment où l'eau y entrait, jusqu'à celui où les citernes d'Alexandrie étaient remplies. Son objet était d'empêcher les Arabes du désert et les *fellâh* d'y faire des coupures, comme aussi d'en former lui-même, lorsque la trop grande quantité d'eau pouvait faire craindre la rupture de quelques parties de digue. Dès que les citernes d'Alexandrie étaient pleines, il entrait dans la ville pour en demander la vérification; elle était faite à sa réquisition par le commandant, le qâdy et les *u'lemâ* : après quoi, l'on remplissait un vase de l'eau de ces citernes; ce vase était scellé par ceux qui avaient fait la vérification, et servait, avec l'attestation qui y était jointe, à prouver au commandant du Kaire que l'eau était bonne, et que les citernes avaient été remplies.

Après avoir fait connaître ce qu'est aujourd'hui le canal d'Alexandrie, et le régime auquel ses eaux sont assujetties, nous allons dire quelque chose de son état ancien : nous examinerons ensuite rapidement ses relations avec le commerce et l'agriculture; enfin nous parlerons des réparations indispensables qu'il exige, et des augmentations utiles dont il est susceptible.

Il ne reste aucun souvenir d'un canal qui ait conduit les eaux du Nil du côté du lac *Mareotis* avant Alexandre. Il paraît que les habitans de la bourgade de *Rhacotis* et la garnison que les rois d'Égypte y entretenaient, trouvaient suffisamment d'eau potable dans les trous qu'ils creusaient au bord de la mer. On sait que César et son armée, assiégés dans Alexandrie, furent long-temps réduits à cette seule ressource. On pourrait encore en faire usage aujourd'hui dans un cas pressant : on s'en est assuré par des expériences.

Mais, si les bords du lac *Mareotis* ne furent pas cultivés avant Alexandre, on ne saurait douter qu'une grande partie de la plaine comprise entre Alexandrie et Damanhour ne fût certainement arrosée et cultivée par les anciens Égyptiens. On y retrouve encore des fragmens d'hiéroglyphes qui prouvent qu'ils y ont élevé des monumens. Au village d'Aflâqah, entre autres, la porte d'un moulin était décorée avec symétrie de trois pierres sculptées; la plus intéressante, que nous avons détachée, représente une Isis accroupie de six décimètres de proportion. Elle est coiffée de la peau d'un vautour, et tient dans sa main le bâton à fleur de lotus. Ce fragment en pierre calcaire est parfaitement bien conservé; il est sculpté en relief dans le creux avec le même soin et les mêmes détails que les murs du temple de Denderah [1].

L'opinion que le canal actuel est celui qui fut creusé

---

[1] Voyez *A.*, vol. v, Collection d'antiques.

lors de la fondation de cette ville, ayant été avancée et généralement reçue, nous croyons devoir entrer à ce sujet dans quelques recherches.

On sait, par le témoignage positif de Strabon [1], qu'en sortant d'Alexandrie par la porte de Canope, on avait à sa droite le canal de ce nom, qui suivait parallèlement et à peu de distance les bords de la mer. Ce canal, qui avait une issue dans le lac *Mareotis*, n'en avait pas sans doute du côté de Canope, située sur le bord de la mer; mais il recevait les eaux du Nil par un canal qui avait son origine dans la branche Canopique, auprès de la ville de *Schedia*, à peu de distance de l'embouchure du fleuve. Quel serait donc le motif qui aurait pu déterminer l'architecte Dinocrate à faire un canal de dix-huit lieues de développement, quand il pouvait tirer les eaux du voisinage de Canope par un canal de six ou huit lieues seulement?

Ce canal de Canope était certainement le seul qui conduisît à Alexandrie les eaux destinées à être bues : car, si l'on supposait que lorsque cette ville fut devenue la plus peuplée de l'Égypte, il fallut ouvrir des canaux depuis le sommet du Delta pour augmenter la quantité des eaux potables dans Alexandrie, il faudrait encore convenir que ces eaux ne pouvaient arriver dans la ville qu'après s'être réunies à celles des canaux de *Schedia* ou de Canope; autrement il aurait fallu qu'elles traversassent le lac *Mareotis*, où elles se seraient nécessairement altérées.

Il serait possible que la portion du canal actuel com-

[1] Strabon, *Géogr.*, liv. xvii.

prise entre le village de Keryoun et les marais salans dont nous avons parlé, fût le reste d'un de ces anciens canaux, qui auraient été destinés à augmenter la quantité d'eau dans le canal de Canope. Cette portion contourne l'ancien emplacement du lac *Mareotis* : elle a son fond de beaucoup plus élevé que le niveau de la plaine ; et c'est ainsi, à ce qu'il nous semble, qu'on aurait fait auprès des eaux salées un canal destiné à conduire celles qui sont nécessaires aux besoins de la vie.

Le lac *Mareotis* recevait, au témoignage de Strabon, un grand nombre de canaux dérivés des parties élevées du fleuve. L'un, entre autres, passait à *Hermopolis parva*, et nous avons déjà remarqué que le canal porte les caractères de l'antiquité dans le voisinage de cette ville, actuellement Damanhour. Nous ne doutons donc pas que plusieurs anciens canaux n'aient été joints successivement pour former le canal qui subsiste aujourd'hui. Cela peut servir à expliquer la cause des contours bizarres et multipliés et des inégalités de ce canal dans un terrain où il pouvait être formé en ligne droite avec la plus grande uniformité.

L'histoire du canal d'Alexandrie nous conduit à l'examen d'une autre question qui n'est pas étrangère au sujet que nous traitons.

On apprend, par le récit de la guerre de César dans Alexandrie, qu'une partie de cette ville était traversée par un canal dont l'eau servait aux besoins d'une grande partie du peuple ; car celle des citernes ne pouvait suffire qu'aux gens riches et à ceux qui leur étaient attachés. Quelques critiques ont pensé que ce canal était le même que celui qui joignait le lac *Mareotis* au port *Kibotos*, sans faire attention qu'en supposant même que les eaux de ce lac fussent devenues potables par la grande quantité des canaux du Nil qui y affluaient, elles auraient été nécessairement saumâtres dans le canal qui les conduisait à la mer; car ce canal devait être large, puisqu'il était navigable. D'ailleurs l'expression d'Hirtius [1], qui donne le nom de *fleuve du Nil* au canal dont le peuple buvait les eaux, n'est point du tout favorable à l'opinion de ceux qui le croient dérivé du lac *Mareotis*. Nous sommes donc portés à penser que les eaux dont le peuple faisait usage, étaient dérivées de ce même canal de Canope dont nous avons parlé plus haut. Nous ajouterons que cette opinion ne contrarie point le récit d'Hirtius sur la position de César assiégé dans Alexandrie, qui, comme on le sait, n'était pas maître du quartier que traversait le canal appelé *fleuve du Nil*. Celui dont nous parlons n'aurait effectivement pas passé dans le quartier des palais possédés par César; il aurait traversé la ville entre son enceinte méridionale et la longue rue, et se serait jeté par une ouverture étroite dans celui qui joignait le lac *Mareotis* au port *Kibotos*.

On a vu, par la description du canal d'Alexandrie, qu'il n'était plus maintenant environné, dans la plus grande partie de son cours, que de ruines et de déserts; il n'y a pourtant que quatre cent soixante ans qu'il était encore paré de toutes les richesses de l'Égypte. Je vais rapporter le passage de l'écrivain arabe Abou-l-fedâ,

---

[1] *De Bello Alex.* cap. v.

qui vivait à cette époque. Il dit d'abord en parlant d'Alexandrie :

« Le blé y est apporté de l'extérieur; les champs qui l'environnent sont stériles, parce que le sol est imprégné de sel. »

Et dans la note marginale il dit :

« Alexandrie est située dans une île sablonneuse, formée par la mer et le canal d'Alexandrie. Cette île, dans une longueur d'un peu moins d'une journée de chemin, est plantée de vignes et ornée de jardins, et, quoique le sol ne soit formé que de sable, il n'est cependant pas désagréable à la vue. Le canal qui conduit à Alexandrie les eaux du Nil, offre un aspect délicieux; des jardins et des vergers plantés sur les deux rives en embellissent le cours. »

Pour entendre les deux passages d'Abou-l-fedâ, qui paraissent d'abord contradictoires, il faut remarquer que le premier se rapporte à la partie de la plaine qui est à la gauche du canal, et qui, étant autrefois sous les eaux du lac *Mareotis,* est en effet imprégné de sel marin. Quant au second passage, il s'applique à tout l'espace compris entre la rive droite du canal et la mer. Ce terrain n'était point alors recouvert presque en entier par les eaux, comme il l'est aujourd'hui; car le lac d'Abouqyr, qu'il ne faut pas confondre avec le lac d'Edkou (l'ancien lac Mâdyeh) n'existait point encore[1].

[1] Le lac d'Abouqyr, tel qu'il est à présent, n'existe que depuis l'année 1778 ou 1780. Avant cette époque, une digue en pierre, dont il subsiste encore une grande partie, empêchait les eaux de pénétrer dans les terres. Cette digue s'étant rompue, sans qu'on ait cherché à la ré-

On ne peut pas douter que les bords du canal d'Alexandrie n'aient été très-florissans, même depuis que les Arabes se sont rendus maîtres de cette ville. Les quatre ponts qu'ils ont construits dans la longueur de la lieue qui précède Alexandrie, prouvent que, de leur temps, le besoin de communiquer d'une rive à l'autre était très-fréquent. Celui de ces ponts qui est le plus voisin de l'enceinte des Arabes, est détruit : les trois autres sont faits d'après un même modèle ; ils sont d'une seule arche en ogive, extrêmement élevée à cause de la navigation.

Avant de parler des travaux que le canal d'Alexandrie nécessite, nous exposerons les principaux motifs qui doivent déterminer à les entreprendre.

Le canal d'Alexandrie est, après celui de Soueys, le plus important dont les possesseurs de l'Égypte puissent s'occuper. Il devient une suite nécessaire du canal qui joindrait la mer Rouge au Nil : car, à quelque point du fleuve qu'on le fasse aboutir, il faudra que les bâtimens qui y navigueront arrivent à Alexandrie ; et il sera bien plus prudent de les y faire parvenir par les canaux intérieurs, que de les livrer souvent à une mer orageuse, ou de les exposer dans les temps de guerre aux entreprises des ennemis. Ces raisons avaient été parfaitement senties par les Grecs : aussi, de leur temps, tout le commerce se faisait-il par le lac *Mareotis*, dont les ports étaient préférés à ceux de la Méditerranée. Mais, indé-

parer, la mer se répandit sur toute la plaine plus basse que son propre niveau, et forma le lac d'Abouqyr : plusieurs villages furent submergés par cette catastrophe.

Vers le commencement du dernier siècle, cette digue avait déjà été rompue par un grand orage, ainsi que le raconte Paul Lucas ; mais elle avait été rétablie peu après.

pendamment du canal de Soueys, celui d'Alexandrie jouit encore d'une grande importance, et mérite de fixer l'attention. En effet, quelle que soit la manière dont les marchandises des Indes et de la mer Rouge seront importées en Égypte par Soueys ou Qoçeyr, on conçoit qu'elles devront toujours être dirigées sur Alexandrie, pour y être chargées sur les vaisseaux qui les distribueront à toute l'Europe. Or, les raisons que nous avons dites tout-à-l'heure sur la nécessité du transport intérieur, exigent que le canal d'Alexandrie soit rendu navigable pendant toute l'année. Cette opération serait d'ailleurs la source d'une autre prospérité pour l'Égypte; elle rendrait à la culture une partie notable de son territoire, que la coupable négligence de ses maîtres lui a fait perdre. On reverrait les rives du canal, aujourd'hui sèches et abandonnées, reprendre leur ancienne fertilité; et cette circonstance s'accorderait admirablement avec les nouveaux besoins d'Alexandrie, qui, plus peuplée, plus active, n'absorberait pourtant pas une plus grande partie des productions actuelles de l'Égypte.

Quelles que soient les spéculations dont le canal dont nous nous occupons pourra devenir l'objet, la ville d'Alexandrie est trop nécessaire à l'Égypte pour qu'on la laisse exposée à perdre en un instant toute communication avec le Nil.

Nous avons déjà dit que, vers l'extrémité du lac d'Abouqyr, une digue en pierre de six à sept pieds d'épaisseur le séparait du canal. Cette muraille, quoique récemment construite, avait été faite avec assez de solidité : mais, comme elle n'est point entretenue, elle se dégrade, et les accidens les plus graves seraient la suite de sa rupture; car, les eaux du lac étant plus basses que celles du canal, celles-ci s'écouleraient toutes à la mer. Mais bien plus, si la rupture était l'effet d'un violent orage qui renversât encore la seconde digue du canal, alors les eaux du lac d'Abouqyr se répandraient dans toute la plaine qu'occupait autrefois le lac *Mareotis*, et qui est encore plus basse que le niveau de la mer. Alexandrie se trouverait donc placée de nouveau sur un isthme très-étroit, comme au temps de l'existence de ce lac, mais avec cette différence qu'on n'y pourrait plus faire parvenir les eaux du Nil [1].

Il faut donc rétablir les digues qui séparent le lac d'avec le canal; il faut en construire de nouvelles dans tous les endroits qui peuvent inspirer quelques craintes. Il serait peut-être même plus prudent et plus facile d'éloigner le canal du lac, et cela ne serait pas plus coûteux; car, la plaine dans laquelle il passerait étant très-basse, ainsi que nous l'avons déjà dit, il suffirait d'élever des digues pour que le canal fût formé. Enfin, si l'on rétablissait la digue qui sépare le lac d'avec la mer, ou, du moins, si l'on veillait à ce qu'elle ne se détruisît pas davantage, on n'aurait point à craindre les accidens dont les grands mouvemens des eaux du lac pourraient être la cause.

Les travaux que l'on pourrait entreprendre pour que le canal d'Alexandrie demeurât continuellement navi-

---

[1] Cette appréhension a été réalisée par l'événement, lorsque les Anglais, assiégeant Alexandrie en 1801, coupèrent les digues du canal, et firent écouler dans l'ancien lit du lac *Mareotis* les eaux du lac d'Abouqyr et de la Méditerranée.

gable, ne seraient point exécutables dans une seule année; mais ils pourraient être tellement dirigés, que dès la première ils offrissent déjà de très-grands avantages. Ainsi l'on peut dans une année rendre la navigation facile pendant trois mois de l'année suivante. Une somme de deux cent soixante mille francs suffirait à cette entreprise. Voici comment on peut obtenir ce résultat.

Un nivellement fait dans les huit premières lieues du canal, en partant de Rahmânyeh, a fait connaître que sa pente est très-considérable dans cette première partie, tellement qu'il n'en conserve presque plus dans le reste de son cours. Cette grande inclinaison est le résultat des dépôts annuels de limon, qui sont beaucoup plus considérables vers Rahmânyeh que vers Alexandrie. Il suffirait donc de travailler dans les huit premières lieues, en creusant de deux mètres et demi à l'entrée du canal, en diminuant de profondeur proportionnellement à la distance où l'on serait de l'entrée, en sorte qu'au bout des huit lieues on retrouvât l'ancien fond du canal. En exécutant cette opération sur dix mètres de largeur, il y aurait quatre cent soixante-huit mille mètres cubes à enlever; si l'on y ajoute cent trente-deux mille autres mètres pour les travaux qu'exigent quelques parties du canal, et notamment la plus voisine du lac d'Abouqyr, on aura en tout six cent mille mètres cubes, dont le déblaiement, estimé à douze médins chacun, tous frais compris, exigerait un peu moins de deux cent soixante mille francs. Quant au temps nécessaire pour l'exécution, il ne faudrait que cent cinquante jours; car il serait possible de réunir deux mille sept cents ouvriers, et ils enleveraient certainement chacun plus d'un mètre et demi cube par jour. Or, les cultivateurs ne peuvent avoir que cent cinquante jours à leur disposition dans les deux intervalles compris entre le temps des semailles et celui de la récolte, et depuis la récolte jusqu'à l'inondation.

Nous n'entrerons pas dans tous les détails particuliers des nouvelles directions qu'il faudrait donner à certaines parties du canal pour en rendre la navigation plus facile; nous observerons seulement que, son cours général étant à peu près de l'est à l'ouest, et les vents régnans étant toujours du nord au sud, il faudrait faire en sorte qu'aucune de ses sinuosités ne fût dans cette dernière direction, afin que l'on pût également monter et descendre dans toutes les saisons. Quant à l'entrée et à l'embouchure du canal, il faudrait y faire des changemens indispensables, et que nous allons indiquer.

Le changement qu'il y aurait à faire à l'entrée, serait de la placer auprès de la redoute de Rahmânyeh. Cet endroit, qui conserve plus de trois mètres de profondeur d'eau dans le temps où il en a le moins, pourrait avec peu de travail devenir un port vaste et commode. Il se trouverait placé auprès d'une île qui serait extrêmement favorable à l'établissement des magasins nécessaires à une pareille navigation.

Les obstacles qu'il faut éviter avec le plus de soin dans les nouvelles routes que l'on veut donner au commerce, ce sont les chargemens, les entrepôts fréquens, qui causent souvent des retards, nécessitent l'établissement des douanes, et par conséquent des taxes sur les marchandises. Il faudrait donc que le canal d'Alexandrie communiquât avec la mer, afin qu'on ne fût pas obligé de transporter par terre les marchandises apportées par la voie du canal. Mais, avant d'indiquer l'endroit du port où il paraîtrait convenable que le canal aboutît, nous rappellerons que, lorsqu'Alexandre fit joindre l'île du Phare à la terre ferme, et donna de cette manière deux ports à Alexandrie, on sentit la nécessité de les faire communiquer entre eux, afin que les vaisseaux pussent sortir dans presque toutes les saisons ; on laissa à cet effet deux ouvertures dans l'*Heptastadium* : ces deux ouvertures se sont fermées en même temps que l'*Heptastadium* s'est élargi par les attérissemens ; en sorte que la ville moderne occupe, comme on le sait, la place de cette ancienne chaussée.

La nécessité de faire communiquer entre eux les deux ports étant toujours la même, nous pensons que, si l'on formait une vaste coupure qui les joignît, il faudrait faire aboutir le canal d'Alexandrie dans cette coupure, en sorte qu'il appartiendrait également aux deux ports, et qu'il traverserait la ville moderne dans le sens de sa longueur.

La présence continuelle des eaux du Nil à Alexandrie deviendrait d'une nécessité absolue, dans l'hypothèse d'une grande population ; car la quantité qui peut être contenue dans toutes les citernes de la ville ne peut suffire tout au plus que pour une année et demie au nombre actuel de ses habitans.

A la vérité, cette nouvelle bouche ouverte aux eaux du fleuve affaiblirait beaucoup la branche de Rosette, dans laquelle, en été, les eaux de la mer se mêlent déjà à quatre ou cinq lieues au-dessus de son embouchure; mais, outre qu'on pourra dans tous les temps augmenter le courant du Nil en rétrécissant ses embouchures à la mer, on sera toujours maître de ne donner aux eaux du canal que l'écoulement suffisant aux besoins et à la salubrité : une écluse placée vers le milieu de sa longueur, et une autre à son extrémité dans le port, seraient suffisantes pour empêcher une déperdition d'eau superflue. La seule écluse de l'extrémité pourrait bien remplir le même but, mais il faudrait que les portes en fussent très-hautes; et les digues aussi devraient être beaucoup trop élevées, puisqu'il faudrait que leurs sommets fussent horizontaux dans toute leur longueur.

Nous ne nous engagerons pas davantage dans la discussion des moyens de rendre navigable pendant toute l'année le canal d'Alexandrie, non plus que dans l'énumération des ouvrages d'art qui devraient y concourir; l'objet important eût été d'en donner une évaluation : c'est ce qu'il est impossible de faire, au moins d'une manière probable, pour tout ce qui peut être compris sous la dénomination de constructions; quant au déblaiement des terres, on peut l'évaluer.

Nous avons déjà fait voir que deux cent soixante mille francs suffiraient pour rendre le canal navigable pendant trois mois : d'où il ne faudrait pas conclure que le quadruple de cette somme serait nécessaire pour qu'il le devînt toute l'année; car il résulte de la loi du mouvement des eaux du fleuve, que s'il faut, dans le premier cas, baisser l'entrée du canal de deux mètres et demi, il ne faudra, dans le second, que la baisser d'un mètre trois dixièmes plus bas, c'est-à-dire de trois mètres huit dixièmes en tout. Or, en donnant toujours dix mètres de largeur au canal, comme il a dix-neuf à vingt lieues de développement, et qu'il est suffisamment profond à Alexandrie, il y aurait un million sept cent trente mille mètres cubes à enlever; ce qui, d'après les évaluations précédentes, pourrait être fait en deux ou trois ans au plus, pour la somme de sept cent cinquante mille francs.

MÉMOIRE

sur le

MEQYÂS DE L'ÎLE DE ROUDAH

ET

SUR LES INSCRIPTIONS

QUE RENFERME CE MONUMENT,

Par J. J. MARCEL,

Membre de la Légion d'honneur.

SECONDE PARTIE[1].

CHAPITRE Ier.

De l'île de Roudah.

Avant de tracer l'histoire des diverses époques du nilomètre de l'île de Roudah, il serait peut-être convenable de jeter un coup d'œil rapide sur cette île, et d'indiquer ce qu'elle fut avant l'érection du nilomètre,

[1] *Voyez* ci-dessus, pag. 135.

ce qu'elle était à l'époque où l'on éleva cet édifice, et ce qu'elle est à présent; mais les détails dans lesquels M. Langlès est entré sur cette matière, nous dispensent de présenter ici à nos lecteurs des recherches que nous ne pourrions qu'emprunter à ce célèbre orientaliste. Nous dirons seulement que le mot de روضة *Raoudah*, ou *Roudah*, suivant la prononciation vulgaire usitée en Égypte, signifie proprement, dans la langue arabe, *un jardin* ou *une prairie semée de fleurs*[1]. Il paraît que l'île de Roudah a reçu ce nom à cause de l'agrément de sa situation et de l'extrême fécondité qu'elle doit au limon du Nil, dont elle est entièrement formée.

C'est à la beauté de cette situation que l'île de *Roudah* est redevable d'un grand nombre de maisons de plaisance dont elle fut couverte à différentes époques, et parmi lesquelles se faisaient principalement remarquer celles de plusieurs khalifes qui gouvernèrent l'Égypte. Sa position au milieu du Nil, à peu de distance du lieu où le siége du gouvernement était établi, permettait de s'y fortifier avec avantage contre l'invasion des Croisés, et l'on y construisit une citadelle l'an 638 de l'hégire (1241 de l'ère chrétienne).

---

[1] راض 11. *Herbis floribusve amœnum fecit locum, aut horto instruxit.* IV. *Hortis pratisve abundavit locus. Stagnantem vel infusam aquam habuit piscina aut vallis.* X. *Latè liberèque patuit, et herbis floribusve amœnus fuit locus.*

روض *Quantitas aquæ.*

رِبض *Qui primùm exercetur, at rudis adhuc et difficilis.*

روضة, pluriel رياض et روض, etiam ربضان, Meid. روضات Raudàton, As. *Hortus olitorius ac florifer. Pratum, pec. amœnum, et quantitas aquæ operiens fundum lacûs vel cisternæ*, Gi.

Voyez, col. 1062 et 1063, *Jacobi Golii Lexicon Arabico-Latinum, contextum ex probatioribus Orientis lexicographis.* Lugd. Batav 1653.

Cette île tomba au pouvoir des Français aussitôt après la bataille mémorable des Pyramides : pendant la nuit même qui suivit cette journée décisive, la division qui était sous les ordres du général Menou, passa la branche du fleuve qui la sépare de Gyzeh, et s'en empara.

Plusieurs manutentions utiles au service de l'armée furent dès-lors placées dans cette île : on y établit une boulangerie, et, par la suite, une poudrerie considérable, dont la direction fut confiée à M. Champy père[1], membre de l'Institut du Kaire, auquel fut adjoint feu M. Champy son fils, jeune homme d'une grande espérance, qui devint une des principales victimes de la contagion pestilentielle, et dont la Commission d'Égypte déplora bien justement la perte prématurée.

Lorsque la ferme d'Ibrâhym-bey[2], sur la rive occidentale du Nil, en face de l'île de Roudah, fut devenue un poste militaire, on réunit ce poste à l'île de Roudah par un pont de bateaux qui traversait la petite branche du Nil.

Un autre pont de bateaux fut bientôt après construit sur le bras le plus considérable du fleuve, et établit ainsi une communication directe entre le Kaire, l'île et Gyzeh.

[1] Maintenant administrateur général des poudres et salpêtres
[2] Ibrâhym-beyk ابراهيم بيك.

CHAPITRE II.

Histoire du meqyâs sous les khalifes Ommiades, Abbassides et Fatémites, de l'an 96 de l'hégire à l'an 567.

Cette première partie de l'histoire du meqyâs de l'île de Roudah, qui commence avec le règne du khalife Ommiade Soleymân[1], treizième successeur de Mahomet, et fondateur de ce nilomètre, s'étend jusqu'à l'établissement de la dynastie des Ayoubites sur le trône d'Égypte, et comprend un intervalle d'environ quatre cent soixante-onze ans.

§. I. *Première époque du meqyâs : fondation de ce monument sous le khalife Soleymân.*

Nous avons vu, dans le dernier chapitre de la première partie, l'Égypte tomber sous la domination des khalifes : elle continuait, à cette époque, d'être soumise à l'autorité de ces souverains, qui avaient alors établi à Damas[2] le siége de leur vaste empire.

---

[1] *Soleymân ebn A'bd-el-Melek* سليمان ابن عبد الملك.

[2] *Demechq* ou *Dimechq* دمشق. Les auteurs de l'antiquité connaissaient sous le nom de *Damascus* cette ville, qui ne le cède en célébrité à aucune autre de la Syrie ; elle fut la métropole de la province appelée Phénicie du Liban. Les agrémens de sa situation dans une vallée que des courans d'eau fertilisent et rafraîchissent, et qui est fameuse chez les Orientaux sous le nom de *Ghytah Demechq* غيطة دمشق (verger de Damas), sont des garans de la haute antiquité de cette ville, comme c'est à eux qu'il faut attribuer son rétablissement après diverses calamités qui sembiaient chaque fois devoir l'anéantir

DE L'ILE DE ROUDAH. 391

Soleymân, huitième prince de la famille des Ommiades, était fils puîné du khalife Ommiade A'bd-el-Melek [1], et petit-fils du khalife Merouân [2]; il monta sur le trône l'an 96 de l'hégire (715 de l'ère chrétienne), et succéda à son frère aîné, le khalife Oualyd [3].

La première année de son règne, le nilomètre que son oncle A'bd-el-A'zyz, fils de Merouân, avait fait construire à Helouân, fut renversé, comme nous l'avons vu ci-dessus [4].

Asâmah, surnommé *el-Tenoukhy* [5], fils de Yezyd [6], suivant el-Makyn, ou de Zeyd [7], suivant A'bd-el-Hokm

pour jamais. Un fleuve, nommé par les Grecs *Chrysorrhoas*, Χρυσορρόας (courant d'or), suivant Strabon, Pline et Ptolémée, se partage en différens canaux dans la ville comme dans les environs. Étienne de Byzance (liv. XVI, p. 755) lui donne aussi le nom de *Bardine*, d'où dérive le nom actuel de *Barade*, ou *Barada*, comme l'a écrit l'auteur du *Qâmous*.

Damas tomba au pouvoir des musulmans au mois de regeb de l'an 14 de l'hégire (635 de l'ère chrétienne), sous le khalifat d'O'mar, second successeur de Mahomet.

[1] *A'bd-el-Melek, ben Merouân* عبد الملك بن مروان, fils aîné de Merouân, et onzième successeur de Mahomet, mourut l'an 86 de l'hégire (705 de l'ère chrétienne). *Voyez* la note 250 de la prem. partie de ce mém., pag. 133 de ce volume.

[2] *Merouân ben el-Hakem* مروان بن الحكم est désigné par nos historiens sous le nom de *Merouân* Ier: il succéda au khalife *A'bd-allah*

ben-Zobeyr عبد الله بن زبير, et monta sur le trône en l'an 64 de l'hégire (684 de l'ère chrétienne). Son règne ne fut pas d'une année entière. Il eut pour successeur son fils aîné A'bd-el-Melek. (*Voyez* la note 269 de la *première partie* de ce mémoire, p. 133 de ce volume.)

[3] *Oualyd ben A'bd-el-Melek* وليد بن عبد الملك fut le douzième khalife après Mahomet, et le septième de la famille des Ommiades. Il succéda à son père A'bd-el-Melek, et monta sur le trône l'an 86 de l'hégire (705 de l'ère chrétienne). Après un règne de dix ans, il mourut l'an 96 de l'hégire (715 de l'ère chrétienne), et eut pour successeur son frère Soleymân.

[4] Page 91. *Voyez* le n°. 37 des textes à la suite de ce mémoire.

[5] *Asâmah el-Tenoukhy* اسامة التنوخي.

[6] *Ben Yezyd* بن يزيد. *Voyez*, ci-après, le n°. 31 des textes insérés à la suite de ce mémoire.

[7] *Ben Zeyd* بن زيد.

et el-Maqryzy, était alors intendant ou administrateur des finances de l'Égypte au nom du khalife[1] : il s'empressa d'écrire à son souverain pour lui rendre compte de cet événement. Ce prince lui ordonna de ne point rétablir le nilomètre détruit, mais de le remplacer par l'érection d'un autre dans l'île qui est située au milieu du Nil, entre la branche de Fostât[2] et celle de Gyzeh. En exécution de cet ordre, Asâmah fit jeter les fondemens du premier nilomètre de l'île de Roudah.

Ce nilomètre, le plus célèbre de tous, et qui est particulièrement connu sous le nom de *Meqyâs*[3], fut donc commencé cette même année; on travailla avec ardeur à sa construction, qui ne dura pas plus d'un an, et il fut achevé l'an 97 de l'hégire (715 de l'ère chrétienne).

La colonne nilométrique qui existe encore au centre de ce monument, est, suivant la tradition, la même qu'Asâmah fit élever à cette époque, et la forme des caractères que renferment les inscriptions koufiques

---

[1] *A'âmel kherâh Mesr* عامل خراج مصر. *Voyez* le n°. 39 des textes à la suite de ce mémoire.

[2] *El-Fostât* الفسطاط. Lorsque A'mrou ben el-A'ás (*voyez* la note 255 de la *prem. part.*, p. 130 de ce volume) porta la guerre en Égypte, il fit dresser sa tente dans le lieu où est maintenant située la ville de Fostât : une colombe y étant venue faire son nid, A'mrou, lorsqu'il partit, ne voulut point qu'on le dérangeât, et ordonna de laisser sa tente toute dressée en cet endroit. Quelque temps après, repassant par le même lieu, et voulant qu'on gardât le souvenir de cette action, il fit bâtir à la même place une ville, à laquelle il donna par ce motif le nom de *Fostât*, qui signifie *tente*. On l'appelle aujourd'hui *le Vieux Kaire* (مصر العتيقة *Mesr el-A'tyqah*, ou مصر القديمة *Mesr el-Qadymeh*).

[3] Le mot *meqyâs* مقياس signifie proprement en arabe *mesure, instrument de mesurage*, et vient de la racine قاس *qâs*, mesurer, comparer une chose avec une autre.

que l'on y remarque[1], concourt à confirmer cette opinion.

Le meqyâs fut depuis renversé et reconstruit plusieurs fois, comme nous allons le voir dans la suite de son histoire.

§. II. *Seconde époque du meqyâs : première reconstruction de ce monument sous le khalife el-Mâmoun.*

Le septième khalife de la famille des Abbassides, el-Mâmoun[2], second fils du khalife Haroun el-Rachyd,

---

[1] *Voyez*, ci-après, la quatrième partie.

[2] Ce prince célèbre, que nos historiens ont appelé *Mamon* ou *Almamon*, et dont le nom entier est *el-Mâmoun Abou-l-A'bbâs A'bdallah ben Haroun* المامون ابو العباس عبد الله بن هرون fut le vingt-septième khalife depuis Mahomet : il naquit l'an 170 de l'hégire (786 de l'ère chrétienne).

Les commencemens du règne de ce prince ne furent pas entièrement tranquilles. Livré passionnément à l'amour des lettres, il s'était reposé d'une grande partie des soins du gouvernement sur Fadl ben Sohayl, qu'il avait créé son vizir, et qui avait beaucoup de mérite et une rare connaissance des affaires. Mais le khalife, à qui Fadl avait inspiré pour la mémoire d'A'ly le respect profond dont il était pénétré lui-même, conçut la pensée de rétablir la famille des Alides, quoique rivale de la sienne : il espérait faire cesser par-là le schisme que causait dans la religion musulmane la division de ces deux maisons. En conséquence, l'an 201 de l'hégire (816 de l'ère chrétienne), au préjudice de son frère Mo'tasem, il associa à son autorité A'ly ben Mousâ, surnommé *el-Imâm Rizza*, à qui il donna sa fille Hebybah en mariage. Cette démarche excita un mécontentement général dans l'empire, et surtout dans les provinces voisines de Baghdâd, et dans cette ville elle-même, où les Abbassides avaient fixé leur séjour.

Cette famille, qui, selon les auteurs arabes, était alors si considérable qu'on y comptait trente-trois mille personnes, fomenta un soulèvement contre el-Mâmoun, et proposa unanimement de le déposer du khalifat. Suivant les dispositions testamentaires de Haroun el-Rachyd, après el-Mâmoun le trône devait passer à son frère puîné el-Mo'tasem; mais, ce prince étant encore trop jeune pour gouverner par lui-même, les suffrages se réunirent en faveur d'Ibrâhym ebn Mahady, oncle d'el-Mâmoun, et on le proclama solennellement khalife.

dont le nom est si connu parmi nous, et qui était contemporain de Charlemagne, succéda, l'an 198 de l'hégire (813 de l'ère chrétienne), à son frère aîné le khalife el-Amyn. Ce prince porta sur le trône des qualités bien différentes de celles de son imbécille prédécesseur, et mérita, par la sagesse de sa conduite, d'être regardé comme un des plus grands princes qui aient jamais régné sur les musulmans. Tous les établissemens que son père Haroun avait créés, et qui avaient langui sous le règne d'el-Amyn, retrouvèrent dans le khalife el-Mâmoun un protecteur zélé. L'année même qui suivit son avénement, c'est-à-dire l'an 199 de l'hégire (814 de l'ère chrétienne), il donna l'ordre de reconstruire presque en entier le meqyâs de Roudah, à moitié ruiné par suite du peu de soin qu'on apporta, pendant tout le règne d'el-Amyn, à la conservation des monumens. Quelques auteurs ont même cru qu'el-Mâmoun était le premier fondateur de ce nilomètre; et cette opinion est même répandue maintenant en Égypte, non-seulement dans le vulgaire, mais même parmi

Ces divisions malheureuses trouvèrent une fin par la mort de Rizza et de Fadl, l'an 203 de l'hégire (818 de l'ère chrétienne). Ces deux événemens engagèrent les mécontens à déposer Ibrâhym, et à reconnaître de nouveau el-Mâmoun pour khalife légitime.

El-Mâmoun passa en Égypte l'an 216 de l'hégire (831 de l'ère chrétienne). Il n'y séjourna qu'environ une année, et retourna à Damas, d'où il partit pour attaquer les Grecs, qui avaient armé contre lui.

Les Grecs furent défaits, et le khalife fit ensuite passer ses troupes en Cilicie pour les faire rafraîchir. C'est dans cette province qu'il mourut d'une fièvre aigue, auprès du fleuve *Bedendoun* بدندون, à l'âge de quarante-huit ans, l'an 218 de l'hégire (833 de l'ère chrétienne). Il fut inhumé à Tarse, une des principales villes de la Cilicie : il avait régné vingt ans et huit mois, et il eut pour successeur son frère puîné, le khalife *el-Mo'tasem b-illah* المعتصم بالله.

ceux qui, quoique appartenant à une classe plus distinguée, n'ont pas fait une étude approfondie de l'histoire de leur pays[1].

Il paraît que l'inscription placée dans le meqyâs au-dessus de l'entrée intérieure de l'aqueduc[2], et les deux inscriptions qui règnent le long de la frise autour du bassin nilométrique, du côté oriental et du côté septentrional[3], doivent être attribuées à cette époque.

L'élégance mâle et sévère qui distingue le style de ces inscriptions, et qui, par l'esprit même des caractères dont on s'est servi pour les tracer, se rapproche d'ailleurs beaucoup de celui des médailles frappées du temps de ce prince, la netteté de leurs contours, la précision qui y est observée dans les proportions, la pureté de leur exécution, rappellent d'une manière évidente la protection signalée que, suivant le témoignage de l'histoire, le khalife el-Mâmoun accorda aux sciences et aux arts, à qui sa mémoire sera toujours chère, et dont il favorisa les progrès et l'avancement par des dépenses extraordinaires et par tous les moyens que lui fournissait son pouvoir souverain.

En effet, c'est à lui que les Arabes dûrent la connaissance des meilleurs auteurs hébreux, syriaques, grecs et latins, dont il fit traduire les écrits en langue arabe, et dont il répandit et encouragea la lecture et l'étude. C'est à lui aussi que les savans d'Europe ont dû la conservation de divers ouvrages et fragmens

---

[1] *Voyez*, ci-après, la lettre du dyouàn du Kaire, et la note [2] de la page 393.

[2] *Voyez* la *quatrième partie* de ce mémoire.

[3] Idem.

d'écrivains anciens grecs et latins, qui, n'existant plus dans leur langue originale, se retrouvent dans les traductions arabes qui sont parvenues jusqu'à nous.

Non content d'avoir fait ainsi passer dans sa langue les richesses des autres nations, el-Mâmoun voulut aussi appeler autour de lui tous les savans qu'il put réunir, non-seulement chez les peuples musulmans soumis à son empire, mais encore parmi les Juifs, les chrétiens, les Guèbres et les Indiens : quelle que fût leur secte ou leur religion, il leur partageait également ses faveurs, et se plaisait à leurs discussions littéraires.

C'est sous son règne que fleurirent, parmi les astronomes, Habech el-Merouzy [1], auteur de trois livres de tables astronomiques [2]; Ahmed ben A'bd-allah [3]; Mo-

---

[1] *Habech el-Merouzy* حبش المروزي. Cet astronome eut le surnom d'*el-Merouzy* المروزي, parce qu'il était natif de *Merou* مرو, l'une des quatre principales villes de la province du Khorassan, qui a été le siège royal de plusieurs sultans, principalement des Selgioukides, et qui fut entièrement détruite par les Turkomans après la défaite du sultan *Changar* شنجر.

[2] Ces tables astronomiques sont appelées, par les Arabes, *zyg* زيج.
Ce mot, qui est d'origine persane, et qui est le même que le mot persan *zyk* زيك ou *zyg* زيگ, signifie littéralement *un cordeau à l'usage des architectes, une règle qui sert à décrire et à compasser des lignes*, et, par métaphore, *des lignes perpendiculaires et horizontales, parallèles entre elles*. Le nom en a été donné aux tables astronomiques, parce que ces tables sont composées de semblables lignes, ou, suivant quelques auteurs arabes, pour indiquer l'exactitude rigoureuse qui y est nécessairement employée.

Les plus remarquables des ouvrages astronomiques connus sous ce titre dans l'Orient, sont les suivans :

Zyg Batalmyous زيج بطلميوس (Tables de Ptolémée);

Zyg Ilekhány زيج الخاني (Table d'Ilekhàn). Ces tables ont été composées par le savant *Naser eddyn Mohammed el-Tousy* نصر الدين محمد الطوسى, qui vivait

[3] *Voyez*, page suivante, la note marquée d'une *.

hammed ben Koteyr [1], surnommé *el-Farghány* [2], et que nous connaissons sous le nom d'*Alfragan*, dont du temps du khalife Mosta'sem, vers l'an 660 de l'hégire (1261 de l'ère chrétienne) ; elles sont ainsi nommées parce qu'elles ont été publiées sous les auspices de Koulagou-khan, nommé aussi *Elkhán* ou *Ilkhán* الالخان.

Deux ouvrages portent le titre de *Zyg Cháhy* زيج شاهى (Tables royales), et contiennent tous deux un abrégé des tables astronomiques de Naser ed-dyn el-Tousy dont je viens de parler. Le premier a été publié par *Negm ed dyn* نجم الدين, et le second a été composé en langue persane par *A'ly-cháh ben Mohammed* على شاه بن محمد.

Les Persans ont aussi deux tables astronomiques très-anciennes, intitulées, l'une, *Zyg Isfendyár* زيج اسفنديار, et l'autre, *Zyg Chahrydár* زيج شهريار.

Enfin, celles qu'ils ont sous le titre de *Zyg Oulough-beg* زيج اولوغ بك (Tables d'Ulug-beg), sont les plus estimées dans l'Orient : elles ont été composées, en arabe, à *Samarqand* سمرقند, l'an 841 de l'hégire (1437 de l'ère chrétienne), par le célèbre *Ouloug-beg* اولوغ بك ou *Ulug-beg* الغ بك, fils de *Chahroukh* شهرخ, et petit-fils du grand *Tymour-lenk* تيمورلنك (Tamerlan) ; elles ont été ensuite traduites en persan par *Mahmoud ebn Mohammed* محمود ابن محمد. Le docteur Hyde en a donné une édition avec une traduction latine sous ce titre :

جداول مواضع ثوابت در طول
وعرض كه برصد يافته است
الغ بيك بن شاهرخ بن تيمور

Sive Tabulæ long. ac lat. stellarum fixarum, ex observatione Ulugh Beighi, *Tamerlanis magni nepotis, regionum ultra citraque Djihum (i. Oxum) principis potentissimi*, Oxonii, 1665.

* *Ahmed ben A'bd-allah* احمد بن عبد الله, auteur des tables astronomiques intitulées *Zyg el-Mámouny* زيج المامونى, dont je parlerai ci-après.

[1] *Mohammed ben Koteyr* محمد بن كثير, ainsi que le portent la majeure partie des manuscrits et l'édition donnée par Golius, dont je parlerai ci-après : quelques manuscrits cependant le nomment *Ahmed ben Koteyr* احمد بن كثير. Au reste, les noms de *Mohammed* محمد et de *Ahmed* احمد sont synonymes dans la langue arabe, et se prennent généralement l'un pour l'autre.

[2] Cet astronome reçut le surnom d'*el-Farghány* الفرغانى sous lequel il est le plus connu, parce qu'il était natif de *Targhánah* فرغانى, ville de la province du même nom, faisant partie de la Sogdiane.

les ouvrages ont eu plusieurs éditions [1]; A'bd-allah ben Sahel [2]; Mohammed ben Mousä [3], surnommé *el-Khouárezmy* [4]; Mâ-châ-allah [5], connu sous les deux surnoms

Cette ville a produit plusieurs savans qui portent le même surnom que notre auteur, et avec lesquels on doit se garder de le confondre; quelques uns d'eux se trouvent cités dans la Géographie d'*Abou-l-fedâ* [ابو الفدا], et dans le Trésor géographique de Yakouty. Ebn-Kafta en fait aussi mention dans son Histoire des philosophes.

[1] Nous avons plusieurs traductions latines d'Alfragan : la plus ancienne, qui a été citée par Golius, a été donnée à Norimberg, selon lui, en 1537, ou plutôt en 1538, suivant Kaesther, Geschichte der Mathematik, Bd II, pag. 506.

Une seconde traduction latine de cet astronome a été publiée, environ cinquante ans après, à Francfort, sous le titre de Muhamedis Alfragani *Arabis chronologica et astronomica Elementa, è Palatinæ bibliothecæ veteribus libris latinè versa, expleta et scholiis expolita: additus est Commentarius*, auctore M. Jacobo Christmanno *Johannisbergensi, inclytæ academiæ Heidelbergensi professore*; Francofurti, 1590.

Golius a donné aussi une édition arabe et latine d'Alfragan, qu'il a enrichie d'excellentes notes; mais on regrette qu'elles ne se soient pas étendues au-delà du chap. IX seulement de l'ouvrage. En effet, sa mort arrivée en 1667 l'a empêché de compléter son travail; et cette édition, qu'il avait commencé de faire imprimer lui-même, n'a été achevée que deux ans après sa mort. Elle a été publiée sous le titre suivant:

كتاب محمد بن كثير الفرغاني في الحركات السماوية وجوامع علم النجوم بتفسير الشيخ الفاضل يعقوب غوليوس ۞

Muhammedis *fil.* Ketiri Ferganensis, *qui vulgò* Alfraganus *dicitur, Elementa astronomica, arabicè et latinè, cum notis ad res exoticas sive Orientales quæ in iis occurrunt,* operâ Jacobi Golii, *Amstelodami,* 1669.

[2] Le nom entier de cet astronome est *A'bd-allah ben Sahel ben Noubakht* عبد الله بن سهل بن نوبخت.

[3] *Mohammed ben Mousä* محمد بن موسى.

[4] *El-Khouárezmy* الخوارزمي, c'est-à-dire natif de *Khouárezm* خوارزم.

[5] *Mâ-châ-allah* ما شا الله, mot à mot, *ce que veut Dieu.* Il paraît que ce nom composé était autrefois assez commun dans l'Orient, et surtout en Afrique. S. Augustin a adressé son Traité des hérésies à un évêque auquel il donne le nom de *Quodvult-Deus*, qui est absolument la traduction de *Mâ-châ-allah* ما شا الله. Cet évêque, qui paraît avoir été maure de nation, était à la tête de l'église de Carthage, l'an 439 de l'ère chrétienne, lorsque cette ville

DE L'ILE DE ROUDAH.

d'*el-Yhoudy*[1] et d'*el-Mesry*[2]; Yahyä ben Aby-l-Mansour[3], etc. El-Mâmoun fit exécuter par ces savans des instrumens astronomiques et un grand nombre d'observations célestes, soit à el-Chemmâsyeh[4], près de la ville de Baghdâd[5], soit sur le mont Qasyoun[6], près

fut prise et saccagée par Genseric, roi des Vandales. Quod-vult-Deus fut embarqué avec ses clercs, par ces barbares, sur un vieux navire faisant eau de toutes parts et dépourvu de provisions; cependant les légendes rapportent qu'il aborda heureusement à Naples, où l'on prétend que son corps est conservé dans l'église de Saint-Gaudiosus. L'église d'Afrique faisait anciennement mémoire de cet évêque le 8 janvier; celle de Rome l'a mis dans son martyrologe au 26 octobre, et Adon, dans le sien, au 28 novembre.

[1] *El-Yhoudy* اليهودى (le Juif).

[2] *El-Mesry* المصرى (l'Égyptien).

[3] *Yahyä ben Aby-l-Mansour* يحيى بن أبى المنصور. Le nom de *Yahyä* يحيى, ainsi que ceux de *Yohanná* يحنا, et de *Youhanná* يوحنا, chez les musulmans, correspond à celui de Jean. Cet astronome était natif de la Mekke, suivant Abou-l-farag.

[4] *El-Chemmâsyeh* الشماسية, littéralement, *la ville des Diacres*, le mot *chemmâs* شماس signifiant un diacre dans la langue arabe.

[5] *Baghdâd* بغداد, ou, comme quelques auteurs l'écrivent, بغذاذ,

ville métropole de l'Irâq, située à la latitude de 33 degrés et 20 minutes, suivant les Tables astronomiques d'el-Mâmoun, et 25 minutes, suivant les astronomes postérieurs.

Elle fut bâtie, sur la rive occidentale du Tigre, par le khalife *el-Mansour Abou-Ga'far* المنصور أبو جعفر, 23e successeur de Mahomet, et 11e prince de la dynastie des Abbassides. Les historiens orientaux rapportent que ce khalife dépensa quatre millions de pièces d'or pour la construction de cette ville, qui prit d'abord, du nom de son fondateur, celui de *Medynet el-Mansour* مدينة المنصور (ville d'el-Mansour). Elle eut aussi un autre nom, celui de *Zourá* زورا (oblique); et ce nom lui fut donné, suivant quelques auteurs, à cause de la courbe obliquement sinueuse que forme le fleuve en cet endroit : mais *Abou-l-fedâ* أبو الفدا assure que ce nom venait plutôt de ce que, l'entrée de ses portes extérieures ne s'alignant pas avec celle de ses portes intérieures, il fallait se détourner obliquement pour arriver de l'une à l'autre.

L'emplacement où la ville fut bâtie s'appelait anciennement, en langue persane, *Baghdâd* بغ داد

[6] *Voyez*, page suivante, la note marquée d'une *.

celle de Damas; et il chargea l'un d'eux de rédiger, d'après ces observations, des tables astronomiques qui portent son nom [1], et qui sont très-estimées dans l'Orient.

Parmi les savans médecins qu'el-Mâmoun réunit à sa cour, on distingue surtout Sahel ben Sâbour [2], surnommé *el-Kouseg* [3]; Gebrâyl [4], surnommé *l'Ocu-*

(jardin de Dâd), parce qu'un Persan, nommé *Dâd* داد, y possédait un domaine considérable; suivant d'autres, ce lieu était autrefois consacré à une idole appelée *Bagh* بـﻎ.

* *Qâsyoun* قاسيون ou *Qasyoun* قسيون (*Casius mons*). Il s'étend du nord au midi, du 36.e au 35.e degré de latitude, le long de la côte de la Méditerranée, depuis l'embouchure du fleuve *Orount* ارنط (l'Oronte), jusqu'à celle du fleuve *Melek* ملك. Pline, liv. v, c. 22, a dit, par exagération, de cette montagne, que son sommet donne le spectacle de la lumière et des ténèbres en aussi peu de temps qu'il en faut pour se retourner du levant au couchant.

Le *Casius* est une branche de la chaîne du Liban, que les Arabes nomment *Lebnân* لبنان : les anciens appelaient *Casiôtide* (Κασιῶτις) la vallée comprise entre cette montagne et le mont *Pierius*.

Suivant A'bd el-Rachyd el-Bakouy, il y a aussi une autre montagne du même nom en Égypte, à l'orient de *Tyneh* ظنه (Péluse), près de l'ancienne ville connue par les Arabes sous le nom de *Faramâh*

فرماه, et désignée par les Qobtes sous ceux de *Baramias* Ⲃⲁⲣⲁⲙⲓⲁⲥ, ou de *Beramrun* Ⲃⲉⲣⲁⲙⲣⲩⲛ, et de *Paramoni* Ⲡⲁⲣⲁⲙⲟⲛⲓ.

[1] *Zyg el-Mâmouny* زيج المأموني (Tables d'el-Mâmoun): elles furent composées et publiées par Ahmed ben A'bd-allah, dont j'ai déjà parlé ci-dessus. Ces tables sont aussi connues sous le nom de *Zyg el-Demechqy* زيج الدمشقي (Tables de Damas).

[2] *Sahel ben Sâbour* سهل بن سابور. Il était d'*el-Ahouaz* الاهواز, et, suivant Abou-l-farag, son langage se ressentait du dialecte de Khouzistan.

[3] *El-Kouseg* ou *el-Kaouseg* الكوسج. Suivant le dictionnaire arabe d'*Isma'yl ben Humâd el-Giouhary* اسمعيل بن حماد الجوهري, composé vers l'an 390 de l'hégire (999 de l'ère chrétienne), et dont Golius a fait un grand usage pour son *Lexicon Arabico-Latinum*, ce mot est synonyme du mot persan *Kouseh* كوسه, dont il est

---

[4] *Voyez*, page suivante, la note marquée d'une *.

liste[1], parce qu'en effet il a traité particulièrement des maladies ophthalmiques; Youhannâ ben Mâsouyeh[2], Gyourgys ben Bakhtychoua'[3]; I'ysä ben el-Hakem[4], Zakaryâ el-Tyfoury[5], et Yohannâ ben el-Batryq[6], qui était son affranchi, et auquel on donne le surnom particulier de *Traducteur*[7], parce qu'il traduisit en langue arabe une grande partie des auteurs grecs qui ont écrit sur la médecine.

Le nombre des historiens, des grammairiens et des poëtes qui vécurent sous le règne d'el-Mâmoun, est trop considérable pour qu'on puisse en faire ici l'énumération : je me contenterai de citer, parmi les premiers, el-Ouâqady[8], A'bd-el-Melek ben Hechâm[9];

formé, et signifie un homme dont la barbe est rare et peu fournie, comme celle des Uzbeks et des Chinois.

Megd ed-dyn Mohammed ben Ya'qoub el-Fyrouzâbâdy مجد الدين محمد بن يعقوب الفيروزابادي, auteur du dictionnaire arabe intitulé *Qâmous fy a'lem el-loghat* قاموس فى علم اللغة (l'Océan de la langue arabe), dont j'ai rapporté d'Égypte un très bel exemplaire manuscrit, donne à ce mot une autre acception, rapportée également par Golius, celle de *brèche-dent* (*edentulus*). J'ignore laquelle des deux significations a pu faire attribuer ce sobriquet à Sahel ben Sâbour.

* *Gebrâyl* جبرائيل (Gabriel).

[1] *El-Kahâl* الكحال.

[2] *Youhannâ ben Mâsouyeh* يوحنا بن ماسويه, que nos écrivains connaissent sous le nom de *Mesueh*.

[3] *Gyourgys ben Bakhtychoua'* جورجيس بن بختيشوع.

[4] *I'ysa ben el-Hakem* عيسى بن الحكم.

[5] *Zakariâ el-Tyfoury* زكريا الطيفورى.

[6] *Yohannâ ben el-Batryq* يحنا بن البطريق se fit une plus grande réputation comme philosophe que comme médecin : ses traductions passent, en Orient, pour être très-fidèles et très-exactes; mais le style en est peu élégant.

[7] *El-tergmân* الترجمان; c'est de ce mot que nous avons fait notre vieux mot *truchement*, et ensuite celui de *drogman*.

[8] *Mohammed, ben O'mar, ben*

[9] *Voyez*, page suivante, la note marquée d'une *.

parmi les seconds, el-Nader[1], Ya'qoub ben Ishâq[2], Qottrob[3], Ishâq el-Cheymâny[4]; et enfin, parmi les derniers, Abou el-A'tâhyah[5].

§. III. *Troisième époque du meqyâs : réparation de ce monument par le khalife el-Motaouakèl.*

Le khalife el-Motaouakel[6], dixième prince de la maison des Abbassides, et fils d'el-Mo'tasem, succéda, l'an 232 de l'hégire (846 de l'ère chrétienne), à son frère le khalife el-Ouateq b-illah; ce prince releva encore le meqyâs vers l'an 233 de l'hégire (847 de l'ère

---

Ouâqed محمّد بن عمر بن واقد plus connu sous le nom d'*el-Ouâqady* الواقدى, mort l'an 207 de l'hégire (822 de l'ère chrétienne).

* *Abou-Mohammed A'bd-el-Melek ben Hechâm, ben Ayoub el-Hamyary* ابو محمّد عبد الملك بن هشام بن أيوب الحميرى, mort au Kaire, l'an 213 de l'hégire (828 de l'ère chrétienne).

[1] *El-Nader ben Choumyl ben Kharachah* لنضر بن شميل بن خرشة, surnommé *el-Basry*, parce qu'il était natif de *Basrah* بصرة, mort l'an 204 de l'hégire (819 de l'ère chrétienne).

[2] *Ya'qoub, ben Ishâq, ben Zeyd, el-Basry* يعقوب بن اسحاق بن زيد البصرى, mort l'an 205 de l'hégire (820 de l'ère chrétienne).

[3] *Mohammed ben el-Mosayr* محمّد بن المسير, plus connu sous le surnom de *Qottrob* قطرب, mort l'an 206 de l'hégire (821 de l'ère chrétienne).

[4] *Abou-A'mrou Ishâq el-Cheymâny* ابو عمرو اسحاق الشيمانى mort l'an 206 de l'hégire (821 de l'ère chrétienne).

[5] *Abou el-A'tâhyah* ابو العتاهية, mort l'an 211 de l'hégire (826 de l'ère chrétienne).

[6] Le nom entier de ce prince est *el-Motaouakel a'là allah Ga'far el-A'bbâsy* المتوكل على الله جعفر العباسى. Il fut tué l'an 247 de l'hégire (861 de l'ère chrétienne).

A'bd er-Rachyd el-Bakouy raconte que, sous le règne de ce khalife, les peuples de *Roum* روم (les Francs) s'emparèrent de *Damyât* دمياط (Damiette). l'an 238 de l'hégire (852 de l'ère chrétienne).

chrétienne), et l'on donna alors à cet édifice le nom de *nouveau Meqyâs*[1].

Les inscriptions du meqyâs que l'on peut rapporter à cette époque, sont les deux inscriptions koufiques qui couvrent la frise du bassin, du côté méridional et du côté occidental[2]. Ces inscriptions, quoique sculptées à la suite de celles de l'époque précédente, dont elles forment la continuation et auxquelles elles sont intimement liées par le sens, offrent cependant, dans leur main-d'œuvre, un travail différent et évidemment postérieur.

En effet, leur exécution, bien plus grossière que celle des inscriptions précédentes, atteste d'une manière matérielle, si on peut le dire, la négligence et le découragement où était tombée toute espèce de connaissances et d'arts sous le règne de ce khalife, qui, loin de suivre l'exemple qu'avaient donné el-Mâmoun et quelques autres de ses prédécesseurs, n'accorda aucune sorte de protection aux sciences et aux arts : loin d'accueillir à sa cour, comme ces princes s'étaient plu à le faire, les savans de toutes les nations, il les écarta, au contraire, de ses états, par ses vexations et son fanatisme aveugle; et c'est lui qui rendit, l'an 239 de l'hégire (853 de l'ère chrétienne), la fameuse ordonnance observée en Égypte jusqu'à nos jours, qui assujettit les chrétiens et les Juifs à ne se servir que d'ânes pour monture.

Cette tyrannie prenait sa source, non-seulement dans

---

[1] *Meqyâs gedyd* مقياس جديد.
[2] *Voyez*, ci-après, la *quatrième partie* de ce mémoire.

des idées religieuses mal entendues, mais encore dans l'ignorance de ce prince et dans la grossièreté et la barbarie de ses mœurs naturellement féroces; aussi les historiens nous apprennent qu'il se signala par les cruautés qu'il exerçait sur ses sujets, sur les principaux de l'État, et même sur sa propre famille : mais il finit par en devenir lui-même la victime; et, après un règne de quatorze ans et quelques mois, il fut massacré, à l'âge de quarante ans, dans la ville de Makhouryah[1], par ses propres esclaves révoltés contre lui et subornés par son fils el-Montaser[2], qui lui succéda sous le titre d'*el-Mostanser b-illah.*

§. IV. *Seconde réparation du meqyâs, sous le règne d'el-Motaouakel, l'an 247 de l'hégire.*

On répara encore le meqyâs vers l'an 247 de l'hégire (861 de l'ère chrétienne), environ cent cinquante ans après sa première construction, quelques mois avant la fin du règne d'el-Motaouakel, qui perdit, cette même année, le trône et la vie.

C'est à cette époque que, pour empêcher la colonne nilométrique d'être renversée, comme elle l'avait déjà été, on la surmonta d'une poutre de soutenement qui fut appuyée sur les deux parois orientale et occidentale du bassin.

Cette réparation est prouvée par la date même de l'inscription arabe qui est encore sur cette poutre[3].

---

[1] *Makhouryah* مخوريه.
[2] *El-Montaser* المنتصر.
[3] *Voyez,* ci-après, la *quatrième partie* de ce mémoire.

Quoique la poutre elle-même ait été renouvelée postérieurement, comme on le verra ci-après, et ce qu'indique d'ailleurs la forme moderne des caractères qui composent l'inscription, on a copié exactement, lors de ce renouvellement, l'inscription qui se trouvait tracée sur l'ancienne, et, en remplaçant par une écriture plus moderne le caractère antique dans lequel elle était originairement tracée, on s'est attaché à conserver religieusement l'indication de date qu'elle renfermait.

§. V. *Quatrième époque du meqyás : réparation du meqyás par le khalife el-Mostanser b-illah.*

Dans l'année 451 de l'hégire (1059 de l'ère chrétienne), il y eut en Égypte une disette très-grande et telle qu'on n'avait jamais entendu dire qu'il en fût arrivé une semblable. Ebn-Ouasyf-châh[1] rapporte, dans son *Histoire d'Égypte*, que les basses eaux étaient, cette année, de trois coudées et onze doigts, et que la crue monta à douze coudées et baissa bientôt : le pays ne fut point inondé, et il y eut une grande famine.

Cet état de choses dura pendant sept années consécutives : le Nil croissait d'abord jusqu'à douze coudées, ensuite il diminuait ; d'autres fois il ne montait qu'au-dessus de douze coudées, et baissait ensuite. L'ardeb[2] de blé monta à cent *djnâr*[3], et enfin l'on n'en trouva plus : les hommes furent réduits à manger les charo-

---

[1] *Ebn-Ouasyf-châh* ابن وصيف شاه. Cet auteur est fréquemment cité par Ebn el-Maqryzy.

[2] *Ardeb* اردب ; cette mesure équivaut au poids de trente-six de nos livres.

[3] Environ 1200 francs de notre monnoie.

gnes, les cadavres, les chats et les chiens. Pendant cette longue famine, il arriva des événemens étonnans et extraordinaires, que racontent les historiens d'Égypte, et que je ne rapporterai point ici. C'est après ces sept ans de disette et de malheur que se répandit parmi le peuple le bruit que les Abyssins[1] avaient fermé le cours du Nil, et l'avaient détourné de l'Égypte[2].

C'est au sujet de cet événement que Ben-Ayâs rapporte un des faits les plus singuliers que les historiens orientaux aient racontés, au sujet des inondations du Nil : je me contenterai de le rapporter ici, en m'abstenant de l'examiner et de le discuter. Suivant lui, l'an 458 de l'hégire (1066 de l'ère chrétienne), le Nil continuant de demeurer fort bas et sans croître, le khalife chargea le patriarche des Qobtes[3] d'aller en ambassade au pays des Abyssins jusqu'aux sources du Nil, afin de demander qu'on laissât descendre ce fleuve jusqu'en Égypte; il ajoute que ce patriarche ayant été en effet en Abyssinie, y fut reçu avec honneur et respect : on lui demanda quel était le but de son voyage; et lorsqu'il eut prié le roi d'Abyssinie de laisser couler le Nil vers le pays d'Égypte, ce prince répondit qu'il leur rendrait les eaux du fleuve à cause du prophète

---

[1] *El-Habechet* الحبشة.

[2] Ce projet, tout gigantesque qu'il peut nous paraître, et supérieur aux moyens d'exécution que la nature a départis à l'homme, n'avait pas cependant semblé impraticable au célèbre Albuquerque : s'il avait été possible de l'exécuter, l'Égypte tout entière ne serait bientôt devenue qu'un vaste désert.

[3] Ce patriarche se nommait *Michel*, et occupait alors le siége d'Alexandrie.

Mahomet. En effet, on laissa s'écouler le Nil[1], et il eut sa pleine crue cette année.

El-Mostanser fit de grandes réparations au meqyâs deux ans avant sa mort, l'an 485 de l'hégire (1092 de l'ère chrétienne). Ce prince mit enfin ce monument dans l'état où nous le voyons à présent, et y fit ajouter une mosquée.

Les inscriptions qui ont rapport à cette époque sont au nombre de trois : elles sont placées, la première, dans l'intérieur même du meqyâs[2]; la seconde, au-dessus de la porte de la mosquée[3]; et la troisième, à l'extérieur, sur le mur occidental de cette même mosquée[4].

Ces trois inscriptions, que le premier coup d'œil suffit pour faire reconnaître comme étant d'un style très-différent de celui qu'offrent les inscriptions des époques antérieures, ne présentent plus en effet des caractères koufiques, mais des caractères karmatiques.

Indépendamment de cette différence fondamentale dans l'espèce même de l'écriture de ces trois inscriptions, on peut observer que leur exécution est plus ornée et plus élégante que celle de toutes les autres inscriptions des époques précédentes; les caractères qui les composent sont surtout remarquables par la grâce de leurs contours et de leurs enroulemens variés. Ces nouvelles inscriptions admettent même, dans quelques lettres, des ornemens parasites et étrangers à la forme

---

[1] Suivant Abou-l-Mohàsen, le Nil monta cette année à 17 coudées et neuf doigts.
[2] *Voyez la quatrième partie.*
[3] *Idem.*
[4] *Idem.*

essentielle et consécutive des caractères auxquels ils se joignent; ce qui n'avait pas lieu dans les inscriptions des époques précédentes, dont les caractères, d'un contour aussi mâle que sévère, n'admettaient jamais que les traits absolument nécessaires à leur expression, et rejetaient toute élégance additionnelle à la pureté de leurs formes.

Nous voyons, par le soin avec lequel ces inscriptions ont été exécutées, que les arts et les sciences cherchaient alors à sortir de la barbarie où les avait plongés le farouche el-Motaouakel, et que l'instruction et les connaissances commençaient à renaître à l'abri de la protection que leur accordait le khalife el-Mostanser b-illah : cette renaissance fut encore favorisée par la tranquillité dont jouit l'Égypte pendant le long règne de ce prince, qui monta sur le trône du khalifat à l'âge de neuf ans, et qui y resta soixante années, pendant lesquelles sa prudence et sa modération extraordinaires lui firent dissiper plusieurs conspirations formées contre lui.

Depuis cette dernière réparation, il ne paraît pas qu'on en ait fait de nouvelles au meqyâs, jusqu'à l'année 924 de l'hégire (1518 de l'ère chrétienne), qui commence l'époque suivante.

CHAPITRE III.

Histoire du meqyâs sous la dynastie des Ayoubites.

Ce chapitre comprend un intervalle de quatre-vingt-un ans, depuis le commencement du règne de la dynastie des Ayoubites jusqu'au règne de Moe'z e'zz ed-dyn Ibeyk, premier prince de la dynastie des Mamlouks Baharites, qui leur enlevèrent la possession de l'Égypte.

CHAPITRE IV.

Histoire du meqyâs sous la dynastie des Mamlouks Baharites, de l'an de l'hégire 648 à l'an 784.

Ce chapitre, qui contient l'histoire du meqyâs pendant un intervalle de cent trente-six ans, s'étend depuis le commencement du règne d'el-Moe'z e'zz ed-dyn Ibeyk, premier prince de la dynastie des Baharites, jusqu'en l'année 784 de l'hégire (1382 de l'ère chrétienne), époque à laquelle cette dynastie fut dépossédée par celle des Mamlouks Circassiens.

§. I. *Événemens relatifs au meqyâs sous la dynastie des Mamlouks Baharites, jusqu'à la fin du règne d'el-Melek el-Nâser.*

Sous le règne du prince el-Melek el-Nâser Mohammed, l'an 694 de l'hégire (1295 de l'ère chrétienne), Ben-Ayâs raconte que le Nil parvint à son accroissement complet, dès le sixième des jours complémentaires[1]. La crue parvint cette année à seize coudées et dix-sept doigts; mais ensuite elle baissa, et il y eut famine en Égypte: les blés manquèrent, et le prix d'un ardeb monta jusqu'à huit *mitqâl* et demi d'or[2].

[1] *Ayâm el-Nisy* ايام النسي. [2] *Mitqâl dahab* مثقال دهب.

Ce jeune prince fut déposé l'an 694 de l'hégire (1295 de l'ère chrétienne), et remplacé par Zeyn eddyn Ketboghâ[1], qui abandonna l'autorité après deux ans de règne.

L'an 696 de l'hégire (1297 de l'ère chrétienne), la crue du Nil parvint au commencement du mois de *tout*, à quinze coudées et dix-huit doigts; mais elle baissa tout-à-coup, et le pays ne fut point arrosé : il y eut disette en Égypte et dans toutes ses dépendances; le prix du froment monta à 170 drachmes pour chaque ardeb, et le prix de l'orge, à 120. Le peuple mangea les chevaux, les chameaux, les mulets, les chats et les chiens. Cette famine étendit généralement ses ravages dans toutes les provinces de l'Égypte et de la Syrie[2].

§. II. *Événemens relatifs au meqyâs sous les Mamlouks Baharites successeurs d'el-Melek el-Nâser.*

L'an 761 de l'hégire (1360 de l'ère chrétienne), suivant Ben-Ayâs, quand on prit la hauteur des anciennes eaux, on trouva douze coudées, et il y eut *ouafâ* dès le 6 du mois de mesori. Selon Ebn el-Maqryzy, dans sa Description de l'Égypte, la crue, cette

---

[1] *El-Melek el-A'âdel, Zeyn eddyn, Ketboghâ* الملك العادل زين الدين كتبغا, fut surnommé *el-Mansoury* المنصوري, parce qu'il avait été esclave d'el-Mansour. Après avoir régné deux ans, il s'enfuit en Syrie pour échapper à Hosâm ed-dyn-Lâgyn, dans le mois de moharram de l'an 696 de l'hégire (1297 de l'ère chrétienne).

[2] Ben-Ayâs ajoute qu'il a déjà parlé de cet événement malheureux dans son livre historique intitulé : بدايع الزهور في وقايع الدهور *Bedây' ez-zahour fy ouaqây' eddohour* (Nouveautés des fleurs concernant les événemens des siècles).

année, fut de vingt-quatre coudées; ce que quelques-uns ont contesté; mais le témoignage d'Ebn el-Maqryzy est confirmé par le cheykh Gelâl ed-dyn el-Soyouty, qui, dans son livre intitulé *Kaoukab el-Roudah*, atteste que, cette année, le Nil crut d'environ vingt-quatre coudées, comme le dit Ebn el-Maqryzy. El-Melek el-Nâser Hasan, fils de Mohammed fils de Qelâoun, ordonna qu'on cesserait de proclamer la crue, parce qu'on craignait une inondation générale. Ces grandes eaux se soutinrent ainsi sans diminuer jusqu'au 25 de paophi; ce qui causa une grande désolation parmi le peuple : la chaussée du Fayoum devint impraticable; les jardins de l'île de l'Éléphant[1] furent submergés ainsi que les chemins de Chobrâ et d'el-Minyeh. Les eaux s'étendirent jusqu'aux premières maisons d'el-Hoseynyeh[2]; elles encombrèrent les puits, s'ouvrirent un passage par le bassin de la mosquée d'el-Hâkem[3], et détruisirent plusieurs habitations de l'île de Roudah, qui finit par être entièrement submergée; elles interceptèrent en plusieurs endroits le chemin de Boulâq, et renversèrent un grand nombre de maisons. Cette affreuse inondation subsista dans toute sa force jusqu'à la fin de paophi; jamais on n'en avait vu une pareille en Égypte, avant et depuis l'islamisme : le peuple se rendit au désert, et invoqua Dieu pour la diminution des eaux, ce même jour elles diminuèrent

---

[1] *Gezyret el-Fyl* جزيرة الفيل. Cette île est presque en face du Kaire : elle fut formée, sous la dynastie des Fatémites, par un amoncèlement de sables, occasioné par une barque nommée *el-Fyl* الفيل (l'Éléphant), qui s'engloutit.

[2] *El-Hoseynyeh* الحسينية.

[3] *Gâme' el-Hâkem* جامع الحاكم.

en effet de quatre doigts. Ces grosses eaux furent suivies de la peste, qui ravagea toute l'Égypte.

L'an 772 de l'hégire (1371 de l'ère chrétienne), la crue fut excessive et monta à vingt-deux coudées et plus : elle resta à cette hauteur jusqu'à la fin du mois d'athyr; ce qui donna beaucoup d'inquiétude aux Égyptiens, parce que le temps des semailles était passé. Ils se rendirent à la mosquée d'A'mrou et à la mosquée d'el-Azhar[1] pour demander à Dieu l'écoulement des eaux, et elles s'écoulèrent.

L'an 775 de l'hégire (1373 de l'ère chrétienne), la crue du Nil tarda jusqu'au nourouz; elle s'arrêta à deux doigts au-dessus de son terme : aussitôt l'eau baissa; ce qui inquiéta le peuple. Le sultan ordonna les prières ordinaires pour obtenir de l'eau; alors une troupe de docteurs et de gens de bien invoquèrent Dieu : ce même jour le Nil baissa de cinq doigts. On recourut de nouveau aux prières, et il tomba une pluie abondante qui humecta les terres et donna les moyens de semer quelques grains. Après le 7 du mois de *tout*[2], le Nil crut de douze doigts en un seul jour, et deux jours après il crut encore de huit doigts; ce qui causa une allégresse universelle : mais ensuite il baissa tout d'un coup, de manière qu'il y eut une sécheresse qui causa la disette. On coupa la digue le 9 de *tout*, quoiqu'il s'en fallût de cinq doigts que

---

[1] *Gâme' el-Azhar* جامع الازهر. Cette mosquée est maintenant la principale du Kaire.

[2] Le texte de Ben-Ayàs porte *hâ-tour* هاتور : mais, suivant M. Langlès, on doit lire *tout* توت; et, en effet, le sens indique cette correction.

l'eau ne fût à son terme : ce jour-là même les eaux baissèrent, et il s'ensuivit une désolation générale.

CHAPITRE V.

Histoire du meqyás sous la dynastie des Mamlouks Circassiens.

Ce chapitre contient l'histoire du meqyâs pendant un intervalle de cent quarante années, depuis le commencement de la première dynastie des Mamlouks Circassiens, l'an 784 de l'hégire (1382 de l'ère chrétienne), jusqu'à la conquête de l'Égypte par le sultan Ottoman Selym 1er, l'an 924 de l'hégire (1518 de l'ère chrétienne).

§. I. *Événemens relatifs au meqyás sous la première dynastie des Mamlouks Circassiens.*

L'an 811 de l'hégire (1408 de l'ère chrétienne), le Nil étant parvenu à sa hauteur, le sultan Melek el-Nâser Farag alla faire l'ouverture de la digue.

L'an 812 de l'hégire (1409 de l'ère chrétienne), le Nil ayant atteint sa crue complète, le sultan Melek el-Nâser Farag vint faire l'ouverture de la digue. Le Nil cependant continua de croître jusqu'à vingt-deux coudées un doigt, et se soutint à cette hauteur jusqu'au milieu du mois d'athyr; ce qui causa beaucoup de mal aux Égyptiens. Le fleuve submergea plus de deux cents métairies et un grand nombre de jardins dans l'île de l'Éléphant : il rompit les chemins, et ses eaux s'étendirent jusqu'aux maisons d'el-Hoseynyeh, tant la terre était imbibée.

Zeyn ed-dyn laissa le trône à son frère E'zz ed-dyn A'bd el-A'zyz[1], qu'il en fit descendre soixante-neuf jours après : il régna cette fois près de sept ans, après lesquels il perdit le trône et la vie, l'an 815 de l'hégire (1412 de l'ère chrétienne).

§. II. *Événemens relatifs au meqyás sous la seconde dynastie des Mamlouks Circassiens, jusqu'à la fin du règne de Chaháb ed-dyn Abou-l-Fatah.*

L'an 823 de l'hégire (1420 de l'ère chrétienne), la crue éprouva du retard et le blé renchérit. Ce retard continuant pendant quelques jours, le sultan fit proclamer dans le Kaire un jeûne de trois jours, et néanmoins le Nil n'augmenta pas. Le sultan, le khalife, les qâdy, les u'lemá[2], les religieux[3] et le peuple, sortirent tous ensemble de la ville pour faire les prières d'usage à l'effet d'obtenir de l'eau : le sultan, revêtu d'une robe de laine[4] blanche, avait une serviette[5] de même couleur, qui lui ceignait la tête et était tortillée autour d'un turban rond; un des bouts de la serviette pendait

---

[1] *El-Melek el-Mansour e'zz eddyn A'bd el-A'zyz* الملك المنصور عز الدين عبد العزيز, ne régna que soixante-neuf jours, suivant el-Genâby; quarante-sept, suivant Ebn-Aby-l-Sorour; ou deux mois et neuf jours, suivant Ebn-Yousef. Ensuite, son frère el-Nâser étant sorti de sa retraite dans le mois de gemàdy el-tàny, il fut déposé et envoyé à Alexandrie dans le mois safar de l'année suivante, et il y cessa d'exister le lundi 7 du mois de raby' el-tàny.

[2] *El-u'lemá* العلما (les docteurs).

[3] *El-salhá* الصالحا.

[4] *Gebbet souf* جبه صوف.

[5] *Myzar* ميزر.

sur son dos. Il alla ainsi costumé dans le désert[1] : là, le qâdy el-qodât[2] Gelâl ed-dyn el-Belqyny[3] fit le *khotbah*[4], ou la prédication ordinaire pour obtenir de l'eau. Le sultan, prosterné sur le sable, sans tapis, fit la prière, versa des larmes, et supplia le Très-haut d'exaucer leur demande. Après que le sultan fut de retour au Kaire, le Nil, le surlendemain, augmenta de douze doigts, et continua à croître jusqu'à ce qu'il y eût *ouafâ*; mais cette crue ne fut point abondante, de manière que la moitié des terres ne fut point arrosée, et qu'il y eut sécheresse et famine.

L'an 824 de l'hégire (1421 de l'ère chrétienne), le premier jour de la proclamation, le Nil crut de trente doigts tout-à-coup; ce qui occasiona une joie universelle parmi les Égyptiens. La veille de cette proclamation, le sultan se rendit dans une barque sur le Nil, et y récita la prière dite *Tesbyh*[5], et le lendemain le fleuve crut comme on vient de le dire. Le sultan en fut transporté de joie; la hauteur des anciennes eaux

---

[1] *El-sahará* الصحراء.

[2] *Qády el-qodât* قاضي القضاة, mot à mot, « le juge des juges. »

[3] *Gelâl ed-dyn el-Belqyny* جلال الدين البلقيني.

[4] Le *khotbah* خطبة est proprement une espèce de discours ou de sermon qui se fait principalement dans la mosquée principale de chaque ville et dans les mosquées fondées par des khalifes : ce discours se fait après la prière ordinaire de midi. En le prononçant, l'imâm loue Dieu, célèbre la mémoire de Mahomet ; et, du temps des khalifes, qui réunissaient à-la-fois les fonctions de souverain pontife et d'empereur des musulmans, il faisait des prières, des vœux et des acclamations pour la prospérité de celui qui régnait, pour la longue durée de son règne, et pour le prince qui était désigné son successeur. Cet honneur, qui était un des attributs de la souveraineté, fut réservé aux khalifes seuls jusqu'en l'an 205 de l'hégire (820 de l'ère chrétienne). Quelques ouvrages portent aussi le titre de *Khotbah*.

[5] *Tesbyh* تسبيح.

était de dix coudées, et il y eut *ouafâ* dans le commencement de mesori. La crue totale fut de dix-huit coudées vingt doigts.

L'an 854 de l'hégire (1450 de l'ère chrétienne), quand on eut pris la hauteur des anciennes eaux, elle se trouva de six coudées et quelques doigts : la crue s'arrêta quand il ne s'en manquait que de quatre doigts pour l'*ouafâ*; ce qui causa de la rumeur parmi le peuple : le mois de mesori se passa et le mois de thoth commença sans que le Nil parvînt à sa hauteur ordinaire. On fit charger les grains qui étaient dans les ports, et on les renferma dans les magasins; les habitans murmurèrent de la cherté du pain : le Nil diminua encore de trois doigts; les cris du peuple augmentèrent : le sultan ordonna des prières publiques pour obtenir de l'eau. Le khalife, les *qâdy*, les cheykhs ou docteurs, les religieux et tous les particuliers, sortirent pour cette cérémonie ; mais le sultan el-Dâher Gaqmaq ne s'y trouva pas, comme avait fait el-Moyed en pareille circonstance. On dressa une chaire dans le désert : le chef des *qâdy* Ménaouites, qui étaient chaféïtes, y étant monté, fit la prière pour obtenir de l'eau, et voulut se dépouiller de son manteau, qui tomba de la chaire par terre; on ne tira pas bon augure de cet accident. Lorsque l'on fut de retour au Kaire, Ebn Aboul-Redâd vint, et l'on proclama que le N. avait crû d'un doigt; ce qui donna quelque espérance : mais le fleuve, loin de continuer de croître, diminua, et le mois de thoth était fini qu'il manquait encore sept doigts pour l'*ouafâ*. Quand la digue fut ouverte, l'eau n'y pénétra qu'en petite quantité, et disparut promptement ; les malheurs furent à leur comble ; le pays fut frappé de stérilité, et la famine se fit ressentir : il y eut mortalité parmi les hommes. L'ardeb de blé se vendit sept *dynâr*.

§. III. *Événemens relatifs au meqyâs sous la seconde dynastie des Mamlouks Circassiens, depuis le règne d'Abou-Sa'yd Kochaqdam, jusqu'à la fin de cette dynastie.*

L'an 866 de l'hégire (1462 de l'ère chrétienne), la crue retarda jusqu'au commencement d'epiphi : ce retard dura quatorze jours. Les eaux changèrent de couleur et de saveur : elles devinrent vertes au point que personne n'osa plus en boire; ce qui alarma les Égyptiens. Le prix des vivres augmenta considérablement ; le pain devint fort rare dans les marchés ; la famine se fit ressentir. Le Nil restant toujours au même point, il y eut de l'agitation parmi le peuple, et l'on désespéra de voir la crue cette année. Le sultan el-Dâher Kochaqdam eut l'idée de détruire le meqyâs, pour ôter au peuple la connaissance de l'accroissement ou de la diminution du Nil, mais le cheykh Amyn eddyn el-Aqsary conseilla à ce prince de temporiser : alors le sultan ordonna aux chefs des *qâdy* et aux cheykhs de se rendre au meqyâs, pour y faire leur prière et demander au Tout-puissant l'accroissement des eaux. On pria donc au meqyâs pendant quelques jours; après quatorze jours, le Nil crut de deux doigts : le fils d'Abou-Medâd en porta la nouvelle au sultan, qui lui fit revêtir une pelisse de martre. La crue continua jusqu'à ce qu'il y eût *ouafâ*, vers les derniers jours de mesori.

L'an 870 de l'hégire (1466 de l'ère chrétienne), la crue tarda de six jours, jusqu'au 11 du mois de mesori. Le vendredi suivant, l'émyr Temran, capitaine des gardes et des valets de pied, se rendit à l'île de Roudah, y brûla les tentes, et fit battre à coups de fouet une troupe de bateliers et de gens qui y prenaient leurs ébats : ce jour fut un jour de terreur. Le samedi, qui était le 27 de dou-l-hageh, Dieu fit augmenter les eaux du Nil, et il y eut *ouafâ* : le 20 de mesori, l'atâbeky Qânem el-Tâger fit l'ouverture de la digue selon la coutume.

L'an 871 de l'hégire (1467 de l'ère chrétienne), le Nil s'arrêta dans le commencement de sa crue, pendant huit jours de suite; ce qui fit monter le prix des grains. Le peuple se porta à des violences contre les marchands de blé. Le sultan el-Dâher Kochaqdam ordonna aux quatre *qâdy* et aux cheykhs de se rendre au meqyâs pour faire des prières et demander de l'eau. Lorsqu'ils se furent rendus au meqyâs, Dieu fit croître le fleuve, et il y eut *ouafâ* le 16 de mesori, c'est-à-dire au commencement du mois de moharram de l'an 872. Le sultan alla au meqyâs, et, après avoir oint d'aromates la colonne, monta dans une barque, et alla faire l'ouverture de la digue : ce fut la dernière fois, car il mourut peu de temps après.

Abou-Sa'yd Belbây [1], septuagénaire, environ deux

---

[1] *El-Melek el-Dâher, Abou-Sa'yd Belbây* الملك الظاهر أبو

mois après, fut déposé et envoyé à Alexandrie dans une prison.

La couronne passa alors à Abou-Sa'yd Tamar Boghà[1], qui fut également déposé deux ans après, et fut remplacé par Qâytbày[2], qui régna environ vingt-neuf ans et demi.

L'an 882 de l'hégire (1478 de l'ère chrétienne), il y eut *ouafá* le dernier jour d'epiphi. Le premier jour

[1] سعيد بلباي, ou, suivant d'autres, *Ylbày* بلباي : il monta sur le trône le jour même de la mort de Kochaqdam, étant presque septuagénaire. Après y être resté cinquante-six ou cinquante-sept jours, ou, suivant el-Genàby, un mois et vingt-six jours, il parut généralement incapable d'administrer, et fut unanimement déposé le 7 de gemády el-aouel, et envoyé à Alexandrie, où il fut jeté dans une prison. Suivant el-Genàby, il fut le père de tous les princes mamlouks, tant par ses actions que par son gouvernement, qui eut le temps d'être jugé tel, malgré le peu de temps qu'il dura.

[1] *El-Melek el-Dáher, Abou-Sa'yd, Tamar Boghà* الملك الطاهر ابو سعيد تمر بغا fut surnommé *el-Roumy* الرومي et *el-Dáhery* الطاهري, parce qu'il était du pays de Roum, comme son arrière-prédécesseur, et qu'il était du nombre des Mamlouks de *Dáher Gaqmaq* طاهر جقمق. Il fut appelé au trône le même jour que Belbày en descendit : il en fut arraché lui-même le 6 du mois de regeb, après l'avoir conservé cinquante-huit ou cinquante-neuf jours seulement, suivant Ahmed ebn-Yousef; mais plutôt il fut traité avec honneur et envoyé à Damiette, où il vécut libre et tranquille. El-Genàby remarque, comme une chose rare et digne d'être notée, que ce sultan et ses deux prédécesseurs avaient pris le même surnom en montant sur le trône.

[2] *El-Melek el-Achraf Qâytbày* الملك الاشرف قايتباي fut surnommé *el-Mahmoudy* المحمودي et *el-Dáhery* الطاهري, parce qu'il fut amené en Égypte par *Khouágeh Mahmoud* خواجه محمود, qui le vendit à Barsebày, et qu'il fut mis en liberté par *el-Dáher Gaqmaq* الطاهر جقمق. Il monta sur le trône le 6 du mois de regeb de l'an 872 de l'hégire (1468 de l'ère chrétienne), et s'y maintint pendant vingt-neuf ans quatre mois et vingt jours. Il mourut, suivant el-Maqryzy, le 22 du mois de dou-l-qa'deh de l'an 901 de l'hégire (1496 de l'ère chrétienne). Ahmed ebn-Yousef place sa mort au dimanche 27 de regeb; ce qui se rapporte à ce que l'on voit dans el-Genàby, qu'il fut enterré le lundi 28 de ce même mois.

27.

de mesori, le chambellan Lâgyn fit l'ouverture de la digue; le Nil monta à vingt coudées vingt-un doigts sur la fin de paophi. On n'avait point vu depuis long-temps de crue aussi forte; les eaux interceptèrent les routes et les chaussées, et submergèrent les territoires d'el-Minych et de Chobrâ, l'île de Roudah, le chemin du Kaire et de Boulâq; l'île de l'Éléphant et Koum el-Rych furent inondés; les puits furent comblés.

L'an 883 de l'hégire (1479 de l'ère chrétienne), il y eut *ouafâ* le 4 de mesori. Uzbek fit l'ouverture de la digue. On remarque, comme un événement singulier, que, la nuit de l'*ouafâ*, la digue d'Abou-l-Mangâ fut rompue et renversée d'un bout à l'autre; ce qui causa de grands dommages dans les cantons situés au-dessous de ce canal, et submergea les magasins de grains de ceux qui avaient ces terrains en apanage : ce qui est bien surprenant, c'est que le Nil n'avait point endommagé la chaussée du canal d'Abou-l-Mangâ avant l'instant où elle fut renversée. Cette même nuit, il y eut *ouafâ*, et l'eau crut de douze doigts.

L'an 902 de l'hégire (1496 de l'ère chrétienne), pendant que la guerre était allumée entre le fils du sultan et l'émyr Aqberdy[1], le Nil s'arrêta dans sa crue les jours mêmes où l'on attendait qu'elle devînt complète, et il continua à ne croître que faiblement jusqu'au 27 de mesori, qu'il parvint à son complément : l'ouverture de la digue ne se fit que le 28 du même mois, correspondant au 12 de celui de dou-l-hageh. L'émyr Aqberdy, qui était alors maître du Kaire,

[1] *El-emyr Aqberdy* الامير اقبردى.

chargea l'ouâly de cette cérémonie. Lorsque celui-ci fut arrivé à la digue, il trouva que le cheykh A'bd el-Qâder el-Dechtouty[1] en avait déjà rompu un côté, et avait donné passage à l'eau. Il n'y eut point de réjouissances publiques à cette occasion, à cause de la guerre violente qui régnait entre les deux partis. Le Nil avait tardé environ vingt jours d'arriver à sa crue complète, et l'on n'y fit aucune attention lorsqu'il y parvint. Le fleuve ne se maintint dans cet état que pendant peu de jours, et il baissa subitement, de manière que le pays ne fut point arrosé suffisamment, et les vivres renchérirent.

L'an 903 de l'hégire (1497 de l'ère chrétienne), la nouvelle lune du mois de moharram arriva le même jour que le nourouz des Qobtes, conformément au calcul par lequel on fait concorder l'année qobte avec l'année arabe; et le complément de la crue du Nil arriva le 4 du mois de moharram de l'an 904 de l'hégire (1498 de l'ère chrétienne), et elle fut déclarée le 19 de mesori. Le sultan el-Melek el-Nâser voulait ouvrir lui-même la digue et aller au meqyâs; mais ses émyrs ne voulurent point y consentir, craignant qu'on ne l'assassinât : ce prince en éprouva beaucoup de peine; et, descendant du château après la dernière prière du soir[2], avec des fanaux et des torches, accompagné de ses cousins et de quelques-uns de ses pages[3], il alla couper la digue pendant la nuit; il alla aussi, en faisant

---

[1] *El-Cheykh A'bd el-Qâder, el-Dechtouty*, الشيخ عبد القادر الدشطوطى.

[2] *El-A'châ* العشا.

[3] *Khâshyet* خاشكية.

sa tournée, à celle du pont, et la coupa de même; ensuite il se retira au château pendant que la nuit durait encore. Lorsque le jour commença à paraître, les habitans du Kaire virent que les canaux étaient remplis par les eaux : avant et depuis l'islamisme il n'était jamais arrivé d'ouvrir la digue pendant la nuit, parce que, cette cérémonie étant une fête universelle pour le peuple d'Égypte, c'était le priver des divertissemens qui avaient coutume d'accompagner le jour de l'*ouafâ*. El-Melek el-Nâser fut tué quelque temps après la retraite des eaux, dans le cours de cette même année; ce qui fut regardé comme une suite du mauvais présage qu'on avait tiré de cette infraction aux usages consacrés. Son règne n'avait été que de deux ans et quelques mois.

CHAPITRE VI.

Histoire du meqyâs sous les sultans Ottomans, de l'an de l'hégire 924 à l'an 1213.

Ce chapitre contient un espace de près de trois cents ans, qui commence à la conquête de l'Égypte par le sultan Ottoman Selym 1er; il comprend les réparations qui ont été faites au meqyâs par les ordres de ce prince, et celles qui ont été exécutées par Hamzah-pâchâ et par les beys, jusqu'à la conquête de l'Égypte par les Français.

§. 1. *Réparations faites au meqyâs par le sultan Selym Ier.*

Le sultan Selym Ier [1] était fils de Bajazet II [2] et petit-fils de Mohammed-khân [3]; il naquit à Amasie, l'an 872

[1] *Selym-khân ben Bâyazyd* سليم خان بن بايزيد, que nous connaissons sous le nom de *Selym* Ier, ne borna pas sa gloire à ses exploits militaires; il s'occupa aussi beaucoup de la littérature et des sciences. Les Orientaux le mettent au nombre des princes qui ont été les plus savans dans les langues arabe, turque et persane, dans lesquelles il composa des poésies citées pour leur élégance. Il avait coutume de parcourir, déguisé, les places et les rues, pour y entendre ce que l'on pensait de son gouvernement. Suivant Ben-Aby-l-Sorour, ce prince, étant entré à Haleb après la défaite de Qansou el-Ghoury, assista aux prières solennelles du vendredi; l'imâm adressait alors à Dieu des prières pour lui, en se servant de cette formule :

اللهم انصر مولانا السلطان سليم خان خادم الحرمين الشريفين

« O Dieu, sois secourable à notre seigneur le sultan Selym-khân, sauveur des deux nobles villes de la Mekke et de Médyne. »

Ce titre fut tellement agréable au sultan, qu'à son retour du temple il se dépouilla de ses vêtemens, qui valaient plus de mille pièces d'or, et les envoya en présent à l'imâm. En allant à Andrinople pour y passer l'hiver, il fut saisi de la maladie dont il mourut, dans le même lieu, dit-on, où il avait livré la bataille contre son père. Il eut pour successeur *Soleymân ben Selym* سليمان بن سليم, que nous connaissons sous le nom de *Solyman* Ier, et qui monta sur le trône l'an de l'hégire 926 (1520 de l'ère chrétienne).

[2] *Bâyazyd-khân ben Mohammed* بايزيد خان بن محمّد, que nos écrivains nomment *Bajazet* II, fut le huitième sultan des Ottomans, et succéda à son père *Mohammed ben Mourâd* محمّد بن مراد, que nos historiens ont appelé *Mahomet* III; il monta sur le trône à l'âge de trente ans, le 18 du mois de raby' el-aouel de l'an 887 de l'hégire (1482 de l'ère chrétienne), suivant Ahmed ben-Yousef.

[3] *Mohammed-khân ben Mourâd* محمّد خان بن مراد était fils de *Mourâd-khân* مراد خان, qui fut surnommé *el-Melek el-A'del* الملك العادل (le roi juste) : il monta sur le trône, à la mort de son père, le 16 du mois de moharram de l'an 855 de l'hégire (1451 de l'ère chrétienne) ; il avait été quelque temps associé à l'empire pendant la vie de son père. Il était alors âgé de dix-neuf ans cinq mois et trois jours, et il régna trente ans et deux

de l'hégire (1468 de l'ère chrétienne), et succéda à son père sur le trône de Constantinople, le 18 du mois de safar de l'an 918 de l'hégire (1512 de l'ère chrétienne), étant alors âgé de quarante-six ans. Il détruisit entièrement les Mamlouks, qui étaient alors maîtres de l'Égypte et de la Syrie, et acheva de réduire sous sa puissance, l'an 924 de l'hégire (1518 de l'ère chrétienne), l'Égypte et tous les autres pays qui leur avaient appartenu : ce monarque s'occupa de l'administration du pays qu'il venait de conquérir, et fit aussi quelques restaurations au meqyâs ; il mourut à l'âge de cinquante-quatre ans, après un règne de neuf ans et huit mois, le samedi 9 du mois de chaouâl de l'an 926 de l'hégire (1520 de l'ère chrétienne).

Son fils Solymân I[er][1] et son petit-fils Selym II[2] s'occupèrent beaucoup de l'organisation intérieure de l'Égypte, qui leur doit presque toutes les institutions financières et administratives que nous y avons trouvées établies. Ces princes veillèrent avec soin à l'entretien du meqyâs et des autres établissemens publics utiles au pays : mais il ne paraît pas que leurs successeurs s'en soient postérieurement beaucoup occupés.

---

mois. C'est ce prince qui prit Constantinople, l'an 857 de l'hégire (1453 de l'ère chrétienne). Il mourut le vendredi 5 du mois de raby' el-aouel de l'an 886 de l'hégire (1481 de l'ère chrétienne), à l'âge de cinquante-un ans.

[1] *Soleymân ben Selym* سليمان بن سليم, était né l'an 900 de l'hégire (1495 de l'ère chrétienne) : il monta sur le trône l'an 926 de l'hé-gire (1520 de l'ère chrétienne), et mourut dans le mois de safar, l'an 974 de l'hégire (1566 de l'ère chrétienne), après un règne de quarante-huit ans.

[2] *Selym ben Soleymân* سليم بن سليمان monta sur le trône l'an 974 de l'hégire (1566 de l'ère chrétienne), et mourut l'an 983 de l'hégire (1575 de l'ère chrétienne), après un règne de neuf ans.

§. II. *Événemens relatifs au meqyâs sous les sultans Ottomans.*

L'Égypte étant devenue alors une des provinces du vaste empire Ottoman, il n'entre point dans le plan de ce mémoire de donner ici la suite des souverains qui montèrent successivement sur le trône de Constantinople; je me bornerai à rapporter les événemens qui concernent le meqyâs sous les règnes de quelques-uns d'entre eux.

Ben Aby-l-Sorour rapporte que sous le règne du sultan O'tmân[1], fils du sultan Ahmed[2], l'an 1029 de l'hégire (1620 de l'ère chrétienne), il y eut une crue du Nil si extraordinaire, que les Égyptiens commencèrent à désespérer de voir la fin de l'inondation : elle occasiona une grande cherté dans les vivres. La peste causa aussi de grands ravages cette même année.

Sous le règne du sultan Mourad-khân[3], fils du sultan

---

[1] *O'tmân ben Ahmed* عثمن بن احمد, que nos historiens connaissent sous le nom d'*Othmân* II, monta sur le trône l'an 1027 de l'hégire (1618 de l'ère chrétienne), et mourut l'an 1031 de l'hégire (1622 de l'ère chrétienne) : il fut remplacé par *Moustafà ben Mohammed* مصطفى بن محمد, qui avait été son prédécesseur et qui remonta alors sur le trône.

[2] *Ahmed ben Mohammed* احمد بن محمد, que nos historiens appellent *Ahmed* I.er, monta sur le trône l'an 1012 de l'hégire (1603 de l'ère chrétienne), et eut pour successeur, l'an 1027 de l'hégire (1618 de l'ère chrétienne). *Moustafà ben Mohammed* مصطفى بن محمد, qui ne resta pas un an sur le trône.

[3] *Mourâd-khân ben Ahmed* مراد خان بن احمد, seizième empereur des Ottomans, monta sur le trône un an après la seconde déposition du sultan *Moustafà-khân* مصطفى خان, le 15 du mois de dou-l-qa'deh de l'an 1031 de l'hégire (1622 de l'ère chrétienne) : il mourut le 16 du mois de chaouâl

Ahmed et successeur de Moustafâ[1], l'an 1034 de l'hégire (1624 de l'ère chrétienne), la crue du Nil monta jusqu'à vingt-quatre coudées : cette inondation extraordinaire, rapportée par Aby-l-Sorour, fit craindre que les eaux ne se retirassent point assez tôt pour que l'on pût ensemencer les terres; cependant elles baissèrent en peu de temps; on ensemença, et la récolte fut très-abondante.

Sous le règne du sultan Ibrâhym[2], frère et successeur de Mourâd-khân[3], et dix-huitième prince de la dynastie des Ottomans, l'an 1050 de l'hégire (1640 de l'ère chrétienne), suivant le même Aby-l-Sorour, la crue du Nil fut très-médiocre : le premier jour du mois de *tout*, le fleuve n'était point encore parvenu à seize coudées; on ouvrit cependant la digue, et, ce jour même, l'inondation baissa subitement; ce qui occasiona une grande cherté en Égygte.

§. III. *Cinquième époque du meqyâs : réparation de ce monument par Hamzah-pâchâ.*

Sous le règne de Moustafâ III[4], successeur d'Ot-

---

de l'an 1049 de l'hégire (20 janvier 1639 de l'ère chrétienne).

[1] *Voyez* la note précédente.

[2] *Ibráhym ben Ahmed* ابراهيم بن احمد succéda à son frère aussitôt après qu'il fut mort, et traversa, suivant l'usage, le 6 de février, toute la ville de Constantinople, depuis la mosquée d'Ayoub Ansery jusqu'au palais impérial, avec la plus grande pompe. Il fut tué par les soldats révoltés, dans le mois de cha'bân de l'an 1059 de l'hégire (juillet 1649 de l'ère chrétienne), et eut pour successeur son fils *Mohammed ben Ibráhym* محمّد بن ابراهيم.

[3] *Voyez* la note [3] de la page précédente.

[4] *Moustafa ben Ahmed* مصطفى بن احمد monta sur le trône l'an 1171 de l'hégire (1757 de l'ère chré-

DE L'ILE DE ROUDAH.

mân III[1], l'an 1180 de l'hégire (1766 de l'ère chrétienne), Hamzah-pâchâ[2], alors qâym-maqâm[3] du Kaire, fit remplacer l'ancienne poutre de soutenement par une nouvelle, de chaque côté de laquelle on retraça en caractères soulous[4] l'ancienne inscription koufique qui y avait été placée du temps d'el-Motaouakel, et dont on conserva fidèlement la date, comme je l'ai déjà dit ci-dessus[5].

On trouvera ci-après, dans la *quatrième partie de ce mémoire*, la transcription de cette double inscription, avec sa traduction.

§. IV. *Réparations faites au meqyás par les beys.*

Sous le règne de ce même prince, l'an 1183 de l'hégire (1769 de l'ère chrétienne), le célèbre A'ly-bey[6]

---

tienne), et mourut l'an 1187 de l'hégire (1773 de l'ère chrétienne), après un règne d'environ seize ans. Il eut pour successeur son fils *A'bd el-Hamyd ben Moustafá* عبد الحميد بن مصطفى, que quelques auteurs nomment *Ahmed* IV, et qui régna jusqu'à l'an 1204 de l'hégire (1789 de l'ère chrétienne).

[1] *O'tmán ben Moustafá* عثمان بن مصطفى, que nos historiens appellent *Osman* III, était fils de *Moustafá ben Mohammed* مصطفى بن محمد, que nos historiens nomment *Moustapha* II: il monta sur le trône l'an 1168 de l'hégire (1754 de l'ère chrétienne), et il mourut l'an 1171 de l'hégire (1757 de l'ère chré-

tienne), après avoir régné environ trois ans.

[2] *Hamzah-páchá* همزة پاشا.

[3] *Qáym-maqám* قايم مقام, ou *qáymmaqám* قايمقام, mot à mot, *lieutenant, gouverneur au nom du souverain.*

[4] *Voyez*, sur ce caractère, mon Mémoire sur les inscriptions koufiques recueillies en Égypte, et sur les autres caractères employés dans les monumens des Arabes, *page* 137 *de ce volume.*

[5] *Voyez* ci-dessus, pag. 404.

[6] *A'ly-beyk* علي بيك. On peut voir dans l'ouvrage de M. de Volney les détails historiques qui concernent ce prince.

refusa de reconnaître l'autorité du sultan de Constantinople, et s'arrogea les droits de la souveraineté.

D'après la tradition généralement répandue dans le pays, et l'opinion du qâdy chargé de l'administration du meqyâs, il paraît que les beys, sentant l'importance de conserver ce monument dans un état habituel de service, se sont aussi occupés d'y faire exécuter de temps en temps quelques réparations nécessaires à son entretien : mais les réparations de ces différentes époques ont été trop peu considérables pour que l'histoire ait jugé convenable d'en parler; aussi je n'ai pu me procurer à ce sujet aucun détail étendu et précis, ni dans les historiens, ni dans les archives du meqyâs.

CHAPITRE VII.

Histoire du meqyâs sous le gouvernement français, de l'an 1213 de l'hégire à l'an 1216.

Ce chapitre est bien loin d'être comparable aux précédens par le nombre d'années qu'il embrasse; mais il sera pour nous plus intéressant, les événemens qu'il présente s'étant passés presque entièrement sous nos yeux, et chacun de nous y ayant pris part d'une manière plus ou moins immédiate.

§. I. *Événemens relatifs au meqyâs pendant l'année* 1213 *de l'hégire.*

La fête de la crue du Nil[1] a été célébrée avec une

[1] *Voyez* ci-après.

grande solennité le sixième jour du mois de raby' el-aouel[1] de l'an 1213 de l'hégire (correspondant au 17 août 1798 de l'ère chrétienne).

J'en donnerai ici les détails, extraits du procès-verbal qui a été dressé à cette occasion et qui a été publié officiellement :

Le GÉNÉRAL EN CHEF, accompagné de tous les généraux, de l'état-major général de l'armée, du kyahyà[2], du pâchà[3], des

---

[1] *Raby' el-aouel* ربيع الاول (le premier raby'). Ce mois est le troisième de l'année lunaire des musulmans : il portait, chez les anciens Arabes, le nom de *khaouán* خوان. Ce mois, et le suivant, nommé *raby' el-tány* ربيع الثاني (le second raby') ou *raby' el-akher* ربيع الاخر et *raby' el-akhret* ربيع الاخرة (l'autre raby'), sont du nombre de ceux dont le nom appellatif doit être, suivant les plus savans grammairiens arabes, précédé du mot *chahar* شهر (mois). En effet, le mot *raby'* ربيع, et même l'expression entière *raby' el-aouel* ربيع الاول, désignent proprement, non-seulement un mois particulier de l'année, mais encore une saison entière, celle du printemps, qui s'appelle aussi *raby' el-kelá* ربيع الكلا ; comme l'expression *raby' el-tány* ربيع الثاني désigne aussi l'automne, qu'on nomme encore *raby' el-temár* ربيع الثمار.

[2] *Khyahyà* كيحيا, ou mieux encore *keykhyá* كيخيا. Ce mot, qui se trouve quelquefois aussi écrit *káhyá* كاهيا, est le même que celui de *ketkhodá* كتخدا : il signifie *lieutenant*, et il est plus particulièrement le nom du lieutenant du pâchà. Ses fonctions étaient remplies par un des beys qui avaient droit d'entrer au dyouàn. Chaque *ogáq* اوجاق, ou corps militaire de l'Égypte, avait aussi son kyàhyà particulier.

Les beys avaient aussi chacun leur kyàhyà ; quelques-uns même en avaient deux : ainsi *Ibráhym-beyk el-Kebyr* ابراهيم بيك الكبير avait pour kyàhyàs *Moustafa* مصطفى surnommé *el-Rouzzáz* الرزاز, parce qu'il avait été autrefois marchand de riz ; et *Zou-l-Fiqár* ذو الفقار, qui réunit à ses fonctions celles de kyàhyà d'*Ibráhym-beyk el-Soghayr* ابراهيم بيك الصغير, lorsque ce dernier eut épousé *Setteh Hánoum* ستّ هانم, fille d'Ibráhym-beyk el-Kebyr.

[3] *Pâchà* باشا. Ce mot, que les

membres composant le grand dyouân[1] du Kaire, du mollah, et Arabes prononcent et écrivent *báchá* باشا, signifie proprement un commandant. On donne généralement ce titre aux grands officiers de la Porte ottomane, quelquefois aussi à des officiers inférieurs de l'armée, et même à de simples janissaires. Quelquefois les Turks écrivent ce nom de dignité avec un *he* final (باشاه *páchâh*), comme s'il était l'abrégé et le diminutif du mot persan *pádicháh* پادشاه (empereur), qu'ils ont adopté dans leur langue.

Les gouverneurs des provinces turques portent le titre de *páchá*, et celui de l'Égypte est appelé *páchá du Kaire*. Les gouvernemens des provinces sont désignés par le nom de *pácháliq* پاشالق, ou, à la manière arabe, *bácháliq* باشالق, littéralement, *charge de páchá*.

Cinq parmi les principaux des nations qobte, syrienne et grecque;
Deux parmi les magistrats civils;
Neuf parmi les chefs de corporations commerciales;
Trois des principaux négocians francs.

On tira au sort parmi ces soixante personnes pour choisir quatorze membres, qui composèrent le dyouân particulier du Kaire.

On nomma comme président du dyouân le *cheykh A'bd-allah el-Cherqáouy* الشيخ عبد الله الشرقاوى :

Le *cheykh Mohammed el-Mohdy* الشيخ محمد المهدى, comme secrétaire.

Les autres sont, le *Seyd Khalyl el-Bekry* السيد خليل البكرى,

El-Seyd Ahmed el-Ou'qád el-Mahrouqy السيد احمد لعقاد المحروقى,

Le *cheykh Moustafá el-Sáouy* الشيخ مصطفى الصاوى,

Le *cheykh Mousá Sersy* الشيخ موسى سرسى,

Le *cheykh Soleymán el-Fayoumy* الشيخ سليمان الفيومى,

Le *cheykh Ahmed el-A'rychy* الشيخ احمد العريشى,

Le *cheykh Mohammed el-Douákhly* الشيخ محمد الدواخلى

---

[1] Le grand dyouân du Kaire fut institué par le général en chef, le 18 du mois de regeb de l'an 1213, correspondant au 6 nivose de l'an VI (26 décembre de l'an 1798 de l'ère chrétienne). Ce corps était chargé de l'administration de la justice envers les habitans au nom du gouvernement français, et de nos relations politiques avec eux.

Il fut d'abord composé par la convocation de soixante membres, désignés ainsi qu'il suit :

Sept de la classe des chéryfs ou nobles descendans de Mahomet;
Douze de la classe des cheykhs;
Dix de la classe des *ogáqlu* ou membres de corporations militaires;
Onze parmi les *hággy* chefs de mosquée et de corps religieux;

de l'aghâ[1] des janissaires[2], s'est rendu, à six heures du matin, au meqyâs. Un peuple immense couronnait tous les monticules qui bordent le Nil et le canal. Toute la flottille pavoisée et une partie de la garnison sous les armes formaient un coup d'œil aussi imposant qu'agréable.

L'arrivée du cortége au meqyâs fut marquée par plusieurs salves d'artillerie; la musique française et la musique arabe jouaient plusieurs airs pendant le temps que l'on travaillait à couper la digue.

Un instant après, le Nil franchit la digue et entra comme un torrent dans le canal, d'où il porte la fertilité dans la campagne du Kaire. Le général jeta plusieurs milliers de médins[3] au peu-

Le cheykh Moustafà el-Damanhoury

الشيخ مصطفى الدمنهوري .

A'ly Ketkhodà el-Megdaly

على كتخدا المجدلي .

Ahmed Zou-l-Fiqâr, Odah bàchy fellâh

احمد ذلفقار اوده باشي فلاح .

Yousouf Tchourbagy Bàch Tchàouch Gemelyàn

يوسف چوربجي باش چاوش جليان .

Le seyd Ahmed el-Mahrouqy

احمد المحروقي .

El-Ma'allem Latf-allah el-Masry

المعلم لطف الله المصري .

Gioubrân el-Sekroug

جوبران السكروج .

Yousouf Farhàt

يوسف فرحات .

Henri Wolmar, médecin

السيطوين والمر الطبيب .

François Baudeuf

السيطوين بودوف .

Zou-l-Fiqâr kyahyà ذو الفقار كيحيا, remplissant les fonctions de commissaire musulman, et M. Gloutier, celles de commissaire français auprès du dyouàn.

[1] Aghâ اغا est un nom de dignité; ce mot s'écrit souvent par un he final (aghàh اغاه), et cette seconde manière est la seule que suivent les Qobtes dans leurs écritures. Chacun des ogàq est commandé par un aghà. L'aghà des janissaires jouit d'une très-grande autorité, et il est chargé de la police de la ville du Kaire.

[2] Nous avons formé le mot janissaire de celui d'enkichàryeh انكشاريه, qui est le nom du sixième des corps militaires connus en Égypte sous le titre commun d'ogàq. Le corps des janissaires est le plus souvent désigné par le nom de moustahfezzàn مستحفظان; cet ogàq, quoique le sixième par son ordre, était le premier par sa force et sa puissance.

[3] Médin ou pàrat, petite pièce de monnoie très-mince et en argent de bas aloi, qui vaut la vingt-huitième partie du franc.

ple, et beaucoup de pièces d'or au bateau qui passa le premier sur la rupture de la digue; il revêtit de la pelisse noire le mollah, et le naqyb el-achrâf[1] de la pelisse blanche, et il fit distribuer trente-huit cafetans[2] aux principaux officiers des autorités du pays.

Ensuite tout le cortége retourna au Kaire sur la place nommée *Birket*[3] *el-Ezbeqyeh*[4], suivi par un peuple immense qui chantait les louanges du prophète et de l'armée française en maudissant les beys, et rendait grâces à Dieu, qui avait comblé de bienfaits l'Égypte en lui accordant le plus beau Nil qu'il y eût eu depuis un siècle.

§. II. *Sixième époque du meqyâs : réparation de ce monument par les Français, l'an 1214 de l'hégire.*

L'attention des Français devenus maîtres de l'Égypte devait naturellement se porter sur un édifice aussi im-

---

[1] Le *naqyb el-achráf* نقيب الاشراف est le chef des chéryfs ou descendans de Mahomet. Cette place était occupée, à notre arrivée au Kaire, par *O'mar Effendy* عمر افندي ; après son émigration, cette dignité fut conférée par le général en chef, le jour de la fête de la naissance du prophète, au cheykh *Khalyl el-Bekry* خليل البكري, l'un des principaux membres du dyouàn.

[2] Vêtemens d'honneur dont les princes en Orient font présent à ceux qu'ils décorent d'une dignité, ou à qui ils veulent donner des témoignages d'une faveur particulière dans les solennités publiques.

[3] Le mot *birket* بركة signifie un lac, un étang, un grand espace couvert d'eau ou susceptible de l'être pendant un certain temps de l'année, comme le sont les grandes places du Kaire, qui, se trouvant au-dessous du niveau de l'inondation du Nil, deviennent réellement des lacs pendant le temps de la crue annuelle.

Le Kaire renferme dans son enceinte quatre grandes places qui portaient ce nom : *Birket el-Fyl* بركة الفيل (l'étang de l'Éléphant), où étaient situées les maisons de Mourâd-bey et d'Ibrâhym-bey, qui ont été brûlées par les habitans du Kaire avant l'entrée des Français; *Birket el-Rotly* بركة الرطلي (l'étang du Fabricant de poids); *Birket el-Saqdyn* بركة السقائين (l'étang des Porteurs d'eau); et enfin *Birket el-Ezbekyeh*, dont je parlerai dans la note suivante.

[4] *Birket el-Ezbekyeh* بركة الازبكية, grande place du Kaire, dans laquelle étaient situées les mai-

DE L'ILE DE ROUDAH.

portant, sous tous les rapports, que celui du meqyâs : aussi, en l'an 1214 de l'hégire (1799 de l'ère chrétienne), les ingénieurs des ponts et chaussées attachés à l'armée d'Orient, voulant continuer de rappeler au meqyâs les différens degrés des crues du Nil, et s'assurer conséquemment de la hauteur réelle de la colonne et de sa division en coudées, sur lesquelles les écrivains, les voyageurs et les habitans eux-mêmes ne se trouvaient pas d'accord, ont pris, à cette effet, le parti de faire curer jusqu'à ses fondations le bassin au milieu duquel elle est placée. Cette opération eut lieu en présence du cheykh Moustafâ[1], qâdy du meqyâs, et du saqqâ-bâchy[2]. C'est alors qu'on a découvert la première division inférieure de la colonne.

On a ajouté au-dessus du chapiteau un nouveau dé en marbre blanc, qui a une coudée et deux doigts de hauteur, et sur lequel sont gravées deux inscriptions, l'une en français et l'autre en arabe[3] : ce dé complète la dix-huitième coudée, et porte six doigts au-dessus.

La poutre de soutenement qu'avait fait replacer Hamzah-pâchà[4], tombait de vétusté; elle a été enlevée et remplacée par une nouvelle poutre d'une seule pièce

---

sons de plusieurs beys, entre autres celle d'*el-Fy-beyk* ألفى بيك, qui devint le palais du général eu chef, celle d'*O'tmân-beyk el-a'châr* عثمن بيق العشار, et plusieurs autres, où l'on plaça une grande partie des administrations de l'armée.

[1] *Moustafâ* مصطفى.

[2] Le *saqqâ-bâchy* سقا باشى (chef des *saqqâ*) est l'intendant des eaux; il a dans ses attributions tout ce qui en concerne l'administration et la police.

[3] *Voyez*, ci-après, la *quatrième partie* de ce mémoire.

[4] *Voyez* pag. 427.

et d'une construction plus solide : le puits a été ragréé dans son pourtour, ainsi que la galerie formant péristyle autour du bassin.

De nouvelles barrières en bois ont été placées au bord du bassin, entre les colonnes; deux chambres adjacentes à cette galerie ont été construites pour l'usage du cheykh du meqyâs.

On a élevé de plus un portique extérieur à l'entrée de ce monument et au-dessus de la porte extérieure : sous ce portique, on a placé une table de marbre blanc, sur laquelle on a gravé une inscription en arabe et en français, contenant l'époque de cette restauration nouvelle, et l'état du Nil en cette même année, tant dans ses basses eaux qu'au moment de sa plus grande crue. Cette double inscription se trouve ci-après, *quatrième partie*.

Toutes les inscriptions koufiques, karmatiques et arabes que renfermait ce monument, ont été fidèlement respectées.

§. III. *Événemens relatifs au meqyâs pendant l'année 1214 de l'hégire.*

En cette année, la rupture de la digue eut lieu avec la même solennité que l'année précédente, et le procès-verbal qui en a été publié relate à peu près les mêmes cérémonies : j'ai donc cru mieux satisfaire la curiosité du lecteur en rapportant ici celui qui a été dressé, dans cette circonstance, par le qâdy, en présence de l'assemblée des cheykhs réunis à cet effet. Cet acte officiel, qui sert à constater, chaque année, le myry[1] qui est dû au gouvernement par le peuple d'Égypte, m'a semblé devoir être une pièce importante de l'histoire du meqyâs.

AHMED EL-A'RYCHY ABOU-L-TYQAN[2],
QADY EN EXERCICE DE LA VILLE DU KAIRE LA BIEN GARDÉE.

Voici ce qui s'est passé dans la séance de la noble justice et dans l'assemblée des cheykhs de la religion établie par Dieu, préservée de changemens et d'innovations, convoqués dans le pavillon[3] situé à l'embouchure du canal el-Hâkemy[4], entre le vieux Kaire et Boulâq, par les ordres de notre seigneur et maître, le plus illustre des docteurs musulmans, accompli dans la science, plein d'une haute intelligence, soutien de la religion de l'islamisme, bonheur de son pays, habile dans l'application de la loi, juge des juges[5], actuellement en exercice dans la ville du Kaire la bien gardée, dont le nom est ci-dessus. Que sa gloire soit conservée et toujours accrue !

En présence du très-grand imâm, le plus instruit, le plus honoré et le plus respecté, honneur des nobles descendans de Sadyq, étoile brillante de leur gloire dans la vérité, branche de l'arbre chéri, purifié, bordure honorée du turban de Mahomet, protecteur des lettres, zélé partisan de la vérité, plein de foi dans la bonté de son Dieu créateur, notre seigneur et prince, le Seyd et Chéryf Khalyl el-Bekry el-Sâdyqy el-Aqây[6] de la race de Hasan, cheykh héritier de la charge de ses ancêtres nos

---

[1] *Myry* ميرى, contribution due au sultan sur le produit des terres cultivées. On donne aussi ce nom à la redevance des *felláh* envers leur propriétaire.

[2] *El-Cheykh Ahmed el-A'rychy Abou-l-Tyqân* الشيخ احمد العريشى ابو التيقان.

[3] *Qasr* قصر.

[4] *Khalyg el-Hâkemy* خليج الحاكمى.

[5] *Qâdy el-qodât* قاضى القضاة.

[6] *El-Seyd Khalyl el-Bekry el-Sâdyqy el-Aqây* السيد خليل البكرى الصاديقى الاقاى.

seigneurs illustres parmi les *Sadyq*, et protecteur des nobles chéryfs[1], présentement au Kaire ;

De notre seigneur et cheykh, premier docteur des docteurs, empressé de communiquer la science à ceux qui la désirent, appui des étudians, colonne des vrais croyans, bénédiction des musulmans, héritier de la science du maître des envoyés de Dieu, ornement de la loi, de son peuple et de la religion, notre maître le cheykh A'bd-allah el-Cherqâouy, cheykh des cheykhs[2] revêtus de fonctions, et de ceux qui donnent des décisions et des leçons dans la mosquée el-Azhâr[3] ;

De notre seigneur et magistrat, honneur des savans et de la science, colonne de vérité, plein d'une haute intelligence, appui des maîtres de l'instruction, esprit unique de son siècle, écho pour la communication des sciences, habile dans sa langue, savant profond, réputé tel par les savans eux-mêmes, notre maître et notre cheykh, soleil de la religion, Mohammed el-Hafnâouy[4], connu sous le nom respectable d'*el-Mohdy*[5] ;

De notre seigneur, le savant des savans, océan de lumières, langue des orateurs, jardin de gens instruits, appui des instructeurs, colonne de vérité, héritier de la science du maître des envoyés de Dieu, ornement de la loi du peuple et de la religion, notre maître le cheykh Moustafà el-Sàouy[6], œil des plus clairvoyans parmi les docteurs en exercice qui donnent des décisions et des leçons dans la mosquée el-Azhâr : que Dieu nous les conserve, pour la continuation des biens qu'ils nous procurent ! *Amyn*.

Et du très-honoré, riche et illustre parmi les grands, œil

---

[1] *Naqyb el-achrâf* نقيب الاشراف.

[2] *El-Cheykh A'bd-allah el-Cherqâouy cheykh el-Mecháykh* الشيخ عبد الله الشرقاوي المشايخ.

[3] *Gáme' el-Azhár* جامع الازهار.

[4] *Mohammed el-Hafnâouy* محمّد الحفناوى.

[5] *El-Mohdy* المهدى (le retrouvé). Ce nom a été donné à ce cheykh, parce que, né de parens qobtes et chrétiens, il avait été d'abord élevé dans leur religion avant d'embrasser celle des musulmans.

[6] *El-Cheykh Moustafà el-Sáouy* الشيخ مصطفى الصاوى.

clair voyant parmi les chefs les plus respectables et les plus grands dans les rangs élevés, le prince Moustaf-aghâ A'bd er-Rahman[1], aghâ du corps des janissaires du Kaire;

De la branche de l'arbre chéri, bordure respectée du turban du prophète, l'honorable négociant, le seyd, le chéryf, Hâggy Ahmed el-A'qâd[2], connu sous le nom d'*el-Mahrouqy*[3], le plus grand du corps des négocians du Kaire;

De l'honoré parmi les plus riches et les plus renommés, le plus distingué parmi les magistrats les plus respectables, l'illustre, l'excellent, le prince Hasan aghâ Bekraty[4], mohteseb[5] du Kaire;

De l'honoré parmi ses renommés, distingués et respectables égaux, l'illustre, l'excellent, le prince A'ly-aghâ Charâouy[6], protecteur de la ville du Kaire la bien gardée;

De l'honoré parmi ses égaux, le respectable émyr Yousouf Tchourbâgy[7], Bâch Tchâouch Toufenkgyân[8];

De l'illustre, respecté émyr Yousouf Tchourbâgy Bâch Tchâouch Gemelyân[9];

De l'honoré parmi les grands, Moustafa-aghâ Hattâl[10], Bâch Ikhtyâr Mouteferrekah[11];

Du vénérable émyr Moustafâ effendy A'âs[12], premier écrivain du corps de Mouteferrekah;

---

[1] *El-emyr Moustafa-aghâ A'bd er-Rahman* الامير مصطفى اغا عبد الرحمن.

[2] *El-Seyd el-Hâggy Ahmed el-A'qâd* السيد الحاجى احمد العقاد.

[3] *El-Mahrouqy* المحروقى. On lui donne aussi le surnom d'*el-Serâfy* الصرافى.

[4] *Hasan aghâ Bekrâty* حسن اغا بكراتى.

[5] *Mohteseb* محتسب.

[6] *A'ly-aghâ Charâouy* على اغا شراوى.

[7] *El-emyr Yousouf Tchourbâgy* الامير يوسف چورباجى.

[8] *Bâch Tchâouch Toufenkgyân* باش چاوش توفنكجيان.

[9] *El-emyr Yousouf Tchourbâgy Bâch Tchâouch Gemelyân* الامير يوسق چورباجى باش چاوش جليان.

[10] *Moustafa-aghâ Hattâl* مصطفى اغا هطال.

[11] *Bâch Ikhtyâr Mouteferrekah* باش اختيار متفركه.

[12] *Moustafâ efendy A'âs* مصطفى افندى عاص.

De l'illustre et respecté émyr Ibrâhym kyahyâ A'zebân[1];

Du fameux parmi les gens de plume les plus distingués, le plus respecté parmi les grands, l'illustré, l'honoré émyr Isma'yl effendy[2], Kâteb ahouâleh[3];

Enfin, d'une très-grande assemblée, composée de plusieurs autres personnes qu'il serait trop long de nommer, quoique toutes très-respectables. *Amyn.*

Le jour béni, vendredi 19 du mois qobte mechyr[4], qui est le dernier de l'an 1213 du myry el-khâragyeh[5], et qui répond au 21 du mois de raby' el-aouel de l'an 1214 de l'hégire, ce jour étant celui de la date mise au bas du présent acte, il a été fait en présence de la puissance honorable de l'illustre gouverneur et général Dugua, commandant de la ville du Kaire[6] la bien gardée: que Dieu fasse couler le bonheur par ses mains! *Amyn.*

Le Nil, fleuve béni du ciel, a accompli sa crue annuelle par la faveur du Dieu très-grand, adorable, plein de bonté pour ses créatures, et miséricordieux pour les hommes: nous nous en sommes réjouis avec la plus grande joie et consolés dans les plus grandes consolations, suppliant et priant Dieu de continuer de nous combler de ses bienfaits et de ses faveurs, lui rendant grâces de toutes ses bontés envers ses créatures, bontés qui font l'objet de tous nos vœux.

L'eau bienfaisante du fleuve a monté, cette année, à seize coudées et sept doigts, comme il est évident, suivant l'indice des mesures de la colonne accomplie, et d'après les annonces du cheykh Moustafâ[7], le mesureur et directeur de l'édifice du meqyâs de l'île de Roudah.

Ledit jour, après le lever du soleil, la digue du khalyg a été rompue, et l'eau a coulé dans le canal el-Hâkemy, suivant la

---

[1] *Ibrâhym kyahyá A'zebân* ابراهيم كيحيا عزبان.

[2] *Isma'yl efendy* اسمعيل فندى.

[3] *Kâteb ahouâleh* كاتب احوال.

[4] *Mechyr* مشير, le même que le nom de *Mesory* مسرى.

[5] *El-khâragyeh* الخراجيه. Ce nom signifie l'année des contributions.

[6] *Qâymmaqâm Mesr* قايمقام مصر.

[7] *El-Cheykh Moustafâ* الشيخ مصطفى.

coutume[1] depuis la plus haute antiquité : nous avons loué Dieu de ce que le Nil a atteint la hauteur de seize coudées et sept doigts, de ce que la digue a été rompue, et de ce que l'eau a coulé dans le canal, ainsi qu'il vient d'être dit.

En conséquence, les propriétaires de toute l'Égypte sont tenus au droit du myry, à la fourniture des denrées destinées à la Mekke et aux lieux saints[2], du kisouch[3] et de tous les autres droits, suivant les anciens usages, pour l'an 1214 de khâragyeh, envers celui qui commande les provinces et qui en fera la demande ; cela est légitime et nécessaire.

Les propriétaires de toute l'Égypte sont obligés de payer tous les droits du myry, les denrées, suivant les anciens usages, pour ladite année ; c'est une dette contractée envers celui qui gouverne et qui en fera la demande : on doit l'acquitter, comme ci-devant, sans délai ni retard ; c'est la volonté de la loi.

En date du jour béni, le 22 du mois de raby' el-aouel de l'an de khâragyeh, 1214 de l'hégire.

Grâces soient rendues au Dieu créateur et tout-puissant, qui voit toutes nos actions et en tient compte.

Signé EL-CHEYKH AHMED EL-A'RYCHY ; EL-SEYD KHALYL EL-BEKRY ; EL-CHEYKH A'BD-ALLAH EL-CHERQAOUY ; EL-CHEYKH MOHAMMED EL-MOHDY ; EL-CHEYKH MOUSTAFA EL-SAOUY ; EL-CHEYKH MOUSTAFA AGHA A'BD ER-RAHMAN ; EL-SEYD HAGGY AHMED EL-MAHROUQY ; EL-EMYR HASAN AGHA EL-BEKRATY ; EL-EMYR A'LY AGHA CHARAOUY ; EL-EMYR YOUSOUF, BACH TCHAOUCH TOUFENKGYAN ; EL-EMYR YOUSOUF, BACH TCHAOUCH A'ZEBAN ; EL-EMYR MOUSTAFA AGHA HATTAL, BACH IKHTYAR MOUTEFER-REKAH ; EL-EMYR MOUSTAFA EFFENDY ; EL-EMYR IBRAHYM KYA-HYA A'ZEBAN ; EL-EMYR ISMA'YL EFFENDY, KATEB AHOUALEH.

[1] *A'là el-ma'âdet* على المعادة. est celui du tapis qui, tous les ans, est envoyé à la Mekke, et dont la dépense se prélève sur les revenus territoriaux de l'Égypte.
[2] *El-Harâmyyn* الحرامين.
[3] *El-kisoueh* الكسوة. Ce nom

§. IV. *Événemens relatifs au meqyâs pendant l'année 1215 de l'hégire.*

En cette année, l'on mit la dernière main aux réparations du meqyâs, dont la majeure partie avait été exécutée pendant l'an 1214 de l'hégire (1799 de l'ère chrétienne).

M. Le Père aîné, ingénieur en chef, directeur général des ponts et chaussées et membre de l'Institut d'Égypte, qui avait conduit et fait exécuter ces travaux, remit alors au grand dyouân du Kaire une notice relative à ces réparations, pour être conservée dans les archives de cette corporation.

Le dyouân[1] écrivit, à ce sujet, au général en chef et à M. Le Père, les deux lettres suivantes de remercîment.

Ces lettres, dont les originaux furent aussi conservés dans les archives du dyouân, ont été adressées au général en chef et à M. Le Père en copies certifiées

---

[1] Le dyouân était composé cette année des neuf membres suivans :

Le *seyd Khalyl el-Bekry* السيد خليل البكرى, chef des chéryfs, ou descendans de Mahomet,

Le *cheykh A'bd-allah el-Cherqâouy* الشيخ عبد الله الشرقاوى,

Le *cheykh Soleymân el-Fayoumy* الشيخ سليمان الفيومى,

Le *cheykh Mohammed el-Emyr* الشيخ محمد الامير.

Le *cheykh Mohammed el-Mohdy* الشيخ محمد المهدى,

Le *seyd A'ly el-Rachydy* السيد على الرشيدى,

A'bd er-Rahman el-Gabarty عبد الرحمن الجبرتى,

Le *cheykh Moustafä el-Sdouy* الشيخ مصطفى الصاوى,

Le *cheykh Mousä el-Sersy* الشيخ موسى السرسى.

DE L'ILE DE ROUDAH. 441

par M. Fourier, alors commissaire français près du dyouân, et chef de l'administration de la justice : une traduction en a déjà été publiée au Kaire dans le journal français qui s'y publiait alors et qui était intitulé *Courrier de l'Égypte;* mais, cette traduction m'ayant semblé vicieuse et fort inexacte, j'ai cru utile de présenter ici les textes mêmes, avec une nouvelle version, plus fidèle et plus intelligible que la première[1].

من محفل الديوان العالى بمصر المحروسة[2] *
خطابًا[3] الى حضرة[3] سر عسكر الكبير[4]
عبد الله منو امير الجيوش الفرنساوى بـ
حفظه الله تعالى *

* اما بعد الدعاء[5] لكم بخير، نخبركم بانه وقع من سعادتكم

---

[1] J'ai cru utile d'entrer ici dans quelques détails sur les formules employées dans ces lettres, afin de faire mieux connaître au lecteur les formes usitées chez les Arabes pour leurs communications officielles, soit diplomatiques, soit politiques et administratives.

[2] Cette épithète d'*el-mahrouseh* المحروسة (bien gardée, ou gardée et protégée du ciel) se donne ordinairement aux principales villes de l'Égypte, et surtout à la capitale.

[3] Le mot *haderet* حضرة en arabe, et *hazeret* حضرت en persan, signifie proprement *présence;* ensuite, par extension, il signifie plus particulièrement la présence d'un prince, soit souverain, soit seulement gouvernant au nom du souverain, et répond alors à nos expressions *excellence, majesté :* on trouve même ce mot souvent employé pour exprimer la majesté divine de Jésus-Christ (*hazeret Yesou' Kristous* حضرت يسوع كرستوس), dans l'ouvrage intitulé: استان مسيح, *Historia Christi, persicè conscripta à P.* Hieronymo Xavier, *Soc. Jesu; latinè reddita et animadversionibus notata, studio et labore* Ludovici de Dieu. Lugduni Batavorum, ex officina Elzeviriana, 1639; in-4°.

[4] *Ser a'sker el-kebyr* سر عسكر

[5] *Voyez,* page suivante, la note marquée d'une *.

مزيّة كبيرة هى شان الملوك السابقين والسلاطين المتقدمين من العباسيين وهى مقياس النيل السعيد الذى هو سبب لعمارة الاقليم المصرى *

وفيه حيوة الادميين والمواشى والطيور والوحوش من مبدا بحر النيل الشلال الاعلى الى منتهى بين البحرين فى الثغرين رشيد ودمياط *

وحصل السرور الكامل للناس وصاروا يدعون لكم بالتاييد و النصر ويطلبون بقاكم وهذه هى منقبة احييتموها بعد انجراسها من ملة المامون من العباسيين فصار ذلك من ماثركم تذكرون به الى اخر الدهور *

دامت فضايلكم على رعاياكم وحفظ عليكم هذا التدبير العظيم وزادكم شفقة ورحمة عليهم *

وشكركم على ذلك الخاص والعام

والســـــــــلام *

خــتام حــرر *

فى شعبان الواقع لرابع نيفوس ســـنة *

الكبير, signifie, mot à mot, *grand général d'armée*. Le mot ser سر est de l'idiome vulgaire; il est plus régulier d'écrire *Sáry el-a'sker* صارى العسكر. C'est de cette expression que plusieurs voyageurs ont fait le titre de *sérasquier*, qu'ils donnent aux officiers généraux ou aux gouverneurs de province dans l'empire ottoman.

* Le mot دعاء *do'á* signifie *prière, invocation, bénédiction*. Un des noms que donnent les musulmans à la première sourate du Qorân, est celui de سورة الدعاء *Sourat eldo'á*, parce qu'elle est en effet leur prière la plus ordinaire.

[1] *El-Ademyoun* الادميون signifie, mot à mot, *les Adamites*. Cette expression appartient à la langue vulgaire. On trouve aussi très-souvent dans le Qorân et dans les autres ouvrages arabes la périphrase بنى آدم *beny Adam* (les fils d'A-

DE L'ILE DE ROUDAH.

الشيخ محمد المهدى   الصادق على كونه متفول
كاتم سر الديوان   عن النسخة الاصلية
حالا ۞   القس صحيحًا رافاييل
م   باش ترجمان
     الديوان
     بمصر ۞
     م

الفقير عبد الله شرقاوى
ريس الديوان
بمصر
حالا ۞
م

DE LA PART DE L'ASSEMBLÉE DU DYOUAN SUPRÊME
DE LA VILLE DU KAIRE LA BIEN GARDÉE[1],
S'ADRESSANT A SON EXCELLENCE[2] LE GÉNÉRAL EN CHEF
A'BD-ALLAH MENOU, COMMANDANT EN CHEF
L'ARMÉE FRANÇAISE[3].
QUE LE DIEU TRÈS-HAUT L'AIT EN SA GARDE!

APRÈS avoir prié Dieu pour votre bonheur et votre conservation, nous vous déclarons que nous devons à votre heureuse

---

dam) employée de la même manière pour exprimer *les hommes*.

[1] *Voyez* la note [2] de la pag. 441.

[2] *Voyez* la note [3] de la pag. 441.

[3] L'expression par laquelle les Arabes expriment dans leur langue

protection un avantage bien remarquable et un ouvrage digne de la grandeur des anciens Égyptiens. C'est la réparation du meqyâs qui sert à mesurer le Nil, fleuve béni de Dieu, qui procure l'abondance à toutes les provinces de l'Égypte, la plus fertile de toutes les contrées.

Le Nil donne la vie aux enfans d'Adam [1], aux quadrupèdes, aux oiseaux et animaux errant dans les déserts, depuis le lieu appelé *Chellâl*, où le Nil prend sa source, jusqu'à ses embouchures dans les deux mers, vers les villes de Rosette [2], et de Damiette [3], les bien gardées.

---

la phrase *commandant en chef l'armée française*, est celle d'*émyr el-gyouch el-fransâouyeh* أمير الجيوش الفرنساوية (prince des troupes françaises).

[1] Voyez la note 1 de la pag. 442.

[2] *Rachyd* رشيد, en langue qobte ⲢⲀϢⲒϮ *Raschitte*. Suivant A'bd er-Rachyd el-Bakouy, « Cette ville est située sur la rive occidentale du Nil, assez près de son embouchure, à une journée de chemin d'Alexandrie, en s'avançant du côté de l'orient : à l'endroit où le fleuve se jette dans la mer, est un endroit dangereux pour la navigation, que l'on nomme *boughâz* بوغاز, où l'eau est agitée comme les flots de la mer soulevés par les vents; il y arrive beaucoup de naufrages. »

[3] *Damyat* دمياط, en langue qobte ⲦⲀⲘⲒⲀϮ *Tamiadi*, et Ταμιάθις chez les historiens grecs du Bas-Empire.

Je placerai ici l'article d'A'bd er-Rachyd el-Bakouy qui concerne Damiette :

« Cette ancienne ville, située entre *Tanis* et *Mesr*, jouit d'une température très-bonne et très-saine; elle est placée sur le bord du Nil, qui, non loin de là, se jette dans la mer. Ce fleuve est large en cet endroit de cent coudées : de chaque côté l'on a construit des tours fortifiées où est attachée une longue chaîne qui traverse d'une rive à l'autre et empêche les bâtimens qui naviguent sur le Nil d'entrer et de sortir sans une permission. La nourriture habituelle de presque tous les habitans se compose de poissons, qu'ils y recueillent en abondance, et qu'ils mangent frais ou salés. On donne le nom de *damyâty* دمياطى à une étoffe de diverses couleurs, mélangée de lin et de coton, que l'on fabrique à Damyât.

« Cette ville fut conquise par le khalife O'mar, sur qui soient le salut et la bénédiction, qui l'enleva aux peuples de *Roum* روم (les Grecs), vers l'an 20 de l'hégire (640 de l'ère chrétienne); mais ces derniers s'en emparèrent une seconde fois sous le khalife el-Motaouakel el-A'bbasy, l'an 238 de l'hégire (852 de l'ère chrétienne).

« Les sultans d'Égypte en prirent

DE L'ILE DE ROUDAH.

La réparation du meqyâs est un ouvrage tel qu'il n'appartient qu'aux grands princes d'en exécuter un pareil. Vous l'avez rétabli dans le même état où il était du temps du célèbre khalife Abbasside el-Mâmoun[1], qui le fit construire[2] lorsqu'il vint dans la ville du Kaire. Ce rétablissement est un titre glorieux pour votre mémoire jusqu'à la fin des siècles.

Que Dieu conserve vos vertus éminentes pour le bien des peuples, et qu'il daigne prolonger vos jours! Qu'il rende à jamais stable votre administration, et permette que vous soyez toujours abondant en vertu et clémence pour les peuples qui vous sont soumis!

Sachez que chacun s'accorde à vous donner de justes éloges, tant en général qu'en particulier.

Que le salut soit sur vous[3]!

Approuvé et scellé[4] dans le dyouân, le septième jour du mois de cha'bân[5], l'an 1215 de l'hégire.

---

ensuite possession, et la conservèrent jusqu'aux premières guerres des Francs, qui s'en rendirent maîtres l'an 613 de l'hégire (1216 de l'ère chrétienne); ils y réduisirent un grand nombre de musulmans en esclavage, et changèrent les mosquées en églises : mais ils furent ensuite contraints de rendre Damyât au sultan d'Égypte el-Melek el-Kamel, qui les attaqua avec les forces réunies de tous les autres princes de la famille des Ayoubites.

« Damiette fut ensuite reprise, l'an 647 de l'hégire (1249 de l'ère chrétienne), par le *Reydefrans* ريدفرنس (le roi de France), à la tête d'une armée de Francs; mais une année après, ayant été vaincu et chargé de fers, il fut contraint de la rendre aux musulmans. »

Les tables astronomiques fixent cette ville à 33° 30′ de longitude et à 31° 25′ de latitude septentrionale.

[1] *Voyez* ci-dessus, pag. 394.

[2] Nous avons vu ci-dessus, p. 394, que le khalife el-Mâmoun ne fut pas le fondateur du meqyâs, puisque ce monument existait déjà plus de cent ans avant lui, mais qu'il y fit seulement de très-grandes réparations, dont le souvenir l'en a fait regarder communément par le peuple d'Égypte comme un second fondateur.

[3] *Ou el selâm* والسلام, par abréviation, pour la phrase entière *ou el selâm a'ley houm* والسلام عليكم. Cette formule est ordinairement celle qui se place à la fin des lettres. Souvent aussi on les termine par la formule suivante : والسلام عليكم ورحمة الله « Que le salut soit sur vous, et la miséricorde de Dieu! »

[4] Ce mot مسجل signifie *approuvé, signé, scellé, revêtu d'une forme authentique*.

[5] Le mois de *cha'bân* شعبان est

Signé Le pauvre [1] A'BD-ALLAH EL-CHERQAOUY, président du dyouân, au Kaire [2];

Le pauvre MOHAMMED EL-MOHDY, secrétaire du dyouân [3].

Certifié véritable et conforme à la copie originale.

Signé Dom RAPHAEL, interprète en chef [4] du dyouân du Kaire.

من محفل الديوان العالى بمصر المحروسة *
خطابًا الى حضرة السّتويان الخواجا [5] لوبرو [6] ريس المجنّدين [7]
وفقه الله تعالى الى الخير * امين *

* اما بعد الدعا لكم بنحير الله بلغ الناس حسن صنيعكم وصواب

le huitième mois de l'année lunaire des musulmans, et n'a que vingt-neuf jours; le 7 de ce mois, date de la lettre ci-dessus et de la suivante, répondait au 3 nivose an IX (24 décembre 1800). Les dates correspondantes étaient, pour le calendrier qobte, le seizième jour du quatrième mois, nommé *kyhak* كيهك, suivant l'orthographe des Arabes, ou plutôt *khoïak* ⲬⲞⲒⲀⲔ, de l'an 1517 de l'ère des martyrs, et le douzième jour de *kanoun el-aouel* كنون الاول de l'an 1801, suivant le calendrier solaire des Orientaux, vulgairement nommé style grec ou syriaque.

[1] Cette expression, *le pauvre* (الفقير *el-faqyr*), est la formule dont les cheykhs font ordinairement précéder leur signature, et elle ne signifie pas plus que notre formule de *très-humble et très-obéissant serviteur*. Souvent aussi, au lieu de cette expression, ils emploient celle de الدعى بكم *el-da'y be-koum* (celui qui prie pour vous).

[2] *Reys el-dyouân be Mesr* ريس الديوان بمصر.

[3] *Kâtem ser el-dyouân* كاتم سر الديوان.

[4] *Bâch tergmân* باش ترجمان.

[5] Mot à mot, *s'adressant à la personne du citoyen monsieur*. Le mot français *citoyen*, qui était alors employé à l'armée d'Orient, se trouve écrit par les Arabes de deux manières différentes: السّتويان *el-sitouyân*, comme dans cette lettre; et السّيطويين, *el-sitouyen*, comme dans la liste des membres du dyouân, imprimée au Kaire, dans l'article qui contient leur nomination. Le mot خواجا *khouâgâ*, qui s'écrit aussi plus correctement خوجه *khouageh* ou *khodjah*, répond à peu près à notre mot *monsieur*.

[6] Le nom de M. Le Père est écrit dans l'arabe لوبر *Louber*, où l'article *lo* des Italiens remplace notre article *le*; et le ب *be*, notre *p*, que la langue arabe n'a pas.

[7] Ce mot dans l'arabe n'a aucune

DE L'ILE DE ROUDAH.

تدبيركم وانتقان هندستكم فى تشييد وتعمير مقياس النيل السعيد الذى يعمّ نفعهُ ويشتمل خيره فى القريب والبعيد *

فان اقليم مصر اجلّ الاقاليم وابهج الاراضى اجمعين *

وخيره وزروعهُ تعمّ ساير الاقطار وينتفع به الاميون والمواشى والطيور والوحوش فى الفقار *

ومبين خيره واساس نعته هذا النيل المبارك الذى هو افضل البحار والانهار فقد هندزتم وانقنتم محل رحاله *

واساس قياسه وبيانه فكانت هذه مزية منكم وثمرة ونتيجه من نتيج افكاركم الغزيرة فرحت بها الناس اجمعين *

وشكروا حسان حضرة سر العسكر الكبير وعلموا كمال عقلكم بسبب ما انقنتموه أوحكمتموه فى هذا المحل الشامل نفعم والمشهور فى ساير الاقطار سكر الله معروفكم والسلام * ختام *

مسجل بالديـــــــوان

الفقــــــير	الفقـــــــير	فى ٢١٥
عبــــد الله	محمد المهــدى	شعبـــان * ٧
الشـرقــاوى	كاتم ســــر	
ريـــس	الديوان	
الديوان *		

signification qui puisse convenir ici, et ne peut être qu'une erreur du copiste : il faut lire مخندقين Mokhendeqyn, qui vient de la racine quadrilitère خندق khandeqa (faire des fouilles pour fortifier); ou plutôt encore مهندسين mohendesyn, qu'on écrit ainsi que je fais مهندزين mohendezyn, et qui signifie *géomètres faisant des fouilles et des travaux hydrauliques.*

DE LA PART DE L'ASSEMBLÉE DU DYOUAN SUPRÊME
DANS LA VILLE DU KAIRE LA BIEN GARDÉE,
S'ADRESSANT A M. LE PÈRE, CHEF DES INGÉNIEURS.
QUE LE DIEU TRÈS-HAUT L'AFFERMISSE VERS LE BIEN! AMYN[1].

APRÈS avoir prié Dieu pour vous, nous vous informons que le peuple connaît toute la grandeur du bienfait qu'il doit à votre art, à l'heureux succès de votre projet, et à la certitude de vos connaissances mathématiques, par le moyen desquelles vous avez réparé et rétabli le meqyâs, où se mesurent les accroissemens du Nil, fleuve heureux, qui dispense généralement son utilité, et qui la répand dans les terres les plus voisines et dans les plus éloignées.

En effet, la province d'Égypte est la plus fertile et la plus productive de toutes les provinces, et elle répand son abondance dans toutes les autres parties du monde.

Le Nil donne la vie aux enfans d'Adam[2], aux quadrupèdes, aux oiseaux et aux animaux errans dans les déserts.

L'origine du meqyâs, la base de ses avantages, est le Nil, le plus utile de tous les fleuves. Vous avez, par les soins que vous avez mis à la réparation de son nilomètre, déterminé d'une manière exacte et précise ses divers accroissemens et décroissemens. La grandeur et l'utilité de cet ouvrage prouvent à tous vos grandes et rares connaissances.

Vous avez réjoui par ces travaux tous les peuples de cette contrée, qui en ont rendu grâces à son Excellence le général en chef; et ils ont bien reconnu la perfection de vos talens concernant cet ouvrage, dont l'utilité est commune à tous, et généralement reconnue. Que Dieu vous en donne la récompense!

Approuvé et scellé dans le dyouân[3], l'an 1215 de l'hégire, le septième jour du mois de cha'bân[4].

Signé Le pauvre ABD-ALLAH EL-CHERQAOUY, président du dyouân;
Le pauvre MOHAMMED EL-MOHDY, secrétaire du dyouân.

---

[1] Cette expression *amyn* ﺍﻣﻴﻦ est la même que l'*amen* אמן des Hébreux, qui a été adopté par toutes les langues orientales, et que nos liturgies chrétiennes ont conservé.
[2] *Voyez* la note 1 de la pag. 442.
[3] *Voyez* la note 4 de la pag. 445.
[4] *Voyez* la note 5 de la pag. 445.

TROISIÈME PARTIE.

CHAPITRE PREMIER.

État du meqyâs et des monumens qui en dépendent, à l'époque de l'expédition française.

Lorsque l'on va visiter le meqyâs en venant du Kaire, on passe d'abord le pont de la ferme d'Ibrâhym-bey, construit par les Français sur le petit bras du Nil qui coule entre le rivage où est situé le château de la prise d'eau [1], et l'île de Roudah.

On traverse ensuite une partie de cette même île, toute plantée de jardins, les uns clos de murs, les autres sans clôture, et on laisse à droite le grand pont de bateaux, également construit par les Français, qui conduit à Gyzeh.

On arrive ainsi, toujours en suivant la même allée de sycomores [2], au bourg ou gros village qui occupe l'extrémité méridionale de l'île, et l'on trouve d'abord, à droite du chemin, un grand jardin clos de murs, qui occupe l'espace entre le chemin et le rivage occidental de l'île, opposé à Gyzeh.

---

[1] *Voyez* la pl. 15, *É. M.*, vol. 1.
[2] *Gemmeyz* جميز (*ficus sycomorus*). Cet arbre paraît se plaire particulièrement dans l'île de Roudah. On y voit des sycomores d'une grosseur extraordinaire, surtout parmi ceux qui forment sur le rivage occidental de cette île une avenue presque continue, et longue d'environ six cents toises (1200 mètres). On

Ce jardin, planté lui-même en grande partie de sycomores, d'orangers, de *henneh*[1] et de palmiers, est appelé *le jardin du Meqyâs*[2]; et, en effet, il dépend immédiatement de cet édifice.

On se trouve ensuite dans une grande cour, qui est commune au meqyâs et aux autres édifices qui l'entourent.

Cette cour a environ 34 mètres de largeur, sur 56 mètres et demi de longueur.

Presque au fond de cette première cour, on rencontre à gauche une autre petite cour oblongue, qui est particulière au meqyâs, ainsi qu'au palais du sultan Negm ed-dyn, dont je parlerai ci-après.

Cette seconde cour a près de 13 mètres et demi de largeur, sur environ 19 mètres de longueur; elle est plantée de quelques arbustes, et séparée de la première cour par un petit mur de construction moderne, haut d'environ 2 mètres, et épais de près de 64 centimètres.

On passe dans cette seconde cour par une petite porte large d'un peu plus de 1^{m}80, et située à 11 mètres et

---

peut voir le dessin d'un de ces arbres magnifiques dans la pl. 40, *É. M.*, vol. I.

[1] Le mot حنة (en arabe littéral, الحنّا *el-hennâ*) est le *cyprus* des anciens: ce dernier nom se trouve également dans les autres langues orientales; en hébreu, *kofer* ou *kafer* כפר; en chaldéen, *houfera* כופרא; en syriaque, *houfera* ou *houfero* ܟܘܦܪܐ; en cobte, *pi-khouper* ⲡⲓ ⲭⲟⲩⲡⲉⲣ; et en

grec, κύπρος. Cet arbre donne une fleur blanche, connue au Kaire sous le nom de *tamr henneh* تمر حنة, dont l'odeur semble désagréable aux Européens, mais que les femmes du pays aiment avec passion: elles emploient ses feuilles réduites en poudre pour se teindre les ongles et la paume des mains en rouge orangé, les jours de fête et de réjouissance. Cet usage est commun aux chrétiennes et aux musulmanes.

[2] *Gheyt el-Meqyâs* غيط المقياس.

demi de distance du mur du fond de la cour, qui est celui de la mosquée construite par les ordres du khalife Fatémite el-Mostanser-b-illah, et dont je ferai la description ci-après[1].

Comme le niveau du terrain de cette seconde cour est inférieur d'à peu près 0^{m}82 à celui de la grande cour, on descend de l'une à l'autre par un petit escalier de cinq marches en pierre, hautes chacune de plus de 17 centimètres.

§. I. *Description du meqyâs.*

Lorsque l'on est arrivé dans la cour particulière du meqyâs, on tourne à droite; et, après avoir remonté un autre petit escalier de quatre marches qui forment un perron en saillie, et dont chacune a 18 centimètres de hauteur, on se trouve devant la porte extérieure du meqyâs. C'est au-dessus de cette porte que se lisait autrefois une inscription arabe, que je rapporterai ci-après avec la traduction[2].

Le bâtiment du meqyâs, tel qu'il existe à présent, est un édifice de forme quadrangulaire, d'environ 16^{m}90 de largeur, de l'est à l'ouest, et de 21^{m}80, du nord au midi, sur environ 4 mètres d'élévation, depuis le niveau du terrain jusqu'à la terrasse qui en forme la couverture.

L'élévation totale de l'édifice, depuis le fond du bassin nilométrique jusqu'au sommet de la coupole qui le recouvre, est d'environ 24^{m}60.

---

[1] *Voyez* pag. 459.
[2] *Voyez* la *quatrième partie* de ce mémoire.

M. Le Père aîné, membre de l'Institut d'Égypte, et qui, comme nous l'avons dit ci-dessus, avait été chargé de la réparation du meqyâs, a donné le plan et la coupe verticale de ce monument dans une des planches de l'*Atlas*[1]. Il est essentiel de consulter cette planche pour l'intelligence des détails où je vais entrer sur l'emplacement des diverses inscriptions, et pour connaître avec exactitude les mesures que je n'indique ici que d'une manière approchée.

La porte extérieure dont nous venons de parler est large de 1^{m}30 ; elle donne entrée dans le vestibule intérieur du meqyâs, qui a lui-même environ 6^{m}60 de largeur, sur 4 mètres de profondeur.

Une seconde porte, large de 1^{m}20, est placée vis-à-vis celle d'entrée ; elle conduit dans un péristyle intérieur, formant une galerie qui enveloppe le bassin où est renfermée la colonne nilométrique. Ce bassin est entouré, à sa partie supérieure, de quatre piliers angulaires, séparés chacun par deux colonnes d'un seul morceau de marbre, de 0^{m}40 de diamètre. Ces colonnes sont posées sur des piédestaux et ornées de chapiteaux corinthiens. L'intervalle des colonnes et des piliers est rempli par une balustrade en bois, de 1^{m}20 de hauteur.

A droite, en entrant dans le péristyle, on trouve encastrée dans le mur une table de marbre blanc de 0^{m}68 de hauteur sur 0^{m}52 de largeur, et sur laquelle est gravée en creux une inscription en caractères karmatiques, dont je donnerai ci-après la lecture et la traduction[2].

---

[1] Planche 23, *É. M.*, vol. I.   [2] *Quatrième partie* de ce mémoire.

Des lustres sont placés dans les quatre parties de la galerie, et ils sont ordinairement allumés la nuit, pendant tout le temps que dure la crue annuelle des eaux.

Une porte latérale placée dans ce péristyle, du côté de l'orient, conduit dans l'intérieur de l'ancien palais de Negm ed-dyn. La balustrade est ouverte à l'angle sud-est de la galerie, à l'origine de l'escalier qui descend dans le bassin même du meqyâs.

Cet escalier est composé alternativement de marches en nombre plus ou moins grand, et de paliers d'étendue différente. Il conduit jusqu'au fond du bassin.

Lorsqu'on est arrivé au bas de ce bassin, où l'on se trouve alors à une profondeur de $10^m 20$ au-dessous du niveau de la galerie intérieure, la première chose qui attire les regards est la colonne nilométrique, sur laquelle on mesure les divers degrés de l'inondation annuelle.

Cette colonne est placée au milieu du bassin, sur un socle haut de $1^m 20$; elle s'élève jusqu'à la partie supérieure de ce même bassin, et présente d'abord un fût de marbre blanc octogone qui a $0^m 48$ de diamètre, et dont les faces ont environ $0^m 18$ de largeur. Elle est divisée en seize coudées, qui y sont marquées depuis la base jusqu'au haut du fût par des divisions transversales régulièrement gravées; et les vingt-quatre doigts qui partagent la coudée, y sont aussi marqués par des demi-divisions qui sont groupées de quatre en quatre, alternativement, des deux côtés d'une ligne verticale qui partage chaque face par le milieu.

La colonne a été brisée vers la moitié de sa hauteur,

à la neuvième coudée; les deux tronçons ont été réunis en cet endroit par un collier fait d'un métal qui m'a semblé être du cuivre.

Il paraît que le numérotage des coudées était indiqué à chaque coudée par une inscription; mais la fréquence des frottemens de l'eau a entièrement effacé les inscriptions inférieures. Les seules que j'ai pu reconnaître et recueillir, sont celles des trois coudées supérieures; j'en donnerai ci-après la transcription et la traduction [1].

La coudée supérieure, immédiatement au-dessous du chapiteau, est terminée en espèces d'arceaux, et les intervalles angulo-circulaires qui les séparent sont couverts de fleurons et d'ornemens assez singuliers, mais qui sont d'un assez bon goût et ne manquent pas d'élégance.

Ces ornemens, différens les uns des autres, sont sculptés en relief sur un champ creusé dans l'angle arrondi qui réunit deux à deux chaque face de la colonne. L'un de ces ornemens [2] représente une palmette dont le dessin est assez gracieux; le second [3] représente un trèfle renversé : les deux autres ornemens [4] n'offrent que des fleurons irréguliers et enroulés, dans le genre arabesque.

C'est dans le milieu de ces arceaux qu'est placée l'inscription koufique dont je viens de parler : elle est également gravée en relief sur un champ creux de $0^m 76$

---

[1] *Voyez* la quatrième partie de ce mémoire.
[2] Pl. a, n°. I, *É. M.*, vol. II.
[3] Même planche, n°. III.
[4] Pl. a, n°s. II et IV, *É. M.*, vol. II.

de hauteur sur 0^m,155 de largeur, dans lequel sont entaillés les caractères, de manière que leur relief ne saille pas sur les plans de la colonne elle-même, et qu'il est pris dans l'épaisseur.

Cette inscription, qui renferme la désignation numérique de la dernière coudée, est répétée sur quatre faces de la colonne, et porte en même temps, gravés également en creux, les doigts qui divisent la coudée nilométrique; les quatre autres faces, alternant avec celles-ci, portent seulement la division des doigts de la coudée.

Au-dessus du fût de la colonne est un chapiteau d'ordre corinthien, également en marbre blanc, qui paraît avoir été anciennement doré et y avoir été placé postérieurement à l'érection de la colonne : il est surmonté d'une poutre transversale de soutenement, destinée à maintenir la colonne et à en empêcher l'ébranlement.

Cette poutre s'appuie, de chaque côté, sur les faces orientale et occidentale des parois du bassin, et sa surface supérieure affleure le niveau de la galerie du péristyle : elle est recouverte, des deux côtés, d'une inscription arabe peinte sur ses deux faces méridionale et septentrionale, et dont je donnerai ci-après la transcription et la traduction [1].

Après l'examen de la colonne nilométrique, les objets les plus prochains sur lesquels se porte l'attention, sont les trois aquéducs qui établissent la communication du Nil avec le bassin du meqyâs.

[1] *Voyez* la *quatrième partie* de ce mémoire.

Le plus bas de tous est percé dans la face du midi, au niveau du pavé même du bassin; il a 1^{m}10 de largeur sur 1^{m}34 de hauteur : les deux autres sont situés dans la face orientale; et, après avoir passé sous l'ancien palais de Negm ed-dyn, ils ont une issue dans le bras droit du Nil, en face du vieux Kaire. Le premier, c'est-à-dire l'inférieur, est placé au bas même de la dernière marche de l'escalier, et il a environ 1^{m}20 de largeur; le second, c'est-à-dire le supérieur, placé immédiatement au-dessus de celui-ci, a un mètre de large, et aboutit, dans l'intérieur du bassin, à une espèce d'arcade au-dessus de laquelle se trouve un bloc de marbre blanc, sur lequel est sculptée en relief une belle inscription koufique dont je donnerai ci-après la lecture et la traduction[1]. Cette arcade est placée elle-même au milieu de l'enfoncement d'une autre arcade plus grande, et qui se trouve répétée sur les quatre faces du bassin[2].

La petite arcade intérieure qui sert d'entrée à l'aqueduc supérieur, a 1^{m}30 de largeur, sur environ un mètre de hauteur sous clef.

Le bloc de marbre sur lequel est sculptée l'inscription dont je viens de parler, a 0^{m}95 de longueur, sur 0^{m}24 de largeur.

Les quatre grandes arcades latérales sont en ogive. Trois d'entre elles sont pratiquées dans l'épaisseur même des murs du bassin, et immédiatement situées au-dessous des colonnes qui soutiennent la galerie in-

[1] *Voyez* la *quatrième partie* de ce mémoire.
[2] Voyez, *É. M.*, vol. 1, la pl. 23 déjà citée.

térieure; mais la quatrième est prise dans le massif de la première portion de l'escalier, au dehors duquel elle se trouve placée.

Ces arcades forment quatre espèces de niches ou d'enfoncemens indiqués sur le plan par des lignes ponctuées, et qui sont profonds de 0^{m}90. Elles sont décorées chacune de deux petits piliers d'environ 0^{m}15 de diamètre, qui sont pris dans l'épaisseur des angles, et n'affleurent que la superficie du mur.

Le cintre de ces arcades est entouré d'une archivolte ou moulure ayant aussi 0^{m}15 de largeur, et qui descend jusque sur les deux petits piliers angulaires.

A 0^{m}70, immédiatement au-dessus de ces arcades, se trouvent, encastrées dans le mur et entourées d'une plate-bande, quatre tablettes formées chacune par deux blocs de marbre blanchâtre. Ces tablettes sont larges de 0^{m}30, et ont des longueurs inégales : la première, du côté du levant, à 2^{m}15; celle du côté du nord, 2^{m}50; celle du côté de l'occident, 2^{m}49; et enfin celle du midi, 1^{m}98. Sur ces tablettes sont sculptées en relief quatre inscriptions koufiques, dont je donnerai ci-après la transcription et la traduction[1] : la première se trouve sur la face orientale, à droite de l'escalier, et au-dessus de l'arcade dans laquelle est l'entrée de l'aquéduc; les deux suivantes occupent le milieu des faces septentrionale et occidentale; et la dernière se trouve sur la face méridionale, au-dessus de la première partie de l'escalier.

A 1^{m}32 au-dessus de ces quatre inscriptions, et à

[1] *Voyez* la *quatrième partie* de ce mémoire.

1^m10 au-dessous du niveau de la galerie, est une frise qui occupe tout le pourtour du bassin : elle est composée de dix-huit blocs de marbre blanchâtre, d'inégales longueurs, formant une assise continue, et présente quatre inscriptions qui n'en font réellement qu'une seule, puisqu'elle se poursuit sans interruption ni intervalle d'une face à l'autre du bassin, et que non-seulement les mots qu'elle contient, mais encore les lettres dont les mots eux-mêmes sont composés, enjambent d'un côté à l'autre.

Cette frise, dont les deux bords offrent également une plate-bande, a 5^m50 de longueur sur la face orientale, à droite de l'escalier; 5^m50 sur chacune des faces septentrionale et occidentale, et 5^m20 seulement sur la face méridionale, où elle se termine contre la quatrième et la cinquième marches de la première partie de l'escalier qui descend le long de cette face : elle a, y compris les plates-bandes qui la bordent, 0^m27 de largeur. Je donnerai ci-après[1] la transcription et la traduction des quatre inscriptions qui la composent.

Au-dessus du bassin, les colonnes qui forment la galerie intérieure ou le péristyle, soutiennent un dôme ou une coupole en bois, dont l'élévation au-dessus de la corniche est d'environ 8^m24, et qui est éclairée par douze fenêtres larges chacune de 1^m51 et hautes de 1^m70, qui entourent sans aucune interruption la coupole, n'étant séparées l'une de l'autre que par de simples montans. Le haut de cette coupole est enrichi de fleurs peintes et d'autres ornemens arabesques, parmi

[1] *Voyez* la *quatrième partie* de ce mémoire.

lesquels sont placées quelques petites inscriptions en caractères modernes.

§. II. *Description de la mosquée du meqyâs.*

En sortant du meqyâs et de sa cour particulière, on repasse à gauche dans la grande cour, et l'on rencontre, à l'occident de cette édifice, une mosquée qui occupe tout l'angle de l'île qui est opposé à Gyzeh : cette mosquée a été construite sous les ordres du khalife el-Mostanser-b-illah, par Abou-Negm Bedr el-Gemâly [1], son principal ministre.

L'entrée de cette mosquée, qui dépend du meqyâs et qui en porte vulgairement le nom, se trouve à l'extrémité méridionale de la grande cour commune à ce monument et aux autres édifices qui l'entourent; elle en occupe toute la face méridionale, et l'on y arrive, du côté du midi, par un perron de quinze marches, larges chacune d'environ 0^{m}25 et longues de 2 mètres, qui conduisent à la porte principale.

C'est au-dessus de cette porte que se trouve une dalle de pierre large de 0^{m}67 et haute de 0^{m}90, sur laquelle est gravée une seconde inscription karmatique, dont je donnerai ci-après la transcription et la traduction [2].

En entrant dans la mosquée [3], on se trouve dans une galerie quadrangulaire soutenue par des colonnes, et qui entoure la mosquée des quatre côtés; cette galerie intérieure est simple du côté du nord et du midi,

---

[1] *Abou-Negm Bedr el-Gemâly* ابو نجم بدر الجمالى.
[2] *Voyez* la quatrième partie de ce mémoire.
[3] *Voyez* le plan, pl. 23 déjà citée.

double du côté de l'occident, et triple du côté de l'orient.

Les colonnes ou piliers qui soutiennent le plafond de cette mosquée sont au nombre de trente-huit, dont quatre angulaires.

Des pilastres sont aussi figurés sur les murs et correspondent aux piliers. Ils sont au nombre de trente-deux. Les piliers ont 0^{m}8 d'épaisseur; les demi-piliers, 0^{m}4 de saillie sur le nu du mur.

Les entre-colonnemens ainsi que la largeur de la galerie du nord sont de 2^{m}30. Des galeries du côté occidental, celle qui est le long du mur a 2^{m}60; les galeries intérieures du même côté, ainsi que les galeries du côté de l'orient, ont 3 mètres; la galerie du midi n'a que 2^{m}40. Le mur oriental de la mosquée est mitoyen et commun entre ce monument et le meqyâs.

Le mur septentrional borde la grande cour commune au meqyâs et aux autres édifices qui en dépendent. Le mur méridional et une partie du mur occidental sont sur le fleuve, et les eaux baignent le talus de la muraille de revêtement sur laquelle sont assis leurs fondemens.

C'est du côté du midi qu'est la niche appelée *Qiblah*[1],

---

[1] *Qiblah* قبلة : ce mot signifie proprement et en général l'endroit vers lequel on se tourne, l'endroit que l'on a ou que l'on doit avoir devant soi. Dans une signification plus particulière, les musulmans donnent ce nom à la partie du monde où le temple de la Mekke est situé, et vers laquelle leur religion leur impose l'obligation de se tourner en faisant leur prière. Cet endroit est toujours indiqué dans les mosquées d'une manière remarquable.

Les Persans donnent à Mahomet l'épithète de *Pádcháhi Nimrouz* پادشاه نیمروز (le roi du Midi), indiquant par cette dénomination qu'ils attribuent aussi métaphori-

qui indique le côté de la Mekke, et vers laquelle se tournent les musulmans quand ils font les prières prescrites par leur culte.

Cette niche est placée dans un grand enfoncement, qui est aussi destinée à recevoir la chaire ou estrade appelée *manbar*[1], où se fait le *khotbah*[2]; à droite de cette niche sont, sur la même face, quatre autres enfoncemens moins grands, dont trois sont à la gauche et un seulement à la droite.

Du côté de cette même niche, sept fenêtres éclairent la mosquée; deux sont placées à droite, et cinq à gauche : ces fenêtres ont jour sur le fleuve. Six autres fenêtres sont percées dans le mur occidental, et sont éclairées, partie sur le fleuve, partie sur de petits bâtimens adjacens.

C'est sur la paroi extérieure de ce mur, en face de Gyzeh, qu'est placée une troisième inscription karmatique, que j'ai également recueillie, et dont je donnerai

---

quement au soleil, que le prophète a établi le temple de la Mekke, qui est situé au midi, pour être la *Qiblah* des musulmans.

[1] *El-Manbar* المنبر. Voici ce qu'el-Makyn raconte sur l'estrade que Mahomet se fit faire :

« L'an 7 de sa mission, le prophète, sur lequel soient la bénédiction de Dieu et le salut, résolut de se faire faire une estrade ; et l'on rapporte que l'une de ses femmes lui dit : J'ai un serviteur ouvrier en bois ; lui commanderai-je de te faire une estrade ? Le prophète y consentit, et l'ouvrier lui fit une estrade de *terfât el-ghâbet* طرفاء الغابة (tamarise sauvage), ou, suivant quelques-uns, de *atl* أثل (tamarise bleu) : elle était composée de deux degrés et d'un siége. Avant que le prophète eût fait faire cette chaire, il s'appuyait sur un tronc de palmier, dans la mosquée, pendant qu'il y faisait le discours sacré. Cette estrade dura jusqu'au règne de Mo'âouyah ben Aby-Sofyân, qui y ajouta six degrés, et elle ne reçut plus d'autres changemens : le premier qui la couvrit de draperies, fut O'tmân ben A'ffân. »

[2] *Voyez* la note 4 de la pag. 415.

ci-après la transcription et la traduction. Elle est gravée sur une table de marbre blanc qui a 0^{m}704 de hauteur sur 0^{m}569 de longueur.

Pour parvenir à recueillir, par les procédés typographiques, cette inscription placée sur un mur qui n'a nul accès praticable, et dont le bas est battu par les eaux du fleuve, je pris le parti, au risque d'être taxé d'imprudence, de me faire suspendre sur une petite échelle avec des cordes attachées au haut de la terrasse de la mosquée; et c'est sur ce frêle appui que j'ai été obligé d'opérer, au-dessus des eaux profondes, dans lesquelles la plus légère inattention ou le moindre faux mouvement pouvait me précipiter.

La mosquée a environ 6 mètres d'élévation jusqu'à la terrasse qui lui sert de couverture.

Elle est accompagnée, du côté du midi, d'un minaret construit avec assez d'élégance et haut d'environ 24 mètres.

La portion de terrain triangulaire qui se trouve entre une partie du mur occidental de la mosquée et le fleuve, est occupée par diverses constructions servant à l'usage des desservans de cette mosquée.

Le principal de ces bâtimens a 6 mètres de largeur, 10^{m}40 de longueur, et 3^{m}50 d'élévation.

En sortant de ce dernier emplacement, on trouve, à gauche, dans la grande cour, une porte en arcade qui conduit à un escalier d'environ dix-huit marches, par lequel on descend sur le bord même du bras gauche du fleuve : c'est sur les degrés de cet escalier, qui est couvert par les eaux pendant l'inondation, que l'on mesurait anciennement les divers accroissemens du Nil; et le peuple y fait maintenant encore ses observations sur les crues progressives du fleuve, l'entrée du meqyâs n'étant pas permise au public.

Les traditions des Orientaux portent que c'est sur cet escalier que fut exposé Moïse[1]. Mais ces degrés sont surtout célèbres par la mort du poëte Abou-Gafar el-Nahas, dont le bibliographe Ben-Khalekân[2] a écrit la vie, et dont il rapporte ainsi la fin funeste :

« Abou-Gafar Ahmed el-Moroudy, surnommé *el-Nahas*, c'est-à-dire l'ouvrier en cuivre, fut un des plus célèbres poëtes arabes : il était égyptien de naissance,

---

[1] *Mousâ ebn A'mrâm, ebn Qâhât, ebn Lâouy, ebn Ya'qoub* موسى ابن عمرام ابن قاهات ابن لاوى ابن يعقوب (Moïse, fils d'Amrâm, fils de Qâhôt, fils de Levy, fils de Jacob). C'est ainsi que les musulmans nomment Moïse, qu'ils regardent comme un grand prophète, et dont le Qorân fait mention en beaucoup d'endroits. Ils ont pour lui une très-grande vénération, et il n'est pas moins célèbre parmi eux que parmi les Juifs et les chrétiens : ils lui donnent même le surnom de *Kalym allah* كليم الله (celui qui s'entretient avec Dieu), à cause des entretiens familiers qu'il eut avec Dieu pendant quarante nuits, comme le rapporte le second chapitre du Qorân, intitulé *Sourat el-Baqarah* سورة البقرة (chapitre de la Vache), qui renferme une partie de l'histoire de Moïse.

Les prodiges qu'il exécuta devant Pharaon sont décrits fort au long dans le septième chapitre du Qorân, intitulé *Sourat el-Aa'raf* سورة الاعرف, où il est dit que Dieu, en signe du pouvoir qu'il lui donna d'exercer ces merveilles, fit paraître sa main d'une blancheur et d'un éclat extraordinaires. Les Orientaux font allusion à ce passage du Qorân, lorsqu'ils disent d'un médecin habile ou de tout homme qui fait des choses extraordinaires, qu'il a la main blanche de Moïse (*yed beyddâ* يد بيضا).

Les historiens musulmans font vivre Moïse du temps de *Manougeher*, surnommé *Fyrouz* فيروز, huitième roi de la première dynastie des rois de Perse connus sous le nom de *Pychdadiens*, 2347 ans avant l'hégire (1727 ans avant l'ère chrétienne).

[2] *Chems ed-dyn ben Khalekân* شمس الدين بن خلكان

et faisait profession, dans son pays, d'enseigner la grammaire arabe. Étant un jour assis sur les degrés extérieurs du nilomètre, contre lesquels venaient battre les eaux du Nil, il repassait dans sa mémoire et répétait à voix basse, peut-être avec quelques mouvemens extraordinaires de bouche et de visage, des vers qu'il avait composés; un Arabe qui vint à passer auprès de lui, et qui l'entendit prononcer quelques vers dont il ne comprenait pas le sens, crut y reconnaître des mots magiques, et s'imagina que ce poëte était un enchanteur mal intentionné qui voulait arrêter par ses maléfices l'accroissement des eaux du Nil, dont le débordement commençait alors : l'Arabe, plein de cette idée, sans examiner davantage jusqu'à quel point elle était fondée, résolut de délivrer l'Égypte du fléau dont il croyait qu'elle était menacée, et poussa aussitôt dans le fleuve ce malheureux poëte, qui y fut englouti. » Cet événement arriva l'an 338 de l'hégire (949 de l'ère chrétienne).

Plusieurs autres constructions se trouvent au nord de cet escalier : on y avait formé différens établissemens; entre autres, celui d'une boulangerie pour l'armée.

Ces bâtimens aboutissent au jardin planté de palmiers et de sycomores dont nous avons parlé ci-dessus.

§. III. *Description du palais de Negm ed-dyn.*

A l'orient du meqyâs, on remarque encore les restes du palais du sultan Negm ed-dyn [1], fils d'el-Melek el-A'âdel [2]; les ruines de ce palais occupent, sur le côté oriental de l'île de Roudah, l'espace qui se trouve entre cet édifice et le bras droit du fleuve : c'est sous ce palais que passent deux des aquéducs souterrains qui portent au bassin du meqyâs les eaux du Nil.

On parvient à ces ruines par une double entrée : l'une, qui est intérieure et dont j'ai déjà parlé, communique immédiatement dans le péristyle intérieur du meqyâs; l'autre entrée est extérieure, et se trouve dans la petite cour qui précède le meqyâs, en face de la porte par laquelle on entre de la grande cour commune dans cette cour particulière.

Je n'ai rencontré aucune inscription dans tout ce qui reste du palais de Negm ed-dyn. La seule chose remarquable qui existe encore dans ce monument, est une grande salle carrée de $12^m 70$ de largeur d'orient en occident, et de $14^m 60$ du nord au midi. La coupole qui en occupe le milieu, forme un carré oblong d'environ $5^m 60$ d'orient en occident, et de près de $6^m 80$ du nord au midi : les quatre angles en sont soutenus chacun par trois piliers ou colonnes accouplées en triangle.

---

[1] *El-Melek el-Sâleh, Negm ed-dyn* الملك الصالح نجم الدين.
[2] *El-Melek el-A'âdel* الملك العادل.

Plusieurs pièces de différentes dimensions et divers corridors conduisent à cette salle, et en dépendent.

Sur une plate-forme qui borde le fleuve à l'orient, et au-dessus de laquelle les Français avaient établi une batterie pour défendre et contenir le vieux Kaire, est à gauche un escalier qui descend dans l'intérieur des aquéducs souterrains qui conduisent l'eau du fleuve dans l'intérieur du bassin du meqyâs; et dans le revêtement de la face orientale de cette plate-forme, se trouve l'issue extérieure de ces aquéducs.

Cette issue extérieure se trouve placée sous une arcade d'environ $2^m 63$ de largeur, et dont les pieds-droits sont baignés par les eaux du fleuve.

Ne voulant pas quitter le meqyâs sans avoir examiné de près cette issue, je pris un bateau pour l'aller visiter : je fus récompensé de ma peine; car j'y trouvai une dernière inscription koufique, sculptée en relief sur un bloc de marbre blanc, large de $0^m 27$, et qui m'a paru devoir être long d'environ $0^m 974$: mais je n'ai pu le mesurer en entier dans la longueur, ses deux extrémités, ainsi que le commencement et la fin de l'inscription qu'il renferme, étant engagées sous deux arcs-boutans construits dans l'intérieur de l'arcade extérieure, et dont l'élévation est d'une maçonnerie assez grossière et évidemment très-moderne.

Je donnerai aussi ci-après[1] la transcription et la traduction de cette inscription.

Tous les édifices qui composent le meqyâs, la mosquée, et le palais de Negm ed-dyn, ont leurs parois

---

[1] *Quatrième partie.*

extérieures construites en belles pierres de taille, surtout dans la hauteur qui peut être baignée par les eaux du fleuve pendant l'inondation annuelle.

CHAPITRE II.

Administration du meqyás.

L'administration et la garde du meqyâs sont confiées à un cheykh particulier, qui est honoré du tire de qâdy[1].

C'est lui qui est chargé de constater l'état le plus bas des eaux du fleuve, et d'observer, chaque jour, depuis le commencement de sa crue, les divers degrés d'accroissement auxquels il parvient, d'en donner communication au Gouvernement, et d'en faire faire la proclamation successive dans les rues du Kaire : lorsque le Nil est *plein*, suivant l'expression consacrée, c'est-à-dire lorsqu'il a complété la seizième coudée et atteint la dix-septième; alors il en donne avis, et autorise la rupture de la digue qui contient l'eau du fleuve à l'entrée du canal, près du château de la prise d'eau.

Toutes ses observations sont constatées, jour par jour, sur un registre dressé à cet effet, et qui contient toutes les crues du Nil depuis l'établissement de ce qâdy par les musulmans à leur entré en Égypte.

Les nilomètres ont toujours eu des revenus particu-

---

[1] Le mot *qâdy* قاضى signifie proprement, en arabe, *juge*, *administrateur*.

liers et hypothéqués sur les impôts qui se prélevaient sur les terres.

Sous la dynastie des Fatémites, le meqyâs de l'île de Roudah avait un revenu annuel de cinquante *dynâr*[1], destiné à subvenir à l'entretien du canal par où l'eau y pénétrait; et l'on payait cette somme très-exactement au cheykh chargé de la garde et de l'administration du nilomètre.

Cette place importante fut long-temps l'apanage exclusif des Grecs et ensuite des Qobtes, du temps même de l'islamisme; mais ils perdirent cette prérogative à l'époque de la reconstruction du nilomètre de Roudah, en l'année 247 de l'hégire (861 de l'ère chrétienne): le réparateur de ce meqyâs, Yezyd ebn A'bd-allah, surnommé le *Turk*, en confia alors la garde à un mouezzin[2], ou crieur sacré des mosquées, nommé *A'bd-allah, ben A'bd el-selâm, ben A'bd-allah ebn Abou-l-Red-*

---

[1] Environ 600 francs de notre monnoie.

[2] Le *mouezzin* مـوذن est un crieur attaché aux mosquées, qui appelle le peuple à la prière : cet appel se nomme, en arabe, *ezán* اذان; il se fait en criant du haut des minarets les formules suivantes: الله اكبر *Dieu est grand* : cette formule se répète deux fois. Ensuite, اشهد ان لا اله الا الله *Je témoigne qu'il n'y a pas d'autre dieu que Dieu* : cette formule se répète aussi deux fois. Puis اشهد ان محمد رسول الله *Je témoigne que Mahomet est le prophète de Dieu* : cette formule se répète également deux fois. Ensuite le mouezzin continue, اشهد ان لا اله الا الله, deux fois; اشهد ان محمد رسول الله, deux fois : puis il ajoute, جى على الصلاة *Accourez à la prière*, deux fois; جى على الفلاح, *Accourez au bon succès*, deux fois. Enfin, si c'est la prière du matin, il ajoute deux fois : الصلاة خير من النوم *La prière vaut mieux que le sommeil.*

dâd[1], qu'il avait fait venir de Bâghdâd en Égypte. L'intendant général des finances reçut ordre de lui payer deux *dynâr* par mois pour appointemens. Ben Abou-l-Reddâd mourut en l'an 266 de l'hégire (879 de l'ère chrétienne); et ses enfans héritèrent après lui de cette charge, qui n'était pas encore sortie de sa famille en l'an 1540 de l'ère chrétienne.

Le cheykh du meqyâs actuellement existant prétend être encore un des descendans d'Abou-l-Reddâd.

CHAPITRE III.

Formes avec lesquelles on constate et on proclame les crues du Nil.

Comme les inondations du Nil produisent toutes les richesses de l'Égypte, les Égyptiens les demandaient avec instance à leur dieu Sérapis, employant à cet effet plusieurs cérémonies superstitieuses, et, entre autres, le sacrifice d'une jeune fille qu'on noyait tous les ans avec solennité dans le Nil. Ce sacrifice barbare eut lieu jusqu'au règne de Constantin, qui l'abrogea et défendit très-expressément de le renouveler.

Cependant il paraît que l'usage avait prévalu contre les ordonnances impériales, puisque A'mrou ben-A'âs trouva ce sacrifice rétabli à son arrivée en Égypte, et qu'il fut obligé de l'abroger une seconde fois.

---

[1] *A'bd-allah ben A'bd el-selâm, ben A'bd-allah ebn-Abou-l-Red-dâd,* عبد الله بن عبد السلام بن عبد الله ابن أبوارذاد.

Les historiens arabes nous ont conservé la mémoire de cet événement ; et c'est de leurs ouvrages que je vais en extraire les détails suivans.

Lorsque A'mrou vint au Kaire, après avoir conquis l'Égypte, le Nil était resté sans croître pendant les mois de baouneh [1], d'abyb [2] et de mesry [3]; les habitans s'adressèrent à A'mrou, et lui représentèrent que le Nil ne pourrait avoir son débordement ordinaire, s'ils n'exécutaient pas leur sacrifice accoutumé, qui consistait à prendre une fille vierge, à la parer de riches habits, et à la précipiter dans le Nil. A'mrou empêcha cette cérémonie cruelle, en disant que l'islamisme s'y opposait, et qu'il abrogeait toute coutume religieuse établie avant lui. En même temps il écrivit au khalife, qui approuva sa conduite et lui envoya un papier en lui ordonnant de le jeter dans le fleuve ; ce papier contenait les mots suivans : « *Le serviteur de Dieu, prince des fidèles, au Nil d'Égypte.* Si c'est le Dieu unique et tout-puissant qui te fait croître, nous t'or-

---

[1] Le mois de *baouneh* بونه, nommé aussi *báouneh* باونه, et *baououneh* بووىه, suivant l'orthographe des Arabes, mais dont le vrai nom est, dans le dialecte memphitique, *paóni* Ⲡⲁⲱⲛⲓ, et, dans le dialecte thébaïque, *paóne* Ⲡⲁⲱⲛⲉ, est le dixième de l'année qobte ; il commence le vingt-sixième jour du mois de mai, et correspond au mois de juin.

[2] Le mois d'*abyb* أبيب, suivant les Arabes, ou plutôt d'*epép* Ⲉⲡⲏⲡ, est le onzième mois de l'année des Qobtes ; il commence le vingt-cinquième jour du mois de juin, et correspond au mois de juillet.

[3] Le mois de *mesry* مسرى ou *mechry* مشرى, suivant les Arabes, mais dont le nom est, dans le dialecte memphitique, *mechôré* Ⲙⲉϣⲱⲣⲏ, et, dans le dialecte thébaïque, *mesouré* Ⲙⲉⲥⲟⲩⲣⲏ est le dernier mois de l'année qobte ;

donnons, au nom de ce dieu, de prendre ton accroissement accoutumé. » A'mrou exécuta l'ordre du khalife; et, suivant les auteurs arabes, le Nil crut de seize coudées dans la nuit de la fête de la Croix[1], et depuis ce temps le sacrifice qu'on faisait au fleuve fut entièrement aboli.

Les Égyptiens modernes croient que le débordement du Nil est occasioné par une rosée[2] qui, suivant eux, tombe du ciel la veille du jour où le Nil commence à croître.

On observe différentes cérémonies lorsqu'on proclame les crues successives du Nil, et lorsqu'on rompt la digue qui empêche l'eau de pénétrer dans le canal qui l'amène au Kaire.

La fête de la crue du Nil est appelée *Ouafá el-bahar*[3], ou *Gabr el-bahar*[4]. Elle arrive, comme je l'ai dit ci-dessus, lorsque le Nil est cru de seize coudées : alors on rompt la digue en présence du cheykh el-belad[5], ou commandant de la ville, du qady, de tous les grands de la ville et de toutes les troupes qui s'y trouvent réunies. Pendant que l'on coupe la digue, on fait partir des feux d'artifice, et les musiciens du pays viennent

---

il commence le vingt-cinquième jour du mois de juillet, et correspond au mois d'août.

[1] *Youm el-salyb* يوم الصليب, fête des Qobtes, dans laquelle ils ont coutume de venir, avec cérémonie, jeter une petite croix de bois dans le Nil.

[2] On l'appelle vulgairement en Égypte *la goutte* (*el-noqtah* النقطة) : à cette époque, les eaux du Nil se troublent, deviennent jaunâtres et semblent se corrompre et fermenter. Cette fermentation est pour les habitans l'annonce prochaine du débordement.

[3] *Ouafá el-bahar* وفاء البحر.

[4] *Gabr el-bahar* جبر البحر.

[5] *Cheykh el-belad* شيخ البلد.

y faire entendre leur musique vocale et instrumentale.

Les anciens Égyptiens célébraient, à la même époque, la naissance de leur dieu Apis ou la Théophanie. Cette divinité étant un emblème niliaque, l'objet de cette fête était le même que celui de la fête moderne, mais présenté sous le voile de l'allégorie mystique et religieuse : en la dépouillant de son caractère sacré, on n'y a pas moins attaché le plus grand respect, et elle n'a pas cessé d'être célébrée avec la plus grande solennité. J'ai pensé qu'on pourrait voir avec plaisir le détail très-circonstancié de toutes les cérémonies qui avaient lieu à cette occasion, il y a plusieurs siècles : nous devons cette relation à Chems ed-dyn Mohammed ben Aby-l-Sorour[1], qui la rapporte dans son livre intitulé : *Des Étoiles errantes*[2].

« Lorsque la crue du Nil est montée à seize coudées, on commence à ouvrir la digue pour faire couler l'eau sur les terres et dans les canaux de toute l'Égypte : ce jour est un jour de fête générale.

« Autrefois, avant qu'on eût creusé le canal Hâ-

---

mot à mot, *le cheykh ou le vieillard* (senior) *du pays*.

[1] *El-Cheykh Chems ed-dyn Mohammed ben Aby-l-Sorour*, surnommé *el-Bakery* et *el-Sadiqy*, parce qu'il comptait parmi ses ancêtres *Mohammed Baker* et *Ga'far Sadyq*, cinquième et sixième imâms : ces surnoms lui sont communs avec plusieurs autres savans de la même famille. Il naquit au Kaire, l'an 1005 de l'hégire (1596 de l'ère chrétienne), sous le gouvernement de

Seyd Mohammed Pâchâ سيد محمّد پاشا.

[2] *Kitâb el-kouâkeb el-sâyrat fy akhbâr Mesr ou el-Qâhirat* كتاب الكواكب السايرة فى اخبار مصر و القاهرة (le Livre des étoiles errantes sur l'histoire de l'Égypte et du Kaire). Cet ouvrage se trouve à la Bibliothèque du roi (manuscrits arabes, n°. 784). Ce manuscrit a été achevé, suivant la note qui le

kemy [1], l'ouverture de la digue se faisait au canal appelé *Khalyg el-Qantarah* [2]; il y avait en ce lieu un pavillon qui donnait sur l'embouchure du canal, et dans lequel le khalife ou le prince régnant en Égypte se plaçait pour faire faire la cérémonie de l'ouverture.

« Ce jour étant venu, le sultan, ou son lieutenant, sortait à cheval du château et se rendait à *Mesr el-A'tyqah* (le vieux Kaire), sur les bords du Nil, au lieu nommé *Dâr el-nohas*; et là, il descendait de cheval, et il y trouvait deux barques décorées l'une et l'autre du nom du sultan et de divers ornemens : il montait avec les personnes les plus distinguées de sa suite dans la première de ces deux barques, nommée *Harakah*; l'autre barque, qui portait le nom de *Dahbyah*, était pour le reste de son cortége. Il se trouvait au même endroit un nombre infini d'autres barques de différentes formes, dans lesquelles montaient les émyrs et les officiers auxquels elles appartenaient, et qu'ils s'étaient empressés d'orner à l'envi l'un de l'autre.

« La barque du sultan, suivie de toutes les autres, se rendait à l'île de Roudah : cette île, située en face du vieux Kaire, entre le grand bras du fleuve et celui qui passe au pied de cette ville, était remplie de maisons et de palais. Le sultan, ayant abordé dans l'île, remontait à cheval, et se rendait au nilomètre, placé

---

termine, à la fin du mois de *dy-l-hageh* de l'an 1055 de l'hégire (en février 1646 de l'ère chrétienne). M. Silvestre de Sacy a inséré un extrait très-étendu de cet ouvrage dans le t. 1ᵉʳ des *Notices et Extraits des Mss. de la Bibliothèque du roi*.

[1] *Khalyg el-Hâkemy* خليج الحاكمى.

[2] *Khalyg el-Qantarah* خليج القنطرة.

au milieu du lit du fleuve : il y entrait avec toute sa suite, et jetait dans le bassin du safran imbibé d'eau de rose. Après qu'il y avait fait sa prière, on lui servait un magnifique festin : le repas fini, on approchait sa barque près des grillages du nilomètre, qui était couvert de ses tentures dorées; il y entrait, et retournait avec toutes les autres barques qui l'avaient accompagné, au bruit des pétards et des instrumens de musique.

« Étant arrivé près de Mesr el-A'tyq, il faisait détourner sa barque vers l'embouchure du canal qui entre dans le Kaire. Pendant toute sa route, tant sur terre que sur le fleuve, en allant et en revenant, il jetait des pièces d'or et d'argent au peuple, et lui faisait distribuer des fruits, des sucreries et autres choses semblables.

« La digue qu'il devait faire ouvrir était une espèce de rempart de terre, élevé en face du pont : le sultan, ou celui qui tenait sa place, donnait le signal avec une serviette aux gens chargés de la démolir, et qui tenaient des pelles à la main [1]; aussitôt ils abattaient la digue, qui était renversée en un instant : le sultan remontait alors à cheval et retournait au château.

« Depuis que l'Égypte est sous la domination ottomane, c'est le beglierbeyk qui fait cette cérémonie : il sort le matin à cheval de la citadelle, et se rend à Boulâq, où il trouve, en face de l'arsenal, des barques ornées, préparées pour lui et pour les émyrs et les sangiacs. Il met à la voile, suivi de toutes les barques, et pendant ce temps on tire un grand nombre de coups

---

[1] Aujourd'hui ce sont les Juifs et les fossoyeurs du Kaire qui sont chargés alternativement, chaque année, de remplir cette fonction.

de canon : le beglierbeyk remonte le fleuve jusqu'au nilomètre dans l'île de Roudah. Cela se fait lorsqu'il s'en manque encore de vingt doigts que la crue n'ait atteint seize coudées, et il demeure dans le nilomètre jusqu'à ce que l'eau y soit parvenue à cette hauteur ; si la crue se fait lentement, il y reste encore un ou deux jours après ce terme.

« On prépare pendant ce temps des barques, on élève des figures de terre qu'on nomme *a'rous* (fiancées), que l'on pare avec soin, et l'on fait toute sorte de jeux divertissans. Au jour où le beglierbeyk veut faire ouvrir la digue, il donne, avant le lever du soleil, un grand festin aux sangiacs[1], aux *tchaouch*[2], aux *moutferrekah*, et aux autres troupes de la garnison. Après le repas, il distribue des cafetans au kâchef[3], et au cheykh des Arabes de Gyzeh, à l'intendant des vivres et à plusieurs autres officiers militaires et de police ; il rentre ensuite avec tout son cortége dans les barques, se rend au son des tambours à la digue qu'il fait ouvrir, et passe par l'ouverture pour retourner au château. »

Pendant notre séjour en Égypte, nous avons vu célébrer cette fête avec la même solennité. J'ai cru devoir

---

[1] Le mot *sangiaq* سنجق est un nom de dignité, synonyme de celui de bey (*beyk* بيك, ou, suivant l'orthographe et la prononciation turques, *beyg* بيگ) ; ils étaient nommés par le dyouàn, et confirmés par le pàchà du Kaire au nom du grand-seigneur.

[2] *Tcháouychyeh* چاوبشيه, ou, en arabe, *gáouychyeh* جاوبشيه, nom du second des corps désignés en Égypte sous le nom d'*ogáq* : il était chargé de la levée du *myry*.

[3] *Kâchef* كاشف, nom d'une dignité inférieure à celle des beys. Les kàchefs gouverneurs de province avaient une autorité aussi étendue que celle des beys.

en placer ci-dessus les détails, avec lesquels on pourra comparer ceux que je viens de donner ici.

CHAPITRE IV.

Détails particuliers sur les inondations du Nil.

La crue commence le 5 du mois de baouneh [1]; la nuit du douze de ce mois, fête de Saint-Michel chez les Qobtes, la *goutte* [2] tombe, et le Nil commence à croître : on le mesure avant la crue, pour connaître la hauteur des basses eaux qui restaient dans son lit.

El-Masa'oudy [3] rapporte que le Nil commence à s'enfler et continue de croître dans les mois qobtes de baouneh, abyb [4] et mesori [5]. Il ajoute que, quand la crue est forte, les eaux continuent encore de croître pendant tout le mois de *tout* [6]. Suivant lui, quand la crue

---

[1] *Voyez* la note [1], pag. 470.

[2] *Voyez* la note [2], pag. 471.

[3] Le nom entier de cet écrivain, justement célèbre parmi les Orientaux, est *Abou-l-Hasân A'ly, ben el-Khayr, ben Aly; ben A'bd er-rahman, ben A'bd-allah* ابن الحسان علي بن الحير بن علي بن عبد الرحمن بن عبد الله Il a été plus généralement connu sous le surnom d'*el-Masa'oudy* المسعودي, qui lui avait été donné parce qu'il était descendant de *Masa'oud el-Hezly* مسعود الهزلي, qui avait été *sâheb el-resoul* صاحب الرسول (compagnon du Prophète) Masa'oudy écrivait vers l'an 336 de l'hégire (947 de l'ère chrétienne); il mourut au Kaire, l'an 346 de l'hégire (957 de l'ère chrétienne). Il est auteur d'un ouvrage historique et géographique intitulé : مروج الذهب ومعادن الجوهر *Meroug el-dahab*, ou *ma'âden el-gouaher* (les Prairies d'or et les Mines des pierres précieuses). Cet ouvrage se trouve à la Bibliothèque du roi (manuscrits arabes, nos. 598 et 599). J'en ai rapporté d'Égypte un très-bel exemplaire.

[4] *Voyez* la note [2], pag. 470.

[5] *Voyez* la note [3], pag. 470.

[6] Ce mois, dont le nom s'écrit توت *tout*, suivant l'orthographe

du fleuve parvient à seize coudées, la récolte est très-abondante, et l'on perçoit le tribut entier; mais le long séjour des eaux sur les terres est nuisible aux animaux et fait manquer les pâturages. La crue la plus complète de toutes, et qui est la plus favorable aux terres d'Égypte, est de dix-sept coudées; toutes les terres sont alors suffisamment arrosées : mais, lorsque l'eau du fleuve monte au-delà de cette mesure et qu'elle atteint dix-huit coudées, plus d'un quart des campagnes de l'Égypte est submergé, et plusieurs terres souffrent considérablement de cette inondation excessive. Quand la crue monte au-delà de dix-huit coudées, on croit généralement qu'il en résulte la peste au moment de la retraite des eaux.

Un auteur arabe [1], qui vivait vers l'an 875 de l'hégire (1470 de l'ère chrétienne), et dont je parle un peu plus bas, rapporte que, de son temps, lorsque le Nil atteignait quatorze coudées de profondeur dans son lit, on pouvait espérer une récolte suffisante pour la provision d'une année, et que, lorsque l'inondation parvenait à seize coudées, on pouvait s'attendre à une grande abondance et à la provision de deux ans; mais que, si le débordement avait moins de quatorze coudées, il en résultait alors une grande cherté et une grande rareté dans les vivres, et que, quand le Nil

---

des Arabes, est le premier de l'année des Qobtes. On trouve le nom de ce mois écrit ⲐⲰⲞⲨⲦ *thóout* dans le dialecte memphitique, ⲐⲞⲞⲨⲦ *thoouth* dans le dialecte thébaïque, et ⲐⲰⲦ *thóth* dans le qobte sa'ydique. *Voyez* la note [2] de la pag. 412.

[1] L'auteur de l'ouvrage intitulé : *Neyl fy akhouál el-Nyl.*

montait jusqu'à dix-huit coudées, c'était encore pour l'Égypte une cause de disette et de famine.

Des auteurs arabes qui ont rapporté les inondations du Nil.

Indépendamment des auteurs qui ont traité des nilomètres, et dont j'ai donné la notice ci-dessus[1], plusieurs auteurs arabes ont donné quelques notes chronologiques sur les inondations annuelles du Nil.

Un des manuscrits arabes de la Bibliothèque du roi, ayant pour titre *Neyl fy akhouâl Nyl*[2], traite spécialement des inondations du Nil, ainsi que des nilomètres : cet ouvrage contient l'histoire détaillée de ces monumens et de toutes les crues du Nil; celles-ci y sont indiquées, année par année, depuis l'an 20 de l'hégire (640 de l'ère chrétienne) jusqu'à l'an 875 de l'hégire (1470 de l'ère chrétienne).

Ben-Ayâs[3] donne la table chronologique des inondations du Nil, depuis l'an 23 de l'hégire (643 de l'ère chrétienne) jusqu'à l'an 922 de l'hégire (1516 de l'ère chrétienne). La Bibliothèque du roi possède plusieurs manuscrits de cet auteur[4]; mais il est à remarquer que l'exemplaire qui a appartenu à M. Legrand présente d'assez grandes variantes.

J'ai moi-même rapporté d'Égypte un très-bel exem-

---

[1] *Voyez* le chap. VIII de la *première partie*, pag. 82.

[2] *Neyl fy akhouâl el-Nyl* نيل فى احوال النيل.

[3] *Voyez* l'Introduction à ce mémoire, pag. 28, note 6°.

[4] Manuscrits arabes, n°. 593, et manuscrits de feu M. des Hauterayes, n°. 111.

plaire manuscrit de cet ouvrage : l'exécution en a été faite avec le plus grand soin [1].

On peut mettre aussi au nombre des indicateurs des crues du Nil le qâdy el-Fâdl [2], qui se trouve cité à ce sujet dans l'ouvrage de Ben Ayàs.

Ben-Aby-l-Sorour [3] a aussi recueilli quelques indications des crues du Nil.

Il paraît qu'Abou-l-farag Ben-Giouzy [4] a recueilli aussi quelques observations sur les différentes crues du Nil; du moins Ben-Ayâs le cite dans les remarques qu'il fait à ce sujet.

El-Makyn, déjà cité ci-dessus [5], rapporte aussi, dans son grand ouvrage historique, quelques détails relatifs aux crues du Nil.

Abou-l-Mohâsen [6] donne aussi un catalogue des principales crues observées au meqyâs.

On trouve aussi la désignation de quelques-unes de ces crues dans un ouvrage intitulé *Dourer el-tygán* [7].

---

[1] D'après l'indication qui termine ce manuscrit, la copie en a été terminée le 19 du mois de *regeb* رجب 1019 de l'hégire (1603 de l'ère chrétienne).

[2] *El-qâdy el-Fâdl* القاضى الفاضل.

[3] *Ben-Aby-l-Sorour* بن أبى السرور.

[4] *Abou-l-farag ben Giouzy* أبو الفرج بن جوزي.

[5] *Voyez* l'Introduction à ce mémoire, pag. 26, note 56.

[6] Le nom entier de cet auteur est *Gemâl ed-dyn Abou-l-Mohâsen Yousouf* جمال الدين أبو المحاسن يوسف.

[7] *Dourer el-tygán* درر التيجان (les Perles des couronnes).

QUATRIÈME PARTIE.

Transcription et traduction des inscriptions du meqyâs.

Les inscriptions en divers caractères que renferme l'édifice du meqyâs, se rapportent aux six différentes époques historiques citées ci-dessus [1].

Nous les examinerons successivement, non suivant la place qu'elles occupent dans le monument, mais d'après leur rang d'ancienneté.

CHAPITRE PREMIER.

Inscriptions de la première époque.

Les inscriptions qui peuvent se rapporter à la première époque [2], sont en caractères koufiques : elles sont au nombre de trois, et placées sur les dernières coudées de la colonne nilométrique, immédiatement au-dessous du chapiteau qui en fait le couronnement.

Quatre côtés de cette colonne octogone portent alternativement, aux différentes coudées supérieures, comme nous l'avons dit ci-dessus [3], quatre inscriptions gravées en relief sur un champ creux; mais ces inscriptions n'en forment réellement qu'une seule, répétée sur

---

[1] Pag. 390 et suiv.
[2] *Ibid.*
[3] Pag. 414 et suiv.

les quatre faces, et sont composées chacune seulement de trois mots.

§. I. *Inscriptions koufiques dans la dernière coudée.*

Cette coudée ne présente, dans les inscriptions qu'offre chacune de ces quatre faces, que les trois mots suivans[1] :

Transcription.

سبع عشرة ذراعًا

Traduction.

DIX-SEPTIÈME COUDÉE.

Quoique les quatre faces diffèrent beaucoup les unes des autres sous le rapport de la conservation, et que deux surtout soient grandement altérées, cependant les trois mots qui composent l'inscription qui s'y trouve répétée, sont encore très-faciles à reconnaître sur les quatre faces, même sur celles où ils sont le plus oblitérés.

Le côté le mieux conservé est celui de l'occident; le plus altéré est celui de l'orient : les faces du nord et du midi sont, à très-peu de chose près, aussi bien conservées l'une que l'autre.

On vient de voir que j'ai transcrit ces trois mots en caractères modernes سبع عشرة ذراعًا (*seba' a'cherat de-*

---

[1] *Voyez*, à la fin de ce volume, les *Inscriptions et Alphabets*, pl. 1re, lig. 1, n°. 1.

râa'n); ce qui nous donne la traduction, DIX-SEPTIÈME COUDÉE.

Je vais maintenant rendre compte des motifs qui m'ont porté à adopter la transcription et conséquemment la traduction que je viens de donner; et j'entrerai, à ce sujet, dans des explications assez longues, que je ne répéterai point pour les autres inscriptions : mais je crois ces détails préliminaires d'autant plus nécessaires ici, qu'ils feront connaître en même temps les difficultés que peuvent présenter la transcription et la traduction des mots écrits en caractères koufiques ou karmatiques, ainsi que les moyens par lesquels on peut parvenir à en saisir la lecture et le sens, et arriver enfin jusqu'à une certitude, si on peut le dire, matérielle, à travers un très-grand nombre de combinaisons souvent bizarres et susceptibles d'acceptions bien différentes. D'ailleurs cette explication m'a semblé indispensable ici pour assurer le fait d'une numération dans les coudées de la colonne nilométrique, différente de celle qu'ont donnée presque tous les écrivains qui en ont parlé.

Le troisième mot a trois caractères, susceptibles d'être lus dans l'alphabet moderne avec ou sans des points diacritiques; cas qui se rencontrent dans la majeure partie des lettres dont sont formés les mots des inscriptions koufiques ou karmatiques. D'après cette donnée, ces trois caractères pourraient exprimer, le premier, les lettres *dal* et *dzal*; le second, les lettres *ra* et *za*; et le troisième, les lettres *a'yn* et *ghayn*.

Ce mot présenterait ainsi, il est vrai, les huit combinaisons suivantes :

دراعا	D-R-A-A'-A,	ذراعا	Dz-R-A-A'-A,
دراغا	D-R-A-Gh-A,	ذراغا	Dz-R-A-Gh-A,
دزاعا	D-Z-A-A'-A,	ذزاعا	Dz-Z-A-A'-A,
دزاغا	D-Z-A-Gh-A,	ذزاغا	Dz-Z-A-Gh-A.

Mais, la cinquième seule de ces combinaisons formant un sens, il ne peut y avoir lieu à aucun doute, et ce mot ne peut se lire que ذراعا, c'est-à-dire *dzerâa'n*, ou plutôt *derâa'n*, suivant la prononciation vulgairement suivie en Égypte : il doit, par conséquent, signifier COUDÉE.

Le second mot عسرة a de même les trois caractères ع (ع), س (س), ر (ر), susceptibles d'admettre ou de rejeter, dans leur lecture en caractères modernes, les points diacritiques, et de représenter, le premier, les lettres ع *a'yn* et غ *ghayn;* le second, les lettres س *syn* et ش *chyn;* et le dernier, les lettres ر *ra* et ز *za*.

Il s'ensuivrait donc aussi les huit combinaisons suivantes :

عسرة	A'-S-R-H,	غسرة	Gh-S-R-H,
عسزة	A'-S-Z-H,	غسزة	Gh-S-Z-H,
عشرة	A'-Ch-R-H,	غشرة	Gh-Ch-R-H,
عشزة	A'-Ch-Z-H,	غشزة	Gh-Ch-Z-H.

Mais la troisième combinaison donne seule un mot qui forme un sens. Ainsi ce mot ne peut de même être lu que d'une seule manière, عَشَرَة *a'cherah*, et ne peut signifier que DIX.

Mais le premier mot de l'inscription, ᚕᛁᛁᛁ (سبع), composé de trois lettres susceptibles de recevoir ou de rejeter des points diacritiques dans l'alphabet moderne, présente en outre une difficulté plus grande.

D'abord, si on le suppose composé, ainsi qu'il l'est réellement, des trois caractères ᛁᛁᛁ (س), ᛁ (ٮ), ᚕ (ع), qui peuvent exprimer, le premier, les lettres س *syn* et ش *chyn*; le second, les lettres ب *be*, ت *te*, ث *the*, ن *noun* et ي *ye*; et le troisième, les lettres ع *a'yn* et غ *ghayn*; il offrirait, dans sa transcription en caractères modernes et dans sa lecture, les vingt combinaisons suivantes :

سبع S-B-A',	شبع CH-B-A',
سبغ S-B-GH,	شبغ CH-B-GH,
ستع S-T-A',	شتع CH-T-A',
ستغ S-T-GH,	شتغ CH-T-GH,
سثع S-TH-A',	شثع CH-TH-A',
سثغ S-TH-GH,	شثغ CH-TH-GH,
سنع S-N-A',	شنع CH-N-A',
سنغ S-N-GH,	شنغ CH-N-GH,
سيع S-Y-A',	شيع CH-Y-A',
سيغ S-Y-GH,	شيغ CH-Y-GH.

En rejetant de ces combinaisons celles qui n'offrent aucun sens relatif à l'inscription, on trouverait bien que la première seule, سبع *seba'*, donnant un nom de nombre nécessaire ici pour le sens, devrait être adop-

DE L'ILE DE ROUDAH. 485

tée; mais une seconde difficulté, non moindre que la première, vient encore nous arrêter.

En effet, les quatre traits perpendiculaires qui composent les deux premiers caractères de ce mot étant figurés dans l'inscription sans aucune autre différence que leur dégradation successive vers le caractère suivant, rien n'indique si ces deux caractères sont composés des formes 𝟙𝟙𝟙 (س) et 𝟙 (ن), en prenant pour une seule lettre les trois premiers traits, comme nous l'avons d'abord supposé dans les combinaisons précédentes, ou si, au contraire, les deux lettres qu'ils forment sont 𝟙 (ن) et 𝟙𝟙𝟙 (س), en isolant d'abord le premier trait, et prenant ensuite pour une seule lettre les trois traits suivans; seconde hypothèse qui nous fournirait alors les vingt nouvelles combinaisons suivantes :

بسع B-S-A',   نشع Tн-Cн-A',
بسغ B-S-Gн,   نشغ Tн-Cн-Gн,
بشع B-Cн-A',   نسع N-S-A',
بشغ B-Cн-Gн,   نسغ N-S-Gн,
تسع T-S-A',   نشع N-Cн-A',
تسغ T-S-Gн,   نشغ N-Cн-Gн,
تشع T-Cн-A',   يسع Y-S-A',
تشغ T-Cн-Gн,   يسغ Y-S-Gн,
ثسع Tн-S-A',   يشع Y-Cн-A',
ثسغ Tн-S-Gн,   يشغ Y-Cн-Gн.

En écartant les quarante combinaisons qu'offrent ces deux espèces d'hypothèses différentes, toutes celles qui ne nous fournissent aucun sens s'adaptant à l'inscription, il en resterait encore deux qui nous donnent chacune un nom de nombre, et qui, par conséquent, sembleraient laisser de l'ambiguité.

En effet, ce mot pourrait alors être encore lu de deux manières bien différentes dans leur valeur, et offrir les deux conjectures suivantes :

1°. Se composer, suivant la première combinaison de la première hypothèse, des lettres ⵉⵉⵉ (س *syn*), 1 (ب *be*) et ع (ع *a'yn*), et alors former le mot سبع *seba'*, qui, se réunissant au mot عشرة *a'cherah*, dont il est suivi et qui est déjà connu, présenterait le nom de nombre entier سبع عشرة *seba' a'cherah*, DIX-SEPTIÈME ;

2°. Se composer, suivant la cinquième combinaison de la deuxième hypothèse, des lettres 1 (ت *te*), ⵉⵉⵉ (س *syn*) et ع (ع *a'yn*), et former ainsi le mot تسع *tesa'* : alors, se réunissant au mot عشرة (عشرة *a'cherah*), il présenterait le nom de nombre تسع عشرة *tesa' acherah*, DIX-NEUVIÈME.

Cependant on doit fixer son opinion à ce sujet en lisant les inscriptions qui se trouvent dans les deux coudées inférieures, et qui ne permettent de conserver que la première de ces deux conjectures, qui est aussi celle que nous avons adoptée.

§. II. *Inscriptions koufiques de l'avant-dernière coudée.*

La coudée immédiatement inférieure à celle dont nous venons d'annoncer l'inscription, qui est la seconde au-dessous du chapiteau, offre en effet l'inscription suivante, également répétée sur les quatre faces de la colonne nilométrique, mais alternant avec celles qui portent l'inscription précédente[1] :

Transcription.

ست عشرة ذراعًا

Traduction.

SEIZIÈME COUDÉE.

Le troisième et le second mot de cette inscription ne forment aucune difficulté, étant les mêmes que dans l'inscription précédente, et sont déjà connus par elle.

Le premier mot 𓏏𓏏𓏏 (ست), ne peut se lire autrement que ست *set*, quoique les deux caractères 𓏏𓏏 (س) et 𓏏 (ب) qui le composent, soient susceptibles d'admettre ou de rejeter les points diacritiques dans l'alphabet moderne, et d'exprimer, le premier, les lettres س *syn* et ش *chyn*, et le second, les lettres ب *be*, ت *te* et ث *the*, et, par conséquent, de former par leur réunion les six combinaisons suivantes dans leur transcription et leur lecture :

سب S-B,	شب Ch-B,
ست S-T,	شت Ch-T,
سث S-Th,	شث Ch-Th.

Cinq des mots formés par ces combinaisons n'offrent aucun sens convenable, et la seule combinaison admis-

---

[1] *Voyez* les *Inscriptions et Alphabets*, pl. 1re, lig. 1, n°. 2.

sible est celle de ست *set*, qui est la seconde; par conséquent, l'inscription entière ne peut alors offrir d'autre signification que celle que j'ai suivie ci-dessus, ست عشرة ذراعًا *set a'cherah ḍerá'n*, SEIZIÈME COUDÉE.

On ne peut d'ailleurs conserver à cet égard le moindre doute en lisant l'inscription qu'on trouve encore reconnaissable dans la coudée qui est immédiatement au-dessous de celle-ci.

§. III. *Inscription koufique de l'antépénultième coudée.*

Les inscriptions de la coudée qui se trouve au-dessous de la précédente, occupent les quatre faces alternant avec celle-ci, et se replacent, par conséquent, immédiatement au-dessous des inscriptions de la dernière coudée : ces inscriptions sont plus oblitérées que celles des deux autres coudées, par la plus grande fréquence du frottement des eaux; cependant on peut encore y reconnaître les trois mots suivans dont chacune d'elles est composée [1] :

Transcription.

خمس عشرة ذراعًا

Traduction.

QUINZIÈME COUDÉE.

Le troisième et le second mot sont les mêmes que nous avons déjà vus dans les inscriptions des deux cou-

---

[1] *Voyez* les *Inscriptions et Alphabets*, pl. 1re, lig. 2, n°. 3.

dées précédentes, et ils n'offrent par conséquent aucune difficulté dans leur transcription et leur lecture.

Dans le premier mot خمس (جس), les deux caractères ح (ح) et س (س) sont seuls susceptibles d'admettre ou de rejeter les points diacritiques dans l'alphabet moderne, et, par ce moyen, de former plusieurs lettres, savoir : le premier, ح, les lettres ج *djym*, ح *ha* et خ *kha;* et le second, س, les lettres س *syn* et ش *chyn*. Ce mot pourrait donc former les six combinaisons suivantes :

جس Dj-M-S,   جش H-M-Ch,
جش Dj-M-Ch,   خس Kh-M-S,
حس H-M-S,   خش Kh-M-Ch.

Cependant il ne peut se former ici d'équivoque, parce que les mots formés par les combinaisons ci-dessus ne présentent aucun sens raisonnable, excepté seulement la cinquième combinaison خمس *khams;* et l'on ne peut alors, en réunissant ce mot aux deux précédens, donner à l'inscription entière d'autre sens que celui de خمس عشرة ذراعا *khams a'cherah deráa'n*, QUINZIÈME COUDÉE.

Il faut observer ici que la forme du *kha* ح est mal rendue dans la gravure, où le trait diagonal supérieur, traversant mal-à-propos la ligne horizontale, à laquelle il devait s'arrêter, se présente de cette manière ﺣ. Je l'ai rétablie dans la copie ci-dessus, telle que l'inscription doit la présenter.

CHAPITRE II.

Inscriptions de la seconde époque du meqyâs.

Les inscriptions qui ont rapport à la seconde époque du meqyâs, sont au nombre de sept : la première se trouve au-dessus de l'entrée de l'aqueduc, dans l'intérieur du bassin; quatre autres sont placées au-dessus des quatre arcades latérales; les deux autres couvrent la frise de deux faces du bassin, du côté oriental et du côté septentrional : ces six dernières ne renferment que des versets du Qorân relatifs à l'inondation du Nil.

Je vais donner la transcription et la traduction de ces inscriptions, suivant l'ordre dans lequel je viens de les indiquer.

§. I. *Inscription koufique au-dessus de l'entrée de l'aqueduc, à l'intérieur.*

Cette inscription est placée, comme nous l'avons dit ci-dessus [1], dans l'intérieur de l'arcade latérale de la face de l'orient, au-dessus de l'extrémité intérieure du canal supérieur qui donne l'entrée du bassin à l'eau du Nil. Ses caractères ont 5 pouces (135 millimètres) de proportion en hauteur, sur 8 lignes (18 millimètres) d'épaisseur.

Elle ne renferme que la sentence suivante, qui est tirée du verset 37 de la XVIII.e sourate, intitulée : *Sourat el-Kahf* سورة الكهف (Chapitre de la Caverne) [2] :

---

[1] Page 395 de ce volume.   [2] Donnée à la Mekke, excepté la

DE L'ÎLE DE ROUDAH.

Transcription.

مَا شَاءُ اللَّهُ لَا قُوَّةَ إِلَّا بِاللَّهِ [1]

Traduction.

LA VOLONTÉ DE DIEU SOIT FAITE [2]; IL N'Y A DE FORCE QUE DANS DIEU.

§. II. *Inscription koufique au-dessus de l'arcade orientale.*

Au-dessus des quatre arcades qui décorent les quatre faces intérieures du bassin se trouvent encastrées, comme nous l'avons vu ci-dessus [3], quatre autres inscriptions, dont la gravure offre autant d'élégance et de fini que celle que nous venons d'examiner, et qui, d'après la forme générale des lettres qui les composent, doivent être rangées dans la même époque. Ces inscriptions sont les suivantes :

D'abord, la première est placée au-dessus de l'arcade phrase suivante : واصبر نفسك الذين يدعون ربهم بالغداة و العشي « Montre de la patience envers ceux qui invoquent leur Seigneur matin et soir. » Elle contient cent dix versets, suivant l'édition d'Hinckelman ; les exemplaires koufiques ne lui en donnent que cent cinq ; et, suivant Beydâouy, elle en a cent onze. Cette sourate est ainsi intitulée parce que Mahomet y fait mention de plusieurs enfans qui s'étaient retirés dans une caverne pour conserver leur foi. Cette fable a beaucoup de rapport avec l'histoire des sept dormans d'Éphèse, rapportée dans nos anciennes légendes.

Voyez les *Inscriptions et Alphabets*, pl. 1re, lig. 2, n°. 4.

[1] Lecture : *Mâ châ Allah, lâ qouet ellâ b-illah.*

[2] On peut traduire aussi : « Rien n'arrive que par la volonté de Dieu. » Et cette leçon se rapporte alors aux idées de prédestination qui font la base de la croyance musulmane.

[3] Page 457.

de la face de l'orient ; elle contient premièrement la formule ordinaire qui précède toutes les sourates et presque toutes les inscriptions musulmanes [1] :

Transcription.

بِسْمِ اللّٰهِ الرَّحْمٰنِ الرَّحِيمِ [2]

Traduction.

AU NOM DE DIEU CLÉMENT ET MISÉRICORDIEUX.

Puis on lit les passages suivans, qui composent le verset 9 de la L^e sourate [3], intitulée : سورة ق *Sourât Qâf* (Chapitre de la lettre *Qâf*) [4]. Dans ce verset, Dieu est introduit adressant lui-même la parole aux hommes [5].

Transcription.

وَنَزَّلْنَا مِنَ السَّمَاءِ مَآءً مُبَارَكًا [6]

Traduction.

ET NOUS FAISONS DESCENDRE DU CIEL L'EAU BIENFAISANTE ;

---

[1] *Voyez* les *Inscriptions et Alphabets*, pl. 1re, lig. 3, n°. 5.

[2] Lecture : *b-ism illah er-rahman er-rahym.*

[3] Donnée à la Mekke, et contenant quarante-cinq versets, suivant Hinckelman ; cependant quelques manuscrits lui en donnent cinquante-quatre.

[4] Suivant quelques auteurs, cette lettre *qaf* (ق) est la lettre initiale du nom d'une montagne par laquelle jure Mahomet : suivant d'autres, cette lettre est l'abréviation des mots قضى الأمر *décrets, sentences, jugemens.* En effet, Mahomet y fait mention de la résurrection et du jugement dernier.

[5] *Voyez* les *Inscriptions et Alphabets*, pl. 1re, lig. 3, n°. 6 ; — lig. 4, n°. 7.

[6] Lecture : *Ou-nezelná min el-samá má mobárekán.*

DE L'ILE DE ROUDAH.   493

Transcription.

فَأَنْبَتْنَا بِهِ جَنَّاتٍ وَحَبَّ الْحَصِيدِ

Traduction.

ET NOUS FAISONS ÉCLORE PAR ELLE LES PLANTES DES JARDINS ET LES SEMENCES DES MOISSONS.

§. III. *Inscription koufique au-dessus de l'arcade septentrionale.*

La seconde inscription est placée au-dessus de l'arcade de la face du nord, et renferme les passages suivans, tirés de la fin du verset 5 de la XXIIe sourate[2], intitulée سورة الحج *Sourat el-Hag* (Chapitre du Pélerinage)[3].

Transcription.

وَتَرَى الْأَرْضَ هَامِدَةً

Traduction.

ET CONSIDÈRE LA TERRE QUE LA SÉCHERESSE A RENDUE STÉRILE;

---

[1] Lecture: *Fá-en bet ná bi-hi gennât ou-hebb el-hasyd.*

[2] Donnée à la Mekke, excepté six versets, et composée de soixante-dix-huit versets, suivant Hinckelman et la majorité des manuscrits: cependant des exemplaires ne lui donnent que soixante-seize versets.

[3] *Voyez* les *Inscriptions et Alphabets*, pl. 1ʳᵉ, lig. 4, n°. 8; — lig. 5, n°. 9; — lig. 6, n°. 10.

Transcription.

فَإِنَّا أَنْزَلْنَا عَلَيْهَا الْمَاءَ

Traduction.

ET LORSQUE NOUS FAISONS DESCENDRE SUR ELLE L'EAU CÉLESTE,

Transcription.

اهْتَزَّتْ وَرَبَتْ وَأَنْبَتَتْ مِنْ كُلِّ زَوْجٍ بَهِيجٍ

Traduction.

SON SEIN S'ÉMEUT, ET ELLE PRODUIT TOUTES LES PLANTES QUI COMPOSENT SA RICHESSE ET SA PARURE.

§. IV. *Inscription koufique au-dessus de l'arcade occidentale.*

La troisième inscription est placée au-dessus de l'arcade de la face de l'occident, et se trouve en même temps au-dessus du second palier de l'escalier; elle renferme les deux passages suivans, qui forment le verset 62 de la XXIIe sourate[1] :

Transcription.

أَلَمْ تَرَ أَنَّ اللَّهَ أَنْزَلَ مِنَ السَّمَاءِ مَاءً فَتُصْبِحُ الْأَرْضُ مُخْضَرَّةً

---

[1] *Voyez* la note [2] de la page 493. *Voyez* les *Inscriptions et Alphabets*, pl. 1re, lig. 7, n°. 11; — lig. 8, n°. 12.

Traduction.

NE VOIS-TU PAS QUE DIEU FAIT DESCENDRE L'EAU DU CIEL, ET AUSSITÔT LA TERRE SE COUVRE DE VERDURE?

Transcription.

إِنَّ اللَّهَ لَطِيفٌ خَبِيرٌ

Traduction.

CERTES, DIEU EST HABILE ET PRÉVOYANT.

§. V. *Inscription koufique au-dessus de l'arcade méridionale.*

Enfin, la quatrième inscription se trouve au-dessus de l'arcade placée au milieu de la face du bassin, du côté du sud; elle se trouve en même temps au-dessus de la première partie de l'escalier, et elle renferme les passages suivans, qui composent le verset 27 de la XLIIe sourate[1], intitulée *Sourat ech-Chourä* سورة الشورى (Chapitre du Conseil)[2] :

Transcription.

وَهُوَ الَّذِي يُنَزِّلُ الْغَيْثَ مِنْ بَعْدِ مَا قَنَطُوا

---

[1] Donnée à la Mekke et composée de cinquante-trois versets. Cette sourate est précédée des cinq lettres mystérieuses حم عسك H-M, A'-S-K, dont la signification a été recherchée par plusieurs interprètes.

[2] *Voyez* les *Inscriptions et Alphabets*, pl. II, lig. 1re, n°. 13; — lig. 2, n°. 14.

Traduction.

ET C'EST LUI QUI FAIT DESCENDRE LA PLUIE FÉCONDANTE APRÈS QUE LES PEUPLES ONT DÉSESPÉRÉ DE L'OBTENIR.

Transcription.

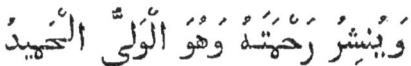

Traduction.

ET IL RÉPAND SA MISÉRICORDE, ET IL EST LE PROTECTEUR COMBLÉ DE LOUANGES.

§. VI. *Inscription koufique de la frise autour du bassin, côté oriental.*

Une observation générale à faire, relativement aux quatre inscriptions de la frise qui entoure le bassin du meqyâs, c'est qu'elles se continuent sans intervalle et sans interruption de l'une à l'autre; il arrive même souvent que le sens d'une des inscriptions se trouve imparfait par la coupure des mots qui terminent ce côté de la frise, et qu'il a besoin, pour être complet, des mots qui commencent l'inscription du côté suivant.

Ne pouvant, dans l'interprétation que je vais en donner ici, présenter des phrases ainsi coupées, et par-là dépourvues de sens, j'ai pris le parti de terminer, en traduisant, la phrase commencée; mais j'ai eu la précaution d'employer le caractère italique pour indiquer les mots de cette phrase qui n'appartiennent pas à ce côté de la frise, mais qu'il faut aller chercher au commencement du côté suivant.

Deux inscriptions seulement de cette frise peuvent se rapporter à la seconde époque, comme nous l'avons dit ci-dessus [1].

La première inscription est renfermée dans la frise du côté de l'orient, et commence immédiatement au coin à droite du premier emmarchement de l'escalier.

Elle offre d'abord la formule sacrée des musulmans, qui se trouve en tête de toutes les sourates du Qorân, excepté une seule [2], et de presque toutes les inscriptions arabes tant anciennes que modernes [3] :

Transcription.

بِسْمِ ٱللَّهِ ٱلرَّحْمَٰنِ ٱلرَّحِيمِ

Traduction.

AU NOM DE DIEU CLÉMENT ET MISÉRICORDIEUX.

Puis on lit le commencement du 37ᵉ verset de la sourate XIV [4], intitulée سورة ابراهيم *Sourat Ibrâhym* (Chapitre d'Abraham) [5] :

---

[1] Page 395.

[2] Celle qui est intitulée *Sourat el-Toubah* سورة التوبة (Chapitre de la Pénitence). *Voyez*, ci-après, la note 1, page 508.

[3] *Voyez* les *Inscriptions et Alphabets*, pl. II, n°. 15.

[4] Cette sourate, dont le titre entier est *Sourat Ibrâhym, a'ley-hi el-selâm*, سورة ابراهيم عليه السلام (Chapitre d'Abraham, sur lui soit le salut !), a cinquante-deux versets, et porte la date de la Mekke : elle traite de Moïse et d'Abraham.

Johan. Nisselius a donné une édition séparée de cette sourate. Hinckelman et Reineccius en divisent les versets d'une manière différente.

[5] *Voyez* les *Inscriptions et Al-*

Transcription.

اللهُ الَّذى خَلَقَ السَّمٰوَاتِ وَالْأَرْضَ '

Traduction.

C'EST DIEU QUI A CRÉÉ LES CIEUX ET LA TERRE;

Transcription.

وَاَنْزَلَ مِنَ السَّمَآءِ مَآءً فَأَخْرَجَ بِهِ مِنَ الثَّمَرَاتِ رِزْقًا لَكُمْ ²

Traduction.

ET IL A FAIT DESCENDRE L'EAU DU CIEL,
ET IL A FAIT SORTIR PAR ELLE DES FRUITS UN ALIMENT
POUR VOUS;

Transcription.

وَسَخَّرَ لَكُمُ الْفُلْكَ لِتَجْرِى ³

Traduction.

ET IL VOUS A SOUMIS LES VAISSEAUX
POUR QU'ILS COURENT⁴ SUR LA MER PAR SON ORDRE.

phabets, pl. II, n° 16, — n° 17, — n° 18.

¹ Lecture : *Allah allazy khalaq el-samoudt ou el-ard.*

² Lecture : *Ou-enzel min el-samá`*

má, *fá ekhrag bi-hi min el-tamrát rezqan le-koum.*

³ Lecture : *Ou sakhkhar le-koum el-foulk litgry.*

⁴ Les mots suivans font partie de

DE L'ÎLE DE ROUDAH.

§. VII. *Inscription koufique de la frise, côté septentrional.*

La seconde inscription continue sans interruption dans la frise sur la face du nord.

Elle contient d'abord les trois mots suivans, qui manquent pour finir le sens de la dernière phrase de l'inscription précédente[1] :

Transcription.

فِى الْبَحْرِ بِأَمْرِهِ [2]

Puis elle renferme les passages suivans, qui forment la suite du verset 37 de la XIVe sourate[3], dont l'inscription précédente renferme le commencement[4] :

Transcription.

وَسَخَّرَ لَكُمُ الْاَنْهَارَ [5]

Traduction.

ET IL VOUS A SOUMIS LES FLEUVES ;

---

l'inscription qui continue sur la frise du côté septentrional.

[1] *Voyez* les *Inscriptions et Alphabets,* pl. II, n°. 19.

[2] Lecture : *Fy el-bahar be-am-ri-hi.*

[3] *Voyez* ci-dessus, pag. 498.

[4] *Voyez* les *Inscriptions et Alphabets,* pl. II, n°. 20, — n°. 21; — pl. III, n°. 22, — n°. 23, — n°. 24, — n°. 25.

[5] Lecture : *Ou-sakhkhar le-koum el-anhár.*

Transcription.

وَسَخَّرَ لَكُمُ الشَّمْسَ وَالْقَمَرَ دَائِبَيْنِ '

Traduction.

ET IL VOUS A SOUMIS LE SOLEIL ET LA LUNE DANS LEURS RÉVOLUTIONS RÉGULIÈRES;

Transcription.

وَسَخَّرَ لَكُمُ اللَّيْلَ وَالنَّهَارَ '

Traduction.

ET IL VOUS A SOUMIS LA NUIT ET LE JOUR;

Transcription.

وَأَتَاكُمْ مِنْ كُلِّ مَا سَأَلْتُمُوهُ ³

Traduction.

ET IL VOUS A DONNÉ DE TOUTES LES CHOSES QUE VOUS LUI AVEZ DEMANDÉES;

---

[1] Lecture: *Ou-sakhkhar le-koum el-chems ou-el-qamar dáybeyn.*
[2] Lecture: *Ou- sakhkhar le-koum el-leyl ou-el-nahâr.*
[3] Lecture: *Ou-atâ-koum min koull má sáltemou-ho.*

DE L'ILE DE ROUDAH.

Transcription.

وَإِنْ تَعُدُّوا نِعْمَةَ اللَّهِ لَا تُحْصُوهَا [1]

Traduction.

ET SI VOUS CALCULEZ LA BIENFAISANCE DE DIEU, VOUS N'EN VIENDREZ PAS A BOUT.

Transcription.

انَّ الْإِنْسَانَ لَظَلُومٌ [2]

Traduction.

CERTES, L'HOMME EST INJUSTE [3] ET INGRAT.

CHAPITRE III.

Inscriptions de la troisième époque.

Les deux inscriptions qui suivent immédiatement les deux précédentes, et qui composent la frise du côté occidental et du côté méridional, offrent un travail bien moins soigné et une main-d'œuvre plus grossière, souvent même dépourvue d'élégance : aussi n'ai-je pas hé-

---

[1] Lecture : *Ou-en taou'ddoú ni'-met Allah, lâ touhsou-há.*
[2] Lecture : *En el-ensán le-zeloum.*
[3] Le mot arabe que traduisent les deux mots suivans, et qui est le complément de la phrase, se trouve au commencement de l'inscription suivante, sur la frise du côté occidental.

sité à les croire postérieurement exécutées, et à les ranger dans la troisième époque du meqyâs.

§. I. *Inscription koufique de la frise autour du bassin, côté occidental.*

La troisième inscription de la frise suit de même sans interruption sur la face de l'occident, et renferme d'abord le dernier mot du verset ci-dessus, lequel en complète le sens [1] :

Transcription.

كَفَّارٌ ²

Puis on trouve également, sans interruption ni intervalle, les passages suivans, qui composent le verset 10 de la XVIe sourate [3], intitulée سورة النحل *Sourat el-Nahl* (Chapitre des Abeilles) [4] :

Transcription.

هُوَ الَّذِى اَنْزَلَ مِنَ السَّمَآءِ مَآءً لَكُمْ ⁵

Traduction.

C'EST LUI QUI A FAIT DESCENDRE DU CIEL L'EAU POUR VOUS :

---

[1] *Voyez* les *Inscriptions et Alphabets*, pl. III, n°. 26.

² Lecture : *Kaffâr*.

[3] Cette sourate a cent vingt-huit versets, suivant Hinckelman, et cent dix-huit seulement, suivant Hottinger : elle a été donnée à la Mekke, excepté les trois derniers versets. Son titre lui a été attribué, parce qu'elle traite des ouvrages et des bienfaits de Dieu, des animaux qu'il a créés, des abeilles et du miel.

[4] *Voyez* les *Inscriptions et Alphabets*, pl. III, n°. 27, — n°. 28.

⁵ Lecture : *Hou allazy enzel min el-samâ mâ le-koum*.

Transcription.

مِنْهُ شَرَابٌ وَمِنْهُ شَجَرٌ فِيهِ نَسِيمُونَ [1]

Traduction.

ELLE VOUS SERT DE BOISSON,
ET ELLE NOURRIT L'ARBRE QUI VOUS ALIMENTE.

On lit ensuite les passages suivans, qui forment le commencement du onzième verset de la même sourate [2]:

Transcription.

يُنبِتُ لَكُم بِهِ الزَّرْعَ
وَالزَّيْتُونَ وَالنَّخِيلَ وَالْأَعْنَابَ وَمِن كُلِّ الثَّمَرَاتِ

Traduction.

IL FAIT POUSSER PAR ELLE, POUR VOUS, LA SEMENCE,
L'OLIVIER, LE PALMIER, LES RAISINS ET TOUS LES FRUITS.

Transcription.

اِنَّ فِي ذَلِكَ لَآيَةً

Traduction.

CERTES, IL Y A EN CELA UN SIGNE [3] POUR CEUX
QUI Y RÉFLÉCHISSENT.

---

[1] Lecture : *Min-ho chorâb, ou min-ho chagar fy-hi tousymoun.*

[2] *Voyez* les Inscriptions et Al-phabets, pl. III, n° 29, — n° 30 — n° 31.

[3] Les mots suivans font partie de

§. II. *Inscription koufique de la frise, côté méridional.*

Enfin la quatrième inscription, qui complète la frise entière, couvre la face du midi, et se termine aux marches du premier escalier.

Elle renferme d'abord les deux mots suivans, qui forment la fin du onzième verset de la XVIe sourate et qui sont nécessaires pour compléter entièrement le sens de la dernière phrase de l'inscription précédente[1] :

Transcription.

لِقَوْمٍ يَتَفَكَّرُونَ

Puis on lit la fin du verset 50[2] de la XXVe sourate[3], intitulée *Sourat el-Fourqân* سورة الفرقان (Chapitre du Qorân)[4] :

l'inscription suivante sur la frise du côté méridional.

[1] *Voyez* les *Inscriptions et Alphabets*, pl. III, n°. 32.

[2] Ce passage est à la fin du verset 50, suivant l'édition d'Hinckelman ; suivant l'édition de Marracci, il se trouve au milieu du verset 49.

[3] Cette sourate a soixante-dix-sept versets, et a été donnée à la Mekke : elle traite de l'auteur du Qorân, dont elle fait l'apologie, du dernier jour, de l'histoire des patriarches, des ouvrages de Dieu, de la création, et de la providence divine.

L'islamisme promet pour récompense au lecteur de ce chapitre دخول الجنة بغير نصب (l'entrée du Paradis sans obstacle ni contradiction).

Le mot d'*el-Fourqân* الفرقان, qui sert de titre à ce chapitre, est synonyme de celui d'*el-Qorân* القرآن : il vient de la racine فرق *faraqa*, qui signifie *diviser, séparer* ; et ce nom a été donné à ce livre parce que, suivant les musulmans, « il sépare la vraie religion des religions fausses, et les vrais croyans des infidèles. »

[4] *Voyez* les *Inscriptions et Alphabets*, pl. IV, n°. 33, — n°. 34, — n°. 35.

DE L'ILE DE ROUDAH.

Transcription.

وَأَنْزَلْنَا مِنَ السَّمَاءِ مَاءً طَهُورًا لِنُحْيِيَ بِهِ بَلْدَةً مَيْتًا

وَنُسْقِيَهُ مِمَّا خَلَقْنَا

انعَامًا وَأَنَاسِىَّ كَثِيرًا

Traduction.

ET NOUS AVONS FAIT DESCENDRE DU CIEL
UNE EAU PURE POUR DONNER LA VIE PAR SON MOYEN
A UNE TERRE MORTE,

ET POUR EN ABREUVER TOUT CE QUE NOUS AVONS CRÉÉ,

LES TROUPEAUX ET LE NOMBRE INFINI DES HOMMES.

Enfin, l'inscription a pour entier complément la formule suivante, qui termine un très-grand nombre d'inscriptions arabes[1] :

Transcription.

وَصَلَّى ٱللهُ عَلَى مُحَمَّدٍ النَّبِىِّ وَآلِهِ وَسَلَّمَ تَسْلِيمًا

Traduction.

QUE LA BÉNÉDICTION DE DIEU
SOIT SUR MAHOMET LE PROPHÈTE ET SUR SA FAMILLE,
ET LE SALUT LE PLUS PARFAIT!

[1] *Voyez* les *Inscriptions et Alphabets*, pl. IV, n°. 36.

§. III. *Inscription koufique au-dessus de l'entrée de l'aqueduc, à l'extérieur.*

Enfin, une dernière inscription koufique est, comme nous l'avons dit ci-dessus [1], placée au-dessus de l'extrémité extérieure de ce canal supérieur qui établit la communication entre les eaux du Nil et le bassin du meqyâs. Elle renferme la même sentence que celle qui est placée au-dessus de l'issue intérieure de l'aqueduc [2], et dont j'ai donné ci-dessus la traduction [3]; mais elle est sculptée en caractères plus massifs et plus capables de résister aux frottemens de l'eau, dont l'action doit être en effet plus forte à l'extérieur, surtout en cet endroit, qui reçoit la pression de toute la masse du fleuve sur l'île de Roudah, où il se partage en deux branches.

Le commencement et la fin de cette inscription sont engagés et recouverts, comme je l'ai déjà dit ci-dessus [4], sous deux arcs-boutans de maçonnerie brute et peu soignée, dont la construction est bien évidemment moderne et ne se rattache point aux proportions architecturales de l'ancienne construction. On ne peut, par cette raison, en lire que les mots et les fragmens de lettres suivans [5]:

Transcription.

. . . . . الَّ قوِهِ لا اللهُ اسًا . . . . .

---

[1] Page 466.
[2] Page 395.
[3] Page 491.
[4] Page 466.
[5] *Voyez* les *Inscriptions et Alphabets*, pl. IV, n° 37.

Traduction.

La VOLONTÉ DE DIEU, IL N'Y A DE FORCE QUE *dans Dieu.*

CHAPITRE IV.

Inscriptions de la quatrième époque.

§. I. *Inscription karmatique de l'intérieur du meqyâs.*

Cette inscription est, comme nous l'avons dit ci-dessus[1], placée sur le mur, dans la galerie intérieure qui entoure le bassin du meqyâs : elle contient treize lignes, et elle est une des plus importantes de ce monument, parce qu'elle renferme des documens historiques qui fixent d'une manière certaine et précise une des époques de ses reconstructions.

Je vais donner successivement, ligne par ligne, la transcription et la traduction de cette inscription.

La première ligne contient d'abord la formule ordinaire dont nous avons déjà observé que toutes les inscriptions musulmanes sont précédées[2] :

Transcription.

بِسْمِ ٱللّٰهِ ٱلرَّحْمَٰنِ ٱلرَّحِيمِ

[1] Page 452.
[2] *Voyez* les *Inscriptions et Alphabets*, pl. IV, n°. 38.

Traduction.

AU NOM DE DIEU CLÉMENT ET MISÉRICORDIEUX.

Le reste de cette ligne renferme le passage suivant, tiré de la fin du verset 90 de la xie sourate[1], intitulée *Sourat Houd* سورة هود (Chapitre de Houd)[2] :

Transcription.

وَمَا تَوْفِيقِى إِلَّا بِاللَّهِ [3]

Traduction.

ET JE N'AI PAS D'AUTRE SECOURS QUE DIEU.

La seconde ligne est composée du commencement du verset 18[4] de la ixe sourate[5] du Qorân, intitulée *Sourat el-Toubah* سورة التوبه (Chapitre de la Pénitence

---

[1] Cette sourate, dont le titre entier, tel que l'offrent les exemplaires du Qorân, est *Sourat Houd a'ley-hi el-selám* سورة هود عليه السلام (Chapitre de Houd, sur lui soit le salut!), a été donnée à la Mekke; elle est composée de cent vingt-trois versets.

[2] *Voyez* les *Inscriptions et Alphabets*, pl. iv, n°. 39.

[3] Lecture : *Ou-má te oufyqy ellá b-illah.*

[4] Ce verset est le dix-neuvième, suivant la traduction de Reineccius.

[5] Cette sourate, donnée à Médine, renferme cent trente versets, suivant l'édition d'Hinckelman et celle de Reineccius : quelques manuscrits cependant ne lui donnent que cent vingt-neuf versets; et, suivant Hottinger, elle n'en aurait même que cent vingt-sept.

Une chose assez singulière à remarquer et qui est particulière à cette sourate, c'est qu'elle est la seule qui ne porte pas en tête, comme toutes les autres, la formule بسم الله الرحمن الرحيم (Au nom de Dieu clément et miséricordieux). Cette omission a eu lieu peut-être parce qu'originairement elle ne faisait qu'une seule et même sourate avec la précédente.

ou de la Conversion), et qui porte aussi le nom de *Sourat el-Berâh* سورة البراه (Chapitre de l'Immunité)[1] :

Transcription.

إِنَّمَا يَعْمُرُ مَسَاجِدَ اللَّهِ مَنْ أَمَنَ بِاللَّهِ وَالْيَوْمِ الْآخِرِ

Traduction.

CERTES, IL HABITERA LES TEMPLES DE DIEU,
CELUI QUI CROIT EN DIEU ET AU DERNIER JOUR.

Il est à observer que l'édition du Qorân donnée par Hinckelman porte le pluriel يَعْمُرُوا, au lieu du singulier ࠆࠄࠔ (يعمر) que présente ici notre inscription.

La troisième ligne renferme d'abord la continuation de ce même verset 18[2] :

Transcription.

وَأَقَامَ الصَّلَاةَ وَآتَى الزَّكَاةَ وَلَمْ يَخْشَ إِلَّا اللَّهَ

Traduction.

ET IL ÉLÈVE SA PRIÈRE ET IL DONNE L'AUMÔNE;
ET IL NE CRAINT QUE DIEU.

Cette ligne présente comme la précédente, une variante dans le texte du Qorân qu'elle renferme, et qui est différent de l'édition d'Hinckelman citée ci-dessus.

[1] *Voyez* les *Inscriptions et Alphabets*, pl. IV, n°. 40.
[2] *Voyez* les *Inscriptions et Alphabets*, pl. IV, n°. 41.

En effet, cette édition porte الصَّلوةُ, au lieu du mot (الصلاة) que présente ici notre inscription; et il en est de même du mot الزَّكوةُ qu'offre Hinckelman, au lieu de celui de (الزكاة) qui se trouve dans la même ligne.

La fin de cette même ligne contient encore le mot suivant[1] :

Transcription.

فَعَسَى

Mais ce mot ne forme point ici de sens précis par lui-même, étant le premier de la phrase suivante, dont il dépend, et à laquelle il est nécessaire pour que le sens soit complet : je n'en donnerai donc point maintenant la traduction, la réservant pour celle de cette phrase, dans laquelle j'aurai soin cependant de l'indiquer par des lettres italiques.

Le commencement de la quatrième ligne renferme premièrement la fin du même verset[2] :

Transcription.

أُولَيِكَ أَن يَكُونُوا مِنَ المُهْتَدِينَ

Traduction.

Et il est vraisemblable[3] QU'ILS SERONT DU NOMBRE DE CEUX QUI SONT BIEN CONDUITS.

---

[1] *Voyez* les *Inscriptions et Alphabets*, pl. IV, n°. 42.

[2] *Voyez* les *Inscriptions et Alphabets*, pl. IV, n°. 43.

[3] Ces quatre mots sont la suite du mot (فعسى) de la ligne précédente.

On lit ensuite, à la fin de la même ligne, ce passage tiré du verset 13 de la LXIe sourate[1], intitulée *Sourat el-Saf* سورة الصف (Chapitre du Rang de bataille)[2] :

Transcription.

نَصْرٌ مِنَ اللَّهِ وَفَتْحٌ قَرِيبٌ

Traduction.

LA VICTOIRE VIENT DE DIEU, ET LE TRIOMPHE EST PROCHE.

La cinquième ligne nous apprend ensuite le nom du souverain à qui l'application de ce passage est faite[3] :

Transcription.

لعبد الله وليّهُ معد أبي تميم الامام المُسْتَنْصَر بالله

Traduction.

POUR LE SERVITEUR DE DIEU
ET SON LIEUTENANT MA'AD, PÈRE DE TEMYM,
L'IMAM EL-MOSTANSER B-ILLAH[4].

Le mot امام (*imâm*), employé ici, était le titre par lequel autrefois on qualifiait le seul khalife;

---

[1] Cette sourate a été donnée à Médine, suivant l'édition d'Hinckelman, et, suivant d'autres, à la Mekke : elle contient quatorze versets. Le titre qu'elle porte lui a été donné parce qu'elle ordonne aux fidèles de combattre dans la voie de Dieu en rang de bataille (صفا).

[2] *Voyez* les *Inscriptions et Alphabets*, pl. IV, n°. 44.

[3] *Voyez* les *Inscriptions et Alphabets*, pl. V, n°. 45.

[4] Mot à mot, *celui qui attend son secours de Dieu.*

maintenant, à Constantinople, ce nom se donne à de simples prêtres musulmans remplissant à peu près les fonctions d'aumônier ou de desservant dans les mosquées, ou même dans les petits oratoires, soit publics, soit particuliers.

Le commencement de la sixième ligne présente d'abord le titre de dignité de ce prince[1] :

Transcription.

امير المومنين

Traduction.

PRINCE DES FIDÈLES.

Puis le commencement de la formule de bénédiction qui est jointe ordinairement au nom des khalifes[2] :

Transcription.

صلوات الله عليه وعلى ابايه الطاهرين

Traduction.

QUE LES BÉNÉDICTIONS DE DIEU SOIENT SUR LUI ET SUR SES ANCÊTRES PIEUX.

Le commencement de la septième ligne comprend d'abord la fin de cette formule[3] :

[1] *Voyez* les *Inscriptions et Alphabets*, pl. v, n°. 46.
[2] *Voyez* les *Inscriptions et Alphabets*, pl. v, n°. 47.
[3] *Voyez* les *Inscriptions et Alphabets*, pl. v, n°. 48.

DE L'ILE DE ROUDAH.

Transcription.

وابنايه الاكرمين

Traduction.

ET SUR SES FILS COUVERTS D'HONNEUR !

La fin de cette ligne présente ensuite le motif de l'inscription [1] :

Transcription.

مها امر بانشا هذا الجامع المبارك

Traduction.

PARCE QU'IL A DONNÉ ORDRE DE CONSTRUIRE CETTE MOSQUÉE BÉNITE.

La huitième ligne présente d'abord au commencement ce mot [2],

Transcription.

قبلة

Traduction.

POUR SERVIR DE QIBLAH [3].

Ce mot n'est que le complément de la phrase précédente.

---

[1] *Voyez* les *Inscriptions et Alphabets*, pl. v, n°. 49.
[2] *Voyez* les *Inscriptions et Alphabets*, pl. v, n°. 50.
[3] *Voyez*, sur la signification de ce mot, ci-dessus, la note [1] de la page 460.

É. M. XV.

La suite de cette même ligne contient ensuite le commencement de l'indication du vizir[1] qui a fait ériger le monument par les ordres du khalife; il est désigné d'abord par tous ses titres, qui sont assez nombreux et assez emphatiques, suivant la coutume des Orientaux[2] :

Transcription.

السيد الاجل امير الجيوش سيف الاسلام

Traduction.

LE SEIGNEUR LE PLUS ILLUSTRE,
PRINCE DE L'ARMÉE, ÉPÉE DE L'ISLAMISME.

Cette ligne est terminée par le mot[3]

Transcription.

ناصر

Ce mot ne forme de sens qu'avec le premier mot de la ligne suivante, à laquelle il est joint par sa signification. J'ajouterai donc ici celui-ci, avant d'en donner la traduction, dans laquelle j'exprimerai en caractères italiques le mot qui fait partie de la huitième ligne[4] :

Transcription.

الامام

---

[1] *Ouizyr* , nom de dignité; principal ministre.

[2] *Voyez* les *Inscriptions et Alphabets*, pl. v, n°. 51.

[3] *Voyez* les *Inscriptions et Alphabets*, pl. v, n°. 52.

[4] *Voyez* les *Inscriptions et Alphabets*, pl. v, n°. 53.

Traduction.

Victorieux pour le KHALIFE.

La suite de la neuvième ligne contient la continuation des mêmes qualifications honorifiques[1] :

Transcription.

كافل قضاة المسلمين وهادي دعاة المومنين

Traduction.

L'INSPECTEUR DES MAGISTRATS DES MUSULMANS ET LE DIRECTEUR DES PRIÈRES DES CROYANS.

Le nom du prince revêtu de qualités aussi brillantes et de ces titres honorables se trouve enfin à l'extrémité de cette ligne et au commencement de la suivante. Le mot qui termine la neuvième est[3]

---

[1] *Voyez* les *Inscriptions et Alphabets*, pl. v, n° 54.

[2] قضاة, pluriel de قاضي. Le mot *qâdy* قاضي signifie proprement *juge*. Les *qâdy*, chez les Orientaux, sont les juges des causes civiles et criminelles; quelquefois ils se mêlent aussi des affaires qui concernent la religion. Chaque province de l'Égypte avait son qâdy particulier. Celui du Kaire portait le titre de *qâdy a'sker* قاضي عسكر (juge d'armée); il était envoyé directement de Constantinople, et nommé par le grand-seigneur. Le chef supérieur de la justice est quelquefois désigné par le titre de *qâdy el-qodât* قاضي القضاة (juge des juges); cette qualification fut accordée, pour la première fois, par le khalife el-Mâmoun, au docteur أبو يوسف *Abou-Yousef.*

[3] *Voyez* les *Inscriptions et Alphabets*, pl. v, n°. 55.

Transcription.

ابو

Ce mot doit se lier pour le sens avec celui qui forme le commencement de la ligne suivante, et je l'indiquerai en italique dans la traduction[1] :

Transcription.

نجم

Traduction.

Abou-NEGM (*père* DE NEGM).

Un nouveau titre d'honneur vient ensuite[2] :

Transcription.

بدر المستنصرين

Traduction.

PLEINE LUNE DES VICTORIEUX.

La fin de cette même ligne, la suivante tout entière et le premier mot de celle qui vient immédiatement après, renferment des bénédictions et des souhaits qui lui sont adressés[3] :

[1] *Voyez* les *Inscriptions et Alphabets*, pl. v, n°. 56.
[2] *Voyez* les *Inscriptions et Alphabets*, pl. v, n°. 57.
[3] *Voyez* les *Inscriptions et Alphabets*, pl. v, n°. 58, — n°. 59, — n°. 60.

DE L'ILE DE ROUDAH.

Transcription.

عضد الله به الدين وامتع

Traduction.

QUE DIEU FORTIFIE PAR LUI LA RELIGION!

Transcription.

بطول بقايه اميرالمومنين وادام قدرته اعلى

Traduction.

QU'IL FASSE JOUIR DE LA LONGUEUR DE LA VIE
LE PRINCE DES FIDÈLES!
QU'IL AFFERMISSE SON POUVOIR!...

Transcription.

كلمته

Traduction.

Qu'il élève ses PAROLES!

A la fin de la douzième ligne est la date de l'érection du monument et de la gravure de l'inscription[1] :

[1] *Voyez les Inscriptions et Alphabets*, pl. v, n°. 61.

Transcription.

فى رجب سنه خمس وثمانين وربع مايه

Traduction.

EN REGEB[1] DE L'ANNÉE QUATRE CENT QUATRE-VINGT-CINQ.

Cette date de l'hégire correspond à l'an 1092 de l'ère chrétienne.

On trouve dans cet énoncé une faute grammaticale, l'inscription portant ربع (ربع) au lieu de أربع, qu'exigerait la grammaire.

On lit, au commencement de la dernière ligne, la formule suivante, que l'on trouve assez souvent à la fin des inscriptions musulmanes[2] :

Transcription.

والحمد لله رب العالمين [3]

Traduction.

ET LOUANGES A DIEU, MAÎTRE DES MONDES.

Ce passage forme le premier verset de la première sourate[4], intitulée *Sourat el-Fâtihat* سورة الفاتحة (Chapitre d'Introduction).

---

[1] Le mois de *regeb* رجب a trente jours, et est le septième de l'année lunaire des musulmans.

[2] *Voyez* les Inscriptions et Alphabets, pl. VI, n°. 62.

[3] Lecture : *Ou-el-hamdou-l-Illahi rabi el-a'âlemyna.*

[4] Cette sourate a été donnée à la Mekke ; elle contient sept versets. Les musulmans ont une estime par-

DE L'ÎLE DE ROUDAH.

Il est à remarquer qu'au lieu du mot اللّٰه, que réclame le sens, on lit الله dans notre inscription; mais cette variante est fautive et occasionée par la négligence de l'ouvrier.

Cette ligne est terminée par la formule de salut ordinaire, en ces termes[1] :

Transcription.

وصلى الله على محمّد وآله الطاهرين [2]

Traduction.

ET QUE LA BÉNÉDICTION DE DIEU SOIT SUR MAHOMET ET SUR SA FAMILLE ILLUSTRE!

Après avoir ainsi analysé ligne par ligne et mot par mot la traduction de cette inscription, je vais en donner ici le texte complet en caractères arabes modernes, accompagné de la traduction entière en français, afin d'en mieux présenter le sens total, dont cette traduction morcelée a dû, malgré son exactitude, faire perdre l'ensemble :

* بســـم الله الرحمن الرحيم * وما توفيقى الّا بالله *
انما نعمّر مساجد الله من آمن بالله واليوم الاخر

ticulière pour cette sourate, à laquelle ils donnent encore le nom de *Chapitre de louange et de prière.* Quoiqu'elle soit placée en tête du Qorân, elle n'est pas la première des sourates suivant l'ordre des temps où elles ont été données.

[1] *Voyez* les *Inscriptions et Alphabets*, pl. vi, n°. 63.

[2] Lecture : *Ou-sallâ Allah a'lâ Mohammed ou-ali-hi el-tâheryn.*

واقام الصلاة واتى الزكاة ولم يخش الا الله فعسى
اوليك ان يكونوا من المهتدين ٭ نصر من الله وفتح قريب
لعبد الله ووليه معد ابى تميم الامام المستنصر بالله
امير المومنين صلوات الله عليه وعلى ابايه الطاهرين
وابنايه الاكرمين ٭ مها امر با نشا هذا الجامع المبارك
قبله السيد الاجل امير الجيوش سيف الاسلام ناصر
الامام كافل قضاة المسلمين وهادى دعاة المومنين ابو
النجم بدر المستنصرين عضد الله بد الدين وامتع
بطول بقايه امير المومنين وادام قدرته واعلى
كلمته ٭ فى رجب سنه خمس وثمانين وربع مايه ٭
٭ والحمد لله رب العالمين وصلى الله على محمد وآله الطاهرين ٭

AU NOM DE DIEU CLÉMENT ET MISÉRICORDIEUX.

Je n'attends mon secours que de Dieu : *c'est en lui que j'ai mis ma confiance* [1].

Certes, les temples de Dieu sont peuplés de ceux qui croient en lui et au dernier jour, qui élèvent leur prière, qui donnent l'aumône et n'ont d'autre crainte que celle de Dieu ; et il est vraisemblable qu'ils seront du nombre de ceux qui sont dans la bonne direction.

La victoire vient de Dieu, et le triomphe approche pour le serviteur de Dieu et son lieutenant le khalife MA'AD ABOU-TE-MYM l'imâm EL-MOSTANSER B-ILLAH, prince des Fidèles ; que

[1] Les mots imprimés dans cette inscription en caractères italiques n'en font point partie ; mais ils sont les variantes principales des deux inscriptions suivantes.

les bénédictions de Dieu soient sur lui, sur ses pieux ancêtres et sur ses descendans couverts d'honneur!

Car c'est suivant ses ordres que cette mosquée bénie a été élevée pour servir de lieu de prières, par le seigneur illustre, prince des armées, épée de l'islamisme, victorieux au nom du khalife, chef des magistrats musulmans, directeur des prières des fidèles, ABOU-NEGM, l'astre brillant des victorieux; que Dieu soutienne par lui la religion! que Dieu fasse jouir le khalife de la prolongation de sa vie! qu'il affermisse sa puissance et élève ses paroles!

En regeb, l'an quatre cent quatre-vingt-cinq de l'hégire.

Louange à Dieu, dominateur des mondes, et que la bénédiction de Dieu soit sur Mahomet, *le sceau des prophètes*, et sur sa famille illustre!

§. II. *Inscription karmatique de la grande porte de la mosquée du meqyâs.*

La seconde inscription qui se rapporte à la quatrième époque, est celle qui, comme nous l'avons dit ci-dessus[1], se trouve gravée sur une dalle de pierre au-dessus de la porte principale de la mosquée du meqyâs.

Cette inscription qui est en caractères karmatiques, est surtout remarquable par une plus grande élégance de forme que celle de la galerie intérieure du meqyâs : elle renferme le même texte que celui dont nous venons de voir l'analyse et la traduction; cependant elle présente quelques variantes peu considérables, et que je vais indiquer.

D'abord, la première ligne, après la phrase وما توفيقي

[1] Page 459.

ألا بالله (et je n'attends mon secours que de Dieu), ajoute la phrase suivante[1] :

Transcription.

عليه توكلت

Traduction.

JE METS SUR LUI MON APPUI.

Les deux lignes suivantes ne présentent d'autres variantes qu'un arrangement différent dans la coupure des mots qui les composent.

Les trois suivantes n'offrent ni variantes ni différence dans leurs coupures.

La septième ligne ne diffère qu'en ce qu'elle ne présente pas, comme dans l'inscription précédente, le mot بي, qui n'importe pas au sens.

La huitième n'offre aucune différence.

Les trois suivantes n'offrent de différence que dans la coupure des mots qui les composent.

La douzième, qui contient la même date que l'inscription précédente, n'offre pas la faute grammaticale de celle-ci, dans laquelle, pour exprimer QUATRE, il y a ربع, au lieu qu'il devrait y avoir, comme on lit dans celle-ci[2].

La dernière ligne, après la formule صلى الله على محمد

---

[1] *Voyez* les *Inscriptions et Alphabets*, pl. VI, n°. 64.

[2] *Voyez* les *Inscriptions et Alphabets*, pl. VI, n°. 65.

(Que la bénédiction de Dieu soit sur Mahomet!), ajoute, immédiatement après, l'épithète honorifique[1]

Transcription.

خاتــم النبيين[2]

Traduction.

LE SCEAU DES PROPHÈTES.

Après avoir indiqué ces variantes, j'ajouterai ici la transcription entière de cette inscription en caractères modernes :

بســم الله الرحمن الرحيم ٭ وما توفيقى الا بالله عليه توكلت ٭
انما تعمر مساجد الله من آمن بالله واليـوم الاخر واقام
الصلاة واتى الـزكاة ولم يخش الا الله فـعسى
اوليك ان يكونوا من المهتدين ٭ نصر من الله وفتح قريب
لعبد الله وليه معـد ابى تميم الامام المستنـصر بالله
امير المومنين صلوات الله عليه وعلى ابايه الطاهرين

---

[1] *Voyez les Inscriptions et Alphabets*, pl. VI, n°. 66.

[2] *Naby* نبى. Les musulmans donnent ce titre, non-seulement à Mahomet, mais encore à un grand nombre de patriarches, tels qu'*Adam* آدم, *Chet* شت (Seth), *Edrys* ادريس (Enoch), *Nouah* نوح (Noé), *Houd* هود (Heber), *Sâleh* صالح (Saleh), *Ibrâhym* ابراهيم (Abraham), *Ishaq* اسحق (Isaac), *Isma'yl* اسمعيل (Ismaël), *Efreym* افريم (Éphraïm), *Yousouf* يوسف (Joseph), etc.; et ils donnent à Mahomet lui-même celui de *Khâtem el-nabyyn* خاتم النبيين (sceau des Prophètes).

وابنايه الاكرمين * امر بانشا هذا الجامع المبارك
قبلة السيد الاجل امير الجيوش سيف الاسلام
ناصر الامام كافل قضاة المسلمين وهادى دعاة
المومنين ابو النجم بدر المستنصر بين عضد الله به الدين
وامتع بطول بقايه امير المومنين وادام قدرته واعلى
كلمته * فى رجب سنة خمس وثمانين واربع ماية
* والحمد لله رب العالمين وصلى الله على محمد خاتم النبيين *

§. III. *Inscription karmatique du mur occidental de la mosquée du meqyâs.*

La troisième inscription de la quatrième époque du meqyâs est celle qui se trouve, comme nous l'avons vu ci-dessus[1], incrustée dans la face extérieure du mur de la mosquée du meqyâs, du côté de l'occident.

Cette inscription, en caractères karmatiques, comme les deux précédentes, renferme aussi le même texte que la première, et offre également quelques variantes, qui ne sont pas toujours les mêmes que dans la seconde inscription, et que je vais indiquer.

D'abord, on trouve à la fin de la première ligne de cette inscription, comme dans l'inscription de la porte de la mosquée, les mots[2] dont j'ai déjà donné la transcription et la traduction[3], et qui présentent ici quelques variantes pour la forme des lettres et leur placement.

[1] Page 461.
[2] *Voyez* les *Inscriptions et Alphabets*, pl. vi, n°. 67.
[3] Page 522.

DE L'ILE DE ROUDAH. 525

Les sept lignes suivantes ont absolument le même arrangement et la même coupure de mots que dans la première, et n'offrent de variantes que dans la forme des lettres.

On trouve dans la septième ligne de cette inscription le mot [1]

Transcription.

que nous avions trouvé dans la première inscription, et qui manquait dans la seconde.

Les trois lignes suivantes n'offrent que de légères variantes avec la première inscription, pour l'arrangement et la coupure des mots qui les composent.

La douzième ligne, aussi régulièrement grammaticale que celle de la seconde inscription, offre le mot entier[2] qui se trouvait tronqué et altéré dans la première inscription karmatique.

Cette ligne offre de plus, comme la seconde inscription, écrit d'une manière correcte et régulière, le mot[3] dans lequel la dernière ligne de la première inscription nous offre une faute qui probablement ne doit être imputée qu'à l'inexactitude du graveur, puisque le sens ne pourrait en aucune manière l'admettre comme variante.

Du reste, cette ligne, ainsi que la suivante, offrent, dans la coupure des mots qui les composent, un arran-

---

[1] *Voyez* les *Inscriptions et Alphabets*, pl. VI, n°. 68.
[2] *Voyez* les *Inscriptions et Alphabets*, pl. VI, n°. 69.
[3] *Voyez* les *Inscriptions et Alphabets*, pl. VI, n°. 70.

gement différent de celui qu'on remarque dans les deux inscriptions précédentes.

La dernière, après les bénédictions données à Mahomet, ajoute non-seulement l'épithète honorifique[1] qui se trouve dans la seconde inscription, mais encore une variante de la phrase qui termine la première inscription, dans la phrase suivante[2] :

Transcription.

وعلى اهل بيته الطاهرين

Traduction.

ET SUR LA FAMILLE DE SA MAISON ILLUSTRE.

'J'ajoute ici la transcription entière de cette inscription en caractères modernes :

بسم الله الرحمن الرحيم * وماتوفيقى الا بالله وعليه توكلت *
انما نعمر مساجد الله من آمن بالله واليوم الاخر واقام
الصلاة واتى الزكاة ولم يخش الا الله فعسى اوليك ان
يكونوا من المهتدين * نصر من الله وفتح قريب
لعبد الله ووليه معد ابى تميم الامام المستنصر بالله
امير المومنين صلوات الله عليه و على ابايه الطاهرين *
وابنايه الاكرمين مما آمر بانشا هذا الجامع المبارك
قبلة السيد الاجل امير الجيوش سيف الاسلام ناصر

---

[1] *Voyez* les *Inscriptions et Alphabets*, pl. VI, n°. 70.

[2] *Voyez* les *Inscriptions et Alphabets*, pl. VI, n°. 72.

الامام كافل فضاة المسلمين وهادى دعاة المومنين
ابو النجم بدر المستنصر بن عضد الله به الدين وامتع
بطول بقايه امير المومنين وادام قدرته واعلى كلمته ❊
فى رجب سنة خمس و ثمانين واربع مابة ❊ والحمد لله رب
العالمين وصلى الله على محمد خاتم النبييين وعلى اهل بيته
الطاهرين ❊

CHAPITRE V.

Inscriptions de la cinquième époque.

Les inscriptions de la cinquième époque sont au nombre de deux. La première existe encore sur la poutre transversale de soutenement placée au-dessus du chapiteau de la colonne nilométrique, et qui sert à l'affermir au milieu de son bassin, sur deux faces duquel elle est appuyée. La seconde inscription était autrefois au-dessus de la porte principale du meqyâs.

§. I. *Inscriptions en caractères soulous de la poutre de soutenement.*

Il paraît, ainsi que nous l'avons déjà remarqué ci-dessus[1], qu'après la reconstruction du meqyâs par le prince dénommé dans les dernières inscriptions ci-dessus, il ne s'y fit aucune réparation considérable : aussi n'y avons-nous trouvé aucune inscription postérieure, excepté celle qui est peinte sur cette poutre.

[1] Pages 404 et 427.

Cette inscription est en caractères modernes de la forme d'écriture appelée *soulous*, qui est commune aux Arabes et aux Turks; elle porte la date de l'année 247 de l'hégire (861 de l'ère chrétienne) : cependant il paraît qu'on l'a rétablie plusieurs fois en conservant la même date; son dernier rétablissement ne paraît même pas remonter à une époque éloignée de plus d'un demi-siècle. Ce placement a en effet eu lieu l'an 1180 de l'hégire (1766 de l'ère chrétienne), par les soins de Hamzah-pâchâ, qâymmaqâm du Kaire.

Cette inscription renferme le verset nommé *Ayat el-Koursy* 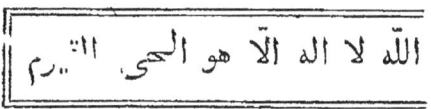 (Verset du Trône). Ce verset est le 256ᵉ de la deuxième sourate[1], intitulée *Sourat el-Baqarah* سورة البقرة (Chapitre de la Vache).

Voici cette inscription, avec sa traduction :

Le commencement se lit sur la face du côté méridional.

الله لا اله الا هو الحى ال..رم

Traduction.

DIEU! IL N'Y A POINT D'AUTRE DIEU QUE LUI,
VIVANT ET EXISTANT PAR LUI-MÊME.

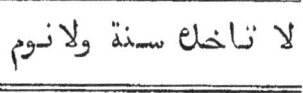

[1] Ce chapitre, le plus long de tout le Qorân, contient deux cent quatre-vingt-six versets, et a été donné à Médine.

DE L'ÎLE DE ROUDAH.

Traduction.

LE SOMMEIL ET LA FATIGUE NE PEUVENT LE SURPRENDRE.

لە ما فى السموات وما فى الارض

Traduction.

CE QUI EST DANS LE CIEL ET SUR LA TERRE
LUI APPARTIENT.

من ذا الذى يشفع عنك الا باذنه

Traduction.

QUEL EST CELUI QUI OSERA INTERCÉDER AUPRÈS DE LUI,
SI CE N'EST AVEC SA PERMISSION?

يعلم ما بين ايديهم وما خلفهم

Traduction.

IL SAIT CE QUE LES HOMMES ONT ENTRE LES MAINS,
ET CE QUI SERA APRÈS EUX;

ولا يحيطون بشيء من

Traduction.

ET EUX NE COMPRENDRONT RIEN DE *sa science*.

La suite de l'inscription est sur la face du côté septentrional. On lit d'abord le mot

علمه

Ce mot est nécessaire pour compléter le sens de la portion de phrase qui précède. Puis le même verset continue :

الّا بماشا

Traduction.

SI CE N'EST CE QU'IL VEUT BIEN QU'ILS SACHENT.

وسع كرسيه السموات والارض

Traduction.

SON TRÔNE EMBRASSE LES CIEUX ET LA TERRE ;

DE L'ILE DE ROUDAH.

ولا يؤده حفظهما وهو العلى العظيم

Traduction.

ET LA GARDE DU CIEL ET DE LA TERRE NE LUI DONNE AUCUNE PEINE,
PARCE QU'IL EST L'ÊTRE ÉLEVÉ ET GRAND.

وصلى الله على محمد النبى وعلى آله وسلم

Traduction.

ET QUE LA BÉNÉDICTION DE DIEU
SOIT SUR MAHOMET LE PROPHÈTE ET SUR SA FAMILLE,
AVEC LE SALUT DE PAIX!

فى جمادى الاخر سنه سبع واربعين وماىتىن

Traduction.

EN GEMADY SECOND[1], L'AN DEUX CENT QUARANTE-SEPT[2].

[1] Le mois de gemády second (ge-mády el-akher جادى الاخر, ou gemády el-tány جادى الثانى) est le sixième mois de l'année lu-naire des musulmans : ce mois n'a que vingt-neuf jours.

[2] Mot à mot, *l'an sept et quarante et deux cents*.

§. II. *Ancienne inscription arabe de l'entrée du meqyâs.*

On lisait autrefois au-dessus de la porte principale du meqyâs l'inscription arabe suivante :

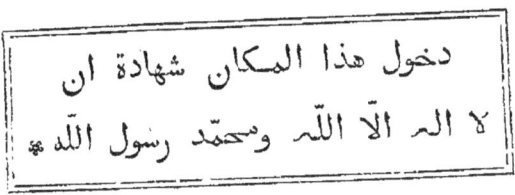

Traduction.

L'ENTRÉE DE CE LIEU
TÉMOIGNE QU'IL N'Y A PAS D'AUTRE DIEU QUE DIEU[1];
ET MAHOMET EST LE PROPHÈTE DE DIEU.

J'ai placé ici cette inscription, afin de compléter d'une manière absolument entière la collection de toutes les inscriptions qui ont été placées au meqyâs dans ses différentes époques : mais la pierre sur laquelle elle avait été gravée, était déjà tombée en ruine, ou avait été déplacée et enlevée avant notre arrivée en Égypte; car je n'ai pu, malgré mes recherches, la retrouver, ni même en reconnaître de traces.

[1] On sait que cette formule est consacrée par la religion des musulmans; un grand nombre de leurs inscriptions la contiennent, et il y a bien peu de leurs médailles sur lesquelles elle ne soit pas gravée. Cette formule est tellement sacrée dans tous les pays où la religion musulmane s'est répandue, que les nègres mêmes, qui ne parlent pas la langue arabe, en font continuellement usage. On a pris, sur les noirs révoltés de Saint-Domingue, des drapeaux portant cette inscription.

Cependant elle existait encore en 1737; Norden l'avait vue pendant son voyage au Kaire, et il en a donné une copie dans son ouvrage[1] : mais cette copie est mal figurée et inexacte; et il paraît qu'elle a été faite par une main plus accoutumée à tracer l'écriture moghrebine[2] que le beau caractère arabe, soit soulous[3], soit neskhy[4], dans lequel il paraît que cette inscription était tracée.

CHAPITRE VI.

Inscriptions de la sixième époque.

Les inscriptions qui constatent la sixième époque, ou les réparations faites au meqyâs par les Français, sont au nombre de trois : les deux premières, sur le dé de la colonne nilométrique, la troisième, au-dessus de la porte principale du meqyâs, à la place même qu'occupait l'inscription arabe de la cinquième époque, dont je viens de parler[5].

§. I. *Inscriptions françaises-arabes du dé de la colonne nilométrique.*

Sur les faces septentrionale et méridionale du nouveau dé dont le chapiteau de la colonne nilométrique

---

[1] *Voyage d'Égypte et de Nubie*, par Frédéric-Louis Norden, publié par L. Langlès. Paris, 1795.

[2] *Voyez* mon Mémoire sur les inscriptions koufiques recueillies en Égypte et sur les autres caractères employés dans les monumens arabes, page 137 et suiv. de ce volume.

[3] *Voyez* le n°. VII de la planche annexée à mon Mémoire sur les inscriptions koufiques recueillies en Égypte, page 168 de ce volume.

[4] *Ibid.* n°. VI.

[5] Page 532.

fut surmonté, on plaça les deux inscriptions suivantes à côté de l'échelle des doigts de la dix-huitième coudée, ainsi qu'elles sont ici figurées [1].

On traça sur la face occidentale de ce même dé l'inscription française suivante :

```
AN IX.
R. P. FR.
```

La face orientale fut décorée de l'inscription arabe suivante :

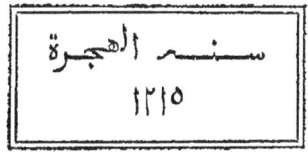

Traduction.

L'AN DE L'HÉGIRE [2] DOUZE CENT QUINZE.

---

[1] *Voyez* les *Inscriptions et Alphabets*, pl. VI, n° 73.

[2] Quoiqu'il n'y ait personne qui ne sache que l'hégire est l'ère particulière aux musulmans, le point d'où ils commencent à compter leurs années, je crois cependant utile d'ajouter ici les développemens suivans.

Cette ère prend pour époque la fuite de Mahomet hors de la Mekke avec ses nouveaux prosélytes, pour éviter la persécution des Qoreychites (*beny Qoreych* بني قريش).

Le mot *hegrah* هجرة signifie proprement *fuite*, et vient de la racine *hagara* هجر, séparer, abandonner, quitter sa patrie.

L'an 1er de l'hégire correspond en partie à l'an 622 de l'ère chrétienne et en partie à l'an 623, l'époque précise du commencement de l'ère de l'hégire étant le vendredi 16 juillet de l'année 622 de l'ère chrétienne.

§. II. *Inscription française et arabe du portique du meqyâs.*

Nous avons vu ci-dessus[1] que, lorsque le général en chef Menou eut fait réparer le meqyâs en l'an ix, on construisit un portique ou parvis extérieur à l'entrée de cet édifice; sous ce portique, au-dessus de la porte extérieure principale, on plaça une table de marbre blanc, sur laquelle était gravée en creux une double inscription alternativement en français et en arabe, pour constater les soins qu'il avait pris de ce beau monument.

J'ajouterai ici, dans les deux langues, cette inscription, qui porte en tête le sceau de Mohammed Abou-el-Tykân[2], alors qâdy du Kaire, et la formule sacrée dont nous avons vu que les musulmans ont coutume de faire précéder toutes leurs inscriptions :

---

[1] Pages 433 et 434.
[2] Mohammed abou-l-Tykân محمد ابو التيكان, surnommé el-A'rychy العريسى (natif d'el-A'rych العريش).

L'AN IX DE LA RÉPUBLIQUE FRANÇAISE,
ET 1215 DE L'HÉGIRE,

TRENTE MOIS APRÈS L'ÉGYPTE CONQUISE PAR BONAPARTE,

MENOU, GÉNÉRAL EN CHEF, A RÉPARÉ LE MEQYAS.

Le Nil répondait, dans ses basses eaux,
à 3 coudées 10 doigts de la colonne, le 10ᵉ jour après le solstice
de l'an VIII.

Il a commencé à croître au Kaire le 16ᵉ jour
après ce même solstice.

Il s'était élevé de 2 coudées 3 doigts au-dessus du fût
de la colonne,
le 107ᵉ jour après ce même solstice.

Il a commencé à décroître le 114ᵉ jour après ce solstice.
Toutes les terres ont été inondées.

Cette crue extraordinaire, de 14 coudées 17 doigts,
fait espérer une année très-abondante.

Le fût de la colonne est de 16 coudées:
La coudée est de 54 centimètres; elle se divise en 24 doigts.

٭ انه بتاريخ سنة تسعة للمشيخة الفرنساوية وسنة الف ومئتين
وخمسة عشر للهجرة ٭

٭ ثلاثين شهر من بعد افتتاح مصر من بونابرته امير الجيوش ٭

٭ رسم منوـ سرّ العسكر العام المقياس ٭

٭ فالنيل وقت الشحابيح كان قياسه على ثلاثة اذرع وعشرة
اصبع فى اليوم العاشر من بعد الاستواء من السنة الثامنة ٭

« وابتداء بالزيادة بمصر في اليوم السّادس عشر من بعد هذا الاستواء بعينه *

« وعلى ذراعين وثلاثة أصابع على بدن العامود مايةٍ وسبعةِ ايّامٍ من هذا الاستواءِ *

« وبَداءَ بالنُقصان في اليوم الرّابع عشر بعد المايةِ من هذا الاستواءِ ايضًا *

« فالرى عمّ الاراضى
فهذا الغيض الخارج عن المعتاد باربعة عشر ذراع وسبعة عشر اصبع الامل به لسنة خيرٍ وافرٍ جدًّا *

« اعلم ان بدن العامود طوله ستّةَ عشر ذراع *

« والذارع اربعةٍ وخَمسين شنتِمتر وهذا ينقسم إلى اربعةٍ وعشرين اصبع *

L'inscription française forme neuf lignes : elles ont été distinguées dans cette copie par un intervalle plus grand.

Il est à remarquer que cette première inscription, qui est, mot pour mot, la même que l'inscription arabe qui l'accompagne et la suit, ne présente cependant la traduction ni du sceau du qâdy, ni de la formule arabe qui l'accompagne.

J'ajouterai donc ici cette traduction, figurée comme dans l'inscription arabe:

L'inscription arabe forme dans la pierre gravée cinq lignes seulement, contenant le texte de suite, sans intervalle ni distinction dans les phrases qui la composent. Afin de rendre plus facile la comparaison qu'on voudrait en faire avec l'inscription française qui précède, et dont l'inscription arabe n'est que la traduction, j'ai eu soin, dans la copie que j'en donne, de couper les phrases comme cette première inscription les coupe elle-même.

CINQUIÈME PARTIE.

CHAPITRE Iᵉʳ.

Paléographie koufique.

Afin qu'on pût tirer des inscriptions koufiques du meqyâs une instruction paléographique qui, en faisant distinguer les formes diverses usitées pour l'écriture koufique dans les différens siècles pendant lesquels elle a été en usage, mît en état d'assigner facilement la date des inscriptions du même genre dans lesquelles l'année de leur gravure ne se trouverait pas exprimée, j'ai cru utile d'ajouter ici trois alphabets, dans chacun desquels j'ai réuni les formes des caractères koufiques qui sont particulièrement employées dans les inscriptions que j'ai regardées comme appartenant à chacune des trois premières époques du meqyâs [1].

Je ne répéterai point ici les considérations générales concernant ce genre d'écriture, ni les détails historiques dans lesquels je suis déjà entré en publiant mon Mémoire sur les inscriptions koufiques recueillies en Égypte et sur les différens caractères employés par les

---

[1] *Voyez* ci-dessus, pour la première époque et les inscriptions qui s'y rapportent, pages 390 et 480; pour la seconde époque, pages 393 et 490; et pour la troisième époque, pages 402 et 501.

Arabes dans leurs monumens[1] : mais, en y renvoyant ici le lecteur, j'ai cru cependant qu'il était indispensable de faire précéder les alphabets que je vais présenter de quelques observations préliminaires, qui serviront d'appendice et de supplément nécessaire à ce que j'ai déjà dit dans ce précédent mémoire.

§. I. *Concordance de l'alphabet koufique avec les alphabets des autres langues orientales.*

L'ordre naturel des élémens de l'alphabet koufique ne diffère point de celui que suivent les alphabets des Samaritains[2], des Hébreux tant anciens que modernes[3], des Chaldéens[4] et des Syriens; et cet ordre paraît indubitablement avoir été le même pour l'alphabet des Phéniciens[5], sous lequel se range aussi naturellement le

---

[1] Pages 137 et suiv.

[2] *Estos caracteres o letras que los Hebreos perdieron, o dexaron de usar, despues de su cautiverio en Babilonia, los retuvieron constantemente los de Samaria; y son los que hoi vemos en las monedas de Simon Macabeo, llamadas vulgarmente* Samaritanas, *por serlo las letras de que se componem sus inscripciones* .... Voyez, pages 1 et 2, la dissertation intitulée *De Alfabeto y Lengua de los Fenices y de sus colonias*, qui se trouve à la fin de la magnifique édition espagnole de Salluste.

[3] L'alphabet dont se servent les Juifs modernes, et que l'on nomme *rabbinique*, n'est qu'une altération des caractères hébreux anciens, dont toutes les formes angulaires ont été arrondies et tracées avec une sorte de négligence qui rend cette écriture beaucoup plus difficile à lire que celle des anciens Hébreux. Il y a aussi quelques différences entre les caractères dont se servent les Juifs allemands et ceux qu'emploient les Juifs espagnols et portugais.

[4] .... *Characteres Chaldaici iidem sunt ac Hebraici hodierni, quibus à captivitate Babylonica usi sunt Hebræi, et quibus Scriptura sacra ad nos transmissa est* ...... Voyez, page 1, la Grammaire hébraïque intitulée : *Praxis linguæ sacræ secundùm litteras spectatæ*, *auctore* P. Bonav. Giraudeau, *Societatis Jesu sacerdote*. Rupellæ, 1757, in-4°.

[5] *Jure statuere licet linguam*

caractère cadméen [1] ou grec primitif [2], ainsi que pour

Phœniciam, antiquis temporibus, eamdem prorsus fuisse ac Hebræam, quæ in libris hodie superstitibus exstat; quod probare conatus est Bochartus argumentis aliunde petitis, quibus nunc novam vim ac robur addunt monumenta ejus ævo nondum cognita..... Voyez, page 26, le savant opuscule intitulé : *Inscriptionis Phœniciæ Oxoniensis nova interpretatio*, auctore J. D. Akerblad; Parisiis, ex typographia reipublicæ, anno x (1802), in-8°.

Este lenguage Fenicio era sin controversia alguna un dialecto de la lengua Hebrea, mui semejante a ella, *y facil de entender para los Israelitas que vivian del otro lado del Jordan*; los quales entendian tambien a los Fenicios, a los Palestinos o Filisteos, y al resto de los habitadores de la tierra de Canaan......

Ni solo el idioma, sino tambien el alfabeto y letras o caracteres de los Fenices son en su fondo Hebreos, y se tomaron de los que usaban generalmente los Israelitas, antes que se separasen las diez tribus de las de Juda y de Benjamin.

Voyez, pages 1 et 2, la dissertatation citée ci-dessus, *De Alfabeto y Lengua de los Fenices y de sus colonias.*

nullas apud Græcos exstitisse litteras, ipsisque ne notam quidem scribendi artem fuisse. Cadmus igitur, cum Phœnicibus sociis ex Phœnice profectus, in Græciam transmisit, in Bæotia sedes posuit, illitteratis antea Græcis Phœnicias litteras tradidit nominaque litterarum, quæ ad nostram usque ætatem, nullo penè admisso discrimine, perseverant.....

Id verò narrat antiquissimus scriptorum Herodotus in Terpsichore, capite 58 : Οἱ δὲ Φοίνικες οὗτοι οἱ σὺν Κάδμῳ ἀπικόμενοι, τῶν ἔσαν οἱ Γεφυραῖοι, ἄλλά τε πολλὰ, οἰκήσαν[τες] ταύτην τὴν χώρην, ἐσηγαγον διδασκάλια ἐς τοὺς Ἕλληνας, καὶ δὴ καὶ γράμματα, οὐκ ἐόντα πρὶν Ἕλλησιν, ὡς ἐμοὶ δοκέει. Hoc est : Phœnices autem isti qui cum Cadmo advenerunt, quorum Gephyræi fuere, multas in Græciam disciplinas introduxerunt; imò etiam litteras, quæ apud Græcos, ut mihi videtur, antea non fuerant. Et primò quidem Græci formam et sonum litterarum, qualem à Phœnicibus acceperant, sine ulla mutatione in usu habuerunt : progressu verò temporis, uti solet accidere, tum quod ad sonum, tum quod ad formam litterarum, varietatis aliquid advectum est. Qua de re ibidem Herodotus : Πρῶτα μὲν, τοῖσι καὶ ἅπαντες χρέωνται Φοίνικες· μετὰ δὲ, χρόνου προβαίνοντος, ἅμα τῇ φωνῇ μετέβαλον καὶ τὸν ῥυθμὸν τῶν γραμμάτων. Περιοίκεον δέ σφεας τὰ πολλὰ τῶν χώρων τοῦτον τὸν χρόνον Ἑλλήνων Ἴωνες· οἳ παραλαβόντες διδαχῇ παρὰ τῶν Φοινίκων τὰ γράμματα, μεταρρυθμίσαντές

[1] Concors penè veterum scriptorum opinio est, Græcos à Phœnicibus litteras esse mutuatos, et ante Cadmi ætatem (florebat autem Cadmus Agenoris filius, ut putatur, tempore Josuæ, annis circiter ante Christum natum mille quingentis)

[2] *Voyez*, page suivante, la note *.

l'alphabet des Palmyréniens[1], et j'ajouterai même pour l'alphabet cursif des anciens Égyptiens, retrouvé dans la célèbre pierre de Rosette[2].

σφῶων ὀλίγα, ἐχρέωντο· χρεώμενοι δὲ, ἐφάτισαν, ὥσπερ καὶ τὸ δίκαιον ἔφερε, ἐσαγαγόντων Φοινίκων ἐς τὴν Ἑλλάδα, Φοινικήια κεκλῆσθαι. *Id est* : Et primò quidem illæ exstiterunt quibus omnes Phœnices utuntur : progressu temporis, unà cum sono mutaverunt et modulum litterarum. Eà verò tempestate in plerisque, circà locis eorum accolæ Iones erant, qui, cùm à Phœnicibus litteras edidicissent, formâ paucarum quarumdam ad ritum suum immutatâ, iis utebantur, et utentes edixerunt, ut æquitas etiam postulabat, cùm Phœnices eas in Græciam introduxissent, *Phœnicias* esse nominandas. *Ex hisce porrò dictis colligas, veteres illas Ionicas litteras aliquantùm diversas fuisse à Phœniciis* . . . .
Voyez, pages 115 et 116, *Palæographia Græca, sive de ortu et progressu litterarum Græcarum, operâ et studio* D. Bernardi de Montfaucon, *sacerdotis et monachi Benedictini è congregatione Sancti Mauri.* Parisiis, 1708, in-fol.

* *When we compare the ancient Greek with the Phenician and Samaritain alphabets, no doubt can remain of their origin; and it is probable that the use of letters travelled progressively from Chaldea to Phenicia, and thence, along the coast of the Mediterranean sea, to Crete and Ionia, whence it might readily have passed over into Greece.* . . . . (Fry's Pantographia, pag. 107.)

L'opinion qu'établit le célèbre Montfaucon, et qui a paru extrêmement probable au plus grand nombre des savans antiquaires, est que l'alphabet donné originairement à la Grèce par Cadmus, consistait seulement dans les seize lettres suivantes,

Α Β Γ Δ Ε Ι Κ Α Μ Ν Ο Π Ρ Σ Τ Υ,

dont l'ordre et les valeurs tant alphabétiques que numériques correspondent en grande partie à l'alphabet phénicien et à ceux des autres langues orientales.

[1] « Nous connaissons l'alphabet palmyrien, et nous savons qu'il est composé de vingt-deux élémens, ainsi que l'avait observé saint Épiphane dans son Traité contre les hérésies. Le même auteur paraît persuadé que la langue de Palmyre ne différait pas du syriaque...... » *Voyez*, page 20, le mémoire intitulé : *Réflexions sur l'alphabet et sur la langue dont on se servait autrefois à Palmyre;* par M. l'abbé Barthélemy, de l'Académie royale des inscriptions et belles-lettres, garde du Cabinet des médailles du roi. Paris, 1754.

[2] Cette pierre a été découverte dans la ville même de Rosette, en messidor an VII, par M. Bouchard, officier du génie : elle a environ trois pieds (975 millimètres) de hauteur, sur vingt-sept pouces (732 millimètres) de largeur, et dix pouces (271 millimètres) d'épaisseur; elle est di-

L'alphabet moderne de la langue arabe ne diffère lui-même de cet ordre naturel à tous les idiomes orientaux que par l'intercalation de six lettres additionnelles, *The* ث (Tʜ), *Kha* خ (Kʜ), *Dzal* ذ (Dz), *Ddad* ض (Dᴅ), *Dha* ظ (Dʜ) et *Ghayn* غ (Gʜ), qui ont été ajoutées postérieurement par les nouveaux grammairiens. Ce n'est que par l'addition de leurs points que ces nouvelles lettres diffèrent des lettres simples *Te* ت (T), *Hha* ح (Hʜ), *Dal* د (D), *Ssad* ص (Ss), *Tta* ط (Tᴛ) et *A'yn* ع (A'); et cette différence est absolument nulle dans l'écriture koufique,

visée en trois inscriptions horizontales. L'inscription supérieure, en grande partie fracturée, contient quatorze lignes d'hiéroglyphes, dont les figures, de six lignes de dimension, sont rangées de gauche à droite.

La seconde inscription est la plus entière; elle est composée de trente-deux lignes de caractères alphabétiques qui suivent le sens inverse de l'inscription supérieure, et qui sont des lettres cursives de l'ancienne langue égyptienne. J'ai retrouvé des formes identiques sur quelques fragmens de papyrus et sur quelques bandes de toile faisant partie des enveloppes intérieures de momies humaines. Feu M. Raige, mon ami particulier, dont la Commission d'Égypte regrette bien justement la perte, avait commencé l'interprétation de cette inscription.

L'inscription grecque, placée au-dessous des deux autres, renferme cinquante-quatre lignes, dont les dernières sont plus ou moins tronquées. Elle est remarquable, sous le rapport archéologique, en ce qu'elle contient plusieurs mots qui ne sont point grecs, mais égyptiens, et que nous avons retrouvés dans l'inscription égyptienne intermédiaire : je citerai, entre autres, celui de ⲪⲐⲀ (Dieu), qui s'écrirait en caractères qobtes modernes ⲪⲐⲀ *Phtha*.

L'inscription cursive nous donne de même [glyph] *Ftahh* en ancien égyptien.

Ces mots indiquent, par leur insertion dans le texte grec de cette inscription, l'époque à laquelle, malgré les efforts des Ptolémées pour abolir la langue idiotique des Égyptiens, elle commençait à se mêler avec celle des Grecs, leurs conquérans; mélange qui, s'augmentant successivement, a fini, vers le ive siècle de l'ère chrétienne, par former la langue qobte moderne.

qui n'admet aucune espèce de ponctuation diacritique, et qui est antérieure à cette innovation.

On est même encore obligé de suivre cet ancien ordre dans l'usage de l'alphabet moderne pour faire correspondre aux lettres arabes leur valeur numérique : cette valeur, qui leur a été assignée dès les temps les plus anciens, et qui n'a pas suivi le dérangement postérieur de l'alphabet, est absolument semblable à celle des lettres homogènes en hébreu. La seule inspection de l'alphabet arabe moderne suffit pour faire présumer que l'ordre actuellement établi par les nouveaux grammairiens dans l'arrangement de la série des caractères qui le composent, n'a eu pour but que de réunir ensemble les lettres de même figure, en intervertissant l'ordre naturel de l'ancien alphabet.

Si nous avions pu conserver jusqu'à nos jours une connaissance bien certaine et bien précise de l'ancienne prononciation de la langue hébraïque, nous pourrions sans doute déterminer la raison qui a pu porter les Arabes à admettre ces six lettres d'augmentation et à les intercaler dans leur ancien alphabet; car il y a lieu de présumer que les Hébreux prononçaient leur *Tau* ת tantôt comme T et tantôt par un son intermédiaire entre le T et l's, comme le TH des Anglais ou le Θ des Grecs et le *The* ث des Arabes [1] ; qu'ils aspiraient quel-

---

[1] תו Tau. *Alphabetum Murbacense habet etiam* Tau; *sed Eusebius et Ms. Jes.* Θαῦ, Thau. *Veteres semper* Θ *reddunt, non* T. Voyez, page 397, le tome II du savant ouvrage intitulé : *Hexaplorum Origenis quæ supersunt, multis partibus auctiora quàm à* Flaminio Nobilio *et* Joanne Drusio *edita fuerint, ex manuscriptis et ex libris editis eruit et notis illustravit* D. Bernardus de Montfaucon, *monachus Benedictinus è congregatione S. Mauri.* Parisiis, 1713, 2 vol. in-fol.

quefois durement et d'une manière gutturale leur lettre *Hheth* ח, et la prononçaient dans certains mots comme le *Kha* ج des Arabes ou le χ des Grecs[1], etc., par là même que, dans leur alphabet maintenant usité, un point mis à droite ou à gauche sur la lettre ש en fait un *Chin* ou un *Sin*[2]. Quoique les Hébreux n'aient pas mis la même distinction sur leurs autres lettres correspondantes à celles des Arabes que je viens de nommer ci-dessus, cela n'empêche point de conjecturer qu'elle n'ait pu réellement subsister dans la prononciation consacrée par l'usage, et, conséquemment, que cela n'ait donné lieu aux Arabes de la faire dans leur alphabet moderne.

---

[1] היר׳ן Hheth. *Eusebius et Cod. Jes. 38 legunt, cum aspirata scilicet, etsi in postremo non legatur spiritus. Alph. Murbac.* Heth. *Hanc litteram Septuaginta legebant per* X, Chi, *ut notat Hieronymus,* Quæst. in Gen., *ut* חם Χαμ Cham, *et in Jeremiam, cap.* xix, v. 2, *de voce* הרמיה *hæc habet : Et pro porta fictili Aquila, Symmachus et Theodotio ipsum verbum posuerunt Hebraïcum* Harsith : *pro quo Septuaginta, juxta morem suum, pro aspiratione* Heth *litteræ, addiderunt* Chi *græcum, ut dicerent charsith pro arsith; sicut illud est, pro Hebron, Chebron, et pro Jericho, Jericho, et similia........* (Origen. Hexapl. tom. ii, pag. 395.)

[2] שין Schin. שׂין Sin. *Figura illa* ש, *cum puncto in dextro cornu, sic,* שׁ, *profertur cum stridore, ut* ch *in vocibus Gallicis* charité, chemin, chien, *etc., sive ut* ſch *Germanorum aut* sh *Anglorum. At, cùm punctum illud in sinistro cornu pingitur, sic,* שׂ, *eumdem fermè sonum obtinet ac* ס Samech, *cum quo à vulgo etiam Judæorum hodie confunditur. Imò Ephrathæi* שׂ *olim pronuntiabant ut* שׁ; *nempe* שבלת sibboleth, *pro* שׁבלת chibboleth, *aut schibboleth; quo symbolo proditi perierunt ex eis quadraginta duo millia. Vide lib.* Judic. c. xii. *Quare* שׂ *dicitur,* Sin Sibboleth, *seu Ephrathæum;* שׁ *verò,* Schin Schibboleth, *seu Hebræum.*

Voyez, p. 7 du tome 1er, *Grammatica Hebraïca et Chaldaïca ex optimis quæ hactenus prodierunt, novâ facilique methodo concinnata: accedunt varia litteraturam Hebraïcam spectantia : auctore Domno* Petro Guarin, *presbytero et monacho ordinis Sancti Benedicti, è congregatione S. Mauri.* Lutetiæ Parisiorum, 1724, 2 vol. in-4°.

On peut croire encore que l'étendue considérable des pays où l'on parle la langue arabe, et les différens dialectes qu'embrasse cette langue, ont pu motiver l'introduction dans son alphabet de ces lettres d'augmentation, devenues nécessaires pour peindre de nouveaux sons inconnus peut-être à l'ancien idiome des Arabes, et successivement modifiés par la nature différente des pays où il s'est progressivement répandu.

C'est ainsi que dans la langue arabe elle-même, en se bornant, pour ainsi dire, à son domaine propre et spécial, on voit déjà le dialecte moghrebin ou moresque, particulier aux peuples qui couvrent toute la côte de la Barbarie, ou ancienne Mauritanie, depuis les confins de l'Égypte jusqu'aux extrémités de l'empire de Maroc, changer deux signes de l'alphabet arabe oriental, en peignant ainsi ڢ avec un point inférieur la lettre *fé*, qui partout ailleurs est marquée d'un point supérieur (ف), et en employant ce dernier signe pour exprimer la lettre *qáf*, toujours caractérisée chez les autres Arabes par deux points supérieurs (ق). Ce changement était cependant d'autant moins nécessaire pour eux, qu'ils conservent à ces deux lettres, quoique différemment ponctuées, la même prononciation que leur donnent les autres peuples qui parlent la langue arabe[1].

Mais, dans la suite, ce fut avec bien plus de raison que les diverses nations de l'Orient chez lesquelles les

---

[1] Voy. *Grammatica linguæ Mauro-Arabicæ, juxta vernaculi idiomatis usum, opera et studio* Francisci de Dombay, *Cæs. Reg. linguarum Orientalium interpretis.* Vindobonæ, 1800.

Arabes ont porté leurs armes victorieuses, et auxquelles ils ont fait adopter, en même temps que leur religion, leur système d'écriture, ne trouvant pas dans cet alphabet tous les moyens de peindre les sons étrangers à cette langue qui étaient particuliers à leurs propres idiomes, ont pris le parti d'ajouter des points à quelques-unes de ces lettres pour en former les lettres nouvelles qui leur étaient nécessaires. Ainsi les Persans ont posé trois points sous les lettres *Be* ب (B) et *Gym* ج (G) des Arabes pour en former leurs lettres *Pe* پ (P) et *Tchym* چ (TCH) : ils se sont servis de trois points placés au-dessus des lettres arabes *Ze* ز (Z) et *Kief* ک (K) pour en faire leurs lettres *Je* ژ (J) et *Guief* گ (GUI) que cette première langue n'avait pas [1].

La langue hindostane a aussi adopté les modifications que les Persans ont données à quelques caractères arabes [2].

Les Turks ont de même introduit dans l'alphabet arabe, dont ils se servent, les lettres *Pe* پ (P), *Tchym* چ (TCH), et *Je* ژ (J), formées par les Persans, et aux-

---

[1] *Voyez* l'excellent ouvrage intitulé :

كتاب شكرستان در نحوي
زبان پارسي تصنيف
يونس اوكسفردي

Grammaire Persane, traduite de l'anglais de M. Jones, associé du collège nommé de l'Université à Oxford, membre des Soc. royales de Londres et de Copenhague. Londres, 1772.

[2] *Voyez*, pages 1 et 5, *Viri plur. reverendi* Benjamin Schulzii, *missionarii Evangelici, Grammatica Hindostanica, collectis in diuturna inter Hindostanos commoratione in justum ordinem redactis, ac largâ exemplorum luce perfusis regulis constans, et missionariorum usui consecrata. Edidit, et de suscipienda barbararum linguarum cultura præfatus est D. Jo. Henr. Callenberg, theol. et philos. prof. public. ord.* Halæ Saxonum, in typographia Instituti Judaïci, 1745.

35.

quelles, pour cette raison, ils ont donné l'épithète de *A'gemy* عجمي (étrangères, persanes); mais, à l'égard du *Guief* ڭ (GUI), en lui donnant le même surnom qu'aux trois lettres précédentes, et lui attribuant la même prononciation que les Persans, ils se sont le plus souvent contentés de le conformer comme le simple *Kief* ك (K) des Arabes, sans y joindre de points, réservant cette distinction pour former une nouvelle lettre, le *Ssâghyr Noun*[1] ڭ (GN), qui devenait nécessaire pour exprimer un son particulier à leur idiome, et qu'ils ne trouvaient ni dans l'alphabet des Arabes, ni dans celui des Persans[2].

Les Malais ont aussi eu besoin d'ajouter de nouveaux signes à l'alphabet arabe qu'ils ont adopté : ils ont

---

[1] *Ssâghyr Noun* صاغير نون. Voyez, pages 2 et 4, Francisci à Mesgnien Meninski *Institutiones linguæ Turcicæ, cum rudimentis parallelis linguarum Arabicæ et Persicæ : editio altera, Methodo linguam Turcicam suo marte discendi aucta, curante* Adamo Francisco Kollar, *Hungaro Neosoliensi, Augustæ bibliothecæ Vindobonensis custode.* Vindobonæ, ex typographeo Orientali Schilgiano, 1756.

[2] *Voyez,* pag. 8 et 9, *Rudimenta grammatices linguæ Turcicæ, quibus ejus præcipuæ difficultates ita explanantur, ut facilè possint à quolibet superari, viam monstrante* Andreâ du Ryer, *Marciniacensi, pro Christianissimo Rege et ejus nationibus in Ægypto exconsule.* Parisiis, ex typographia Antonii Vitray, in Collegio Longobardorum, 1630.

Grammaire turque, ou Méthode courte et facile pour apprendre la langue turque. Constantinople, 1730.

Élémens de la langue turque, ou Tables analytiques de la langue turque usuelle, avec leur développement; par M. Viguier, *préfet apostolique des établissemens de la congrégation de la mission dans le Levant.* Constantinople, de l'imprimerie du palais de France, 1790.

Primi Principj della Grammatica Turka, ad uso dei missionari apostolici di Costantinopoli, composti da Cosimo Comidas de Carbognano, *Costantinopolitano, cavaliere aurato della S. Sede, ed interprete del regio ministero di S. M. Cattolica in Costantinopoli.* In Roma, 1794, nella stamperia della sacr. Congr. di propag. fide.

d'abord emprunté des Persans leur lettre ج (TCH) qu'ils appellent *Tchâ* چ ; puis, en mettant trois points, soit au-dessus, soit au-dessous des caractères arabes *A'yn* ع (A'), *Fé* ف (F), *Kéf* ك (K) et *Ye* ى (Y), ils en ont formé leurs quatre lettres *Ngâ* غ (NG), *Pâ* ڤ (P), *Gâ* ڬ (G) et *Njâ* ݖ (NJ), pour exprimer des sons qui leur sont particuliers [1].

Les Javanais se servent aussi de l'alphabet arabe avec les mêmes modifications qui y ont été introduites par les Malais [2].

Un manuscrit assez curieux de la langue des Madécasses [3], dont j'ai fait l'acquisition [4], prouve que ces peuples ont suivi la même marche en adoptant l'alphabet arabe pour écrire leur idiome. Quelques autres langues de l'Inde dont je possède également des manu-

---

[1] *Voyez* Maleische Spraakkunst uit de eige schriften der Maleiers opgemaakt, met eene Vooreden behelzende eene inleibing tot dit werk, door George Henrick Werndly. Ge Amsterdam, 1736.

The Malays have not any proper national character, except that which has been introduced by the Mohammedan priests, who have from time to time settled on the peninsula of Malacca and the adjacent islands : therefore it resembles the Arabic Neshki alphabet, excepting some slight alterations to express a sound which the Arabians had no character to delineate.....

Voyez, page 5, *a Dictionary of the Malay tongue, as spoken in the peninsula of Malacca, the islands of Sumatra, Java, Borneo, Pulo-Pinang, etc., to which is prefixed a Grammar of that language : by* John Howison, *M. D.* London, printed at the Arabic and Persian press, 1801.

[2] *Voyez*, pages 92 et suivantes, Hadriani Relandi *Dissertationum miscellanearum pars tertia et ultima*. Trajecti ad Rhenum, 1708.

[3] Ces peuples, qu'on a nommés aussi *Madégasses* et *Malgaches*, sont les habitans de la grande île de Madagascar; on a imprimé à l'Ile de France un vocabulaire abrégé de leur langue.

[4] Ce manuscrit, de format in-4°, écrit sur des portions de *liber*, ou écorce intérieure d'arbre, renferme des fragmens du Qorân avec quelques autres prières mahométanes, et des figures magiques à l'usage des prêtres de Madagascar.

scrits, ajoutent même jusques à quatre point aux lettres de l'alphabet arabe qu'elles emploient.

Ces exemples suffiront pour faire sentir combien le système de l'écriture arabe se prêtait facilement à l'introduction des nouvelles lettres qui, comme je l'ai dit ci-dessus, avaient été inventées par les grammairiens arabes, et ajoutées à l'alphabet ancien, dont les caractères n'excédaient pas originairement le nombre que nous présente l'alphabet koufique.

Mais ce n'est pas même aussitôt après leur invention que ces lettres furent intercalées aux places qu'elles occupent maintenant dans l'alphabet moderne : elles furent d'abord, comme additions supplémentaires, placées simplement, après toutes les autres, à la fin de l'alphabet ancien et naturel, dont elles n'intervertissaient point l'ordre ; et l'on peut en regarder comme une preuve les mots factices par lesquels les grammairiens arabes apprennent, même à présent encore, la lecture de l'alphabet à leurs écoliers, et qui renferment précisément cet arrangement intermédiaire entre l'ordre ancien et l'ordre nouveau.

Afin qu'on puisse mieux se convaincre de ce que je viens d'exposer, je donnerai ici ces mots techniques, qui servent, pour ainsi dire, de mémoire artificielle aux maîtres et aux élèves, en y ajoutant l'ordre et la valeur alphabétique des lettres dont ils sont composés :

* حطي * هوز * ابجد *

Y. Tt. Hh.   Z. W. H.   D. G. B. A.
10. 9. 8.   7. 6. 5.   4. 3. 2. 1.

DE L'ILE DE ROUDAH.

        ﴾ قرشت ﴿   ﴾ سعفص ﴿   ﴾ كلمن ﴿

        T. Cn. R. Q.   Ss. F. A'. S.   N. M. L. K.
        22. 21. 20. 19.   18. 17. 16. 15.   14. 13. 12. 11.

Ces mots comprennent en effet seulement les vingt-deux lettres qui renferment l'alphabet ancien, et qui sont en même nombre que les élémens de l'alphabet koufique; les maîtres de lecture ajoutent ensuite, pour y réunir les lettres d'augmentation, les deux mots suivans où elles sont contenues, et qui complètent entièrement les vingt-huit lettres du nouvel alphabet.

               ﴾ ضظغ ﴿   ﴾ ثخذ ﴿

               Gh. Dh. Dd.   Dz. Kh. Th.
               28. 27. 26.   25. 24. 23.

L'alphabet moghrebin ou moresque, dont j'ai parlé ci-dessus[1], et qui a conservé dans les formes de ses lettres beaucoup du style des caractères koufiques, présente aussi, dans les mots factices dont se servent les maîtres de lecture pour l'enseigner, cet ordre ancien, avec quelques légères différences. J'ai donné des détails suffisans, concernant ce genre d'écriture, dans mon précédent Mémoire sur les inscriptions koufiques et les autres caractères employés par les Arabes dans les monumens[2]; j'y renverrai donc de même le lecteur, et je me contenterai de donner ici ces mots factices, rangés suivant l'ordre moghrebin, d'après la Grammaire de M. de Dombay, ci-dessus citée[3] :

---

[1] *Voyez* ci-dessus, page 546.
[2] *Voyez* ci-dessus, page 137.
[3] *Voyez* la note 1 de la page 546 de ce volume.

* اب‍جد * ه‍وز * ح‍طی * ک‍ل‍م‍ن *

N. M. L. K.   Y. Tt. Hh.   Z. W. H.   D. G. B. A.
14. 13. 12. 11.   10. 9. 8.   7. 6. 5.   4. 3. 2. 1.

* نح‍ذ * ق‍رش‍ت * سعفص *

Dz. Kh. Th.   T. S. R. Q.   Dd. F. A'. Ss.
25. 24. 23.   22. 21. 20. 19.   18. 17. 16. 15.

* ظ‍غ‍ش *

Ch. Gh. Zz.
28. 27. 26.

Le tableau suivant présentera la concordance exacte qui existe, soit dans leur ordre, soit dans leurs valeurs alphabétique et numérique, entre l'alphabet koufique et ceux des autres langues orientales que je viens de dénommer au commencement de ce paragraphe; j'y ai ajouté l'alphabet arabe moderne, dépouillé des six lettres d'augmentation qui ont été intercalées dans la série de ses caractères. Ce dernier alphabet, moyennant cette réduction, se trouve rappelé à son ordre naturel, et se coordonne aussi parfaitement avec les quatre autres dans ses différentes valeurs.

§. II. Alphabet comparatif des caractères phénicien, samaritain, grec, gréco-égyptien, palmyrénien, hébréo-chaldéen, syriaque, arabe moderne et koufique [1].

---

[1] *Voyez* les *Inscriptions et Alphabets*, pl. vii et viii.

§. III. *Concordance de l'alphabet koufique avec l'alphabet stranghelo.*

L'opinion généralement établie, comme nous l'avons dit déjà[1], est que le caractère koufique est dérivé du caractère appelé *stranghelo*, ou mieux encore, *estranghela*, ܐܣܛܪܢܓܝܠܐ, qui a été particulier aux anciens Syriens, et qui, par ses formes carrées et ses traits angulaires, s'éloigne en effet beaucoup du caractère syriaque moderne, toujours élégamment arrondi, et se rapproche beaucoup plus du style du caractère koufique. J'ajouterai ici un alphabet comparatif des formes des caractères qui composent les deux alphabets.

ALPHABET COMPARATIF DES CARACTÈRES STRANGHELO ET KOUFIQUE[2].

§. IV. ALPHABET KOUFIQUE, TIRÉ DES INSCRIPTIONS DE LA PREMIÈRE ÉPOQUE DU MEQYAS[3].

§. V. *Observations sur l'alphabet koufique de la première époque du meqyâs.*

Ce caractère est, en général, traité d'une manière pure et assez élégante; et, quoique les formes des let-

---

[1] *Voyez* mon Mémoire sur les inscriptions koufiques recueillies en Égypte et sur les autres caractères employés dans les monumens des Arabes, p. 137 et suiv. de ce vol.

[2] *Voyez* les *Inscriptions et Alphabets*, pl. VIII.

[3] *Voyez* les *Inscriptions et Alphabets*, pl. IX, X et XI.

tres qui le composent soient très-oblitérées par le frottement annuel de l'eau, on peut cependant les deviner facilement et les reconnaître d'après les formes identiques qui se trouvent dans les autres faces de la colonne où la même inscription est répétée.

Les formes médiales non liées et finales liées de l'*élif* sont tirées du dernier mot des inscriptions de la dernière coudée, de l'avant-dernière et de l'antépénultième; les formes médiales liées et finales non liées sont les mêmes que les précédentes, suivant le système de cette écriture.

La forme médiale liée du *be* est tirée du premier mot de l'inscription de la dernière coudée; la forme initiale et médiale non liée est tracée d'après celle-ci, dont on a retranché le trait de jonction. La forme finale liée de cette même lettre, devant être la même que celle du *te* final, a été tracée d'après celle-ci, et elle a également servi de modèle pour former la forme finale non liée en supprimant la liaison.

Les formes du *gym* sont les mêmes que celles du *khâ*, dont je parlerai ci-après.

Les formes du *ze* ont dû être les mêmes que celles du *re*.

Les formes du *hhâ* sont aussi les mêmes que celles du *khâ*, et je renvoie à ce que j'en dirai ci-après.

La forme initiale ou médiale non liée du *dâl* est tirée du dernier mot des inscriptions des trois coudées; la forme médiale liée a été tracée d'après celle-ci, à laquelle on a ajouté le trait horizontal de jonction. Les formes finales non liées et liées sont les mêmes que les deux précédentes.

Les formes initiales et médiales du *he* manquent totalement dans trois inscriptions. La forme finale non liée a été prise du second mot des trois inscriptions; la forme finale liée est la même, en y ajoutant le trait horizontal de liaison.

Les formes du *ouâou* manquent dans les inscriptions de cette époque.

Les formes initiales et médiales non liées du *ye* sont les mêmes que celles du *be* dont j'ai déjà parlé ci-dessus : les formes finales doivent être différentes de celles de cette dernière lettre; elles manquent dans trois inscriptions.

Les formes du *kêf*, tant initiales que finales, manquant également, j'ai dû présumer qu'elles devaient, comme dans le caractère de la seconde époque, être presque identiques avec celles du *dâl;* mais je n'ai pas osé les suppléer.

D'après le type spécial des inscriptions de cette époque, les formes initiales, médiales et finales non liées du *lâm* ne pouvant être autre chose que celles du *be*, correspondantes aux traits d'une tête élevée au niveau de l'*alif*, c'est d'après cette indication que je les ai tracées.

La forme initiale non liée du *khâ* est tirée du premier mot de l'inscription de l'antépénultième coudée; cette même forme a dû donner celle des lettres *gym* et *hhâ*. La forme médiale de ces mêmes lettres n'est autre chose que la forme initiale, à laquelle est ajouté le trait horizontal de jonction. Les formes finales de la même lettre sont composées par analogie des formes initiales, auxquelles on a ajouté le trait inférieur recourbé à angle droit, qui, comme nous l'avons vu dans le *a'yn* de l'inscription de la dernière coudée, est la forme affectée à ce genre de lettres finales.

Les inscriptions de cette époque ne présentent point de ligatures.

§. VI. ALPHABET KOUFIQUE, TIRÉ DES INSCRIPTIONS DE LA SECONDE ÉPOQUE DU MEQYAS[1].

§. VII. *Observations sur le caractère de la seconde époque.*

Le caractère des inscriptions de cette époque présente en général plus d'élégance et de précision dans ses formes que celui de la première époque.

Les formes, tant initiales que médiales et finales, du *gim*, du *hhâ* et du *khâ*, diffèrent de celles de la première époque, en ce que la barre diagonale qui divise la ligne horizontale de jonction, au lieu d'être droite comme dans l'époque précédente, reçoit une inflexion à son extrémité, et se retourne horizontalement en forme de crochet.

Les formes du *dâl*, du *dzâl* et du *re*, sont également les mêmes que dans la première époque.

[1] *Voyez* les *Inscriptions et Alphabets*, pl. XI, XII et XIII.

§. VIII. ALPHABET KOUFIQUE, TIRÉ DES INSCRIPTIONS
DE LA TROISIÈME ÉPOQUE DU MEQYAS[1].

§. IX. LIGATURES KOUFIQUES[2].

CHAPITRE II.

Paléographie karmatique.

L'écriture karmatique est postérieure à l'écriture koufique, dont elle est dérivée et qu'elle a remplacée.

Son alphabet suit le même système que l'alphabet koufique; il observe le même ordre dans la série des caractères qui le composent, et les lettres correspondantes ont des valeurs homogènes : ainsi les observations dont j'ai fait précéder les trois alphabets koufiques ci-dessus[3], sont presque entièrement communes aux alphabets karmatiques que je vais présenter.

Je crois m'être suffisamment étendu sur ce qui concerne le caractère karmatique, dans mon précédent Mémoire sur les inscriptions koufiques recueillies en Égypte et sur les autres caractères employés par les Arabes dans leurs monumens[4]; je prendrai donc le

---

[1] *Voyez* les *Inscriptions et Alphabets*, pl. XIV, XV et XVI.

[2] *Voyez* les *Inscriptions et Alphabets*, pl. XVII, XVIII, XIX et XX.

[3] *Voyez* les *Inscriptions et Alphabets*, pl. IX et X; pl. XI, XII et XIII; pl. XIV, XV et XVI.

[4] Pag. 137 et suiv. de ce vol.

parti de ne point répéter inutilement ici les détails que j'y expose, et d'y renvoyer le lecteur.

Afin de remplir pour ce genre d'écriture le but paléographique que je me suis déjà proposé[1] pour les caractères koufiques, je donnerai également ici trois alphabets karmatiques, dont chacun est relatif à l'une des inscriptions de ce caractère que j'ai publiées et expliquées dans ce mémoire[2].

Quoique ces trois inscriptions soient absolument de la même époque et offrent dans leur date la même année, chacune d'elles présente cependant, dans la contexture et l'élégance des traits dont leurs caractères sont composés, des variantes assez considérables pour qu'il me soit impossible de les négliger sans rendre mon travail moins complet qu'il ne doit l'être, et moins utile au but général que j'ai eu en vue : j'ai donc cru devoir réunir ces variantes séparément dans des alphabets particuliers, afin qu'on pût facilement en établir la comparaison, et y trouver les documens nécessaires pour ne point être arrêté dans la lecture des autres inscriptions karmatiques auxquelles on voudrait en faire l'application.

§. I. ALPHABET KARMATIQUE, TIRÉ DE LA PREMIÈRE INSCRIPTION DU MEQYAS[3].

---

[1] Page 539 et suivantes de ce volume.

[2] *Voyez* ci-dessus, pour la première inscription, page 507; pour la seconde, page 521; et pour la troisième, page 524.

[3] *Voyez* les *Inscriptions et Alphabets*, pl. XXI, XXII et XXIII.

§. II. ALPHABET KARMATIQUE, TIRÉ DE LA SECONDE INSCRIPTION DU MEQYAS[1].

§. III. ALPHABET KARMATIQUE, TIRÉ DE LA TROISIÈME INSCRIPTION DU MEQYAS[2].

LIGATURES KARMATIQUES[3].

---

[1] *Voyez* les *Inscriptions et Alphabets*, pl. XXIV, XXV et XXVI.
[2] *Voyez* les *Inscriptions et Alphabets*, pl. XXVII, XXVIII et XXIX.
[3] *Voyez* les *Inscriptions et Alphabets*, pl. XXX, XXXI, XXXII, XXXIII, XXXIV, XXXV et XXXVI.

SIXIÈME PARTIE.

TEXTES DES AUTEURS CITÉS DANS CE MÉMOIRE.

CHAPITRE I.

Extraits d'auteurs grecs.

§. I.

HOMÈRE.

N°. 1.

ΖΕ'ΥΣ γὰρ ἐπ' Ὠκεανὸν μετ' ἀμύμονας Αἰθιοπῆας
χθιζὸς ἔβη μετὰ δαῖτα (θεοὶ δὲ ἅμα πάντες ἕποντο).
Δωδεκάτῃ δέ τοι αὖθις ἐλεύσεῖαι οὐλυμπόνδε.
(*Iliad.* lib. 1, v. 423.)

N°. 2.

.... Θέουσα δὲ Ἶρις ἐπέστη
Βηλῷ ἐπὶ λιθέῳ........................
.... Εἶπε δὲ μῦθον·
Οὐχ ἕδος· εἶμι γὰρ αὖθις ἐπ' Ὠκεανοῖο ῥέεθρα,
Αἰθιόπων ἐς γαῖαν, ὅθι ῥέζουσ' ἑκατόμβας
Ἀθανάτοις, ἵνα δὴ καὶ ἐγὼ μεταδαίσομαι ἱρῶν.
(*Ibid.* lib. XXIII, v. 201.)

§. II.

HÉRODOTE.

N°. 3.

ἜΛΕΓΟΝ δὲ καὶ τόδε μοι μέγα τεκμήριον περὶ τῆς χώρης ταύτης οἱ ἱρέες, ὡς ἐπὶ Μοίριος βασιλῆος, ὅκως ἔλθοι ὁ ποταμὸς ἐπὶ ὀκτὼ πήχεας τὸ ἐλάχιστον, ἄρδεσκε Αἴγυπτον τὴν ἔνερθε Μέμφιος. Καὶ Μοίρι οὔκω ἦν ἔτεα εἰνακόσια τετελευτηκότι, ὅτε τῶν ἱρέων ταῦτα ἐγὼ ἤκουον. Νῦν δὲ εἰ μὴ ἐπ᾽ ἑκκαίδεκα ἢ πεντεκαίδεκα πήχεας ἀναβῇ τοὐλάχιστον ὁ ποταμὸς, οὐκ ὑπερβαίνει ἐς τὴν χώρην. Δοκέουσί τέ μοι Αἰγυπτίων οἱ ἔνερθε τῆς λίμνης τῆς Μοίριος, οἰκέοντες τά τε ἄλλα χωρία καὶ τὸ καλεόμενον Δέλτα, ἢν οὕτω ἡ χώρη αὕτη κατὰ λόγον ἐπιδιδοῖ ἐς ὕψος, καὶ τὸ ὅμοιον ἀποδιδοῖ ἐς αὔξησιν, μὴ κατακλύζοντος αὐτὴν τοῦ Νείλου, πείσεσθαι τὸν πάντα χρόνον τὸν ἐπίλοιπον Αἰγύπτιοι, τό κοτε αὐτοὶ Ἕλληνας ἔφασαν πείσεσθαι. Πυθόμενοι γὰρ ὡς ὕεται πᾶσα ἡ χώρη τῶν Ἑλλήνων, ἀλλ᾽ οὐ ποταμοῖσι ἄρδεται, κατάπερ ἡ σφετέρη, ἔφασαν Ἕλληνας ψευσθέντας κοτὲ ἐλπίδος μεγάλης, κακῶς πεινήσειν· τὸ δὲ ἔπος τοῦτο ἐθέλει λέγειν, ὡς εἰ μὴ ἐθελήσει σφίσι ὕειν ὁ θεὸς, ἀλλ᾽ αὐχμῷ διαχρᾶσθαι, λιμῷ οἱ Ἕλληνες αἱρεθήσονται· οὐ γὰρ δή σφι ἐστι ὕδατος οὐδεμίη ἄλλη ἀποστροφὴ, ὅτι μὴ ἐκ τοῦ Διὸς μοῦνον. (Lib. II, cap. 13.)

N°. 4.

Ὁ γὰρ δὴ Νεῖλος ἀρξάμενος ἐκ τῶν Καταδούπων, ῥέει, μέσην Αἴγυπτον σχίζων, ἐς θάλασσαν. Μέχρι μὲν νυν Κερκασώρου πόλιος ῥέει εἷς ἐὼν ὁ Νεῖλος, τὸ δὲ ἀπὸ ταύτης τῆς πόλιος σχίζεται τριφασίας ὁδούς· καὶ ἡ μὲν πρὸς ἠῶ τρέπεται, τὸ καλέεται Πηλούσιον στόμα· ἡ δὲ ἑτέρη τῶν ὁδῶν πρὸς ἑσπέρην ἔχει· τοῦτο δὲ Κανωβικὸν στόμα κέκληται· ἡ δὲ δὴ ἰθέα τῶν ὁδῶν τῷ Νείλῳ ἐστὶ ἥδε· ἄνωθεν φερόμενος, ἐς τὸ ὀξὺ τοῦ Δέλτα ἀπικνέεται· τὸ δὲ ἀπὸ τούτου, σχίζων μέσον τὸ Δέλτα, ἐς θάλασσαν ἐξίει, οὔτε ἐλαχίστην μοίρην τοῦ ὕδατος παρεχόμενος ταύτην, οὔτε ἥκιστα οὐνομαστήν· τὸ καλέεται Σεβεννυτικὸν στόμα. Ἔστι δὲ καὶ ἕτερα διφάσια στόματα ἀπὸ τοῦ Σεβεννυτικοῦ ἀποσχισθέντα, φέροντα ἐς θάλασσαν. Τοῖσι οὐνόματα κέεται τάδε. τῷ μὲν Σαϊτικὸν αὐτέων, τῷ δὲ, Μενδήσιον· τὸ δὲ Βολβίτινον στόμα καὶ τὸ Βουκολικὸν οὐκ ἰθαγενέα στόματά ἐστι, ἀλλ᾽ ὀρυκτά. (Ibid. cap. 17.)

N°. 5.

Ἐπέρχεται δὲ ὁ Νεῖλος, ἐπεὰν πληθύῃ, οὐ μόνον τὸ Δέλτα, ἀλλὰ καὶ τοῦ Λιβυκοῦ τε λεγομένου χωρίου εἶναι, καὶ τοῦ Ἀραβίου ἐνιαχῇ καὶ ἐπὶ δύο ἡμερέων ἑκατέρωθι ὁδὸν, καὶ πλεῦν ἔτι τούτου, καὶ ἔλαττον. Τοῦ ποταμοῦ δὲ φύσιος πέρι, οὔ τέ τι τῶν ἱρέων, οὔτε ἄλλου οὐδενὸς παραλαβεῖν ἐδυνάσθην. Πρόθυμος δὲ ἔα τάδε παρ᾽ αὐτέων πυθέσθαι, ὅτι κατέρχεται μὲν ὁ Νεῖλος πληθύων ἀπὸ τροπέων τῶν θερινέων ἀρξάμενος ἐπὶ ἑκατὸν ἡμέρας· πελάσας δὲ ἐς τὸν ἀριθμὸν τουτέων τῶν ἡμερέων ὀπίσω ἀπέρχεται, ἀπολείπων τὸ ῥέεθρον· ὥστε βραχὺς τὸν χειμῶνα ἅπαντα διατελέει ἐὼν, μέχρι οὗ αὖτις τροπέων τῶν θερινέων. τουτέων ὦν πέρι οὐδενὸς οὐδὲν οἷός τ᾽ ἐγενόμην παραλαβεῖν παρὰ τῶν Αἰγυπτίων, ἱστορέων αὐτοὺς ἥντινα δύναμιν ἔχει ὁ Νεῖλος τὰ ἔμπαλιν πεφυκέναι τῶν ἄλλων ποταμῶν· ταῦτά τε δὴ τὰ λεγόμενα βουλόμενος εἰδέναι, ἱστόρεων· καὶ ὅτι αὔρας ἀποπνεούσας μοῦνος πάντων ποταμῶν οὐ παρέχεται. (Ibid. cap. 19.)

N°. 6.

Ἀλλὰ Ἑλλήνων μέν τινες ἐπίσημοι βουλόμενοι γενέσθαι σοφίην, ἔλεξαν περὶ τοῦ ὕδατος τούτου τριφασίας ὁδούς· τῶν τὰς μὲν δύο τῶν ὁδῶν οὐδὲ ἀξιῶ μνησθῆναι, εἰ μὴ ὅσον σημῆναι βουλόμενος μοῦνον. Τῶν ἡ ἑτέρη μὲν λέγει τοὺς ἐτησίας ἀνέμους εἶναι αἰτίους πληθύειν τὸν ποταμὸν, κωλύονΊας ἐς θάλασσαν ἐκρέειν τὸν Νεῖλον. Πολλάκις δὲ ἐτησίαι μὲν οὔκων ἔπνευσσαν, ὁ δὲ Νεῖλος τωὐτὸ ἐργάζεται. Πρὸς δὲ, εἰ ἐτησίαι αἴτιοι ἦσσαν, χρῆν καὶ τοὺς ἄλλους ποταμοὺς, ὅσοι τοῖσι ἐτησίῃσι ἀντίοι ῥέουσι, ὁμοίως πάσχειν καὶ κατὰ τὰ αὐτὰ τῷ Νείλῳ· καὶ μᾶλλον ἔτι τοσούτῳ, ὅσῳ ἐλάσσονες ἐόντες, ἀσθενέστερα τὰ ῥεύματα παρέχονΊαι. Εἰσὶ δὲ πολλοὶ μὲν ἐν τῇ Συρίῃ ποταμοι, πολλοὶ δὲ ἐν τῇ Λιβύῃ, οἱ οὐδὲν τοιοῦτον πάσχουσι οἷόν τι καὶ ὁ Νεῖλος. (Lib. II, cap. 20.)

N°. 7.

Ἡ δὲ ἑτέρη ἀνεπιστημονεστέρη μέν ἐστι τῆς λελεγμένης, λόγῳ δὲ εἰπεῖν, θωϋμασιωτέρη· ἣ λέγει ἀπὸ τοῦ Ὠκεανοῦ ῥέοντα αὐτὸν ταῦτα μηχανᾶσθαι· τὸν δὲ Ὠκεανὸν γῆν περὶ πᾶσσαν ῥέειν. (Ibid. cap. 21.)

N°. 8.

Ἡ δὲ τρίτη τῶν ὁδῶν, πολλὸν ἐπιεικεστάτη ἐοῦσα, μάλιστα ἔψευσται. Λέγει γὰρ δὴ οὐδὲ αὐτὴ οὐδὲν, φαμένη τὸν Νεῖλον ῥέειν ἀπὸ τηκομένης χιόνος· ὃς ῥέει μὲν ἐκ Λιβύης διὰ μέσων Αἰθιόπων, ἐκδιδοῖ δὲ ἐς Αἴγυπΐον· κῶς ἂν δῆτα ῥέοι ἂν ἀπὸ χιόνος, ἀπὸ τῶν θερμοτάτων τόπων ῥέων ἐς τὰ ψυχρότερα; Τῶν τὰ πολλά ἐστι ἀνδρί γε λογίζεσθαι τοιούτων πέρι οἵῳ τε ἐόντι, ὡς οὐδὲ εἰκὸς ἀπὸ χιόνος μιν ῥέειν· πρῶτον μὲν καὶ μέγιστον μαρτύριον οἱ ἄνεμοι παρέχονται, πνέοντες ἀπὸ τῶν χωρίων τουτέων θερμοί· δεύτερον δέ, ὅτι ἄνομβρος ἡ χώρη, καὶ ἀκρύσταλλος διατελέει ἐοῦσα· ἐπὶ δὲ χιόνι πεσούσῃ, πᾶσα ἀνάῐκη ἐστὶ ὗσαι ἐν πέντε ἡμέρῃσι, ὥστε εἰ ἐχιόνιζε, ὕετ᾽ ἂν ταῦτα τὰ χωρία· τρίτα δέ, οἱ ἄνθρωποι ὑπὸ τοῦ καύματος μέλανες ἐόντες· ἰκτῖνοι δὲ καὶ χελιδόνες δι᾽ ἔτεος ἐόνΊες οὐκ ἀπολείπουσι· γέρανοι δὲ φεύγουσαι τὸν χειμῶνα τὸν ἐν τῇ Σκυθικῇ χώρῃ γενόμενον, φοιτῶσι ἐς χειμασίην ἐς τοὺς τόπους τούτους. Εἰ τοίνυν ἐχιόνιζε εἰ καὶ ὁσονῶν ταύτην τὴν χώρην, δι᾽ ἧς τε ῥέει καὶ ἐκ τῆς ἄρχεται ῥέων ὁ Νεῖλος, ἦν ἂν τούτων οὐδὲν, ὡς ἡ ἀνάῐκη ἐλέῖχει. (Ibid. cap. 22.)

N°. 9.

Ὁ δὲ περὶ τοῦ Ὠκεανοῦ λέξας, ἐς ἀφανὲς τὸν μῦθον ἀνενείκας, οὐκ ἔχει ἔλεῖχον. Οὐ γάρ τινα ἔγωγε οἶδα ποταμὸν Ὠκεανὸς ἐόντα· Ὅμηρον δὲ, ἤ τινα τῶν πρότερον γενομένων ποιητέων, δοκέω τοὔνομα εὑρόντα ἐς τὴν ποίησιν ἐσενείκασθαι. (Ibid. cap. 23.)

N°. 10.

Εἰ δὲ δεῖ μεμψάμενον γνώμας τὰς προκειμένας, αὐτὸν περὶ τῶν ἀφανέων ἀποδέξασθαι, φράσω διότι μοι δοκέει πληθύεσθαι ὁ Νεῖλος τοῦ θέρεος. Τὴν χειμερινὴν ὥρην ἀπελαυνόμενος ὁ ἥλιος ἐκ τῆς ἀρχαίης διεξόδου ὑπὸ τῶν χειμώνων, ἔρχεται τῆς Λιβύης τὰ ἄνω. Ὡς μέν νυν ἐν ἐλαχίστῳ δηλῶσαι, πᾶν εἴρηται· τῆς γὰρ ἂν ἀγχοτάτω ᾖ χώρης οὗτος ὁ θεὸς, καὶ κατ᾽ ἥν τινα, ταύτην οἰκὸς δίψην τε ὑδάτων μάλιστα, καὶ τὰ ἐγχώρια ῥεύματα μαραίνεσθαι τῶν ποταμῶν. (Lib. II, cap. 24.)

N°. 11.

Ὡς δὲ ἐν πλέονι λόγῳ δηλῶσαι, ὧδε ἔχει. Διεξιὼν τῆς Λιβύης τὰ ἄνω ὁ ἥλιος, τάδε ποιέει, ἅτε διὰ παντὸς τοῦ χρόνου αἰθρίου τε ἐόντος τοῦ ἠέρος τοῦ κατὰ ταῦτα τὰ χωρία, καὶ ἀλεεινῆς τῆς χώρης ἐούσης, οὐκ ἐόντων ἀνέμων ψυχρῶν, διεξιὼν, ποιέει οἷόν περ καὶ τὸ θέρος ἔωθε ποιέειν, ἰὼν τὸ μέσον τοῦ οὐρανοῦ. Ἕλκει γὰρ ἐπ᾽ ἑωυτὸν τὸ ὕδωρ. Ἑλκύσας δὲ, ἀπωθέει ἐς τὰ ἄνω χωρία· ὑπολαμβάνοντες δὲ οἱ ἄνεμοι, καὶ διασκιδνάντες, τήκουσι· καὶ εἰσι οἰκότως οἱ ἀπὸ ταύτης τῆς χώρης πνέοντες, ὅ, τε νότος, καὶ ὁ λίψ, ἀνέμων πολλὸν τῶν πάντων ὑετώτατοι. Δοκέει δέ μοι οὐδὲ πᾶν τὸ ὕδωρ τὸ ἐπέτειον ἑκάστοτε ἀποπέμπεσθαι τοῦ Νείλου ὁ ἥλιος, ἀλλὰ καὶ ὑπολείπεσθαι περὶ ἑωυτόν. Πρηϋνομένου δὲ τοῦ χειμῶνος, ἀπέρχεται ὁ ἥλιος ἐς μέσον τὸν οὐρανὸν ὀπίσω· καὶ τὸ ἐνθεῦτεν ἤδη ὁμοίως ἀπὸ πάντων ἕλκει τῶν ποταμῶν. Τέως δὲ οἱ μὲν, ὀμβρίου ὕδατος συμμισγομένου πολλοῦ αὐτοῖσι, ἅτε ὑομένης τε τῆς χώρης καὶ κεχαραδραμένης, ῥέουσι μεγάλοι· τοῦ δὲ θέρεος τῶν τε ὄμβρων ἐπικειπόντων αὐτοὺς, καὶ ὑπὸ τοῦ ἡλίου ἑλκόμενοι, ἀσθενέες εἰσί. Ὁ δὲ Νεῖλος, ἐὼν ἄνομβρος, ἑλκόμενος δὲ ὑπὸ τοῦ ἡλίου, μοῦνος ποταμῶν τοῦτον τὸν χρόνον οἰκότως αὐτὸς ἑωυτοῦ ῥέει πολλῷ ὑποδεέστερος ἢ τοῦ θέρεος. Τότε μὲν γὰρ μετὰ πάντων τῶν ὑδάτων ἴσον ἕλκεται, τὸν δὲ χειμῶνα, μοῦνος πιέζεται. Οὕτω τὸν ἥλιον νενόμικα τούτων αἴτιον εἶναι. (Ibid. cap. 25.)

N°. 12.

Αἴτιος δὲ ὡυτὸς οὗτος κατὰ γνώμην τὴν ἐμὴν, καὶ τὸν ἠέρα ξηρὸν τὸν ταύτῃ εἶναι, διακαίων τὴν διέξοδον αὐτοῦ· οὕτω τῆς Λιβύης τὰ ἄνω θέρος αἰεὶ κατέχει. Εἰ δὲ ἡ στάσις ἤλλακτο τῶν ὡρέων, καὶ τοῦ οὐρανοῦ, τῇ μὲν νῦν ὁ βορέης τε καὶ ὁ χειμὼν ἑστᾶσι, ταύτῃ μὲν τοῦ νότου ἦν ἡ στάσις, καὶ τῆς μεσαμβρίης, τῇ δὲ ὁ νότος νῦν ἕστηκε, ταύτῃ δὲ ὁ βορέης· εἰ ταῦτα οὕτως εἶχε, ὁ ἥλιος ἂν ἀπελαυνόμενος ἐκ μέσου τοῦ οὐρανοῦ ὑπὸ τοῦ χειμῶνος καὶ τοῦ βορέω, ἤιε ἂν τὰ ἄνω τῆς Εὐρώπης καθάπερ νῦν τῆς Λιβύης ἔρχεται. Διεξιόντα δ᾽ ἄν μιν διὰ πάσης Εὐρώπης, ἔλπομαι ποιέειν ἂν τὸν Ἴστρον τά περ νῦν ἐργάζεται τὸν Νεῖλον. (Ibid. cap. 26.)

Τῆς αὔρης δὲ πέρι, ὅτι οὐκ ἀποπνέει, τήνδε ἔχω γνώμην, ὡς κάρτα ἀπὸ

36.

θερμῶν χωρέων, οὐκ οἰκός ἐστι οὐδὲν ἀποπνέειν· αὔρη δὲ ἀπὸ ψυχροῦ τινος φιλέει πνέειν. (Lib. II, cap. 27.)

N°. 13.

Ταῦτα μέν νυν ἔστω ὡς ἔστι τε καὶ ὡς ἀρχὴν ἐγένετο· τοῦ δὲ Νείλου τὰς πηγὰς οὔτε Αἰγυπτίων, οὔτε Λιβύων, οὔτε Ἑλλήνων τῶν ἐμοὶ ἀπικομένων ἐς λόγους, οὐδεὶς ὑπέσχετο εἰδέναι, εἰ μὴ ἐν Αἰγύπτῳ ἐν Σάϊ πόλει ὁ γραμματιστὴς τῶν ἱρῶν χρημάτων τῆς Ἀθηναίης. Οὗτος δ᾽ ἔμοιγε παίζειν ἐδόκεε, φάμενος εἰδέναι ἀτρεκέως· Ἔλεγε δὲ ὧδε· εἶναι δύο οὔρεα ἐς ὀξὺ τὰς κορυφὰς ἀπιγμένα, μεταξὺ Συήνης τε πόλιος κείμενα τῆς Θηβαΐδος καὶ Ἐλεφαντίνης· οὐνόματα δὲ εἶναι τοῖσι οὔρεσι, τῷ μὲν, Κρῶφι, τῷ δὲ, Μῶφι. Τὰς ὦν δὴ πηγὰς τοῦ Νείλου ἐούσας ἀβύσσους, ἐκ τοῦ μέσου τῶν οὐρέων τουτέων ῥέειν· καὶ τὸ μὲν ἥμισυ τοῦ ὕδατος, ἐπ᾽ Αἰγύπτου ῥέειν, καὶ πρὸς βορέην ἄνεμον· τὸ δὲ ἕτερον ἥμισυ, ἐπ᾽ Αἰθιοπίης τε καὶ νότου. Ὡς δὲ ἄβυσσοί εἰσι αἱ πηγαί, ἐς διάπειραν ἔφη τούτου Ψαμμήτιχον Αἰγύπτου βασιλέα ἀπικέσθαι. Πολλέων γὰρ αὐτὸν χιλιάδων ὀργυιέων πλεξάμενον κάλον, κατεῖναι ταύτῃ, καὶ οὐκ ἐξικέσθαι ἐς βυσσόν· οὕτω μὲν δὴ ὁ γραμματιστὴς, εἰ ἄρα ταῦτα γενόμενα ἔλεγε, ἀπέφαινε ὡς ἐμὲ κατανοέειν δίνας τινὰς ταύτῃ ἐούσας ἰσχυρὰς, καὶ παλιρροίην οἷα δὲ ἐμβαλόντος τοῦ ὕδατος τοῖσι οὔρεσι, μὴ δύνασθαι κατιεμένην καλαπειρητηρίην ἐς βυσσὸν ἰέναι. (Ibid. cap. 28.)

N°. 14.

Μέχρι μὲν νυν τεσσέρων μηνῶν πλόου καὶ ὁδοῦ, γινώσκεται ὁ Νεῖλος, πάρεξ τοῦ ἐν Αἰγύπτῳ ῥεύματος. Οὗτοι γὰρ συμβαλλομένῳ μῆνες εὑρίσκονται ἀναισιμούμενοι ἐξ Ἐλεφαντίνης πορευομένῳ ἐς τοὺς Αὐτομόλους τούτους· ῥέει δὲ ἀπὸ ἑσπέρης τε καὶ ἡλίου δυσμέων. Τὸ δὲ ἀπὸ τοῦδε, οὐδεὶς ἔχει σαφέως φράσαι· ἔρημος γάρ ἐστι ἡ χώρη αὕτη ὑπὸ καύματος. (Ibid. cap. 31.)

N°. 15.

Ἀλλὰ τάδε μὲν ἤκουσα ἀνδρῶν Κυρηναίων, φαμένων ἐλθεῖν τε ἐπὶ τὸ Ἄμμωνος χρηστήριον, καὶ ἀπικέσθαι ἐς λόγους Ἐτεάρχῳ τῷ Ἀμμωνίων βασιλέϊ· καί κως ἐκ λόγων ἄλλων ἀπικέσθαι ἐς λέσχην περὶ τοῦ Νείλου, ὡς οὐδεὶς αὐτοῦ οἶδε τὰς πηγάς· καὶ τὸν Ἐτέαρχον φάναι ἐλθεῖν κοτε παρ᾽ αὐτὸν Νασαμῶνας ἄνδρας.......... Παρὰ δὲ τὴν πόλιν ῥέειν ποταμὸν μέγαν· ῥέειν δὲ ἀπὸ ἑσπέρης αὐτὸν πρὸς ἥλιον ἀνατέλλοντα· φαίνεσθαι δὲ ἐν αὐτῷ κροκοδείλους. (Ibid. cap. 32.)

N°. 16.

Ὁ μὲν δὴ Ἴστρος, ῥέει γὰρ δι᾽ οἰκευμένης, πρὸς πολλῶν γινώσκεται· περὶ δὲ τῶν τοῦ Νείλου πηγέων οὐδεὶς ἔχει λέγειν· ἀοίκητός τε γάρ ἐστι καὶ ἔρημος ἡ Λιβύη, δι' ἧς ῥέει. Περὶ δὲ τοῦ ῥεύματος αὐτοῦ, ἐπ' ὅσον μακρότατον ἱστορεῦντα ἦν ἐξικέσθαι, εἴρηται· ἐκδιδοῖ δὲ ἐς Αἴγυπτον. Ἡ δὲ Αἴγυπτος τῆς ὀρεινῆς Κιλικίης μάλιστά κη ἀντίη κέεται· ἐνθεῦτεν δὲ, ἐς Σινώπην τὴν ἐν τῷ Εὐξείνῳ πόντῳ πέντε ἡμερέων ἰθεῖα ὁδὸς εὐζώνῳ ἀνδρί. Ἡ δὲ Σινώπη τῷ Ἴστρῳ ἐκδιδόντι ἐς θάλασσαν ἀντίον κέεται. Οὕτω τὸν Νεῖλον δοκέω διὰ πάσης τῆς Λιβύης διεξιόντα ἐξισοῦσθαι τῷ Ἴστρῳ. Νείλου μέν νυν πέρι τοσαῦτα εἰρήσθω (Lib. II, cap. 34.)

N°. 17.

Γίνεται ὁ Ἴστρος ποταμῶν μέγιστος· ἐπεὶ ὕδωρ γε ἓν πρὸς ἓν συμβάλλειν, ὁ Νεῖλος πλήθεϊ ἀποκρατέει· ἐς γὰρ δὴ τοῦτον οὔτε ποταμὸς, οὔτε κρήνη οὐδεμίη ἐσδιδοῦσα, ἐς πλῆθός οἱ συμβάλλεται. (Lib. IV, cap. 50.)

§. III.

DIODORE DE SICILE.

N°. 18.

Τὸ δὲ ὑγρὸν ὀνομάσαι λέγουσι τοὺς παλαιοὺς Ὠκεανήν, ὁ μεθερμηνευόμενον μέν εἶναι τροφὴν μητέρα, παρ' ἐνίοις δὲ τῶν Ἑλλήνων Ὠκεανὸν ὑπάρχειν ὑπειλῆφθαι· περὶ οὗ καὶ τὸν Ποιητὴν λέγειν,

« Ὠκεανόν τε θεῶν γένεσιν καὶ μητέρα Τηθύν· »
HOMER. *Iliad.* lib. XIV, v. 302.

οἱ γὰρ Αἰγύπτιοι νομίζουσι Ὠκεανὸν εἶναι τὸν παρ' αὐτοῖς ποταμὸν Νεῖλον, πρὸς ᾧ καὶ τὰς τῶν θεῶν γενέσεις ὑπάρξαι. (Lib. I, cap. 12.)
Τὸν δὲ ποταμὸν ἀρχαιότατον μὲν ὄνομα σχεῖν Ὠκεάνην, ὅς ἐστιν Ἑλληνιστὶ Ὠκεανός. (*Ibid.* cap. 17.)

N°. 19.

Ὕστερον δὲ Αἴγυπτον, ἀπὸ τοῦ βασιλεύσαντος τῆς χώρας προσαγορευθῆναι. Μαρτυρεῖν δὲ καὶ τὸν Ποιητήν, λέγοντα,

« Στῆσα δὲ ἐν Αἰγύπτῳ ποταμῷ νέας ἀμφιελίσσας. »
HOMER. *Odyss.* lib. XIV, v. 258.
(*Ibid.*)

N°. 20.

Τούτων δ' ὄντων περὶ ταῦτα, τὸν Νεῖλον φασὶ κατὰ τὴν τοῦ Σειρίου ἄστρου ἐπιτολὴν (ἐν ᾧ καιρῷ μάλιστα εἴωθε πληροῦσθαι) ῥαγέντα κατακλύσαι πολλὴν τῆς Αἰγύπτου.
Καὶ μάλιστα τοῦτο τὸ μέρος ἐπελθεῖν, οὗ Προμηθεὺς εἶχε τὴν ἐπιμέλειαν,

διαφθαρέντων σχεδὸν ἁπάντων τῶν κατὰ ταύτην τὴν χώραν. Τὸν δὲ Προμηθέα διὰ τὴν λύπην κινδυνεύειν ἐκλιπεῖν τὸν βίον ἑκουσίως.

Διὰ δὲ τὴν ὀξύτητα καὶ τὴν βίαν τοῦ κατενεχθέντος ῥεύματος, τὸν μὲν ποταμὸν Ἀετὸν ὀνομασθῆναι.

Τὸν δὲ Ἡρακλέα μεγαλεπήβολον ὄντα, καὶ τὴν ἀνδρείαν ἐζηλωκότα, τό, τε γενόμενον ἔκρηγμα ταχέως ἐμφράξαι, καὶ τὸν ποταμὸν ἐπὶ τὴν προϋπάρξασαν ῥύσιν ἀποστρέψαι. Διὸ καὶ τῶν παρ᾽ Ἕλλησι ποιητῶν τινὰς εἰς μῦθον ἀγαγεῖν τὸ πραχθέν, ὡς Ἡρακλέους τὸν ἀετὸν ἀνῃρηκότος τὸν τὸ τοῦ Προμηθέως ἧπαρ ἐσθίοντα.

Ἔπειτα, διὰ τὸ γενόμενον ἔκρηγμα, φασὶν Ἀετὸν ὀνομασθῆναι. (Lib. 1, cap. 17.)

N°. 21.

Ὁ γὰρ Νεῖλος φέρεται μὲν ἀπὸ μεσημβρίας ἐπὶ τὴν ἄρκτον, τὰς πηγὰς ἔχων ἐκ τόπων ἀοράτων, οἳ κεῖνται ἐπὶ τῆς ἐσχάτης Αἰθιοπίας κατὰ τὴν ἔρημον, ἀπροσίτου τῆς χώρας οὔσης διὰ τὴν τοῦ καύματος ὑπερβολήν. Μέγιστος δὲ ὢν τῶν ἁπάντων, ποταμῶν καὶ πλείστην γῆν διεξιών, καμπὰς ποιεῖται μεγάλας, ποτὲ μὲν ἐπὶ τὴν ἀνατολὴν καὶ τὴν Ἀραβίαν ἐπιστρέφων, ποτὲ δὲ ἐπὶ τὴν δύσιν καὶ τὴν Λιβύην ἐκκλίνων. Φέρεται γὰρ ἀπὸ τῶν Αἰθιοπικῶν ὀρῶν μέχρι τῆς εἰς θάλατταν ἐκβολῆς στάδια μάλιστά πως μύρια καὶ δισχίλια, σὺν αἷς ποιεῖται καμπαῖς· κατὰ δὲ τοὺς ὑποκάτω τόπους συστέλλεται τοῖς ὄγκοις, ἀεὶ μᾶλλον ἀποσπωμένου τοῦ ῥεύματος ἐπ᾽ ἀμφοτέρας τὰς παρακειμένας ἠπείρους. (Ibid. cap. 32.)

N°. 22.

Οἱ μὲν κατ᾽ Αἴγυπτον ἱερεῖς ἀπὸ τοῦ περιῤῥέοντος τὴν οἰκουμένην Ὠκεανοῦ φασὶν αὐτὸν τὴν σύστασιν λαμβάνειν· ὑγιὲς μὲν οὐδὲν λέγοντες, ἀπορίᾳ δὲ τὴν ἀπορίαν λύοντες, καὶ λόγον φέροντες εἰς πίστιν αὐτῶν πολλῆς πίστεως προσδεόμενον. (Ibid. cap. 37.)

N°. 23.

Διὰ δὲ τὴν ἀγωνίαν τὴν ἐκ τῆς ἀναβάσεως τοῦ ποταμοῦ γινομένην, κατεσκεύασται Νειλοσκοπεῖον ὑπὸ τῶν βασιλέων ἐν τῇ Μέμφει. Ἐν τούτῳ δὲ τὴν ἀνάβασιν ἀκριβῶς ἐκμετροῦντες οἱ τὴν τούτου διοίκησιν ἔχοντες, ἐξαποστέλλουσιν εἰς τὰς πόλεις ἐπιστολάς, διασαφοῦντες πόσους πήχεις ἢ δακτύλους ἀναβέβηκεν ὁ ποταμός, καὶ πότε τὴν ἀρχὴν πεποίηται τῆς ἐλαττώσεως. Διὰ δὲ τοῦ τοιούτου τρόπου, τῆς μὲν ἀγωνίας ἀπολύεται πᾶς ὁ λαός, πυθόμενος τὴν τῆς αὐξήσεως εἰς τοὐναντίον μεταβολήν· τὸ δὲ πλῆθος τῶν ἐσομένων καρπῶν εὐθὺς ἅπαντες προεγνώκασιν, ἐκ πολλῶν χρόνων τῆς παρατηρήσεως ταύτης παρὰ τοῖς Αἰγυπτίοις ἀκριβῶς ἀναγεγραμμένης. (Ibid. cap. 36.)

N°. 24.

Οἱ δὲ περιοικοῦντες τὴν νῆσον τὴν ὀνομαζομένην Μερόην (οἷς καὶ μάλιστά τις συνκατάθοιτο), τῆς μὲν κατὰ τὸ πιθανὸν εὑρεσιλογίας πολὺ κεχαρισμένοι, τῶν δὲ τόπων τῶν ζηλουμένων ἔγιστα κείμενοι, τοσοῦτον ἀπέχουσι τοῦ λέγειν τι περὶ τούτων ἀκριβῶς, ὥστε καὶ τὸν ποταμὸν Ἀστάπουν προσηγορεύκασιν, ὅπερ ἐστὶ μεθερμηνευόμενον εἰς τὴν Ἑλλήνων διάλεκτον, ἐκ τοῦ σκοτοῦς ὕδωρ. (Lib. 1, cap. 37.)

N°. 25.

Ταύτης δὲ μυθολογοῦσι τινὲς ἐρασθῆναι τὸν ποταμὸν Νεῖλον ὁμοιωθέντα ταύρῳ, καὶ γεννῆσαι τὸν ἐπ᾽ ἀρετῇ θαυμασθέντα παρὰ τοῖς ἐγχωρίοις Αἰγύπτιον (βασιλέα). (Ibid. cap. 51.)

Ἀφ᾽ οὗ (βασιλέως Νειλέως) συμβαίνει τὸν ποταμὸν ὠνόμασθαι Νεῖλον τὸ πρότου καλούμενον Αἴγυπτον. (Ibid. cap. 62.)

§. IV.

STRABON.

N°. 26.

Ἡ δὲ Συήνη, καὶ ἡ Ἐλεφαντίνη, ἡ μὲν ἐπὶ τῶν ὅρων τῆς Αἰθιοπίας (καὶ τῆς Αἰγύπτου πόλις ¹ ἡ δ᾽ ἐν τῷ Νείλῳ προκειμένη) τῆς Συήνης νῆσος ἐν ἡμισταδίῳ, καὶ ἐν ταύτῃ πόλις ἔχουσα ἱερὸν Κνούφιδος, καὶ Νειλομέτριον (καθάπερ Μέμφις ². Ἔστι δὲ τὸ Νειλομέτριον)³ σὺν μονολίθῳ κατεσκευασμένον ἐπὶ τῇ ὄχθῃ τοῦ Νείλου φρέαρ, ἐν ᾧ τὰς ἀναβάσεις τοῦ Νείλου σημειοῦνται, τὰς μεγίστας τε καὶ ἐλαχίστας, καὶ τὰς μέσας· συναναβαίνειν γὰρ καὶ συνταπεινοῦσθαι τῷ ποταμῷ τὸ ἐν τῷ φρέατι ὕδωρ. Εἰσὶν οὖν ἐν τῷ τοίχῳ τοῦ φρέατος παραγραφαί, μέτρα τῶν τελείων, καὶ τῶν ἄλλων ἀναβάσεων. Ἐπι-

[1] Inclusa adjecimus ex vett. lib.

[2] Καὶ Νειλομέτριον καθάπερ Μέμφις. Addidimus ex veteribus libris verba illa καθάπερ Μέμφις. Sic Heliodorus, qui totum hunc Strabonis locum descripsisse videtur, οἱ δὲ τήν τε Φρεατίαν τὸ Νειλομέτριον ἐδείκνυσαν· τῷ κατὰ τὴν Μέμφιν παραπλήσιον. De hoc puteo vide etiam Aristidem in Ægyptio.

[3] Ἔστι δὲ τὸ Νειλομέτριον σὺν μονολίθῳ κατεσκευασμένον ἐπὶ τῇ ἴχθῃ τοῦ Νείλου φρέαρ. Ita habetur hic locus in omnibus codicibus scriptis editisque : mendosissimè ; quod facilè nos animadvertimus, quorum aures ferre non poterant hoc loquendi genus σὺν μονολίθῳ κατεσ.... non nobis magis quàm Græco solo universo inauditum. Poteramus fortasse falli, nisi remansisset illud σύν, cùm μονολίθων ædificiorum etiam paulò antè sit facta mentio : verùm ea nihil ad hunc locum ; legendum enim est συννόμῳ λίθῳ κατεσκευασμένον....... Nam etiam libro quinto eamdem vocem à librariis fuisse corruptam ostendimus ; neque hoc tantùm, sed etiam apud Heliodorum, libro nono, quo loco videtur Strabonis hæc verba descripsisse, idem error est commissus.

Sic ille : Οἱ δὲ τήν τε Φρεατίαν τὸ Νειλομέτριον ἐδείκνυσαν τῷ κατὰ τὴν

σκοποῦντες οὖν ταύτας, ἐπισημαίνουσι [1] τοῖς ἄλλοις ὅπως εἰδοῖεν· πρὸ πολλοῦ γὰρ ἴσασιν ἐκ τῶν τοιούτων σημείων, καὶ [2] τῶν ἡμερῶν τὴν ἐσομένην ἀνάβασιν, καὶ προδηλοῦσι. Τοῦτο δὲ καὶ τοῖς γεωργοῖς χρήσιμον, τῆς τῶν ὑδάτων ταμιείας χάριν, καὶ παραχωμάτων, καὶ διωρύγων, καὶ ἄλλων τοιούτων, καὶ τοῖς ἡγεμόσι τῶν προσόδων χάριν· αἱ γὰρ μείζους ἀναβάσεις, μείζους καὶ τὰς προσόδους ὑπαγορεύουσιν. (*Geogr.* lib. xvii.)

§. V.

ARISTIDE LE RHÉTEUR.

N°. 27.

Καὶ τί δὴ θαυμαστὸν, εἰ περὶ ὧν μηδ' αὐτοὶ οἱ ἐπιχώριοι καὶ ταῦτα ὄντες Αἰγύπτιοι γιγνώσκουσι, περὶ τούτων οἱ τοσοῦτ' ἀπέχοντες ποιηταὶ, μηδὲν ἰσχυρὸν ἔχουσι λέγειν ; ἀλλὰ γὰρ κινδυνεύει παντελῶς, ὅπερ καὶ μικρῷ πρόσθεν εἶπον, ἴδιον τὸ τοῦ Νείλου πρᾶγμα, καὶ τελέως ἀποκεχωρικὸς εἶναι τῶν ἄλλων ποταμῶν.

Τί γὰρ δὴ ποτ' εἰ βούλει μόνος ποταμῶν αὔρας οὐκ ἀφίησι ; καίτοι εἴγε ἀπὸ χιόνος ἢ ὑετῶν ᾔρετο, οὐκ ἂν μόνος ποταμῶν αὔρας οὐ παρείχετο ; ἀλλὰ καὶ πλείστας ἂν καὶ μεγίστας, ὅσον καὶ μέγιστός ἐστιν. Ὅπου γὰρ καὶ γῆ ψιλὴ βρεχθεῖσα ἀφίησιν αὔρας, τί τόνγε δὴ Νεῖλον πάσχειν ἂν φήσαιμεν, εἴπερ ἐξ ὄμβρων τοσοῦτος ἀνήρχετο, ἢ νὴ Δί' ἐκ χιόνος τακείσης, ὡς ὁ τῶν ἑτέρων λόγος ;

Τί δ' ἂν εἴποις τὴν περὶ τὴν ἀνάβασιν αὐτοῦ τάξιν καὶ μουσικὴν ; τὸ ἐν Συήνῃ μὲν καὶ Ἐλεφαντίνῃ, ὀκτὼ εἴκοσιν αἴρεσθαι πήχεις· περὶ δὲ αὖ τὸ Ἰνδικὸν καὶ Ἀράβιον ἐμπόριον τὴν Κοπτον, ἕνα καὶ εἴκοσι· καὶ πάλιν τούτων ἀφαιρεῖν ἑπτὰ, καὶ τέτταρας καὶ δέκα ἄγειν τοὺς κατὰ Μέμφιν γνωρίμους, καὶ πρὸς οὓς Ἕλληνες ἤδη λογίζονται· κάτω δ' ἐν τοῖς Ἕλλησιν, εἰς ἑπτὰ καταβαίνειν εἶτα δύ' ἤκουον. ἆρά γε Ἴστρος ἢ Φᾶσις ἢ Στρυμὼν ταῦτα σοφίζεται, ἀλλ' οὐ τοῦ Νείλου μόνου ταῦτ' ἐστὶ σοφίσματα. (*Orat. Ægypt.* ex edit. Sam. Jebb, tom. ii, pag. 361.)

Μέμφιν παραπλήσιον, σὺν νόμῳ μὴν καὶ ξεστῷ λίθῳ κατεσκευασμένον. Legendum hic quoque est συννόμῳ, neque dubitamus apud Strabonem quoque priùs fuisse scriptum σὺν νόμῳ λίθῳ, ut apud Heliodorum quod postea semidoctus aliquis corrigere voluit et in μονολίθῳ mutavit.

Porrò συννόμους λίθους interpretatur Suidas, μεγάλους, ὁμοίους, et affert hoc exemplum incerti auctoris, ἐξηριθμήσατο τοὺς δόμους· ἦν γὰρ ἐκ συννόμων λίθων ᾠκοδομημένος ὥστε καὶ λίαν εὐσυλλόγιστον εἶναι τὴν ἀπὸ γῆς τῶν ἐπάλξεων ἀπόστασιν. Mihi videtur Heliodorus, cùm addit καὶ ξεστῷ, explicare voluisse quid esset σύννομος λίθος : est igitur quod à Latinis architectis *saxum quadratum* vocatur.

[1] Scripti, διασημαίνουσι.
[2] Fortè, καὶ τεκμηρίων.

CHAPITRE II.

Extraits d'auteurs latins.

PLINE LE NATURALISTE.

N°. 28.

Cùm crescit, reges aut præfectos navigare eo, nefas judicatum est. Auctus ejus per puteos mensuræ notis deprehenduntur. Justum incrementum est cubitorum XVI. Minores aquæ non omnia rigant : ampliores detinent, tardiùs recedendo. Hæ serendi tempora absumunt solo madente, illæ non dant sitiente; utrumque reputat provincia. In duodecim cubitis famem sentit, in tredecim etiamnum esurit : quatuordecim cubita hilaritatem afferunt, quindecim securitatem, sexdecim delicias. Maximum incrementum ad hoc ævi fuit cubitorum decem et octo, Claudio principe : minimumque Pharsalico bello, veluti necem Magni prodigio quodam flumine aversante.

...... Sic quoque etiamnum *Siris*[1], ut antè, nominatus per aliquot millia, et in totum Homero *Ægyptus*, aliisque *Triton*. (*Hist. nat.* lib. V, cap. 9.)

N°. 29.

Inde Africam ab Æthiopia dispescens, etiamsi non protinus populis, feris tamen et belluis frequens, sylvarumque opifex, medios Æthiopas secat, cognominatus *Astapus*, quod illarum gentium linguâ significat *aquam è tenebris*[2] *profluentem.* Insulas

---

[1] *Giris* antè nominatus.

[2] Servius grammaticus eâdem etymologiâ μέλονα vocari tradit, quasi atrum, et Atlanta montem, τελάμονα, quód laboris multùm ferat in sustinendo cœlo. (Rhodig. cap. IV, 10.) Nilum in *Alexandra* Lycophron *Tritona* vocavit, quód tribus nominibus appellatus fuisset. Primùm enim dictus est *Oceanus*, mox

ita innumeras spargit, quasdamque tam vastæ magnitudinis, ut, quanquam rapidâ celeritate, tamen dierum quinque cursu non breviore transvolet : circa clarissimam earum Meroën, *Astabores* lævo alveo dictus, hoc est, *ramus aquæ venientis è tenebris ;* dextero verò, *Astusapes*[1], quod *latentis* significationem adjicit : nec antè *Nilus*, quàm se totum aquis concordibus rursus junxit. (*Hist. nat.* lib. v, cap. 9.)

N°. 30.

Nealces......, ingeniosus et solers in arte, siquidem, cùm prælium navale Ægyptiorum et Persarum pinxisset, quod in Nilo, cujus aqua est mari similis, factum volebat intelligi, argumento declaravit, quod arte non poterat : asellum enim in littore bibentem pinxit, et crocodilum insidiantem ei. (*Ibid.* lib. xxxv, cap. 11.)

CHAPITRE III.

Extraits d'auteurs arabes.

§. I.

EL-MAKYN.

N°. 31.

وفى هذه السنة (٩٦) كتب اسامة بن يزيد الذى كان على خراج بمصر الى سليمان بن عبد الملك يعلمه ان المقياس الذى بحلوان بطل ٭

Aetos, postea *Ægyptus*, et postremò *Nilus* à limo. Idem auctor, cap. xiii, 20, Διιπετή Nilum vocari tanquam à Jove fluentem, aut imbribus augescentem. Idem auctor scribit, cap. x, lib. 1, quasi νεόν ιλύν, *novum limum*, dictum vult, quoniam quotannis limo novo agros Ægypti oblinit. Festus in Alumento *Melo* pro *Nilo* vocatum fuisse scribit à priscis Romanis, nondum assuetis græcæ linguæ, ut pleraque alia.

[1] *Astosabas* Straboni.

DE L'ÎLE DE ROUDAH.

فامره ان يبنى مقياسا فى الجزيرة التى بين مجر الفسطاط وبحر الجيزه فبناه فى سنة سبع وتسعين وهو المقياس الذى يقاس فيه اليوم ¤

§. II.

EBN EL-MAQRYZY.

N°. 32.

قال ابن عبد الحكم اول من قاس النيل بمصر يوسف عليه السلام وضع مقياسًا بمنف ¤

N°. 33.

وقال القضاعي كان اول من قاس النيل بمصر يوسف النبى عليه السلام وبنى مقياسًا بمصر وهو اول مقياس وضعه عليه السلام وقيل ان النيل كان يقاس بارض علوه الى ان بُنى مقياس منف وان القبط كانت تقيس عليه الى ان بطل ¤

N°. 34.

وقال يزيد بن ابى حبيب ان موسى صلى الله عليه وسلّم رعى على آل فرعون فحبس الله عنهم النيل حتى ارادوا لجلا فطلبوا الى موسى ان يدعو الله فدعا الله رجا ان يومنوا فاصبحوا وقد اجراه الله فى ذلـك الساعة سنة عشر ذراعًا فاستجاب الله بتطويك لعمر بن الخطاب كان استجاب لموسى عليه السلام ¤

N°. 35.

ثم وضعت العجوز دلوكه ابنت زبا وهى صاحبة حايط العجوز مقياسًا بانصنا وهو صغير الذراع ومقياسًا باخيم ¤

ومن بعد دلوكه العجوز بنت مقباسًا بانصنا وهو صغير الذراع
ومقباسًا اخر باخيم وهو التى بنت الحايط المحيط بمصر ۞ وقيل
انهم كانوا يقيسون الما قبل ان يوضع المقياس بالرصاصه ۞ فلم
يزل القياس فيها مضى قبل الفتح بقيساريد الاكسيه ومعالمه
هناك الى ان ابتنى المسلمون بين الحصن والبدر ابنيتهم
الباقيه الان ۞

وكان للروم ايضًا مقياس بالقمر خلف الباب يمنه من دخل
منه فى داخل الزقاق اثره قايم الى اليوم وقد بنى عليه وحوله ۞

N°. 36.

ثم بنى عمرو بن العاص عند فتحه مصر مقياسًا باسوان ثم
بنى بموضع يقاله له دندره ۞

ثم بُنى فى ايام معَويه مقياس بانصنا فلم يزل يقاس عليه الى
ان بنى عبد العزيز بن مروان مقياسًا بحلوان وكانت منزله
وكان هذا المقياس صغير الذراع ۞

قال يحيى بن بكر ادركت القياس يقيس فى مقياس
منـــى ويدخل بزيادته الى القسطاط ۞

N°. 37.

ووضع عبد العزيز بن مروز مقياسًا بحلوان وهو صغير ۞

N°. 38.

قال القضاعي ووجدت فى رسالة منسوبة الى الحسن بن محمد
بن عبد المنعم قال لما فتحت العرب مصر عرف عمر بــن

DE L'ILE DE ROUDAH.

الخطاب ما يلقى اهلها من الغلا عند وقوف النيل عن حد فى مقياس لهم فضلًا عن تقاصره وان فرط الاستسعار يدعوهم الى الاحتكار ويدعو الاحتكار الى تصاعر الاسعار لغير قحط فكتب عمر الى عمرو يسأله عن شرح الحال فاجابه اننى وجدت ما نروى به مصر حتى لا يقحط اهلها اربع عشرة ذراعًا والحد الذى يروى منه سابرها حتى يفضل عن حاجتهم ويبقى عند هم قوت سنة اخرى ست عشرة ذراعًا والنهايتان المخوفتان فى الزيادة والنقصان وهما القلها والاستبحار اثنتى عشرة ذراعًا فى النقصان وثمان عشرة ذراعًا فى الزيادة هذا والبلد فى ذلك الوقت محفور الانهار معقود الجسور عند ما تسلموه من القبط وجلة العمارة فيه فاستشار عمر امير المومنين رضى الله عنه عليًّا رضى الله عنه فى ذلك فامره ان يكتب اليه ان يبنى مقياسا وان نقص ذراعين على اثنتى عشرة ذراعًا وان يقر ما بعد ها على الاصل وان ينقص من كل ذراع بعد الست عشر ذراعًا اصبعين ففعل ذلك وبناه بحلوان فاجتمع له بذلك كلما اراد من حل الارجاف وزوال ما منه كان يخاف باب جعل الاثنى عشرة ذراعًا اربعة عشرون اصبعًا فجعلها نهايته وعشرين من اولها الى الاثنتى عشرة ذراعًا يكون مبلغ الزيادة على الاثنتى عشرة واربعين اصبعًا وهى الذراعان وجعل الاربع عشرة ست عشرة والست ثانى عشرة والثمانى عشرة عشرين ۞

Nº. 39.

ثم كتب اسامه بن زيد التنوخى عامل خراج مصر لسليم بن عبد الملك بتطلانه فكتب اليه سليم بان يبنى مقياسًا فى الجزيرة فبناه فى سنه سبع وتسعين *

ووضع اسامه بن زيد التنوخى فى خلافة الوليد مقياسا بالجحريرة وهو اكثرها *

Nº. 40.

فاما المقياس القديم الذى بنى فى الجزيرة فالذى وضعه اسامة بن زيد وقيل انه كسر فيه الفتّى اقنين وهو الذى بنى بيت المال بمصر وبنى ابو قتحه *

ثم بنى المتواكل فيها مقياسًا فى اول سنة سبع واربعين وماىتىن فى ولاية يزيد بن عبد الله التركى على مصر وهو المقياس الكبير المعروف بالجديد وآمر بان تُعزل النصارى عن قياسه فجعل يزيد بن عبد الله على المقياس ابا الرداد المعلم واسمه عبد الله بن عبد السلام بن عبد الله بن الرداد الموذن كان يقول العمى اصله من البصره قدم مصر وحدث بها وجعل على قياس النيل واجرى عليه سليم بن وهب صاحب خراج مصر يوميّـنـذ سبعة دنانير فى كل شهر فلم يزل القياس مذ ذلك الوقت فى يد ابى الرداد سنة ست وستين وماىتىن *

ثم ركب احمد بن طولون سنة تسع وخمسين وماىتىن ومعه ابو ايوب صاحب صاحب خراجه وبكار بن قتيد القاضى فنظر الى

DE L'ILE DE ROUDAH.

المقياس وآمر باصلاحه وقدر له ألف دينار فُعُمّر وبنى المخازن فى الصناعة مقياسًا وثره باقٍ لا يعتمد عليه ۞

N°. 41.

وقال ابن عبد الحكم فلما فتح عمرو بن العاص مصر اتى اهلها الى عمر حين دجل بؤونه من اشهر العجم فقالوا له ايها الامير ان لنيلنا هذا سُنَّة لا يجرى الَّا بها فقال لهم وما ذاك فقالوا انه اذا كان لاثنتى عشرة ليلة تخلوا من هذا الشهر عمدنا الى جارية بكر من ابويها فارضينا ابويها وجعلنا عليها من الحلى والثياب افضل ما يكون ثم القيناها فى هذا النيل فقال لهم عمرو ان هذا لا يكون فى الاسلام وان الاسلام يهدم ما قبله فاقاموا بؤونه وابيب ومسرى لايجرى قليلًا ولا كثيرًا حتى اهمو بالجلا فلما رآى ذلك وعمر كتب الى عمر بن الخطاب رضى الله عنه بذلك فكتب اليه عمر ان قد اصبت أن الاسلام يهدم ما قبله وقد بعثت اليك ببطاقة فالقها داخل النيل اذا اناسك كتبى فلما قدم الكتاب على عمرو فتح البطاقة فاذا فيها من عبد الله عُمَر امير المومنين الى نيل اهل مصر اما بعد فان كنت اغا تجرى قِبَلَك فلا تجرى وان كان الله الواحد القهار هو الذى يجريك فنسل الله الواحد القهار ان يجريك فالقى عمرو البطاقه فى النيل قبل يوم الصلايب وقد تهيّا اهل مصر للجلا والخروج منها لانه لايقوم بمصاحتهم فيها الّا النيل ۞

N°. 42.

واصبحوا يوم الصليب وقد اجراه ستة عشر ذراعًا فى ليلة وقطع
سن تلك السنة السوء عن اهل مصر *

قال القضاعى وفى هذا الباب نظر فى وقتنا لزياده فاد الانهار
وانتقاص الاحوال وشاهد ذلك ان المقاييس القايمة الصعيدية
من اولها الى اخرها اربعة وعشرون اصبعًا كل ذراع المقاييس
الاسلامية على ما ذكر *

N°. 43.

منها للمقياس الذى بناه اسامه بن زيد التنوخى بالجزيرة وهو
الذى هدمه الما *

وبنى المامون اخر باسفل الارض بالشرودان وبنى المتوكل
اخر بالجزيرة وهو الذى يقاس عليه الما الان وقد تقدم ذكره *

قال ابن عفير عن القبط المتقدمين اذا كان الما فى اثنى عشر
يومًا من مسرى اثنتى عشرة ذراعًا فهى سنة ما والا فالما ناقص
واذا تم ست عشرة ذراعًا قبل النوروز فالما ثم فاعلم ذلك *

N°. 44.

وقال ابو الصلت واما النيل وينبوعه فهو من ورا خط الاستوا
من جبل هناك يعرف بجبل القمر فانه يبتدى بالتزيد فى
شهر آبيب والمصريون يقولون اذا دخل ابيب كان للماء ربيب
وعند ابتدايه فى التزيد تتغير جميع ليفيانه نعسد والسبب فى
ذلك مروره بنقابيع مياة اجبه بخالطها معه الى غير ذلك فما

DE L'ILE DE ROUDAH.

يحتمله فاذا بلغ الما خمسة عشر ذراعًا وزادت السادسة عشر اصبعًا واحدًا كسر الخليج ولكسره يوم معدود ومقام مشهود ومجتمع خاص بحضرة العام والخاص *

Nº. 45.

واذا كسر فتحت الترع وهى فوهات الخلجان ففاض الما وساح وغمر القيعان والبطاح وانضم الناس الى اعالى مساكنهم من الضياع والمنزل وهى على احكام وربا لاينتهى الما اليها ولا يتسلط النيل عليها فتعود ارض مصر باسرها عند ذلك بحرًا غامرًا لما بين جبليها ربما يبلغ الحد المحدود فى مشيبة الله عز وجل له واكثر ذلك يحوم حول ثمانى عشرة ذراعًا ثم ياخذ عايدًا فى صبه الى مجرى النيل وصره فينصب اولًا عما كان من الارض عاليًا ويصير فيما كان منها متطامنًا فيترك كان فرارة كالدرهم ويغادر كل نلعه كالبرد المسهم وقال القاضى ابو الحسن على بن محمد الما ودرى فى كتاب الاحكام السلطانية واما الذراع السودا فهى اطول من ذراع الدور باصبع وثلثى اصبع واول من وضعها امير المومنين هرون الرشيد قدرها بدراع خادم اسود كان على راسه قايمًا وهى التى يتعامل لناس بها فى ذراع البز والتجارة والابنية وقياس نيل مصر *

واكثر ما وجد فى المقياس سبع اذرع واحدى وعشرون اصبعًا *

Nº. 46.

واقل ما وجد فيه منه خمس وستين وماية فانه وجد فيه ذراع واحد وعشر اصابـع ۞

Nº. 47.

واكثر ما بلغ فى الزيادة سنة تسع وتسعين وماية فانه بلغ ثمانية عشر ذراعًا وتسع عشرة اصبعًا واقل ما كان فى سنه ست خمسين وثلثماية الهلالية فانه بلغ اثنى عشر ذراعًا وتسع عشرة صبعًا وهى ايام كافور الاخشيدى والمقباس عمود رخام ابض مثمّن فى موضع ينحصر فيه الما عند انسيابه اليه وهذا العمود مفصل على الثنين وعشرين ذراعًا كل ذراع مفصّل على اربعة وعشرين قسمًا متساويه نعرف بالاصابـع ماعدى الاثنى عشر ذراعًا الاولى فانها مفصله على ثمانية وعشربن اصبعًا كل ذراع ۞

Nº. 48.

وقال المسعودى وقالت الهند زيادة النيل ونقصانه بالسيول ونحن نعرف ذلـك بتوالى الانوا وكثرة الامطار وقالت الروم لم يزد قط ولم ينقص وانما زيادته ونقصانه من عيون كثرت وانّصدت ۞

وقالت القبط زيادته ونقصانه من عيون فى شاطيه يراها من سافر ولحق باعاليه ۞

وقيل لم يزد قط ولم ينقص وانما زيادته ريح الشمال اذا كثرت وانّصلت بحبسه فتضيض على وجه الارض وقال قوم

Nº. 49.

سبب زيادته هبوب ريح تسمى الملتن وذلك انها تحمل
السحاب الما لمرمن خلف خط الاستوا فيمطر ببلاد السودان
والحبشه والنوبه وبانى مدره الى مصر بزيادة النيل *

ومع ذلك فان البحر الما لح يبقى ماوه فى وجه النيل
فيتوقف حتى يروى البلاد وفى ذلك يقول فاسمع وللسامع
على يد عندى واسما يد المحسن فالنيل ذو فقل ولكنه الشكر
فى ذلك للملتن ويبتدى النيل بالتنقيس والزيادة بقية بوونه
وهو حزيران وابيب وهو تموز وبسرى وهو اب فاذا كان الما
زايدًا زاد شهر توت كله وهو ايلول الى النقضايه فاذا انتهت
الزيادة الى ذراع ثمانى عشرة ففيه تمام الصراح وخصب
الارض وهو صار بالبهايم لعدم المرعي والكلا وانم الزيادات كلها
العامه النفع للبلد كله سبع عشرة ذراعًا وذلك كفايتها ورى جيع
ارضها فاذا زاد على ذلك وبلغ ثمان عشرة ذراعًا وغلقها
استجر من ارض مصر الربع وفى ذلك ضرر لبعض الضياع
لها ذكر نامن الاستجار *

واذا كانت الزيادة على ثمان عشرة ذراعًا كانت العاقبة فى
انصرافه حدوث وبا اكثر الربادات ثمان عشرة ذراعًا *

Nº. 50.

وقد بلغ فى خلافة عمر بن عبد العزيز تسع عشرة ذراعًا ومساحة
الذراع الى ان يبلغ اثنتى عشرة ذراعًا ثمان وعشرون اصبعًا

ومن اثنتى عشرة ذراعًا الى ما فوق ذلك يكون الذراع اربعا وعشرين اصبعًا واقل ما يبقى فى قاع المقياس من المآ ثلاثة اذرع وفى تلك السنة يكون المآ قليلًا *

N°. 51.

والذرع التى يستسقى عليها بمصر هى ذراعان تسمى منكرًا ونكيرًا وهى الذراع الثالثة عشر والذراع الرابعة عشر فاذا النصرف المآ فى هذين الذراعين وزيادة نصف ذراع من الخمس عشرة ذراعًا استسقى الناس بمصر وكان الضرر الشامل لكل البلدان *
واذا تم خمس عشره ودخل فى ست عشرة ذراعًا كان فيه صلاح لبعض الناس ولا يستسقى فيه وكان ذلك نقصًا من خراج السلطان *

N°. 52.

السد يتخذ بمصر من مآ طوبه وهو كانون الثانى بعض الغطاس وهو يعصى من طوبه واصفى ما يكون ما النيل فى ذلك الوقت واهل مصر يفتخرون بصفا ما النيل فى هذا الوقت وفيه يختزن المآ اهل تنيس ودمياط وبونه وبنها برقرايا البحر *
وقد كانت مصر كلها تروى من ست عشرة ذراعًا عامرها وغامرها لما احكوا من جسورها وبنا قنا امرها وتنقية خلجانها *
وكان المآ اذا بلغ فى زيادته تسع اذرع دخل خليج سخا *

N°. 53.

قال والعمول عليه فى وقتنا هذا وهو سنة خمس واربعين وثلثمابة انه ان زاد علت السنة عشر ذراعًا وان نقص من

DE L'ILE DE ROUDAH.

خراج السلطان وقد تغير فى زمننا هذا عامةً ما تقدم ذكره لفساد حال الجسور والتراع والحاجبان وقانونه اليوم انه يزيد فى القبط اذا حلت الشمس ببرج السرطان والاسد والسنبله حين تنقص عامة الانهر التى فى المعمور ولذلك قبل ان الانهار تبلّ بمايها عند عيضها فتكون زيادته *

وتبتدى الزيادة من خمس بوونه وتنظما فى ثانى عشره واول وقعه فى الثانى من ابيب وتنتهى زيادته فى ثامن بابه وياخذ فى النقصان من العشرين منها فتكون مدة زيادته من ابندايها الى ان تنقص ثلاثة اشهر وخمسة وعشرين يومًا من بابه ومدة مكثه بعد انتها زيادته اثنى عشر يومًا ثم ياخذ فى النقصان *

N°. 54.

ومن الصادة ان ينادى عليه دايمًا فى اليوم السابع والعشرين من بوؤنه بعد ما يوخذ قاعه وهوما بقى من الما القديم فى ثلث عشر بوؤنه وبفتح الخليج الكبير اذا كمل الما ست عشرة ذراعًا وادركت الناس يقولون نعوذ بالله من اصبع من عشرين *

N°. 55.

وكنا نعهد الما اذا بلغ اصابع من عشرين ذراعًا فاض ما النيل وترق الضياع والتسعتين وفارت البلاليع وهانحن فى زمن منذ كانت الحوادث بعد سنة ست وثمان ماية اذا بلغ الما فى سنة اصبعًا من عشرين لايعمّ الارض كلها لما قد فسد من الجسور *

Nº. 56.

وكان الى بعد الخمس ماية من الهجرة قانون النيل ست عشرة ذراعًا فى مقياس الجزيرة وهى فى الحقيقة ثمان عشرة ذراعًا واحدًا زاد خراج مصر ماية الف دينار لما يروى من الارض العالية ٭

فان بلغ ثمان عشرة ذراعًا كانت الغاية القصوى فان الثمان عشرة ذراعًا فى مقياس الجزيرة اثنان وعشرون ذراعًا فى الصعيد الاعلى فان زاد على الثمان عشرة ذراعًا واحدًا نقص من الخراج ماية الف دينار لما يستجر من الاراضى المنخفضة قال ابن ميسر فى حوادث سنة ثلاث واربعين ٭

FIN DU TOME QUINZIÈME.

MÉMOIRE

SUR

LE MEQYAS DE L'ILE DE ROUDAH.

INSCRIPTIONS ET ALPHABETS.

Voir, dans le tome XVIII, 3ᵉ partie, les planches auxquelles on a renvoyé pages 481 ci-dessus et suiv.

TABLE

DES MATIÈRES DU TOME XV.

ÉTAT MODERNE.

Pages.

MÉMOIRE *sur le meqyás de l'île de Roudah, et sur les inscriptions que renferme ce monument*; par J. J. Marcel, ex-directeur de l'Imprimerie royale, membre de la Légion d'honneur.. 1

INTRODUCTION................................. *Ib.*
   Notes de l'Introduction........................ 15
PREMIÈRE PARTIE................................ 32
Chapitre Ier. Du Nil, et de ses diverses dénominations...... *Ib.*
  §. Ier. Noms du Nil chez les anciens................. 33
  §. II. Surnoms donnés au Nil..................... 57
Chapitre II. Nilomètres des anciens Égyptiens........... 60
Chapitre III. Des nilomètres sous les Perses............. 74
Chapitre IV. Des nilomètres sous les Grecs............. 75
Chapitre V. Nilomètres sous les empereurs romains........ 77
Chapitre VI. Des nilomètres sous les empereurs d'Orient.... 78
Chapitre VII. Des auteurs orientaux qui ont traité du Nil et des nilomètres....................... 80
Chapitre VIII. Traditions des auteurs arabes sur les nilomètres antérieurs à l'islamisme.................. 82
Chapitre IX. Des nilomètres établis depuis l'islamisme....... 88
  §. Ier. Nilomètres antérieurs à l'érection du meqyàs, sous les premiers khalifes Ommiades, de l'an 19 de l'hégire à l'an 96................................. *Ib.*
  §. II. Nilomètres contemporains du meqyâs sous les khalifes Abbassides................................ 91
  Notes de la première partie...................... 93

MÉMOIRE *sur les inscriptions koufiques recueillies en Égypte, et sur les autres caractères employés dans les monumens des Arabes*; par J. J. Marcel, ex-directeur de l'Imprimerie royale, membre de la Légion d'honneur..................... 137

§. Iᵉʳ. Des monumens arabes en général, et de leurs inscriptions.................................. 137
§. II. Des caractères employés par les Arabes dans leurs inscriptions, avant l'hégire..................... 141
§. III. Des caractères employés depuis l'hégire par les Arabes dans leurs inscriptions ; et en premier lieu, du caractère koufique................................ 148
§. IV. Du caractère karmatique........................ 155
§. V. Du caractère neskhy............................ 158
§. VI. Du caractère soulous........................... 162
§. VII. Du caractère moghreby......................... 163
§. VIII. Des moyens employés pour recueillir les inscriptions.. 166

VOYAGE *dans l'intérieur du Delta, contenant des recherches géographiques sur quelques villes anciennes, et des observations sur les mœurs et les usages des Égyptiens modernes;* par MM. Du Bois-Aymé et Jollois, ingénieurs des ponts et chaussées, membres de la Commission des sciences et des arts d'Égypte, chevaliers de la Légion d'honneur.................. 169

Section Iʳᵉ. Aperçu général du Delta. — Départ du Kaire. — Arrivée à Menouf. — Description du Menoufyeh... *Ib.*
Section II. Départ de Menouf. — Description de la branche Thermutiaque. — Ruines d'Atarbechis, de Byblos et de Busiris. — Arrivée à Semennoud......... 188
Section III. De la ville de Semennoud. — Ruines de Bahbeyt... 198
Section IV. Des villes de Mehallet-el-Kebyr et de Tanta ; de quelques ruines égyptiennes, et, entre autres, de celles de la ville de Saïs...................... 205

ABRÉGÉ *chronologique de l'histoire des Mamlouks d'Égypte, depuis leur origine jusqu'à la conquête des Français;* par M. Delaporte, membre de la Commission des sciences et des arts d'Égypte, chancelier-interprète à Tripoli de Barbarie........ 231

Première dynastie : *Mamlouks Baharites ou Turcomans*...... *Ib.*
Chapitre Iᵉʳ. Chegeret el-dorr. Tourân-châh. Ibek. A'ly.. *Ib.*
Chapitre II. A'ly. Qotoz. Bybars..................... 241
Chapitre III. Barkah-khân. Chalâmech. Qalâoun. Khalyl. Bedarah................................ 254
Chapitre IV. Mohammed el-Nâser. Kethoghâ. Lâgyn. Mohammed el-Nâser pour la seconde fois. Bybars II. Mohammed el-Nâser pour la troisième fois............................ 263
Chapitre V. Aboubekr. Koutchouk. Ahmed. Cha'bân. Zeyn el-dyn el-Hâgy. Hasan. Sâlh. Hasan pour la seconde fois. Mohammed. Cha'bân pour la seconde fois. A'lä el-dyn. Mansour el-Hâgy. 271

TABLE DES MATIÈRES.

                                                                                      Pages.

SECONDE DYNASTIE : *Mamlouks Borgites ou Circassiens* 280

Chapitre   *VI*. Berqouq. El-Mansour el-Hâgy pour la seconde fois. Berqouq pour la seconde fois. Farag.. *Ib*.

Chapitre   *VII*. A'zyz. Farag pour la seconde fois. Mosta'yn. Mahmoudy-Ahmed. Tatar. Mohammed. Barsabày.. 288

Chapitre *VIII*. Barsabày. Yousef. Gaqmaq. Ynâl. Ahmed, Kochaqdam. Belbây. Timourboghà. Qàytbày.. 295

Chapitre   *IX*. Qàytbày. Mohammed. Qansou. Qansou-Khamsamyeh. Mohammed pour la seconde fois. Qansou el-Gàubalàt. Tomànbày. Qansou el-Ghoury............................. 303

Chapitre   *X*. Qansou el-Ghoury. Tomànbày............. 312

TROISIÈME DYNASTIE : *Mamlouks Beiks ou Ghozzes*............ 322

Chapitre   *XI*. Ayouàz. Isma'yl. Cherkès. Zou-l-foqàr...... *Ib*.

Chapitre   *XII*. Zou-l-foqàr. O'tmàn. Ibràhym-ketkhoudah. Rodouàn-ketkhoudah................... 330

Chapitre *XIII*. Ibràhym. Hoseyn-Khachchàb. Ibràhym pour la seconde fois. Rodouàn. Hoseyn-bey et el-Maqtoul. Khalyl. A'ly-bey............. 338

Chapitre *XIV*. A'ly-bey. Mohammed Abou-deheb. Isma'yl.. 346

Chapitre *XV*. Isma'yl. Ibràhym. Isma'yl pour la seconde fois. O'tmàn. Ibràhym pour la seconde fois..... 355

MÉMOIRE *sur le canal d'Alexandrie*, par MM. Lancret et Chabrol, ingénieurs des ponts et chaussées................... 365

SECONDE PARTIE *du Mémoire sur le nilomètre de l'île de Roudah et sur les inscriptions que renferme ce monument;* par J. J. Marcel.. 387

Chapitre   Ier. De l'île de Roudah................... *Ib*.

Chapitre   *II*. Histoire du meqyàs sous les khalifes Ommiades, Abbassides et Fatémites, de l'an 96 de l'hégire à l'an 567........................ 390

§. Ier. Première époque du meqyàs : fondation de ce monument sous le khalife Soleymàn................. *Ib*.

§. II. Seconde époque du meqyàs : première reconstruction de ce monument sous le khalife el-Màmoun....... 393

§. III. Troisième époque du meqyàs : réparation de ce monument par le khalife el-Motaouakel.............. 402

§. IV. Seconde réparation du meqyàs, sous le règne d'el-Motaouakel, l'an 247 de l'hégire.................. 404

§. V. Quatrième époque du meqyàs : réparation du meqyàs par le khalife el-Mostanser b-illah.............. 405

37.

TABLE DES MATIÈRES.

	Pages.
Chapitre III. Histoire du meqyàs sous la dynastie des Ayoubites.	408
Chapitre IV. Histoire du meqyàs sous la dynastie des Mamlouks Baharites, de l'an de l'hégire 648 à l'an 784.	409
§. Ier. Événemens relatifs au meqyàs sous la dynastie des Mamlouks Baharites, jusqu'à la fin du règne d'el-Melek el-Nàser.	Ib.
§. II. Événemens relatifs au meqyàs sous les Mamlouks Baharites successeurs d'el-Melek el-Nàser.	410
Chapitre V. Histoire du meqyàs sous la dynastie des Mamlouks Circassiens.	413
§. Ier. Événemens relatifs au meqyàs sous la première dynastie des Mamlouks Circassiens.	Ib.
§. II. Événemens relatifs au meqyàs sous la seconde dynastie des Mamlouks Circassiens, jusqu'à la fin du règne de Chahàb ed-dyn Abou-l-Fatah.	414
§. III. Événemens relatifs au meqyàs sous la seconde dynastie des Mamlouks Circassiens, depuis le règne d'Abou-Sa'yd Kochaqdam, jusqu'à la fin de cette dynastie.	417
Chapitre VI. Histoire du meqyàs sous les sultans Ottomans, de l'an de l'hégire 924 à l'an 1213.	422
§. Ier. Réparations faites au meqyàs par le sultan Selym 1er.	423
§. II. Événemens relatifs au meqyàs sous les sultans Ottomans	425
§. III. Cinquième époque du meqyàs : réparation de ce monument par Hamzah-pàcha.	426
§. IV. Réparations faites au meqyàs par les beys.	427
Chapitre VII. Histoire du meqyàs sous le gouvernement français, de l'an 1213 de l'hégire à l'an 1216.	428
§. Ier. Événemens relatifs au meqyàs pendant l'année 1213 de l'hégire.	Ib.
§. II. Sixième époque du meqyàs : réparation de ce monument par les Français, l'an 1214 de l'hégire.	432
§. III. Événemens relatifs au meqyàs pendant l'année 1214 de l'hégire.	434
§. IV. Événemens relatifs au meqyàs pendant l'année 1215 de l'hégire.	440
TROISIÈME PARTIE.	449
Chapitre Ier. État du meqyàs et des monumens qui en dépendent à l'époque de l'expédition française.	Ib.
§. Ier. Description du meqyàs.	451
§. II. Description de la mosquée du meqyàs.	459
§. III. Description du palais de Negm ed-dyn.	465
Chapitre II. Administration du meqyàs.	467
Chapitre III. Formes avec lesquelles on constate et on proclame les crues du Nil.	469
Chapitre IV. Détails particuliers sur les inondations du Nil.	476

TABLE DES MATIÈRES.

Pages.

QUATRIÈME PARTIE. *Transcription et traduction des inscriptions du meqyâs*............................. 480

Chapitre Ier. Inscriptions de la première époque............ Ib.

§. Ier. Inscriptions koufiques dans la dernière coudée....... 481
§. II. Inscriptions koufiques de l'avant-dernière coudée.... 486
§. III. Inscription koufique de l'antépénultième coudée..... 488

Chapitre II. Inscriptions de la seconde époque du meqyâs... 490

§. Ier. Inscription koufique au-dessus de l'entrée de l'aqueduc, à l'intérieur.................................. Ib.
§. II. Inscription koufique au-dessus de l'arcade orientale... 491
§. III. Inscription koufique au-dessus de l'arcade septentrionale................................... 493
§. IV. Inscription koufique au-dessus de l'arcade occidentale. 494
§. V. Inscription koufique au-dessus de l'arcade méridionale. 495
§. VI. Inscription koufique de la frise autour du bassin, côté oriental.................................... 499

Chapitre III. Inscriptions de la troisième époque........... 501

§. Ier. Inscription koufique de la frise autour du bassin, côté occidental................................ 502
§. II. Inscription koufique de la frise, côté méridional..... 504
§. III. Inscription koufique au-dessus de l'entrée de l'aqueduc, à l'extérieur................................. 506

Chapitre IV. Inscriptions de la quatrième époque........... 507

§. Ier. Inscription karmatique de l'intérieur du meqyâs..... Ib.
§. II. Inscription karmatique de la grande porte de la mosquée du meqyâs.............................. 521
§. III. Inscription karmatique du mur occidental de la mosquée du meqyâs.............................. 524

Chapitre V. Inscriptions de la cinquième époque........... 527

§. Ier. Inscriptions en caractères soulous de la poutre de soutenement.................................... Ib.
§. II. Ancienne inscription arabe de l'entrée du meqyâs.... 532

Chapitre VI. Inscriptions de la sixième époque............ 533

§. Ier. Inscriptions françaises-arabes du dé de la colonne nilométrique................................... Ib.
§. II. Inscription française et arabe du portique du meqyâs. 535

CINQUIÈME PARTIE....................................... 539

Chapitre Ier. Paléographie koufique...................... Ib.

§. Ier. Concordance de l'alphabet koufique avec les alphabets des autres langues orientales.................... 540
§. II. Alphabet comparatif des caractères phénicien, samaritain, grec, gréco-égyptien, palmyrénien, hébréo-chaldéen, syriaque, arabe moderne et koufique.... 552
§. III. Concordance de l'alphabet koufique avec l'alphabet stranghelo.................................. 553
Alphabet comparatif des caractères stranghelo et koufique..................................... Ib.

TABLE DES MATIÈRES.

Pages.

§. IV. Alphabet koufique, tiré des inscriptions de la première époque du meqyàs.................................... 553
§. V. Observations sur l'alphabet koufique de la première époque du meqyàs.................................... *Ib.*
§. VI. Alphabet koufique, tiré des inscriptions de la seconde époque du meqyàs 556
§. VII. Observations sur le caractère de la seconde époque... *Ib.*
§. VIII. Alphabet koufique, tiré des inscriptions de la troisième époque du meqyàs.................................... 557
§. IX. Ligatures koufiques.. *Ib.*

Chapitre II. Paléographie karmatique... .... *Ib.*

§. Ier. Alphabet karmatique, tiré de la première inscription du meqyàs.................................... 558
§. II. Alphabet karmatique, tiré de la seconde inscription du meqyàs.................................... 559
§. III. Alphabet karmatique, tiré de la troisième inscription du meqyàs........................ *Ib.*
Ligatures karmatiques........................ *Ib.*

SIXIÈME PARTIE. *Textes des auteurs cités dans ce mémoire*...... 560

Chapitre Ier. Extraits d'auteurs grecs.................. *Ib.*

§. Ier. Homère... *Ib.*
§. II. Hérodote.. *Ib.*
§. III. Diodore de Sicile................................. 565
§. IV. Strabon.. 567
§. V. Aristide le Rhéteur............................... 568

Chapitre II. Extraits d'auteurs latins.................... 569
Pline le Naturaliste............................ *Ib.*

Chapitre III. Extraits d'auteurs arabes................. 570

§. Ier. El-Makyn.. *Ib.*
§. II. Ebn El-Maqryzy................................... 571

FIN DE LA TABLE.

BIBLIOTHÈQUE LATINE-FRANÇAISE

COLLECTION DES CLASSIQUES LATINS

Avec la traduction en regard;

Publiée par *Jules Pierrot*, professeur de rhétorique au collége royal de Louis-le-Grand, et professeur suppléant d'éloquence française à la Faculté des lettres de l'Académie de Paris; et par une Société de professeurs. — Édition in-8° sur papier superfin satiné.

C. L. F. PANCKOUCKE, ÉDITEUR
Rue des Poitevins, n° 14.

CONDITIONS DE LA SOUSCRIPTION.

La Collection formera de CENT VINGT à CENT TRENTE volumes in-8°.

Quatre livraisons sont en vente ; elles contiennent les SATIRES DE JUVÉNAL en deux volumes, VELLEIUS PATERCULUS, traduction nouvelle de M. Després, ancien conseiller de l'Université, et le 1er volume des LETTRES DE PLINE. — Le prix de chaque volume est de *sept* fr., et de chaque livraison de deux volumes, *quatorze* fr.

Il paraît un volume par mois ; plus tard, on publiera deux volumes toutes les six semaines.

Les *Commentaires de César*, par M. Artaud; *Stace*, par M. Rinn; *Florus*, par M. Ragon; *Justin*, par MM. Pierrot et Boitard; *Cornelius Nepos*, par MM. de Calonne et Pommier, sont sous presse.

Il sera tiré un très-petit nombre d'exemplaires au delà de celui des souscripteurs inscrits.

Chaque ouvrage se vendra séparément au prix de *sept* francs 50 cent. le volume.

Il sera tiré un certain nombre d'exemplaires sur papier dit Cavalier, grand format, Montgolfier, superfin. Cette collection de grand format, fait suite aux Classiques grecs de MM. Firmin Didot et aux Classiques français publiés par M. Lefèvre. Les prix seront doubles de ceux des volumes de l'in-8° format ordinaire.

La souscription est ouverte chez C. L. F. PANCKOUCKE, éditeur, rue des Poitevins, n° 14, et chez tous les libraires de la France et de l'étranger.

On ne paie rien d'avance.